LE FUTUR

AL GORE

LE FUTUR

Six logiciels pour changer le monde

Traduit de l'anglais (États-Unis)
par Nadine Millanvoye, Jean-Marc Millanvoye
et Philippe Mougel

Éditions de La Martinière

Ouvrage publié sous la direction de Bertil Scali

Titre original : *The Future*

ISBN : 978-2-7324-4693-6

Connectez-vous sur :
www.editionsdelamartiniere.fr
Dépôt légal : septembre 2013

À ma mère,
en l'honneur du centième anniversaire de sa naissance
Pauline Lafon Gore
6 octobre 1912-15 décembre 2004
Elle m'a donné le futur, et a ouvert à jamais ma curiosité.
Elle m'a fait prendre conscience qu'il était de notre devoir
de toujours vouloir l'améliorer pour le bien de l'humanité.

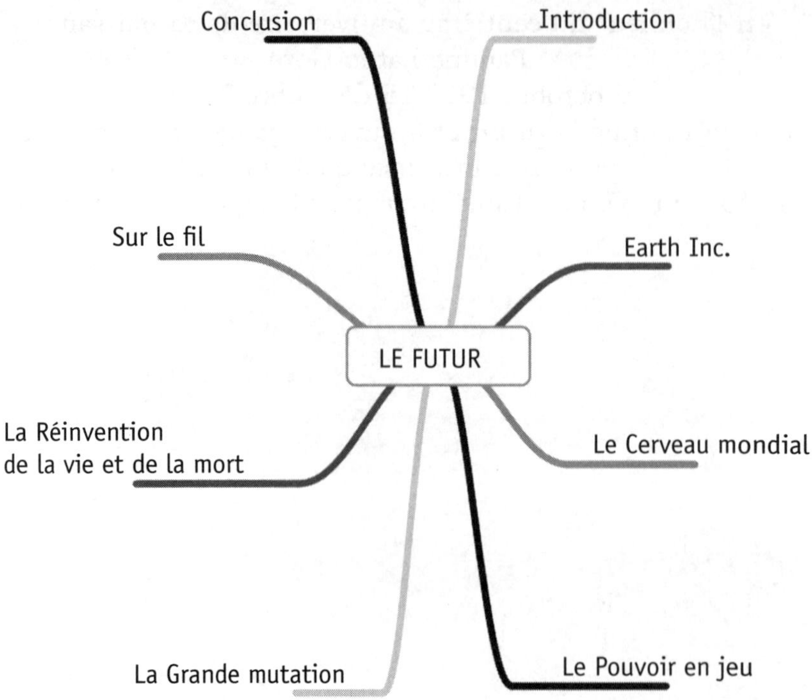
LE FUTUR
Introduction
Earth Inc.
Le Cerveau mondial
Le Pouvoir en jeu
La Grande mutation
La Réinvention
de la vie et de la mort
Sur le fil
Conclusion

Sommaire

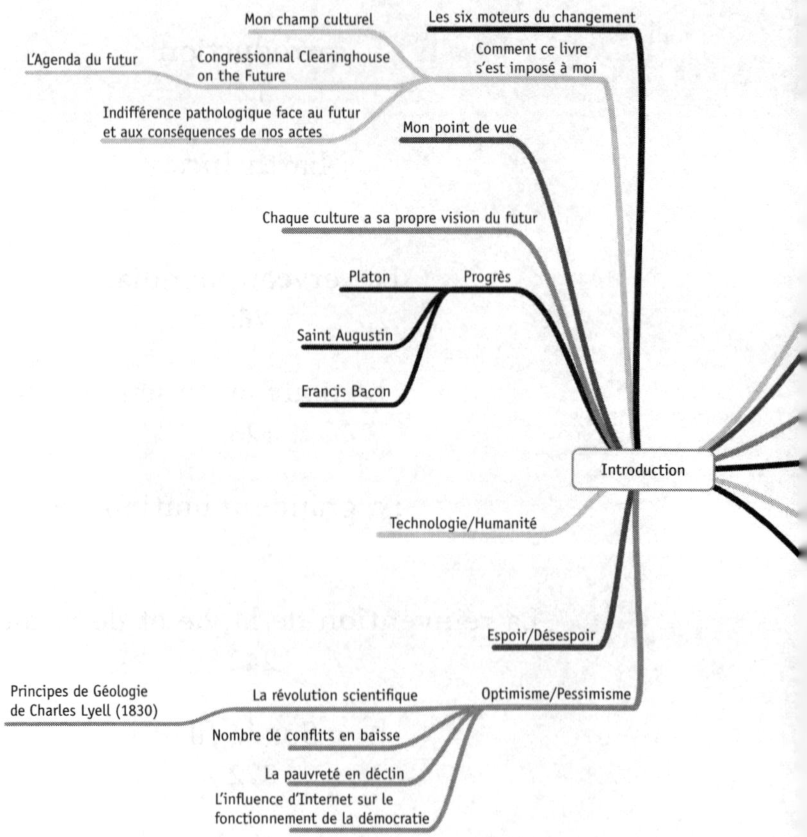
Introduction
Les six moteurs du changement
Comment ce livre s'est imposé à moi
Mon champ culturel
Congressionnal Clearinghouse on the Future
L'Agenda du futur
Indifférence pathologique face au futur et aux conséquences de nos actes
Mon point de vue
Chaque culture a sa propre vision du futur
Progrès
Platon
Saint Augustin
Francis Bacon
Technologie/Humanité
Espoir/Désespoir
Optimisme/Pessimisme
La révolution scientifique
Principes de Géologie de Charles Lyell (1830)
Nombre de conflits en baisse
La pauvreté en déclin
L'influence d'Internet sur le fonctionnement de la démocratie

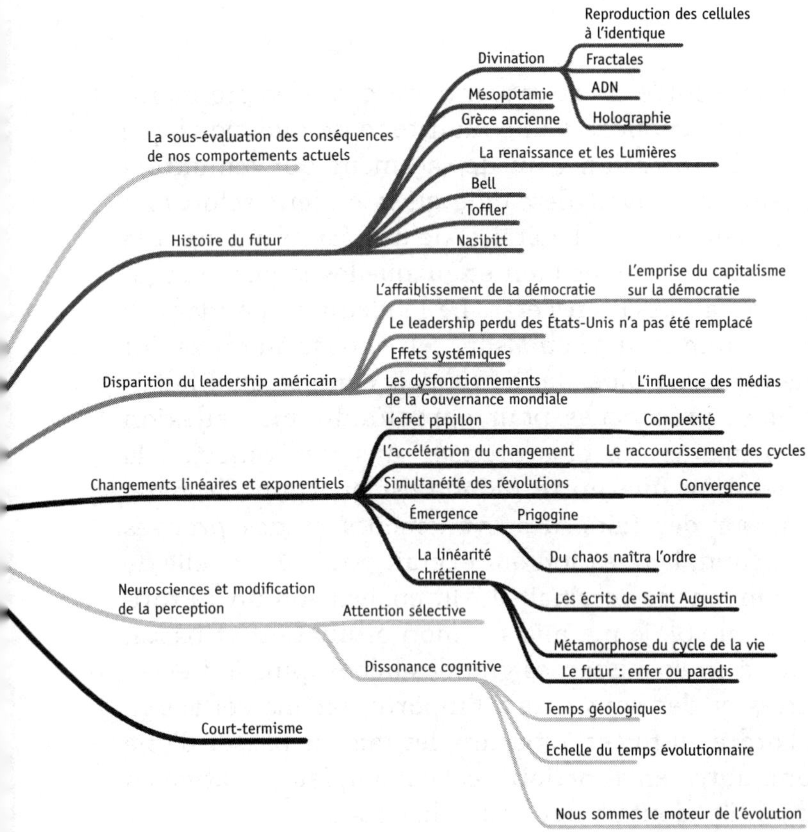
Reproduction des cellules à l'identique
Divination
Fractales
ADN
Mésopotamie
Holographie
Grèce ancienne
La sous-évaluation des conséquences de nos comportements actuels
La renaissance et les Lumières
Bell
Toffler
Histoire du futur
Nasibitt
L'emprise du capitalisme sur la démocratie
L'affaiblissement de la démocratie
Le leadership perdu des États-Unis n'a pas été remplacé
Effets systémiques
Disparition du leadership américain
Les dysfonctionnements de la Gouvernance mondiale
L'influence des médias
L'effet papillon
Complexité
L'accélération du changement
Le raccourcissement des cycles
Changements linéaires et exponentiels
Simultanéité des révolutions
Convergence
Émergence
Prigogine
La linéarité chrétienne
Du chaos naîtra l'ordre
Neurosciences et modification de la perception
Les écrits de Saint Augustin
Attention sélective
Métamorphose du cycle de la vie
Dissonance cognitive
Le futur : enfer ou paradis
Temps géologiques
Court-termisme
Échelle du temps évolutionnaire
Nous sommes le moteur de l'évolution

Introduction

Comme c'est souvent le cas au retour d'un voyage passionnant, c'est pour tenter de répondre à une multitude de questions que j'ai écrit ce livre. À l'occasion d'un déplacement qui remonte à environ huit ans, on m'avait demandé quels étaient selon moi les moteurs du changement planétaire. Je dressai rapidement la liste des causes que je connais bien et auxquelles je pense régulièrement, puis je la laissai en l'état. Le lendemain, pendant le long trajet qui me ramenait à la maison, cette question me revint à l'esprit et ne me lâcha plus. Je me rendais compte qu'il fallait dépasser les idées préconçues pour approfondir ma réflexion et décrire de la manière la plus précise, sans rien omettre, la gigantesque mutation que notre monde est en train de vivre, en m'appuyant sur des faits, des événements et des preuves irréfutables. Au fond, la question qui m'était posée était celle de notre futur. Comment se dessinait-il ? Et en avait-on un ? Profitant de la durée du vol, je me mis sur mon ordinateur et passai quelques heures à en esquisser les grandes lignes, puis à dresser la liste des titres et des sous-titres. Emporté par ma réflexion, j'en modifiai l'ordre au fur et à mesure, les faisant passer d'une catégorie à une autre en fonction de leur ampleur relative. À chaque relecture, j'y ajoutais une foule de détails.

Au cours des années suivantes, je m'employai à sensibiliser les consciences au changement climatique tout en menant ma carrière d'homme d'affaires. Je reprenais régulièrement mon plan pour le réviser, le modifier et le peaufiner autant que possible. Il y a deux ans, je pris conscience que cela tournait à l'obsession et que la question ne me laisserait pas en paix tant que je n'aurais pas poussé mon raisonnement jusqu'au bout afin d'essayer de donner la réponse la plus complète possible.

Voici le livre qui en est issu. Il décrit les six moteurs du changement les plus importants à mes yeux, montre de quelle façon ils convergent, comment ils interagissent, dans quelles directions ils nous emmènent et comment nous, êtres humains – en tant que civilisation planétaire –, pouvons avoir une influence sur le cours des choses. Si nous voulons reprendre en main notre destin et nous donner les moyens de décider de l'avenir, il nous faut aborder de face, avec la plus grande détermination, les problèmes auxquels nous sommes confrontés. Il est également temps de changer notre mode de réflexion pour être en mesure de faire les choix cruciaux qui s'imposent à nous. Différentes raisons nous ont conduits à la situation d'aujourd'hui :

• L'émergence d'une économie planétaire qui n'a rien de commun avec ce que nous avons connu jusque-là, totalement interconnectée et qui fonctionne comme une entité holistique parfaitement intégrée. Elle a donné naissance à des modes de relation et des approches d'un nouveau type qui concernent aussi bien les flux financiers, le travail, le marché de la consommation que les gouvernements des pays.

• L'émergence, via un réseau de capteurs intégrés qui couvrent l'ensemble de la planète, et dont le nombre ne cesse de croître, d'un réseau électronique gigantesque qui permet à des milliards d'individus d'échanger pensées et sentiments et d'avoir accès en temps réel à des données dont le volume prend chaque jour plus d'importance. Ajoutons des structures, des robots et des machines intelligentes dont les plus élaborées sont capables d'accomplir de plus en plus de tâches distinctes en surpassant déjà les capacités humaines et qui risquent bientôt de se montrer supérieures à nous dans un domaine jusque-là unique et propre à notre espèce : la pensée.

• L'émergence d'un nouvel équilibre des pouvoirs politiques, économiques et militaires, totalement inédit, dans un monde radicalement différent de ceux qui ont caractérisé la deuxième moitié du XXe siècle, période pendant laquelle les États-Unis d'Amérique assuraient le leadership et la stabilité planétaire. Ce glissement s'effectue à vive allure de l'Ouest à l'Est, des pays riches aux pays émergents, des États-nations à des acteurs privés, et des systèmes politiques aux marchés.

• L'émergence de phénomènes qui se produisent à une vitesse toujours plus grande et insoutenable : la croissance exponentielle de la population qui vit dans des métropoles toujours plus grandes ; la consommation effrénée des ressources naturelles ; l'épuisement des terres arables, des réserves d'eau douce et des espèces vivantes ; une augmentation implacable de la pollution ; enfin, une situation économique mesurée par des règles universellement acceptées reposant sur un ensemble de critères absurdes et dépassés qui nous cachent la réalité et l'ampleur des effets destructeurs provoqués par les choix aberrants que nous faisons quotidiennement.

• L'émergence de techniques scientifiques puissantes et de matériaux révolutionnaires dans les domaines de la biologie, de la biochimie et de la génétique, qui nous permettent de reconstituer la structure moléculaire d'éléments solides, de restructurer le tissu cellulaire, de modifier les formes, les traits, les caractéristiques et les propriétés des plantes, des animaux et des individus, de reprendre le contrôle de l'évolution en franchissant les lignes qui depuis toujours marquaient les différences entre les espèces, et d'en inventer de nouvelles que la nature n'avait jamais imaginées.

• Enfin, l'émergence d'une relation radicalement nouvelle entre la puissance agrégée de la civilisation et les systèmes écologiques les plus fragiles de la planète – comme l'atmosphère et l'équilibre climatique dont dépendent la vie et le développement de l'espèce humaine – ainsi que le début d'un bouleversement général de nos technologies dans les domaines énergétique, industriel, agricole et architectural qui nous permettra de rétablir une relation saine entre la société planétaire et son avenir.

Ce livre s'appuie sur des données, des faits, des recherches poussées et des observations objectives ; il est dénué de spéculation, d'alarmisme, d'idéalisme et d'optimisme béat. Il est le fruit d'années d'investigation, d'analyses et présente les preuves vérifiables et la façon dont les meilleurs experts du monde voient l'avenir dont nous sommes en train de jeter les bases.

L'idée que notre futur sera extrêmement différent de tout ce que nous avons connu jusque-là fait consensus. Il ne s'agit pas, cela dit, de son ampleur, mais de sa nature. Du plus loin que l'on se place, le bouleversement que l'humanité est en train de vivre est extraordinaire au plein sens du terme. Nous avons connu des périodes de changement révolutionnaire par le passé, mais aucune n'était aussi puissante ou aussi préoccupante que celles qui se font jour, combinant le couple infernal des opportunités à saisir et des périls qui nous menacent. C'est aussi la première fois qu'autant de changements fondamentaux se produisent simultanément, en se confondant les uns les autres.

Ce livre ne traite pas uniquement du réchauffement climatique, même si c'est un des six facteurs émergents qui sont en train de restructurer notre monde à une vitesse vertigineuse. Son interaction avec les cinq autres moteurs du changement m'a permis de l'appréhender différemment. Le sujet de ce livre n'est pas non plus l'affaiblissement de la démocratie aux États-Unis et les dysfonctionnements de la gouvernance mondiale, même si je reste persuadé que les crises de leadership doivent être résolues pour que l'espèce humaine puisse reprendre la main sur son destin. En effet, ces six changements révolutionnaires menacent réellement de nous dépasser à ce moment de notre histoire où le monde n'est plus gouverné.

Ce livre n'est pas non plus un manifeste qui aurait pour objectif de poser les bases d'une future campagne électorale. J'ai déjà eu plusieurs fois l'occasion de solliciter des suffrages pour exercer un mandat. Quand on me demande si je peux être à nouveau tenté, je réponds par une boutade, afin de décourager ceux qui insistent pour savoir si je suis prêt à repartir, d'une phrase qui décrit parfaitement mes sentiments : « Je suis en période de convalescence ; les risques de rechute ont diminué depuis assez longtemps, pour me permettre d'affirmer que je ne pense pas succomber de nouveau à la tentation. » Vous trouverez toutefois dans la conclusion un programme d'actions élaboré à partir des analyses issues de ce livre.

Une nouvelle loi de la nature

En 1976, alors que je venais d'être élu à la Chambre des représentants, j'ai adhéré à un nouveau groupe qui rassemblait sénateurs et membres du Congrès des deux partis, le Congressional Clearinghouse on the Future, fondé par le regretté Charlie Rose de Caroline du Nord[1]. Lors de mon deuxième mandat, ce dernier insista pour que je lui succède à la présidence. Nous organisâmes alors des ateliers sur les conséquences de l'arrivée des nouvelles technologies et des découvertes scientifiques avec des personnalités du monde des affaires et de la recherche scientifique. Entre autres initiatives, nous arrivâmes à persuader les deux cents comités du Congrès de publier une liste des problèmes les plus sensibles qui, selon eux, surviendraient dans les vingt années à venir, ce qu'ils firent sous le titre « Agenda pour le futur ». Nous avions surtout réfléchi aux tendances émergentes en rencontrant régulièrement de grands futurologues : Daniel Bell, Margaret Mead, Buckminster Fuller, Carl Sagan, Alvin Toffler, John Naisbitt, Arno Penzias, et quelques centaines d'autres.

1. Le Congressional Clearinghouse on the Future avait un directeur exécutif de haute volée en la personne d'Anne Cheatham.

Je fus particulièrement impressionné par Ilya Prigogine, un chercheur né en Russie quelques mois avant la révolution de 1917, mais qui avait fait ses études et vécu en Belgique. Ce petit homme au crâne dégarni venait de recevoir le prix Nobel de chimie pour sa découverte d'un corollaire fondamental de la deuxième loi de la thermodynamique.

Selon cette dernière, c'est l'entropie qui est responsable dans le temps de l'effondrement de tous les systèmes physiques isolés et de l'irréversibilité de la nature. Pour prendre un exemple simple, représentez-vous un anneau de fumée sous la forme d'un cercle aux contours clairement définis. Au fur et à mesure que les molécules se séparent les unes des autres et que l'énergie se dissipe dans l'air, l'anneau se décompose et disparaît. Il en va de même pour tous les systèmes dits fermés qui sont sujets au même processus de dissolution. Pour certains, l'entropie agit vite ; pour d'autres, le processus prend plus de temps.

La découverte de Prigogine était un système ouvert, c'est-à-dire un système qui importe de l'extérieur des flux d'énergie qui le pénètrent, le traversent et en ressortent – ils ne se contentent pas de s'évanouir, car le flux d'énergie continue à exercer son action et, au fur et à mesure, le système *se réorganise* à un niveau chaque fois plus élevé de complexité. D'une certaine façon, le phénomène décrit par Prigogine est le contraire de l'entropie. L'auto-organisation, en tant que loi de la nature et processus de changement, permet à de nouvelles formes complexes d'émerger spontanément. Ce processus est fascinant.

Pensons aux flux constants d'information dans le monde avec l'arrivée et le développement d'Internet. De nombreux modèles d'entreprises devinrent rapidement obsolètes, et des piliers de l'ancien modèle commencèrent à disparaître, à l'instar des multiples journaux qui firent faillite, pendant que le nombre de lecteurs de ceux qui subsistaient diminuait sensiblement. Les librairies furent atteintes elles aussi : certaines fusionnèrent ; d'autres mirent la clef sous la porte. Mais une auto-organisation se mit en place, des milliers de nouveaux modèles firent leur apparition et les capacités de communication en ligne éclipsèrent ceux qui symbolisaient le monde de la presse écrite.

La Terre, si on la regarde comme un tout, est également un système ouvert. Elle importe l'énergie du Soleil, qui, en pénétrant l'organisation élaborée de notre planète, des océans, de l'atmosphère, provoque les différents processus géochimiques et fait naître la vie elle-même. Elle s'évacue ensuite pour retourner dans l'univers qui l'entoure, telle l'énergie thermique sous la forme de rayonnements infrarouges.

La crise du réchauffement climatique trouve son origine dans le fait que nous importons d'énormes quantités d'énergie de la croûte terrestre et exportons de l'entropie (c'est-à-dire un désordre progressif) dans les écosystèmes auparavant stables bien que dynamiques qui sont la clé de la perpétuation de la vie et du développement de la civilisation. Ces nouveaux flux d'énergie, originellement transmis du Soleil à la Terre, ont été stabilisés sous terre depuis des millions d'années et constituent des dépôts de carbone inertes.

En les utilisant et en injectant dans l'atmosphère les déchets issus de leur combustion, nous portons des coups à la stabilité du climat qui s'est installée après le dernier âge de glace, il y a dix millénaires. Les premières villes apparurent peu de temps après, dès les prémices de la révolution agricole qui commença à s'étendre dans les vallées du Nil, de l'Euphrate, du Tigre et du fleuve Jaune il y a 8 000 ans, après l'âge de la pierre, quand les femmes et les hommes pratiquaient la cueillette et cultivaient des variétés de plantes qu'ils avaient su sélectionner et dont notre alimentation quotidienne dépend encore. Ce faisant, nous imposons l'émergence d'une nouvelle configuration des conditions climatiques, qui n'a rien à voir avec celle dont toute notre civilisation est issue et dans laquelle nous nous sommes développés et avons prospéré.

Même si la découverte de cette nouvelle loi de la nature par Prigogine peut nous sembler mystérieuse, ses implications sur notre façon d'appréhender le futur sont profondes. Le sens moderne du mot « émergence » et l'ensemble complexe du domaine de la connaissance connu sous le vocable de « théorie de la complexité » sont tous deux issus du travail de Prigogine. C'est parce qu'il a mis toute sa passion pour comprendre comment l'avenir se différencie du passé de manière irréversible qu'il a voulu à tout prix connaître l'origine de la nouvelle configuration climatique. Il a d'ailleurs écrit : « Compte tenu de l'intérêt que je porte au concept de temps, il était naturel que je m'attache à étudier les phénomènes irréversibles qui ont rendu si évident le rôle constructif de la *flèche du temps*. »

L'histoire du futur

Notre façon de penser le futur a un passé. Au cours de l'histoire de la civilisation humaine, chaque culture a eu sa propre idée de l'avenir. Pour reprendre les mots de la futurologue australienne Ivana Milojevic : « Même si la conception du temps et de l'avenir est universelle, les différentes sociétés n'en ont pas la même approche. » Certains ont pensé que le temps est circulaire et que le passé, le présent et l'avenir font partie du même cycle récurrent. D'autres ont cru que seuls le futur et l'au-delà ont de l'importance.

Les déceptions qui font si souvent partie de la condition humaine nous ont souvent menés à des crises de confiance dans l'avenir, et à privilégier les doutes plutôt que l'optimisme. Pour apprendre à nous comporter dans le présent, nous devons savoir nous appuyer sur notre propre expérience et sur celle que nos aînés ont su nous transmettre ; la connaissance du passé est la meilleure façon de construire un meilleur futur.

En se fondant sur des éléments qui remontent à près de 50 000 ans, les anthropologues nous ont expliqué depuis longtemps que les êtres humains ont cherché très tôt à connaître l'avenir en sollicitant oracles et mediums ou en examinant les entrailles des animaux offerts en sacrifice à leurs dieux dans l'espoir d'y trouver des indices. D'autres ont étudié les mouvements des poissons ou tenté d'interpréter des signes sur la terre. Mille autres moyens ont été utilisés pour essayer de savoir ce que le futur promettait. Aujourd'hui, nombreux sont ceux qui font confiance aux lignes de la main ou à ce que disent les cartes. Or, la réalité n'est faite que d'une seule matière, qui dépasse les notions de passé, de présent et d'avenir. Ses contours peuvent se deviner en se basant sur des éléments de l'ensemble et en les modélisant pour tenter d'interpréter notre futur.

Aujourd'hui, médecins et chercheurs peuvent prédire l'avenir de chaque individu à partir du motif structurel de l'ADN trouvé dans chaque cellule.

Les mathématiciens discernent la nature des équations fractales et les formes géométriques qui en découlent en observant la répétition à l'identique des motifs à différents niveaux de résolution. D'autre part, on est capable de donner une forme au contenu des molécules en projetant leur image holographique.

Les historiens nous ont appris que les astrologues de l'ancienne Babylone utilisaient deux horloges, l'une pour mesurer le temps à l'échelle humaine et l'autre pour suivre la trajectoire des mouvements célestes qui, d'après eux, avaient une influence sur les événements terrestres. Nous devrions nous inspirer d'eux et avoir, nous aussi, deux pendules pour deviner l'avenir, l'une pour compter les heures et les jours, et l'autre pour les siècles et les millénaires pendant lesquels les systèmes naturels de la Terre continueront à subir des perturbations.

Des équipes de scientifiques sont en concurrence acharnée pour faire de nouvelles découvertes génétiques qui permettront de soigner des maladies et de créer des médicaments qui rapporteront des milliards de dollars. Nous ne devons pas pour autant oublier de consulter l'autre pendule qui mesure l'échelle du temps, car les avancées révolutionnaires dans l'étude du vivant nous apportent de nouvelles connaissances qui vont bientôt faire de nous l'agent essentiel de l'évolution.

En raison du nouveau pouvoir que les 7 milliards d'humains que nous sommes exercent de manière collective avec nos nouvelles technologies, notre consommation effrénée et notre dynamisme économique surdimensionné, certains des changements écologiques que nous impulsons vont se dérouler, nous disent les experts, sur l'échelle du temps géologique qui dépasse les limites de l'imagination humaine. Sur les 90 millions de tonnes de pollution mondiale que nous envoyons dans l'atmosphère chaque jour et qui contribuent au réchauffement climatique, le quart sera toujours là dans 10 000 ans, à retenir la chaleur.

Quand on réfléchit à « ce qui est » et à « ce qui devrait être », on se trouve confronté à une véritable énigme existentielle. Bien que nous soyons incapables d'imaginer les échelles de l'évolution et qu'il nous soit difficile de comprendre le déroulement géologique du temps, nous sommes néanmoins en train d'en devenir le moteur principal.

L'idée que l'histoire humaine soit caractérisée par les progrès qui s'accomplissent d'une époque à une autre n'est pas, contrairement à ce qui a été souvent avancé, une invention des Lumières. L'explosion de la philosophie dans la Grèce ancienne a marqué le début des méditations sur l'avenir de l'humanité. Au cours du IVe siècle avant J.-C., Platon a décrit le progrès comme « un processus continu, qui améliore la condition humaine depuis son état de nature pour atteindre des niveaux de culture de plus en plus élevés, et parvenir à une organisation économique ainsi qu'à une structure politique nous conduisant à un état idéal. Le progrès évolue à la fois avec la complexité croissante de la société et avec le besoin de connaissance, grâce au développement des sciences et des arts ».

Au IVe siècle après J.-C., saint Augustin, qui citait fréquemment Platon, a écrit : « L'éducation de la race humaine représentée par le peuple de Dieu a progressé comme celle des individus à travers les différentes époques, ou mieux, tout au long de l'éternité, afin de pouvoir progressivement s'élever des nourritures terrestres aux nourritures spirituelles et du visible à l'invisible. »

Beaucoup d'individus prennent le Tao de la Chine ancienne pour un guide leur permettant de progresser en traçant leur propre chemin. Or, sa conception du progrès n'a rien à voir avec la conception occidentale. Mohammed al-Ghazali, un philosophe musulman du XIe siècle, a écrit que l'islam enseigne qu'« un travail sincère réalisé en vue du progrès et du développement tient par conséquent du culte religieux et se voit récompensé comme tel. Le résultat final sera un travail sérieux, scrupuleux et parfait, un véritable progrès scientifique et donc un véritable accomplissement, complet et équilibré ».

Dès les premières années de la Renaissance, la redécouverte de la branche aristotélicienne de la philosophie de la Grèce antique – qui avait été préservée à Alexandrie et réintroduite en Andalousie – a entraîné un vif intérêt pour les héritages matériels et philosophiques d'Athènes et de Rome. Ce passé retrouvé a alimenté des rêves qui se concrétisèrent dans les Lumières, à une époque où est apparu un consensus reconnaissant que le progrès fondé sur la laïcité est le modèle dominant au cours de l'histoire humaine.

Les découverts de Copernic, Galilée, Descartes, Newton et de tous ceux qui ont été à l'origine de la révolution scientifique ont contribué à faire accepter l'idée que, quels que soient le rôle ou les plans de Dieu, la connaissance rendait le progrès inévitable dans les sociétés humaines. Francis Bacon, qui, plus que tout autre, a donné au mot « progrès » toute sa force en décrivant par ce terme une cité parfaite dévolue à l'essor des sciences et des technologies, fut aussi l'un des premiers à écrire sur le progrès humain. Il insistait tout particulièrement sur la nécessité de soumettre, de dominer et de contrôler la matière, comme si nous étions aussi séparés de la nature que l'esprit l'était du corps selon Descartes.

Des siècles plus tard, cette erreur philosophique attend toujours d'être corrigée. En supposant de façon tacite que nous sommes séparés de l'écosystème de la planète, nous sommes fréquemment surpris par les phénomènes qui prouvent que nous entretenons avec lui des relations inextricables. Avec la croissance exponentielle de notre civilisation, nous avons de plus en plus de mal à les accepter.

L'héritage culturel qui influence toujours la méthode scientifique est réducteur. En effet, en divisant et subdivisant à l'infini les buts des recherches et les travaux d'analyse, nous prenons le risque de développer une expertise trop spécialisée alors qu'il ne faut pas perdre de vue que nous sommes dans un processus interconnecté. En concentrant notre attention sur des parties toujours plus infimes *de* l'ensemble, nous prenons le risque de porter moins d'attention *à* l'ensemble et de ne pas comprendre les phénomènes imprévisibles qui sont issus des interconnexions et des interactions des innombrables réseaux. C'est ce qui explique que les projections linéaires du futur sont si souvent erronées.

Une nouvelle vision du passé et de l'avenir

L'invention de nouveaux outils plus performants et la soif de découverte – y compris des continents riches – nous ont amenés à voir le monde d'une façon entièrement nouvelle et passionnante, ce qui nous donnait une vision de l'avenir toujours optimiste. Au XVIIe siècle, en imaginant, en fabriquant et en utilisant de nouvelles lentilles pour microscope (qui avait été inventé en Hollande moins d'un siècle avant), Antonie Van Leeuwenhoek a découvert simultanément de nouvelles cellules et de nouvelles bactéries. C'est, d'après la majorité des historiens, grâce à un dispositif optique utilisant des lentilles connu sous le nom de *camera obscura* que son ami de Delft Johannes Vermeer a révolutionné la technique du portrait.

Au moment où la révolution scientifique continuait à s'accélérer et où la révolution industrielle commençait à produire ses premiers effets, l'idée de progrès a amélioré les conceptions de l'avenir qui avaient cours. Quelques années avant sa mort, Thomas Jefferson a écrit à propos des évolutions de tous ordres dont il avait été témoin au cours de sa vie : « Personne ne peut dire où s'arrêtera le mouvement du progrès. Toutes les améliorations que nous découvrons font reculer la barbarie ; un jour, elle finira par disparaître de la surface de la Terre. »

Quatre ans après la mort de Jefferson, la publication à partir de 1830 des *Principes de géologie*, le chef-d'œuvre de Charles Lyell, a bouleversé l'opinion dominante sur la relation de l'humanité au temps. Dans le monde judéo-chrétien, l'idée que la Terre n'avait que quelques milliers d'années et que les êtres humains avaient été créés peu de temps après sa naissance était largement répandue et admise. Or, Lyell fit la démonstration indiscutable que notre planète avait en réalité plusieurs millions d'années (nous le savons aujourd'hui, 4,5 milliards). En rétablissant la vérité sur le passé, il avait également redéfini la vision de l'avenir. Son travail influença Charles Darwin qui, jeune homme, avait lu les livres de Lyell sur le *Beagle* avant de découvrir plus tard les principes de l'évolution.

La révélation de Lyell sur l'ancienneté de notre planète inspira en symétrie des rêves lui permettant d'imaginer un monde où les progrès humains pourraient atteindre des sommets. Jules Verne, qui appartenait à la génération suivante, inventa des fusées emportant des passagers sur la Lune, un sous-marin évoluant au fond des océans, et une expédition humaine allant explorer le cœur de la Terre.

L'optimisme exubérant du XIXe siècle fut tempéré par les excès de la révolution industrielle. Il fut ravivé dans les premières années du XXe siècle avec l'émergence d'un mouvement fondé sur l'idée que les gouvernements devaient être attentifs aux problèmes engendrés par l'industrialisation, sans négliger ses avantages, et que tout progrès devait s'accompagner d'une politique sociale. On commença à voir l'avenir de manière plus sereine quand on se rendit compte que la révolution scientifique et technologique donnait corps à ce que Jules Verne et ses successeurs avaient imaginé.

Le XXe siècle a été marqué par deux guerres mondiales et l'assassinat programmé de millions d'individus par des dictateurs diaboliques et au pouvoir démesuré, qui, à la tête de régimes totalitaires de gauche comme de droite, ont voulu mettre en pratique l'idée qu'ils se faisaient du progrès et de l'avenir de l'humanité. Avec le cauchemar de l'Holocauste, les atrocités de Staline et de Mao devenus à jamais des symboles du mal, et les moyens horribles auxquels ces hommes pervers et aux intentions les plus viles eurent recours pour atteindre leurs objectifs, l'avenir cessa d'être radieux.

Après la Seconde Guerre mondiale, le monde prit conscience, avec horreur, de la façon dont ces gouvernements totalitaires avaient su utiliser les nouvelles technologies de communication. La radio et le cinéma étaient devenus des outils de propagande efficaces pour manipuler et convaincre, faisant fi de tout sentiment d'humanité, des millions de gens de les suivre vers un destin infâme. À cela s'ajouta la course à l'arme atomique, épée de Damoclès suspendue au-dessus de la civilisation. Le malaise, l'inquiétude et la peur s'ajoutaient à la prise de conscience que le progrès, les inventions et les technologies puissantes pouvaient aussi apporter le malheur.

Les romans d'anticipation d'Aldous Huxley, de George Orwell et de H. G. Wells remplacèrent ceux de Jules Verne. On courait au cinéma pour découvrir des monstres dévastateurs surgissant du passé réveillés par des rayons atomiques ou des créatures maléfiques issues de manipulations génétiques, ayant échappé à leurs créateurs, ou bien des robots malintentionnés débarquant des temps futurs ou de planètes inconnues… Une façon d'annoncer la destruction prochaine de l'humanité !

Qui sommes-nous ? C'est la question que nombre d'entre nous se posent aujourd'hui. Pour Aristote, la nature d'une chose est définie par sa fin. Si nous sommes forcés d'envisager la possibilité que nous serons peut-être les maîtres d'œuvre de notre propre disparition en tant que civilisation, il faut alors impérativement savoir comment nous pouvons répondre à cette interrogation, en tant qu'espèce, afin de connaître notre nature essentielle. Un chercheur a reformulé cette question : la combinaison d'un pouce opposable et d'un néocortex suffit-elle à garantir une forme de vie durable sur Terre ?

Notre inclination naturelle pour une vision saine et optimiste de l'avenir est difficile à concilier avec les inquiétudes qui nous rongent et que beaucoup expriment simplement en disant que tout ne va pas bien dans le meilleur des mondes, et que notre futur risque de menacer des valeurs humaines que nous chérissons le plus. En d'autres termes, l'avenir jette maintenant une ombre sur le présent. Certes, il est réconfortant de faire preuve d'optimisme, mais cela s'apparente souvent à de l'incantation ou à la prière. Je crois aussi au vieux dicton africain qui conseille d'agir après avoir prié. Autrement dit, il ne sert à rien de se déclarer optimiste si on ne s'engage pas. La passivité ne peut rien faire pour notre avenir.

Certes, ceux qui perçoivent les périls qui nous menacent et qui sont déterminés à agir finissent souvent par éprouver un sentiment d'impuissance. Pour prendre l'exemple du climat, ils modifient leurs propres comportements et habitudes afin de réduire leur impact sur l'environnement, ils s'expriment en prenant la parole et avec leur bulletin de vote, mais ils ont l'impression que tout cela n'a que peu d'impact, car la machine planétaire que nous avons construite pour nous apporter le progrès va maintenant si vite qu'elle semble échapper totalement au contrôle de l'homme. Où sont les leviers sur lesquels il faut tirer et les boutons qu'il faut pousser ? Y a-t-il un gouvernail ? Et, si c'est le cas, nos mains et nos bras auront-ils assez de force pour actionner les manettes ?

Plus d'une décennie avant de publier *Faust*, dans son poème *L'Apprenti sorcier*, Goethe raconte la mésaventure d'un jeune apprenti qui devait nettoyer l'atelier de son maître. Seul et livré à lui-même, il voulut utiliser un de ses sortilèges pour donner la vie à son balai. Ce dernier animé, le jeune homme se rendit compte qu'il était incapable de l'arrêter. Affolé, cherchant à tout prix à mettre fin à l'activité frénétique de l'objet qui s'agitait de plus en plus, il le brisa d'un coup de hache, ce qui le fit se multiplier, chaque moitié se transformant en nouvel instrument de folie. C'est le maître, à son retour, qui mit fin au désordre.

Les déçus du capitalisme démocratique

Il faut être bien naïf pour croire que les peuples peuvent encore prendre des décisions importantes leur permettant de maîtriser la machine planétaire que nous avons nous-mêmes mise en marche. Cette idée fait sourire ceux qui depuis longtemps ont choisi de mettre leur avenir dans la main invisible du marché plutôt que dans celle de l'homme. Le pouvoir de décision concernant notre avenir est en train de passer, à une vitesse accélérée, des systèmes politiques aux marchés, alors que des technologies toujours plus puissantes viennent renforcer cette main invisible et que les muscles de la gouvernance démocratique se sont atrophiés.

Pour ceux qui ont su accumuler d'immenses fortunes en profitant de la déréglementation incontrôlée, cette voie est la bienvenue. En effet, beaucoup d'entre eux ont utilisé leurs énormes moyens pour accréditer l'idée que les institutions démocratiques sont passées de mode, ou, mieux encore, que quand elles fonctionnent, elles créent de dangereuses interférences avec les marchés et avec les progrès technologiques nécessaires. L'alliance idéologique du capitalisme et de la démocratie représentative, qui a porté tant de fruits en apportant et en garantissant la liberté, la paix et la prospérité, est victime du pouvoir de la finance. Celui-ci ne se contente plus de la sphère économique dans laquelle il évoluait. Il vient maintenant empiéter sur celle de la démocratie.

Bien que les marchés n'aient pas leur égal pour collecter, traiter et utiliser d'énormes flux d'informations de manière à prendre des décisions qui leur permettent d'optimiser leurs moyens en agissant sur l'offre et la demande, leur système d'information est plutôt brut. En effet, il est dénué d'opinion, de caractère, de personnalité, incapable de sentiments, d'émotions, d'amour ou de foi. Ce ne sont que des chiffres. Par ailleurs, quand la démocratie fonctionne d'une manière saine, elle est tout à fait capable, à partir des discussions et des échanges entre citoyens et en se plaçant sur un plan complètement différent, de donner des avis et de faire des choix en fonction de leurs prédispositions, de leur expérience de la vie, de leur sagesse et de leur créativité. Elle est porteuse de rêves et d'espoirs pour le futur. Lorsqu'on accepte que la richesse démesurée déforme, dégrade et corrompe le processus démocratique, nous nous privons nous-mêmes de l'occasion d'utiliser le « dernier bel espoir » de trouver la voie de la durabilité pour l'humanité dans le chaos et le malstrom des bouleversements les plus importants auxquels la civilisation ait jamais été confrontée.

Aux États-Unis, beaucoup se sont réjouis de voir s'étioler notre système de gouvernance et ont même mis en avant le fait qu'il nous fallait renoncer à peser sur notre propre destinée par les voies de la démocratie. Certains ont même recommandé, en plaisantant à moitié, qu'on réduise la forme et la capacité d'action du gouvernement. Pourquoi ne pas le jeter avec l'eau du bain ? Ils ont mobilisé des hommes politiques pour que ceux-ci poussent le gouvernement à servir avant tout les intérêts de la machine planétaire. Ils ont recruté une cinquième colonne dans le quatrième pouvoir et embauché une légion de lobbyistes afin de bientôt bloquer toutes les décisions collectives destinées à servir l'intérêt public. Comme beaucoup l'ont écrit, ils semblent même croire sincèrement que « l'intérêt public » n'existe pas.

La nouvelle configuration du Congrès sert les intérêts particuliers qui participent au financement des campagnes, notamment pour l'achat d'espaces publicitaires, qu'il s'agisse de candidats sortants ou de challengers. Cela ne répond plus aux inquiétudes et aux problèmes du peuple des États-Unis. Ceux que l'on appelle encore les « représentants » sont en fait, pour la grande majorité d'entre eux, les représentants d'entreprises et de généreux investisseurs, et non plus des citoyens qui vivent réellement dans leurs circonscriptions.

Plus que jamais le monde a besoin de valeurs fondées sur une profonde réflexion et clairement affirmées. Il lui faut retrouver aussi le leadership des États-Unis bâti sur ces critères ; or, plus que jamais l'absence d'une alternative viable fait cruellement défaut. Le déclin de la démocratie états-unienne est allé de pair avec la dégradation de la pensée collective, ce qui a conduit à des décisions politiques stupides sur des problèmes pourtant d'une importance cruciale. La communauté planétaire s'est alors retrouvée à la dérive alors qu'elle est confrontée à la nécessité de réagir sans attendre, et avec intelligence, aux implications des six changements fondamentaux pour notre monde dont ce livre est l'objet. Si nous voulons préserver notre avenir et faire en sorte qu'il ne soit plus perçu comme lourd de menaces et source d'inquiétudes, il est urgent que la démocratie américaine reprenne sa place. La nécessité d'un leadership, celui des États-Unis ou d'un autre État, est indispensable pour comprendre et gérer ces bouleversements.

L'émergence d'un réseau numérique, qui est un des six facteurs du changement évoqués plus haut – permettant à la plupart des habitants de la planète, où qu'ils se trouvent, d'échanger opinions et sentiments –, est la plus grande source d'espoir que le fonctionnement sain de démocratie et la prise de décision collective puissent encore être restaurés. L'humanité sera alors en mesure de mener une réflexion en commun afin de trouver une voie saine et sûre pour son avenir.

Le capitalisme peut servir le monde mieux que n'importe quel autre système économique, à condition qu'il soit réformé et prenne réellement en compte le développement durable. Cela dit, il est impératif de mettre en œuvre des changements difficiles mais nécessaires dans la relation entre l'entreprise humaine et les systèmes écologiques et biologiques de la Terre. En travaillant ensemble, le capitalisme et des institutions démocratiques irréprochables et durables peuvent nous permettre de préserver l'avenir. Il nous faut donc réfléchir clairement à la façon dont ces deux outils essentiels peuvent être remis en état et profondément réformés.

La structure de ces systèmes de gouvernance et les méthodes dont nous disposons pour mesurer le progrès – ou bien son absence –, si elles sont loin d'être parfaites, ont une influence profonde sur les décisions que nous prenons et qui engagent le monde futur. Les choix économiques que nous faisons pour assurer la « croissance » dépendent en grande partie du sens que nous donnons à ce mot. Ainsi, comme l'impact de la pollution n'est absolument pas pris en compte dans nos estimations et nos calculs, il ne faut pas s'étonner de voir la qualité de notre environnement mise à mal à ce point.

Si les systèmes que nous utilisons pour reconnaître et mesurer le profit sont fondés sur une définition relativement étroite – par exemple, les projections trimestrielles des gains par actions ou bien les statistiques trimestrielles du chômage qui n'incluent pas les gens qui ont renoncé à chercher un emploi, ceux qui ont été contraints d'accepter d'importantes diminutions de salaire pour continuer à travailler ou bien ceux qui, pour vivre, gâchent leurs journées à faire cuire des hamburgers alors que leurs connaissances ou leur niveau d'expérience pourraient être utilisés de manière bien plus efficace –, nous obtenons une représentation imparfaite et partiale d'une réalité d'une tout autre dimension. Quand on s'habitue à faire des choix importants pour l'avenir à partir d'une information biaisée qui nous induit en erreur, il est évident que les décisions prises sont le plus souvent à côté de la plaque et loin de répondre à nos attentes.

Les psychologues et spécialistes des neurosciences ont étudié un phénomène appelé « l'attention sélective », une tendance chez les individus qui se concentrent intensément sur une image à oublier les autres images pourtant présentes dans leur champ de vision.

Ce n'est pas uniquement par curiosité, par goût ou en fonction de nos habitudes que nous choisissons ce sur quoi nous portons notre attention, mais aussi en fonction des outils d'observation, des technologies et des systèmes auxquels nous faisons confiance et qui, en mettant l'accent sur certaines choses, en obscurcissent d'autres, au point que nous finissons par les ignorer complètement. En d'autres termes, les outils que nous utilisons peuvent engendrer des erreurs en fonction de notre attention sélective.

Ainsi, les méthodes et les procédures mises en œuvre pour mesurer la valeur économique d'un pays, plus connue sous le nom de produit national brut (PNB), prennent en compte certains critères et en excluent d'autres de façon totalement arbitraire, si bien que, lorsque nous évaluons la situation économique à travers la loupe du PNB, nous retenons tout ce qui est pris en compte et avons tendance à oublier ce qui n'entre pas dans les calculs. Le mathématicien et philosophe britannique Alfred North Whitehead a donné à cette obsession du calcul le nom de *misplaced concreteness* ou réification[1].

Prenons une métaphore. Le spectre électromagnétique est souvent représenté comme un rectangle long et fin, divisé en segments de couleurs variées qui représentent différentes longueurs d'ondes de l'énergie électromagnétique – avec, selon l'usage, les plus basses, à gauche, comme celles qu'on utilise pour la radio, puis les micro-ondes, les infrarouges, les ultraviolets, les rayons X, les rayons gamma et d'autres encore, jusqu'aux radiations de très hautes fréquences à l'extrémité droite du rectangle.

La seule lumière visible par l'œil humain est la partie très fine de l'ensemble du spectre située au milieu du rectangle. Puisque c'est normalement le seul « instrument » dont nous disposons

1. La réification consiste à transformer ou à appréhender un concept comme quelque chose de concret. (*N.d.T.*)

pour « voir » le monde, nous avons toutes les raisons de penser que 99,9 % de ce spectre nous échappe.

Si nous nous équipons d'outils complémentaires pour améliorer notre vision naturelle et « voir » le reste du spectre, nous pouvons alors améliorer notre compréhension de ce monde qui nous entoure en recevant et en interprétant beaucoup plus d'informations. Pendant les huit années que j'ai passées à la Maison Blanche, six jours par semaine, j'entamais ma journée par un long *debriefing* à partir des travaux de la communauté du renseignement sur tout ce qui concernait la sécurité nationale et les intérêts vitaux des États-Unis. Ces informations donnaient un tableau beaucoup plus juste et plus complet de ce qui apparaissait à première vue sous la forme d'une réalité très complexe, exactement comme s'il m'était donné de voir l'ensemble du spectre.

Je suis très étonné du quasi-consensus sur l'opinion, largement répandue dans le monde des affaires, selon laquelle les marchés sont « courts sur le long et longs sur le court », c'est-à-dire qu'il faut se concentrer avant tout sur les objectifs à très court terme plutôt que sur ceux à long terme, ce qui est pour le moins incohérent. Si les chefs d'entreprise privilégient la rentabilité immédiate et les responsables politiques leur réélection plutôt que les investissements sur l'avenir et les intérêts à long terme du pays ; si les récompenses, gratifications, primes et revenus sont attribués en fonction des résultats à court terme, il ne faut pas s'étonner qu'ils prennent des décisions pour obtenir un bénéfice immédiat, au détriment d'une vision globale de l'avenir. Le système de motivation et le calcul des primes de résultats étant généralement conçus ainsi, ils ne font que renforcer cette mauvaise appréciation des choses et pénalisent la plupart des PDG et des entreprises qui osent opter pour des stratégies portant sur une vision du futur. Le « court-termisme » est malheureusement une vision répandue depuis longtemps dans l'esprit des dirigeants d'entreprise comme dans celui des gouvernements, et c'est bien cet aspect qui domine aujourd'hui.

Pour décrire cette pratique qui consiste à travailler en matière de stratégie, de budgets et d'objectifs commerciaux sur des périodes de trois mois, on parle volontiers aujourd'hui de « capitalisme trimestriel ». Il consiste à répondre aux estimations et aux attentes des marchés qui surveillent l'évolution et les rendements des actions. En se concentrant sur une notion de « croissance » qui ne tient compte ni de l'état de santé des salariés, ni de l'impact de leur activité sur l'environnement, ni du bien-être des communautés où sont installées leurs entreprises, les investisseurs et les chefs d'entreprise choisissent implicitement d'ignorer la réalité en refusant de prendre en compte tout ce qui rend leur développement insoutenable.

De la même façon, la domination de l'argent dans la politique d'aujourd'hui – en particulier aux États-Unis – nous a conduits à ce que l'on pourrait appeler « démocratie trimestrielle ». Tous les quatre-vingt-dix jours, les élus qui ont l'intention de se représenter sont tenus de rendre public le montant de leurs collectes d'argent au cours du trimestre écoulé. Il en est de même pour leurs challengers. Avant la date butoir, on assiste à des événements en cascade, des sollicitations par courriel et des appels téléphoniques pour collecter un maximum de fonds. Cela me fait penser au poisson-globe qui se gonfle d'eau lorsqu'il sent son territoire menacé par un congénère.

L'héritage de l'évolution nous a rendus vulnérables à de nombreux stimuli qui déclenchent la pensée à court terme. Certes, nous avons aussi la capacité de penser à long terme, mais cela nécessite un effort. Les neuroscientifiques nous disent que tous les processus que l'on met en place pour avoir une vision à long terme peuvent facilement être perturbés par les divertissements, le stress et la peur. On peut donc comprendre que les responsables politiques, qui vivent sous la pression constante, aient une telle vision lorsque leur mandat a une ligne d'horizon rapprochée et ne se préoccupent pas de la forme que prendra notre futur.

Cette attitude est particulièrement risquée pendant une période de changements intensifs comme celle que nous vivons actuellement. Aujourd'hui, nous sommes en mesure de faire des prévisions tout à fait fiables en nous appuyant sur des faits et des observations du passé. Pour prendre un exemple clair, on ne risque pas de se tromper en annonçant que le nombre de puces électroniques devrait continuer à augmenter rapidement.

La baisse rapide du coût du séquençage de l'ADN nous permet de prévoir que cette tendance va également continuer à façonner notre avenir. Nous savons que c'est l'accumulation des gaz à effet de serre dans le passé qui a provoqué le réchauffement de la planète. Nous pouvons donc affirmer, sans risque d'erreur, que si nous continuons à augmenter les émissions au même rythme, la température de la planète augmentera de même.

L'ancien modèle auquel l'humanité était accoutumée depuis si longtemps doit faire place à une toute nouvelle configuration. L'ampleur et la vitesse des bouleversements nous perturbent car nous sommes habitués à des changements progressifs et linéaires.

Mais parfois, ils se préparent dans l'ombre, à notre insu jusqu'à ce que les turbulences, signes de mutations profondes, aient pris assez d'importance pour éclater. C'est le moment où une configuration du monde laisse la place à une autre, entièrement nouvelle. Cette « émergence » d'un changement systémique, souvent difficile à prévoir, se produit pourtant fréquemment à la fois dans la nature et dans les systèmes complexes conçus par l'homme.

Beaucoup de ceux qui ont passionnément imaginé le monde futur se concentrent aujourd'hui uniquement sur leurs stratégies immédiates en matière financière, politique et sécuritaire. Alors que la révolution scientifique s'accélérait pendant la dernière partie du XXe siècle, ceux qui étaient chargés d'élaborer les plans des entreprises, comme les experts en matière de stratégie militaire, craignant que de nouvelles découvertes scientifiques et technologiques ne viennent menacer les intérêts stratégiques – ou l'existence même – du modèle entrepreneurial et de l'équilibre géopolitique, se sont attachés à construire des scénarios alternatifs pour le futur.

Quelle est notre conception actuelle de l'avenir ? Comment notre image du futur influence-t-elle les choix que nous faisons aujourd'hui ? Pouvons-nous croire encore qu'il est possible de donner forme à notre avenir collectif sur Terre ? Sommes-nous en mesure de choisir un scénario qui préservera nos valeurs les plus profondes et rendra la vie meilleure qu'elle ne l'est de nos jours ? Ou bien doutons-nous du futur de l'humanité ?

Si l'on décidait de dresser un tableau du passé, du présent et du futur, sur un rectangle semblable au spectre électromagnétique, la naissance de la planète Terre, il y a 4,5 milliards d'années, se situerait à l'extrémité gauche. En se déplaçant progressivement vers la droite et en comptant les années jusqu'à aujourd'hui, on découvrirait l'apparition de la vie (3,8 milliards d'années), la vie multicellulaire (2,8 milliards d'années) et les premiers végétaux (475 millions d'années). Puis les premiers vertébrés (plus de 400 millions d'années) et les premiers primates (65 millions d'années). Enfin, à l'extrémité droite du rectangle, nous découvririons la mort du Soleil dans 7,5 milliards d'années.

Sur le spectre du temps, c'est un espace extrêmement étroit, situé légèrement sur la gauche de la partie centrale, qui représente l'histoire de l'espèce humaine, plus fin encore que ce que peut voir l'œil humain d'après le spectre électromagnétique. Nous devrions réfléchir bien davantage à ces gigantesques périodes de temps passé et à venir.

Nous avons de bonnes raisons d'être optimistes pour ce qui concerne l'avenir. Pour le moment, la guerre et la pauvreté semblent diminuer. Certaines maladies redoutables ont été dominées et d'autres sont maîtrisées. La durée de la vie augmente. Les niveaux de vie et les revenus moyens pondérés de l'ensemble du monde s'améliorent. La connaissance et l'alphabétisation s'étendent. Les outils et les technologies que nous développons – et en particulier les communications avec Internet – gagnent en puissance et en efficacité. Enfin, la compréhension générale de notre monde et de notre univers (ou plutôt notre *multivers* !) s'est accrue de façon exponentielle.

Jadis, on a pu se demander si les limites de notre développement et de notre réussite en tant qu'espèce risquaient de menacer notre avenir, à moins d'être relancés par de nouveaux progrès – comme la révolution verte dans la seconde moitié du XXe siècle. Nous sommes en train d'assister à l'arrivée simultanée d'un ensemble de phénomènes négatifs, dont on se passerait volontiers, et positifs, que nous accueillons avec plaisir. Cela n'est pas sans effet sur la façon dont nous les percevons. D'une manière générale, nous n'avons pas envie d'accorder beaucoup d'attention aux tendances qui sont source d'inquiétude parce que nous n'avons aucun plaisir à les étudier. Or, pour justifier notre inaction, ce sont précisément les incertitudes que nous invoquons et dont nous continuons à nier la réalité, malgré les preuves tangibles de leur existence. La prédisposition au pessimisme peut nous empêcher de voir les vraies raisons d'espérer qui nous permettront de trouver le chemin à prendre si nous voulons éviter ou affronter les périls qui nous menacent. Pour ma part, je suis optimiste car je crois à notre capacité à mettre nos forces en commun pour réfléchir aux périls indiscutables qui approchent à grands pas, et à prendre la mesure des changements profonds qui sont en cours. Je garde au cœur l'espoir que nous choisirons de préserver et protéger les valeurs humaines, en particulier contre les conséquences destructrices provoquées par nos instincts les plus bas, conséquences qui sont, en outre, amplifiées par des technologies d'une puissance que nous n'avons jamais connues jusqu'à ce jour, et que même Jules Verne n'aurait pu imaginer. J'ai fait de mon mieux, en m'appuyant sur des faits indéniables, pour décrire de manière scrupuleuse tout ce qui doit nous conduire, tous ensemble et en toute conscience, à faire des choix d'une importance capitale. Ce n'est pas l'angoisse qui me guide, mais ma confiance en l'avenir.

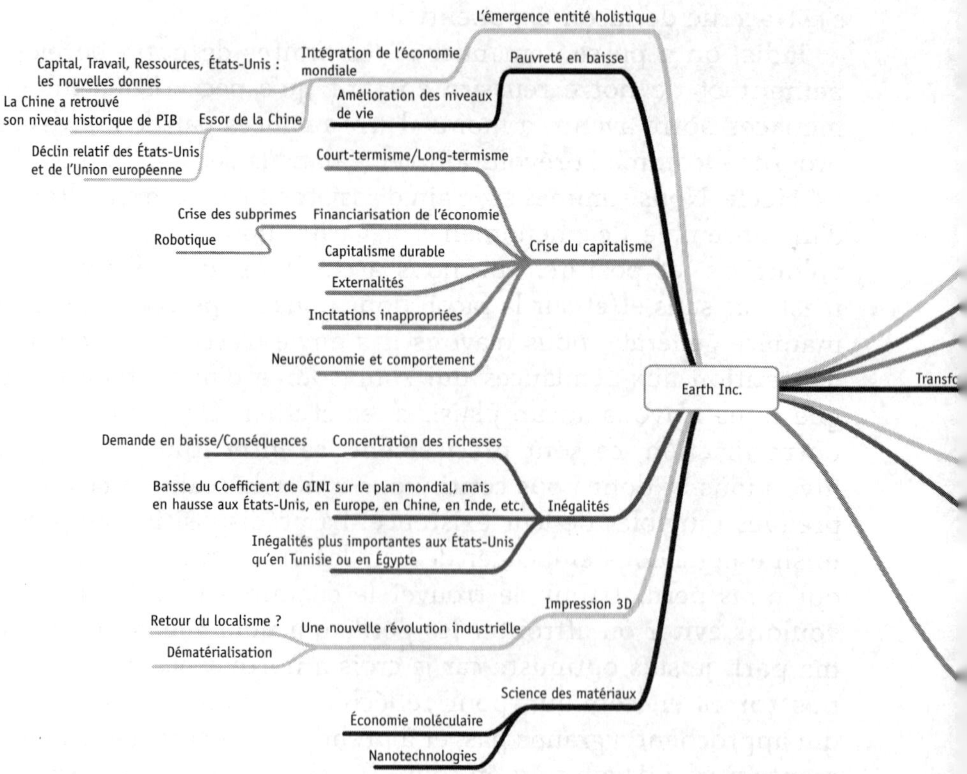
L'émergence entité holistique
Intégration de l'économie mondiale
Capital, Travail, Ressources, États-Unis : les nouvelles donnes
Pauvreté en baisse
Amélioration des niveaux de vie
La Chine a retrouvé son niveau historique de PIB
Essor de la Chine
Déclin relatif des États-Unis et de l'Union européenne
Court-termisme/Long-termisme
Crise des subprimes
Financiarisation de l'économie
Robotique
Capitalisme durable
Crise du capitalisme
Externalités
Incitations inappropriées
Neuroéconomie et comportement
Earth Inc.
Transfo
Demande en baisse/Conséquences
Concentration des richesses
Baisse du Coefficient de GINI sur le plan mondial, mais en hausse aux États-Unis, en Europe, en Chine, en Inde, etc.
Inégalités
Inégalités plus importantes aux États-Unis qu'en Tunisie ou en Égypte
Impression 3D
Retour du localisme ?
Une nouvelle révolution industrielle
Dématérialisation
Science des matériaux
Économie moléculaire
Nanotechnologies

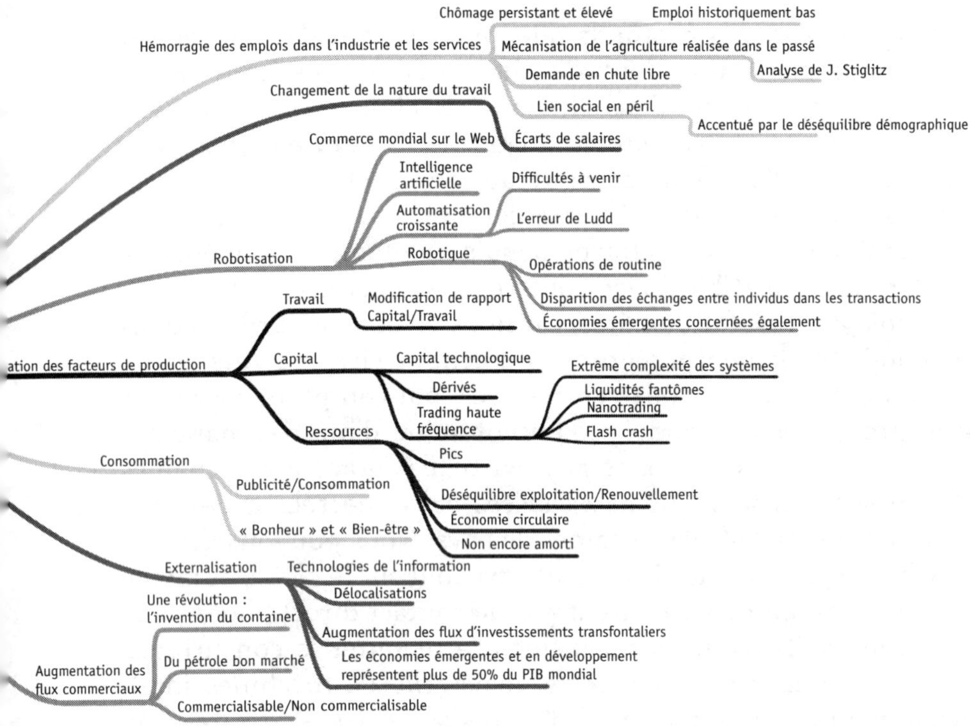
Chômage persistant et élevé
Emploi historiquement bas
Hémorragie des emplois dans l'industrie et les services
Mécanisation de l'agriculture réalisée dans le passé
Analyse de J. Stiglitz
Demande en chute libre
Changement de la nature du travail
Lien social en péril
Accentué par le déséquilibre démographique
Commerce mondial sur le Web
Écarts de salaires
Intelligence artificielle
Difficultés à venir
Automatisation croissante
L'erreur de Ludd
Robotisation
Robotique
Opérations de routine
Disparition des échanges entre individus dans les transactions
Économies émergentes concernées également
Travail
Modification de rapport Capital/Travail
ation des facteurs de production
Capital
Capital technologique
Extrême complexité des systèmes
Dérivés
Liquidités fantômes
Nanotrading
Trading haute fréquence
Flash crash
Ressources
Pics
Consommation
Publicité/Consommation
Déséquilibre exploitation/Renouvellement
Économie circulaire
« Bonheur » et « Bien-être »
Non encore amorti
Externalisation
Technologies de l'information
Délocalisations
Une révolution : l'invention du container
Augmentation des flux d'investissements transfontaliers
Les économies émergentes et en développement représentent plus de 50% du PIB mondial
Augmentation des flux commerciaux
Du pétrole bon marché
Commercialisable/Non commercialisable

1

Earth Inc.

Les changements profonds qui sont en train de bouleverser l'économie planétaire n'ont rien de commun avec tout ce qui s'est produit jusqu'ici dans l'histoire de l'humanité. Cela tient à leur ampleur et à la vitesse à laquelle ils surviennent. Nous vivons aujourd'hui dans un nouveau cadre, celui de *Earth Inc.*[1]. Les politiques nationales, les stratégies régionales et les théories économiques qui nous étaient depuis longtemps familières ne sont plus compatibles avec tout ce que nous ont apporté les technologies révolutionnaires, car nous vivons aujourd'hui dans le monde totalement intégré et interactif de l'hyperconnectivité.

De nombreuses grandes entreprises, qui comptent parmi les plus prospères du monde, produisent aujourd'hui des marchandises dans des usines planétaires virtuelles grâce à des chaînes d'approvisionnement dématérialisées et connectées à des centaines d'autres dans des dizaines de pays. Nous pouvons acheter de plus en plus en plus de produits, partout sur le globe, et même des services qui ne nécessitent pas de contact direct ; quant aux travailleurs, ils n'ont plus seulement à redouter la concurrence des salariés d'autres continents, mais celle de machines intelligentes interconnectées avec d'autres systèmes et des réseaux informatiques.

Avec le développement brutal et phénoménal de l'informatisation du travail et ce qu'on appelle habituellement l'automatisation, nous sommes face à deux changements fondamentaux et simultanés :

1. La délocalisation des emplois organisée par les économies industrielles vers les pays émergents et/ou en voie de développement disposant d'une main-d'œuvre abondante et bon marché.

1. Terme pour la première fois utilisé par Buckminster Fuller en 1973. Dans le sens que lui donne Al Gore, il s'agit de l'« Entreprise Terre ». Nous conserverons ici le terme américain. (*N.d.T.*)

2. Le développement de la robotique, qui permet de remplacer de manière implacable la présence humaine par des processus mécanisés, des logiciels performants, et des machines de toutes formes et de toutes tailles. L'intelligence artificielle dont elles sont dotées, certes encore rudimentaire, ne cesse toutefois de progresser et d'améliorer leur efficacité, leurs fonctionnalités et leur puissance.

La mutation de l'économie planétaire tient davantage de l'émergence d'un phénomène et d'un modèle complètement nouveaux, dont l'importance doit moins être appréciée comme simple agrégation des éléments qui la constituent, que pour la puissance qu'elle représente dans son ensemble. Ce qui en fait sa nouveauté, c'est qu'elle ne repose plus seulement sur l'addition d'économies régionales et nationales communiquant entre elles comme elles l'ont fait durant des siècles, mais sur une entité globale dont l'hyperconnectivité, les configurations inédites et les dynamiques internes lui donnent une force et une puissance réellement extraordinaires. Si les échanges commerciaux sont toujours plus importants entre les pays qui ont des frontières communes, l'économie planétaire dans son ensemble a constitué un tissu bien plus solide et plus efficace qu'il ne l'a jamais été auparavant même si l'on bâtit des murs aux frontières pour empêcher les mouvements de populations.

À l'instar des treize colonies américaines de l'Amérique du Nord qui ont *émergé* en formant un tout à la fin du XVIIIe siècle – et des États fortifiés dans les villes italiennes qui ont fini par se réunir pour constituer une nation dans la seconde moitié du XIXe siècle –, l'ensemble monde a maintenant aussi *émergé* sous la forme d'une pure entité économique qui se dirige à grande vitesse vers une intégration totale. C'est du moins une réalité dans les univers du commerce, de l'industrie, de la science et pour tout ce qui concerne l'extension rapide des nouvelles technologies permettant de générer de nouvelles activités commerciales à travers le monde.

Nos vies sont encore essentiellement régulées par les gouvernements et les politiques que ceux-ci mettent en œuvre, et nous avons encore tendance à nous comporter, sur les plans psychologique et identitaire, comme à l'époque de notre adolescence alors que – au moins sur le plan économique – ce monde est en train de disparaître.

Ce moteur du changement auquel on donne parfois à tort le nom trop vague de « mondialisation » ne marque pas seulement la fin d'une époque et le début d'une autre, mais aussi l'émergence d'une réalité entièrement nouvelle à laquelle les êtres humains que nous sommes doivent s'accoutumer. On a considéré que les délocalisations et la robotique – qui ont fait l'objet d'études approfondies par de nombreux groupes d'experts en économie, en science politique et en nouvelles technologies – étaient deux phénomènes parfaitement distincts alors qu'ils représentent deux faces d'un même courant gigantesque.

Dans les pays développés, ce séisme a eu pour conséquence de privilégier les revenus du capital au détriment de ceux du travail et de convaincre les travailleurs que leurs salaires n'augmenteront plus.

Dans la première moitié du XXe siècle, les conflits sociaux qui se produisaient dans les entreprises où les travailleurs étaient suffisamment organisés avaient pour origine la demande d'une répartition équitable des revenus du capital et du travail. Mais les nouvelles capacités de la technologie changent la donne pour ce qui concerne l'organisation du travail et la distribution des revenus. Les batailles de jadis, qui étaient l'objet d'un jeu à somme nulle, semblent aujourd'hui dépassées et ne font plus peur aux entrepreneurs, pleinement conscients qu'ils ont deux options à leur portée, l'une consistant à fermer l'usine et à délocaliser les emplois, et l'autre à remplacer les travailleurs par des robots et des systèmes automatisés.

Les ouvriers américains ou européens victimes de licenciements ne voient pas la différence entre automatisation et délocalisation. Mais, pour les entrepreneurs, les effets de la robotique *et* de la délocalisation se cumulent pour améliorer sensiblement les résultats financiers – à condition que les infrastructures des pays concernés disposent de ces nouvelles technologies.

Les dirigeants politiques vénèrent l'augmentation de la productivité parce qu'elle serait synonyme de progrès. Ils refusent cependant de voir les répercussions de ce processus sur l'emploi même si, dans l'économie de demain, le rôle clé du travail dans la société est de plus en plus remis en question. Il faut savoir que l'accélération implacable de la connectivité de l'économie mondiale, qui repose à la fois sur l'automatisation et la délocalisation dans les économies émergentes, entraîne maintenant le développement de la robotique dans ces pays et, de fait, la destruction des emplois créés auparavant par les délocalisations.

Il faut être conscient des grandes différences entre les investissements financiers réalisés par des sociétés occidentales pour délocaliser des usines et ce que les économistes appellent le « capital technologique » – en fait, des choix financiers qui, certes, améliorent les résultats, mais qui aussi, avec le temps, détruisent de très nombreux emplois à la fois dans les pays occidentaux et dans les pays émergents. Les populations, au départ, sont ravies de bénéficier de ces nouvelles opportunités qui leur permettent d'améliorer leurs revenus et leur niveau de vie, jusqu'à ce qu'elles demandent à leur tour des augmentations de salaire. Les individus risquent alors d'être remplacés par des robots toujours plus perfectionnés et de moins en moins chers que les entrepreneurs peuvent se procurer grâce aux profits engrangés avec les délocalisations. Ainsi, le fabricant chinois de produits électroniques Fexcom a annoncé en 2012 que, dans les deux années à venir, il installerait un million de nouveaux robots dans ses usines.

L'intégration croissante de Earth Inc., d'une part, et l'introduction progressive de machines intelligentes interconnectées, d'autre part, ont produit des effets positifs. En d'autres termes, ces deux tendances, l'augmentation de la robotique et l'hyperconnectivité de l'économie mondiale alimentées par le commerce et la finance, se renforcent mutuellement.

Le progrès technologique et la robotique sont la plupart du temps considérés uniquement comme destructeurs massifs d'emplois et donnant naissance à un univers où les robots remplacent généralement les hommes et les femmes.

Cependant, on voit encore plus fréquemment que les machines intelligentes en réseau – tout en accomplissant les tâches de production pour lesquelles une importante main-d'œuvre était auparavant nécessaire – améliorent la productivité du petit nombre de travailleurs nécessaire pour les faire fonctionner et améliorer leur efficacité. Il faut alors récompenser le savoir-faire qui leur permet de maîtriser et d'optimiser les nouvelles technologies en augmentant les salaires, ce qui nous confirme que la robotique permet de remplacer les tâches d'un autre âge par de nouveaux métiers beaucoup plus gratifiants.

Aujourd'hui, les choses changent. Nous nous attaquons à la partie abrupte de la courbe du progrès technologique et à ses conséquences, à savoir des suppressions massives d'emplois dans un grand nombre d'entreprises et de sites industriels. De plus, beaucoup de travailleurs manquent de la formation indispensable pour assurer les fonctions, par exemple en arithmétique décimale, nécessaire au fonctionnement de nombreux robots.

De nombreuses entreprises en ligne se créent grâce à Internet en recrutant des salariés vivant dans des pays éloignés, payés moins chers mais dont l'efficacité n'est pas mise en cause. Gary

Swart, le PDG d'oDesk, une des sociétés de courtage d'emplois en ligne les plus performantes, raconte que les demandes se font de plus en plus nombreuses, « y compris pour ce qui concerne les métiers d'avocats, de comptables, de cadres de la finance, voire de directeurs ». L'automatisation commence à avoir aussi des répercussions sur le journalisme. Narrative Science, entreprise fondée par deux directeurs de l'Intelligent Information Laboratory de la Northwestern University, est tout à fait capable de fournir des articles pour des journaux et des magazines grâce à des algorithmes qui analysent des données statistiques à partir d'événements sportifs, de rapports financiers et d'études réalisées par le gouvernement. Un de ses cofondateurs, Kristian Hammond, également professeur à l'école de journalisme Medill, m'a appris que l'entreprise se développait rapidement dans de nombreux domaines de l'information. Le PDG, Suart Frankel, a déclaré de son côté que les quelques individus qui travaillent pour eux sont devenus des « méta-journalistes » dont le rôle consiste à concevoir les modèles, les cadres et les angles dans lesquels l'algorithme va insérer les données et produire le texte. « Ils sont ainsi en mesure d'écrire des millions d'articles au lieu d'un seul », dit-il.

Les effets cumulatifs du développement et de l'extension rapide des machines intelligentes ainsi que les délocalisations des emplois dans les pays à bas salaires accroissent encore les inégalités des revenus et de la richesse nette – non seulement dans les États développés, mais également dans les économies émergentes. Ceux qui perdent leur travail disposent de toujours moins de revenus alors que ceux qui bénéficient de l'augmentation de la valeur du capital technologique voient leurs profits augmenter.

Un fossé planétaire des richesses

Le pouvoir toujours plus important de la technologie entraîne de fait un accroissement des inégalités. Ce n'est pas une vue de l'esprit, mais une réalité toujours plus forte. Le capital technologique étant chaque jour plus apprécié que la valeur du travail, un petit nombre d'individus, qui ne cesse d'augmenter, s'accapare la plus grande part des revenus issus de la production. Une élite s'enrichit pendant que ceux dont les revenus s'amenuisent sont toujours plus nombreux.

Dans la majorité des pays industriels, la richesse se concentre au sommet. Il en va de même dans les nations émergentes comme la Chine et l'Inde (l'Amérique latine est l'exception). Les progrès technologiques ont permis des transferts massifs d'emplois industriels – et maintenant de services – vers les pays à bas salaires et ont réduit les différences sur le plan planétaire, dans un premier temps au moins. Mais, quand on regarde de près ce qui se passe dans chaque pays, on constate que les disparités continuent à augmenter de manière régulière, qu'il s'agisse des salaires ou du revenu net, avec une tendance plus marquée en Chine et en Inde qu'aux États-Unis ou en Europe. Selon l'ONG Save the Children, le fossé n'a cessé de s'accroître pendant les vingt dernières années et a culminé en 2012.

Au cours du dernier quart de siècle, le coefficient de Gini, qui mesure les écarts des revenus dans une société donnée sur une échelle de 0 à 100 (0 signifie la parfaite égalité, chacun disposant du même revenu, et 100 l'inégalité totale, c'est-à-dire que l'on suppose qu'une personne reçoit tout le revenu produit par le pays et que le reste de la population ne reçoit rien), est passé de 35 à 45 aux États-Unis, en Chine de 30 à 40, en Russie de 25 à 40 et au Royaume-Uni de 30 à 36. Ces chiffres calculés sur le plan national cachent des réalités bien plus préoccupantes sur l'échelle des salaires. D'après l'OCDE (Organisation de coopération et de développement économique), en Inde, les 10 % des salaires les plus élevés sont plus de douze fois supérieurs aux 10 % les plus bas alors qu'il y a seulement vingt ans ils n'étaient multipliés que par six.

Il faut savoir qu'aux États-Unis l'inégalité croissante des salaires et de la richesse nette a été provoquée par des modifications législatives et fiscales qui favorisent les plus hauts revenus, notamment la suppression de certaines taxes sur les successions et sur les revenus d'investissements tombées aujourd'hui à 15 %, son niveau historique le plus bas. Quand le taux d'imposition est nettement plus faible sur les revenus du capital que sur ceux du travail, la richesse des investisseurs augmente de manière naturelle.

On estime qu'aux États-Unis 50 % des revenus de tous les capitaux sont redistribués à un millième des individus les plus riches, et qui représentent 1 % de la population. L'idéologie politique actuelle, qui soutient ce système, considère que ces investisseurs fortunés doivent être considérés comme des « créateurs d'emplois » et récompensés comme tels, alors que le développement de la robotique et la multiplication des délocalisations, quels que soient leurs effets bénéfiques, sont destructeurs d'emplois.

Il est intéressant de noter que les inégalités sont aujourd'hui plus importantes aux États-Unis qu'en Égypte ou en Tunisie.

Le mouvement Occupy Wall Street s'est déclenché pour protester contre la concentration des richesses détenues par 1 % de la population, qui est à elle seule plus riche que 99 % du reste des individus. Les 400 Américains les plus riches – tous milliardaires – disposent de revenus plus importants que les 150 millions de leurs concitoyens qui représentent 50 % du bas de l'échelle. Les cinq enfants et l'une des belles-filles de Sam et Bud Walton (fondateurs de Wal-Mart) détiennent à eux seuls plus de richesses que les 30 % d'Américains les plus pauvres.

Sur une base annuelle, les calculs indiquent que 1 % d'individus reçoivent aujourd'hui presque 85 % du montant des salaires versés aux États-Unis. Ce chiffre a progressé de 12 % en un quart de siècle. Alors que le revenu après imposition de l'Américain moyen ne s'est élevé que de 21 % au cours des vingt-cinq dernières années, le revenu des 0,1 % qui sont au sommet de la pyramide a augmenté de 400 % sur la même période.

À présent que la délocalisation des emplois industriels, agricoles et de services progresse au rythme des innovations technologiques révolutionnaires qui ne cessent d'améliorer la productivité, il devient urgent de trouver de nouvelles sources de revenus.

En 2011, l'investissement cumulé dans les pays industriels du reste du monde a été multiplié par huit au cours des trente dernières années, passant de 5 à 40 % du PIB. Alors qu'on estime que le PIB mondial va augmenter de presque 25 % dans les cinq ans à venir, on s'attend à voir les flux de capitaux internationaux continuer leur progression et augmenter trois fois plus vite que le PIB.

Le montant des investissements réalisés dans les autres pays industriels augmente aussi fortement. De 1980 à 2011, dans les pays occidentaux comme les États-Unis, il est passé de 5 à 30 % du PIB, ce qui a eu pour conséquence, au moins en partie, de supprimer des emplois mais aussi d'en créer de nouveaux. Les constructeurs automobiles étrangers, par exemple, emploient aux États-Unis près de 500 000 personnes avec des salaires supérieurs de 20 % à la moyenne nationale.

Les compagnies étrangères comptent dans leur main d'œuvre plus de 5 millions de citoyens américains, auxquels s'ajoutent les emplois créés par leurs sous-traitants. Ainsi, même si la Chine domine aujourd'hui la fabrication de panneaux solaires, les États-Unis ont une balance commerciale positive avec la Chine dans le marché du solaire parce qu'ils exportent du polysilicium et du matériel de fabrication perfectionné.

Cela dit, la révolution de l'économie mondiale a déjà provoqué une redistribution complète des rôles et des influences respectifs des États-Unis, de l'Europe, de la Chine et d'autres économies émergentes. L'activité économique chinoise, qui ne représentait qu'un tiers de celle des États-Unis il y a seulement dix ans, la dépassera dans la prochaine décennie pour devenir la plus grande du monde. En effet, ce pays a déjà supplanté l'Amérique pour ce qui est de la production manufacturière, de ses placements garantis, de ses exportations, de sa consommation d'acier, de sa consommation d'énergie, de ses émissions de CO_2, de ses ventes de voitures, des nouveaux brevets accordés aux résidents, et de la téléphonie mobile. Elle compte deux fois plus d'utilisateurs d'Internet. L'éveil de la Chine est aujourd'hui le symbole le plus fort de la nouvelle configuration de l'économie mondiale, qui est en train de remplacer celle qui a été depuis si longtemps associée à la domination des États-Unis.

Les conséquences de ce bouleversement de l'économie mondiale commencent à se faire sentir. Les chiffres du chômage et du sous-emploi sont anormalement élevés et persistants, et la chute de la demande de biens et de services se poursuit dans les économies où la consommation a pourtant toujours été forte. On ne peut plus mettre cette situation sur le compte du cycle bien connu d'alternance de périodes de récession et de relance analogues au mouvement des marées, qui créent des emplois puis en détruisent. On explique toujours les créations et les destructions de pans entiers d'emplois par des facteurs cycliques, mais, malgré tous leurs efforts, presque tous les pays industriels semblent plus que jamais perplexes, voire impuissants, face au problème du chômage même s'ils essaient de créer des emplois permettant d'obtenir des salaires corrects, et se battent pour trouver de quoi remplacer la demande de biens et de services dans l'espoir de provoquer voire consolider une autre phase de reprise économique.

Aux États-Unis, la dernière décennie est la seule, depuis le krach de 1929 et la Grande Dépression, qui a vu le solde net de création d'emplois au niveau zéro. Au cours de la même période, l'augmentation de la productivité a été plus forte que lors de n'importe quelle autre décennie depuis les années 1960. Tout comme la productivité, les résultats financiers des entreprises se sont très fortement améliorés alors que le chômage a très peu diminué. Les investissements en matériel et en logiciels des entreprises états-uniennes ont augmenté de presque 36 % alors que les emplois du secteur privé seulement de 2 %. Le fait que les commandes de nouveaux robots industriels en Amérique du Nord aient progressé de 41 % est très significatif.

La technologie de pointe contribue fortement à l'amélioration de la puissance économique relative de pays en voie de développement et émergents et permet la poursuite de l'intégration de l'économie. En 2013, pour la première fois de l'époque moderne, le PIB de ce groupe de pays qui s'intègrent à l'économie mondiale depuis les années 1980 dépassera celui des pays industriels. Certes, l'incapacité sous-jacente de ces pays à maintenir la stabilité sociale et à relever les défis posés par leurs méthodes de gouvernance et les problèmes de corruption risquent à tout moment d'interrompre cette tendance. Mais les moteurs technologiques qui entraînent cette ascension sont puissants et peuvent très bien contribuer fortement au changement gigantesque qui affecte l'équilibre du pouvoir économique mondial, voire le consolider. Après la crise de 2008, c'est d'ailleurs en grande partie les économies émergentes qui ont permis de faire repartir la croissance mondiale. Du fait qu'ils forment un groupe, ils se développent beaucoup plus vite que les économies développées. Certains analystes mettent toutefois en doute la durabilité de leurs taux de croissance, en affirmant que tôt ou tard ces économies, quel que soit le rythme de leur croissance, connaîtront à leur tour de gigantesques pertes d'emplois au profit de machines intelligentes, tout comme dans les pays occidentaux.

La plupart des populations et des dirigeants politiques des pays industriels avancés continuent à expliquer la disparition d'emplois à salaires intermédiaires simplement par la délocalisation des entreprises et se gardent d'évoquer la cause sous-jacente, pourtant bien réelle, celle des liens entre les délocalisations et l'automatisation. Cette erreur de diagnostic a conduit à des débats conflictuels entre ceux qui plaident pour diminuer les salaires, imposer des restrictions commerciales, mettre à mal le pacte social entre anciennes et nouvelles générations, riches et pauvres, et alléger les impôts de ceux qui investissent afin de les encourager à construire d'autres usines en Occident.

Ces débats stériles sur les politiques en matière d'emploi trouvent leur écho dans des discussions elles aussi sans intérêt à propos de l'influence possible des politiques nationales sur les flux de capitaux. La nature et le volume de leurs mouvements dans une économie globalisée toujours plus étroitement interconnectée évoluent considérablement depuis l'arrivée des supercalculateurs et des logiciels algorithmiques sophistiqués qui aujourd'hui pilotent la plus grande partie des transactions financières, non sans quelques effets nocifs et probablement destructeurs à très court terme. Ce bouleversement entraîne à la fois un haut niveau de volatilité et des effets de contagion dans l'ensemble de l'économie mondiale, comme l'ont démontré les importantes perturbations qui se propagent à grande vitesse sur la planète, et affectent les marchés.

Toujours plus vite

Le séisme qui a affecté brutalement le marché du crédit à partir de l'année 2008 et la récession mondiale qui a suivi ont entraîné la destruction de 27 millions d'emplois dans le monde. Une année plus tard, on a pu apercevoir les signes d'une timide reprise avec une activité qui augmentait progressivement, mais sans retrouver le nombre d'emplois existant dans les pays industriels avant la crise. De nombreux économistes ont expliqué ce phénomène par le comportement des entrepreneurs qui, au lieu d'embaucher, ont profité de cette période pour se doter de nouvelles technologies.

Les produits exotiques gérés par ordinateur comme ceux qui ont mené à la crise mondiale représentent maintenant des flux dont la valeur nominale est vingt-trois fois plus importante que la totalité du PNB mondial. Ces prétendus produits dérivés s'échangent maintenant quotidiennement dans des volumes quarante fois plus grands que l'ensemble des transactions journalières des places boursières de la planète. De plus, la valeur estimée des produits dérivés est aujourd'hui treize fois plus importante que l'addition des plus grands marchés d'obligations et d'actions.

On a encore en tête l'image traditionnelle de la Bourse avec la corbeille où des gens hurlent et s'invectivent en agitant frénétiquement les mains... Or, le pouvoir des individus sur le flux des capitaux des marchés mondiaux est aujourd'hui quasi nul. Les échanges sont dominés par des mécanismes ultrarapides à très haute fréquence réalisés par des ordinateurs et ceux-ci ont représenté aux États-Unis plus de 60 % du total des échanges effectués au cours de l'année 2009. En 2012, ils étaient du même niveau en Europe et aux États-Unis. Aujourd'hui, c'est sur ce plan-là que les grandes places boursières sont en compétition. Jugez-en : le London Exchange a récemment fait une campagne publicitaire pour mettre en avant sa capacité à réaliser une transaction en 124 microsecondes. Bientôt, grâce à des algorithmes plus élaborés, elles s'effectueront en nanosecondes, ce qui pour certains experts augmentera encore les risques de perturbation des marchés.

John Cartlidge, un expert des transactions automatisées de l'université de Bristol, a récemment déclaré que l'augmentation de la vitesse des échanges nous conduit dans un monde dominé par un marché financier mondial qui échappe à toute compréhension théorique. Dans la première semaine du mois d'octobre 2012, un simple « algorithme mystère » a décidé seul de 4 % (soit environ 20 millions de dollars par séance) de tous les ordres enregistrés à la Bourse de New York, en utilisant 10 % de toute la bande passante réservée au Nasdaq. Il a ensuite disparu sans avoir effectué la moindre transaction. Il se mettait en marche à l'ouverture de la séance et s'arrêtait à la clôture après avoir passé des ordres d'achat dont l'annulation s'effectuait dans la milliseconde. Pour certains experts, il s'agissait de tester ses capacités et, pour d'autres, de créer un déséquilibre entre les acteurs du marché en ralentissant les vitesses de données pour avantager les opérations réalisées par les supercalculateurs.

La vitesse de transmission de l'information a toujours joué un rôle essentiel sur les marchés. Il en est ainsi depuis plus de deux siècles, à l'époque où les propriétaires de la banque Rothschild avaient utilisé des pigeons voyageurs pour connaître l'issue de la bataille de Waterloo et la défaite de Napoléon, ce qui leur permit de faire fortune en vendant à découvert les obligations françaises. Cinquante ans plus tard, un investisseur américain a affrété des bateaux rapides pour connaître les résultats des batailles déterminantes de la guerre de Sécession américaine et réaliser la même opération en vendant à découvert des obligations de la confédération. Mais, de nos jours, l'obsession de la vitesse a atteint un niveau ridicule au point que les sociétés de trading installent leurs supercalculateurs à proximité immédiate des salles de marché comme s'ils risquaient, même à la vitesse de la lumière, d'être doublés par la concurrence, au cas où l'information prendrait trop de temps pour traverser la rue et passer d'un immeuble à l'autre.

Un ami de la Silicon Valley m'avait parlé il y a quelques années de l'opportunité d'investir dans un projet totalement inédit, la construction d'un câble en fibre optique assurant une communication directe entre le quartier d'affaires de Chicago – le Loop – et celui de la Bourse de New York à Mahwah dans le New Jersey. Il promettait de gagner trois millisecondes sur le temps de transmission requis pour couvrir 1 200 kilomètres, en passant de 16,3 à 13,3 millièmes de seconde. L'avantage que représentent ces trois millièmes pour les traders se trouvant à l'autre bout du câble est si énorme qu'il faut payer une fortune pour y avoir accès. On est en train de construire sur le même trajet un tout nouveau système de micro-ondes aux performances encore meilleures, si ce n'est qu'il est légèrement moins fiable quand les conditions météorologiques ne sont pas bonnes.

La fonte de la calotte glaciaire a fait naître un nouveau projet pour assurer un flux ultrarapide des informations financières entre Tokyo et New York *via* un câble en fibre optique posé au fond de l'océan Arctique. Trois autres ont été installés pour assurer la communication entre le Japon et l'Europe en passant par l'Arctique, et un nouveau câble transatlantique dont la construction est évaluée à 300 millions de dollars pour faire gagner 5,2 millièmes de seconde entre New York et Londres.

La dépense de 300 millions de dollars pour gagner quelques millièmes de seconde n'est qu'un minuscule exemple d'investissements autrefois alloués à des activités de production et aujourd'hui utilisés pour ce que de nombreux experts appellent la financiarisation de l'économie. Aux États-Unis, la part de l'activité consacrée au secteur financier a doublé depuis 1980, en passant de 4 à plus de 8 % aujourd'hui.

Une partie de cette augmentation colossale correspond aux énormes investissements qui ont financé l'explosion de la technologie de l'information jusqu'au mois d'avril 2000, et l'autre à l'augmentation des prêts hypothécaires qui ont accompagné la montée de la bulle immobilière jusqu'en 2008. Pourtant, même après son explosion, la finance a pris une part de plus en plus importante du PIB et cela n'a jamais cessé. Ce bouleversement historique a été impulsé par la puissance des supercalculateurs et des algorithmes pour élaborer des produits dérivés exotiques ainsi que par le gouvernement qui a capitulé devant le lobby de la finance et décidé d'assouplir la réglementation qui freinait leurs performances.

On estime que 82 % des dérivés sont des produits exotiques basés sur les taux d'intérêt, presque 11 % sur les contrats de change, et environ 6 % sur les dérivés de crédit. Moins de 1 % est donc basé sur les prix des matières premières. Mais le volume total des flux est tel que, pour prendre un exemple, les marchés dérivés sur le pétrole négociés au cours d'une journée ordinaire pèsent quatorze fois plus que le marché physique. Le prix du brut n'est en effet plus dicté par l'offre et la demande, mais par les mouvements de capitaux sur des contrats financiers.

En théorie, ces flux à gros volume transmis par des ordinateurs à haute fréquence sont justifiés parce qu'ils amélioreraient la liquidité et l'efficacité des marchés. De nombreux économistes et banquiers estiment que les importants flux de capitaux représentés par les dérivés contribuent réellement à la stabilité des marchés sans augmenter le risque systémique en partie parce que les banques retiennent des garanties correspondant à un fort pourcentage de leurs transactions. D'autres, en revanche, font remarquer que cette opinion est fondée sur l'affirmation maintenant obsolète qu'il est toujours préférable de disposer de liquidités – elle-même reposant sur deux théories qui font partie du « modèle standard » discrédité depuis longtemps : que les marchés ont tendance à s'orienter vers l'équilibre (sans jamais y parvenir) et que « l'information parfaite » se réfléchit implicitement dans le comportement collectif du marché (ce qui n'est pas le cas). Le Prix Nobel d'économie Joseph Stiglitz a expliqué que les transactions à haute fréquence ne produisent que de « fausses liquidités » ou des « liquidités fantômes ». Le trading haute fréquence représenterait donc bien un risque systémique. Il est par ailleurs le symbole du dévoiement des marchés, centrés sur eux-mêmes et sur le très court terme, livrés aux automates, sans visibilité pour les investisseurs ni contribution à l'économie réelle.

Le défi de la complexité

Contrairement aux transactions des actions et obligations, celles des produits dérivés sont complètement et totalement dérégulées. Cela augmente les risques de volatilité, en particulier quand le volume quotidien de transferts électroniques arrive à dépasser fréquemment le total des réserves des banques centrales de tous les pays avancés. En pratique, le remplacement progressif des êtres humains par des machines électroniques dans des volumes qui n'ont rien à voir avec la valeur réelle des échanges et qui tient davantage du casino, a contribué à l'importance du séisme qui affecte l'économie mondiale en donnant à tort au capital le rôle d'un agent de production fiable et efficace.

Il y a deux raisons de penser qu'en confiant la gestion des flux de capitaux de l'économie mondiale à des supercalculateurs qui prennent des décisions à la microseconde, nous faisons peser un risque systémique sur les marchés. La complexité du système engendre des anomalies importantes et très perturbantes causées par une forme d'« harmonie algorithmique », qui fait réagir les ordinateurs instantanément et simultanément aux opérations qui se produisent, plutôt qu'aux réalités du marché. Le système est si complexe, du fait de l'hyperrapidité des opérations et des connexions sophistiquées des logiciels, qu'un être humain n'aurait pas assez de l'éternité pour comprendre et éventuellement résoudre les problèmes constatés.

On n'a pas oublié ce qui s'est passé à la Bourse de New York le 6 mai 2010, lorsque l'indice a chuté de mille points puis est remonté d'autant en seize minutes, sans raison apparente. Il n'y avait en effet pas la moindre information concernant l'activité économique susceptible de déclencher ou d'expliquer une chute de cette amplitude dans un laps de temps aussi court. En l'espace de quelques minutes, 862 milliards de dollars se sont envolés. L'indice Dow Jones a perdu 10 % d'un coup. Peu avant 15 heures, les cours se ressaisirent, mais pas en totalité puisque Wall Street a fini la journée en chute de 3,2 %. Le *Times* a rapporté ces mots d'un trader : « Nous avions l'impression de nous trouver dans la quatrième dimension. » Il a fallu cinq mois de travaux intensifs aux spécialistes pour comprendre ce qui avait causé ce *Flash Crash*, selon le nom qui a été donné à ce phénomène jusque-là inconnu. Ce sont des ventes en cascade déclenchées mécaniquement par de nombreux ordinateurs et logiciels de courtage ultrarapides qui ont créé un effet domino totalement incontrôlable jusqu'à cette chute phénoménale des valeurs.

Joseph Stiglitz, qui faisait partie de ce groupe de travail, a proposé quelques recommandations pour qu'un tel *Flash Crash* ne se reproduise plus. Sa suggestion que les offres d'achat ou de vente restent ouvertes pendant au moins *une seconde* lui a valu les foudres des dirigeants de la finance très attachés à ce nouveau modèle de gestion des affaires. Affolés, ils expliquèrent qu'une règle aussi stricte mettrait l'économie mondiale à genoux et rejetèrent sa proposition.

La crise financière de 2008 qui a affecté le marché mondial trouve d'abord son origine dans une catégorie particulière de produits dérivés, les prêts hypothécaires à risques et des créances titrisées couvertes par des produits exotiques qui se révélèrent illusoires. Les supercalculateurs ont découpé et trituré les prêts hypothécaires pour les transformer en produits dérivés de telle façon qu'aucun être humain ne pouvait comprendre et que, encore une fois, l'automatisation poussait et encourageait l'achat de ces produits dans le monde entier.

On se rendit compte, mais un peu tard, de leur valeur réelle et de leur toxicité. Ils furent alors réévalués à la baisse, ce qui fit éclater la bulle immobilière et déclencha la crise. Le fait qu'ils étaient intriqués dans une toile complexe et se mélangeaient à d'autres transactions et produits financiers gérés par ordinateur (dont des obligations adossées à des actifs, ou CDO) entraîna la crise du crédit, une remise en question fondamentale du capital en tant que facteur de production pour l'économie mondiale, et une ruée sur les banques. S'ensuivit l'immense crise financière qu'on appelle aux États-Unis la « Grande Récession » avec toutes les conséquences contre lesquelles nous nous battons encore aujourd'hui.

Il se trouve que, lorsque ces dérivés se sont installés, puis développés de manière spectaculaire, le seul rôle qui restait aux êtres humains dans le processus était la signature à apposer sur chaque contrat qui avait fait l'objet d'un examen attentif, titrisé, puis tamponné du fameux AAA attribué par des agences de notation corrompues et complices, et enfin mis en circulation.

Comme l'ont révélé les procès qui suivirent, cette signature apposée obligatoirement par des individus de chair et de sang pénalisait l'extrême rapidité des supercalculateurs. On embaucha alors du personnel pour contrefaire la signature des gestionnaires de crédit au rythme de cent fois par minute, sans accorder évidemment la moindre attention au contenu des documents. On a appelé cette méthode la « signature robotisée », ce qui illustre parfaitement son imbrication avec la robotique et la délocalisation.

Depuis l'année 2000 et jusqu'à la crise de 2008, le commerce de produits dérivés avait augmenté à une moyenne de 65 % par an, ce qui a permis aux banques américaines de gagner environ 35 milliards de dollars chaque année. On a toutes les raisons de croire qu'ils vont bientôt reprendre leur progression et que les banques vont de nouveau exercer leur lobbying en finançant les campagnes électorales dans l'espoir d'une régulation de moins en moins contraignante.

Le monde en interaction

Cette accélération sans précèdent de l'économie planétaire est due à une conjonction de facteurs correspondant simultanément à la chute du communisme et à l'arrivée de l'économie libérale dans les anciens pays de l'URSS, ainsi qu'à l'ouverture et à la modernisation de la Chine sous Deng Xiaoping (processus qui n'a cessé de s'accélérer avec la croissance et la montée de la puissance économique du pays), avec tous les bouleversements technologiques révolutionnaires que nous avons connus dans les transports, la communication et l'information.

À cela s'ajoute l'ouverture des barrières douanières avec la libéralisation du commerce mondial qui commença avec le GATT (General Agreement on Tariffs and Trade ; en français : Accord général sur les tarifs douaniers et le commerce), un accord de libre-échange dont le but était d'harmoniser les politiques douanières signé par vingt-trois pays après la Seconde Guerre mondiale, dont la dernière étape s'est située en 1994 et qui a abouti à la création de l'Organisation mondiale du commerce (OMC). Les flux du commerce international ont été multipliés par dix au cours des trente dernières années, passant de 3 000 à 30 000 milliards annuels, et continuent à augmenter à un taux plus rapide de moitié que la production mondiale.

Bien avant, l'humanité avait connu d'autres étapes importantes qui avaient fait progresser l'activité économique de notre monde et changé sa configuration. Les voyages courts et pourtant célèbres du légendaire amiral et eunuque chinois Zheng He pendant le premier tiers du XVe siècle vers l'Afrique de l'Est annonçaient les Grandes Découvertes de Christophe Colomb dans le Nouveau Monde, de Vasco de Gama qui contourna le cap de Bonne-Espérance, de Cortés, de Pizzaro, et de tous les autres qui ont pu relier l'Europe, le Nouveau Monde et l'Asie.

Avant le développement des voies maritimes commerciales, l'établissement de l'Empire mongol au XIIIe siècle et la Pax Mongolica qui s'ensuivit ouvrirent la route de la soie, qui permit des mouvements de marchandises et un commerce sans précédent entre la Chine, l'Inde, l'Asie centrale, la France et l'Europe orientale. À cause de la peste noire au milieu du XIVe siècle et de l'affaiblissement de la domination mongole, la fermeture des routes entre l'Europe et l'Asie créa une fois de plus un goulet d'étranglement. Les flux de marchandises qui étaient sous le contrôle strict de Venise et de l'Égypte se dirigèrent alors vers le Moyen-Orient.

C'est en partie sous l'intense pression économique de l'Europe occidentale et au prix d'efforts courageux qu'on put découvrir des routes maritimes vers l'Inde et la Chine. L'afflux d'or et d'argent en provenance du Nouveau Monde, puis l'introduction du maïs et d'autres céréales en Europe et en Afrique modifièrent considérablement les rouages de l'activité économique mondiale et la productivité agricole s'améliora de manière spectaculaire.

Les historiens de l'économie expliquent que la production cumulée de la Chine et de l'Inde a représenté la moitié ou plus du PNB mondial depuis au moins l'an 1 jusqu'au début de la deuxième révolution industrielle, vers les années 1850. L'économie chinoise a été la plus puissante du monde en 1500 puis dans les premières années du XIXe siècle jusqu'au commencement de la guerre de l'Opium en 1839.

La domination des États-Unis et de l'Europe au cours des cent cinquante dernières années avait interrompu celle, beaucoup plus longue, de l'Asie qui pesait alors de manière significative dans le PNB mondial. Vint ensuite l'époque de la révolution industrielle, qui eut l'effet d'un véritable séisme, en particulier aux États-Unis, au Royaume-Uni et en Europe de l'Ouest et du Nord alors que les quatre cinquièmes de la population mondiale restaient loin derrière ce mouvement. Aujourd'hui, il est clair que c'est au tour de la Chine et d'autres pays émergents et en voie de développement de reprendre la tête. Avant le XIXe siècle, la répartition de la richesse mondiale était proportionnelle au nombre d'habitants qui vivaient dans les pays concernés, mais l'accroissement de la productivité qui a accompagné la révolution industrielle puis la révolution scientifique et technologique a permis l'accumulation de richesse bien plus rapidement en Occident, et c'est depuis que l'Orient a accédé aux nouvelles technologies que l'ancien modèle a entamé son retour.

Certains experts économiques expliquent que c'est grâce au capitalisme d'État que la Chine va devenir l'économie la plus puissante du monde et supplanter les États-Unis. Ils ajoutent que ce système d'organisation économique présente beaucoup plus d'avantages que le capitalisme libéral. Si cette explication était la bonne, les États-Unis pourraient se réconforter en se souvenant que des assertions de ce type – sur la prétendue supériorité d'un régime sur les autres – ont déjà été démenties à la fin des années 1950, quand l'URSS était perçue comme une menace à la fois économique et militaire, puis pendant les années 1970 et 1980 où l'on redoutait l'hégémonie japonaise.

Cependant, si, comme je le pense, c'est l'émergence de Earth Inc. qui est responsable de la redistribution des cartes, les choses sont aujourd'hui extrêmement différentes. Les pays comme l'Inde qui ont longtemps été empêtrés dans le bourbier de la grande pauvreté commencent à pouvoir exprimer leur potentiel immense avec de jeunes entrepreneurs qui communiquent avec leurs homologues des autres pays pour découvrir et développer des innovations de tous ordres.

Nous avons connu dans le passé les « centres d'expertise » où des groupes d'individus amélioraient leurs connaissances et leur pratique en échangeant leur expérience, leur savoir-faire et leur maîtrise d'une technologie particulière. Chacun d'entre eux progressait fortement et leur émulation donnait lieu à des innovations intéressantes. Dans un récent article du *New Yorker*, le journaliste canadien Malcolm Gladwell a évoqué ce que le travail et l'imagination des uns et des autres peuvent construire, en racontant ce qui est arrivé avec Samuel Crompton, un génie du Lancashire qui avait inventé en 1779 une machine à filer le coton, la *spinning mule*. Gladwell raconte que c'est grâce à d'autres cerveaux britanniques que son invention n'a cessé de se perfectionner : Henry Stowes, de Horwich, eut l'idée d'ajouter des roulettes en métal ; James Hargreaves, de Tottington, calcula la façon de régler l'accélération et la décélération de la roue ; William Kelly, de Glasgow, chercha à comprendre comment améliorer l'énergie hydraulique ; John Kennedy, de Manchester, adapta la roue pour qu'elle puisse fonctionner plus longtemps et finalement Richard Roberts, lui aussi de Manchester, constructeur de machines et maître en mécanique, réussit à automatiser entièrement le métier à filer en repensant la création originelle de Crompton pour la rendre plus exigeante, plus rapide et plus fiable. Les économistes, dit-il, affirment volontiers que ce sont des hommes comme ceux-là qui ont, avec leurs « micro-inventions »[1], donné naissance à des « macro-inventions » hautement productives et rémunératrices.

Quand la révolution industrielle commença à s'accélérer au Royaume-Uni pendant le XVIIIe siècle, les inventeurs, bricoleurs, forgerons et ingénieurs qui ne cessaient d'améliorer les technologies n'hésitaient pas à échanger leurs connaissances. La révolution qu'ils initièrent se limita d'abord à un pays, puis s'étendit progressivement dans toute la région de l'Atlantique nord.

Il est vrai que le concept de grappes technologiques a fait ses preuves. Les relations directes d'experts de haut niveau travaillant sur les mêmes projets technologiques sont toujours une manière des plus efficaces de faire progresser l'innovation. La Silicon Valley, située dans le nord de la Californie, est un des premiers exemples. Cependant, la connectivité qui existe maintenant au niveau mondial accélère l'application des nouvelles technologies dans davantage de domaines et conduit progressivement à des macro- et micro-inventions qui accélèrent le remplacement des êtres humains par des machines intelligentes connectées. C'est en

1. Les micro-inventions concernent l'amélioration des techniques existantes et les macro-inventions des créations de techniques radicalement nouvelles. (*N.d.T.*)

procédant ici ou là à de menus perfectionnements pour gagner en efficacité qu'on peut apporter des améliorations fondamentales dans des domaines d'activités donnés.

Changements mineurs, impacts majeurs

Considérons deux exemples pour illustrer ce point : l'un datant des années 1950, dans les derniers processus de mécanisation de l'agriculture ; le second, apparemment banal mais d'une grande importance, remontant aussi aux années 1950, à la fin de la révolution planétaire dans le domaine des transports, qui ont joué un rôle fondamental pour améliorer les niveaux de communication de l'économie mondiale.

Quand je passais mes vacances d'été dans la ferme familiale, j'aimais bien participer à ma façon aux travaux quotidiens. L'une de mes tâches consistait à aller chercher les œufs dans le poulailler lorsque les poules étaient sorties à la recherche de leur nourriture matinale. Moins de vingt ans plus tard, je découvris le processus d'automatisation que mon père avait mis en place. Je n'en revenais pas ! Il avait construit deux nouvelles cages, assez grandes pour accueillir chacune cinq mille volatiles selon le modèle standard qui se répandait à grande vitesse aux États-Unis. Les cages étaient équipées d'un grillage pour permettre aux animaux d'évoluer à leur guise, et d'un coin sombre où elles se retiraient pour pondre, juste au-dessus d'un tapis roulant. Les œufs étaient alors dirigés vers une trieuse rudimentaire, installée devant la ferme, où ils étaient délicatement déposés dans des boîtes. Une fois le carton plein, un autre prenait automatiquement sa place pour continuer la chaîne.

Par respect pour les poules qui avaient besoin d'un minimum de vie sociale, et pour qu'elles se sentent assez bien pour pondre tous les jours, on déposait des coqs dans les cages – à qui l'on avait donné au préalable une bonne dose de somnifères – à raison d'un animal pour cinq mètres carrés. Quand ils retrouvaient leurs esprits, après avoir marqué leur territoire, ils s'efforçaient de faire la joie de leurs congénères. Cette nouvelle organisation permettait d'augmenter la production, grâce à un système lumineux artificiel qui faisait croire aux pondeuses que le soleil se levait plusieurs fois par jour. J'avoue que cela me perturbait un peu. (Je tiens à signaler à l'attention des organisations de défense des droits des animaux que je ne m'occupe plus de poules ni de poulaillers aujourd'hui.)

Le plus étonnant, c'était qu'une seule personne suffisait pour gérer la production quotidienne de dix mille poules. En effet, pourquoi ne pas aller plus loin et se passer de toute intervention humaine ? Parfois, cette personne devait récupérer des œufs dont la coquille était fendillée ou bien, quand un problème mécanique venait interrompre la chaîne, il fallait intervenir pour coordonner le chargement des cartons dans les camions de livraison et en tenir la comptabilité.

Avec Internet et un logiciel simple, il est facile de suivre et de superviser l'ensemble, y compris le contrôle de la qualité, les plannings de passage des camions, les alertes signalant les rares interruptions de la chaîne et les interventions à distance pour la relancer. Une telle organisation permettrait de se passer de l'unique individu encore en place pour gérer l'ensemble du système.

Les gouvernements sont-ils capables de freiner ce genre d'évolutions pour empêcher les suppressions d'emplois ? Dans les années 1850, on constatait déjà aux États-Unis que certains métiers disparaissaient dans les exploitations agricoles, mais il était difficile d'imaginer la transformation qui se produirait au cours des décennies suivantes. Dans un discours prononcé le 30 septembre 1859, avant même d'être élu à la présidence, Abraham Lincoln avait souligné : « Les fermiers représentent la classe la plus importante. Ils doivent être l'objet de toute notre attention. Il est certain qu'en défendant leurs intérêts nous défendons les intérêts du plus grand nombre. C'est pourquoi la défense de leurs intérêts passera toujours avant celle des autres. »

Au moment de son investiture, le pourcentage d'employés agricoles était tombé de 90 % en 1789, à la naissance de la nation américaine, à moins de 60 %. L'année suivante, au printemps 1862, le président Lincoln créa le ministère de l'Agriculture, et six semaines plus tard il signait le Morrill Land Grant College Act (la loi de subvention destinée à établir des écoles d'agriculture) qui offrait des terrains aux États pour y construire des écoles d'agriculture et de mécanique ; tous les États s'y employèrent.

L'exode rural qui conduisait les hommes vers les villes dans l'espoir de trouver un emploi en usine modifia de manière considérable la nature du travail pour la grande majorité de la population américaine. Les réformes de la Progressive Era et plus tard du New Deal furent mises en œuvre afin de faire face aux conséquences humaines de cette évolution et des systèmes tels que les allocations chômage, la Sécurité sociale et les indemnités en cas d'incapacité de travail furent institués pour compenser les pertes de revenus.

Quand je fus élu vice-président, en 1993, il y avait en moyenne quatre services différents représentant le ministère de l'Agriculture dans chacun des trois mille comtés du pays, alors que les salariés agricoles ne représentaient plus que 2 % du total des emplois. En d'autres termes, la politique nationale volontariste et coûteuse menée pendant cent cinquante ans pour promouvoir l'agriculture ne parvint pas à empêcher la perte massive des emplois agricoles alors que ces mêmes politiques avaient permis une augmentation massive de la productivité. En réalité, aucune politique n'était en mesure d'empêcher les changements fondamentaux apportés par la technologie.

En fait, ce qu'on appelle aujourd'hui agriculture industrielle repose sur des systèmes en partie automatisés pour élever poulets, bétail, porcs et autres animaux – et pour les œufs dont la production mondiale a augmenté de 350 % au cours des cinquante dernières années. Avec 70 millions de tonnes annuelles, quatre fois plus que les États-Unis, la Chine est de loin le plus grand producteur. Quant à la viande de volaille, son commerce mondial a augmenté de 3 200 % sur la même période.

Les navires porte-conteneurs sont un autre exemple de bouleversement qui a affecté l'ensemble d'un secteur industriel. La révolution a commencé le 4 octobre 1957, le jour même où Spoutnik, le premier satellite artificiel, fut lancé par l'URSS. Malcolm McLean, un homme d'affaires de Caroline du Nord qui possédait une entreprise de transports, se demandait depuis presque vingt ans pourquoi les marchandises qui arrivaient dans les ports américains en provenance des pays étrangers étaient transportées dans des caisses et emballages aux dimensions et formes les plus diverses. Une fois sur le quai, il fallait les soulever un par un pour les trier, les classer et les charger dans les véhicules qui devaient en assurer la livraison sur leur lieu de destination ultime. L'idée de transporter le fret dans des conteneurs métalliques rectangulaires et d'une taille standard, qu'on pourrait facilement soulever pour les transférer des bateaux dans des trains ou des camions semi-remorques, germa dans son esprit.

McLean put expérimenter cette idée révolutionnaire au printemps 1956. Il installa un pont spécial sur un bateau assurant la liaison entre Newark et Houston avec 58 remorques détachées préalablement de la cabine et du châssis de leurs camions et chargées sur le bateau dans des compartiments adaptés. La réussite fut indiscutable. Dix-huit mois plus tard, il équipa tout un navire de manière qu'il transporte 226 conteneurs de Newark à Houston, où, au bout d'une semaine, ils étaient déposés sur le châssis des 226 camions prêts à partir une fois chargés. Depuis l'automne 1957, date à laquelle cette révolution du transport maritime a vraiment vu le jour, l'idée de McLean a eu un impact immense. En 2013, plus de 150 millions de conteneurs transporteront des marchandises d'un pays à l'autre.

Tous les domaines industriels sont touchés par l'évolution des technologies et le travail en réseau qui permet d'accomplir les tâches les plus diverses. Ainsi, le prix des téléviseurs à écran plat panoramique baisse régulièrement de plus de 5 % chaque année et ils sont maintenant en excédent sur le marché (tout comme l'étaient les céréales il y a quelques dizaines d'années). En 1953, le premier poste de télévision couleur se vendait pour l'équivalent de 8 000 dollars actuels. Aujourd'hui, on peut acheter un téléviseur grand écran avec une image de bien meilleure qualité et des centaines de chaînes – au lieu des trois existant à l'époque – pour le prix incroyable de 50 dollars.

Nous sommes habitués à de telles réductions de prix (accompagnées d'améliorations de la qualité), mais on ne peut pas fermer les yeux plus longtemps sur les effets cumulés de ce phénomène sur le monde du travail. Pour la plupart des économistes, de nombreux produits que l'on qualifiait autrefois d'objets de haute technologie sont aujourd'hui considérés comme des marchandises ordinaires. La croissance massive du commerce mondial combinée avec la délocalisation et la robotique, ainsi que les nouveaux flux d'information et de capitaux, dans une communication mondiale intégrée, forment une boucle qui ne fait qu'accélérer le mouvement.

La robotique

Cette tendance à l'amélioration de l'efficacité et au large développement des machines intelligentes est en marche dans des milliers d'industries. L'impact cumulé de ces changements provoque dans l'ensemble du monde un véritable bouleversement de la nature et de l'objet du travail. Pour ne parler que de l'industrie américaine du charbon, en un quart de siècle, la production a augmenté de 133 % alors que les emplois ont diminué de 33 %.

On a constaté la même évolution dans l'industrie minière du cuivre aux États-Unis au cours de la dernière moitié du XXe siècle. La productivité a augmenté continuellement tandis que les postes de travail n'ont cessé de disparaître. Comme c'est souvent le cas lorsqu'une nouvelle technologie prend la place des individus, il ne s'est pas agi dans ce cas d'une chute régulière et progressive, mais de mouvements par à-coups au fur et à mesure que les innovations étaient mises au point et devenaient opérationnelles. En six ans – de 1980 à 1986 –, le nombre d'heures de travail nécessaires pour produire une tonne de cuivre a diminué de 50 %. Pendant la même décennie, la productivité du travail a augmenté de 400 % dans les plus grandes mines de la société Kennecott, une des entreprises les plus importantes de ce secteur.

En observant de plus près ce domaine d'activité, on se rend compte qu'il est très représentatif des tendances majeures. Les nouvelles technologies destinées à remplacer les emplois concernaient aussi les excavatrices, des camions beaucoup plus grands, et une organisation gérée par des logiciels élaborés. Les ordinateurs ont également amélioré l'efficacité des laminoirs et des concasseurs reliés à des tapis roulants plus performants. Enfin, l'introduction de nouveaux procédés chimiques et électrochimiques ont permis de séparer automatiquement le cuivre pur du minerai.

L'industrie du cuivre aux États-Unis illustre parfaitement l'impact de la robotique et des délocalisations, qui ont joué un rôle important sur le troisième facteur de production classique, les ressources naturelles. Au fur et à mesure que la technologie permettait d'augmenter la productivité des travailleurs et le nombre de tonnes produites d'une année sur l'autre, l'industrie a fini par atteindre le point critique quand les réserves en minerai de cuivre disponibles commencèrent à diminuer. De nouvelles sources de cuivre ont été exploitées, principalement au Chili. L'amélioration constante des méthodes de production, ajoutée à une consommation portée par l'augmentation de la population et son niveau de vie, oblige de nombreuses industries à solliciter toujours plus les ressources naturelles.

Les destructions d'emplois provoquées par le progrès technologique, l'automatisation et les délocalisations commencent maintenant à toucher le secteur des services, qui en a pourtant toujours été le plus grand pourvoyeur. Pour preuve, on utilise maintenant des logiciels performants dans les cabinets juridiques pour rechercher des documents et des textes de loi, et des études indiquent que ces programmes permettent à un seul associé débutant de fournir le volume de travail autrefois effectué par cinq cents personnes.

De nombreux experts affirment d'ailleurs que l'impact de la robotique sera encore plus prononcé dans les services que dans l'industrie. On a beaucoup parlé des voitures sans chauffeur conçues par Google et qui ont parcouru 500 000 kilomètres dans toutes les conditions, sans le moindre accident. Certaines compagnies minières australiennes ont mis en place des camions sans conducteurs pour réaliser d'importantes économies sur les frais de personnel. Si, comme beaucoup le prévoient, cette technologie progresse encore rapidement, imaginez les conséquences pour les 373 000 chauffeurs de taxi et autres conducteurs, pour ne parler que des États-Unis.

Toujours pour ce qui concerne les services, nous participons au développement d'une troisième tendance. Les consommateurs individuels d'ordinateurs portables, de smartphones, de tablettes et autres dispositifs performants ont pris l'habitude de se connecter régulièrement à des machines intelligentes pour acheter des produits autrefois vendus par des personnes. C'est le cas pour tout ce qui concerne les voyages, où il est courant de réserver, de choisir son siège et même d'imprimer son billet. Dans les supermarchés et certains magasins, leurs clients peuvent payer leurs courses sans les services d'une caissière. Les banques délivrent des espèces dans des distributeurs et proposent aujourd'hui leurs services en ligne. Dans de nombreuses entreprises, les clients ont pris l'habitude de traiter leurs affaires par ordinateur ou par téléphone. Dans de nombreux pays, y compris les États-Unis, les services postaux nationaux suppriment progressivement des intermédiaires (a-t-on fait en sorte de les rendre obsolètes ?) en recourant aux courriels et aux réseaux sociaux.

En réalité, cette tendance à faire prendre en charge une partie du travail par le consommateur n'en est qu'à ses débuts. Elle va considérablement s'accélérer avec l'amélioration continue des technologies. Comme ce véritable transfert de tâches n'est compensé par aucune rétribution, alors qu'il y en avait pour ceux qui perdaient leur emploi dans les entreprises, le problème est encore plus grave, car cet emploi est aussi perdu pour l'économie tout entière. Certes, cette tendance permet de gagner du temps et de la rapidité, mais dans l'ensemble la baisse générale des salaires intermédiaires commence à avoir un impact important sur la demande générale, surtout dans les pays industriels où la consommation était forte.

Les délocalisations et l'automatisation poussent l'économie vers un affaiblissement de la demande et simultanément à un surplus de la production. Les politiques keynésiennes – qui obligent les gouvernements à s'endetter temporairement – mises en place pour stimuler la consommation vont perdre de leur efficacité avec le temps. Nous sommes face à un bouleversement séculaire et systémique qui conduit à une économie toujours plus destructrice d'emplois et qui verra les revenus diminuer, ce qui provoquera logiquement une baisse de la demande et de la consommation globale. Par ailleurs, comme je vais l'expliquer en détail plus loin, l'évolution de la démographie est un autre élément à prendre en compte. Le nombre des retraités augmente régulièrement dans les pays industriels. La baisse de leurs revenus est compensée par des programmes comme la Sécurité sociale aux États-Unis, que les gouvernements auront de plus en plus de difficultés à financer[1].

À moins de remplacer d'une façon ou d'une autre les revenus des chômeurs et des ouvriers sous-employés dans les pays industriels, la demande mondiale pour les produits fabriqués dans les nouvelles usines aux systèmes automatiques ultramodernes va continuer à diminuer. On a mondialisé à la fois le travail et le capital, et les pays industriels riches représentent encore la plus grande part de la consommation de l'économie. Or, les salaires versés aux travailleurs dans les pays en voie de développement et émergents iront plus vraisemblablement à l'épargne qu'à la consommation, notamment pour des raisons culturelles. Tout cela crée une véritable inadéquation entre la distribution de revenus et le rôle central de la consommation, qui est pourtant le moteur de la croissance économique mondiale.

Repenser les ressources

Les changements de plus en plus rapides nous poussent à imaginer le rôle aujourd'hui capital que joue la consommation dans notre économie et va simultanément permettre aux travailleurs de disposer de revenus suffisants pour renforcer la demande. Le rapport actuel entre les besoins croissants de consommation et la santé de l'économie mondiale est en tout cas de plus en plus instable.

La formidable révolution technologique ne change pas seulement les rôles respectifs du travail et du capital dans la produc-

1. *Social security* : le système de retraite fédéral créé à l'époque du New Deal dont le montant versé ne cesse d'augmenter. (*N.d.T.*)

tion. Elle transforme aussi le rôle des ressources naturelles de la planète. Les nouvelles technologies de manipulation moléculaire ont abouti à des progrès révolutionnaires pour ce qui concerne les sciences des matériaux et les tout nouveaux matériaux hybrides aux propriétés physiques bien plus complexes que celles de la métallurgie et de la céramique d'un autre temps. C'est ce qu'avait prédit Pierre Teilhard de Chardin dans les années 1950, en évoquant l'élaboration d'une technique de l'ultra-évolution qui pourrait contribuer à faire naître une super-humanité : « En devenant planétaire, l'humanité pourra acquérir de nouveaux pouvoirs physiques qui lui permettront de super-organiser la matière. »

Les nouveaux matériaux nous entraînent dans un tout autre champ d'exploration scientifique qui comprend l'étude, la manipulation et la fabrication de la matière solide avec des outils hyper-sophistiqués et en procédant atome par atome. Elle comprend de très nombreux domaines interdisciplinaires dont l'ingénierie, la physique, la chimie et la biologie.

Les progrès réalisés dans la connaissance et le fonctionnement des molécules ainsi que dans les interactions des processus atomiques et subatomiques qui créent la matière accélèrent l'émergence de ce que certains experts appellent l'économie moléculaire.

Il est clair que les études portant sur les nouvelles molécules et les nouveaux matériaux ne doivent pas être évaluées selon la méthode classique des essais et des erreurs. Les supercalculateurs de très haute technologie sont maintenant capables de simuler la façon dont ces créations originales entrent en interaction avec d'autres molécules et matériaux permettant de sélectionner les plus prometteurs pour réaliser les expériences en mode réel. En effet, la science de l'informatique, qui a aujourd'hui été reconnue comme une troisième forme basique de création du savoir – avec les raisonnements inductif et déductif –, combine des éléments des deux premiers et stimulent une réalité artificielle fonctionnant comme des hypothèses plus concrètes encore grâce auxquelles il est possible d'examiner les propriétés des nouveaux matériaux et d'analyser la façon dont ils entrent en interaction avec d'autres molécules et matériaux.

Les propriétés de la matière à l'échelle nanométrique (entre 1 et 100 nanomètres) présentent souvent des différences significatives les distinguant de celles des mêmes atomes et molécules quand ils sont regroupés en grand nombre. Ces différences ont permis aux technologues d'utiliser des nanomatériaux pour les produits ordinaires afin d'éliminer la rouille, d'augmenter leur résistance aux rayures et aux coups et, pour les vêtements, d'améliorer la résistance aux taches, aux plis et au feu. Jusque-là, l'application la plus commune est l'utilisation de l'argent à l'échelle nanométrique pour détruire les microbes – ce qui est crucial pour les médecins et les hôpitaux afin de se protéger contre les infections.

L'importance à long terme attachée à l'émergence d'un groupe entièrement nouveau de matériaux doués de propriétés supérieures se reflète dans les noms que les historiens donnent aux étapes successives des progrès technologiques dans l'histoire des sociétés humaines : l'âge de la pierre – de loin la plus longue –, l'âge du bronze et l'âge du fer. Ces étapes successives ont commencé avec la longue période des chasseurs-cueilleurs.

Les archéologues sont en désaccord sur l'époque et le lieu où les outils de pierre ont cédé la place aux premiers forgés par la métallurgie. On pense que la première fusion de cuivre a eu lieu dans l'est de la Serbie il y a approximativement 7 000 ans, même si des objets de cuivre sont apparus dans de nombreux autres lieux à la même époque.

L'invention du bronze, plus sophistiqué, bien moins fragile et beaucoup plus utile à bien des égards que le cuivre, comprend un processus dans lequel on ajoute l'étain au cuivre en fusion, une technique qui combine de hautes températures et une sorte de pressurisation. C'est à la fois en Grèce et en Chine qu'on a créé du bronze pour la première fois, et en Grande-Bretagne plus de 1 000 ans plus tard.

Même si les premiers artefacts en fer remontent à 4 500 ans dans le nord de la Turquie, l'âge du fer a commencé il y a environ 3 000 ou 3 200 ans avec le développement de fourneaux améliorés qui atteignaient des températures capables de chauffer le minerai de fer pour le rendre malléable, état à partir duquel on pouvait le transformer en outils et en armes. Le fer étant plus dur et plus résistant que le bronze, il a fallu attendre le milieu du XIXe siècle pour maîtriser la fabrication de l'acier, un alliage de fer et d'autres composants en plus petites quantités selon l'usage qu'on en attendait.

Le nouvel âge moléculaire nous mène à une transformation historique du processus de fabrication. Alors que la révolution industrielle, qui a permis de remplacer de nombreux types de travaux effectués jusque-là par l'homme grâce à des machines fonctionnant au charbon, a commencé il y a deux cent cinquante ans, aujourd'hui les nanotechnologies promettent de lancer ce que beaucoup appellent une « troisième révolution industrielle » basée sur les machines moléculaires capables de rassembler des structures faites à partir d'éléments basiques pour créer une catégorie entièrement nouvelle de produits, comme :

– des nanotubes de carbone capables de stocker de l'énergie et dotés de propriétés inimaginables auparavant ;

– des fibres de carbone ultrarésistantes qui remplacent déjà l'acier dans certaines applications spécifiques ;

– des matériaux nanocomposites à matrice céramique dont on sait qu'ils auront des applications importantes dans l'industrie.

La révolution nanotechnologique, associée aux nombreux bouleversements dans les sciences de la vie, a aussi des implications dans un grand nombre de domaines de la vie quotidienne. On dispose déjà de plus de mille produits issus de cette technologie. La plupart d'entre eux sont considérés comme des améliorations de processus déjà connus, essentiellement dans les secteurs de la santé et du bien-être. L'utilisation de nanostructures pour l'amélioration de logiciels, le stockage de la mémoire, l'identification de produits toxiques dans l'environnement, la filtration et la désalinisation de l'eau, et bien d'autres applications, est actuellement en plein développement.

La réactivité des nanomatériaux et leurs propriétés thermiques, électriques et optiques font partie des changements qui pourraient avoir d'importants impacts commerciaux. Ainsi, le graphène – une forme de graphite de l'épaisseur d'un atome – a déchaîné l'enthousiasme quand on a découvert ses capacités phénoménales d'interaction avec les électrons, qui laissent espérer toutes sortes d'applications utiles.

Une recherche très importante est en cours sur les dangers potentiels des nanoparticules. La plupart des experts minimisent aujourd'hui le phénomène des nanorobots qui s'autoreproduisent, ce qui a engendré de graves inquiétudes et beaucoup de débats au début des années 2000, mais d'autres risques – tels que l'accumulation de nanoparticules dans les organismes humains et les dommages qu'elles peuvent causer aux cellules – sont pris très au sérieux. D'après David Rejeski, le directeur du Science and Technology Innovation Program du Centre international Woodrow Wilson : « On ne sait que très peu de choses sur les risques potentiels des nanomatériaux sur la santé et l'environnement, et pratiquement rien sur leurs éventuels effets de synergie. »

D'une certaine façon, la nanoscience existe au moins depuis les travaux de Louis Pasteur et certainement depuis la découverte de la structure en double hélice de l'ADN en 1953. Les recherches de Richard Smalley qui ont débouché sur la découverte en 1985 du buckminsterfullerène (C_{60}), fait d'atomes de carbone arrangés selon une structure rappelant celle des ballons de football, ont relancé l'intérêt pour l'application de la nanotechnologie dans le développement de nouveaux matériaux. Six ans plus tard, on découvrait les capacités des premiers nanotubes de carbone d'une conductivité électrique bien supérieure à celle du cuivre et la possibilité de créer des fibres cent fois plus résistantes que l'acier et six fois plus légères.

La frontière entre la nanotechnologie et la science des matériaux est relativement arbitraire. Mais elles ont en commun le développement récent de nouveaux microscopes bien plus puissants, de nouveaux outils pour guider la manipulation de la matière à l'échelle nanométrique, le développement de programmes pour supercalculateurs permettant de modéliser et d'étudier de nouveaux matériaux au niveau de l'atome, et un flot continu de découvertes capitales sur les propriétés spécifiques de créations moléculaires, notamment des propriétés quantiques.

L'essor de l'impression en 3D

La nouvelle capacité de l'homme pour manipuler atomes et molécules nous mène aussi au bouleversement d'un processus de fabrication révolutionnaire connu sous le nom d'impression en 3D, ou fabrication additive, qui consiste à créer un objet couche par couche. L'objet en question doit d'abord avoir été modélisé avec des logiciels de CAO 3D, puis le fichier 3D est découpé en tranches sous forme d'images correspondant à chaque couche de poudre ou d'autre matériau ajouté successivement à l'aide d'un liant qui solidifie l'ensemble jusqu'à ce que l'objet prenne sa forme complète en trois dimensions. Cette nouvelle technologie en est toujours à ses balbutiements, et il est difficile d'évaluer tous les avantages qu'elle va apporter à la production.

Cela dit, certains résultats sont vraiment étonnants, et de nombreux experts affirment que l'impression en 3D aura un impact aussi fort sur les processus de fabrication que ce qu'Henry Ford avait amorcé au début du XXe siècle, quand il avait rationalisé le travail des chaînes de montage pour construire sa Ford T. L'utilisation de pièces standardisées et interchangeables avait permis une fabrication de masse dont l'efficacité, la vitesse et la réduction des coûts avaient révolutionné l'industrie et le commerce.

En fait, ce processus est utilisé depuis plusieurs décennies pour une technique connue sous le nom de prototypage rapide, une niche spécifique qui permettait aux industriels d'élaborer un modèle initial de ce qu'ils produiraient plus tard en masse selon des processus plus traditionnels. Ainsi, le design des futurs modèles d'avions fait d'abord l'objet d'un prototype en 3D pour les tests en soufflerie. Or, cette méthode va être chamboulée par l'impression en 3D. Une entreprise du Colorado, LGM, qui conçoit des prototypes de bâtiments pour des cabinets d'architectes, a déjà mis en œuvre des changements spectaculaires. Charles Overy, son créateur, a déclaré dans une interview au *New York Times* : « Il nous fallait deux mois pour réaliser des maquettes à 100 000 dollars. Maintenant, nous réalisons le même travail en une nuit pour 2 000 dollars. »

Le potentiel émergent de l'impression en 3D met en lumière des insuffisances dans la production de masse, comme les surstocks de composants et de pièces détachées, et par là même les incidences financières d'une telle immobilisation de capitaux, le gaspillage extravagant de matériaux et bien entendu le coût en termes de frais de personnel. Les militants de l'impression en 3D ajoute qu'elle ne nécessite que 10 % des matières premières habituellement nécessaires pour la production de masse, sans oublier les économies d'énergie. Cela prolonge et accélère la tendance conduisant à long terme vers la « dématérialisation » des produits manufacturés à service rendu constant ou augmenté.

De plus, la nécessité de standardiser la taille et la forme de produits fabriqués en série conduit à l'uniformisation, qui n'est pas satisfaisante pour de nombreux produits spécifiques. La production de masse impose aussi la centralisation des usines de fabrication et engendre des coûts de transport pour assurer les livraisons de pièces à l'usine et des produits finis vers les marchés éloignés. En revanche, l'impression en 3D permet de transmettre directement aux entreprises, où qu'elles se trouvent, les données numériques contenant la mise en forme du projet et le plan de fabrication de chaque produit.

Neil Hopkinson, maître de conférences de l'Additive Manufacturing Research Group de l'université de Loughborough, a déclaré : « Les délocalisations des usines seraient bien moins rentables si les utilisateurs pouvaient obtenir la pièce dont ils ont besoin en se rendant simplement au coin de leur rue dans une boutique d'impression en 3D. Au lieu de stocker des pièces détachées et des composants partout dans le monde, les plans pourraient être conservés dans des entrepôts informatiques virtuels en attendant d'être imprimés sur place à la demande. »

À son stade actuel de développement, l'impression en 3D se concentre sur des produits de petite taille, mais la technique s'améliorant sans cesse, des imprimantes spécialisées dans des pièces et des objets plus importants seront bientôt disponibles. La société Contour Crafting, de Los Angeles, en a déjà construit une énorme qui est transportée en semi-remorque jusqu'au chantier de construction où elle imprime une maison entière en vingt heures (sachant que les portes et les fenêtres ne sont pas prévues). De plus, alors que les imprimantes en 3D actuellement disponibles sont capables de produire de 1 à 100 articles, les spécialistes prévoient que dans les prochaines années elles pourront produire des centaines de milliers de pièces et de produits standardisés.

La gestion de la propriété intellectuelle à l'époque de l'impression en 3D pose beaucoup de questions qui demeurent encore sans réponse. Le design tridimensionnel récupérera la part du lion alors que les lois sur le copyright et les brevets ont été élaborées sans avoir prévu cette technologie et devront être modifiées pour la prendre en compte. En général, les lois de copyright ne protègent pas les objets physiques « utiles » contre les répliques.

Même si des esprits sceptiques s'interrogent sur le temps qu'il faudra pour que cette nouvelle technologie arrive à maturation, aux États-Unis, en Chine et en Europe ingénieurs et technologues travaillent dur pour exploiter son potentiel. Son utilisation dans la conception des prothèses et autres applications médicales se développe rapidement. Des modèles bon marché intéressent déjà des amateurs qui en font leur hobby pour 1 000 dollars seulement. Carl Bass, le PDG d'Autodesk, qui a investi dans l'impression 3D, a déclaré en 2012 : « Certains considèrent qu'il ne s'agit que d'un marché de niche alors que c'est un mouvement qui ne cessera de se développer. Cela n'a rien d'une mode ou d'une lubie, c'est un véritable séisme. » Ceux qui prônent la vente libre d'armes à feu se réjouissent de l'arrivée des imprimantes en 3D comme un moyen de contourner la loi sur les ventes d'armes. D'autres font part de leur inquiétude en indiquant qu'une telle arme utilisée pour commettre un crime pourrait être facilement détruite, et faire ainsi disparaître l'élément de la preuve.

Les avancées de la technologie et le développement de l'automatisation vont entraîner un retour des emplois précédemment délocalisés dans les pays en développement. L'impression en 3D est une des applications qui pourraient favoriser le retour de la main-d'œuvre dans les pays développés. C'est déjà le cas pour de nombreuses entreprises américaines qui l'ont clairement fait savoir.

La crise du capitalisme

L'émergence de Earth Inc. et les bouleversements en cours dans les trois éléments de la production – le travail, le capital, et les ressources naturelles – ont contribué à ce qu'on appelle la « crise du capitalisme ». Dans un sondage réalisé par Bloomberg auprès d'entrepreneurs du monde entier, 70 % d'entre eux ont répondu qu'à leur sens le capitalisme était « en difficulté ». Ils sont près de 30 % à plaider pour sa refondation complète et le changement de ses règles de fonctionnement. Il faut toutefois noter que ces opinions sont affirmées de manière beaucoup moins nette aux États-Unis.

Le capitalisme a démontré sa supériorité sur tout autre système en matière d'organisation économique. Il a fait ses preuves pour tout ce qui concerne la circulation des ressources financières, la gestion de l'offre et de la demande, sa capacité à créer de la richesse, tout cela dans un esprit de liberté totale. Le capitalisme libère les énergies grâce au système de récompense systématique du travail et de l'innovation dont il est naturellement porteur. L'échec des autres systèmes – y compris les expériences désastreuses du communisme et du fascisme au XXe siècle – a fait du capitalisme démocratique, en ce début du XXIe siècle, l'idéologie la plus répandue sur la planète.

Pourtant, l'économie libérale a connu une série de bouleversements au cours des vingt dernières années avec, comme point culminant, la crise financière mondiale de 2008 dont nous subissons encore les conséquences quotidiennement. De plus, l'inégalité grandissante dans la plupart des grands pays développés et l'augmentation continue de la concentration des richesses pour une élite ont provoqué une crise de confiance vis-à-vis du capitalisme de marché tel qu'il fonctionne actuellement. Les chiffres extraordinairement élevés et persistants de chômage et du sous-emploi dans les pays industriels, ajoutés à des niveaux d'endettement public et privé hors du commun, ont aussi contribué à cette perte de confiance. Enfin, les outils que le système économique a aujourd'hui à sa disposition pour espérer retrouver la vitalité économique font l'objet d'une profonde remise en question.

C'est l'idée qu'a développée en 2012 le Prix Nobel d'économie Joseph Stiglitz :

> « Ce n'est pas un accident si l'économie américaine s'est développée pendant des périodes au cours desquelles une grande partie de la popula-

> tion américaine disposait de revenus nets plus élevés et où les inégalités s'atténuaient en grande partie grâce à la progressivité de l'impôt. Ce n'est pas non plus par accident que la récession actuelle, tout comme la Grande Dépression, ont été précédées par l'augmentation insupportable de ces inégalités. Lorsque des masses de richesses se concentrent au sommet de la société, la population réduit automatiquement ses dépenses – ou du moins elle le fera en l'absence d'un soutien artificiel. Dans un tel contexte, la consommation globale diminue parce que des individus disposant de revenus plus élevés n'en consomment pas la totalité, ou dans une proportion moindre que ceux qui reçoivent de petits salaires. »

Si les économies émergentes connaissent une forte augmentation de la productivité, des emplois, des revenus et de la production globale, les inégalités s'accroissent de la même façon dans ces pays. Des franges très importantes de leurs populations souffrent de la misère et du dénuement. Plus d'un milliard d'individus dans le monde ne disposent que de 2 dollars par jour pour vivre, et 960 millions d'entre eux vivent dans « l'extrême pauvreté », catégorie qui correspond à un revenu inférieur à 1,25 dollar par jour.

À mon sens, l'échec le plus important de notre système économique est le refus de voir l'impact considérable de dysfonctionnements majeurs, comme le coût et les effets désastreux des 90 millions de tonnes de pollution vomies chaque jour par notre planète dans l'atmosphère. Ce problème, certes, est connu depuis longtemps, mais il n'a jamais été aussi grave. La tendance à ignorer également les effets externes positifs entraîne par ailleurs un sous-investissement chronique dans l'éducation, la santé et d'autres services publics.

Dans de nombreux pays, y compris les États-Unis, la concentration croissante de la richesse entre les mains d'un petit groupe qui ne représente que 1 % de la population a tant perturbé nos systèmes politiques que les gouvernements semblent ne plus croire à la possibilité de mettre en place des politiques de redistribution des richesses, au moins à court terme. Ils semblent paralysés et incapables de prendre les mesures nécessaires. Le capitalisme aujourd'hui est l'objet d'une défiance générale.

Tous les gouvernements ont le sentiment d'être les otages d'un système qui voit un accroissement implacable des masses de capitaux en circulation dans l'économie mondiale. Les peuples de Grèce, d'Irlande, d'Italie, du Portugal et d'Espagne – pour ne prendre que quelques exemples – subissent actuellement des politiques qu'ils n'ont pas choisies, mais qui semblent être décidées par les marchés mondiaux. Beaucoup en sont venus à la conclusion qu'il est indispensable de penser et d'agir sur un plan planétaire pour élaborer des politiques efficaces en redonnant aux hommes le pouvoir de décider de notre avenir économique.

Pour un capitalisme durable

Avec David Blood, mon associé et cofondateur de Generation Investment Management, j'ai proposé un ensemble de réformes structurelles pour que nous puissions nous diriger vers ce que nous appelons le capitalisme durable. Un des problèmes les mieux connus est la domination du « court-termisme », qu'il s'agisse des raisonnements ou de l'obsession des profits. Il y a quarante ans, la période de conservation moyenne des actions aux États-Unis était d'environ sept ans. C'était sensé puisque que c'est la durée approximative d'un cycle économique et demi pour avoir la valorisation réelle d'une entreprise. Aujourd'hui, pourtant, les actions sont conservées en moyenne moins de sept mois.

Les raisons qui pourraient justifier la confiance des investisseurs dans la pensée à court terme sont nombreuses et accentuées par l'interconnexion toujours croissante et donc l'hyperréactivité de l'économie mondiale. En 2012, un expert a déclaré que « nos banques, nos fonds d'investissement et nos sociétés de capital-risque s'orientent essentiellement vers les instruments financiers et des entreprises de logiciels. Ces orientations peuvent se révéler rentables très rapidement, même avec un investissement modeste. En revanche, quand on choisit d'investir dans une cimenterie, il faut faire beaucoup d'efforts, et s'armer de patience pour espérer un retour ».

Les investisseurs qui raisonnent à court terme exercent une pression sur les PDG pour qu'ils adoptent eux aussi le même schéma. Par exemple, un cabinet de conseil de premier plan aux États-Unis (BNA) a réalisé, il y a quelques années, une enquête auprès des PDG et des directeurs financiers dans laquelle était posée notamment une question hypothétique : vous avez l'opportunité de faire un investissement dans votre entreprise qui la rendra plus durable et lui permettra d'améliorer ses profits, mais si vous faites ce choix, vos prochains résultats trimestriels seront légèrement en dessous des objectifs. Dans ces conditions, feriez-vous cet investissement ? 80 % ont répondu par la négative.

Le second problème, parfaitement identifié, est la distorsion générale du système de primes de résultats. La rémunération de la majorité des gestionnaires de placement, qui prennent la plupart de décisions financières au quotidien, est calculée sur une base trimestrielle ou au mieux annuelle. De la même façon, les salaires de nombreux cadres dirigeants sont calculés sur les résultats à court terme. Il vaudrait mieux les payer d'abord en fonction d'une grille adaptée à la période pendant laquelle l'entreprise monte en charge pour atteindre sa valeur maximale, puis sur les critères fondamentaux permettant de consolider les résultats à long terme.

Il faudrait encourager les entreprises à abandonner la pratique aberrante qui consiste à se fixer des objectifs trimestriels. Cette évaluation des performances sur des périodes si courtes fait peser une telle pression que ceux qui se battent pour construire une entreprise durable sont terriblement handicapés. D'autre part, ne pas tenir compte du temps nécessaire pour que les investissements rapportent finalement des sommes importantes est une grave erreur.

Le travail change de nature

La transformation du système économique mondial et le développement de Earth Inc. vont exiger de nous une approche entièrement nouvelle de la politique pour que les êtres humains reprennent leur avenir en main. Les phénomènes auxquels nous sommes confrontés en ce moment n'ont pas grand-chose à voir avec les problèmes inhérents aux cycles économiques ni aux violentes secousses qui ont perturbé les marchés et auxquelles l'économie mondiale s'est accoutumée. Les changements gigantesques apportés par l'émergence de Earth Inc. sont historiques et planétaires, et vont de plus en plus vite. Même si on n'a jamais connu auparavant de bouleversements de cette ampleur et à un tel rythme, pour la majorité des gens le modèle de production a bien entendu subi plusieurs changements importants au cours de l'histoire de l'humanité. Les révolutions agricoles et industrielles ont conduit à des changements fondamentaux dans la vie quotidienne.

Les premiers outils fabriqués par l'homme, y compris les lances et les haches, furent associés à une période de chasse et de cueillette, qui a duré 200 000 ans, selon les anthropologues. Ce modèle dominant a été remplacé par un autre, fondé sur l'agriculture (qui commença peu de temps après la fin du dernier âge de glace) et qui dura moins de 8 000 ans, alors qu'il fallut moins de cent cinquante ans à la révolution industrielle pour faire passer le pourcentage des métiers agricoles de 90 à 2 % de la main-d'œuvre totale aux États-Unis. Même quand les sociétés humaines encore fondées sur l'agriculture vivrière sont incluses dans le calcul global, les métiers de l'agriculture représentent aujourd'hui moins de la moitié des emplois dans l'ensemble du monde.

Le charme de la charrue et de la locomotive à vapeur – ainsi que l'univers complexe des outils et des techniques qui ont accompagné respectivement les révolutions agricole et industrielle – a remis en cause la qualité des savoir-faire et de l'expérience sur lesquels on s'était longtemps appuyé pour lier le sens de l'existence à la fourniture de moyens de subsistance et de biens matériels pour soi, sa famille et sa communauté. Dans les deux cas néanmoins, la disparition des anciens modèles a été accompagnée par l'émergence de nouveaux, qui, tout bien considéré, leur ont rendu la vie plus facile tout en conservant les liens entre l'activité de production et la satisfaction de besoins réels.

L'évolution des métiers et des tâches a entraîné des changements très importants dans les sociétés, comme l'exode massif des campagnes vers les villes, ainsi que la séparation géographique des foyers et des lieux de travail, pour ne mentionner que deux des difficultés les plus importantes. Mais l'espoir de voir le progrès technique améliorer sensiblement ses revenus fut comblé par la croissance économique qui fit diminuer par ailleurs considérablement la masse de travail à fournir pour satisfaire les besoins de base : nourriture, vêtements, toit, et ainsi de suite. Les tâches habituelles devenaient obsolètes alors que les nouvelles nécessitaient d'autres savoir-faire, l'apprentissage de nouveaux métiers et des évolutions dans les modes de production.

Ces deux changements fondamentaux se produisirent sur des périodes couvrant de multiples générations. Dans les deux révolutions, de nouvelles technologies créèrent nombre d'opportunités de réorganisation de l'entreprise humaine en un modèle dominant. C'était chaque fois une remise en cause qui perturbait et désorientait les hommes et les femmes – mais qui produisait une augmentation massive de la productivité et des emplois, des revenus moyens plus élevés, moins de pauvreté et pour la plupart des améliorations extraordinaires de la qualité de la vie.

Trois époques ont donc marqué l'histoire de l'humanité. La première dura 200 000 ans, la suivante 8 000 ans et la révolution industrielle cent cinquante ans seulement. Ces séquences, chaque fois plus courtes, représentaient un tournant capital car toutes étaient marquées par des innovations technologiques déterminantes.

Si on les considère comme un ensemble, on observe d'abord une longue période de gestation, puis les balbutiements d'une révolution technologique qui prend le temps de se développer et jouer un rôle prépondérant dans l'avancée de la civilisation. Son allure augmente progressivement au cours des quatre cents dernières années pour passer brusquement à la vitesse supérieure et accélérer encore jusqu'au moment où elle s'installe et prend sa place. Aujourd'hui, avec l'apparition incessante de nouvelles technologies, elle nous emmène à une allure vertigineuse vers la découverte de phénomènes dépassant notre imagination dont Arthur Clarke dit qu'« on peut se demander si ce n'est pas de la magie ». Or, nous sommes mal préparés, car il ne s'agit pas de changer de niveau mais de nature. La structure de nos cerveaux n'est pas très différente de celle de nos ancêtres qui vivaient il y a 200 000 ans, mais les bouleversements auxquels nous sommes confrontés sont d'une telle ampleur, et les technologies nouvelles ont un tel impact sur notre vie quotidienne, que nous sommes obligés de nous adapter au nouveau modèle de civilisation plus rapidement que cela nous semble possible ou même plausible.

Nous pouvons difficilement concevoir et évaluer clairement le rythme du changement auquel nous sommes aujourd'hui confrontés : la plupart d'entre nous ont du mal à comprendre ce que l'expression « changement exponentiel » signifie réellement, parce que c'est surtout le rythme des bouleversements qui nous frappe. Si on devait le représenter sous la forme d'une courbe, après une période lente, on la verrait monter de plus en plus vite. La phase montante de la courbe représente les changements frénétiques tandis que la partie plane correspond au changement de nature et non de niveau. La loi de Moore explique que la quatrième génération d'iPad a une puissance bien supérieure à celle du Cray-2, qui était l'ordinateur le plus puissant du monde il y a trente ans.

Il ne faut pas considérer cette période uniquement sur un plan mathématique ou théorique, mais plutôt comme la transformation radicale du lien entre la production et la satisfaction de nos besoins. Tout ce qui concerne les hommes et les femmes – leur profession, le déroulement de leur carrière, le fait d'échanger leur travail contre un salaire afin de satisfaire leurs besoins essentiels et obtenir bien-être, sécurité, dignité avec le sentiment profond d'appartenir à une communauté –, cette règle de base qui a réglé nos vies, est en train de se désarticuler à une vitesse inconnue jusque-là.

Dans les sociétés modernes, on a depuis longtemps utilisé

l'argent et d'autres symboles tangibles comme des moyens de paiement pour organiser et mesurer les échanges. Mais même dans des sociétés plus anciennes où ils étaient inconnus, on échangeait son travail productif contre des besoins, ce système créant ainsi les fondations de la communauté. Ce lien fondamental qui a fait battre le cœur des sociétés humaines est en train de changer radicalement.

De nombreux économistes se réconfortent avec ce qu'ils appellent « l'erreur » de Ned Ludd, un ouvrier tisserand anglais qui, pour protester contre la mécanisation, avait organisé la destruction des métiers à tisser, qui à ses yeux prenaient progressivement la place des hommes. Les nouvelles technologies, disent-ils, n'entraînent pas toujours la perte nette d'emplois ; pour preuve, le développement des machines agricoles n'en a détruit qu'une petite partie, et les nouveaux métiers qui voyaient le jour dans les usines dépassaient largement en nombre ceux qui disparaissaient dans les campagnes. En outre, ils étaient plus rémunérateurs et, comme l'augmentation de la productivité agricole faisait simultanément chuter les prix de l'alimentation, le niveau de vie augmentait. Jusqu'à une date récente, avec l'automatisation de l'industrie à grande échelle, le même modèle semblait vouloir se répéter : les emplois routiniers, répétitifs et souvent pénibles furent éliminés, alors qu'arrivaient des métiers plus intéressants et mieux payés.

Ce scénario risque néanmoins de ne pas se reproduire, compte tenu du rythme des changements. Les machines ultraperformantes, auxquelles on ajoute maintenant l'intelligence artificielle, risquent de détruire beaucoup plus d'emplois dans des secteurs toujours plus importants de l'économie mondiale. Afin de s'adapter à cette nouvelle réalité émergente, il nous faut imaginer à nouveau la façon dont les êtres humains pourront échanger leur travail contre un salaire.

Des experts comme Marshall McLuhan qui ont étudié de manière approfondie l'interaction de la technologie sur la société, ont décrit les nouvelles technologies comme une simple extension des capacités humaines. Si on utilise les termes de cette métaphore, on peut affirmer que l'automobile est un prolongement de nos capacités de locomotion ; le télégraphe, la radio et la télévision sont de la même façon décrits comme les extensions de notre capacité à échanger même en étant séparés par une longue distance. La pelle mécanique et la locomotive à vapeur sont des prolongements de nos mains et de notre capacité à saisir des objets physiques. Le progrès technique a rendu des métiers obsolètes, mais ils en a en fait créé d'autres, pris en charge par des individus capables de recevoir la formation nécessaire pour utiliser ces outils élaborés en toute sécurité.

Dans ce contexte, l'émergence de nouvelles formes d'intelligence artificielle très puissantes représenterait l'extension de la pensée, exclusivité de la nature humaine. Même si la science a établi que nous ne sommes pas les seules créatures vivantes douées de sensation, il est néanmoins évident que notre espèce est devenue dominante sur Terre tout simplement parce que nous sommes capables de concevoir des modèles mentaux et de les manipuler par la pensée afin de pouvoir transformer notre univers quotidien et d'exercer notre domination sur la planète. À ce titre, le prolongement de notre capacité à penser est unique et fondamentalement différent de toute autre extension technologique de nos capacités quelles qu'elles soient.

L'intelligence artificielle n'en finit pas de progresser. Elle concerne tout ce qui tient des capacités humaines, qu'il s'agisse de saisir des objets, d'en modifier la forme, de les transporter d'un point à un autre, de les faire communiquer dans des flux toujours plus importants et plus rapides, et avec une capacité d'adaptation et de compréhension bien supérieure à celle de l'Homme. Ne doutons pas que la révolution de l'intelligence artificielle va dépasser toutes les avancées technologiques que nous avons connues jusque-là.

Dans le passé, le progrès et l'amélioration de la productivité ont presque toujours apporté une augmentation du niveau de vie pour une majorité d'individus. Ce ne sera probablement pas le cas avec les bouleversements que nous vivons actuellement, car la relation fondamentale entre les évolutions technologiques et l'apparition de nouveaux métiers connaît aussi de profonds bouleversements. Le progrès n'est plus générateur d'emplois ni d'une amélioration des conditions de vie. Quand le capital technologique se substitue au travail, il est très rémunérateur pour les investisseurs, mais il a pour effet de détruire massivement des emplois tout en accélérant encore le découplage entre les gains de productivité et l'amélioration du niveau de vie de la classe moyenne. Le niveau de chômage est tel aujourd'hui qu'il entraîne une chute régulière de la consommation qui arrivera bientôt en dessous du seuil minimal permettant de soutenir la croissance et l'activité économique. Dans une nouvelle étude de la crise de 1929, Joseph Stiglitz a prétendu que la perte massive d'emplois dans l'agriculture qui accompagna la mécanisation des exploitations aboutit à une contraction de la demande, laquelle fut en réalité une des causes de la crise des années 1930 alors qu'elle avait à peine été évoquée. Il est nécessaire de créer de nouveaux emplois et nous pouvons le faire. Une des pistes à suivre est celle des services publics pour compenser les revenus perdus par ceux dont le travail a été automatisé et délocalisé. La petite élite qui a bénéficié de l'émergence de Earth Inc. a, certes, su utiliser les richesses accumulées et jouer de son influence politique avec une efficacité redoutable pour bloquer les créations d'emplois dans le secteur public. La bonne nouvelle, c'est que même si le développement d'Internet a facilité à la fois la délocalisation et la robotique, il nous permet maintenant d'exercer un rôle important, y compris dans la politique, sans que les élites en question puissent le contrôler. C'est un des sujets que je vais aborder dans le prochain chapitre.

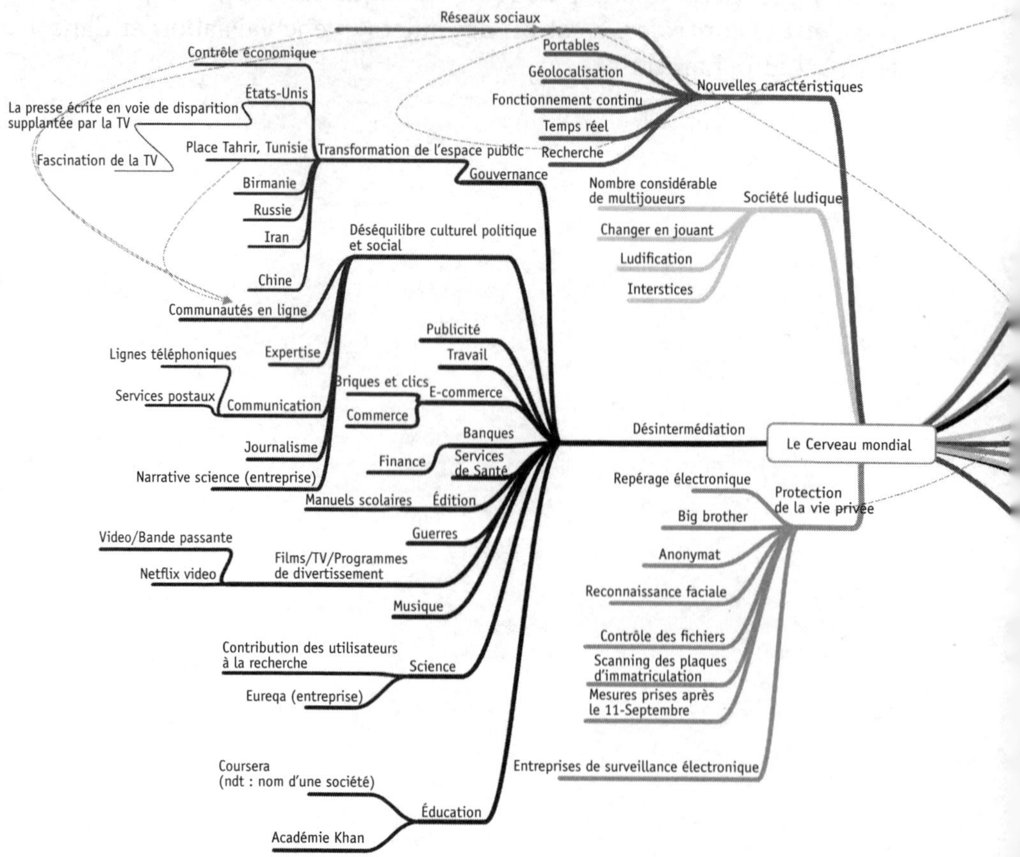
Réseaux sociaux
Contrôle économique
Portables
Géolocalisation
États-Unis
La presse écrite en voie de disparition
supplantée par la TV
Fonctionnement continu
Nouvelles caractéristiques
Temps réel
Place Tahrir, Tunisie
Transformation de l'espace public
Recherche
Fascination de la TV
Gouvernance
Birmanie
Nombre considérable
de multijoueurs
Société ludique
Russie
Iran
Déséquilibre culturel politique
et social
Changer en jouant
Ludification
Interstices
Chine
Communautés en ligne
Publicité
Lignes téléphoniques
Expertise
Travail
Briques et clics
E-commerce
Services postaux
Communication
Commerce
Banques
Désintermédiation
Le Cerveau mondial
Journalisme
Finance
Services
de Santé
Narrative science (entreprise)
Repérage électronique
Protection
de la vie privée
Manuels scolaires
Édition
Big brother
Guerres
Video/Bande passante
Films/TV/Programmes
de divertissement
Anonymat
Netflix video
Reconnaissance faciale
Musique
Contrôle des fichiers
Contribution des utilisateurs
à la recherche
Science
Scanning des plaques
d'immatriculation
Eureqa (entreprise)
Mesures prises après
le 11-Septembre
Entreprises de surveillance électronique
Coursera
(ndt : nom d'une société)
Éducation
Académie Khan

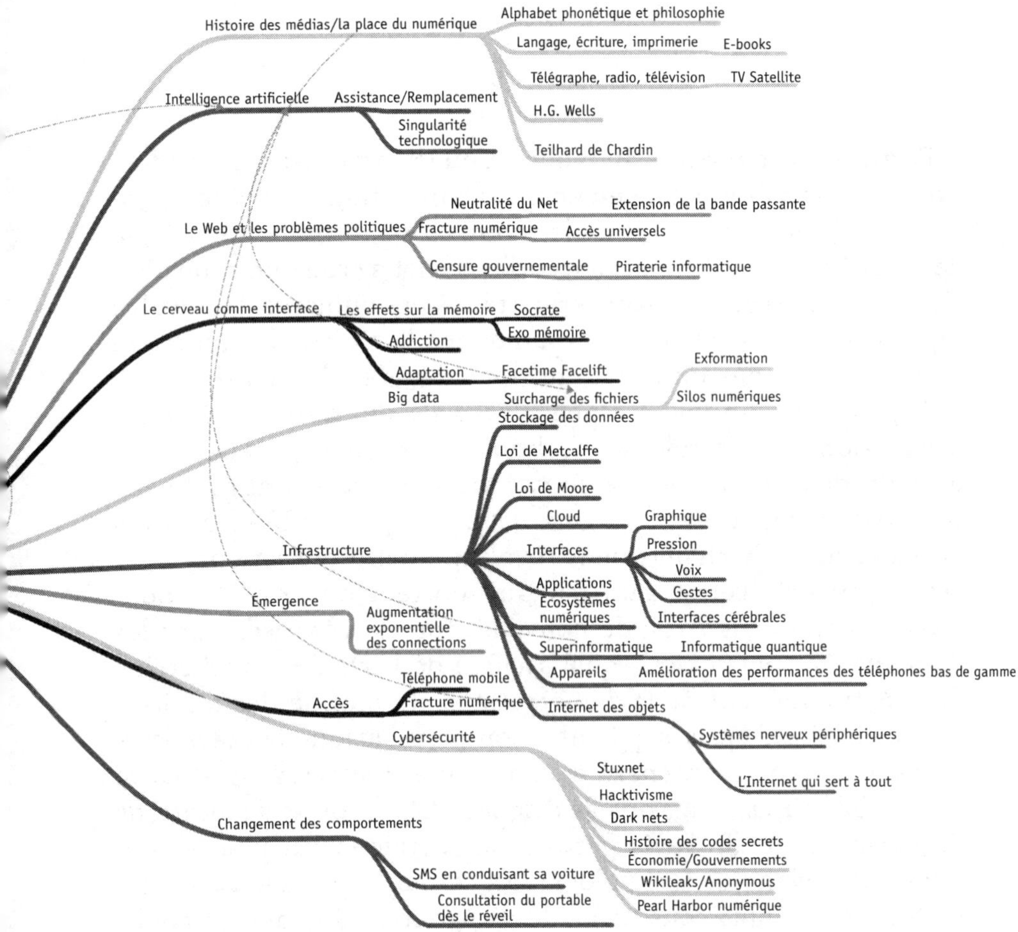
Histoire des médias/la place du numérique
Alphabet phonétique et philosophie
Langage, écriture, imprimerie
E-books
Télégraphe, radio, télévision
TV Satellite
H.G. Wells
Teilhard de Chardin
Intelligence artificielle
Assistance/Remplacement
Singularité technologique
Le Web et les problèmes politiques
Neutralité du Net
Extension de la bande passante
Fracture numérique
Accès universels
Censure gouvernementale
Piraterie informatique
Le cerveau comme interface
Les effets sur la mémoire
Socrate
Exo mémoire
Addiction
Adaptation
Facetime Facelift
Exformation
Big data
Surcharge des fichiers
Silos numériques
Stockage des données
Loi de Metcalffe
Loi de Moore
Cloud
Graphique
Pression
Infrastructure
Interfaces
Voix
Applications
Gestes
Écosystèmes numériques
Interfaces cérébrales
Émergence
Augmentation exponentielle des connections
Superinformatique
Informatique quantique
Appareils
Amélioration des performances des téléphones bas de gamme
Téléphone mobile
Accès
Fracture numérique
Internet des objets
Cybersécurité
Systèmes nerveux périphériques
Stuxnet
L'Internet qui sert à tout
Hacktivisme
Dark nets
Changement des comportements
Histoire des codes secrets
Économie/Gouvernements
SMS en conduisant sa voiture
Wikileaks/Anonymous
Consultation du portable dès le réveil
Pearl Harbor numérique

2

Le Cerveau mondial

Earth Inc. est apparue au moment où les processus de production ont connu des changements fondamentaux avec l'accélération des délocalisations et de la robotisation. Simultanément, le déploiement de l'informatique et d'Internet a créé une extension du système nerveux humain permettant à des milliards d'individus répartis sur la planète de communiquer à la vitesse de la lumière pour échanger des informations, des idées, et des sentiments.

Aujourd'hui, un gigantesque réseau de données est à notre disposition à la seconde ; les technologies numériques nous permettent de communiquer à un rythme sans précédent grâce aux courriels, SMS, réseaux sociaux, jeux en ligne et bien d'autres outils encore. Ce changement révolutionnaire qui va en s'accélérant fait déjà l'effet d'un tsunami porteur de profonds bouleversements mais aussi de nouvelles forces créatrices dans les domaines les plus divers, qu'il s'agisse de l'art, de la recherche, du fonctionnement de la démocratie et du monde des affaires.

Certaines entreprises qui ont accompagné jusque-là notre existence se battent maintenant pour survivre. Journaux, agences de voyage, librairies, magasins de disques, de photos et de locations de vidéos sont, de l'avis général, les activités les plus vulnérables aux avancées technologiques, ce qui les oblige à changer de fond en comble sous peine de disparaître. Quelques grandes institutions se trouvent dans la même situation : les services postaux nationaux connaissent des hémorragies de clients car les courriels ont remplacé les courriers traditionnels. Ce ne sont plus des lettres que les agents de la vénérable poste déposent dans nos boîtes aux lettres, mais des prospectus publicitaires et des dépliants de tous ordres.

Nous assistons parallèlement à la croissance explosive de nouveaux modèles d'entreprises, d'organisations sociales et de comportements que nous n'aurions pas pu imaginer avant Internet et les ordinateurs : de Facebook et Twitter à Amazon et iTunes, d'eBay et Google à Baidu, Yandex.ru et Globo.com, et à une douzaine d'autres entreprises apparues depuis que vous avez commencé à lire cette phrase – et que 2 milliards de personnes connectées à Internet font vivre, sans compter les robots et automates numériques (déjà plus nombreux que les habitants de la Terre) qui communiquent entre eux sans avoir besoin d'une intervention humaine. Des études indiquent que, d'ici à 2020, plus de 50 milliards de dispositifs reliés à Internet échangeront des informations en continu. Avec des procédés moins sophistiqués comme la radio-identification (RFID), qui permet de mémoriser et de récupérer des données ensuite transmises et lues à l'aide de « radio-étiquettes », le nombre d'objets connectés dans le monde sera encore bien supérieur. Il faut savoir que de nombreux élèves ont protesté contre la tentative de leurs établissements de leur en faire porter pour lutter contre l'absentéisme scolaire.

La technologie et le « Cerveau mondial »

Depuis l'invention du télégraphe, de nombreuses publications ont utilisé le système nerveux humain pour décrire la communication électronique. En 1851, six ans seulement après que Samuel Morse a reçu le message historique : « *What hath God wrought*[1] ? », Nathaniel Hawthorne écrivit : « Grâce à l'électricité, un nerf immense rayonne pour toujours sur des milliers de kilomètres. Notre globe est maintenant un cerveau à l'intelligence bouillonnante. »

Moins d'un siècle plus tard, H. G. Wells complétait cette métaphore par la notion de *world brain*, « une banque de connaissances planétaires où savoir et idées seraient reçus, triés, résumés, digérés, expliqués et comparés ». La métaphore sortie de l'imagination de Wells est aujourd'hui réalité. Nous en avons la preuve tous les jours avec Google qui met environ un billion de pages à notre disposition.

Le système nerveux étant connecté au cerveau et ce dernier étant à l'origine de la pensée, il est tout à fait compréhensible qu'un des plus grands théologiens du XXe siècle apporte lui aussi sa contribution aux propos de Hawthorne. Dans les années 1950, Teilhard de Chardin eut l'intuition d'une « planétarisation » de la conscience, un réseau mondial de communication des pensées humaines, susceptible grâce à la technologie de faire converger

1. « Quelle est l'œuvre de Dieu ? », d'après un verset de la Bible. (*N.d.T.*)

différents apports spirituels, ce qu'il appelé le « Cerveau mondial » (*Global Mind*). Si la réalité d'aujourd'hui ne correspond pas encore au sens expansionniste prévu par Teilhard de Chardin quand il a utilisé cette image provocatrice, certains experts en technologie pensent que cette expression peut marquer le commencement d'une ère entièrement nouvelle. Pour paraphraser Descartes, « cela pense, donc cela existe »[1].

Les supercalculateurs et les logiciels ont tous été conçus par des êtres humains, mais comme l'a dit un jour Marshall McLuhan : « Nous façonnons nos outils et ceux-ci, à leur tour, nous façonnent. » Puisque l'Internet mondial et les milliards de dispositifs et machines intelligentes qui sont connectés au cerveau mondial représentent probablement et de loin l'outil le plus puissant que les êtres humains aient jamais utilisé, nous ne devrions pas être surpris qu'il commence à modifier notre façon de penser d'une manière à la fois superficielle et profonde, mais en tout cas omniprésente et radicale.

Les délocalisations et la robotisation ont permis aux entreprises multinationales d'améliorer considérablement leur efficacité et leur productivité, ainsi que celles de leurs collaborateurs, du fait que les machines intelligentes et les ordinateurs leur donnent accès instantanément et dans le monde entier à des serveurs et des bases de données. C'est une boucle de rétroaction positive entre les délocalisations et l'automatisation qui a produit le bouleversement profond de l'économie mondiale. L'augmentation considérable de la puissance des ordinateurs et le nombre sans cesse croissant des utilisateurs d'Internet accentuent cette tendance. Tout comme Earth Inc. modifie le rôle des êtres humains dans le processus de production, le cerveau mondial change nos relations avec le monde de l'information.

Internet est devenu notre principal outil pour communiquer et échanger. Il a bouleversé nos vies, mais il est aussi une source de créativité. Le futurologue Kevin Kelly dit que notre nouveau

1. La question de savoir si et quand l'intelligence artificielle atteindra un stade de développement capable de penser comme le cerveau humain fait l'objet de débats multiples. L'analyse présentée dans ce chapitre est fondée sur l'hypothèse qu'une telle situation est de l'ordre des spéculations et ne se produira pas, au mieux, avant quelques décennies. Les divergences de vues sur ce qui risque ou non d'arriver exigent un niveau de compréhension de la nature de la conscience que les scientifiques n'ont pas encore atteint. Les supercalculateurs ont déjà démontré que certaines de leurs capacités sont de loin supérieures à celles des êtres humains et leur permettent de prendre des décisions lourdes de conséquences – notamment des échanges algorithmiques utilisés pour le trading à haute fréquence à la Bourse – en étant capables de comprendre des éléments très complexes auparavant noyés dans des masses considérables de données.

monde technologique – inspiré par l'intelligence – ressemble de plus en plus à « un organisme très complexe qui suit souvent ses propres désirs », ce qui signifie que, tout comme la Toile et les ordinateurs, nous sommes intégrés à cette immense organisation.

Son impact sur la convivialité est déjà indiscutable. Nous sommes chaque jour plus nombreux à aller chercher la réponse à une question posée lors d'un déjeuner ou d'un dîner en utilisant notre smartphone, ce qui a souvent pour effet d'interrompre la conversation. Sherry Turkle, une éminente spécialiste d'Internet, a écrit récemment que nous passons de plus en plus de temps « seuls ensemble ».

La nature à la fois séduisante et quasi envoûtante de ces technologies de la communication en ligne a conduit beaucoup de gens à s'interroger sur leur caractère addictif. Dans l'édition de mai 2013 de son *Manuel diagnostique et statistique des troubles mentaux* (DSM), l'Association américaine de psychiatrie consacre pour la première fois un chapitre aux dégâts que peut causer une utilisation excessive du clavier et de l'écran. On estime à 500 millions le nombre de personnes dans le monde qui s'adonnent au moins une heure par jour à des jeux en ligne. Aux États-Unis, le temps que les personnes de moins de vingt et un ans y consacrent en moyenne est presque équivalent au nombre d'heures de cours au lycée. Les jeunes ne sont pas les seuls concernés. Le passionné de jeux en ligne typique est une femme d'environ quarante-cinq ans. Aux États-Unis, elles sont 55 %, 60 % au Royaume-Uni. Dans l'ensemble du monde, les femmes sont aussi à l'origine de 60 % des commentaires sur Facebook, et 70 % y postent des photos.

L'effet Gutenberg et la mémoire

Ces changements dans nos comportements sont bien plus importants qu'il n'y paraît. Une des questions essentielles est de savoir comment nos cerveaux et notre conscience vont s'adapter et se réorganiser en fonction de cette nouvelle donnée.

La psychologie humaine a toujours été affectée par chaque nouvelle avancée en matière de technologie des communications. Des exercices de mémoire pratiqués avec des groupes de personnes et consistant à se remémorer une liste de faits ont démontré que ceux à qui l'on a indiqué qu'en cas d'oubli ils pourront faire des recherches sur des sites Internet se les remémorent moins bien que ceux qui n'ont pas eu cette information. Des études similaires ont montré que les usagers réguliers du GPS commençaient à perdre leur sens élémentaire de l'orientation.

Pour beaucoup, Internet et les autres dispositifs de programmes et d'accès aux données sont en quelque sorte des prolongements de leur cerveau. Précisons qu'en l'espèce, il ne s'agit pas d'une métaphore, car les études indiquent qu'il s'agit véritablement d'un nouvel élément de notre système de pensée. D'une certaine façon, notre cerveau a appris les gestes élémentaires qui nous permettent d'aller chercher les innombrables données stockées et mises à notre disposition dans des systèmes externes ; cela correspond parfaitement à ce que pensait Albert Einstein qui nous invitait à « ne jamais chercher à mémoriser ce qu'on peut trouver dans des livres ».

Depuis un demi-siècle, les chercheurs en neurosciences ont compris que plus nous utilisons et sollicitons nos neurones, plus ils croissent et se développent ; dans le cas contraire, ils s'étiolent et perdent peu à peu leur efficacité. Bien avant cette découverte, le théoricien de la communication Marshall McLuhan avait expliqué que, lorsque nous sommes confrontés à une innovation importante, « le système nerveux central produit une anesthésie autoprotectrice qui le prémunit contre la pleine conscience de ce qui lui arrive », et ce nouvel environnement « ne devient pleinement visible qu'après son remplacement par un nouvel environnement ; nous avons donc toujours un temps de retard dans notre vision du monde ».

Dans les dialogues de Platon, quand le dieu égyptien Thot dit au roi Thamous que l'arrivée d'une nouvelle technologie – à l'époque l'écriture – allait permettre de se souvenir de beaucoup plus de choses, le roi répliqua que l'écriture, loin d'accroître la science et la mémoire des individus, « produira l'oubli dans les âmes, parce qu'on va cesser de l'exercer en se reposant sur l'écrit. En faisant appel à un élément extérieur, ils ne solliciteront plus leurs propres capacités »[1].

Rien de nouveau, donc ! La grande différence concernant la combinaison de l'accès à Internet et les appareils informatiques mobiles, c'est que la connexion instantanée entre le cerveau d'un

1. La banque des données accessibles par Internet se dégrade selon un processus que mon ami Vint Cerf – considéré comme l'un des pères fondateurs d'Internet (c'est lui qui a développé avec Robert Kahn le protocole TCP/IP qui permet aux ordinateurs et aux dispositifs électroniques d'être reliés les uns aux autres) – explique comme un phénomène de décomposition : l'information disparaît soit parce que les nouveaux logiciels ne peuvent pas lire les plus anciens, ni des formats de fichiers compliqués, soit parce l'URL n'a pas été réactualisée. Cerf réclame un médium fiable et durable pour préserver la mémoire d'Internet.

individu et l'univers numérique est si aisée que le fait de s'en remettre à une mémoire externe (ou exomémoire) devient une habitude très répandue. Plus ce comportement se développe, plus on s'habitue à faire appel à cette mémoire externe, et moins on se fie à notre cerveau. Les « repères externes » prennent alors de plus en plus d'importance, comme le redoutait Thamous il y a 2 400 ans. Une des nouvelles façons de mesurer l'intelligence pratique au XXIe siècle est la facilité et la rapidité avec laquelle les individus peuvent repérer sur Internet l'information précise qu'ils recherchent.

La conscience humaine a toujours été façonnée par des apports extérieurs. Ce qui rend les êtres humains uniques et supérieurs à toutes les autres formes de vie sur Terre, c'est notre capacité à avoir une pensée complexe et abstraite. Depuis l'émergence du néocortex dans sa forme moderne, il y a environ 200 000 ans, la domination de l'homme sur la Terre s'est davantage construite sur son adaptation progressive aux nouveaux outils que sur son évolution physique.

Les chercheurs se demandent si le langage articulé est apparu brusquement, à la faveur d'une mutation génétique, ou s'il s'est développé de manière progressive, et leurs points de vue divergent. Mais, quelle que soit son origine, le discours complexe a radicalement changé notre façon d'utiliser l'information, améliorant en cela notre capacité à maîtriser les situations et nous permettant pour la première fois de communiquer sur la base de raisonnements construits et élaborés. On peut aussi avancer l'argument que cela a représenté le premier exemple du stockage de l'information sans avoir recours au cerveau humain. Pendant la plus grande partie de l'histoire de l'humanité, la parole a été « la technologie de l'information » principale utilisée par les sociétés humaines.

La longue période des chasseurs-cueilleurs est associée à la communication orale alors que la première utilisation du langage écrit est liée aux premières étapes de la révolution agricole. Le développement progressif et l'utilisation d'outils plus sophistiqués pour l'écriture – des tablettes de pierre au papier en passant par le papyrus et le parchemin, des pictogrammes et des hiéroglyphes à l'alphabet phonétique – correspondent à l'émergence de civilisations évoluées en Mésopotamie, en Égypte, en Chine, en Inde, ainsi que dans les régions méditerranéennes et en Amérique centrale.

Dans l'Antiquité, les Grecs ont perfectionné l'alphabet que les Phéniciens avaient mis au point, ce qui a conduit à une nouvelle façon de penser et à l'explosion soudaine du discours philosophique à Athènes pendant les IVe et Ve siècles avant J.-C., à la tragédie, et à l'émergence de concepts sophistiqués comme la démocratie. Quand on les compare aux hiéroglyphes, aux pictogrammes et à l'écriture cunéiforme, les formes abstraites qui ont composé l'alphabet grec – comme celles qui constituent tous les alphabets occidentaux modernes – ne portent pas davantage en elles-mêmes de signification que les 1 et les 0 du langage binaire de l'informatique, mais elles prennent tout leur sens pour peu qu'elles soient combinées. L'organisation interne du cerveau a dû s'adapter à ce nouvel outil de communication à la mesure de ce que la civilisation de la Grèce antique représente par rapport à celles qui l'ont précédée.

L'utilisation de cette nouvelle forme de communication écrite a abouti à l'augmentation de la capacité de stocker la sagesse collective des générations précédentes sous une forme externe au cerveau et néanmoins accessible. D'autres avancées – particulièrement l'invention de l'imprimerie au XIVe siècle (en Asie) et au XVe (en Europe) – donnèrent lieu à une nouvelle expansion de la quantité de connaissances disponibles et accessibles à toujours plus de personnes. La courbe exponentielle qui mesure la complexité de la civilisation humaine dessine une ascension beaucoup plus nette avec l'arrivée de l'imprimerie. Notre monde a changé, qu'il s'agisse de nos sociétés, de notre culture, de nos connaissances et de nos institutions politiques.

Avant l'émergence de ce que McLuhan a décrit comme la « Galaxie Gutenberg », les capacités d'action des Européens, pour la plupart illettrés, étaient inexistantes. Les bibliothèques disposaient au mieux de quelques douzaines de livres copiés à la main, souvent attachés par une chaîne à un bureau, et rédigés dans une langue compréhensible uniquement par les moines copistes. L'accès au savoir contenu dans ces bibliothèques était réservé aux élites du système féodal, qui exerçaient le pouvoir le plus souvent par la force des armes et avec la complicité de l'Église médiévale. L'imprimerie permit enfin de s'emparer, de reproduire et de distribuer en masse les connaissances acquises au cours des périodes passées, permettant d'accélérer le partage de l'information qui allait conduire au monde moderne.

La période des Grandes Découvertes arriva moins de deux générations après l'invention de Gutenberg. Peu de temps après le retour de Christophe Colomb des Bahamas, onze éditions du récit de son voyage captivèrent l'Europe. En un quart de siècle, d'autres navires à voiles avaient fait le tour de la Terre et rapporté des objets et des connaissances de l'ensemble du continent américain, de l'Extrême-Orient et de régions auparavant inconnues de l'Afrique.

Au cours du même quart de siècle, la diffusion massive de la Bible en allemand et dans d'autres langues vernaculaires aboutit à la Réforme protestante (que Martin Luther encouragea en s'indignant des bulles du pape désormais accessibles sur le marché des indulgences, avec un nouveau produit dérivé à l'intérêt indiscutable : les indulgences pour les péchés non encore commis). Les quatre-vingt-quinze thèses de Luther, clouées à la porte de l'église de Wittenberg en 1517, étaient écrites en latin, mais des milliers de copies imprimées en allemand furent distribuées au public. En l'espace d'une décennie, plus de six millions d'exemplaires de divers pamphlets de la Réforme avaient été imprimés, dont plus d'un quart écrits par Luther lui-même.

La première des conséquences de la large diffusion de textes rédigés dans des langues parlées par le plus grand nombre fut un mouvement d'alphabétisation qui commença en Europe du Nord et se déplaça vers le sud. Sans attendre, l'imprimerie fut dénoncée en France comme étant « l'œuvre du diable », ce qui n'eut pas le moindre effet sur la demande grandissante des populations pour cette information ainsi mise à leur disposition et qui rendait enfin accessible la sagesse antique des Grecs et des Romains. Sa diffusion massive provoqua une explosion de la pensée et de la communication qui stimula l'émergence d'une nouvelle forme de réflexion sur l'avenir en fonction de ce que le passé nous apprenait. Les fondations de l'ordre féodal commencèrent alors à être sérieusement ébranlées.

Le monde moderne qui connaît aujourd'hui des évolutions en nature plutôt qu'en degrés est né des ruines d'une civilisation dont on peut dire qu'elle a été détruite pour son bien par l'imprimerie. La révolution scientifique commença moins de deux cents ans après la Bible de Gutenberg, avec la publication de *Des révolutions des sphères célestes* de Nicolas Copernic (dont il reçut un exemplaire sortant de l'imprimerie sur son lit de mort). Moins d'un siècle plus tard, Galilée confirmait la thèse de l'héliocentrisme et, quelques années après, parut le *Traité du monde et de la lumière* de Descartes. La course avait commencé.

L'imprimerie donnait naissance à un espace de discussions et d'échanges bien plus vaste que l'Agora d'Athènes ou le Forum romain. Forts de ce qu'ils découvraient, marchands et paysans commencèrent à réclamer davantage d'autonomie. En osant défier la primauté de l'Église médiévale et la féodalité, on s'attaquait au pouvoir absolu des monarques.

Au fur et à mesure des progrès techniques, les prix de l'impression diminuèrent, le nombre d'imprimeurs augmenta, et il devint de plus en plus facile de se procurer toutes formes de publications ou de publier soi-même pour participer au débat. L'avancée des connaissances déboucha sur des œuvres modernes – de Cervantès et Shakespeare aux revues et aux journaux. Les idées qui trouvaient une résonance chez le plus grand nombre attirèrent un public encore plus nombreux, à la manière des recherches que l'on peut faire sur Google aujourd'hui.

Avec l'époque des Lumières, les connaissances et les idées se diffusèrent, jusqu'à remettre en cause le pouvoir de l'argent et la force des armes. Le nouvel espace de discussions nourri par les journaux et la circulation des idées aboutit à une demande de plus en plus forte d'un gouvernement reposant sur des institutions démocratiques et des représentants élus. Cette nouvelle liberté de s'informer et de communiquer permettait aux individus de décider de leur destinée en prenant des décisions collectives.

Au début du mois de janvier 1776, Thomas Paine quitta l'Angleterre pour se rendre à Philadelphie ; sans le sou et sans famille, il ne connaissait personne, mais avait une solide capacité de s'exprimer. Il publia son pamphlet *Le Sens commun*, qui joua un grand rôle dans le déclenchement de la guerre américaine d'Indépendance dès le mois de juillet. La même année, Adam Smith publia sa théorie de l'économie de marché capitaliste et du libéralisme moderne qui repose sur les mêmes principes d'une information circulant largement dans la sphère des échanges commerciaux afin de choisir librement d'acheter ou de vendre. Il fallait faire confiance à la « main invisible » pour organiser la loi de l'offre et la demande de manière que les prix soient calculés à un niveau optimal et garantissent ainsi l'efficacité économique. Cette même année fut édité le premier volume de l'*Histoire de la décadence et de la chute de l'Empire romain* d'Edward Gibbon, une réaction à la vision optimiste du futur. Cette publication, qui connut un succès phénoménal, marqua réellement la fin d'une époque et de l'ordre ancien. La génération présente devait construire un monde nouveau, reposant sur des nouveaux modes de pensée et de nouvelles institutions façonnées grâce à l'apport révolutionnaire de l'imprimerie.

Nous ne devrions donc pas nous étonner que la révolution numérique bouscule notre monde beaucoup plus vite et avec bien plus de force que l'imprimerie à son époque. Un nouveau monde est en train de se construire, avec des modèles sociétaux, culturels, politiques et commerciaux d'une tout autre dimension. Aussi fondamentaux que furent les changements nés de la révolution de l'imprimerie (et que ceux apportés précédemment par l'introduction du discours articulé, de l'écriture et des alphabets phonétiques), aucun d'entre eux – même les plus éloignés dans le temps – ne peut se comparer à celui que nous vivons en ce moment. Depuis les années 1950, la puissance des ordinateurs a pratiquement doublé tous les dix-huit à vingt-quatre mois. Ce phénomène remarquable, qui est conforme à la loi de Moore, se poursuit malgré les annonces répétées que sa fin est imminente. Certains experts affirment que le terme se situe dans les prochaines années, mais d'autres sont persuadés que les avancées technologiques vont permettre d'augmenter encore la puissance des ordinateurs.

Avec l'émergence du cerveau mondial et de la croissance exponentielle de la communication numérique, nos sociétés connaissent des bouleversements profonds dans les domaines les plus divers, comme la culture, le commerce, les systèmes éducatifs, la façon d'échanger et même de penser. Chaque année, la production et le stockage de données numériques par les entreprises et les individus est 60 000 fois plus élevé que la quantité totale d'informations contenues dans la Bibliothèque du Congrès. En 2011, on a calculé que la quantité d'information créée et reproduite avait été multipliée par neuf en seulement cinq ans. (La capacité de stockage numérique n'a pas dépassé le stockage analogique jusqu'en 2002, mais en cinq ans le pourcentage d'informations stockées numériquement a augmenté au point de constituer 94 % de toutes les informations ainsi archivées.) Deux ans plus tôt, on a calculé que le volume des données transmises par appareils mobiles dépassait l'ensemble des communications vocales. Entre 2003 et 2010, l'appel téléphonique moyen a diminué de pratiquement la moitié, passant de trois minutes à une minute et quarante-sept secondes.

Entre 2005 et 2010, le nombre de personnes abonnées à Internet a doublé. En 2012, on les estimait à 2,4 milliards sur la planète, et en 2015 on comptera autant d'appareils mobiles que d'habitants. Le nombre de personnes qui utilisent Internet uniquement à partir de smartphones va être multiplié par 56 pendant les cinq prochaines années, et le flux d'informations par 47. Les smartphones représentent déjà plus de la moitié du marché des téléphones portables aux États-Unis et dans de nombreux autres pays développés.

Ce phénomène ne concerne toutefois pas seulement les pays riches. Les ordinateurs et les tablettes y sont certes plus répandus qu'ailleurs, mais le rapport prix/puissance des ordinateurs, leur miniaturisation et leur diffusion toujours plus importante vont permettre au monde entier d'avoir accès au cerveau mondial. Sur les 7 milliards des individus qui vivent sur notre planète, 5 milliards ont maintenant accès aux téléphones mobiles. En 2012, on comptait 1,1 milliard d'utilisateurs actifs de smartphones dans le monde, ce qui représentait moins d'un cinquième du marché mondial. Ce type d'appareil pouvant se connecter à Internet est encore trop cher pour les populations des pays en développement, mais la baisse régulière des prix, qui n'a jamais cessé dans le domaine du numérique, va mettre à leur disposition des appareils premier prix. La connexion à Internet sera ainsi possible partout, ce qu'un rapport de l'ONU considère comme un nouveau « droit humain ».

L'informaticien américain Nicholas Negroponte, qui dirige le projet « Un PC portable par enfant » pour les pays émergents, a lancé un appel aux constructeurs pour qu'ils puissent fournir un ordinateur ou une tablette bon marché (entre 100 et 140 dollars). Cette démarche volontariste destinée à mettre fin à la fracture numérique s'inspire en fait de ce qui s'est produit dans certains pays industriels. Aux États-Unis, par exemple, une nouvelle loi pour subventionner la connexion de chaque école et bibliothèque à Internet avait été votée dans les années 1990 pour combler le fossé qui séparait ceux qui avaient accès à l'information et ceux qui en étaient privés.

Dans les pays développés, les changements comportementaux induits par la révolution numérique ont d'une certaine façon annoncé les bouleversements qui allaient se produire dans l'ensemble du monde. Selon une étude menée par Ericsson, 40 % des propriétaires de smartphone se connectent à Internet dès le réveil, avant de sortir du lit. Ce nouveau type de comportement pose un véritable problème de santé publique car, en envoyant des courriels et des SMS, en jouant et en téléphonant au volant de leur voiture ou de leur camion, de trop nombreux individus mettent leur vie et celle des autres en danger.

On a connu l'exemple de cet avion de ligne qui a dépassé de 90 minutes sa destination prévue parce que le pilote et le copilote, étaient complètement absorbés par leurs ordinateurs personnels dans le cockpit. Plus de douze contrôleurs aériens dans trois villes différentes avaient tenté désespérément d'entrer en contact avec eux, et le Strategic Air Command était sur le point d'envoyer des avions de chasse pour intercepter l'appareil au moment où les deux hommes se décidèrent enfin à abandonner leurs écrans.

Le succès des iPhone et le temps passé par les utilisateurs à communiquer avec Facetime, son interface de vidéoconférence, ont poussé certaines personnes à modifier l'apparence de leur visage afin de l'adapter à la nouvelle technologie. Le chirurgien esthétique Robert K. Sigal a raconté que des patients venaient le consulter en lui montrant leur visage sur FaceTime. « L'angle de la caméra, qui filme par en dessous, met en évidence les double-mentons, les poches sous les yeux, les cernes et les rides. On me supplie : "Je ne croyais pas avoir cette tête-là ! Il faut faire quelque chose !" C'est ce que j'appelle le "*facelift* de FaceTime" et nous avons mis au point des techniques destinées à résoudre ce problème particulier. »

L'explosion des « Big Data »

Tout comme nous avons permis à notre conscience de se prolonger jusque dans le Cerveau mondial, c'est à notre système nerveux périphérique de pénétrer l'Internet des objets, qui fonctionne presque totalement sans faire appel à notre pensée en contrôlant des fonctions importantes pour consolider l'efficacité de Earth Inc. C'est cette partie de l'Internet mondial qui se diffuse encore plus vite en générant beaucoup plus de données que ce que les humains n'en produisent eux-mêmes, évoluant vers ce qui est appelé parfois « l'Internet qui sert à tout[1] ».

Le domaine émergent auquel on a donné le nom de « Big Data[2] », une des nouvelles frontières passionnantes des sciences de l'information, est fondé sur le développement de nouveaux algorithmes permettant aux supercalculateurs de traiter des quantités massives de données impossibles à manipuler auparavant. En effet, plus de 90 % des informations collectées par les satellites du programme Landsat[3] étaient stockées directement, sans avoir eu le moindre contact avec un neurone humain ni être analysées par des logiciels. Ces quantités de données inutilisées peuvent être enfin traitées juste après avoir été collectées.

1. Internet of Everything ou IoE, où les choses jusque-là silencieuses vont avoir une voix. (*N.d.T.*)

2. L'expression Big Data désigne des masses de données que les outils classiques de traitement ne peuvent pas exploiter. Il en existe plusieurs traductions, la plus courante étant « données massives ». (*N.d.T.*)

3. Premier programme spatial civil d'observation de la Terre qui a recueilli des millions d'informations sur le changement climatique, la cartographie, la gestion des ressources naturelles et l'environnement. (*N.d.T.*)

De la même façon, la plupart des données recueillies par des systèmes intégrés, des capteurs et de minuscules dispositifs tels que des actionneurs intelligents peuvent être traitées immédiatement. Avec la forte diminution des coûts de stockage et la sophistication grandissante des Big Data, ces informations conservées et analysées ouvrent des perspectives infinies pour le monde économique. Pour prendre un autre exemple, on a équipé des véhicules utilitaires d'une petite caméra vidéo qui collecte des données en permanence mais ne garde en mémoire que les vingt dernières secondes écoulées. En cas d'accident, toutes les informations collectées avant et pendant sont sauvegardées pour être analysées. Il en est de même pour les boîtes noires des avions et la plupart des codes d'entrée des résidences. Les données sont constamment effacées pour avoir toujours l'information la plus récente. Bientôt on sera en mesure de stocker la plupart de ces données qui seront traitées par des algorithmes Big Data pour être exploitées.

Aujourd'hui, partout dans le monde, des plans analogues consistant à recueillir et traiter des volumes d'information encore plus importants sont en cours d'élaboration. IBM travaille avec l'Institut néerlandais de radioastronomie pour développer une nouvelle génération de technologie informatique capable de stocker et de traiter les informations recueillies par le nouveau radiotélescope Square Kilometre Array qui collectera chaque jour un nombre d'informations équivalent au double de ce qui est généré sur le Web dans sa totalité.

Tout ce qui produit de grandes quantités de données sera bientôt profondément affecté par les techniques des processus Big Data. En d'autres termes, alors que psychologues et philosophes interrogent le subconscient de l'homme pour y trouver des significations plus profondes, des superordinateurs à la technologie encore plus performante vont dessiner un autre monde avec les volumes gigantesques d'informations collectées à partir de l'Internet des objets et dans les milliards de messages envoyés tous les jours sur des réseaux sociaux comme Twitter et Facebook.

Le Geological Survey américain a créé un détecteur de tremblement de terre sur Twitter afin de recueillir plus rapidement des informations sur l'impact et le lieu d'un éventuel séisme, particulièrement dans les régions faiblement équipées en instruments sismiques. En 2009, Ban Ki-moon, le secrétaire général de l'ONU, a lancé le programme Global Pulse destiné à analyser les communications numériques pour déceler et comprendre plus vite plus les chocs économiques et sociaux. Les modifications apportées aux abonnements de téléphonie mobile doivent parfois être considérées comme des signaux sur la situation de l'emploi. C'est également un bon moyen d'étudier l'évolution des prix des produits alimentaires en ligne pour prévoir les pics de prix et les pénuries alimentaires. Des recherches sur les mots « grippe » et « choléra » peuvent aussi nous renseigner sur les épidémies de maladies.

Les services de renseignement utilisent les techniques d'analyse de Big Data pour prévoir des troubles sociaux dans les pays et les régions qui présentent un intérêt particulier. De nouvelles entreprises utilisent des techniques identiques pour analyser des millions de tweets afin de prévoir le nombre d'entrées des films produits par Hollywood et Bollywood au box-office.

La démocratie en balance

Le monde des affaires et de la sécurité nationale a toujours su s'adapter très rapidement à l'émergence de nouvelles technologies, mais qu'en est-il de la démocratie dans ce nouvel âge ? L'essor rapide et impitoyable de la communication par Internet permet d'espérer que les institutions démocratiques vont se trouver renforcées dans de nombreux pays du fait qu'elle a beaucoup de points communs avec la presse écrite, en particulier sa facilité d'accès. Comme à l'époque de l'âge d'or de la presse écrite, la qualité des idées qui circulent sur le réseau peut faire l'objet d'une évaluation et d'un relais par des utilisateurs qui se multiplient.

La demande de contenu sur Internet est aussi liée au développement de la lecture – un faible écho du « big-bang » de l'alphabétisation qui s'est produit grâce à la création de la galaxie Gutenberg. Alors qu'elle avait connu un fort déclin avec l'arrivée et le développement de la télévision, on sait qu'elle a triplé pendant les trente dernières années parce que la domination écrasante d'Internet s'exprime avec des mots.

Qu'il s'agisse des pays où la finance et le monde des affaires ont pris le pas sur l'intérêt public ou de ceux où le pouvoir est dans les mains de dictateurs, la démocratie est en déclin, et partout ses nombreux militants placent leurs espoirs dans les capacités d'Internet à renouveler ces valeurs.

Des mouvements politiques révolutionnaires – des manifestants de la place Tahrir au Caire aux Indignés en Espagne en passant par le mouvement Occupy Wall Street, et jusqu'aux foules défilant à Moscou pour contester le déroulement des élections en Russie – sont déjà nés grâce à Internet. Facebook et Twitter ont joué un rôle primordial dans certains de ces mouvements, tout comme les courriels, les SMS et la messagerie instantanée. Google Earth a été un autre acteur important, en mettant par exemple en lumière les excès des élites à Bahreïn, et, lors de la révolution libyenne, il a été utilisé par les rebelles à Misrata pour guider leurs mortiers. (Google Earth a aussi déclenché un incident frontalier et un bref affrontement armé entre le Nicaragua et le Costa Rica quand il attribua par erreur une toute petite partie du Costa Rica au territoire national du Nicaragua.)

Jusque-là, cependant, les mouvements réformistes et révolutionnaires qui se sont fait connaître sur Internet ont pratiquement suivi le même chemin : d'abord un immense intérêt, puis la déception et une mise en sommeil. La question de savoir si les mouvements inspirés par Internet auront un second souffle puis, après une période de calme, un réveil pour finalement atteindre leurs objectifs reste ouverte.

La « révolution safran » en Birmanie a été un des premiers mouvements populaires où Internet a joué un rôle clé. Les militants prirent beaucoup de risques pour appeler au soulèvement, exigeant dans leurs messages envoyés sous de faux noms à partir de cafés Internet des réformes démocratiques et faisant passer clandestinement des clés USB à la diaspora de la Thaïlande voisine. Malheureusement, le gouvernement autoritaire de la Birmanie réussit à étouffer ce mouvement, en interdisant l'utilisation d'Internet.

Les braises de la révolution birmane continuèrent néanmoins à couver et à brûler dans d'autres régions du monde où les consciences s'étaient éveillées pour combattre les excès et les injustices de la dictature birmane. (Les diasporas dans les pays occidentaux, issues de milieux aisés et ayant pu faire des études, peuvent maintenant jouer des rôles importants grâce à Internet en soutenant les révoltes qui explosent dans leurs pays d'origine.) Quelques années plus tard, des pressions furent exercées sur le gouvernement birman pour qu'il accepte de relâcher son contrôle implacable sur l'expression des citoyens et de libérer Aung San Suu Kyi, leader du mouvement populaire assignée à résidence depuis des années. En mars 2012, elle fut élue triomphalement au Parlement, ce qui confirmait que le mouvement populaire qui avait commencé sur Internet renaissait comme force de changement susceptible de prendre le pouvoir.

Cependant, de nombreux pays autoritaires sont parvenus à étrangler les mouvements de dissidence qui s'exprimaient sur la Toile. En Iran, la révolution verte commença en 2009 comme un mouvement populaire qui protestait contre les fraudes grossières de l'élection présidentielle. Même si les sympathisants qui vivaient à l'Ouest eurent l'impression que Twitter joua un rôle clef en donnant naissance à la révolte et en la faisant vivre, les réseaux sociaux jouèrent en réalité un rôle bien moins important à l'intérieur qu'à l'extérieur du pays parce que ses dirigeants avaient réussi à prendre le contrôle d'Internet. Si les agissements du gouvernement étaient toutefois visibles sur des vidéos diffusées sur YouTube (la plus célèbre concernant la mort tragique de Neda Agha-Soltan), les réseaux sociaux les plus puissants, qui auraient pu permettre aux dissidents de développer plus largement leur mouvement de protestation, furent presque complètement réduits au silence. Pendant la campagne électorale, quand les soutiens au candidat de l'opposition Mir Hossein Moussavi commencèrent à prendre de l'importance en s'organisant sur Facebook, le gouvernement le censura purement et simplement.

Pire encore, les forces de sécurité iraniennes montrèrent au monde ce qu'un gouvernement autoritaire malveillant est capable de faire à ses citoyens en surveillant leurs connexions Internet et les graphes sociaux pour identifier et pister les dissidents, lire leur correspondance privée et étouffer de manière inflexible toute tentative de résistance à la dictature. L'épisode tout entier résonna comme une alarme et fit froid dans le dos. Nous avions la preuve qu'Internet, plus qu'un outil susceptible de contribuer à exiger des réformes ou à fomenter une révolution, ne protégeait pas la vie privée et donnait même au gouvernement le pouvoir de s'y introduire plus facilement.

C'est la Chine qui a pris les mesures les plus sophistiquées pour exercer son contrôle sur la Toile et en censurer le contenu avec sa Grande Muraille pare-feu, l'organisation la plus efficace au monde d'aujourd'hui (deux autres pays s'efforcent d'en faire autant, l'Iran et la dictature stalinienne de la Biélorussie). Toutes les connexions de la Chine à l'Internet mondial sont surveillées par des opérateurs au service de l'État qui appliquent rigoureusement les protocoles, si bien qu'en 2010 une interview dans laquelle Wen Jiabao, alors Premier ministre, réclamait des réformes a été censurée de manière que le peuple chinois n'en ait pas connaissance.

En 2006, le plan chinois s'est heurté aux valeurs d'ouverture de Google, le plus grand moteur de recherche au monde. Participant alors aux délibérations de l'entreprise, je vis combien les options étaient limitées. Après avoir cherché comment concilier cet engagement et la volonté farouche de la Chine de bloquer tous les contenus qu'elle considère comme sensibles, Google a pris la décision de principe de se retirer du pays. Les internautes sont désormais redirigés vers la version hongkongaise du moteur de recherche, la région administrative spéciale de Hong Kong disposant toujours d'une plus grande liberté même si Beijing exerce encore certaines contraintes. Sergey Brin, cofondateur de Google, a déclaré en 2012 que la Chine avait été beaucoup plus efficace qu'il ne s'y attendait : « Je n'imaginais pas possible de faire entrer le génie dans la bouteille, mais il me semble bien qu'aujourd'hui certains pays y sont parvenus. » D'ailleurs, Facebook n'a jamais pu entrer en Chine.

Le prestigieux artiste Ai Weiwei a exprimé un autre point de vue : « [La Chine] ne peut pas vivre ainsi [...]. C'est inutile d'essayer de contrôler Internet. » On estime à 40 % de sa population, soit 500 millions, le nombre d'internautes en Chine, qui est donc le pays qui en compte le plus au monde. La plupart des observateurs estiment que ce n'est qu'une question de temps pour que des débats et des discussions puissent s'y dérouler – y compris sur des sujets délicats pour le Parti communiste – et devenir parfaitement incontrôlables. Un certain nombre de leaders chinois ont déjà jugé nécessaire de se mettre eux-mêmes à Internet afin de réagir aux controverses publiques. L'ancien président russe Dimitri Medvedev a lui aussi ressenti la nécessité de s'engager personnellement sur le Web.

Comme le rôle joué par Internet et les outils informatiques connectés devient de plus en plus important, telle une vague impossible à arrêter, les gouvernements autoritaires auront de plus en plus de mal à exercer un même niveau de contrôle. En Tunisie, le Printemps arabe est en partie dû au fait que le pays comptait 40 % d'internautes, dont 20 % abonnés à Facebook (80 % des utilisateurs de Facebook n'avaient pas trente ans).

Ainsi, même si la Tunisie était citée par Reporters sans frontières comme un des pays exerçant la plus forte censure politique sur Internet, la révolution au caractère largement non violent a gagné du terrain à une vitesse étonnante. La diffusion des informations, et l'accès généralisé à Internet dans le pays a privé le gouvernement de ses capacités de réaction. Mohammed Bouazizi, qui s'est immolé par le feu en signe de protestation, n'était pas le premier à en arriver là, mais il était le premier à être filmé, et c'est sa vidéo qui déclencha le Printemps arabe.

En Arabie Saoudite, c'est par Twitter que des critiques sévères se sont exprimées publiquement vis-à-vis du gouvernement et de la famille royale. Le nombre de tweets s'est accéléré là-bas bien plus vite en 2012 que dans n'importe quel autre pays. Un avocat de trente et un ans, Faisal Abdullah, a déclaré au *New York Times* : « Twitter est pour nous une sorte de Parlement, mais qui n'a rien à voir avec ce qu'on connaît ici. C'est une véritable assemblée, où les gens de toutes opinions politiques se rencontrent et échangent librement. »

Des chercheurs de cette partie du monde veulent toutefois attirer l'attention sur la prudence indispensable avec laquelle il faut analyser les facteurs à l'origine du Printemps arabe qui se sont combinés avec Internet. La croissance exponentielle de la population, le pourcentage toujours plus important de jeunes, une stagnation économique et l'augmentation des prix des produits alimentaires ont également créé les conditions de l'agitation sociale. Les gouvernements qui s'étaient engagés à mettre en œuvre des réformes économiques et politiques ayant fait marche arrière, les frustrations en furent d'autant plus grandes, jusqu'à atteindre un point de rupture.

Pour nombre d'experts, l'élément le plus important dans la genèse du Printemps arabe fut l'apparition de la chaîne de télévision par satellite relativement indépendante et combative Al Jazeera. Elle fut suivie par environ sept cents autres chaînes auxquelles on avait facilement accès grâce à de petites paraboles bon marché, y compris dans des pays où leur diffusion est illégale. Plusieurs gouvernements essayèrent de contrôler la prolifération des antennes de réception, mais il en résulta un nombre extraordinaire de discussions politiques abordant aussi des sujets qui n'avaient encore jamais été débattus publiquement. Quand le Printemps arabe fit irruption sur la place Tahrir du Caire, l'accès à la télévision satellite et à Internet était largement répandu en Égypte et dans les pays alentour. Les sociologues et spécialistes de science politique qui ont voulu analyser l'influence relative de ces deux nouveaux médias sur le déclenchement du mouvement social ont eu les plus grandes difficultés. Cela dit, la plupart pensent que c'est surtout Al Jazeera et sa nombreuse fratrie qui jouèrent le plus grand rôle. Quand en 2004 le président égyptien Hosni Moubarak alla visiter le siège d'Al Jazeera au Qatar, il déclara : « Tous nos ennuis nous viennent donc de cette petite boîte d'allumettes ? » En fait, les deux étaient peut-être nécessaires, mais aucun n'était suffisant.

Tout comme la Tunisie, et contrairement à la Birmanie et à l'Iran, l'Égypte n'a pas pu bloquer l'accès à Internet. Le Web avait pris une si grande place en 2011 que, lorsque le gouvernement supprima toutes les connexions arrivant de l'étranger, la réaction de la population fut telle que l'agitation redoubla. La détermination des manifestants réussit finalement à forcer Moubarak à se retirer, mais leur cohésion s'effrita pendant la lutte politique qui s'ensuivit.

Certains analystes comme Malcolm Gladwell pensent que les réseaux sociaux et les connexions Internet ne sont pas assez solides par nature, ce qui explique que les mouvements qu'ils ont amorcés s'essoufflent parfois très vite. Elles n'ont en effet rien de commun avec les fortes relations qui se créent dans les mouvements populaires massifs. En Égypte, les foules de la place Tahrir ne représentaient qu'une minuscule partie de la population égyptienne. Ceux qui, dans le reste du pays, ont été sensibles à leurs revendications se sont éloignés des manifestants quand il s'est agi de trouver un nouveau consensus politique pour succéder à Moubarak. L'armée a repris le contrôle du pays et les forces islamiques, victorieuses aux élections ont mis en place un nouveau régime fondé sur des principes très éloignés de ceux qui avaient été réclamés par la plupart des internautes de la place Tahrir.

Le même scénario s'est produit en Libye, en Syrie, au Bahreïn, au Yémen, et dans d'autres pays encore, dont l'Iran : des mouvements de réforme alimentés par une nouvelle conscience politique collective née sur Internet ont enclenché le changement mais n'ont pu consolider leur victoire. Les forces de la contre-révolution ont resserré leur pouvoir sur les médias et rétabli leur domination.

L'histoire particulière de la technologie des communications au Moyen-Orient et en Afrique du Nord nous aide à comprendre ce qu'est un échec programmé. C'est parce que l'Empire ottoman avait interdit la diffusion de l'imprimerie dans les populations arabophones que la révolution de Gutenberg en Europe et plus tard en Amérique du Nord a contourné le Moyen-Orient et l'Afrique du Nord, qui se sont ainsi isolés de la révolution scientifique et des autres progrès. Les Arabes musulmans en comprirent deux siècles plus tard les conséquences sur leur civilisation.

Les institutions démocratiques qui s'étaient mises en place en Occident ne virent jamais le jour au Moyen-Orient. Des siècles plus tard, il était impossible à cette nouvelle conscience politique issue d'Internet de s'incarner dans des structures portées par un mouvement de réforme alors que les forces de l'autoritarisme – militaires de la police nationale et bureaucrates du gouvernement autocratique – pouvaient sans difficulté assouvir leur désir de contrôler la société et l'économie.

D'autres analystes ont expliqué la déception qui a suivi les revendications exprimées place Tahrir par ce qu'ils ont appelé « l'optimisme technologique » qui consiste à attribuer à une avancée scientifique des pouvoirs et des espérances irréalistes. C'est oublier le simple fait que tous les progrès portent en eux le meilleur et le pire. Tout dépend des buts poursuivis et de qui les poursuit. Le Web peut aussi bien être utilisé par les réformateurs que par leurs adversaires. Pourtant, qu'il s'agisse de la vente en ligne ou de la revitalisation de la démocratie, Internet continue à inspirer ceux qui réclament plus de liberté, précisément afin qu'émerge une nouvelle conscience politique permettant aux individus de partager des idées et de contribuer à des débats riches et précieux.

Cet optimisme est alimenté par le fait que certains gouvernements ont amélioré de manière considérable leurs relations avec les citoyens en instaurant des échanges démocratiques avec Internet. L'Estonie a déjà fait l'expérience du vote électronique à l'occasion d'élections et de référendums. Dans la Lituanie voisine, où le gouvernement a donné à son peuple la possibilité de lui faire des propositions, deux lois émanant des citoyens ont déjà été votées. Le processus législatif peut être lancé à partir du moment où la proposition a recueilli au moins dix mille signatures. D'autre part, de nombreuses villes s'appuient sur des statistiques informatisées et des projections sophistiquées pour rendre compte de leur niveau de services et chercher à l'améliorer en fonction de leurs ressources. Certains activistes qui proposent de faire vivre les institutions démocratiques à partir du Net, comme le professeur Clay Shirky de l'université de New York, ont imaginé des programmes en *open source* nous permettant de nous organiser sans les institutions et de mettre en place une démocratie directe, qui sera plus riche, plus rapide et plus proche des problèmes de chacun.

Pourtant, dans les pays occidentaux, y compris aux États-Unis, le potentiel et la force des mouvements réformistes fonctionnant avec Internet se sont émoussés, alors qu'on comptait beaucoup sur ce média pour faire revivre la démocratie. Pour en comprendre les raisons, il est important d'analyser son impact sur la conscience politique dans le contexte plus large des relations historiques entre les organes de communication et les gouvernements en accordant une attention particulière à ce qui a engendré la puissance du petit écran et à la façon dont il a pris le pas sur la presse écrite.

Dans de nombreux pays – dont les États-Unis –, on est

interpellé par la lenteur surprenante du passage de l'âge de la télévision – qui est toujours et de loin le média dominant du monde moderne – à celui de l'Internet. Les vidéos sont davantage regardées sur les téléviseurs que sur les écrans d'ordinateur, mais quand la qualité de la bande passante sera parfaite, la télévision, selon les mots de l'auteur de science-fiction William Gibson, « appartiendra complètement au domaine numérique ». En attendant, la transmission classique, le câble et le satellite vont continuer à exercer leur domination. Les candidats et les leaders des mouvements réclamant des réformes continueront à payer leur rançon pour obtenir le privilège de communiquer efficacement avec le plus grand nombre.

Bien avant le lancement d'Internet et la révolution informatique, l'apparition des médias électroniques avait déjà commencé à transformer un monde façonné par l'imprimerie. En une seule génération, la télévision avait remplacé la presse écrite et s'était affirmée comme la forme dominante de la communication de masse. Aujourd'hui encore, les Américains passent plus de temps à la regarder qu'à dormir et à travailler. Un citoyen américain « moyen » regarde la télévision plus de cinq heures par jour. Du coup, les candidats aux élections du Congrès consacrent 80 % de leur financement de campagne électorale à des clips publicitaires qui durent trente-deux secondes.

Pour comprendre les conséquences de l'emprise de la télévision sur la démocratie, considérons les différences importantes entre l'écosystème de l'imprimerie et celui du petit écran. D'abord, l'accès au forum virtuel issu de la naissance de l'imprimerie ne coûtait pas cher. À Philadelphie, Thomas Paine, à peine sorti de chez lui, n'avait que quelques pas à faire pour trouver une imprimerie abordable.

Les quelques entreprises qui gèrent et contrôlent l'accès à la télévision de masse sont plus puissantes que jamais et continuent à nous faire payer des sommes exorbitantes. Si Thomas Paine se rendait aujourd'hui dans le studio de télévision le plus proche pour diffuser une version télévisée du *Sens commun*, on le chasserait immédiatement à moins qu'il n'accepte de payer une petite fortune. En revanche, les éditorialistes payés par les chaînes pour véhiculer leur idéologie disposent d'un grand nombre d'heures chaque semaine.

Aussi longtemps que la télévision commerciale dominera le débat politique, les candidats aux élections seront contraints de solliciter des sommes d'argent toujours plus importantes auprès de personnes fortunées, d'entreprises et d'intérêts privés afin de pouvoir accéder au seul espace public qui compte du fait que la plupart des électeurs passent leur temps libre devant leur téléviseur. Comme un cercle vicieux, ce sont ces riches contributeurs, et surtout les lobbys qui les représentent, qui pèsent de manière obscène dans le fonctionnement de la démocratie américaine. Les décisions récentes de la Cour suprême, en particulier la loi Citizens United qui a levé l'interdiction faite aux entreprises de financer les campagnes électorales, ne font qu'accentuer la tendance destructrice qui va encore s'aggraver avant que l'on puisse espérer qu'elle s'améliore. C'est, au vrai sens du terme, un lent coup d'État des entreprises qui menace de détruire l'intégrité et le fonctionnement de la démocratie américaine.

Même si les systèmes politiques et les organisations législatives sont très différents selon les pays, le nombre de points communs entre la télévision et Internet est étonnant. En Chine et en Russie, elle fait l'objet d'un contrôle bien plus strict qu'Internet. Dans la « démocratie Potemkine » mise en place par Vladimir Poutine, le gouvernement tolère une liberté de parole plus grande sur Internet. Mikhail Kasyanov, un des Premiers ministres qui ont servi sous Poutine (et dont la candidature à la présidence contre son successeur désigné Dimitri Medvedev fut vite étouffée sur intervention de Poutine qui lui ordonna de se retirer), m'a raconté que, lorsqu'il était Premier ministre, il avait compris qu'aux yeux du gouvernement ce qui se passait sur le Réseau n'avait pas d'importance du moment qu'il exerçait une surveillance sur les programmes.

Quatre ans plus tard, au printemps 2012, lors du mouvement de protestation contre les fraudes électorales lancé sur Internet (Poutine, comme prévu, avait remporté le scrutin), un expert russe avait déclaré : « Les personnes âgées se bousculent pour voter. Elles n'ont qu'un candidat en tête, Poutine, et pourquoi ? La réponse est sur l'écran de télé, où n'apparaît qu'un seul visage, celui de Poutine. » La domination de la télévision dans le paysage médiatique et politique de presque tous les pays s'explique en effet par le pourcentage de personnes âgées qui participent aux élections *et* qui passent beaucoup de temps devant leur téléviseur, bien davantage que les autres tranches d'âge. Aux États-Unis, les personnes de 65 ans et plus la regardent en moyenne sept heures par jour.

Dans de nombreux pays, les institutions importantes qui font naître et vivre la démocratie, comme le journalisme, ont également été profondément affectées par les bouleversements technologiques qui ont touché le domaine des communications.

La presse écrite s'est trouvée confrontée à de graves difficultés. Les revenus qu'elle tirait auparavant des abonnements, de la publicité et des petites annonces lui permettaient non seulement de payer les frais d'impression et de distribution, mais aussi les salaires des journalistes et des rédacteurs. À l'arrivée de la télévision, et particulièrement avec les programmes d'information du soir, les journaux, qui dans la plupart des villes importantes sortaient l'après-midi pour être lus le soir en rentrant du travail, furent les premiers à faire faillite. La perte massive d'annonces publicitaires au profit des chaînes de télévision et de radio porta aussi des coups sévères aux journaux du matin. Enfin, quand les petites annonces commencèrent à être diffusées sur Internet et que les informations en ligne se propagèrent, de nombreux lecteurs mirent fin à leurs abonnements et les journaux du matin firent également faillite.

Finalement, le journalisme basé sur Internet commencera à prospérer. Aux États-Unis, les articles numériques touchent déjà davantage d'individus que les journaux ou la radio, mais toutes les publications de qualité sont issues d'articles écrits à l'origine pour les journaux papier. Les *business models* du journalisme d'investigation rentables sur Internet, si précieux pour la transparence de la vie politique et pour la démocratie, sont encore bien peu nombreux.

La démocratie est elle aussi enlisée dans cette période de transition étrange et dangereuse, entre le déclin de la presse écrite et la marche vers l'efficacité démocratique du Web qui n'en est qu'à ses débuts. Les réformateurs et ceux qui se battent pour l'intérêt public communiquent de plus en plus les uns avec les autres pour réveiller les téléspectateurs de l'état quasi hypnotique dans lequel une programmation médiocre les plonge et dont la production coûte très cher.

Ce robinet d'eau tiède est ponctué par des clips publicitaires élaborés par des entreprises qui sous-tendent un message politique destiné à défendre leurs intérêts. Les années d'élection, les téléspectateurs américains – du fait du poids économique de la télévision – sont submergés de messages vantant les mérites de candidats qui sont sous l'influence de ceux qui financent leurs campagnes.

À l'heure actuelle, les services publics comme l'éducation, la santé, la protection de l'environnement ou la sécurité publique n'ont pas autant bénéficié de la nouvelle efficacité apportée par le numérique que les entreprises privées guidées par l'appât du gain. En revanche, la lourdeur du fonctionnement démocratique a considérablement freiné la mise en place de systèmes informatiques destinés à améliorer la qualité des prestations des services publics, alors qu'il y a tant à faire.

Un nouveau monde pour l'éducation et la santé

La crise du système éducatif est emblématique des problèmes auxquels nous sommes confrontés. Notre civilisation a à peine amorcé le processus nécessaire pour adapter les écoles au changement tectonique qui intervient dans notre relation au monde du savoir. L'éducation a été trop souvent fondée sur la mémorisation de faits importants. Or, dans un monde où tout est à notre portée, on peut se permettre de consacrer davantage de temps à enseigner des faits mais aussi à analyser ce qui les relie et ce qui les a provoqués, à l'évaluation critique de la qualité de l'information, à élaborer des scénarios plus ouverts et à se concentrer sur leur signification profonde. Les élèves qui sont immergés dans un monde où règnent la télévision, les jeux vidéo et les réseaux sociaux vivent comme une perte de temps et une épreuve difficile le fait de rester assis à leur place les yeux fixés sur une craie qui court sur le tableau noir.

À l'évidence, il existe un beau potentiel pour développer un nouveau type d'enseignement structuré sur des e-livres, des tablettes et des cours en ligne interactifs. Le nouveau livre numérique de E. O. Wilson, *Life on Earth*, donne un extraordinaire exemple de ce que l'avenir nous réserve. Dans l'enseignement supérieur est apparue une nouvelle génération d'entreprises de grandes qualités comme Coursera, Udacity, Minerva et edX – qui commencent déjà à révolutionner et à mondialiser l'enseignement de niveau universitaire en proposant des cours ouverts à tous et gratuits pour la plupart.

La baisse des ressources du gouvernement aux niveaux local, fédéral et national – qui s'explique par les salaires de plus en plus bas, un chômage persistant et de haut niveau, les délocalisations, le recours à la robotisation dans Earth Inc. ainsi que le déclin de la propriété depuis la crise des *subprimes* gérées par les ordinateurs – a entraîné des coupes sévères dans les budgets de l'éducation publique au moment même où le besoin de changement est criant. De plus, le vieillissement de la population dans les pays industriels et la diminution du pourcentage de parents d'enfants en âge scolaire permettent précisément à ceux qui demandent la réduction de ces budgets de se faire plus facilement entendre.

Malgré la diminution sérieuse des fonds publics consacrés à l'éducation, des professeurs et des responsables faisant preuve de créativité ont trouvé le moyen d'adapter le matériel éducatif et les programmes à l'âge numérique. L'académie Khan[1] représente un progrès particulièrement innovant et passionnant pour de très nombreux étudiants. On n'a toutefois pas vu encore apparaître de nouveaux modèles durables pour remplacer un modèle qui n'est plus du tout en phase avec notre époque. Quelques entreprises en ligne – par exemple l'université de Phoenix et Argosy University Online – profitent de l'intérêt suscité par un enseignement universitaire en ligne sans fournir des prestations à la hauteur des attentes ni des prix demandés aux étudiants. Une de ces universités du Web a décerné un diplôme d'administration des affaires à un chat dénommé Colby Nolan, appartenant à un procureur. L'établissement fut poursuivi en justice et condamné à cesser son activité.

Comme l'éducation, le domaine de la santé s'efforce de s'adapter aux nouvelles opportunités de l'univers numérique. Les interventions d'urgence, les règlements, l'archivage exigé par les compagnies d'assurances pour des coûts démesurés ainsi que d'autres services sont gérés par des acteurs qui ont depuis toujours une position dominante dans ce secteur. Nous n'avons pas encore exploité les capacités des smartphones et des appareils de contrôle personnels d'un bon rapport prix/performance pour prévenir l'émergence de maladies chroniques qui sont à l'origine de nombreux problèmes sanitaires dans le monde.

D'autres stratégies plus sophistiquées et fondées sur le suivi du génome et de la protéomique de chaque individu pourraient aussi considérablement améliorer les performances en matière de la santé publique pour un coût bien moins élevé. Les stratégies épidémiologiques, telles que le suivi statistique de la grippe par Internet, commencent à améliorer la gestion des ressources de santé publique. Bien que des initiatives performantes aient été lancées dans ce domaine et dans d'autres, elles n'ont pas semblé susciter l'intérêt du public ni de proposition politique durable pour mettre en œuvre une nouvelle stratégie globale en matière de santé publique. Certaines compagnies d'assurances ont commencé à utiliser des techniques d'analyses des médias sociaux et des fichiers détenus par des sociétés de marketing

1. Association à but non lucratif créée par Salman Khan, dont le site Internet donne accès à un enseignement de qualité dans de nombreuses disciplines via des vidéos disponibles sur YouTube. (*N.d.T.*)

afin de mieux évaluer les risques courus par des individus susceptibles de signer un contrat d'assurance-vie. Nous connaissons au moins deux compagnies d'assurances américaines qui se sont intéressées à cette méthode au point de renoncer aux examens médicaux demandés d'ordinaire aux clients potentiels parce que leur profil indiquait qu'ils étaient classés sans risque.

L'énigme sécuritaire

Avec tout ce qu'Internet peut nous apporter pour améliorer notre qualité de vie, pourquoi nos sentiments sont-ils aussi mitigés ? Peut-être parce que la nature humaine exagère toujours les impacts positifs des nouvelles technologies quand on commence à les mettre en œuvre. Peut-être aussi parce que nous avons malheureusement l'habitude d'accorder peu d'importance aux risques éventuels dont elles sont porteuses et d'en sous-estimer les effets secondaires.

Bien sûr, l'histoire nous enseigne que n'importe quel outil – dont Internet et son extraordinaire puissance – peut servir les bonnes causes comme les mauvaises. Le Web change peut-être la façon d'organiser notre pensée et les rapports des uns aux autres, mais il ne modifie certainement pas la nature humaine. Aussi la lutte vieille comme le monde entre l'ordre et le chaos, et oserais-je dire entre le bien et le mal, aura-t-elle lieu de toute façon.

La légende du docteur Faust apparut il y a plus de quatre cents ans, au début de l'explosion de l'information provoquée par l'invention de l'imprimerie. Certains historiens prétendent que le personnage de Faust était inspiré par Johann Fust, le financier et partenaire de Gutenberg qui fut accusé de sorcellerie en France pour être à l'origine du processus permettant de produire des milliers de copies parfaites d'un même texte, ce qui semblait tenir de la magie.

Dans la légende de Faust, qui prit des formes variées au cours des siècles, le protagoniste signe un pacte avec le diable dans lequel il vend son âme pour « connaître les secrets de l'univers et les plaisirs terrestres ». Depuis, alors que la révolution scientifique et technologique ne cessait de s'accélérer, de nouveaux progrès tels que la puissance nucléaire ou la connaissance des cellules souches ont souvent été décrits comme des « marchés faustiens ». C'est un raccourci littéraire pour le prix du pouvoir, prix qui n'est pas entièrement compris à la signature du marché.

Quand nous adaptons aujourd'hui nos mécanismes intellectuels à l'utilisation d'Internet (tant pour le fonctionnement que pour l'interprétation des données) comme s'il s'agissait d'une extension de notre cerveau, nous nous engageons dans une sorte de « marché cyber-faustien » grâce auquel nous gagnons un savoir illimité et les plaisirs d'Internet. À défaut de renforcer la protection de la vie privée et de garantir la sécurité, nous risquons de perdre des valeurs plus précieuses que toutes les richesses du monde.

Pour tout un chacun, les bénéfices de ce marché – le pouvoir extraordinaire d'accéder à l'information et de la traiter n'importe où et n'importe quand et une possibilité infinie de communiquer et d'échanger avec autrui – sont incroyablement fascinants. Mais le prix à payer est une importante perte de contrôle des informations concernant la sécurité et la vie privée que nous faisons circuler dans cet immense système nerveux. Les deux nouvelles notions qui se sont immiscées dans notre langage, « la mort de la distance » et « la fin de la vie privée », sont intimement liées. La plupart de ceux qui utilisent Internet sont surveillés par d'innombrables sites qui vendent ensuite l'information. Les autorités du pays peuvent lire les courriels privés sans informer leurs auteurs ni leur en demander l'autorisation. En outre, le piratage est devenu facile et est très répandu.

Un pacte cyber-faustien analogue a été également conclu entre des entreprises et des États. Comme les individus, ils commencent à peine à comprendre le prix qu'il faudra toujours payer pour la cybersécurité. Personne ne conteste vraiment les améliorations apportées par les changements révolutionnaires qui ont affecté l'économie de l'information en matière d'efficacité, de puissance, de productivité et de facilités. Ce qui n'est pas encore clair, c'est de quelle façon le monde peut résoudre – ou au moins contrôler – les nouvelles et lourdes menaces sur la sécurité et la vie privée inhérentes à ce bouleversement.

Internet et les entreprises de logiciels concluent elles-mêmes ce même marché, avec le changement considérable apporté par le *computing cloud*, « l'informatique en nuage », qui implique le transfert sur des serveurs distants des logiciels, des bases de données et des traitements informatiques auparavant localisés sur les postes des utilisateurs et maintenant considérés comme des prolongements des ordinateurs.

La confiance grandissante dans le *cloud* risque de provoquer de nouveaux goulots d'étranglement qui peuvent avoir des implications à la fois sur la sécurité des données et sur la fiabilité des traitements. À la fin de l'année 2012, plusieurs sociétés américaines très appréciées qui s'en remettent à Amazon.com's Cloud Services se sont trouvées privées de commandes quand des centres de données d'Amazon en Virginie ont subi des pannes sévères.

Le passage historique du monde à Internet nous met devant une série de dilemmes inhérents à la création d'un système nerveux irriguant toute la planète et connectant chacun d'entre nous au cerveau mondial. Certains sont apparus parce que l'information numérique est aujourd'hui reconnue – et estimée – comme une ressource stratégique capitale du XXIe siècle.

Contrairement à la terre, au minerai de fer, au pétrole ou à l'argent, l'information est une ressource qu'on peut vendre et distribuer tout en la conservant à jamais. Plus l'information est partagée, plus sa valeur augmente ; mais celle-ci peut souvent être perdue quand celui qui est le premier à la posséder en perd l'exclusivité. Brevets et droits d'auteur ont été créés pour remédier à ce problème et apporter le mieux au plus grand nombre en s'appuyant sur des principes de justice et d'éthique. L'inventeur d'un nouvel algorithme ou le découvreur d'un nouveau principe électromagnétique doivent être rémunérés en partie pour susciter d'autres travaux débouchant sur des avancées importantes – sachant que ces découvertes bénéficient aussi à la société dans son ensemble.

Cette tension inhérente a augmenté avec l'arrivée et le développement d'Internet. Stewart Brand aurait déclaré à ce moment-là : « L'information veut être libre. » En réalité, il avait déclaré : « D'un côté, l'information veut être chère parce qu'elle a énormément de valeur. D'un autre côté, l'information veut être libre car le coût pour l'obtenir devient chaque jour plus faible. Ces deux notions se contredisent. »

L'information numérique étant devenue particulièrement stratégique avec Earth Inc., nous assistons à une lutte mondiale, menée sur plusieurs fronts, à propos du futur d'Internet, avec des batailles qui se déroulent dans les mondes interconnectés de la politique et du pouvoir, du commerce et de l'industrie, de l'art et de la culture, de la science et de la technologie :

– entre ceux qui veulent libérer l'information et ceux qui veulent la contrôler et l'échanger contre de la richesse et du pouvoir ;

– entre ceux qui tiennent au respect de la liberté des individus et ceux qui veulent contrôler leur vie privée ;

– entre les individus qui partagent l'information librement sur les réseaux sociaux et ceux qui l'utilisent de manière imprévisible et en recourant parfois à des moyens détestables ;

– entre les sociétés qui s'attachent à collecter toutes les informations possibles sur leurs clients et ceux-ci qui accordent une valeur suprême à la protection de leur vie privée ;

– entre ce que nous ont laissé ceux qui détenaient le pouvoir et qui occupaient des positions privilégiées dans l'ordre ancien de l'information et les mystérieux nouveaux centres de pouvoir, cherchent leur propre place dans la nouvelle configuration qui se bat pour émerger ;

– entre les activistes et les « hacktivistes » qui se battent pour la transparence et les pays et les entreprises qui veulent préserver leurs secrets ;

– entre les entreprises dont les *business plans* dépendent de leur capacité à protéger la propriété intellectuelle et les concurrents qui cherchent à s'en emparer ;

– entre les cybercriminels qui dans le flux de richesses et d'information circulant sur Internet sont intéressés par de nouvelles cibles prospères et les organisations chargées de faire respecter la loi, dont la stratégie menace parfois de détruire des frontières historiques et conquises avec difficulté de la sphère privée et les tentatives répétées de leurs gouvernements de les pénétrer.

La complexité de la transition vers Internet est d'autant plus importante du fait que ces batailles se déroulent simultanément sur le réseau mondial. Rien d'étonnant donc à ce que des solutions apportées à un type de problème puissent en résoudre d'autres. Des propositions visant à supprimer l'anonymat sur Internet afin de protéger la cybersécurité et de combattre la cybercriminalité menacent la vie des dissidents des pays totalitaires qui veulent se connecter pour exiger de leurs gouvernements des réformes et un changement politique. Par ailleurs, l'espoir qu'Internet va changer le monde en donnant davantage de liberté aux individus quel que soit le lieu où ils vivent inquiète sérieusement les pouvoirs autoritaires.

Même dans les pays libres, les militants qui diffusent des informations que les gouvernements ont essayé de garder secrètes déclenchent souvent de nouvelles mesures leur permettant de recueillir toujours plus d'infos sur leurs citoyens. Quand l'organisation Wikileaks, dirigée par un Australien vivant en Suède, sur des serveurs basés en Suède, en Islande et peut-être dans d'autres pays, a publié des informations volées au gouvernement américain, les mesures draconiennes qui s'ensuivirent mirent en rage d'autres hacktivistes. Ils décidèrent alors de pénétrer dans de nombreux sites gouvernementaux et d'entreprises du monde entier.

En se jouant des frontières, Internet diminue la capacité des pays à gérer de tels conflits par des législations qui reflètent les valeurs nationales (ou du moins celles des gouvernements au pouvoir). Les groupes de pirates indépendants ont pu pénétrer dans des sites contrôlés par le FBI, la CIA, le Sénat américain, le Pentagone, le FMI, les sites officiels du Vatican et de la NASA (ainsi que dans le logiciel de la station spatiale pendant qu'elle était en orbite autour de la Terre). Quand le FBI organisa une conférence téléphonique secrète avec Scotland Yard pour discuter de la réponse à donner à de telles attaques, les pirates enregistrèrent la conversation et la mirent sur YouTube. Quand les conversations privées de l'infirmière Ratched[1] sur la sécurité peuvent être entendues de n'importe qui, il est clair que les malades internés ont en grande partie pris le contrôle de l'asile Internet.

Lorsque la société EMC, à la technologie éprouvée en matière de sécurité, qui veille sur la National Security Agency, la Central Inteligence Agency, le Pentagone, la Maison Blanche, le Department of Homeland Security et d'autres organisations du secteur de la Défense, fut victime d'une cyberattaque, probablement venue de Chine, on a mesuré l'extrême difficulté d'assurer une protection parfaite. Le système de sécurité d'EMC était considéré comme le meilleur pour protéger les ordinateurs connectés à Internet, ce qui expliquait évidemment que toutes ces organisations avaient fait appel à elle. Le volume des informations volées n'a jamais été dévoilé, mais cette attaque a eu l'effet d'un sérieux signal d'alarme.

En 2010, Robert Gates, le secrétaire à la Défense américain, a déclaré le cyberespace comme le « cinquième espace » de conflit militaire potentiel avec la terre, la mer, l'eau, et la stratosphère. En 2012, le contre-amiral Samuel Cox, le directeur de l'intelligence à l'US Cybercommand (créée en 2009), a déclaré que nous assistons maintenant à une « course mondiale aux cyberarmements ». D'autres experts ont noté qu'à ce stade du développement de la technologie de la cybersécurité, l'attaque a l'avantage sur la défense.

Le secret des communications a toujours été un enjeu très important. Hérodote, « le père de l'Histoire », est le premier à en

1. Personnage de *Vol au-dessus d'un nid de coucous.* (*N.d.T.*)

parler dans sa description de l'« écrit secret » qui, selon lui, était responsable de la victoire grecque dans la bataille des Thermopyles, grâce à laquelle la Grèce avait évité d'être envahie par les Perses. Démarate, roi de Sparte qui vivait en Perse, avait assisté aux préparatifs de l'invasion surprise ordonnée par Xerxès, le roi du pays. Il décida d'envoyer un message savamment caché aux Spartiates pour les informer. Au cours de cette même guerre, un chef grec rasa les cheveux de son messager, écrivit sur son crâne le message qu'il voulait faire passer, puis attendit que ses cheveux repoussent. Il suffisait ensuite de le raser à nouveau pour pouvoir lire le texte. Depuis l'encre invisible au Moyen Âge jusqu'à l'utilisation de la machine Enigma par les nazis pendant la Seconde Guerre mondiale, la cryptographie sous toutes ses formes a souvent été considérée essentielle pour la survie des nations.

L'allure à laquelle Internet s'est répandu a compliqué la tâche de ses inventeurs pour pallier ses insuffisances en matière de sécurité. Ils durent admettre que c'était un problème de conception. « Le système est en train de partir dans tous les sens », avait déclaré Vint Cerf[1].

Il est théoriquement possible de développer de nouvelles protections, plus efficaces pour assurer la sécurité des flux des données ; et beaucoup d'ingénieurs et de scientifiques spécialistes de l'information y travaillent. Cependant, la rapidité avec laquelle Earth Inc. s'est adaptée et a fusionné avec Internet a rendu l'industrie et le commerce si dépendants de son architecture

1. Le 29 octobre 1969 eut lieu la présentation de l'ancêtre d'Internet avec la première liaison sur une longue distance entre des ordinateurs de l'UCLA et du SRI à Menlo Park. ARPANET fut alors développé par le ministère de la Défense, comme un moyen d'assurer la continuité des communications entre des unités de commandement militaires et des bases de missiles balistiques intercontinentaux en cas d'attaque nucléaire par l'URSS. Cependant, la première description d'un Internet basé sur un fonctionnement TCP/IP a été faite dans un article de Vint Cerf et Bob Kahn publié en mai 1974. Les trois premières démonstrations d'un réseau eurent lieu le 22 novembre 1977 et le lancement opérationnel officiel d'Internet le 1er janvier 1983. Le financement public d'une telle expérimentation par le National Research and Education Network réitérait ce qui s'était passé dans les années 1840 lors de l'invention du télégraphe par Samuel Morse avec l'aide de fonds publics, qui lui avaient permis d'envoyer son fameux message de Washington à Baltimore sur ce que Dieu a forgé (Morse en avait en réalité reçu un sept ans plus tôt sur une distance de cinq kilomètres dans le New Jersey – une phrase moins inspirée et moins marquante : « Un serveur calme n'est pas perdant »). L'âge de la communication électronique « instantanée » était né. Cinq jours plus tard, la première démonstration publique du télégraphe fut organisée devant un petit groupe de spectateurs, en utilisant la même ligne, avec un message qui soulignait l'importance de cette invention pour le monde des affaires : « Wagons bien arrivés, 345 passagers. » Le 24 mars 1876, moins de vingt-deux ans après, Alexander Graham Bell démontra pour la première fois que l'on pouvait communiquer à distance par la voix : « Monsieur Watson, venez ici ; je voudrais vous voir. »

actuelle que toute volonté de la changer radicalement créerait une montagne de difficultés, y compris pour diffuser le nouveau modèle aux milliards d'utilisateurs quotidiens.

Dans un rapport récent, le cabinet de conseil McKinsey a indiqué quatre points qui soulignent les problèmes de cybersécurité :

– De plus en plus de valeurs circulent en ligne et les données numériques sont devenues omniprésentes ;

– Des entreprises qui vont être plus ouvertes qu'elles ne l'ont jamais été ;

– Les chaînes de traitement sont de plus en plus interconnectées ;

– Les acteurs malveillants disposent de techniques de plus en plus sophistiquées.

Cette transformation radicale de l'économie mondiale a créé ce que la plupart des experts décrivent comme une menace lourde pour presque toutes les entreprises qui utilisent Internet comme élément de leur stratégie. Une attention particulière a été accordée à ce qui semble être une démarche persistante et parfaitement organisée de la part d'organisations basées en Chine pour voler des informations aux entreprises, aux agences gouvernementales et à des institutions qui ont des liens avec elles.

Les agences de renseignement américaines sont supposées surveiller depuis longtemps les gouvernements étrangers, avec des moyens informatiques performants si elles ont des raisons de penser que la sécurité du pays est menacée. Ce qui se passe avec la Chine est différent, dans la mesure où ces actes ne sont pas motivés uniquement par des considérations militaires ou stratégiques, mais aussi par un désir mercantiliste de favoriser les entreprises chinoises. « C'est une énorme différence, avait déclaré Richard Clarke, l'ancien tsar de la lutte contre le terrorisme. Nous n'allons pas infiltrer une entreprise d'informatique chinoise comme Huawei pour communiquer ses secrets technologiques à son concurrent américain Cisco. Cela ne fait pas partie de nos pratiques. »

Il ne fait aucun doute que certaines entreprises états-uniennes subissent des attaques en permanence. Une étude récente de l'Aspen Institute indique qu'elles leur coûtent 16 milliards de dollars et 373 000 emplois chaque année. Shawn Henry, qui a dirigé l'unité de cyberterrorisme du FBI, a raconté qu'aux États-Unis une entreprise avait perdu en une nuit l'équivalent de dix années de recherche et développement, soit 1 milliard de dollars.

Mike McConnel, ancien directeur du Renseignement national, a déclaré récemment : « Tous nos systèmes informatiques majeurs

– au gouvernement, au Congrès, au ministère de la Défense, dans l'industrie aérospatiale, dans les entreprises qui détiennent des informations ultrasecrètes – sont l'objet de menaces avancées persistantes (APT). » En 2010, les services secrets des États-Unis ont reconnu que « l'équivalent de presque quatre fois la quantité des données conservées aux archives de la Bibliothèque du Congrès » a été volé. Le directeur du FBI a indiqué que les moyens mis au service de la cybersécurité vont dépasser ceux de la lutte contre le terrorisme : « Ce sera la menace numéro un contre notre pays. »

McAfee, autre société de sécurité numérique, a indiqué qu'en 2010 une série de cyberattaques (appelées « opération Shady RAT ») a consisté à infiltrer des systèmes informatiques hautement sécurisés non seulement aux États-Unis, mais aussi à Taïwan, en Corée du Sud, au Vietnam, au Canada, au Japon, en Suisse, au Royaume-Uni, en Indonésie, au Danemark, à Singapour, à Hong Kong, en Allemagne, en Inde, au Comité international olympique, dans treize entreprises qui travaillent pour l'armée américaine et un grand nombre d'autres entreprises – mais aucun en Chine.

Du fait que ses transactions commerciales se font maintenant essentiellement en ligne, l'Amérique est le pays le plus vulnérable. Quand le FBI a informé la Chambre de commerce américaine que certains de ses experts pour l'Asie avaient été piratés, avant que la Chambre puisse sécuriser son réseau, les hackers s'étaient emparés de six semaines de correspondance par courriels avec les plus grands groupes américains. Longtemps après, la Chambre découvrit qu'une imprimante de bureau et le thermostat d'un appartement de fonction continuaient à envoyer des informations en Chine par Internet.

Au-delà des imprimantes et des thermostats, des milliards d'autres dispositifs sont connectés à l'Internet des objets, tels que les réfrigérateurs, les lampes, les chaudières, les climatiseurs, mais aussi les voitures, camions, avions, trains et bateaux, et jusqu'aux petits systèmes intégrés aux machines des usines et aux emballages individuels contenant les produits qu'elles fabriquent. En Suisse, des fermiers ont même établi des connexions avec les organes génitaux de leurs vaches pour contrôler leur cycle de fécondité. Quand le moment est venu, un SMS est envoyé. Nous ne sommes pas loin des *sextos* interespèces...

Étant donné l'importance et l'omniprésence de l'Internet des objets, les cyberattaques ne se contenteront plus de menacer la sécurité des informations importantes sur le plan commercial, stratégique ou militaire ; elles peuvent avoir également des impacts cinétiques. Avec autant de dispositifs informatiques connectés à Internet contrôlant l'eau, les systèmes électriques, les centrales nucléaires, les raffineries, les réseaux de transport d'énergie et d'autres systèmes d'importance capitale, il n'est pas difficile d'imaginer des scénarios qui porteraient des coups aux infrastructures d'un pays. On en imagine les conséquences catastrophiques.

En 2012, John O. Brennan, ancien responsable de la lutte contre le terrorisme à la Maison Blanche et aujourd'hui directeur de la CIA, avait déclaré : « Pour ne parler que de l'an passé [2011], nous avons identifié presque deux cents tentatives d'intrusion dans les systèmes de contrôle qui gèrent ces installations ; certaines atteignirent leurs cibles, soit cinq fois plus qu'en 2010. » Au printemps de l'année 2012, les Iraniens ont annoncé qu'ils avaient dû couper les connexions des principaux terminaux de pétrole du golfe Persique, des plateformes pétrolières et des bureaux du ministère du Pétrole à Téhéran en raison de cyberattaques répétées d'origine inconnue. Au cours de cette même année, Aramco, la compagnie de pétrole nationale de l'Arabie Saoudite, fut elle aussi attaquée. Les responsables de la sécurité se dirent pratiquement certains qu'elle venait d'Iran, dont les dirigeants avaient annoncé en 2011 qu'ils avaient mis sur pied un « cybercorps » militaire spécial après que leurs installations d'enrichissement nucléaire à Natanz avaient été victimes d'un virus. L'attaque sur Aramco, qui avait remplacé l'ensemble des données de 75 % des ordinateurs de l'entreprise par l'image d'un drapeau américain en flammes, prouvait, selon les mots de l'ancien tsar de la lutte contre le terrorisme Richard Clarke, « qu'il n'est pas utile de disposer de matériel très sophistiqué pour faire beaucoup de dégâts ».

Stuxnet est un ver informatique probablement développé conjointement par Israël et les États-Unis, capable d'agir sur les programmes de fabrication industriels. Il avait été intégré dans un petit système de contrôle de Siemens connecté aux moteurs des centrifugeuses iraniennes produisant de l'uranium enrichi dans le cadre du programme nucléaire. Quand le ver confirma qu'il se trouvait à l'endroit prévu, il se mit en marche et commença à faire varier la vitesse des moteurs propulsant les centrifugeuses iraniennes pour les désynchroniser, puis les arrêter, et enfin les détruire. En 2010, un ver du nom de Flame, plus sophistiqué encore et que des analystes ont appelé « Stuxnet nain » compte tenu de la quantité de codes qu'il contenait, aurait commencé à infecter des ordinateurs en Iran, dans d'autres pays au Moyen-Orient et en Afrique du Nord.

L'attaque de Stuxnet, qui a sérieusement ralenti le programme nucléaire iranien, a été saluée dans une grande partie du monde. Néanmoins, de nombreux experts ont exprimé leur inquiétude que le code sophistiqué concerné – qui fait l'objet de nombreux téléchargements sur Internet – ne soit utilisé contre des systèmes connectés à Internet dans les pays industrialisés. Certains ont d'ailleurs déjà été infectés involontairement par Stuxnet. Après une vague de cyberattaques contre les institutions financières américaines à la fin de l'année 2012, les responsables de la sécurité ont déclaré qu'elles étaient probablement d'origine iranienne. Leon Panetta, le secrétaire américain à la Défense, avait alors déclaré publiquement qu'un « cyber-Pearl Harbor » pouvait causer de sérieux dégâts à l'infrastructure du pays.

Du fait que les virus, les vers et les autres menaces peuvent être envoyés à distance de pratiquement n'importe quel pays du monde, la provenance de l'attaque est souvent impossible à déterminer. Quand un faisceau de preuves indique de manière irréfutable qu'elle vient d'un seul pays – la Chine par exemple –, il est malgré tout difficile d'identifier l'organisation ou les personnes qui sont responsables de l'attaque, encore moins si c'est le gouvernement, une entreprise ou un groupe. D'après l'ancien agent du contre-espionnage et expert en cybercriminalité Scott Aken : « En général, les entreprises ne se rendent pas compte qu'elles ont été attaquées ; il leur faut des années, jusqu'à ce qu'un concurrent étranger fabrique le même produit qu'elles, sauf qu'il coûte 30 % de moins. »

Alors que des organisations chinoises sont en grande partie responsables de ce phénomène, de nombreuses sociétés occidentales ont lancé le même type d'actions contre leurs rivaux. Une division de News Corporation qui fabrique des panneaux publicitaires pour supermarchés avait piraté les courriels privés de son principal concurrent afin de s'emparer de sa propriété intellectuelle et de lui voler certains de ses clients les plus importants. Un autre service de News Corp a reconnu avoir piraté les courriels de personnes privées pour recueillir des informations à leur sujet et bâtir des argumentaires. Enfin, des employés d'un service autre ont reconnu avoir piraté la messagerie vocale de milliers de personnes au Royaume-Uni.

La confiance illimitée qu'on accorde aux appareils numériques a créé un confort artificiel qui rend extrêmement vulnérables presque toutes les communications sur le Web. Les experts s'accordent pour dire que le comportement humain constitue le maillon le plus faible des systèmes de sécurité. Des pirates indépendants ont montré qu'ils parvenaient à infiltrer très facilement des vidéoconférences prétendument sécurisées organisées par des entreprises à capital-risque, des cabinets d'avocats, des compagnies pétrolières et pharmaceutiques – y compris la salle de réunion de Goldman Sachs – parce que les responsables des systèmes ont oublié de – ou ignorent comment – mettre en œuvre des paramètres de confidentialité parfois compliqués. De nombreuses sociétés victimes de cyberattaques ont refusé de reconnaître qu'elles avaient été piratées parce que les perspectives de gains financiers les incitent à garder ces vols secrets. Même des entreprises parfaitement informées qu'elles étaient visées n'ont pas cru bon de prendre des mesures de protection.

Protection de la vie privée

D'autres entreprises collectent systématiquement des informations sur leurs clients et leurs utilisateurs, souvent sans autorisation. Les médias sociaux comme Facebook et les moteurs de recherche comme Google font partie des nombreuses sociétés qui tirent leurs revenus de la publicité. Elles parviennent à optimiser leurs messages en les adaptant et en les personnalisant pour cibler précisément les centres d'intérêt de chaque personne.

De nombreux sites Internet traitent en effet leurs clients comme des produits, car les revenus qu'ils tirent des volumineux fichiers d'informations sur chaque utilisateur sont si importants qu'ils tiennent à les conserver. Le mode de fonctionnement de Facebook permet de connaître automatiquement les centres d'intérêt des utilisateurs en ligne sans leur demander leur accord, autre manifestation du marché cyber-faustien en quelque sorte. C'est grâce aux « cookies » (des petits programmes placés souvent subrepticement sur l'ordinateur d'un internaute lors d'une connexion avec un site Internet) que ces entreprises gèrent au mieux leur publicité et s'assurent des revenus permettant de distribuer « gratuitement » des quantités importantes d'informations précieuses. La plupart des utilisateurs semblent penser que ce compromis est acceptable. Après tout, les publicités qui leur sont envoyées sont celles qui théoriquement leur conviennent le mieux. Pour reprendre les mots d'un analyste, les technologies qui étudient vos comportements ne sont que « de simples outils destinés à renforcer la force de la “main invisible” ».

Selon les générations, ce compromis en usage sur des réseaux sociaux comme Facebook et Twitter n’est pas accepté de la même façon. Par exemple, beaucoup de gens de ma génération sont étonnés par la quantité d’informations personnelles partagées par les plus jeunes. Certains d’entre eux qui ont quitté l’école pour entrer dans le monde du travail ont déjà pu constater avec surprise que leurs employeurs ont systématiquement accès à tous leurs commentaires et parfois découvert des informations qu’ils ne souhaitaient pas donner. Récemment, des employeurs ont exigé que les demandeurs d’emploi leur communiquent leur mot de passe afin d’accéder à leur domaine privé. (À son crédit, Facebook a indiqué à plusieurs reprises qu’il a pour politique de ne jamais donner les mots de passe et demande instamment à ses abonnés de ne pas obéir à de telles injonctions. Mais, dans une société où le marché du travail est si difficile, il peut être compliqué pour certaines personnes de résister à de telles pressions.) Il faut aussi savoir que, après avoir été embauchés, de nombreux employés ont été soumis à la cybersurveillance par leurs employeurs.

Les facilités offertes par les sites Internet conduisent beaucoup d’utilisateurs à penser que l’intrusion grandissante dans la sphère privée n’est qu’un petit prix à payer. Le simple fait que je puisse trouver virtuellement toutes les entreprises de Nashville, Tennessee, où j’habite, ainsi que toutes les entreprises où qu’elles se trouvent aux États-Unis et dans presque tous les pays tient presque de la magie. C’est une illustration tangible de ce que les économistes appellent l’effet réseau. La valeur du réseau, en particulier Internet, augmente avec le nombre d’abonnés. En effet, selon la loi de Metcalfe, l’un des pionniers du Net, la valeur inhérente de tout réseau est proportionnelle au carré du nombre de personnes qui s’y connectent.

De la même façon, la facilité avec laquelle le logiciel de navigation nous permet de surfer – sur Google Street View par exemple – fait passer au second plan les craintes que certains pourraient avoir en apprenant que leur maison est localisée et son image diffusée sur Internet. (Le fait que Google possède de grandes quantités d’informations grâce aux réseaux Wifi ouverts dans les maisons particulières ou les entreprises photographiées – d’après eux de manière involontaire – est une source continuelle de polémiques dans de nombreux pays.)

Beaucoup sont réconfortés par le fait que des centaines de

milliers d'autres sont exposés au même risque. Pourquoi donc se compliquer la vie ? La plupart des gens sont simplement inconscients de la nature et de l'étendue des fichiers les concernant, et ceux qui en prennent conscience découvrent rapidement qu'ils n'ont pas le choix parce que leurs faits et gestes sont suivis à la trace sur le Web. Les règles concernant le respect de la vie privée écrites sur les sites sont toutes trop longues, floues et compliquées, et les options que certains proposent pour changer de configuration sont trop difficiles et complexes.

À l'évidence, les utilisateurs d'Internet ne s'imaginent pas à quel point ils sont surveillés. Les preuves abondent, mais on n'arrive pas encore à s'en protéger par une législation stricte et des logiciels adaptés.

Aux États-Unis et dans d'autres pays, les internautes peuvent faire en sorte que les messages publicitaires qui s'affichent sur leurs écrans soient déconnectés de leur profil et de leurs goûts personnels, mais ceux qui essaient d'y échapper n'ont pour l'instant pas la possibilité de le faire. Les protections censées procurer une option « sans suivi » sont inopérantes, en raison même des pressions exercées par le lobby de l'industrie publicitaire. Même quand ils ont fait le nécessaire, le suivi continue pour une raison fort simple : il y a énormément d'argent à gagner en recueillant toutes les informations sur ce que chacun fait sur Internet. Un clic représente une minuscule partie d'un centime, mais ils sont si nombreux que les montants représentent des milliards chaque année.

Le *Wall Street Journal* a publié une longue série d'articles d'investigation sur la manière dont les cookies transmettent les activités d'un internaute. Celui qui clique sur Dictionary.com se retrouve automatiquement avec 234 cookies installés sur son ordinateur ou son smartphone, dont 223 assurent la communication avec des publicitaires ou opérateurs divers qui achètent l'information.

L'impact cumulatif de cette surveillance permanente des utilisateurs peut produire un choc en retour. Quand ils parlent du caractère invasif et dissimulé du suivi en ligne, les internautes disent généralement que cela leur fait froid dans le dos. Les entreprises ont beau affirmer que le nom de l'utilisateur n'est pas attaché au fichier qui est assemblé et mis à jour en permanence, les experts expliquent qu'il est très facile de faire correspondre les numéros d'ordinateurs individuels avec le nom, l'adresse et les numéros de téléphone de chaque personne.

Les traitements informatiques étant devenus plus rapides,

moins chers et plus puissants, certaines entreprises et des gouvernements ont commencé à utiliser une technologie encore plus invasive connue sous le nom de Deep Packet Inspection (DPI) et qui consiste à collecter des « paquets » de données envoyées à des routeurs différents, et à les réassembler pour reconstituer le message original et prélever certains mots et phrases afin de les soumettre à un examen plus détaillé. Tim Berners-Lee, l'inventeur du World Wide Web, s'est élevé contre l'utilisation du DPI et l'a décrit comme une grave menace sur la vie privée des internautes.

L'un des exemples les plus médiatisés concerne le colocataire d'un étudiant homosexuel de l'université Rutgers, condamné pour avoir filmé son camarade se livrant à des actes intimes. (Le jeune homme s'est malheureusement suicidé peu après).

Certains sites, y compris Facebook, utilisent des logiciels de reconnaissance faciale pour tagger automatiquement les individus présents sur les photos du site. Un logiciel de reconnaissance vocale permet également à de nombreux sites d'identifier les gens. Ces fichiers audio sont souvent utilisés pour améliorer la capacité du logiciel à apprendre l'accent et la diction des personnes afin de permettre à la machine d'interpréter les conversations avec précision. Pour garantir l'espace privé, certaines entreprises s'engagent à effacer les dossiers audio au bout de quelques semaines, mais d'autres conservent définitivement chaque parole prononcée sur fichier. De la même façon, de nombreux logiciels et applications utilisent des programmes de localisation. On estime à 25 000 les citoyens américains qui sont aussi victimes de « harcèlement GPS » chaque année.

Mais toutes ces informations – sites visités par les internautes, les articles consultés, la localisation géographique jour après jour et minute après minute, l'enregistrement des questions posées, les photos des individus quel que soit l'endroit ou le moment où elles apparaissent, les achats et l'utilisation des cartes de crédit, les commentaires sur les réseaux sociaux et les données archivées en grande quantité dans les fichiers des gouvernements accessibles sur demande – peuvent constituer le récit encyclopédique de nos vies, y compris les détails et des propos que la plupart d'entre nous ne voudraient pas voir compilés. Max Schrems, un étudiant en droit autrichien de vingt-cinq ans, a eu recours à la loi de protection des données de l'Union européenne pour réclamer toutes les données le concernant collectées par Facebook, qui lui a fait parvenir un DVD contenant plus de 1 200 pages d'informations dont il était persuadé qu'il les avait effacées. L'affaire suit son cours.

Même quand les internautes ne sont pas connectés à des réseaux sociaux et refusent les cookies en provenance de sites commerciaux, ils subissent parfois des invasions et violations de leur vie privée de la part de pirates et de cybercriminels qui utilisent des techniques telles que le *phishing* – utilisation de courriels attrayants (quelquefois imitant un nom et une adresse choisis dans la liste des contacts de l'internaute) qui incitent à cliquer sur un lien contenant des programmes clandestins destinés à escroquer ou à voler des informations sur l'ordinateur ou le téléphone mobile de la victime. Ce nouveau délit connu sous le nom de vol d'identité est, pour partie, une conséquence du flux d'informations privées maintenant accessibles sur Internet.

Grâce à ces techniques et à d'autres, des cybercriminels ont lancé des attaques contre Sony, Citigroup, American Express, Discover Financial, Global Payments, Stratfor, AT&T et Fidelity Investments, qui ont tous subi des pertes importantes à la suite de ces attaques (Sony a perdu 171 millions de dollars). En 2011, l'institut Ponemon a estimé qu'en moyenne une violation de données numériques coûte plus de 7,2 millions de dollars aux organisations, et ce coût augmente chaque année. Norton, une autre entreprise de sécurité informatique, a calculé que le coût annuel de la cybercriminalité est de 388 milliards de dollars pour l'ensemble du monde, « davantage que le marché annuel mondial de la marijuana, de la cocaïne et de l'héroïne combinées ». De nombreuses autres entreprises du Web ont été aussi piratées, y compris LinkedIn, eHarmony et Gmail de Google. À l'automne 2012, une cyberattaque simultanée sur Bank of America, JP Morgan Chase, Citigroup, US Bank, Welles Fargo et PNC a empêché les consommateurs d'avoir accès à leurs comptes ou de les utiliser pour effectuer des paiements.

Le besoin évident et pressant de trouver de meilleures protections contre la cybercriminalité, et plus précisément pour les entreprises américaines face aux graves menaces dont elles sont l'objet de la part de la Chine, de la Russie, de l'Iran et d'ailleurs, s'est allié aux peurs post-11 Septembre d'une autre attaque terroriste pour justifier des propositions de loi dont beaucoup craignent qu'elles portent atteinte aux droits des citoyens des États-Unis – et d'autres pays pour qui la liberté est une valeur forte – de vouloir se protéger des perquisitions, des saisies et des contrôles exercés par leur propre gouvernement.

On est en droit de s'inquiéter que ne s'instaure dans l'avenir une relation de méfiance entre les gouvernements et leurs populations craignant l'utilisation des volumineux fichiers de données et la surveillance en ligne selon des méthodes qui rappellent le Big Brother que George Orwell a décrit il y a plus de soixante ans. Le Royaume-Uni, où Orwell a publié son roman, a proposé une nouvelle loi qui autoriserait le gouvernement à archiver les communications par Internet et par téléphone de tous les habitants. Le pays compte déjà 60 000 caméras de télésurveillance.

Beaucoup ne croient pas le gouvernement américain capable de traquer ses citoyens et menacer leurs libertés. Il y a plus de soixante ans, le juge de la Cour suprême Felix Frankfurter écrivait : « L'accumulation de pouvoir dangereux ne survient pas en un jour. Elle se produit, même lentement, par la force génératrice d'une négligence incontrôlée vis-à-vis des restrictions qui encadrent même l'affirmation la plus désintéressée de l'autorité. »

On attribue à Francis Bacon, l'un des fondateurs d'une analyse de données basée sur la raison, cette expression succincte issue de l'enseignement de la Bible : « Savoir, c'est pouvoir. » Pour éviter que le pouvoir soit confisqué par un petit nombre d'individus, il faut s'appuyer sur la séparation de pouvoirs pour qu'ils puissent se contrôler, et avec un pouvoir judiciaire indépendant. C'est le principe sur lequel tous les gouvernements démocratiques sont fondés. Si le savoir est en effet une puissante source de pouvoir et si les centres exécutifs et administratifs du pouvoir politique détiennent des trésors d'information sur les opinions, les déplacements et les activités de chaque citoyen, alors la survie de la liberté pourrait bien être menacée.

En tant que première nation fondée sur des principes qui ont mis au premier rang le respect et la dignité des êtres humains, les États-Unis ont été les plus attentifs à la protection de la vie privée et de la liberté en s'opposant à des intrusions autoritaires du gouvernement central. L'histoire de l'Amérique est ponctuée par des crises où le gouvernement outrepassait ses droits et n'hésitait pas à violer les libertés des individus, suivies peu après d'une période d'expiation pendant laquelle il exprimait ses regrets, en remédiant aux excès commis et en rétablissant un véritable équilibre entre le gouvernement et les citoyens.

Néanmoins, nous avons aujourd'hui plusieurs raisons de nous inquiéter. La réaction compréhensible aux attentats terroristes du 11 septembre 2001 a été entachée d'abus de toutes sortes portant un coup à ce modèle. D'abord, selon un autre ancien collaborateur de la National Security Agency, « toutes les règles élémentaires ont été piétinées ; toutes les excuses étaient bonnes pour obtenir une dérogation nous permettant d'espionner les Américains » sans se priver de procéder à des écoutes téléphoniques si on le jugeait nécessaire. Thomas Drake, un ancien responsable de la NSA, a déclaré que la politique post-11 Septembre « a amené rapidement les États-Unis à se comporter comme une nation étrangère. On n'hésitait pas à faire usage de surveillance électronique pour justifier les rafles ».

Un ancien responsable de l'agence estime que, depuis le 11 Septembre, la NSA a intercepté « entre 15 et 20 billions » de communications. La « guerre contre le terrorisme » semble sans fin. Avec l'accès de plus en plus facile aux armes de destruction massive par les individus et les groupes politiques, la peur d'une attaque meurtrière est devenue une obsession dans la vie politique américaine. L'état d'urgence officiel mis en place juste après le 11 septembre 2001 a été encore une fois renforcé en 2012. L'American Civil Liberties Union (ACLU) a fait paraître un rapport en 2012 sur la liberté de l'information qui montrait une nette augmentation du nombre d'Américains placés sous surveillance électronique sans mandat du ministère de la Justice durant les deux dernières années (même si les demandes officielles ont diminué). Chris Soghoian, le principal technologue du Speech Privacy and Technology Project de l'ACLU, a déclaré : « Quand on apprend comment le gouvernement américain espionne les enregistrements de vos communications sans qu'on soit informé du moment où ils le faisaient, il y a vraiment de quoi avoir la chair de poule. »

Ensuite, l'émergence de la course aux armements après la Seconde Guerre mondiale a accéléré le renforcement du pouvoir exécutif aux dépens du Congrès. Aujourd'hui, la menace d'une autre attaque terroriste sert de justification apparemment invérifiable à la mise en œuvre de moyens de surveillance par le gouvernement qui auraient été choquants pour la plupart des Américains il y a seulement quelques années.

L'histoire nous enseigne cependant qu'une fois que le pouvoir illimité est en place, il risque d'être utilisé de manière abusive quand il est entre les mains de chefs d'État sans scrupules. Quand les présidents Woodrow Wilson et Richard Nixon ont choqué la conscience de la nation en malmenant les libertés individuelles, de nouvelles lois et règles de protection ont été mises en place pour que de tels agissements ne puissent pas se renouveler. Aujourd'hui, il est clair qu'on s'appuie sur les craintes de la population pour aller encore plus loin sans risquer de heurter la conscience du pays. En 2012, la Cour suprême des États-Unis a autorisé la police à procéder à des fouilles corporelles y compris dans les parties les plus intimes pour des motifs aussi stupides qu'un parking impayé ou une sonnette « peu audible » sur sa bicyclette. George Orwell lui-même n'aurait pas osé, par crainte du ridicule, décrire les abus de la police par de tels exemples dans son roman. (Cependant il faut noter que la même Cour suprême a jugé anticonstitutionnel le suivi secret des citoyens par GPS lors de leurs déplacements en voiture.)

Autre exemple glaçant d'une nouvelle pratique du gouvernement qui, dans le passé, aurait soulevé des vagues d'indignation : la douane a maintenant le droit d'extraire et de copier toutes les informations contenues dans l'ordinateur ou un autre appareil numérique d'un citoyen américain de retour dans son pays après un voyage à l'étranger. Les courriels privés, l'historique des recherches, les photos personnelles, les contenus relatifs à l'activité professionnelle, et tout ce que peut contenir la mémoire d'un ordinateur peuvent être confisqués sans motif ni justification. On peut comprendre qu'un voyageur suspecté de pédophilie ou de contacts avec un groupe terroriste subisse un tel traitement. Or, ce type d'investigation fait dorénavant partie des opérations de routine. Un réalisateur de films documentaires qui avait un jour osé interpeller le gouvernement sur sa politique vit tous ses fichiers saisis sans explication valable.

Les technologies de surveillance disponibles de nos jours, y compris le contrôle des fichiers informatiques, ont fait de tels progrès que l'essentiel de la machine administrative d'un État policier est déjà en place. Une enquête réalisée par l'American Civil Liberties Union a indiqué que, dans de nombreuses villes, les services de police ont l'habitude de pister et de localiser des milliers d'individus sans le moindre mandat pour le faire. Selon le *New York Times* : « Cette pratique est également devenue une excellente affaire pour les entreprises de téléphones mobiles, avec une poignée de sociétés qui négocient les "tarifs de surveillance" avec la police. » Le gouvernement états-unien a aussi accordé des subventions aux services de police locale pour l'équipement de véhicules de patrouille en caméras de surveillance qui scannent et photographient systématiquement les plaques minéralogiques de chaque véhicule qu'ils croisent, étiquetant chaque photo de la mention de la date, de l'heure et de la localisation GPS, puis l'intégrant à la base de données. Une enquête du *Wall Street Journal* a permis de découvrir que 37 % des services de police des grandes villes participent à cette gigantesque collecte de données sur les déplacements des citoyens en voiture. Elles sont bien entendu compilées et archivées. Deux sociétés privées alimentent aussi des bases de données similaires en photographiant systématiquement les plaques, puis revendent l'information. L'une se targue d'avoir en sa possession 700 millions d'images, et le PDG de l'autre envisage de revendre les données à des enquêteurs privés, des assureurs ou tout autre organisme susceptible d'être intéressé par les faits et gestes des gens.

Les sociétés qui fabriquent des équipements et des logiciels de surveillance sont particulièrement florissantes, surtout depuis le 11 septembre 2001. Le marché s'est considérablement développé pendant la décennie pour atteindre un chiffre d'affaires de 5 milliards de dollars par an. Comme Internet, ces technologies franchissent aisément les frontières internationales. Les entreprises états-uniennes sont au premier rang des fournisseurs de logiciels et de matériel de surveillance et de contrôle strict à des régimes autoritaires comme l'Iran, la Syrie et la Chine.

Les programmes initialement développés par des entreprises américaines pour des zones de conflit reviennent souvent aux États-Unis. Les drones largement utilisés en Irak, en Afghanistan et au Pakistan ont été adoptés par certaines unités de la police nationale. On annonce que de nouvelles générations de micro-drones équipés de caméras feront bientôt partie des outils utilisés pour faire respecter la loi. Grâce à une action en justice s'appuyant sur le Freedom of Information Act, l'Electronic Frontier Fondation a découvert en 2012 soixante-trois bases secrètes de drones actives dans vingt États américains.

Les progrès accomplis par la microélectronique ont considérablement facilité l'utilisation de caméras et de micros de plus en plus sophistiqués. On peut déclencher à distance smartphones, ordinateurs et webcams pour enregistrer des conversations, prendre des photos et des vidéos sans que l'utilisateur s'en rende compte, même si les appareils sont éteints. De la même façon, les micros contenus dans les systèmes OnStar qui équipent de nombreux véhicules ont aussi été utilisés pour contrôler les conversations de personnes suspectes. On peut installer subrepticement d'autres programmes de logiciels qui enregistrent les frappes d'un utilisateur sur son clavier pour reconstruire ses mots de passe et retrouver d'autres informations confidentielles saisies dans un ordinateur ou un autre appareil.

Fait révélateur, les menaces que fait peser la cybercriminalité sur les grands groupes américains – à l'instar de la crainte d'une attaque terroriste – ont justifié la construction du plus grand centre d'archives secrètes que le monde ait jamais connu. Son coût est estimé à 2 milliards de dollars. En janvier 2011, lors de son lancement en Utah, Chris Inglis, le civil le plus haut gradé de la NSA, a déclaré : « C'est un centre à la pointe du progrès conçu pour aider la communauté du renseignement dans sa mission pour qu'à son tour elle puisse protéger la cybersécurité de la nation. » Ce géant va stocker en données presque illimitées toutes formes de communication, cryptées ou non, y compris les courriels personnels et appels privés sur téléphones mobiles, les recherches sur Google, ainsi que des traces de données personnelles – itinéraires de voyages, achats et autres « vide-poches » numériques. Ce projet, qui verra le jour en septembre 2013, est étrangement similaire à celui que l'administration George W. Bush-Dick Cheney avait proposé deux ans après les attaques du 11 septembre 2001, sous le nom de « Total Information Awareness » (Surveillance totale de l'information) et qui fut annulé en 2003 suite au tollé que son potentiel à envahir la vie privée avait soulevé. Depuis lors, les deux partis politiques vivent dans la crainte de contester toute proposition de recueil de renseignements décrite comme ayant un objectif de sécurité nationale.

Plus récemment, le peuple américain a réussi à convaincre le Congrès d'endiguer de nouvelles intrusions du gouvernement dans la sphère privée. En 2011, on découvrit que le Stop Online Piracy Act et le rapport du Sénat PROTECT IP Act, destinés à lutter contre le téléchargement illégal, pourraient permettre de bloquer Internet, en empêchant des navigateurs d'accéder à des sites de divertissement ou d'autre nature reconnus comme enfreignant les lois américaines sur les droits d'auteur. Un déréférencement de ces sites dans les moteurs de recherche était également prévu. L'indignation qui en résulta, suivie d'une efficace campagne en ligne contre ces propositions, entraîna leur retrait.

Le Cyber Intelligence Sharing and Protection Act (CISPA) est l'exemple d'une loi proposée pour confier au gouvernement le pouvoir d'espionner toute communication en ligne en cas de suspicion de cybercriminalité. Même s'il est facile d'en comprendre la motivation, le volume de communications par Internet qu'on pourrait considérer comme suspectes selon les termes définis par la loi crée une exemption de facto pour les agences fédérales par rapport à la législation sur la protection de la vie privée.

Ces exemples du marché cyber-faustien passé avec Internet nous posent des difficultés pour concilier les principes historiques sur lesquels les États-Unis sont fondés et la nouvelle réalité du Cerveau mondial. Comme l'a écrit récemment un spécialiste des technologies : « Si l'on souhaite que l'Amérique continue à vivre dans la démocratie et la liberté économique, on devra réfléchir à nouveau sur les moyens qu'il faut se donner pour cultiver les nécessaires habitudes du cœur et ne pas se laisser séduire par l'idéologie de la technologie. » La Chine et les autres régimes autoritaires sont eux aussi confrontés à une discontinuité historique créée par la nouvelle réalité que représente le Cerveau mondial.

Tous les pays utilisent Internet et ont leur propre vision de son avenir. Les multiples conflits que cet outil a engendré sont loin d'être résolus. Du coup, nous en sommes à réclamer une forme de gouvernance mondiale d'Internet alors que jusque-là c'est le gouvernement américain (et un groupe quasi indépendant adoubé par lui) qui a imposé sa loi selon des normes et des valeurs qui reflètent la tradition américaine de liberté d'expression et d'entreprendre.

Le fait que des nations comme la Chine, la Russie et l'Iran, dont les valeurs et les normes sont souvent en opposition directe avec celles des États-Unis, comptent parmi les principaux protagonistes poussant au transfert de l'autorité vers une organisation internationale ne peut que nous faire douter du bien-fondé d'une telle proposition, et la redouter. À nous d'observer et de suivre de près les débats en cours à ce sujet. Au passage, on peut regretter que le Brésil, l'Inde et l'Afrique du Sud emboîtent le pas à la Chine et à la Russie.

Certaines entreprises et agences gouvernementales sont en train de développer des *dark nets*, c'est-à-dire des réseaux fermés non connectés à Internet, comme dernier recours pour protéger les informations confidentielles et de grande importance. Certaines sociétés du Web – le plus impressionnant étant Facebook, qui a un milliard d'utilisateurs et interdit l'anonymat – ont adopté un type de fonctionnement nommé *walled garden* (jardin clos) qui sépare certaines des informations du reste d'Internet.

De plus, certains fournisseurs qui sont par ailleurs des vendeurs de contenu ont essayé d'en retarder l'accès à leurs concurrents ou de les vendre plus cher. Bien que leur démarche soit légitime du fait de l'augmentation de leur bande passante, ce conflit d'intérêts potentiel fait partie des sujets importants pour l'avenir d'Internet. C'est pourquoi tant de gens réclament avec insistance une législation garantissant la neutralité du réseau ainsi que la liberté d'expression et de concurrence.

Les efforts déployés par certaines entreprises pour contrôler l'information sur le Web font craindre de le voir un jour éclater en de multiples réseaux. Toutefois, ce scénario est peu probable, car la valeur générée par Internet dépend du fait qu'il est connecté à une écrasante majorité de personnes privées, d'entreprises et d'organisations dans le monde. Pour la même raison, la volonté de pays comme la Chine et l'Iran d'isoler leurs citoyens de mouvements contestataires est probablement condamnée à l'échec.

Le système mondial dans son ensemble se construit sur le modèle ancien des États-nations. Personne ne doute que les pays vont garder leur souveraineté ; mais le Cerveau mondial prépondérant aujourd'hui sur la planète agit comme un mouvement rassembleur, exactement comme l'imprimerie a aidé les nations, dans la période où elles se créaient, à se rapprocher et à s'harmoniser. Les décisions à prendre face aux bouleversements qui agitent notre monde ne peuvent pas venir d'une seule voix ou d'un petit groupe de pays. Pendant des décennies, les États-Unis ont montré le chemin et le monde les a suivis. Avec le développement de l'information numérique, ceux qui peuvent décider de notre avenir sont dispersés sur tout le globe. C'est pourquoi le Cerveau mondial va connaître des difficultés pour se construire.

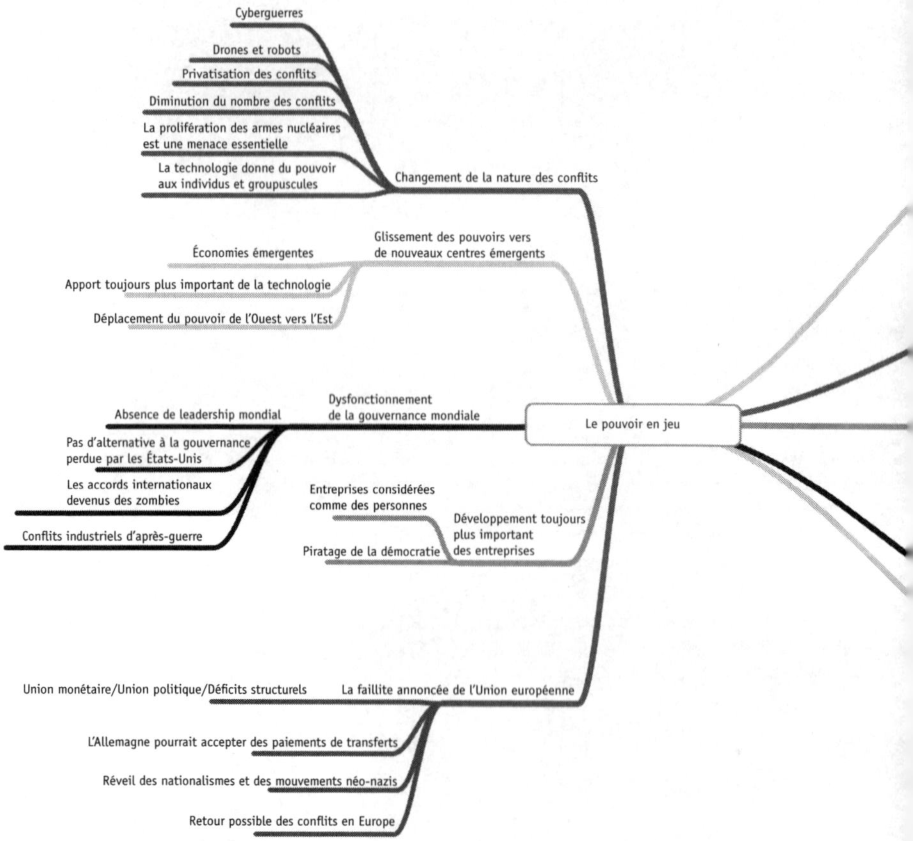
Le pouvoir en jeu
Changement de la nature des conflits
Cyberguerres
Drones et robots
Privatisation des conflits
Diminution du nombre des conflits
La prolifération des armes nucléaires est une menace essentielle
La technologie donne du pouvoir aux individus et groupuscules
Glissement des pouvoirs vers de nouveaux centres émergents
Économies émergentes
Apport toujours plus important de la technologie
Déplacement du pouvoir de l'Ouest vers l'Est
Dysfonctionnement de la gouvernance mondiale
Absence de leadership mondial
Pas d'alternative à la gouvernance perdue par les États-Unis
Les accords internationaux devenus des zombies
Conflits industriels d'après-guerre
Développement toujours plus important des entreprises
Entreprises considérées comme des personnes
Piratage de la démocratie
La faillite annoncée de l'Union européenne
Union monétaire/Union politique/Déficits structurels
L'Allemagne pourrait accepter des paiements de transferts
Réveil des nationalismes et des mouvements néo-nazis
Retour possible des conflits en Europe

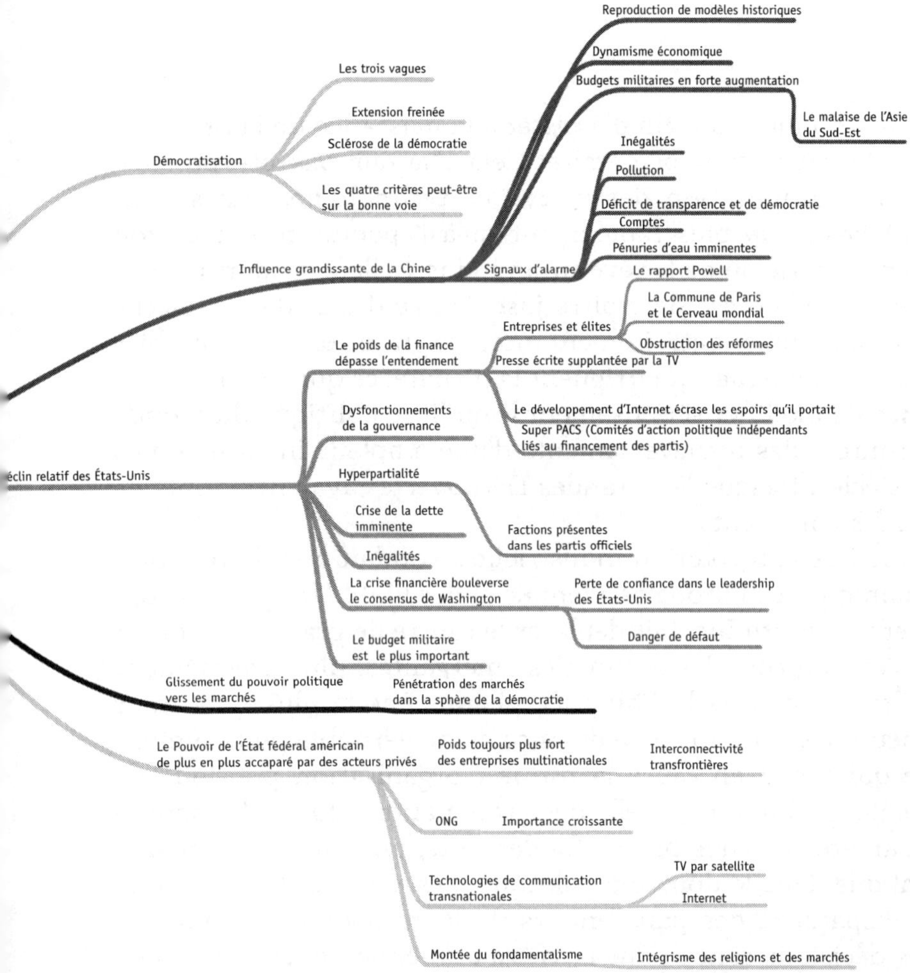

Reproduction de modèles historiques
Dynamisme économique
Budgets militaires en forte augmentation
Le malaise de l'Asie du Sud-Est
Les trois vagues
Extension freinée
Sclérose de la démocratie
Démocratisation
Les quatre critères peut-être sur la bonne voie
Inégalités
Pollution
Déficit de transparence et de démocratie
Comptes
Pénuries d'eau imminentes
Influence grandissante de la Chine
Signaux d'alarme
Le rapport Powell
La Commune de Paris et le Cerveau mondial
Entreprises et élites
Obstruction des réformes
Le poids de la finance dépasse l'entendement
Presse écrite supplantée par la TV
Le développement d'Internet écrase les espoirs qu'il portait
Dysfonctionnements de la gouvernance
Super PACS (Comités d'action politique indépendants liés au financement des partis)
éclin relatif des États-Unis
Hyperpartialité
Crise de la dette imminente
Factions présentes dans les partis officiels
Inégalités
La crise financière bouleverse le consensus de Washington
Perte de confiance dans le leadership des États-Unis
Danger de défaut
Le budget militaire est le plus important
Glissement du pouvoir politique vers les marchés
Pénétration des marchés dans la sphère de la démocratie
Le Pouvoir de l'État fédéral américain de plus en plus accaparé par des acteurs privés
Poids toujours plus fort des entreprises multinationales
Interconnectivité transfrontières
ONG
Importance croissante
Technologies de communication transnationales
TV par satellite
Internet
Montée du fondamentalisme
Intégrisme des religions et des marchés

3

Le pouvoir en jeu

Nous sommes en train d'assister à la naissance de la première véritable civilisation planétaire. Cela n'aurait pas été possible sans la multiplication des nouvelles technologies qui se diffusent beaucoup plus rapidement qu'à l'époque de l'invention de l'imprimerie ou de la révolution industrielle. L'importance de l'économie n'a cessé de croître jusqu'en ce début de XXIe siècle. Elle est maintenant étroitement intégrée grâce aux innombrables réseaux numériques qui irriguent la planète, ce qui a pour conséquence de modifier sérieusement l'équilibre politique du monde confronté à des bouleversements d'une ampleur inédite depuis cinq siècles, lorsque les Grandes Découvertes avaient permis de relier les continents.

Alors que la révolution industrielle a conduit à la domination économique de l'Europe occidentale et des États-Unis, le développement de Earth Inc. fait déplacer le centre de gravité de l'ouest vers l'est, du côté des économies émergentes, plus précisément des États-Unis vers la Chine. Le phénomène le plus important est peut-être toutefois la naissance d'une véritable pensée mondiale qui remet en cause la forme d'organisation politique de l'époque de Gutenberg, celle des États-nations dont elle modifie de manière considérable les fondements, tant dans le domaine social que dans le domaine politique. Les pays sont en train de voir disparaître des pans entiers de leurs pouvoirs séculaires. Si les décisions concernant la vie quotidienne de leurs citoyens appartiennent et appartiendront encore longtemps aux gouvernements, avec la mondialisation simultanée de l'information et des marchés, ce sont maintenant des acteurs privés – sociétés multinationales, réseaux d'entreprises, mais aussi des milliards d'individus de la classe moyenne – qui voient leur puissance s'accroître de manière implacable.

Aucun pays ne pourra échapper aux gigantesques bouleversements qui s'imposent à nous, si bien que notre vision du futur et les choix que nous sommes amenés à faire doivent s'appréhender avec une vision planétaire. Du fait que les États gardent encore le pouvoir exclusif d'élaborer leurs politiques et de les mettre en œuvre, pour nous assurer qu'elles prennent en compte la protection des valeurs humaines et reprendre notre destin en main, nous n'avons pas d'autre solution que de rechercher le consensus de la communauté internationale pour mener une réflexion en commun. À la fin de la Seconde Guerre mondiale, la majorité des pays qui cherchaient celui qui pourrait assurer un leadership s'était tournée vers les États-Unis d'Amérique.

Aujourd'hui, beaucoup craignent de les voir perdre leur position de leader depuis qu'en 2010 la Chine est devenue la première puissance industrielle du monde, mettant fin à une période de cent dix ans de domination américaine, et à un cycle économique de cinq siècles, comme l'a indiqué l'historien de l'économie Robert Allen qui enseigne au Nuffield College de l'université d'Oxford. Dans la prochaine décennie, la puissance économique chinoise va supplanter celle des États-Unis, qui perdront ainsi leur position de leader pour la première fois depuis 1890.

Pire encore, depuis cette date, le gouvernement américain n'a jamais été aussi affaibli, comme le montre la manière dont il dirige le pays. Certaines de ses décisions paraissent illogiques et surtout complaisantes vis-à-vis du monde des affaires et d'autres intérêts particuliers. Cela dit, cet abaissement de la vitalité démocratique américaine échappe au plus grand nombre. La docilité face aux puissances de l'argent dont il a fait preuve l'a conduit à faire des choix politiques aberrants ou, au mieux, à l'immobilisme, ce qui a fait pâlir son rayonnement.

Si leur position de leader est affaibli, les États-Unis demeurent « la seule nation indispensable » capable de réduire les risques de conflits en veillant à ce que les routes maritimes restent ouvertes, en recensant et en contrôlant les groupes terroristes, et en assurant l'équilibre au Moyen-Orient, en Asie orientale et dans d'autres régions du monde (comme l'Europe) où son influence doit rester forte. Il ne faut pas oublier non plus que l'Amérique a joué d'autres rôles essentiels, en particulier dans les crises économiques récurrentes et pour maintenir une relative stabilité du système monétaire mondial.

En ce moment, la dégradation de l'influence américaine entraîne un dangereux déficit de gouvernance dans le système mondial qui se traduit aujourd'hui par une impression de vide et un évident manque de coopération internationale. Entre les difficultés permanentes auxquelles nous sommes confrontés et la réflexion que nous devons mener pour en venir à bout, il est temps de rétablir l'équilibre des pouvoirs, car c'est là que se trouvent les solutions. La communauté des nations ne semble plus capable de travailler ensemble afin d'assurer une bonne coordination ni de mettre ses efforts en commun pour affronter les problèmes qui agitent la planète.

Les réunions du G20 (considéré aujourd'hui comme bien plus important que le G8) tiennent plus des rencontres formelles entre les dirigeants des pays qui le composent dont le but essentiel est de délivrer un communiqué de presse commun. Leurs costumes et leurs chemises aux couleurs assorties rappellent surtout le conte d'Andersen, *Les Habits neufs de l'empereur*, dans lequel seul un enfant ose dire : « Le roi est nu ! » Sauf que, dans ce cas, ce sont les habits qui n'ont pas d'empereur.

Certaines négociations multilatérales et décisives dont nous attendions beaucoup, comme le Doha Round commencé en 2001 et le protocole de Kyoto dont les premières réunions ont eu lieu en 1997, se sont soldées par un échec. Elles font aujourd'hui l'effet de « zombies ». Ni mortes, ni vivantes, elles avancent en titubant et font peur aux gens. Il en est de même pour la Convention sur les droits de la mer, qui définit les principes de l'exploitation des ressources maritimes, aujourd'hui totalement bloquée parce que le gouvernement américain a cédé aux pressions du monde des affaires.

Les institutions mondiales qui ont vu le jour grâce au leadership des États-Unis après la Seconde Guerre mondiale, qu'il s'agisse de l'ONU, de la Banque mondiale, du FMI ou de l'Organisation mondiale du commerce (le GATT, selon son appellation précédente), ont perdu toute efficacité en raison des nombreux changements qui se sont produits au sein de la communauté internationale et qui ont modifié de manière considérable les hypothèses sur lesquelles elles avaient été élaborées sous l'influence du leadership américain.

Ces institutions ont parfaitement fonctionné tant que l'Amérique a pu montrer la direction et aussi longtemps que le reste du monde lui faisait confiance pour conduire la communauté mondiale pour le bien de tous. La force politique des pays s'affirme d'autant plus quand ils sont déterminés à agir dans l'intérêt de tous et à atteindre des objectifs communs. Au contraire, si l'un d'entre eux se pose en leader mais travaille exclusivement pour ses propres intérêts, par exemple pour favoriser ses entreprises et les aider à atteindre leurs objectifs, il sera rapidement remis en cause.

Soixante ans après leur création, ces institutions multilatérales sont contestées par les pays en développement, les mouvements écologistes et ceux qui se préoccupent des populations frappées par la grande pauvreté ; tous soulignent en chœur leur « déficit démocratique ». La banque mondiale et le FMI ont besoin de recueillir 85 % des suffrages des pays membres pour prendre leurs décisions mais, depuis que les États-Unis possèdent à eux seuls plus de 15 % des voix dans ces deux organisations, cela correspond à un véritable droit de veto. De la même façon, certains pays demandent pourquoi la France et le Royaume-Uni sont encore membres du Conseil de sécurité, alors que n'y siègent ni le Brésil qui a un PIB plus important qu'eux ni l'Inde dont le PIB est supérieur aux deux réunis et qui sera bientôt le pays le plus peuplé du monde.

La perte significative de confiance dans le leadership des États-Unis, en particulier depuis la crise économique de 2007-2008, a accéléré le déplacement des pouvoirs dans le monde. Quelques experts annoncent l'émergence d'un nouvel équilibre au sein duquel les États-Unis et la Chine se partageront le pouvoir. Certains l'ont anticipé et parlent déjà de « G2 ».

Déclin relatif ou absolu

D'autres experts prédisent l'émergence d'un monde multipolaire, instable et dangereux. Il semble plutôt que l'intégration du marché mondial et la circulation rapide des informations vont nous plonger dans une période d'incertitude, avant que la nouvelle donne se mette en place avec une répartition des influences plus complexe parce qu'elle n'aura rien à voir avec la notion de « pôles ». L'ancienne division entre pays riches et pays pauvres est en train de changer parce que beaucoup des pays émergents, auparavant démunis, ont aujourd'hui des taux de croissance économique très forts et supérieurs à ceux des pays riches et développés. Le fossé qui les séparait se referme à grande vitesse et les pouvoirs économique et politique ne sont plus en train de glisser de l'Ouest vers l'Est, mais se dispersent dans toutes les directions : Sao Paulo, Bombay, Jakarta, Séoul, Taipei, Istanbul, Johannesburg, Lagos, Mexico, Singapour et Pékin.

Quel que soit le nouvel équilibre qui émerge, sa configuration sera fixée quand plusieurs grandes incertitudes seront levées. Elles concernent l'avenir des États-Unis, de la Chine, et des États-nations en général : tout d'abord, l'Amérique est-elle vraiment dans une période de déclin ? Si c'est le cas, cette tendance peut-elle s'inverser ? Ce déclin est-il relatif par rapport à celui d'autres pays ou bien y a-t-il un danger de déclin absolu ? D'autre part, la Chine va-t-elle continuer sa croissance à ce rythme, ou bien les fondations sur lesquelles sa prospérité est construite sont-elles fragiles ? Enfin, les États-nations dans leur ensemble sont-ils en train de perdre leur pouvoir relatif à l'époque de Earth Inc. et du Cerveau mondial ?

Les avis divergent largement chez les experts quant à la question du déclin américain. La perte de son influence géopolitique a été un thème récurrent depuis plus longtemps qu'on ne le pense en général, car même avant qu'elle ne devienne la nation la plus puissante, elle montrait de temps à autre des signes d'affaiblissement. Certains pensent que les inquiétudes qui pèsent sur le dépassement des États-Unis par la Chine – et pas seulement sur le plan économique – sont du même ordre que la crainte du Japon dans les années 1970 et 1980 ou de l'URSS quand ce pays était considéré comme une menace dans les années 1950 et 1960.

Dans la période qui a suivi la Seconde Guerre mondiale, beaucoup d'experts en stratégie s'inquiétaient déjà que les États-Unis ne tombent rapidement de leur piédestal et perdent leur leadership mondial. Cette crainte s'est exprimée pendant plus de dix ans et a continué quand l'URSS a acquis l'arme nucléaire et resserré son emprise sur les pays de l'Est et d'Europe centrale. Quand Spoutnik 1 fut lancé en 1957, faisant de l'URSS la première nation dans l'espace, les déclinistes s'acharnèrent sur la sonnette d'alarme.

La plupart des inquiétudes sont fondées sur la comparaison entre nos difficultés actuelles et, avec une légère amnésie, sur la façon dont les États-Unis ont dominé les prises de décision dans la seconde partie du XXe siècle. Il faudrait faire preuve de davantage de réalisme et d'objectivité. Le supposé âge d'or pendant lequel les États-Unis ont mis en œuvre leurs plans et leurs idées sans rencontrer de résistance ni d'échecs est une vue de l'esprit.

Il faut se souvenir que leur poids dans l'économie mondiale est tombé de 50 % à la fin des années 1940 à 25 % environ au début des années 1970, et qu'il est resté à ce niveau durant les quarante dernières années. La montée en puissance de la Chine et l'augmentation de sa part dans le PIB mondial se sont faites au détriment de l'Europe et non des États-Unis. Il en est de même pour les autres pays émergents.

L'Amérique a acquis sa position dominante au début du XXe siècle quand elle est devenue la nation économique la plus florissante, alors que le président Theodore Roosevelt affirmait énergiquement la puissance diplomatique et militaire, et avec le rôle prépondérant qu'elle a joué dans l'issue de la Première Guerre mondiale sous le président Woodrow Wilson. Après s'être affirmé comme la force politique et économique décisive pour battre les puissances de l'Axe, les États-Unis, vainqueurs à la fois en Europe et dans le Pacifique, furent considérés et reconnus comme les leaders du monde. Les économies des pays européens étaient à terre et dévastées par les années de guerre ; quant à celles du Japon et de l'Allemagne, elles étaient totalement détruites. L'URSS, qui avait dû déplorer cent fois plus de victimes, était également très affaiblie et fragilisée. L'autorité morale de Lénine avait depuis longtemps été détruite par le pacte signé entre Hitler et Staline, et ce dernier avait fait preuve d'une cruauté et d'une brutalité insensées envers son peuple.

Les États-Unis agirent rapidement et montrèrent le chemin pour mettre en place les institutions d'après-guerre nécessaires au maintien de l'ordre du monde et à l'instauration d'une solide gouvernance mondiale. Les accords de Bretton Woods organisèrent le système monétaire mondial autour du dollar américain et la mise en place d'une série d'accords de défense, le plus important étant l'OTAN (Organisation du traité de l'Atlantique Nord). Grâce à leur aide extérieure et à des accords commerciaux qui facilitaient l'accès au marché américain, les États-Unis acquirent une place de plus en plus importante en mettant en avant le capitalisme démocratique dans les régions du monde qui n'étaient pas sous le joug communiste.

Tout cela stimula et dynamisa l'émergence d'une union économique et politique en Europe, avec la naissance de la Communauté européenne du charbon et de l'acier, qui évolua plus tard en Marché commun puis en Union européenne. Le plan Marshall, à la fois visionnaire et généreux, permit aux pays européens de retrouver peu à peu la prospérité et les incita à s'engager sur la voie démocratique et une large intégration. Le secrétaire d'État Cordell Hull, que l'on décrit comme « le père de l'ONU », avait plaidé pour une plus grande liberté des échanges commerciaux en Europe et dans le monde en avançant l'argument que « quand les produits franchissent les frontières, les armées ne le font pas ». En dirigeant le processus de reconstruction, de démocratisation et de démilitarisation du Japon, l'Amérique consolida sa position dominante en Asie.

En 1949, quand l'URSS devint la seconde puissance nucléaire au monde et que Mao Zedong instaura le communisme en Chine, la guerre froide s'imposa pour une durée de quarante ans sur l'ensemble du monde. La confrontation nucléaire permanente entre l'URSS et les États-Unis s'accompagnait d'une lutte sévère entre deux idéologies et deux conceptions politiques et économiques.

Durant des décennies, l'équilibre du monde a reposé sur la tension constante entre deux conceptions totalement opposées. Les États-Unis étaient à la tête d'une alliance de pays qui travaillaient au retour des démocraties en Europe de l'Ouest et à la reconstruction du Japon, tous ayant choisi la voie du capitalisme démocratique. De l'autre côté, l'Union des républiques socialistes soviétiques exerçait son pouvoir sur un groupe de pays situés au centre et à l'est du continent européen en prônant l'idéologie communiste. Cette description sommaire recouvre des dynamiques évidemment bien plus nombreuses et plus compliquées qui s'exprimaient dans les conflits régionaux politiques et militaires.

Quand l'URSS, incapable d'adapter son économie planifiée et son régime autoritaire aux premiers effets de la révolution de l'information, se résolut à baisser les bras devant la puissance économique américaine, les premiers effets de l'implosion à venir se firent ressentir. Lorsque le mur de Berlin s'effondra en 1989, que l'URSS explosa deux ans plus tard et que la Russie elle-même se sépara de l'URSS, le communisme disparut en tant que concurrent sur le plan idéologique.

L'hégémonie américaine atteint ainsi son apogée et l'idéologie démocratique se répandit de telle manière qu'un spécialiste en philosophie politique expliqua que nous assistions à « la fin de l'histoire » – suggérant que rien ne s'opposerait plus au développement du capitalisme démocratique.

Après cette victoire idéologique et politique, les États-Unis furent confortés comme puissance dominante dans un monde devenu, au moins pour quelque temps, unipolaire. Encore une fois, ce qui se passait en surface dissimulait des changements complexes et profonds qui allaient conduire à une nouvelle répartition des pouvoirs.

Bien avant le commencement de la Seconde Guerre mondiale, le communisme soviétique avait piétiné une vérité élémentaire qui avait été parfaitement comprise par les fondateurs des États-Unis : quand le pouvoir est concentré dans les mains d'un homme ou d'un petit groupe de personnes, il corrompt leur jugement et leur humanité. La démocratie américaine était au contraire fondée sur la confiance en la nature humaine, la sagesse des peuples et sur les leçons apprises de la République romaine qui avait démontré qu'un pouvoir centralisé était un frein aux libertés. Le pouvoir fut donc séparé dans des champs d'activité concurrents de manière qu'ils puissent se contrôler mutuellement afin de maintenir un garde-fou et que les individus disposent des libertés d'expression, de culte et de réunion.

La capacité d'un pays à entraîner les autres tient souvent à son autorité morale. Dans le cas des États-Unis, il est indéniable que, depuis la ratification de leur Constitution et du Bill of Rights en 1790-1791, leurs principes fondateurs ont essaimé dans les cœurs et les esprits des peuples du monde, quel que soit le pays où ils vivaient.

Depuis la fin du XVIIIe siècle, trois vagues de démocratie se sont répandues dans le monde. La première, dans le sillage de la révolution américaine, a entraîné la naissance de vingt-neuf républiques. Quand en Amérique du Sud le grand libérateur Simón Bolívar a mené des révolutions au nom de la liberté pendant les vingt années qui ont suivi la fondation des États-Unis, il avait une photo de George Washington dans sa poche de poitrine.

S'ensuivit une période de déclin qui fit tomber ce nombre à douze au début de la Seconde Guerre mondiale. Après 1945, la seconde vague porta le nombre de pays libres à trente-six, mais une fois encore cette expansion fut suivie par un déclin à trente de 1962 jusqu'au milieu des années 1970. La troisième commença au milieu des années 1970, puis s'accéléra avec l'effondrement du communisme en 1989.

Les valeurs pour lesquelles les États-Unis se sont battus et qui ont été mises en avant dans sa Constitution – par exemple les droits individuels – ont parfois reculé devant le monde des affaires et les calculs de la « realpolitik ». Quand les pays européens ont commencé à accorder l'indépendance à leurs colonies, l'Amérique remplit partiellement le vide politique et soutint de nombreux pays qui venaient de conquérir leur indépendance en créant avec eux des liens économiques, politiques et militaires. Quand la France se retira du Vietnam, les États-Unis craignirent l'extension de ce que certains ressentaient à tort comme une sphère communiste quasi monolithique. L'incompréhension de la motivation fondamentalement nationaliste d'Hô Chi Minh leur fit commettre des erreurs stratégiques aberrantes qui déclenchèrent la guerre du Vietnam après la longue et ruineuse impasse du conflit en Corée.

Malgré cette faute, le pays mena de lourdes interventions en Amérique latine, releva aussi d'autres défis difficiles, puis consolida sa position de leader mondial. La prospérité américaine sans précédent dans les décennies qui suivirent la Seconde Guerre mondiale – alliée à son plaidoyer incessant pour la liberté des peuples – en fit un modèle. Sans cette position dominante, il est probable que les droits de l'homme et l'autodétermination n'auraient pas pu se développer pendant l'après-guerre.

Dans la période récente, nous avons assisté à un ralentissement de l'expansion de ces idées. Depuis la crise financière de 2007-2008, le nombre de pays libres a diminué, et dans plusieurs autres, y compris l'Amérique, le fonctionnement de la démocratie a reçu des coups. Pourtant, malgré cette situation, certains pensent que le Printemps arabe et les autres mouvements démocratiques qui ont explosé grâce à Internet donnent le signal d'une quatrième vague de démocratisation, bien qu'ils soient encore agités par de nombreux soubresauts.

Il est encore prématuré de prédire le déclin absolu de la puissance des États-Unis car des signes positifs indiquent qu'ils peuvent y mettre un coup d'arrêt. Leurs universités sont de loin les meilleures du monde et les investissements rentables dans le domaine culturel continuent d'en faire la plus grande mine d'innovation et de créativité. Bien que le budget militaire, en pourcentage du PIB, soit plus bas qu'il n'a jamais été depuis l'après-guerre, il a augmenté en valeur absolue pour atteindre son plus haut niveau depuis 1945. La puissance militaire américaine est de loin la plus forte. Elle est la mieux équipée, dispose de la meilleure formation et des meilleurs officiers. Son budget, le plus important au monde, est équivalent à l'addition des cinquante suivants et il égale pratiquement les dépenses militaires cumulées des autres pays du monde.

J'ai toujours plaidé pour que les démocraties aient les moyens de se défendre. Dans mes fonctions au Congrès et à la Maison Blanche, j'ai acquis la conviction qu'il est nécessaire que les États-Unis disposent d'une supériorité militaire indiscutable, pour eux-mêmes et pour la cause de la liberté dans le monde. Cependant, après plus de dix ans de conflits qui nous ont paru interminables, tout en maintenant des forces importantes en Europe et en Asie, les ressources militaires américaines se sont tendues jusqu'à en arriver au point de rupture, et la diminution relative de la richesse et de la puissance économique américaine va nous forcer à reconsidérer le niveau de ces budgets.

Les mêmes tendances mondiales qui ont permis la diffusion des activités de production sur la planète et la connexion intégrée de ses habitants à la pensée globale voient également se développer des technologies guerrières qui étaient auparavant l'apanage des nations. La capacité à lancer des cyberattaques destructrices, par exemple, est largement répandue aujourd'hui.

Les drones et autres robots semi-automatiques se révèlent des armes efficaces qui ont été largement utilisées pendant les guerres d'Irak et d'Afghanistan. L'US Air force entraîne aujourd'hui davantage d'opérateurs de robots et de véhicules opérationnels dispensés de présence humaine que de pilotes d'avions de chasse classiques. (Au passage, notons que ces opérateurs qui agissent via un écran de contrôle souffrent du même taux de stress post-traumatique que les pilotes d'avion, alors que leurs cibles se trouvent à des milliers de kilomètres.)

À plusieurs occasions, des drones ont été piratés par leurs cibles. En 2010, des experts en renseignement ont découvert qu'en Irak des militants islamiques vendaient au prix de 26 dollars un logiciel qui permettait de décrypter les signaux et de regarder en temps réel les images envoyées aux opérateurs basés aux États-Unis. En Afghanistan, des groupes d'insurgés disposaient des mêmes programmes et, fin 2011, l'Iran a réussi à pirater le système de contrôle d'un drone furtif et à lui donner l'ordre de se poser sur la piste d'atterrissage de Kashmar.

La robotique est également à l'œuvre dans le domaine des armes de guerre dont une nouvelle génération est en train de se développer, et qui sont adaptées aux conflits aériens, maritimes et terrestres. Plus de cinquante pays procèdent actuellement à des expérimentations de robots militaires semi-automatiques. (Une nouvelle législation appliquée aux drones et aux robots concernant les « droits des robots » a été développée par des spécialistes américains du droit militaire. Il s'agit de leur donner la possibilité d'effectuer des tirs meurtriers s'ils se sentent menacés, exactement comme un pilote a le droit de faire feu sur un agresseur potentiel dès que le radar lui a signalé sa présence.)

En même temps, certaines missions dangereuses sont externalisées. Pendant la guerre d'Irak, les États-Unis ont confié des opérations importantes à des opérateurs privés. L'histoire des guerres montre d'ailleurs la présence fréquente de mercenaires dans les combats, en particulier dans des conflits interminables, comme en République démocratique du Congo où l'on a compté 400 000 morts. Après l'impopulaire guerre du Vietnam, les États-Unis ont abandonné la conscription pour mettre en place une armée de volontaires professionnels, mais beaucoup de voix s'élèvent pour dire que le peuple américain est maintenant coupé de son armée et qu'il n'est pas conscient des drames vécus par les populations civiles pendant les guerres.

Le problème chinois

Les budgets militaires de la Chine, qui ne représentent encore qu'un faible pourcentage de ceux des États-Unis, sont en augmentation constante. Pourtant, la question de la capacité du pays à poursuivre sa croissance se pose de manière de plus en plus aiguë. Selon de nombreux spécialistes, il est encore prématuré d'affirmer que l'empire du Milieu va devenir la première puissance du monde ou même se partager le leadership du monde avec les États-Unis, car, selon eux, les fondations économiques, sociales et politiques ne sont pas encore assez stables. La liberté d'expression est inexistante, le pouvoir autocratique est concentré à Pékin et la corruption gangrène l'ensemble des structures politiques et économiques du pays.

Ainsi, fin 2010, on estimait à 64 millions le nombre d'appartements vides en Chine. La bulle immobilière a des causes nombreuses et variées, mais depuis des années les visiteurs sont frappés par le nombre de gratte-ciel qui ont poussé comme des champignons à coups de subventions et qui restent inoccupés pendant de très longues périodes. D'après une étude de Morgan Stanley, près de 30 % des éoliennes construites en Chine ne sont pas connectées au réseau électrique ; beaucoup d'entre elles sont situées dans des régions éloignées et très venteuses, mais n'ayant pas les moyens économiques de les relier au réseau électrique. La Chine a su construire des bâtiments fonctionnant avec les énergies renouvelables à moindres coûts, ce qui a été profitable au pays et au marché mondial, mais les innombrables immeubles vides et les éoliennes inutiles sont un signe que le miracle économique chinois ne va pas continuer longtemps au même rythme. L'État est responsable de dysfonctionnements très importants du système bancaire, comme le recyclage de leurs avoirs au marché noir à des taux d'intérêt usuraires et insupportables.

La cohésion sociale et politique suscite également des interrogations. Elle a été sérieusement déstabilisée pendant la transition économique, qui s'est traduite par de gigantesques mouvements de migration interne jamais vus auparavant et des niveaux de pollution catastrophiques. Bien que les statistiques communiquées soient difficiles à vérifier, Sun Liping, professeur à l'université

Tsinghua, estimait qu'en 2010 on avait recensé 180 000 manifestations, émeutes et autres mouvements de masse, c'est-à-dire quatre fois plus qu'au cours de l'année 2000. De nombreux rapports confirment par ailleurs que ces mouvements de protestation sont une réponse aux inégalités et aux conditions environnementales intolérables et marquent l'opposition à la confiscation de biens immobiliers et à d'autres abus de pouvoir pratiqués par les potentats locaux. Les troubles sociaux et l'expression du mécontentement – souvent provoqués par des travailleurs issus de la grande migration interne – leur ont permis d'obtenir de sensibles augmentations des salaires au cours des deux dernières années.

Divers analystes ont mis en garde l'Occident contre l'idée toute faite selon laquelle l'instabilité est la règle dans les pays dont les gouvernements n'ont pas de légitimité démocratique. En Chine, la légitimité peut s'apprécier d'une autre façon, par exemple la nature participative de leur système. Depuis Confucius, c'est la réussite des politiques mises en place qui permet d'accorder sa confiance à ceux qui tiennent les rênes du pouvoir et qui l'ont obtenu par leur mérite. Ils sont d'autant plus respectés et légitimes s'ils font preuve de sagesse.

Or, ce sont précisément ces sources de légitimité qui sont remises en cause aux États-Unis. La perte de confiance envers les gouvernements à tous les niveaux et la défiance accrue vis-à-vis de la plupart des grandes institutions sont en grande partie fondées sur le sentiment que leurs politiques n'en finissent pas d'échouer alors qu'auparavant, du fait que les décisions se prenaient à l'issue d'une réflexion profonde, elles avaient beaucoup de force. La capacité de l'Amérique à diriger le monde, alors que ses habitants ne comptent que pour 5 % de la population du globe, était reconnue, parce que son gouvernement forçait le respect par sa créativité, son audace et son efficacité dans le pays comme à l'extérieur.

L'ironie veut que la croissance économique de la Chine depuis les réformes mises en œuvre en 1978 par Deng Xiaoping soit due non seulement à l'adoption d'une forme de capitalisme propre au pays, mais aussi à sa victoire intellectuelle au sein du comité central chinois, où il prôna une analyse fondée sur la raison pour justifier l'abandon du vieux dogme de l'économie communiste. Il fit preuve par ailleurs d'une immense habileté politique en décrivant les bouleversements qui allaient se produire comme s'il s'agissait d'une simple réaffirmation de la doctrine maoïste.

Dans un discours aux militaires, l'année où ses réformes se mettaient en place, Deng déclara : « N'est-il pas vrai que la volonté de chercher la vérité dans les faits, en s'appuyant sur la réalité et en intégrant la théorie à la pratique, constitue les principes fondamentaux de la pensée de Mao Zedong ? »

Une des raisons de la montée en puissance des États-Unis pendant les deux premiers siècles qui ont suivi sa création jusqu'à atteindre la place de leader tenait au fait que la démocratie américaine avait choisi de fonctionner « en cherchant la vérité dans les faits ». Avec le temps, les orientations choisies et les politiques mises en œuvre favorisèrent ses propres intérêts avant ceux des autres pays. Quand les institutions démocratiques sont saines et fonctionnent bien, elles suscitent un débat toujours riche qui fait naître des initiatives et des idées plus créatives et visionnaires que n'importe quel autre système de gouvernement.

Malheureusement, aujourd'hui, le gouvernement des États-Unis a perdu de sa force et de sa liberté. Il semble sclérosé. Pour utiliser un terme habituellement utilisé en informatique, je dirais que la démocratie américaine a été piratée. Le Congrès, incarnation de corps législatifs élus démocratiquement dans le monde moderne, est à présent incapable de voter des lois sans l'accord des lobbys industriels et d'autres intérêts particuliers qui participent au financement de leurs campagnes électorales.

La prise de pouvoir des entreprises

Nous nous sommes habitués à voir les avocats qui travaillent pour les lobbys industriels participer pleinement à la rédaction des lois, en fournissant des éléments de langage et des termes techniques précis pour éviter que les textes en préparation ne constituent des obstacles à leurs *business plans* – ce qui affaiblit souvent les lois existantes et les réglementations destinées à protéger l'intérêt général contre les excès et les abus de toutes sortes. La plupart des assemblées législatives des États américains se contentent de valider ces lois entièrement écrites par les lobbys industriels comme si elles les validaient d'un coup de tampon pour la forme.

Ayant moi-même été un élu et exercé des fonctions gouvernementales pendant la dernière partie du XXe siècle, je me suis rendu compte avec consternation de la vitesse à laquelle l'intégrité et la force de la démocratie américaine ont perdu de leur vitalité.

Ce fut pour moi un véritable choc. Il y a eu d'autres périodes dans l'histoire des États-Unis où des puissances économiques et industrielles ont exercé leur influence sur le gouvernement des États-Unis, mais nous avons toutes les raisons de penser qu'il s'agit de davantage qu'un phénomène cyclique. J'en veux pour preuve certaines décisions de justice prises récemment qui institutionnalisent leur domination et leur contrôle.

Les coups ainsi portés à la démocratie arrivent au moment où l'organisation de notre monde est fortement bousculée et l'objet de bouleversements considérables ; au moment où le besoin de renforcer la vie démocratique et de privilégier les valeurs humaines n'a jamais été aussi fort. Face aux enjeux mondiaux actuels, les décisions cruciales qui s'imposent ne sont probablement pas prises de la meilleure façon, et de toute manière sans bénéficier de l'influence créative et audacieuse de l'Amérique. S'il est particulièrement important de restaurer l'intégrité de la démocratie américaine, il est nécessaire, pour y parvenir, de procéder à un diagnostic très précis des raisons pour lesquelles elle est à ce point diminuée.

L'équilibre des pouvoirs entre les institutions politiques et le monde des affaires a une longue histoire car, d'une manière générale, les libertés économiques et politiques se sont nourries et enrichies mutuellement. Le nouveau paradigme né à l'époque de l'invention de l'imprimerie était fondé sur les principes de dignité des êtres humains et de libre circulation de l'information. Ces principes leur permettaient de faire des choix et de prendre leurs responsabilités dans les domaines politiques et économiques en faisant confiance à la sagesse collective lors d'élections régulières de leurs représentants et en acceptant la « main invisible » de l'offre et de la demande.

L'histoire a montré que le capitalisme, plus que tout autre système, a su garantir le plus haut niveau de liberté politique et religieuse, mais il a aussi toujours connu des tensions internes difficiles à concilier. Alors que les fondateurs de l'Amérique redoutaient la concentration du pouvoir politique, beaucoup s'inquiétaient aussi du poids du pouvoir économique sur les institutions démocratiques – et plus exactement des entreprises.

L'entreprise commerciale la plus ancienne a été fondée en Suède en 1347. Sa forme juridique n'apparut pas avant le XVIIe siècle, quand les Pays-Bas et le Royaume-Uni autorisèrent le développement des chartes d'entreprises, en particulier pour commercer avec leurs nouvelles colonies. Après des séries de fraudes spectaculaires et d'abus en tout genre, dont le scandale de la Compagnie des mers du Sud (qui donna naissance au concept économique de « bulle »), l'Angleterre prononça l'interdiction des sociétés en 1720, laquelle ne fut levée qu'en 1825 lorsque la révolution industrielle rendit nécessaire la capitalisation des sociétés de chemin de fer et d'autres entreprises qui se créaient et se développaient en utilisant les technologies émergentes.

Les révolutionnaires américains, parfaitement informés, décidèrent de mettre en place des chartes à des fins avant tout civiques et caritatives, et pour des périodes limitées. C'est plus tard qu'apparurent les sociétés par actions permettant de lever des capitaux afin de développer l'industrialisation.

Se référant à l'expérience anglaise, Thomas Jefferson écrivit au sénateur George Logan de Pennsylvanie en 1816 : « J'espère que cet avertissement nous servira d'exemple pour écraser dans l'œuf l'aristocratie de nos sociétés capitalistes qui osent déjà défier nos gouvernements en faisant preuve d'une grande méfiance vis-à-vis des lois de notre pays. »

Entre 1781 et 1790, le nombre d'entreprises ne cessa de croître, passant de 33 à 328. En 1811, l'État de New York promulgua les premiers des statuts autorisant la prolifération des sociétés sans restrictions particulières ou générales imposées par le gouvernement.

Pendant la période où la grande majorité des citoyens américains vivaient et travaillaient dans des exploitations agricoles, les entreprises étaient de taille modeste et leur impact sur les conditions de travail comme sur la qualité de la vie était relativement limité. Mais, pendant la guerre de Sécession, leur pouvoir s'accrut considérablement avec la mobilisation de l'industrie du Nord, la signature de contrats considérables avec le gouvernement et la construction de lignes de chemin de fer. Après la guerre, alors que leur rôle devenait de plus en plus important, elles s'organisaient pour exercer un contrôle sur le Congrès et les Parlements des États.

L'élection de 1876, entachée d'irrégularités, marqua, selon les historiens, le début d'une longue période de corruption. Les suffrages de la Floride ayant fait l'objet d'une contestation la nuit suivant le vote, tout fut réglé par des tractations et négociations secrètes au cours desquelles l'argent et le pouvoir des entreprises jouèrent un rôle décisif et conduisirent le nouveau président Rutherford B. Hayes à déclarer que « ce gouvernement du peuple, par le peuple, pour le peuple, ne va malheureusement plus durer très longtemps. C'est le gouvernement des entreprises, par les entreprises et pour les entreprises[1] ».

Quand la révolution industrielle commença à transformer l'Amérique, les accidents commencèrent à se multiplier. Entre 1888 et 1908, 700 000 individus – une centaine par jour – perdirent la vie au travail. Comme si les conditions de travail déplorables ne suffisaient pas, les employeurs accordaient les salaires les plus bas possible. Les grèves des ouvriers pour obtenir des primes compensatoires et des réparations de ces abus ainsi que la forte demande d'une législation protégeant leurs droits provoquèrent une réaction vigoureuse des entrepreneurs. Ils firent appel à des milices privées pour menacer et brutaliser ceux qui voulaient créer des syndicats tandis que des avocats et des lobbyistes inondaient de leurs interventions le Capitole et les Parlements des États.

Quand les entreprises commencèrent à faire appel aux services des lobbyistes pour influencer l'élaboration des lois, elles suscitèrent un profond écœurement. En 1853, la Cour suprême vida de sa substance un contrat de lobbying pour le rendre inapplicable, en partie parce que la rémunération des services était secrète. Les juges arrivèrent à la conclusion qu'un tel lobbying était nuisible à la politique publique parce qu'« il tend à corrompre ou contaminer l'intégrité de nos [...] institutions politiques en leur portant des coups et en exerçant sur elles une influence inacceptable » tout en « abusant et salissant ceux à qui nous accordons une grande confiance pour bâtir notre législation ».

Vingt ans plus tard, la Cour suprême procéda à une nouvelle remise en cause, en invalidant les contrats d'honoraires de lobbyistes en ces termes : « Si de grandes entreprises du pays décidaient de faire appel à des aventuriers de manière à leur faciliter la pénétration de certains marchés et la promulgation de lois afin de servir leurs propres intérêts, tous les hommes sages et raisonnables seraient conduits à dénoncer immédiatement les corrupteurs et les corrompus qui s'adonneraient à cette infamie. Si les cas s'avéraient nombreux, connus et tolérés, ils seraient alors considérés comme le reflet du délabrement de la morale publique et de la décadence de notre époque. » La nouvelle Constitution de l'État de Géorgie interdisait d'ailleurs explicitement les pratiques de lobbying envers le législateur.

Cela dit, les lois qui s'élaboraient continuèrent de favoriser

1. La victoire de Hayes avait été proclamée après des semaines de controverse et la signature du compromis de 1877 dans lequel les démocrates reconnaissaient la validité de son élection à condition qu'il soit mis fin à l'occupation militaire des États du Sud. (*N.d.T.*)

« la promotion d'intérêts privés » et la constitution d'immenses fortunes au moment de l'apogée de la révolution industrielle. D'après Matthew Josephson, entre 1880 à 1890[1], « la rédaction et le vote des lois faisaient l'objet de négociations financières continuelles ».

C'est pendant cette période de corruption que la Cour suprême commença à désigner les entreprises comme des « personnes » sous la protection du quatorzième amendement, qui accordait aux entreprises les droits d'un être humain, dans une décision de 1886 qui donnait raison à la compagnie Southern Pacific (*Santa Clara County v. Southern Pacific Railroad Company*). Les termes employés dans les attendus ne permettaient pas de douter qu'ils avaient été soufflés au juge Stephen Field par l'ancien patron d'une compagnie de chemin de fer. D'un trait de plume, la Cour suprême invalidait d'avance la possibilité des autorités publiques locales et nationales de s'attaquer aux abus de pouvoir des grandes entreprises. Avant de procéder à l'audition des plaidoiries, le président avait tenu à faire savoir que « la Cour ne souhaite pas entendre de plaidoirie sur la question de savoir [...] si le quatorzième amendement [...] peut s'appliquer aux entreprises. Nous sommes tous convaincus que c'est le cas ». (Ce précédent à double tranchant sur la doctrine du statut juridique des entreprises a été invoqué par la Cour suprême conservatrice à la fin du XXe siècle pour l'extension des « droits individuels » et dans l'arrêt *Citizens United* rendu en 2010, qui permet la participation financière des entreprises aux campagnes politiques.)

Cette affaire aura encore des répercussions à l'apparition des premiers réseaux de communication planétaires qui conduiront au Cerveau mondial. Cyrus Field, le frère du juge, a installé le premier câble transocéanique en 1858. Un troisième frère Field, David (qui avait financé généreusement la campagne d'Abraham Lincoln et permis en échange la nomination de Stephen à la Cour suprême), se trouvait à Paris avec sa famille pendant la Commune en 1871 et utilisa le câble pour envoyer en temps réel des informations aux États-Unis où il décrivait le soulèvement du peuple et la répression sanglante dont il était victime. C'était la première fois dans l'histoire que l'on pouvait suivre au jour le jour des événements se déroulant sur un continent éloigné.

Bien que les causes du déclenchement de la Commune de Paris soient très complexes, en particulier l'amertume de la

1. Période connue aux États-Unis sous le nom de « *Robber Baron* » – les requins de l'industrie. (*N.d.T.*)

défaite de la France dans la guerre contre l'Allemagne et les combats entre républicains et royalistes), ce fut le premier clash symbolique entre le capitalisme et le communisme. Karl Marx avait publié *Le Capital* quatre ans auparavant et écrit *La Guerre civile en France* pendant les deux mois que dura la Commune, expliquant qu'elle serait « éternellement célébrée comme le signe de l'avènement d'une nouvelle société ». Cinquante années plus tard, la dépouille de Lénine fut enveloppée dans les lambeaux d'un drapeau rouge et blanc que les Parisiens avaient fait flotter durant la Commune.

Mais, alors que la Commune inspirait les communistes, elle terrifiait les élites américaines, et parmi elles le juge Field qui suivait avec passion les rapports quotidiens de son frère et des journalistes de Paris. La Commune bénéficia d'une couverture médiatique – pour la plupart hostile – plus importante que tout autre événement de cette année-là, excepté les articles concernant la corruption du gouvernement.

La peur que suscitait la Commune fut amplifiée par les conflits dans les relations de travail, dont beaucoup se produisirent à partir de 1830, provoquées souvent par les populations défavorisées venues d'Europe dans l'espoir de trouver une vie meilleure aux États-Unis mais victimes d'injustices flagrantes, en particulier des salaires très bas dans l'industrie. Deux ans plus tard, la faillite de l'investisseur et entrepreneur de chemins de fer Jay Cooke entraînait une forte récession. Les salaires baissèrent encore et le chômage augmenta de manière considérable. Le *New York Times* fit paraître un article qui évoquait « la présence à New York d'une classe dangereuse, comparable à celle de Paris, qui cherche tous les prétextes pour déclencher des émeutes et répandre l'anarchie ».

Les historiens racontent que le juge Field était terrorisé par les événements qui s'étaient déroulés à Paris. Il redoutait tant qu'une lutte des classes se déclenche en Amérique qu'il décida de s'investir, tel un apôtre, pour donner plus de pouvoir encore aux entreprises. Sa stratégie consistait à utiliser le quatorzième amendement, qui visait à protéger le droit des anciens esclaves et garantissait la citoyenneté à toute personne née aux États-Unis, ainsi que l'égale protection de tous ceux qui sont sur son territoire. Il fit en sorte d'étendre ces droits aux entreprises.

Pendant la dernière décennie du XIXe siècle, la concentration des pouvoirs des entreprises industrielles atteignit une telle influence sur le fonctionnement des institutions démocratiques américaines qu'elle provoqua une réaction populaire. Lorsque, avec la révolution industrielle, un exode rural massif se produisit et que la population commença à se révolter contre des abus tels que le travail des enfants, l'effroyable longueur des journées de travail, les salaires excessivement bas, des conditions de travail déplorables, une alimentation de mauvaise qualité et des conditions sanitaires déficientes, les réformateurs commencèrent à demander l'élaboration et la mise en œuvre d'une nouvelle politique allant dans le sens de la protection sociale.

À l'aube du XXe siècle, le Mouvement progressiste commença à travailler à l'élaboration de nouvelles lois destinées à diminuer le pouvoir des entreprises. Le Sherman Anti-Trust Act, du nom du sénateur qui voulut s'élever contre le quasi-monopole des entreprises, limitait leurs comportements hégémoniques et signait ainsi la naissance du droit de concurrence, bien que la Cour suprême, comme elle le faisait pour tout ce qui concernait les lois progressistes, cherchât à en limiter la force et l'application. En 1901, après l'assassinat du président William McKinley, qui soutenait les entreprises, seulement six mois après avoir pris ses fonctions, Theodore Roosevelt fut élu contre toute attente. Dès l'année suivante, il attaqua de front les monopoles et les abus de pouvoir qui régnaient dans le monde des affaires.

Roosevelt créa le Bureau of Corporations au sein de son nouveau ministère du Commerce et du Travail. Il mit en œuvre une action antitrust pour casser JP Morgan's Northern Securities Corporation, qui regroupait cent douze sociétés dont la valeur était estimée à 571 milliards de dollars (en valeur 2012), soit « deux fois la valeur de tous les avoirs de treize États du sud des États-Unis ». Cette première décision antitrust fut suivie par quarante autres du même ordre. Avec une énergie apparemment inépuisable, Roosevelt fit également passer le Pure Food and Drug Act et mit en œuvre des mesures de protection sur plus de 950 000 kilomètres carrés de terre, le Grand Canyon, les Muir Woods et la forêt nationale de Tongass tout en faisant creuser le canal de Panamá et en mettant fin à la guerre russo-japonaise, ce qui lui valut d'obtenir le prix Nobel de la paix.

Lors de sa prise de fonction, Roosevelt annonça, dans une déclaration fracassante, qu'il ne se présenterait pas à un second mandat en 1908. Il partait du principe qu'il avait servi l'État pendant près de huit années, durée légale décidée par George Washington qui estimait raisonnable d'exercer deux mandats seulement[1]. Son successeur William Howard Taft, à peine investi,

1. Il avait succédé, en tant que vice-président, à McKinley, assassiné en 1901. (*N.d.T.*)

commença à abroger certaines lois afin de redonner leur pouvoir aux entreprises. Roosevelt répliqua en commençant à organiser sa campagne du Bull Moose Party[1] de sorte que Taft soit battu à l'élection présidentielle de 1912.

En octobre 1910, Roosevelt déclara : « Exactement comme les intérêts du coton et de l'esclavage menaçaient notre intégrité politique avant la guerre de Sécession, aujourd'hui les grands intérêts commerciaux contrôlent et corrompent trop souvent les hommes et les méthodes de gouvernement pour leur propre profits. » Dix-huit mois plus tard, au milieu de la campagne électorale, il affirma que le combat de son parti était « celui de l'âme » :

> Le Parti républicain est face à une grande crise. Il s'agit de décider si, comme à l'époque de Lincoln, il reste le parti des gens simples, le parti du progrès, le parti de la justice sociale et industrielle, ou s'il préfère être le défenseur des privilèges et des intérêts particuliers, l'héritier de ceux qui étaient les adversaires intransigeants des idées de Lincoln, et dont le seul objectif est de défendre les grands intérêts de la finance à Wall Street et ailleurs.

Après sa défaite devant Woodrow Wilson (Taft arriva en troisième position), Roosevelt continua à s'exprimer avec force pour promouvoir des réformes progressistes et faire à nouveau reculer le pouvoir des entreprises. Il affirma que le plus important pour le pays était encore « la lutte des hommes libres contre les intérêts particuliers qui polluent les méthodes de gouvernement en usant de toutes les méthodes pour écraser la volonté populaire ». Il proposa que les États-Unis « interdisent aux entreprises de verser des fonds de manière directe ou indirecte à des organisations politiques » et, de discours en discours, réclama que la Constitution « ne donne pas le droit de vote aux entreprises ». Ses plaidoyers incessants permirent au Mouvement progressiste de s'affirmer de plus en plus, parvenant même à faire adopter un amendement constitutionnel pour revenir sur une décision de la Cour suprême d'annuler une taxe, et en faisant adopter d'autres dont une sur les successions pour lutter contre les abus du monde industriel.

De nombreuses réformes progressistes furent mises en œuvre sous la présidence de Woodrow Wilson, mais le mouvement fit machine arrière pendant le mandat de Warren Harding, gangrené par la corruption, et connut un sommet avec le scandale

1. Ou Parti progressiste. (*N.d.T.*)

du Teapot Dome qui permit de découvrir que des dirigeants de compagnies pétrolières avaient soudoyé des membres éminents de l'administration Harding afin d'exploiter des terres appartenant à l'État.

Lorsqu'il prit ses fonctions en 1933, Franklin Roosevelt succédait à trois présidents républicains favorables au monde des affaires. Il entreprit la deuxième vague de réformes au plus fort de la terrible crise économique déclenchée par le krach boursier de 1929. Le New Deal redonna toute sa place au pouvoir fédéral. Cela n'empêcha pas la Cour suprême de s'attaquer à des lois progressistes, en les déclarant anticonstitutionnelles. Le président reprit les mots de Theodore Roosevelt qui avait déclaré que « les juges étaient une menace pour le bien de la nation ». Il alla même encore plus loin en proposant un plan pour en augmenter le nombre afin de contrer la majorité qui soutenait systématiquement l'industrie et la finance.

Les historiens sont parfois partagés sur la portée réelle de la menace de Roosevelt. Il n'empêche que quelques mois plus tard la Cour suprême renversa la tendance et commença à approuver la constitutionnalité de la plupart des propositions du New Deal. C'est alors que les conseillers juridiques et experts qui soutenaient les idées conservatrices parlèrent de « trahison ». Au XXIe siècle, les juristes militants de droite essaient encore de faire modifier des décisions remontant à cette époque.

Malgré les initiatives et les efforts acharnés de Franklin Roosevelt, l'Amérique eut les plus grandes difficultés à se sortir de cette période difficile. Elle glissa progressivement en 1938 vers une nouvelle dépression qui prit fin quand le pays décida de se mobiliser pour combattre les pouvoirs totalitaires de l'Allemagne nazie et du Japon impérial. Après la victoire, son expansion économique reprit pour se poursuivre d'une manière remarquable pendant plus de trente ans. C'est à ce moment-là que se fit un consensus politique dans le pays pour donner au gouvernement fédéral les moyens et le pouvoir de relever les grands défis politiques et sociaux.

Dans l'agitation des années 1960-1970, cependant, les réactionnaires commencèrent à semer les graines d'une contre-réforme afin que le monde des affaires retrouve son influence. Après l'assassinat de John Kennedy en novembre 1963, un grand nombre de réformes balayèrent le pays, menées essentiellement par l'énergie et l'idéalisme sans faille de l'abondante génération du baby-boom. Des mouvements divers, qu'il s'agisse des droits civiques, des femmes, des consommateurs, les manifestations pour les droits des homosexuels, la guerre contre la pauvreté de Lyndon Johnson et les manifestations de plus en plus nombreuses réclamant l'arrêt de la guerre du Vietnam – un combat par procuration contre le communisme en Asie du Sud-Est –, tout cela combiné provoqua une réaction des conservateurs et du monde des affaires.

Comme la Commune de Paris, un siècle plus tôt, avait radicalisé le juge Stephen Field, les mouvements sociaux des années 1960 entraînèrent alors l'émergence d'une génération d'intégristes du libéralisme effréné. Lewis Powell – qui allait bientôt présider la Cour suprême – se sentit investi d'une mission. Cet avocat de Richmond, qui s'était rendu célèbre en défendant l'industrie du tabac après que la chirurgie avait établi un lien indiscutable entre la cigarette et le cancer du poumon, rédigea un long et historique mémorandum en 1971 à l'attention de la Chambre de commerce des États-Unis dans lequel il présentait un plan d'action argumenté et détaillé pour parvenir à changer la nature du Congrès américain, des Parlements des États et du système judiciaire dans son ensemble, de manière à redonner du pouvoir aux entrepreneurs. Deux mois plus tard, sur décision du président Nixon, il était nommé président de la Cour suprême – son plan pour la Chambre de commerce ne fut rendu public que longtemps après les audiences qui confirmèrent sa nomination. Ancien président de l'American College of Trial Lawyers, Powell jouissait d'un respect indéniable, même auprès de ses adversaires politiques, mais son mandat fut marqué par une volonté sans faille de voir se développer les pouvoirs et l'influence des entreprises.

Le juge Powell rédigea des actes destinés à créer le nouveau concept de « *corporate speech* » dont il estimait qu'il devait être protégé par le premier amendement. Par la suite, la Cour usa de cette doctrine pour supprimer de nombreuses lois qui avaient été élaborées pour retreindre le pouvoir des entreprises quand il compromettait l'intérêt général. Ainsi, en 1978, Powell rédigea l'avis d'une décision de la Cour abrogeant la loi d'État qui interdisait aux sociétés industrielles et commerciales de financer des campagnes électorales, en partant du principe que cette loi violait la liberté d'expression des « personnes morales ». Trente-deux ans plus tard, la Cour suprême s'appuyait sur l'opinion de Powell pour autoriser les personnes individuelles fortunées à contribuer sous le sceau du secret et sans aucune limite aux financements des campagnes.

S'il est vrai que les entreprises sont constituées et dirigées par des individus, une loi qui affirme que les entreprises sont des

« personnes » – selon la définition de la Constitution – est évidemment absurde quand on met en rapport la nature essentielle et les objectifs d'une société commerciale avec des êtres humains de chair et de sang. L'objectif de la plupart des entreprises est de développer et de défendre les intérêts financiers de leurs actionnaires. En théorie, elles sont immortelles et rapportent souvent beaucoup d'argent. Vingt-cinq entreprises multinationales basées aux États-Unis ont un revenu supérieur à de nombreux États-nations du monde. Plus de la moitié – 53 exactement – des 100 plus importantes organisations économiques du monde sont des entreprises. Le poids d'Exxon Mobil, l'une des plus importantes, est supérieur à celui de la Norvège.

Les individus, en revanche, peuvent prendre des décisions qui ne sont pas seulement dictées par le souci de leurs intérêts financiers : ils se préoccupent de ce qu'ils laisseront à leurs enfants et petits-enfants, mais il ne s'agit pas uniquement d'un héritage en termes de biens. Ils se soucient aussi de l'avenir du monde. Ainsi, dans la Déclaration d'indépendance, les fondateurs des États-Unis s'étaient engagés sur « nos vies, nos fortunes et notre bien le plus sacré, l'honneur », à leurs yeux bien plus important que l'argent. Les entreprises en tant que « personnes » ont une façon très différente de voir les choses et ne s'inquiètent pas le moins du monde de la façon dont elles peuvent aider le pays dans lequel elles sont installées. Ce qui compte pour elles, c'est la manière dont il peut leur permettre de réaliser le maximum de profits.

À l'occasion d'un colloque qui rassemblait les compagnies pétrolières à Washington DC, un dirigeant demanda à celui qui était alors le PDG d'Exxon, Lee Raymond, d'estimer les capacités de toutes les raffineries se trouvant en Amérique « pour des raisons de sécurité » en cas de pénurie. Des témoins rapportèrent sa réponse : « Je ne suis pas une compagnie américaine et je ne prends pas de décisions en fonction de ce qui peut être bon pour les États-Unis. » Cette déclaration rappelle la lettre que Thomas Jefferson avait rédigée en 1809, à peine un mois après avoir quitté la Maison Blanche, à l'attention de John Jay à propos de « l'esprit commercial si égoïste, qui ne connaît aucun pays et qui n'a pas d'autre passion ou principe de vie que de faire de l'argent ».

Avec l'émergence de Earth Inc., les entreprises multinationales peuvent mettre les pays en concurrence les uns avec les autres afin de délocaliser, de profiter ainsi de lois plus avantageuses en matière de politique salariale et de subir moins de contraintes législatives. William Niskanen, le dernier président de l'organisation libertarienne Cato Institute[1], a déclaré que « les entreprises ont atteint assez de pouvoir pour être en mesure de menacer l'autorité des gouvernements », ajoutant que « c'est particulièrement le cas pour ce qui concerne les multinationales, de moins en moins dépendantes des décisions gouvernementales, et qui seront forcément moins loyales ». En 2001, le Premier ministre indien, Manmohan Singh, avait demandé au président George W. Bush de faire pression sur la décision d'Exxon Mobil concernant l'autorisation d'une compagnie nationale indienne à participer à une joint-venture avec le gouvernement russe. Bush répondit : « Personne ne peut leur dire ce qu'ils ont à faire. »

Ceux qui plaident pour la liberté et l'extension des marchés aux dépens de la démocratie pensent que les gouvernements ne devraient pas avoir le pouvoir de dire aux entreprises « ce qu'elles ont à faire ». Pendant les quarante dernières années, conformément au plan Powell, les lobbys des affaires et les idéologues conservateurs ne se sont pas seulement intéressés au choix de juges favorables à leur cause et à exercer une influence sur les opinions de la Cour, ils se sont aussi efforcés d'influencer l'évolution de la législation et l'élaboration des politiques donnant toujours plus de pouvoir aux entreprises. Ils ont massivement investi dans la publicité pour conditionner l'opinion publique. Ils ont augmenté considérablement le nombre de lobbyistes payés pour défendre leurs intérêts à Washington et dans les capitales des États. Enfin, ils se sont montrés toujours plus généreux dans le financement des campagnes électorales de ceux qui promettaient de les aider.

En une seule décennie, le nombre de comités d'action politique a explosé, passant de 90 à 1 500 ; le nombre d'entreprises disposant de lobbyistes est passé de 175 à 2 500. Leur progression continue à un rythme rapide, avec des dépenses considérables qui s'élèvent à 3,5 milliards de dollars en 2010 alors qu'elles n'étaient que de 100 millions en 1975. (La Chambre de commerce des États-Unis établit régulièrement la liste des sociétés qui y consacrent plus de 100 millions de dollars par an, somme supérieure à l'ensemble de toutes les dépenses cumulées au moment de l'élaboration du plan Powell.) Cela montre la vitesse à laquelle l'attitude vis-à-vis du lobbying a changé dans la culture politique à Washington : dans les années 1970, 3 % seulement des sénateurs acceptaient

1. Dans ses statuts, le Cato Institute prône les politiques qui défendent « les libertés individuelles, un gouvernement réduit, les libertés économiques et la paix ». (*N.d.T.*)

un poste de lobbyiste une fois leur mandat achevé ; aujourd'hui, le chiffre est de l'ordre de 50 %, et 40 % pour ce qui est de la Chambre des représentants.

Le financement des campagnes n'est pas l'exclusivité des entreprises. Plusieurs personnalités et fondations conservatrices se sont aussi organisées en réaction aux mouvements des années 1960 que Powell avait décrits comme « un combat idéologique contre les entreprises et les valeurs des sociétés occidentales ». Quand il lança son appel pour une réponse structurée et bien financée « du business aux attaques massives contre le système économique, contre le droit à diriger ses propres affaires et surtout contre son intégrité », beaucoup de leaders conservateurs du monde des affaires se levèrent pour le suivre.

Après la prise de contrôle du campus de l'université Cornell par des étudiants noirs militants, l'homme d'affaires John M. Olin, par le biais de sa fondation, soutint des *think tanks* de droite et un grand nombre d'efforts visant à faire évoluer l'opinion américaine. Pour donner un maximum d'impact aux actions qu'il menait, il ne se contenta pas d'utiliser le montant de la dotation annuelle de la fondation. Il en dépensa aussi le capital. De nombreuses autres fondations marquées à droite financèrent également des actions cohérentes avec le plan Powell, en particulier les fondations Lynde and Harry Bradley et Adolph Coors.

Cette stratégie, dont les tenants disposaient de fonds très importants, consistait surtout à constituer des dossiers pour les tribunaux – y compris la Cour suprême – en s'appuyant sur un vaste réseau comme pour répondre à ce qu'avait indiqué Powell : « Dans notre système constitutionnel, en particulier avec une Cour suprême forte, le pouvoir judiciaire pourrait peut-être constituer l'instrument le plus important pour le changement social, économique et politique [...]. Il faut saisir cette opportunité, surtout si le monde des affaires veut bien participer au financement. »

Par la suite, le lobbying des entreprises se fit de plus en plus actif et pressant pour faire nommer des juges conservateurs qui réduiraient les droits individuels et la sphère démocratique tout en renforçant le pouvoir et les droits des entreprises ainsi que leur liberté d'action. Ils conçurent également des établissements d'enseignement conservateurs pour former une génération d'avocats réactionnaires et tout un réseau de fondations afin de peser sur l'évolution de la jurisprudence américaine. Deux juges de la Cour suprême avaient même pris des congés payés par les entreprises pour participer à des séminaires où, mis à part le fait qu'ils étaient traités en seigneurs, ils dispensaient conseils et instructions juridiques pour défendre les intérêts financiers des sociétés industrielles et commerciales.

Ce mouvement réactionnaire, remarquablement organisé et richement financé, continua à développer des *think tanks* qui effectuaient des recherches et lançaient des initiatives. Plus encore, ils décidèrent de financer la création d'organisations politiques aux niveaux local, des États et fédéral. Entre 1980 et 1990, ils menèrent des luttes sans merci pour placer leurs hommes dans les assemblées d'État, au Congrès et à la Maison Blanche. La victoire de Ronald Reagan sur Jimmy Carter fut leur première réussite et un virage important qui fut suivi par la prise du Congrès au milieu des années 1990, ce qui consolida leur détermination et leur capacité à mettre fin aux réformes progressistes.

Les politiques de Franklin Roosevelt, qui avaient en réalité été soutenues par les présidents et les assemblées des deux partis pendant des décennies, furent contestées à travers la remise en cause de la politique fiscale qui favorisait les classes moyennes. Les syndicats, l'une des quelques forces organisées pour soutenir la poursuite des réformes, perdirent beaucoup d'adhérents au moment où les emplois se déplaçaient de l'industrie vers les services et quand l'automatisation et l'externalisation des métiers commencèrent à affecter la classe moyenne. Le déclin de l'industrialisation a considérablement changé la nature et la force de l'économie américaine pendant les dernières décennies. On ne peut pas diriger le département Amérique de Earth Inc. en faisant des salaires la principale variable d'ajustement – l'investissement est bien entendu primordial –, mais ce renversement de tendance, quoique réellement très fort, n'est pas assez souligné.

Le capitalisme démocratique, qui était l'idéologie dominante des États-Unis, s'est d'abord développé doucement, puis le mouvement a pris de l'ampleur. Pendant la guerre froide, la cohésion des sphères démocratique et capitaliste était particulièrement forte, mais les tensions entre les deux courants refirent surface quand le communisme, une fois disparu, ne fut plus considéré comme un adversaire ni évidemment un concurrent et que le capitalisme démocratique s'installa dans la plupart des pays du monde. À mesure que la mondialisation s'accélérait, les impératifs économiques passèrent de manière implacable au premier plan pour les multinationales. Les entreprises et les forces libérales de droite, voulant remettre en œuvre les idées du plan Powell, travaillèrent alors à l'affaiblissement du gouvernement dans la société américaine et au renforcement de leur puissance avec une ferveur arrogante et des ressources gigantesques.

Les intégristes du libéralisme commencèrent à plaider pour que le pouvoir de décision soit transféré des institutions démocratiques aux mécanismes du marché. On proposa de confier au secteur privé les écoles, les prisons, les hôpitaux, les autoroutes, les ponts, les aéroports, les fournitures d'eau et d'énergie, la police, les services de lutte contre les incendies et tous les services d'urgence, certaines opérations de maintien de l'ordre et bien d'autres fonctions dont la gestion était démocratiquement assurée par des gouvernements élus.

En revanche, toute proposition qui requérait l'exercice de l'autorité gouvernementale, même si elle avait fait l'objet de débats, de projets et d'un processus libre et démocratique, était décrite souvent comme un pas vers le totalitarisme. Les défenseurs des institutions démocratiques et des politiques gouvernementales mises en place se trouvèrent parfois accusés d'être des agents de cette idéologie communiste pourtant écrasée à plates coutures à l'issue d'un long combat sans concessions. Le fait même de procéder à des enquêtes pour demander l'opinion des citoyens était présenté comme un concept dangereux et attaqué comme tel.

Entre-temps, la circulation massive de capitaux au sein même des institutions avait convaincu de nombreux démocrates et républicains d'adopter la nouvelle idéologie de l'affaiblissement démocratique et de l'expansion du marché. Pendant cette période de transition, tandis que la télévision supplantait la presse écrite pour devenir la principale source d'information de la majorité des électeurs, l'argent jouait un rôle de plus en plus important dans les campagnes électorales, et donnait aux entreprises et autres donateurs privés un poids et une influence toujours plus malsains dans les délibérations du Congrès américain et les assemblées législatives des États.

Quand les décisions ne sont pas le résultat du débat démocratique mais sont au contraire prises sous la pression de puissants intérêts particuliers, les conséquences peuvent être dévastatrices pour le peuple américain. Les politiques sociales sous-financées et d'une conception médiocre ont engendré un déclin relatif des conditions de vie. Comparés aux dix-neuf autres démocraties avancées de l'OCDE, les États-Unis connaissent les plus grandes inégalités de revenus et le plus fort taux de pauvreté ; le niveau de vie des enfants – selon les critères de l'ONU – le plus bas et les taux de pauvreté et de mortalité infantiles les plus élevés ; le plus grand nombre de détenus et le pourcentage d'homicides le plus élevé ; les plus grosses dépenses de santé et le plus fort pourcentage de citoyens qui n'ont pas accès aux soins de santé.

En même temps, cette idéologie ultralibérale combattant toute forme de réglementations a montré qu'elle créait de nouveaux risques pour l'économie américaine. Ainsi, la déréglementation financière et industrielle qui va de pair avec l'augmentation massive des flux commerciaux et financiers sur la planète a conduit directement à la crise financière de 2007 et à la crise économique mondiale qui s'en est suivie.

Les conséquences internationales de cette défaillance spectaculaire du marché ont gravement compromis la confiance que le monde accordait au leadership des États-Unis pour les questions économiques et ont marqué la fin de leur domination qui semblait pourtant éternelle. D'une manière générale, les pays ont accepté ce qu'on a appelé le Consensus de Washington selon lequel la mise en place de mesures d'aide aux pays endettés était la meilleure façon de reconstruire de solides fondations en donnant aux économies l'assurance de repartir sur des bases solides pour retrouver une croissance durable. Bien que la plupart des recommandations contenues dans l'accord général fussent clairement identifiées comme le fruit de valeurs économiques communes, elles permirent aux marchés de reprendre leur expansion en supprimant les barrières du commerce mondial et des flux financiers.

Deux autres éléments combinés à la crise économique de 2007-2008 contribuèrent à l'affaiblissement du leadership américain. En premier lieu, l'essor de l'économie chinoise qui décida de ne pas suivre les prescriptions du Consensus de Washington alors que sa réussite n'était due qu'à la forme si particulière du capitalisme chinois. Deuxièmement, la catastrophique invasion de l'Irak, pour des motifs fallacieux et malhonnêtes comme on en eut la preuve plus tard.

Aux États-Unis, on mesure à quel point la démocratie est mal en point quand on voit que, dans le système politique, la réaction « populiste » la plus significative à la catastrophe économique ne fut pas une demande de régulations protectrices pour prévenir une récurrence de ce qui s'était produit, mais la demande par le Tea Party de moins de régulation gouvernementale. Ce mouvement était financé et infiltré par des lobbyistes de droite qui exploitaient un sentiment revanchard en proposant un programme très favorable au monde des affaires et réduisant encore la capacité de l'État à mettre fin aux abus. Le comportement extrémiste et partisan de cette frange du Parti républicain au Congrès faillit provoquer plusieurs fois un défaut de l'État.

L'essor soudain du Tea Party était aussi dû pour une large part à sa promotion par la chaîne Fox News, qui, sous la direction de son propriétaire Rupert Murdoch et d'un ancien spécialiste des médias dans le cercle de Richard Nixon – Roger Ailes –, a dépassé l'imagination et les rêves les plus fous du plan Powell en changeant la nature même de la télévision américaine. Powell avait proposé que « le réseau national de télévision, comme les manuels scolaires, soit contrôlé de la manière la plus stricte et placé sous haute surveillance ». Il avait également appelé à la création de programmes « qui soutiennent de manière indéfectible le pays ».

L'incapacité pour la démocratie américaine de prendre des décisions difficiles menace à présent l'avenir économique du pays et n'aide pas le monde dans son ensemble à trouver le chemin d'un avenir durable. Le pays est clairement divisé en deux courants hostiles qui correspondent au clivage des deux plus grands partis politiques. Cependant, la nature des démocrates et des républicains a évolué de telle manière que leurs différences se sont encore creusées. Pour aller vite, les républicains se sont apparemment droitisés en éliminant leurs éléments modérés et en faisant taire les républicains libéraux qui représentaient une minorité non négligeable dans le parti. De même, les démocrates se sont déplacés vers la gauche en éliminant leurs éléments modérés voire conservateurs, qui jouaient pourtant un rôle non négligeable.

Quand on procède à une analyse plus fine, on se rend compte que les évolutions évoquées à l'instant sont bien plus complexes qu'il n'y paraît. Les deux partis sont devenus l'un et l'autre si dépendants des lobbys des affaires et les montants en jeu ont atteint de tels niveaux qu'ils se trouvent obligés d'acheter des espaces publicitaires pour assurer leur réélection. Les campagnes profitent aux industries qui se sont montrées les plus actives pour peser sur la législation : établissements financiers, sociétés d'énergie fossile, compagnies pharmaceutiques et bien d'autres encore qui peuvent compter sur les deux partis. Cette rupture historique des frontières entre les sphères capitaliste et démocratique qui avaient construit le régime politique et le leadership des États-Unis est le résultat de pressions s'exerçant au sein même des deux partis afin d'affaiblir le rôle du gouvernement.

Le mouvement de droitisation est si net et si appuyé qu'il n'est pas rare aujourd'hui de voir les démocrates reprendre des propositions du Parti républicain alors qu'ils les avaient rejetées quelques années auparavant en se faisant traiter de « socialistes ». L'impasse qui en résulte menace l'avenir de programmes populaires comme la Sécurité sociale et la couverture médicale Medicare en accentuant les divisions partisanes sur des questions considérées pourtant jusque-là comme touchant les bases de la société et non négociables par les deux partis. Les tensions prennent un tour passionnel et extrêmement dur comme on ne l'a jamais vu dans l'histoire américaine depuis la décennie précédant la guerre de Sécession.

Chez ses détracteurs, l'ultralibéralisme est l'objet de critiques obsessionnelles qui ne sont pas sans rappeler le zèle des marxistes avant la chute du communisme – alors que ses supporters affirment sans jamais baisser les bras que libéraux et progressistes sont des tenants de « l'étatisme ». Le gouvernement américain est de fait en proie à d'importants dysfonctionnements et incapable de prendre les décisions fortes qui lui permettraient de reprendre son destin en main.

James Madison, une des personnalités les plus extraordinaires parmi les fondateurs des États-Unis, en avait fait mention dans un article de presse sur « la propension de l'humanité à tomber dans des sentiments d'animosité réciproque » et à constituer des groupes adverses, ou des partis ou des factions :

> Les causes latentes des factions gisent ainsi dans la nature humaine, et nous les voyons partout se développer dans la société civile, à des degrés d'activité différents, au gré des circonstances. Le soutien zélé à des courants d'idées différentes comme la religion, l'État et de nombreux autres points tant théoriques que pratiques ; l'attachement à différents dirigeants ambitieux se disputant la prééminence et le pouvoir, ou à d'autres personnes dont la fortune intéresse les passions humaines, ont, à leur tour, divisé l'humanité en partis, enflammé en eux une animosité mutuelle et les ont rendus beaucoup plus disposés à se combattre et à s'opprimer les uns les autres qu'à coopérer pour le bien commun.

Madison avait également noté que cette propension de l'humanité à tomber dans des animosités mutuelles est si forte que, « même sans avoir aucune raison de s'opposer, des motifs les plus légers et les plus fantaisistes ont été suffisants pour réveiller leurs passions hostiles et alimenter leurs conflits » et il soulignait en outre que « l'origine la plus courante et durable des oppositions a été la répartition inégale de la propriété ». Les inégalités en matière de revenus sont maintenant plus fortes qu'elles ne l'ont jamais été depuis 1929. Le mouvement Occupy Wall Street est né avec la prise de conscience par une majorité d'Américains que le capitalisme démocratique produit des effets injustes et intolérables. Pourtant, les pressions toujours plus fortes de la finance et du monde des affaires sur les institutions démocratiques bloquent la prise de bonnes décisions susceptibles d'y apporter des solutions.

Malheureusement, ces deux tendances ne font que se renforcer mutuellement. La puissance croissante des intérêts financiers et l'augmentation de leur influence sur le fonctionnement des institutions démocratiques renforcent comme dans un cercle vicieux leur pouvoir et leur opulence. À l'inverse, les inégalités continuent de se creuser, rendant les solutions démocratiques toujours plus difficiles à mettre en œuvre pour les combattre.

Le problème des inégalités est devenu une ligne de faille politique, idéologique et psychologique. Des experts en neurosciences et des psychologues ont approfondi la compréhension des travaux réalisés en matière de science politique sur la nature des notions de « gauche-droite » ou de « libéral-conservateur » qui marquent de manière classique la division des tendances politiques dans tous les pays. La recherche montre également de manière implacable que ces différences « font aussi intrinsèquement partie de la nature humaine » et que toutes les sociétés sont fracturées en deux parties où se trouvent ceux qui ont tendance à accepter les inégalités et ceux qu'elles révoltent.

La même ligne sépare ceux qui sont plus ou moins sensibles à la souffrance des plus démunis ou des victimes, conservent du respect pour l'autorité – en particulier quand le désordre menace –, privilégient la loyauté à un groupe ou à un pays, font preuve de patriotisme, ou honorent le caractère sacré des symboles et des objets qui représentent les valeurs du groupe. Les deux entités partagent le sens des valeurs de liberté et d'équité mais n'en ont pas la même approche. De récents travaux de recherches indiquent que ces différences de caractère peuvent avoir en partie une origine génétique, mais, peut-être de manière plus importante, les différences sont consolidées par le bain social dans lequel ils évoluent.

La question des inégalités repose aussi sur une fracture idéologique entre la démocratie et le capitalisme. Pour les supporters du marché, les inégalités sont considérées comme une condition évidente et nécessaire pour motiver l'activité économique. Si certains en tirent d'énormes revenus, ils ne bénéficient pas seulement selon eux à ceux qui les reçoivent directement mais également au système capitaliste dans son entier, parce qu'il apporte à tous les autres la démonstration de ce qu'ils peuvent espérer en y mettant leur énergie.

Pour ceux qui privilégient la démocratie, il est beaucoup plus important de stimuler la demande de changement des politiques qui produisent les inégalités. Aujourd'hui, les impôts sur les successions sont devenus une poudrière dans la politique américaine. Les libéraux estiment qu'il est tout à fait normal d'imposer la transmission d'une certaine partie des grandes fortunes quand ceux qui les ont amassées disparaissent. Pour les conservateurs, la capacité de transmettre un héritage important est aussi une façon d'inciter à gagner beaucoup d'argent, et ils voient dans ce qu'ils appellent une « taxe sur la mort » (un terme créé par un stratège conservateur qui s'est efforcé de trouver les mots qui susciteraient immédiatement des sentiments d'indignation) une atteinte à leur liberté. Pour ma part, je suis contre la suppression des taxes sur les successions et je pense même qu'il faudrait les augmenter. L'extrême concentration des richesses est nuisible à la vitalité de l'économie et à la santé de la démocratie.

Toutes les lois élaborées pour réduire les inégalités en instaurant des impôts et taxes de toutes sortes ont souligné la ligne de faille politique entre les deux factions opposées aux États-Unis. Le mouvement réactionnaire mené par le monde des affaires depuis les années 1970 a adopté comme un de ses éléments clés une stratégie cynique connue sous le terme d'« affamer la bête » ; tout en affirmant l'importance absolue d'« équilibrer le budget » et de « réduire les déficits », il a travaillé sans relâche pour obtenir des allègements fiscaux massifs, ce qui contribuait à alourdir le déficit, et leur fournissait un argument contre le gouvernement.

Les défenseurs des valeurs démocratiques sont indignés par l'importance que la finance a prise dans la politique et par le zèle que ses militants emploient pour promouvoir toujours plus une dérégulation tous azimuts qui menace la stabilité de l'État et qui est source de tant d'abus, mais qui permet de donner à ses représentants le pouvoir de mettre en œuvre leur programme même si une forte majorité d'Américains s'y oppose.

La classe moyenne américaine a reçu des coups sérieux à cause, notamment, de l'émergence de Earth Inc., de l'augmentation du nombre de retraités et, avec l'allongement de la durée de la vie, des dépenses sociales et sanitaires toujours plus élevées. La crise financière ne cesse de s'aggraver et menace la capacité des États-Unis à reprendre et assurer le leadership planétaire. La dette du gouvernement états-unien comparée au PIB risque de l'entraîner dans une spirale infernale. Selon une étude de l'organisme indépendant Congressional Budget Office[1], le ratio de la dette par rapport au PIB est de 70 % en 2013 ; il est même supérieur au PIB quand on ajoute les emprunts de l'État.

Bien que la dégradation par l'agence de notation Standard & Poor's en 2011, largement commentée et médiatisée, n'ait pas eu d'effet perceptible sur la demande d'obligations américaines, des experts indiquent qu'une soudaine perte de confiance envers le dollar et dans la capacité des finances américaines ne peut pas être exclue dans la prochaine décennie. Aujourd'hui, compte tenu de la faiblesse de l'euro et de la défiance envers le yuan chinois, ou renmibi (RMB), le dollar américain demeure la monnaie de réserve mondiale. Pour ces raisons et d'autres encore, les États-Unis sont encore en capacité d'emprunter au reste du monde à des taux extrêmement bas – au moment où j'écris ces lignes, à moins de 2 % pour des obligations à dix ans.

Pourtant, les troubles financiers qui se profilent sont potentiellement assez forts pour provoquer une certaine défiance sur la santé du dollar et une hausse brutale des taux d'intérêt de la dette, dont un seul point coûterait 1 000 milliards dans les dix ans à venir.

La puissance économique d'un pays est évidemment cruciale à maints égards. Elle permet de financer et donc de disposer d'une armée puissante et respectée, ainsi que de signer des contrats commerciaux internationaux pour construire des alliances indispensables. C'est aussi le moyen de construire et d'entretenir des infrastructures de qualité et de fournir des biens et services publics dans les domaines de l'éducation, de la formation, de l'apprentissage, de la sécurité publique, des retraites, de la qualité du système juridique et du système de santé ainsi que de la protection de l'environnement. Ajoutons la création d'une capacité de recherche et développement de haut niveau essentielle aujourd'hui pour bénéficier pleinement de la révolution technologique et scientifique.

Plus généralement, la capacité d'un pays d'exercer le pouvoir sur une base durable, dans les domaines militaire, économique et politique, dépend de multiples facteurs supplémentaires, en particulier :

• Sa capacité de concevoir des politiques intelligentes et de les mettre en place rapidement, ce qui demande une réflexion approfondie et la transparence dans la prise de décision ainsi que la recherche d'un consensus national pour les soutenir, surtout

1. Bureau du budget du Congrès américain. (*N.d.T.*)

si elles exigent des engagements à long terme. Ainsi, le plan Marshall n'aurait pas été possible sans le soutien des deux partis au Congrès ni la volonté du peuple américain d'accorder des moyens considérables pour une action visionnaire qui nécessitait des décennies pour être mise en œuvre avec efficacité.

• Une cohésion sociale indispensable avec une juste distribution des revenus, un contrat social qui permet de satisfaire réellement les besoins et une forte adhésion des citoyens à la politique menée. Le maintien de cette cohésion demande aussi une grande vigilance et une véritable attention portée aux minorités pour connaître leurs points de vue et leur donner la parole afin de comprendre pleinement les avantages que nous apporte l'intégration des populations immigrées.

• La protection de la propriété privée, le respect et la bonne exécution des contrats et la possibilité d'investir sans risque déraisonnable de perdre de l'argent.

• Le développement et le renforcement de politiques fiscales et monétaires ainsi qu'une régulation de la finance qui sécurise le marché et du cycle économique. La réussite exige des investissements dans les infrastructures, la recherche et le développement, et l'application de règles antitrust appropriées.

• L'investissement dans le développement de son capital humain en matière d'éducation et de formation professionnelle, de système de santé physique et psychologique ainsi que des programmes de nutrition et de santé infantile. La révolution technologique liée à l'informatique a accentué la nécessité de privilégier ce capital humain même si cela demande la mise à jour régulière des stratégies appropriées.

• La protection, la conservation et la gestion des ressources naturelles ainsi que la protection de l'environnement pour rechercher la meilleure efficacité énergétique. La crise climatique exige un plan d'action rigoureux pour prévoir les grands changements à attendre et la plus grande attention à la réduction rapide du réchauffement de la planète.

Les États-Unis ne satisfont plus à un grand nombre de ces critères. Mais ce n'est pas le seul pays menacé de perdre sa capacité à prendre les bonnes décisions pour son avenir. On assiste à un rééquilibrage des pouvoirs dans le monde et à un déclin du pouvoir des États eux-mêmes. C'est un changement capital. Selon Joseph Nye, professeur de Harvard, « la perte des pouvoirs des gouvernements est l'un des faits marquants du siècle ».

La mutation des États-nations

Une des principales raisons du déclin du pouvoir effectif des États-nations a été l'essor du pouvoir des entreprises multinationales. Depuis qu'il leur est de plus en facile d'externaliser et d'automatiser leur production, beaucoup d'entreprises se sentent moins concernées par les programmes d'éducation et les autres mesures susceptibles de contribuer à améliorer la production dans leur propre pays. L'augmentation stupéfiante des flux commerciaux et financiers leur permet de jouer par ailleurs un rôle bien plus important que jamais. Quelques experts en sciences politiques ont affirmé que le poids du monde des affaires sur la gouvernance moderne est maintenant presque analogue celui de l'Église au Moyen Âge.

C'est l'intégration de l'économie mondiale qui a permis aux marchés d'acquérir ce pouvoir colossal. Les montants considérables de capitaux spéculatifs qui circulent via les réseaux numériques au sein de l'entreprise Earth Inc. ont rendu les économies nationales sensibles et vulnérables au moindre jugement négatif des marchés à propos de leurs politiques fiscales et monétaires. Les banques internationales et les agences de notation sont aujourd'hui les interlocuteurs les plus importants quand il s'agit de traiter le problème de l'impôt et de la dépense publique. La Grèce est le meilleur exemple des pays qui ont perdu toute autonomie. Les dirigeants du pays ne peuvent prendre aucune décision dans ces domaines sans avoir reçu au préalable l'aval de l'Union européenne qui contrôle leur politique et des banques internationales qui gèrent la dette.

Le déclin historique du pouvoir et de l'influence des pays de la Zone euro (le groupe des nations européennes qui ont constitué une union monétaire) provient en grande partie d'une erreur grossière aujourd'hui largement reconnue, celle d'avoir décidé de bâtir une union sans mettre en place une politique fiscale commune (et sans laquelle une monnaie unique n'est pas viable) mais en faisant le pari que la dynamique unitaire permettrait de franchir ce pas décisif. Compte tenu de cette situation, l'Union européenne n'est pas en mesure aujourd'hui d'envisager de saines perspectives.

Des documents publiés récemment ont confirmé qu'au moment de la création de la Zone euro de nombreux pays – en particulier l'Allemagne – n'ignoraient pas que les économies des pays du Sud ne correspondaient pas aux normes requises pour intégrer l'Union. Le chancelier Helmut Kohl et les autres leaders européens décidèrent néanmoins que l'Europe était assez solide pour rester unie en attendant un consensus sur l'harmonisation des politiques fiscales. Quand la crise financière de 2007-2008 a fait éclater au grand jour le péché originel, les marchés mondiaux du crédit ont évoqué ce qui avait été alors le pari européen.

L'Europe se retrouve aujourd'hui face à deux options. La première serait de reconnaître l'échec de la Zone euro et de créer un groupe de pays dont la situation est conforme aux critères définis, dans le sillage de l'Allemagne et de la France qui représentent réellement le cœur de l'économie européenne. Ce choix est difficile à faire pour différentes raisons. D'abord, rien n'est prévu sur le plan législatif pour permettre le retrait d'une nation de la Zone euro ; le retour à la monnaie nationale – pour la Grèce, par exemple – serait particulièrement douloureux et coûterait extrêmement cher. L'Allemagne se trouverait elle-même encore une fois menacée par des dévaluations compétitives comme chaque fois que la puissance de son économie a surpassé celle de ses voisins.

La seconde option est d'agir rapidement et énergiquement pour l'unification de la Zone euro, en dépit des disparités entre la force et la productivité de l'Allemagne et les difficultés des pays du Sud. Pour maintenir cependant un niveau de vie équivalent dans une Europe unie sur le plan fiscal, l'Allemagne devrait aider financièrement les pays les plus faibles le temps d'une génération au moins. Cette solution, en relançant l'activité économique, présenterait des avantages indéniables, mais les contribuables aisés de l'ancienne Allemagne fédérale, qui ont déjà dû assumer le coût de l'intégration de l'ex-Allemagne de l'Est pendant les vingt années qui ont suivi la chute du Mur pour un coût estimé à près de 1 500 milliards d'euros, ne sont guère disposés à renouveler l'expérience.

L'incapacité des leaders européens à réaliser l'intégration fiscale nécessaire pour aller plus rapidement vers une Europe unie a créé une crise économique et politique qui menace de casser ce qui avait été une des plus belles réussites américaines après la Seconde Guerre mondiale. L'affaiblissement de l'Europe de l'Ouest, auquel s'ajoute la situation de blocage politique et économique du Japon qui dure depuis si longtemps, renforce encore les difficultés que rencontrent aujourd'hui les États-Unis pour continuer à assurer le leadership planétaire.

Tout comme l'idéologie du capitalisme démocratique, le concept politique de l'État-nation est constitué de deux notions différentes. L'idée de nation est fondée sur l'identité commune de peuples qui vivent sur un territoire national défini, parlent en général une langue commune et partagent le sentiment d'appartenir à la même communauté. L'État, au contraire, est une entité administrative, législative et politique qui fournit les infrastructures, la sécurité, et écrit les lois à respecter pour vivre ensemble. Quand les deux concepts fusionnent, ils donnent naissance à l'organisation politique et sociale classique qui constitue la base de notre civilisation.

Les origines des États-nations font l'objet d'un débat riche et argumenté. Les premiers grands « États » se sont constitués il y a environ 5 400 ans, lorsque la révolution agricole a permis de cultiver des fruits et légumes variés sur les terres fertiles de nombreuses régions du monde : la vallée du Nil en Égypte, la vallée du fleuve Jaune en Chine, la vallée de l'Indus en Inde, celles de l'Euphrate et du Tigre et le Croissant fertile. Ces États sont aussi apparus dans d'autres régions du monde, comme le Mexique, les Andes et Hawaï.

Le mariage de l'État et de la nation vint bien plus tard. Au véritable sens du terme, les États-nations modernes furent la conséquence logique de l'invention de l'imprimerie. Des organisations aux formes diverses étaient répandues depuis des millénaires sur la Terre, empires, cités-États, confédérations, tribus, avec quelques exemples d'États-nations qui s'étaient constitués bien avant Gutenberg. Mais c'est bien la diffusion des brochures et livres imprimés dans une langue commune qui permit le véritable développement des États-nations modernes.

Avant la révolution de l'imprimerie, des langues comme le français, l'espagnol, l'anglais et l'allemand recouvraient une multitude de dialectes de formes si différentes que les locuteurs avaient du mal à se comprendre. Les impératifs économiques liés à la reproduction en nombre des textes par l'imprimerie poussèrent à l'adoption d'une langue commune régionale, et à l'émergence de groupes identitaires qui parlaient, lisaient et écrivaient dans la même langue et créèrent les conditions d'émergence d'États-nations modernes.

La Réforme et la Contre-Réforme déchaînèrent les passions qui se combinèrent à ces nouvelles identités nationales pour déclencher de nombreux conflits sanglants jusqu'aux traités de Westphalie en 1648 qui formalisaient la construction d'un nouvel ordre européen fondé sur la primauté des États-nations et le principe de non-ingérence.

Peu de temps après, la diffusion d'informations – imprimées dans les langues nationales et présentées dans un cadre de référence commun – renforça encore le sentiment identitaire. Au fil du temps, leur diffusion toujours plus large conduisit à l'émergence de démocraties représentatives et d'assemblées élues. Quand les peuples confièrent l'élaboration de lois et la mise en œuvre de politiques à une autorité reconnue, les fonctions de l'État et celles de la nation étaient prêtes à se confondre.

Pendant la révolution industrielle, la construction de réseaux ferroviaires et routiers renforça leur rôle et consolida les identités nationales. Au cours de la même période, la nature et la progression des technologies industrielles créèrent des situations de conflits potentiels entre les opérations du marché et les prérogatives politiques de l'État.

L'introduction de programmes scolaires nationaux qui consolidaient la cohésion sociale poussait également vers l'adoption d'une langue commune. C'était le moyen de faire connaître et comprendre tout ce qui constituait les cultures nationales en soulignant les faits ou les mythes positifs, et en évacuant les récits qui pouvaient ébranler les sentiments nationalistes (par exemple, les livres scolaires japonais qui minimisent l'invasion et l'occupation de la Chine et de la Corée, sources de tension depuis toujours en Asie du Nord-Est).

Les technologies, comme Internet et les réseaux de télévision par satellite, qui ont permis de communiquer au-delà des frontières exercent une forte influence dans les sphères qui étaient auparavant sous le seul pouvoir des États, et les informations qui circulent par ces réseaux font abstraction du cadre de référence national. Alors que la presse de Gutenberg entraînait l'adoption de langues nationales simples et renforçait ainsi les identités nationales, Internet permet aux habitants de pays différents d'entrer en contact et même de connaître des hommes et des femmes qui vivent à l'autre bout du monde. Le plus grand service de traduction du monde, Google Translate, opère aujourd'hui dans soixante-quatre langues différentes, ce qui permet d'avoir accès à des publications, articles et livres en quelques heures alors qu'il faudrait des mois à tous les traducteurs du monde pour les rendre disponibles. En cela, la Toile bouleverse les stratégies élaborées par les pays pour construire et maintenir la cohésion sociale.

Bien entendu, le nombre de textes traduits par ordinateur augmente de manière exponentielle. 75 % des traductions sur Internet se font à partir de l'anglais, ce qui fait dire, à tort, que l'anglais est aujourd'hui la langue du Web, mais c'est uniquement parce que le contenu d'Internet diffusé aujourd'hui sur la planète est principalement en anglais. En effet, on compte davantage d'internautes chinois que d'habitants aux États-Unis.

On trouve aujourd'hui des versions alternatives et contradictoires des récits qui ont constitué les identités des pays par l'intermédiaire des livres scolaires. Ils ont souvent un accent de vérité, par exemple pour les minorités à l'intérieur des États-nations dont le mauvais traitement historique ne peut plus être facilement édulcoré ou occulté.

C'est une des raisons pour lesquelles le ciment qui avait jusque-là soudé les peuples en dépit de leurs différences ethniques, linguistiques, religieuses et confessionnelles semble s'effriter quelque peu. La Belgique, par exemple, a dû redonner du pouvoir à ses régions. On ne peut pas considérer à proprement parler la Flandre et la Wallonie comme des États, mais elles n'en sont pas loin.

Dans de nombreuses régions du globe, on assiste à l'émergence de mouvements infranationaux qui se battent pour le respect de leur histoire et de leur identité et réclament leur indépendance de manière toujours plus agressive. Les États-nations ont parfois été décrits comme des « communautés imaginaires » inventées de toutes pièces. Après tout, il est impossible pour les citoyens d'un pays d'échanger avec tous les autres membres de la communauté nationale et c'est avant tout le sentiment identitaire qui constitue le lien national. Celui-ci peut disparaître si les hommes et les femmes choisissent de s'identifier à une histoire beaucoup plus ancienne, qui a précédé la formation de la nation à laquelle ils appartiennent.

Le développement du fondamentalisme est issu lui aussi de l'affaiblissement des liens identitaires de nature psychologique. L'intégrisme musulman, hindou, chrétien, juif – et même bouddhiste – est une des principales sources des conflits dans le monde aujourd'hui, ce qui ne surprend pas les historiens. En effet, c'est le besoin désespéré de contrôler les guerres de religion et les violences sectaires qu'elles provoquaient qui a conduit à la constitution formelle des États comme première forme de gouvernement.

En pleine guerre civile anglaise, c'est Thomas Hobbes qui fit la première proposition argumentée d'un « contrat social » afin d'éviter la « guerre de chaque homme contre chaque homme » et pour que la légitimité du pouvoir des dirigeants ne repose plus sur la religion ou les traditions. En leur confiant la direction de l'État-nation, on leur donnait aussi le monopole de la violence, le pouvoir exclusif de « faire la paix et la guerre [...]

et de commander les armées », qu'il s'agisse d'un monarque ou d'une « assemblée d'hommes ».

Le nationalisme fut à l'origine de nombreuses guerres pendant les trois siècles qui séparent les traités de Westphalie et la fin de la Seconde Guerre mondiale. Alors que l'armement – avec l'apparition des pistolets-mitrailleurs, des gaz de combat, des chars d'assaut, puis des avions et des missiles – s'était industrialisé, la puissance destructrice se déchaîna, conduisant aux innombrables pertes en vies humaines pendant les terribles conflits qui ont ensanglanté le XXe siècle. L'existence des États-nations, qui reposait sur la définition de leurs frontières, créait souvent des tensions internes qui conduisaient leurs dirigeants à utiliser la violence contre les pays voisins pour renforcer la cohésion interne en diabolisant « l'autre ». Il n'était pas rare, malheureusement, que le pouvoir exerce aussi une répression féroce sur ses minorités.

À la suite de la Seconde Guerre mondiale, de nombreux États-nations furent imaginés par les États-Unis, le Royaume-Uni et d'autres pays européens qui voulaient apporter la stabilité dans des régions comme le Moyen-Orient et l'Afrique menacés par les divisions tribales, ethniques et religieuses, notamment. La Yougoslavie en est un premier exemple. L'idéologie communiste avait imposé à des peuples différents et séparés de se regrouper pour constituer ce pays, et tout se passa bien pendant trois générations. Mais, quand le communisme s'effondra, le ciment national construit de toutes pièces commença à se fissurer. Le grand poète russe Evgueni Evtouchenko décrivit le phénomène de manière métaphorique en parlant d'un mammouth préhistorique découvert dans les glaces de Sibérie. Quand la glace commença à fondre et que la chair du mammouth fut décongelée, les microbes en sommeil dans la chair depuis des millénaires se réveillèrent et entraînèrent la décomposition de l'animal. Le processus était comparable pour ce qui concernait la décomposition de « l'ancienne Yougoslavie » et le réveil des antagonismes ancestraux entre chrétiens orthodoxes serbes, catholiques croates et musulmans de Bosnie.

Or, les frontières entre la Serbie et la Croatie avaient marqué, quinze siècles auparavant, la séparation entre les Empires romains d'Occident et d'Orient, et les frontières entre la Serbie et la Bosnie étaient celles de l'islam et du christianisme sept cent cinquante ans auparavant. Après l'éclatement de la Yougoslavie, le nouveau leader de la Serbie indépendante se rendit sur le territoire très convoité du Kosovo pour célébrer le

600e anniversaire de la grande bataille qui s'était tenue là et qui avait vu la victoire de l'Empire ottoman sur les Serbes ; dans un discours démagogique et belliqueux, il raviva en peu de temps les haines anciennes et commença un génocide d'une violence inouïe contre les Bosniaques et les Croates.

Longtemps après que les États-nations devinrent la forme dominante de l'organisation politique, l'héritage des empires continuait à perturber les politiques et les pouvoirs. Entre 1870 et 1900, les pays européens avaient colonisé plus de 15 millions de kilomètres carrés de territoire en Afrique et en Asie, ce qui représentait 20 % de la planète, et avaient imposé leur joug à 150 millions de personnes. (De fait, plusieurs États-nations modernes continuèrent à posséder des empires coloniaux jusqu'à la seconde moitié du XXe siècle.) Pour ne prendre qu'un exemple, l'éclatement de l'Empire ottoman après la Première Guerre mondiale fut la conséquence de la création au Moyen-Orient par les puissances occidentales des nouveaux États en contraignant à se regrouper des peuples, des tribus et des cultures, dont ceux d'Irak et de Syrie, qui n'avaient jamais auparavant fait partie d'une même communauté « nationale ». Ce n'est donc pas un hasard si ces deux nations en arrivèrent à se séparer.

Avec l'affaiblissement de la cohésion des États-nations, les sentiments identitaires – qui n'ont rien à voir avec ceux qui avaient été entretenus lors de leurs créations – se réveillent. Du Kurdistan à la Catalogne en passant par l'Écosse, de la Syrie à la Tchétchénie et au Soudan du Sud, des communautés indigènes des Andes aux tribus de l'Afrique subsaharienne, de nombreux peuples veulent retrouver leur première identité politique en rejetant ce qui leur a été imposé depuis des siècles. Leur démarche a des origines multiples et variées, et quelques nations comme la Somalie se sont transformées en « entités postnationales ».

De nombreux groupes terroristes et organisations criminelles, comme celles qui détiennent le pouvoir dans ce qu'on appelle les narco-États, s'en prennent violemment au pouvoir des États. Sur 43 groupes terroristes répertoriés dans le monde, 19 ont des liens avec le commerce de la drogue. Le volume du marché des produits stupéfiants est maintenant supérieur à 163 économies sur les 184 officielles.

Il est frappant de constater que la menace la plus forte pour les États-Unis depuis trente ans émanait d'Oussama Ben Laden et de son organisation Al-Qaïda. Les attaques du 11 septembre 2001 à New York ont été engendrées par une forme particulièrement aiguë du fondamentalisme religieux. (Selon de nombreux rapports, Ben Laden était révulsé par la présence des forces américaines déployées en Arabie Saoudite, le dépositaire des lieux les plus saints de l'islam.)

Les dommages causés et la mort de plus de 3 000 personnes étaient particulièrement horribles, mais la désastreuse décision d'envahir l'Irak comme réponse aux attentats a sérieusement ébranlé le pouvoir, le prestige, la dignité et la réputation des États-Unis. Cette tragédie, qui a coûté 3 milliards de dollars et des centaines de milliers de morts inutiles, a été déclenchée sous des prétextes cyniques et fallacieux comme on l'a appris plus tard.

La décision du gouvernement américain d'autoriser la torture des prisonniers et la détention arbitraire d'individus sans la moindre procédure légale a été considérée comme un affaiblissement de son autorité morale par la communauté internationale. Dans un monde partagé en deux philosophies et civilisations, de traditions religieuses et de cultures différentes, le pouvoir repose sur une autorité morale incontestable. Même si les idéologies des nations n'ont souvent rien de commun, les valeurs de justice, d'équité, d'égalité et de durabilité sont appréciées par les peuples de tous les pays quels qu'ils soient.

La montée apparente du fondamentalisme est en partie due à l'ampleur et à la vitesse des bouleversements qui agitent notre monde. En réaction, et comme pour rechercher une stabilité culturelle et spirituelle, beaucoup se tournent vers la religion. La mondialisation de la culture par Internet, mais aussi grâce au satellite, aux CD et autres médias, a également généré des conflits entre les sociétés occidentales et les sociétés conservatrices fondamentalistes, et la façon avec laquelle les pays occidentaux traitent la sexualité choque fortement les cultures traditionnelles orientales, ce qui amène les leaders religieux à condamner ce qu'ils perçoivent comme des facteurs irrémédiables de déstabilisation de la société.

L'impact de la culture globalisée dépasse largement les questions d'ordre sexuel ou d'égalité des sexes. Les produits culturels assurent la promotion des modes de vie et des valeurs ayant cours dans les pays d'où ils proviennent. D'une certaine façon, ils en portent l'ADN culturel. Quand la classe moyenne mondiale découvre les images de maisons, de voitures, d'équipements de qualité et d'autres aspects de la vie dans les pays industriels, elle exerce une forte pression sur les politiques économiques menées par ses dirigeants.

Ces différences s'effaceront avec le temps. Une récente étude réalisée au Caire a démontré qu'il existe une forte corrélation entre le temps passé devant la télévision et une perte d'influence de l'intégrisme. L'influence grandissante de la Turquie au Moyen-Orient tient à la popularité de ses programmes TV et de ses films, tout comme la domination de sa musique donne de la société américaine une forte impression de dynamisme et de créativité. Il est clair que la diffusion de produits culturels, films, séries, musiques, livres, événements sportifs et jeux de toutes sortes fait évoluer la pensée des peuples dans notre monde interconnecté où la consommation des médias augmente toujours plus chaque année.

La guerre et la paix

Bien que le comportement pathologique de dictateurs sanguinaires ait causé la mort de millions de citoyens, la seconde moitié du XXe siècle a été marquée par la réduction du nombre de victimes des guerres et des conflits en tout genre, internationaux ou civils. Cette tendance s'est poursuivie à partir des années 2000, ce qui a provoqué des déclarations soutenant l'idée que l'humanité est en train d'acquérir une certaine maturité, que les valeurs humaines sont en train de reprendre leur place et que le militarisme est quasiment anachronique dans notre monde interconnecté. Ce mouvement a pris corps au moment où le peuple américain ressent la perte palpable de sa puissance et de son influence, alors que son budget militaire est plus important que le total de celui des cinquante autres pays classés derrière lui. Cependant, ceux qui déclarent mener des politiques « réalistes » (qui croient que les États-nations sont *toujours* en compétition dans un système international intrinsèquement anarchique) doivent savoir que des prédictions similaires faites dans le passé se sont révélées fausses.

Notre histoire a connu de nombreuses périodes où, dans une ambiance générale d'un optimisme qui n'avait aucune raison d'être, on a voulu croire à une paix durable. En 1910, le livre qui s'est le plus vendu au monde était *La Grande Illusion* de Norman Angell, qui développait l'idée que la guerre était devenue obsolète depuis que la seconde révolution industrielle avait permis l'intégration complète de l'économie mondiale. Moins de quatre ans plus tard, à la veille de la Première Guerre mondiale, Andrew Carnegie, le Bill Gates de l'époque, avait rédigé ainsi ses vœux de Nouvel An à ses amis : « En ce 1er janvier 1914, nous vous faisons parvenir cette carte de vœux en étant persuadé que la paix internationale va l'emporter. Les grandes puissances sont d'accord pour mettre leurs différends sous l'arbitrage du droit international, ce qui nous confirme que la plume est plus forte que l'épée. »

La nature humaine n'a pas changé, et l'histoire de presque toutes les nations nous rappelle toujours que l'utilisation de la force militaire a souvent été décisive pour changer leur destin. Dans de nombreux pays – y compris les États-Unis et la Chine –, les responsables politiques prônant des idées nationalistes cherchent à exploiter la peur de l'avenir – et la peur de l'autre – en réclamant toujours plus d'armes et d'armées. Aujourd'hui, quelques stratèges militaires chinois ont écrit qu'une cyberattaque bien préparée sur l'Amérique pourrait permettre à la Chine de se hisser à son niveau en dépit de la supériorité américaine en matière d'armement conventionnel et nucléaire. Comme cela a été souvent le cas dans l'histoire, la peur entraîne la peur. Un pays qui s'équipe lourdement en armes conduit ceux contre qui elles pourraient être utilisées à penser qu'il a tout simplement l'intention de le faire.

La crainte d'une attaque surprise a toujours poussé à engager des dépenses militaires. C'est une des raisons pour lesquelles la sécurité nationale dépend plus que jamais de la collecte de renseignements et de leur analyse de façon à protéger contre une attaque surprise et à maintenir la surveillance de nos lieux et installations stratégiques.

Ajoutons que les nouveaux développements de la technologie ont fréquemment changé la nature des conflits et surpris des pays encore attachés aux technologies dominantes durant les guerres précédentes. La ligne Maginot construite avec tant d'application après la Première Guerre mondiale se révéla totalement inefficace face aux nouveaux chars d'assaut d'une grande mobilité déployés par l'Allemagne nazie. La puissance militaire dépend aujourd'hui plus que jamais de la maîtrise effective de la recherche et du développement afin de prendre l'avantage de la révolution scientifique et technologique qui a un impact énorme sur l'évolution des techniques d'armement.

Alors que l'utilité de la puissance militaire peut être sérieusement mise en cause dans un monde où, grâce à l'hypercommunication, les peuples et les entreprises créent des liens toujours plus forts, la baisse bien réelle du nombre de conflits de toutes sortes, particulièrement internationaux, a sans doute moins à voir avec la perte sensible du sentiment d'humanité qu'avec le rôle joué par les États-Unis et ses alliés dans la période qui a suivi la Seconde Guerre mondiale. Il s'agissait de prévenir les conflits, de construire des alliances et d'intervenir parfois en combinant la force militaire et les sanctions économiques comme quand il s'est agi d'arrêter la montée de la violence entre la Serbie, la Croatie et la Bosnie dans l'ancienne Yougoslavie.

Des organisations supranationales ont joué un rôle toujours plus important en intervenant comme médiatrices dans des pays incapables de mettre fin aux conflits. Ces institutions comprennent l'ONU, l'Union africaine, la Ligue arabe, l'Union européenne, l'OTAN, et d'autres encore. Des organisations non gouvernementales, des groupes caritatifs religieux et des fondations philanthropiques sont également très présents pour assurer la fourniture de produits de base dans des États défaillants. Quand des opérations militaires durables sont nécessaires et que même ces institutions sont incapables d'obtenir le consensus, on procède à la création de « coalitions de bonne volonté ».

Mais pour bon nombre de ces interventions – en particulier celles où l'OTAN et ces alliances étaient impliquées – les États-Unis ont eu un rôle prépondérant pour organiser et coordonner les actions, pour fournir du renseignement, et bien entendu pour engager la force militaire décisive. Si l'équilibre des pouvoirs se modifie sur la planète de façon à affaiblir l'ancienne position dominante des États-Unis, cela pourrait menacer de mettre un terme à ce que des historiens ont appelé la Pax Americana.

La tendance récente à la réduction des conflits armés tient peut-être aussi aux politiques menées pendant la longue guerre froide entre les États-Unis et l'URSS. Tout d'abord, quand ces deux superpuissances ont construit un immense arsenal de bombes nucléaires installées sur des missiles balistiques intercontinentaux, des sous-marins et des bombardiers, le risque de guerre totale et de ses conséquences devint insupportable au point que les deux puissances préférèrent s'éloigner peu à peu du précipice. Les dépenses toujours plus importantes nécessaires pour maintenir et moderniser ces arsenaux devinrent aussi pour elles un lourd fardeau. La Brookings Institution a calculé que, depuis 1940, la stratégie atomique a coûté 5 500 milliards de dollars aux États-Unis – plus que pour tout autre programme excepté les dépenses de sécurité sociale. Bien que le risque d'une telle guerre ait été considérablement réduit par les accords de désarmement, le démantèlement partiel des deux arsenaux et l'amélioration des communications et des garanties – y compris un accord récent bilatéral sur le nucléaire et la cybersécurité –, le risque d'une escalade des tensions doit toujours être géré avec la plus grande attention.

Deuxième point : pendant le dernier tiers du XXe siècle, les États-Unis et l'URSS ont connu des expériences amères face à des armées de guérilla utilisant des tactiques qui n'avaient rien de conventionnel, se fondant dans les populations civiles et menant une guerre d'usure et contre lesquelles la puissante force militaire conventionnelle se cassait les dents. L'expérience acquise par les superpuissances était partagée par les groupes rebelles. Le développement continu de tels groupes et des techniques de harcèlement ébranle sérieusement le monopole des États-nations sur la capacité d'utiliser les conflits comme un instrument politique déterminant.

Les fusils et les armes automatiques fabriqués en si grand nombre au cours des périodes de guerre précédentes sont maintenant de plus en plus accessibles, pas uniquement pour des groupes insurrectionnels menant des guérillas, mais aussi pour des groupes terroristes, des individus et des organisations criminelles. Quand une nouvelle génération d'armes apparaît, les plus anciennes ne sont pas pour autant détruites. Elles passent dans d'autres mains et contribuent à la multiplication d'attaques sanglantes. Le pouvoir de lobbying et l'influence politique des marchands d'armes et des entreprises relevant du secteur de la défense ont contribué malheureusement à leur diffusion partout dans le monde. Le président Barack Obama, qui voulait changer d'orientation en 2009, travailla à un nouveau traité de limitation du commerce des armes de destruction, mais le processus est lent compte tenu de l'opposition de plusieurs pays et des dysfonctionnements de la gouvernance à l'échelle de la planète.

Les États-Unis continuent à dominer le commerce international des armes de tous types – y compris les armes de précision à longue portée et les missiles sol-air, dont certains finissent au marché noir. Dans son dernier discours de président, Dwight Eisenhower avait tenu à alerter le pays sur l'importance du « complexe militaro-industriel ». En tant que commandant en chef qui avait mené les forces alliées à la victoire lors de la Seconde Guerre mondiale, Eisenhower pouvait difficilement être accusé de laxisme sur le plan de la sécurité nationale. Bien que les États-Unis tirent des bénéfices substantiels de la vente d'armes, y compris une capacité de plus en plus grande à former et à maintenir des alliances utiles, il est plus que troublant que plus de la moitié (52,7 % en 2010) de toutes les armes militaires vendues dans le monde soient d'origine américaine.

Plus important encore, la diffusion de la connaissance et de l'expertise scientifique et technologique dans Earth Inc. comme dans le Cerveau mondial a également ébranlé le monopole des États-nations pour lutter contre les groupes susceptibles de produire de la violence de masse. Des armes chimiques et biologiques susceptibles de causer un grand nombre de pertes humaines sont également sur la liste des armes accessibles aux groupes terroristes.

Les connaissances nécessaires pour fabriquer des armes de destruction massive, y compris nucléaires, ont déjà été diffusées dans les autres pays. On imagine le danger de la situation. Il ne s'agit plus de deux puissances nucléaires se faisant face comme durant la guerre froide, mais de trente-cinq à quarante pays capables de fabriquer des bombes. La Corée du Nord, qui en possède déjà, et l'Iran, dont beaucoup d'experts pensent qu'il tente de le faire, développent des programmes de missiles à longue portée qui pourraient, avec le temps, leur donner la capacité d'imaginer une puissance intercontinentale. Des spécialistes de la prolifération sont persuadés que la diffusion d'armes nucléaires dans quelques-uns de ces pays augmenterait manifestement le risque que des groupes terroristes achètent ou volent des composants pour fabriquer leurs propres bombes. A. Q. Khan, l'ancien directeur du programme nucléaire pakistanais, a développé des liens étroits avec des groupes islamistes ; quant à la Corée du Nord, à court de liquidités comme toujours, elle a déjà vendu de la technologie de missile et beaucoup pensent qu'elle est également capable de vendre des composants de bombes nucléaires.

Les experts en sécurité nationale sont aussi convaincus de la probable prolifération de telles armes dans des régions comme le golfe Persique et l'Extrême-Orient. Autrement dit, le développement d'un arsenal nucléaire par l'Iran pousserait l'Arabie Saoudite et d'autres pays de la région à développer à leur tour des armes atomiques pour disposer de la dissuasion. Si la Corée du Nord pouvait menacer le Japon d'une attaque nucléaire, ce pays serait à son tour conduit à développer un tel arsenal malgré son histoire et son opposition à l'arme atomique.

Parce que la communauté des nations a besoin d'un leadership, il est urgent de restaurer l'intégrité de la gouvernance démocratique aux États-Unis. Pourquoi ne pas réactiver le réformisme par le biais d'Internet ? Cette technologie offre partout dans le monde la possibilité aux citoyens de la classe moyenne en forte progression d'intervenir directement auprès de leurs gouvernements pour exiger des réformes, car ils ont toujours montré de l'empathie pour les plus pauvres et les moins privilégiés. Francis Fukuyama, professeur de science politique à Stanford, indique que c'est « plus largement accepté dans les pays qui ont atteint un niveau de prospérité suffisant pour permettre à une majorité de leurs citoyens de se considérer eux-mêmes comme faisant partie de la classe moyenne. C'est pourquoi il existe généralement une corrélation entre les hauts niveaux de développement d'une société et une démocratie stable ».

Les tendances associées à l'émergence de Earth Inc. – particulièrement la robotisation et le transfert du travail humain à des machines intelligentes – menacent le développement d'une classe moyenne mondiale en réduisant les salaires intermédiaires. Mais un rapport récent de l'ESPAS (European Strategy Analysis and Policy System) a calculé qu'elle doublera dans les douze années à venir, passant de 2 à 4 milliards de personnes, et atteindra presque 5 milliards en 2030.

Le rapport ajoute : « En 2030, les exigences et les inquiétudes des peuples de différents pays seront susceptibles de converger, avec un impact important sur les politiques nationales et les relations internationales. Cela conduira surtout à une plus grande sensibilisation des populations du monde, qui se rendront compte que leurs aspirations et leurs griefs sont partagés. Cette prise de conscience laisse déjà imaginer un programme d'objectifs mondial qui renforcerait les libertés fondamentales, les droits sociaux et économiques, et les problèmes environnementaux qui s'accumulent. »

Ces derniers points vont continuer à se diffuser dans le Cerveau mondial. Cette nouvelle sensibilisation globale à la myriade de moyens pouvant améliorer la vie de millions de personnes est certaine d'exercer une forte influence sur le comportement de leaders politiques du monde.

Déjà, la propagation de mouvements d'indépendance désireux de mettre en place un capitalisme démocratique dans les États de l'ancienne URSS et l'explosion du Printemps arabe dans certains pays du Moyen-Orient et d'Afrique du Nord donnent à penser que de tels changements peuvent se produire à nouveau et de plus en plus rapidement dans notre monde connecté au Cerveau mondial.

Avec l'émergence de la première civilisation vraiment planétaire, l'avenir dépendra de l'issue de l'affrontement, qui ne fait que commencer, entre les impératifs bruts de Earth Inc. et la demande des peuples qui savent que le Cerveau mondial peut combattre les abus et donner plus de force aux modèles et aux principes qui respectent les valeurs humaines.

Ceux pour qui cette approche paraît illusoire et follement idéaliste doivent savoir que les exemples de nouvelles normes mondiales établies par ce mécanisme dans le passé ne manquent pas – bien avant que nous ayons toutes les possibilités technologiques disponibles pour les promouvoir aujourd'hui. Le mouvement abolitionniste, le mouvement anti-apartheid, la promotion des droits des femmes, les restrictions sur le travail des enfants, le mouvement contre la chasse à la baleine, les conventions de Genève contre la torture, le développement rapide de l'anticolonialisme dans les années 1960, l'interdiction des essais nucléaires dans l'atmosphère et les vagues successives des mouvements démocratiques – tout cela a existé grâce aux échanges et au partage d'idées et d'idéaux par des groupes d'individus engagés dans les pays les plus divers. Ils ont fait su faire pression sur leurs gouvernements pour contribuer à élaborer des lois et des traités qui ont apporté des changements fondamentaux dans une grande partie du monde.

Quel que soit le pays où nous vivons, nous nous trouvons, en tant qu'êtres humains, devant un choix : ou nous choisissons d'être purement et simplement balayés par les déferlantes du changement technologique et du déterminisme économique, emportés vers un avenir qui mettra en péril les valeurs auxquelles nous sommes attachés ; ou bien nous décidons de construire une gouvernance collective à l'échelle mondiale qui nous permettra de façonner notre avenir en veillant à ce que la dignité humaine soit respectée et en prenant en compte les aspirations des peuples.

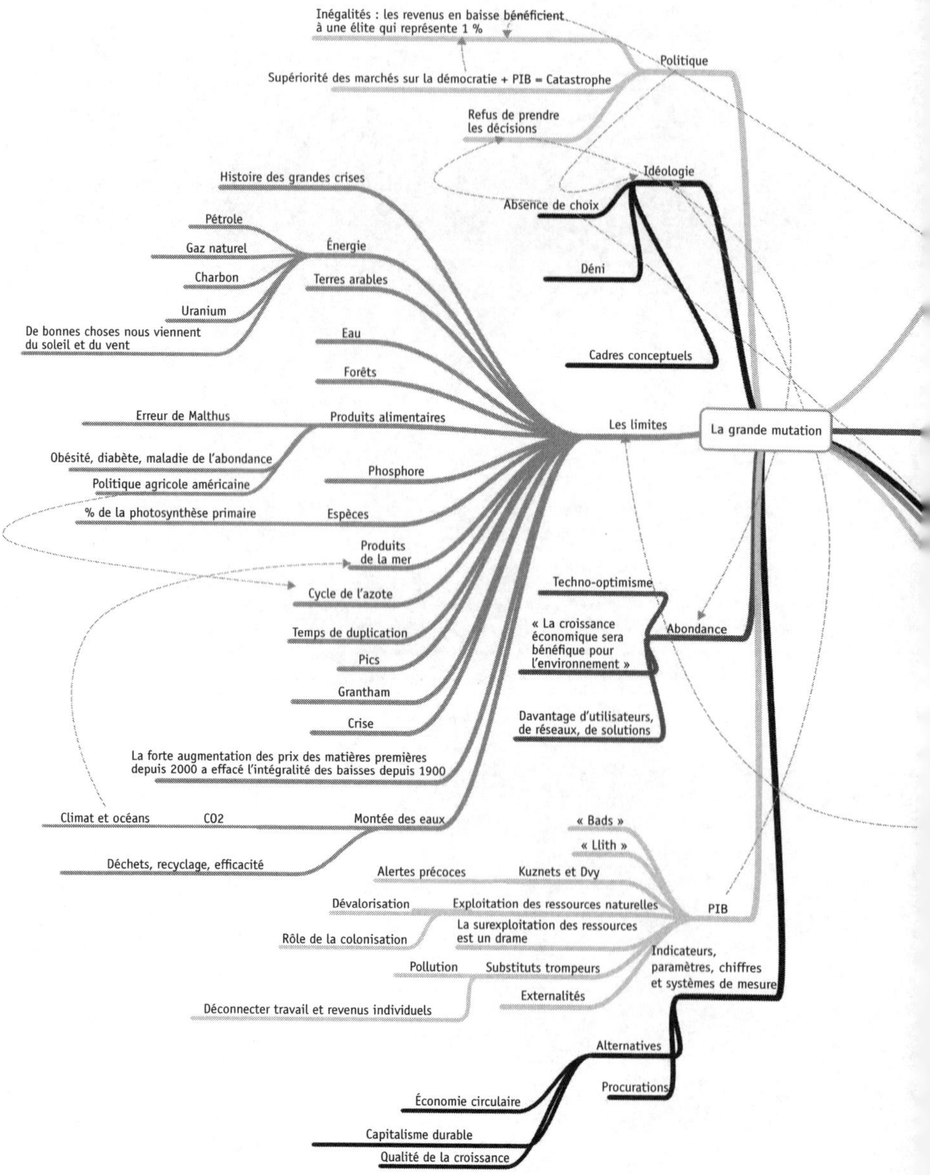

La grande mutation
Politique
Inégalités : les revenus en baisse bénéficient à une élite qui représente 1 %
Supériorité des marchés sur la démocratie + PIB = Catastrophe
Refus de prendre les décisions
Idéologie
Absence de choix
Déni
Cadres conceptuels
Les limites
Histoire des grandes crises
Énergie
Pétrole
Gaz naturel
Charbon
Uranium
De bonnes choses nous viennent du soleil et du vent
Terres arables
Eau
Forêts
Produits alimentaires
Erreur de Malthus
Obésité, diabète, maladie de l'abondance
Politique agricole américaine
Phosphore
Espèces
% de la photosynthèse primaire
Produits de la mer
Cycle de l'azote
Temps de duplication
Pics
Grantham
Crise
La forte augmentation des prix des matières premières depuis 2000 a effacé l'intégralité des baisses depuis 1900
Montée des eaux
Climat et océans
CO2
Déchets, recyclage, efficacité
Abondance
Techno-optimisme
« La croissance économique sera bénéfique pour l'environnement »
Davantage d'utilisateurs, de réseaux, de solutions
PIB
« Bads »
« Llith »
Kuznets et Dvy
Alertes précoces
Exploitation des ressources naturelles
Dévalorisation
Rôle de la colonisation
La surexploitation des ressources est un drame
Substituts trompeurs
Pollution
Déconnecter travail et revenus individuels
Externalités
Indicateurs, paramètres, chiffres et systèmes de mesure
Alternatives
Économie circulaire
Capitalisme durable
Qualité de la croissance
Procurations

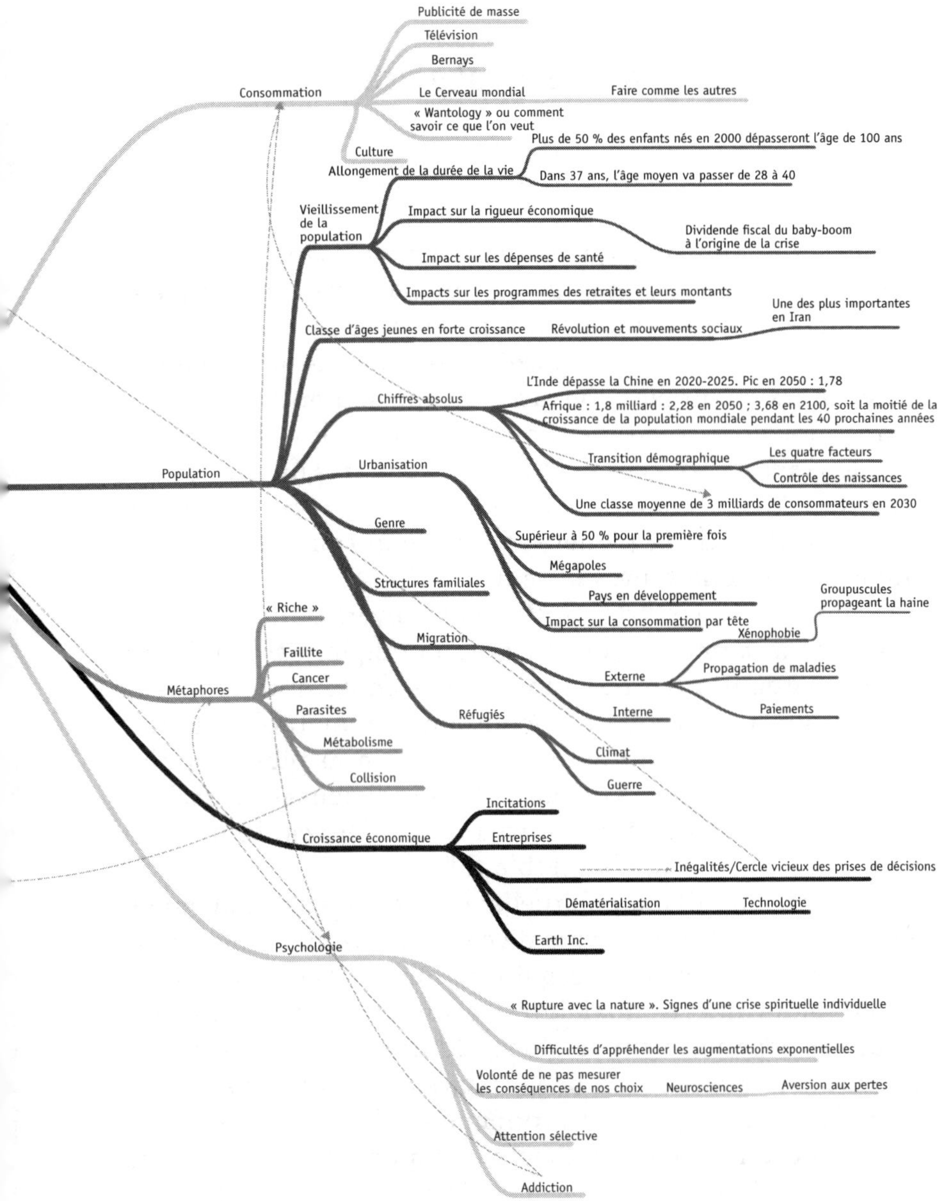

Publicité de masse
Télévision
Bernays
Consommation
Le Cerveau mondial
Faire comme les autres
« Wantology » ou comment savoir ce que l'on veut
Culture
Plus de 50 % des enfants nés en 2000 dépasseront l'âge de 100 ans
Allongement de la durée de la vie
Dans 37 ans, l'âge moyen va passer de 28 à 40
Vieillissement de la population
Impact sur la rigueur économique
Dividende fiscal du baby-boom à l'origine de la crise
Impact sur les dépenses de santé
Impacts sur les programmes des retraites et leurs montants
Une des plus importantes en Iran
Classe d'âges jeunes en forte croissance
Révolution et mouvements sociaux
L'Inde dépasse la Chine en 2020-2025. Pic en 2050 : 1,78
Chiffres absolus
Afrique : 1,8 milliard : 2,28 en 2050 ; 3,68 en 2100, soit la moitié de la croissance de la population mondiale pendant les 40 prochaines années
Transition démographique
Les quatre facteurs
Contrôle des naissances
Population
Urbanisation
Une classe moyenne de 3 milliards de consommateurs en 2030
Genre
Supérieur à 50 % pour la première fois
Mégapoles
Structures familiales
Pays en développement
Impact sur la consommation par tête
Groupuscules propageant la haine
« Riche »
Migration
Xénophobie
Faillite
Externe
Propagation de maladies
Cancer
Métaphores
Interne
Paiements
Parasites
Réfugiés
Métabolisme
Climat
Collision
Guerre
Incitations
Croissance économique
Entreprises
Inégalités/Cercle vicieux des prises de décisions
Dématérialisation
Technologie
Earth Inc.
Psychologie
« Rupture avec la nature ». Signes d'une crise spirituelle individuelle
Difficultés d'appréhender les augmentations exponentielles
Volonté de ne pas mesurer les conséquences de nos choix
Neurosciences
Aversion aux pertes
Attention sélective
Addiction

4

La grande mutation

La civilisation humaine, qui connaît une croissance extraordinaire en matière de démographie, de puissance technologique et de développement économique, a déjà nui de façon considérable à notre environnement. Elle pose maintenant le problème de nos ressources naturelles menacées d'épuisement, y compris les terres arables et l'eau courante, alors que des milliards de vies en dépendent. La « croissance », au sens singulier et plutôt contre-productif que nous donnons à ce mot, continue à être l'objectif principal de la planète, de presque tous des pays du monde et de presque toutes les entreprises.

Le produit intérieur brut (PIB), seul moyen dont nous disposons pour mesurer la croissance économique, est fondé sur des critères stupides qui ne prennent pas en compte le niveau de distribution de revenus ni l'épuisement inévitable des ressources essentielles et qui ne mesurent pas non plus non plus les conséquences des rejets de quantités prodigieuses de déchets nuisibles dans l'atmosphère, les océans, les fleuves, la terre, et la biosphère – signe d'une véritable folie.

La croissance du PIB fait habituellement le lien entre l'augmentation du nombre d'emplois et le niveau des revenus moyens par personne. Pendant les années qui ont suivi la Seconde Guerre mondiale, alors que le modèle du capitalisme démocratique américain se répandait sur le globe, de nombreux experts ont pensé que le PIB était la méthode la plus simple et la plus précise pour vérifier si une politique économique allait dans la bonne direction. Pourtant, Simon Kuznets, l'économiste qui l'a conçu en 1937, avait indiqué que ce modèle risquait de pécher par excès de simplicité. Il avait précisé que ce qui était surtout un indicateur d'activité productive pouvait susciter des appréciations trompeuses, des erreurs de jugement et des risques d'utilisation abusive parce qu'il ne tenait pas compte de « la distribution personnelle des revenus » ou de « l'ensemble des dépenses ».

Au XXIe siècle, surtout depuis l'émergence de Earth Inc., toutes les politiques mises en œuvre l'ont été pour obtenir toujours plus de PIB. Elles ont conduit le monde vers une plus grande concentration de richesses et de pouvoir, de plus fortes inégalités des revenus, un chômage de longue durée toujours plus important, une dette privée et publique toujours plus lourde, une instabilité sociale et géopolitique, une plus grande volatilité des marchés, et une pollution toujours en augmentation. Certains biologistes ont baptisé ce phénomène « la sixième grande extinction ». Il faut savoir que certains de ces effets négatifs sont en fait considérés comme des valeurs positives dans la définition stupide de la croissance que nous continuons à utiliser comme une boussole et qui en réalité nous conduit directement au bord d'une falaise.

Je suis toujours consterné de voir que notre monde continue à détourner son regard des périls qui menacent l'avenir de la civilisation alors qu'ils devraient nous inciter à changer radicalement de direction. C'est la preuve de l'absence d'un leadership cohérent, du changement de la répartition des pouvoirs sur la planète et des pressions exercées par les impératifs de Earth Inc. sur les institutions démocratiques. La croissance mesurée par le PIB ne garantit plus l'augmentation du niveau de vie ni le sentiment de bien-être pour un individu lambda ; il est corrélé aux revenus des élites.

La relation fusionnelle entre Earth Inc. et le Cerveau mondial fournit aux élites une capacité accrue de fabriquer le consentement pour des décisions politiques qui servent leurs intérêts plutôt que le bien commun ; et elle fournit aux entreprises une capacité accrue de susciter le désir pour accroître la consommation de marchandises et de produits manufacturés. Résultat, on assiste à une augmentation des niveaux de consommation par individu, avec un impact amplifié par l'augmentation continue de la démographie.

Dans les soixante-dix prochaines années, la classe moyenne mondiale va augmenter de 3 milliards d'individus, qui, avec la mondialisation des réseaux de télévision et d'Internet, souhaiteront bénéficier d'un niveau de vie identique à celui des pays les plus riches. C'est une des raisons pour lesquelles la consommation par personne de nourriture, d'eau, de viande, de biens et de produits manufacturés progresse à un rythme supérieur à celui de la population mondiale.

C'est le rythme et la combinaison toujours plus forts de la poussée démographique *et* de la consommation par habitant qui font fonctionner Earth Inc., avec les conséquences que nous connaissons sur l'écosystème planétaire et nos ressources essentielles. L'idéologie des publicitaires qui voudrait nous faire croire que la consommation est source de bonheur ne cesse de nous envahir. C'est une promesse fallacieuse, naturellement, tout comme l'affirmation que la croissance du PIB garantit le bien-être et la prospérité.

Dans une lettre à George Washington de 1784, Thomas Jefferson mettait déjà en cause la tendance consistant à faire le lien entre l'augmentation de la consommation de marchandises et le bonheur : « Le monde est en train de devenir un grand commerce, mais il n'est pas possible de protéger notre nouvel empire de ceux qui veulent nous convaincre qu'il contribue au bonheur de l'humanité. Nous ne pouvons donc faire sans eux. Nos concitoyens ont déjà trop goûté à tout ce que ces nouveaux produits ont changé dans leur vie pour en être privés. »

Jefferson ne serait pas surpris par les nombreuses recherches portant sur les causes du bonheur, qui démontrent qu'au cours des cinquantes dernières années les États-Unis ont triplé leur production sans entraîner la moindre augmentation du bonheur ni du bien-être dans le pays. Le même phénomène a été observé dans d'autres pays où le niveau de consommation a toujours été très élevé. Une fois que les besoins de base sont satisfaits, l'augmentation de revenus peut améliorer le bonheur jusqu'à un certain point seulement, au-delà duquel toute augmentation de la consommation ne donne pas pour autant un meilleur sentiment de bien-être.

La hausse de la consommation par habitant, l'augmentation de la population, l'impact humain sur l'ensemble des systèmes écologiques et la pression toujours plus forte des changements biologiques dans l'ensemble du monde conduisent notre planète vers un point critique, selon une étude réalisée par vingt-deux experts en sciences de la vie et de la nature et publiée dans la revue *Nature* en 2012. Selon James H. Brown, un de ses signataires : « Nous avons créé une énorme bulle économique et démographique. Quand on fait des calculs en tenant compte des données réelles, on obtient un chiffre insoutenable. Il faut faire dégonfler cette bulle sans attendre, en douceur, ou elle finira par éclater. »

On connaît l'histoire du petit garçon qui criait au loup pour prévenir d'un péril imaginaire et que, pour son malheur, personne n'avait cru quand il s'était trouvé véritablement en danger. L'humanité, elle aussi, a été prévenue maintes fois sur le point de non-retour qu'elle risque d'atteindre et qu'elle a toujours refusé d'entendre, depuis les avertissements de Thomas Malthus sur l'augmentation de la population à la fin du XVIIIe siècle jusqu'au livre de Donella Meadows, *Les Limites à la croissance*, paru en 1972, parmi d'autres.

Nous refusons l'idée même qu'il pourrait précisément y avoir des limites au rythme de croissance auquel nous sommes habitués – en partie parce que les nouvelles technologies nous ont le plus souvent permis de devenir toujours plus efficaces en produisant plus avec moins et de trouver de nouvelles ressources pour remplacer celles qui commencent à se raréfier. Quelques ressources essentielles à notre existence, comme les terres arables (et d'autres éléments clés, comme le phosphore pour les engrais), sont en train de s'épuiser sans qu'on ait trouvé par quoi les remplacer.

Des pressions croissantes, des limites claires

Sur tous les continents, l'augmentation de la population et de l'activité économique créent de nouveaux besoins en matière de nourriture, d'eau, d'énergie, de marchandises de toutes sortes et de produits manufacturés. Malheureusement, pendant les dix dernières années, de nombreux indicateurs ont montré que les limites sont atteintes.

Les prix des produits alimentaires, qui ont atteint des niveaux record en 2008, puis de nouveau en 2011, ont provoqué des émeutes de la faim et des manifestations politiques dans de nombreux pays. De vastes nappes phréatiques s'épuisent jusqu'à atteindre des niveaux insupportables, particulièrement dans le nord de la Chine, en Inde et dans l'ouest des États-Unis. Leur niveau baisse dans les zones géographiques qui accueillent 50 % du total de la population mondiale. L'insoutenable érosion des terres arables et la perte de fertilité des sols font baisser le rendement des cultures dans plusieurs grandes régions appartenant à des pays producteurs de denrées alimentaires.

Les prix de quasiment tous les produits de l'économie mondiale ont augmenté simultanément au cours des onze dernières années. Après avoir diminué régulièrement de 70 % en moyenne au cours du XXe siècle – avec les fluctuations logiques de la Grande Dépression et de la crise économique qui a suivi la Première Guerre mondiale, les deux guerres mondiales, les chocs pétroliers de 1973 et 1979 –, cette baisse des prix a été balayée par la forte hausse de la décennie 2002-2012 – bien plus forte que celles qui avaient accompagné les deux guerres mondiales.

Les matières qui ont augmenté le plus et le plus vite sont le minerai de fer, le cuivre, le charbon, le blé, l'argent, le sorgho, le palladium, le caoutchouc, le lin, l'huile de palme, le soja, l'huile de noix de coco et le nickel. Jeremy Grantham a mis en garde le monde contre cette tendance dangereuse. Cet investisseur influent a déclaré que nous pourrions bientôt atteindre « le pic fatidique en toutes matières ».

C'est la poussée générale de la demande liée à l'augmentation de la population et de la consommation *per capita* qui entraîne ces hausses continuelles des prix. Cela s'est révélé particulièrement vrai en Chine et dans les autres économies émergentes où, depuis le milieu des années 1990, la croissance a été trois fois plus rapide que celle des pays avancés. La Chine, en particulier, consomme aujourd'hui plus de la moitié du béton produit dans le monde, presque la moitié de la production mondiale de minerai de fer, du charbon, des porcs, de l'acier, du plomb et environ 40 % de l'aluminium et du cuivre.

Presque le quart des voitures fabriquées chaque année le sont maintenant en Chine. General Motors, le plus grand constructeur automobile américain, vend aujourd'hui davantage de voitures dans l'empire du Milieu que dans son propre pays. Pendant les quarante dernières années, le nombre de voitures et de camions a quadruplé, passant de 250 millions à probablement un peu plus de 1 milliard en 2013. Ce nombre sera encore multiplié par deux pendant les trente prochaines années, ce qui évidemment fera augmenter la consommation de pétrole. La production d'automobiles dans les économies émergentes et en voie de développement dépassera celle des pays développés en 2015 et, dans ces mêmes pays, les ventes de voitures dépasseront celles des économies développées aux alentours de 2020. L'Agence internationale de l'énergie (AIE), qui a produit ces études, souligne que « toute la croissance nette des économies émergentes viendra du transport » (sachant que son scénario pose comme principe que les nouvelles politiques proposées pour réduire les émissions de gaz seront effectivement mises en œuvre).

Ces deux dernières années nous ont montré que les niveaux de consommation peuvent diminuer aux États-Unis – où ils ont toujours été les plus élevés du monde – et dans d'autres pays développés. Dans certains cas, ils ont pu atteindre leur pic. Certains esprits optimistes en profitent pour affirmer que les inquiétudes devant leur augmentation continue sont exagérées alors que, même si la consommation d'un milliard de personnes vivant dans les pays développés venait à diminuer, cela n'aurait qu'un très faible impact compte tenu des six autres milliards. Si les voitures et les camions se vendaient dans les mêmes proportions dans le reste du monde qu'aux États-Unis, on en compterait 5,5 milliards. La consommation de pétrole augmenterait évidemment de manière considérable, entraînant une aggravation du réchauffement climatique et une pollution dépassant les niveaux déjà insoutenables d'aujourd'hui. Dans les pays développés, l'augmentation de la population et du niveau de vie continuera à exercer une pression folle sur le prélèvement de nos ressources naturelles même si la robotisation et l'externalisation provoqueront une diminution de la demande macroéconomique.

Au moment où *Les Limites à la croissance* était publié, le pic de production pétrolière avait déjà été atteint aux États-Unis. Des années auparavant, un éminent géophysicien, Marion King Hubbert, avait réalisé une étude très fouillée lui permettant de conclure qu'il serait atteint un peu après l'année 1970. Quoique largement contredites, ses prévisions se sont révélées exactes. Les progrès scientifiques réalisés en matière de prospection, de forage et de récupération, couplés à la production états-unienne, permettront de dépasser bientôt le pic de 1970, mais avec un pétrole beaucoup plus cher.

L'équilibre du pouvoir géopolitique s'est légèrement déplacé depuis 1970. Moins d'un an après le pic américain, l'Organisation des pays exportateurs de pétrole (OPEP) commença à montrer ses muscles et, deux années plus tard, à l'automne 1973, les pays arabes membres de l'OPEP imposèrent le premier embargo. Depuis cette succession d'événements, la consommation mondiale d'énergie a doublé et les taux de croissance en Chine et dans les autres marchés émergents annoncent encore de fortes augmentations.

Alors que de nombreux pays développés ferment leurs centrales au charbon, énergie dont l'utilisation est en baisse aux États-Unis, la Chine a multiplié par soixante ses importations pendant la dernière décennie et les doublera encore d'ici à 2015. Sa consommation a aussi continué à augmenter dans la plupart des pays en développement. Selon l'Agence internationale de l'énergie, ce sont les marchés en développement et émergents qui seront les facteurs de l'augmentation nette mondiale de consommation de charbon et de pétrole pendant les vingt prochaines années.

La prévision du pic mondial fait l'objet de débats et de controverses parce qu'il est difficile d'évaluer les réserves restant encore à découvrir dans les zones difficiles d'accès comme les fonds marins et les sources non conventionnelles telles que le pétrole extrêmement polluant extrait des sables bitumineux au Canada, les bruts extra-lourds du Venezuela riches en carbone, et les profonds gisements de schiste bitumineux. Des experts annoncent que même les futurs approvisionnements aux États-Unis se feront bientôt selon le procédé de fracturation hydraulique qui consomme d'énormes quantités d'eau – combiné avec le forage horizontal – déjà utilisé pour exploiter les importantes réserves de gaz de schiste découvertes récemment. Pourtant, même si les approvisionnements connaissent une forte augmentation, la demande mondiale augmente encore plus vite – et dans tous les cas aucune civilisation douée de raison n'accepterait d'ajouter encore autant de CO_2 dans notre atmosphère.

Les niveaux actuels de croissance nous conduisent à penser qu'en moins de vingt-cinq ans la consommation de pétrole va augmenter de 23,5 % alors même que le coût marginal de l'augmentation des approvisionnements bat tous les records et que les routes maritimes risquent d'être coupées dans cette partie du monde la plus pétrolifère, menacée par l'instabilité politique, par des guerres ou des révolutions.

La production mondiale de pétrole à partir de puits traditionnels semble avoir atteint son pic il y a plus de trente ans. Depuis 1982, l'augmentation de la production de pétrole s'est faite à partir de sources terrestres non conventionnelles selon un mode d'exploitation qui revient beaucoup plus cher, particulièrement en haute mer dans des puits profonds et risqués comme l'a démontré l'explosion de la plate-forme *Deepwater Horizon* de la compagnie BP dans le golfe du Mexique. La même technologie de forage continue à être déployée de manière imprudente dans les eaux profondes et dangereuses de l'océan Arctique, cette région sauvage et si vulnérable sur le plan environnemental. Malheureusement, les compagnies pétrolières continuent à faire pression pour produire du pétrole à partir de sables bitumineux à plus forte intensité carbonique, ce qui va encore aggraver le problème du réchauffement climatique.

Ces gisements polluants comme ceux des fonds marins vont produire un pétrole qui reviendra beaucoup plus cher que celui dont le monde a profité par le passé. Même si nous n'atteignons pas le pic mondial dans un futur proche, les prix que nous aurons à payer ne cesseront d'augmenter jusqu'à un niveau bien supérieur à ceux auxquels nous avons été habitués pendant la période d'exploitation des réserves les plus faciles et les moins chères qui a duré plus d'un siècle et demi.

L'augmentation des prix du pétrole a déjà eu des répercussions sur ceux de l'alimentation. En effet, l'agriculture industrielle consomme des quantités prodigieuses de fioul et du méthane. Selon le professeur de Berkeley Michael Pollan, dans son livre *Nutrition, mensonges et propagande* : « Il faut plus d'une calorie de carburant issu d'énergie fossile pour produire une calorie de nourriture. » Rien d'étonnant à ce que la demande simultanée de pétrole et de nourriture continue à monter en flèche – en particulier dans les économies émergentes qui se développent à grande vitesse. Le niveau de prix des produits alimentaires a un impact encore plus significatif dans les pays en développement, où les familles défavorisées dépensent pour la plupart de 50 à 70 % de leurs revenus en nourriture.

Les experts soulignent dans une quasi-unanimité les menaces multiples qui pèsent sur notre capacité à assurer l'alimentation des populations de la planète, et ceci malgré l'augmentation impressionnante de la production alimentaire dans la seconde moitié du XXe siècle et les multiples mises en garde déjà faites au cours des siècles passés, annonçant l'incapacité dans laquelle l'humanité va se trouver pour nourrir pour toujours plus d'individus :

- L'érosion des terres fertiles parvenue à des niveaux insoutenables ; le rendement de chaque mètre carré improductif diminue le rendement de 6 %.
- La déperdition de la fertilité des sols ; la réduction de 50 % des matières organiques diminue les rendements de 25 %.
- La désertification des prairies en forte augmentation.
- L'augmentation des besoins en eau des villes et de l'industrie qui pénalise sérieusement et dont les besoins devraient augmenter de 45 % en 2030.
- La chute continue des gains de productivité agricole depuis la révolution verte dans la seconde moitié du XXe siècle – de 3,5 % par an pendant les trente dernières années et à peine plus de 1 % aujourd'hui.
- L'augmentation de la résistance des parasites, des mauvaises herbes et des maladies des plantes aux pesticides, herbicides et autres produits chimiques.
- La perte significative de la diversité phytogénétique, avec déjà la disparition de certaines plantes et la disparition potentielle des trois quarts de la diversité génétique.
- L'augmentation des risques d'interdiction d'exportation par de gros producteurs confrontés à la flambée des prix dans leurs propres pays ; selon le Council on Foreign Relations, les don-

nées du United Nation's World Food Program indiquent qu'« en 2008 plus de quarante pays ont imposé une forme d'interdiction d'exporter afin d'améliorer la sécurité alimentaire nationale ».

• L'impact du réchauffement climatique, qui se traduit dans certaines régions par des précipitations irrégulières, moins fréquentes, intenses, mais difficiles à prévoir, suivies de longues périodes de forte sécheresse.

• Les répercussions directes de la chaleur avec des effets catastrophiques sur des cultures alimentaires qui ne pourront résister à une augmentation de l'ordre de 6 °C sur l'ensemble de la planète. Selon les experts, chaque degré supplémentaire entraînera une diminution de 10 % des rendements agricoles.

• Les effets cumulés de l'augmentation de la consommation de nourriture, de la population mondiale, de la consommation par habitant et une consommation toujours plus forte de viande, tendance planétaire qui nécessite des ressources considérables.

• Le détournement de plus en plus fréquent de terres pour le biofuel au détriment de la production alimentaire.

• L'extension des villes et de leurs banlieues sur des terrains auparavant utilisés par l'agriculture.

Nous savons déjà que les pénuries aiguës de nourriture, de terres arables et d'eau potable dans des pays où la population augmente fortement peuvent conduire à des troubles sociaux et à une forte augmentation de la violence. Des études ont montré que cette terrible combinaison a été un élément déclencheur des cent jours de génocide au Rwanda en 1994, où la croissance démographique était alors une des plus importantes au monde ; 67 % de la population était âgée de moins de vingt-quatre ans.

Jared Diamond, l'auteur d'*Effondrement : Comment les sociétés décident de leur disparition ou de leur survie*, a écrit : « le Rwanda moderne est la parfaite illustration du scénario le plus horrible imaginé par Malthus et il semble malheureusement lui donner raison [...]. Les problèmes liés à la surpopulation, aux questions écologiques, et les bouleversements du changement climatique ne peuvent pas rester éternellement en l'état. Si nous refusons de nous en occuper, ils se résoudront eux-mêmes, que ce soit à la manière du Rwanda ou d'une tout autre façon que nous sommes bien incapables d'imaginer ».

De nombreux experts s'inquiètent de voir quelques grands pays producteurs comme la Chine et l'Inde aller dans le mur. Si cela devait arriver, les conséquences seraient catastrophiques, car nous serions confrontés à de très fortes augmentations de prix et à des pénuries alimentaires qui affecteraient l'ensemble du monde. En Inde, dans le Gujarat, Tushaar Shah, qui dirige le Water Management Institute, a déclaré que la région allait se trouver bientôt face à une crise de l'eau. « Quand la bulle va éclater, l'Inde rurale va plonger dans une situation révolutionnaire violente. »

Ce n'est pas le seul exemple. Au Yémen, la poussée démographique, à laquelle s'ajoute une surexploitation acharnée des terres, de l'eau et d'autres ressources naturelles, contribue à alimenter le désordre social et à entraîner des tensions toujours plus dures. À Sanaa, la capitale, on ne dispose d'eau courante qu'un jour sur quatre. C'est une des causes, avec l'érosion des terres, de la diminution de plus de 30 % des rendements au cours des quarante dernières années, ce qui a fait dire au président de l'Earth Policy Institute que le Yémen était en train de devenir « un désastre hydrologique ».

L'implacable extension des villes

L'absence de vision de notre futur, dont il est facile d'imaginer les conséquences les plus probables à partir des tendances qui ne cessent de s'affirmer, si elle est la traduction d'un échec collectif, accentue encore la fragilité de l'homme. Les neuroscientifiques et les spécialistes de l'économie comportementale soulignent les difficultés qui sont les nôtres, et qu'ils considèrent comme un véritable *bug*, lorsqu'il nous faut imaginer les conséquences futures d'un choix que nous avons à faire dans le moment présent.

Cette fragilité nous pose des difficultés d'autant plus importantes lorsque les changements spécifiques qu'il nous faut imaginer sont en fait de véritables bouleversements – courants à l'âge de Earth Inc. et du Cerveau mondial – parce qu'il nous est plus facile d'imaginer le changement comme un processus lent et linéaire. Les dernières générations ont eu beaucoup de mal à saisir les conséquences de l'évolution démographique mondiale, qui représente pour le coup un changement véritablement exponentiel.

Au cours du siècle dernier, la population humaine a été multipliée par quatre. Pour mettre ce chiffre en perspective, souvenons-nous qu'il a fallu 200 000 années à notre espèce pour atteindre le chiffre d'un milliard d'individus, précisément au cours des treize premières années de ce siècle. Pendant les treize suivantes, la population mondiale va encore augmenter d'un milliard, et encore d'un milliard pendant les quatorze suivantes, pour arriver au total de 9 milliards d'âmes en 2050. En seulement trente-sept ans, notre population va croître d'un nombre équivalent à toute la population mondiale au début de la Seconde Guerre mondiale. Enfin, plus de 95 % de cette croissance se fera dans les pays en développement.

En outre, la totalité de cette augmentation va s'effectuer dans les villes, et c'est dans les plus grandes métropoles que la croissance sera la plus forte. Le nombre de citadins sera supérieur au chiffre total de la population mondiale au début des années 1990. En fait, la population des mégapoles aura déjà été multipliée par dix au cours des quarante dernières années. Pendant cette période d'hyperurbanisation, les villes dont le nombre d'habitants sera inférieur à un million pèseront de moins en moins dans la population de la planète. Cette nouvelle tendance a beaucoup étonné les démographes ; ils indiquent que ce processus est exactement le contraire des modèles d'urbanisation ayant eu cours jusque-là.

Cette transformation historique de la civilisation humaine, qui passe d'un modèle rural dominant à un modèle urbain, a des implications importantes dans l'organisation de la société et de l'économie. La tendance est si forte que, même avec l'augmentation extraordinaire de la démographie, le chiffre des populations rurales s'est stabilisé et diminuera probablement de manière significative à partir de la prochaine décennie.

Depuis la construction des premières villes il y a presque 10 000 ans, les citadins ne représentaient pas plus de 10 ou 12 % des habitants de la planète. Pendant la révolution industrielle et tout au long du XIXe siècle, la population des villes se mit à augmenter, mais sans dépasser le chiffre de 13 %, y compris au début du XXe siècle. En 1950, il était de l'ordre de 30 % et en 2011 nous avons atteint 50 % pour la première fois. La proportion est de 78 % actuellement dans les pays développés et devrait être de 86 % en 2050. Dans les pays en développement, les villes seront habitées par 64 % de la population.

Il y a quarante ans, seules New York et Tokyo atteignaient le chiffre de 10 millions d'habitants, alors qu'en 2013 vingt-trois métropoles ont dépassé ce chiffre et qu'elles seront trente-sept en 2025. De très nombreux pays vont se trouver confrontés au problème de la taille des villes, lesquelles grandissent à un rythme soutenu et sur des terrains destinés initialement à la culture. Cette extension est bien plus rapide que l'augmentation de la démographie puisqu'elle sera de l'ordre de 175 % entre 2000 et 2030.

C'est la ville de Lagos, au Nigeria, qui connaît le développement le plus impressionnant. Sa population va passer de 11 millions aujourd'hui à presque 19 millions en 2025. Les cinq métropoles qui s'agrandissent le plus vite se trouvent dans des pays en développement. Après Lagos viennent Dacca au Bangladesh, Shenzhen en Chine, Karachi au Pakistan et New Delhi en Inde – qui aura presque 33 millions d'habitants en 2025. Tokyo, la plus grande mégalopole aujourd'hui, a plus de 37 millions d'habitants et en atteindra 38,7 millions en 2025. En 2050, près de 70 % des habitants de la Terre seront des citadins.

Un des défis posés par cette hyperurbanisation est la capacité pour les municipalités de fournir assez de logements, d'eau courante, d'équipements sanitaires et d'autres besoins essentiels. Plus de 1 milliard d'individus – avec en gros un citadin sur trois – vit actuellement dans des bidonvilles. Sans de profonds changements de politique et de gouvernance, on estime que ce chiffre doublera dans les soixante-dix prochaines années. Dans les grandes métropoles, la proportion des plus démunis – ceux qui n'ont qu'un dollar maximum par jour pour vivre – ne va cesser de grandir.

La majorité de ceux qui choisissent de vivre dans ces grandes villes – en particulier dans les pays en développement – le font pour avoir des salaires plus élevés. Même si l'inégalité des revenus progresse dans la plupart des pays, on constate dans l'ensemble du monde – et en Asie surtout – un transfert de la condition de pauvreté vers la classe moyenne dont la grande majorité vivra en ville.

Plus de 80 % de la production mondiale s'effectue dans les villes. Les émissions de carbone par habitant sont moins importantes dans ces villes que dans les banlieues, mais la consommation dans les villes est bien plus élevée que dans les campagnes, parce que les revenus y sont plus importants.

Rien qu'au cours des trente dernières années, la consommation d'œufs par tête a été multipliée par cinq dans les pays en développement, et celle des produits carnés a doublé. L'impact de cette véritable explosion de la consommation de viande sur les terres arables, la déforestation et les ressources en eau – ainsi que sur le réchauffement climatique et les maladies cardiovasculaires – est amplifié par un autre facteur : il faut 9 kilos de protéines végétales pour produire 1 kilo de protéines animales.

Faim et obésité

Nous vivons une épidémie d'obésité et les débuts d'une autre de diabète qui trouvent leur origine dans les changements de nos habitudes alimentaires alors que plus de 900 millions d'individus souffrent encore de la faim. Aux États-Unis, pays qui met en exergue les tendances qui vont se répandre ailleurs, le poids de l'Américain moyen a augmenté de l'ordre de dix kilos au cours des quarante dernières années. Une étude récente indique que la moitié de la population sera obèse en 2030 et qu'un quart souffrira d'une obésité « massive ».

Quand on se rend compte que la faim et la malnutrition continuent à frapper des pays pauvres de manière intolérable (et même dans certaines régions des pays développés), on ne peut qu'être frappé par le caractère grotesque de cette situation.

Comment l'expliquer ? Tout d'abord, on doit se réjouir que la communauté mondiale ait fait diminuer progressivement, mais de manière inéluctable, les victimes de malnutrition chronique.

Ensuite, sur le plan mondial, l'obésité a plus que doublé au cours des trente dernières années. Selon l'Organisation mondiale de la santé, près de 1,5 milliard d'adultes de plus de vingt ans sont en surpoids et plus d'un tiers d'entre eux sont obèses selon la classification établie. Les deux tiers de la population mondiale vivent aujourd'hui dans des pays où davantage de personnes meurent pour des raisons liées à l'obésité et au surpoids qu'à cause de la sous-alimentation.

L'obésité représente le principal facteur de risque de décès – maladies cardiovasculaires, surtout les maladies du cœur et les accidents vasculaires cérébraux – et le principal facteur de risques de diabète, devenu aujourd'hui la première pandémie mondiale d'une maladie non contagieuse[1]. Les adultes atteints de diabète ont de deux à quatre fois plus de chances d'être atteints de ces maladies du cœur ou de ces AVC, et environ deux tiers des personnes souffrant de diabète en meurent[2].

Chez les enfants, ce phénomène est particulièrement grave :

1. Au sens où il ne s'agit pas d'un microbe transmis d'un individu à un autre. La recherche montre qu'il s'agit d'une contagion d'ordre social, liée au mode de vie dans les familles, les communautés et les pays.

2. L'obésité est aussi un facteur de risque majeur d'arthrose et autres troubles musculo-squelettiques, de cancers du côlon, du sein, de l'utérus – et d'insuffisance rénale. Les experts de la santé estiment que le coût de traitement de ces maladies liées à l'obésité représente chaque année de 10 à 20 % des dépenses totales aux États-Unis. Sur le plan mondial, 6,4 % de la population mondiale souffre de diabète et, selon l'Organisation mondiale de

presque 17 % sont touchés aux États-Unis, et 7 % dans le monde. Une étude sérieuse indique que 77 % d'entre eux souffriront aussi d'obésité à l'âge adulte. Toutefois, il est intéressant de constater qu'aux États-Unis la prévalence de l'obésité semble avoir atteint son plafond, même si l'épidémie continuera probablement de se développer puisqu'elle persiste chez les enfants, aux États-Unis et dans le monde.

L'obésité s'est ainsi installée pour des raisons à la fois simples – les individus mangent trop et ne font pas assez d'exercice – et complexes, parce que la fabrication et le marketing des produits alimentaires ont connu des changements considérables. Le Dr David Kessler, ancien directeur de l'US Food and Drug Administration, a réalisé un immense travail qui lui a permis de découvrir avec quel soin les entreprises agroalimentaires et les chaînes de restaurants et de fast-food combinent savamment les quantités de graisse, de sucre et de sel qui envoient au cerveau un signal provoquant une envie de manger davantage, même lorsqu'on est à satiété.

L'Organisation mondiale de la santé constate une augmentation de la consommation d'aliments « riches en calories, en graisses, sel et sucres, mais d'une faible teneur en vitamines, minéraux et autres micronutriments » dans l'ensemble du monde.

Avec le développement de l'hyperurbanisation, la consommation de fruits et légumes frais se raréfie. Les calories de qualité que ces produits contiennent coûtent dix fois plus cher par gramme que celles que l'on trouve dans les sucreries et aliments riches en féculents. Dans un rapport réalisé pour la Johns Hopkins Bloomberg School of Public Health, Arielle Traub a chiffré l'augmentation des prix de fruits et légumes frais à 40 % entre 1985 et 2000, alors que les prix des produits gras diminuaient de 15 % et ceux des sodas sucrés de 25 %. Qu'il s'agisse des prix, de la difficulté d'accéder à une alimentation saine, de la progression de l'inactivité et des effets cumulés des campagnes de publicité massive, tous ces facteurs contribuent à l'épidémie d'obésité.

Plusieurs études indiquent que les quartiers défavorisés se détournent des supermarchés qui proposent un choix de fruits et de légumes frais. Ils consomment plus volontiers le snack salé Slim Jim et le soda sucré Big Gulps que les habitants des quartiers à revenus moyens et supérieurs. Les habitudes alimentaires, une fois entrées dans les mœurs, sont difficiles à modifier. Sans évoquer les moyens financiers, le temps et le

la santé, ce chiffre va atteindre 7,8 % pendant les dix-sept années à venir, pour porter le chiffre à 438 millions, dont plus de 70 % dans les pays à revenus faibles ou intermédiaires.

savoir-faire nécessaires pour préparer de véritables repas, il faut savoir que, quand en 2012 le gouvernement américain a intégré une alimentation plus saine à son programme alimentaire pour les écoles, des élèves d'un grand nombre d'écoles ont lancé des campagnes de protestation sur les réseaux sociaux.

La corrélation entre l'introduction des fast-foods américains et l'augmentation de l'obésité s'est vérifiée de manière quasi systématique dans de nombreux pays. Aux États-Unis, le changement historique de la politique agricole dans les années 1970 est un des facteurs qui ont conduit au déferlement des fast-foods, au développement de la nourriture industrielle et à l'augmentation des portions, au moment même où l'obésité commençait à se développer. Au lieu d'inciter les agriculteurs à réduire les surfaces cultivées, comme pendant le New Deal, le gouvernement a décidé de leur accorder des subventions pour se développer autant qu'ils le pouvaient et pour produire le plus possible. Ce changement de politique coïncidait avec les nouvelles avancées techniques et des semences hybrides découlant de la révolution verte de meilleure qualité. Les prix chutèrent alors fortement. Le Dr Carlson Chow, un mathématicien travaillant au National Institute of Diabete and Digestive and Kidney Diseases, a élaboré un modèle mathématique précis qui incite à penser que la prise de poids et l'augmentation de l'obésité correspondent très exactement aux changements de la politique agricole.

L'industrie publicitaire a joué un rôle crucial. À titre d'exemple, une chaîne de fast-food s'est rendue célèbre pour avoir réalisé des clips largement diffusés sur les écrans de télévision dans lesquels on voit un sex-symbol vêtu de manière très légère en train de laver une voiture en prenant des poses suggestives. Le budget investi en matière de publicité par le secteur agroalimentaire et les chaînes de fast-food représente les deux tiers de celui que lui consacre l'industrie automobile. Ces tendances étroitement liées ont certes commencé aux États-Unis, mais elles se sont maintenant largement développées dans le monde entier. Enfin, l'impact de l'obésité sur les ressources mondiales correspond à la présence d'un milliard d'individus de plus sur la planète.

Les origines du marketing de masse

L'augmentation de la consommation dans le monde est un phénomène relativement nouveau, qui date de moins d'un siècle et qui a aussi commencé aux États-Unis. Bien que la publicité de masse soit apparue à la fin du XIXe siècle et au début du XXe, la plupart des historiens datent le véritable début de la culture de consommation des années 1920, quand la radio, premier média électronique de masse, fit son apparition avec les premiers magazines nationaux et films muets. Le crédit à la consommation se développa rapidement et fut de plus en plus accessible pendant les Années folles pour faciliter les achats de nouveaux produits à des prix relativement élevés, comme les automobiles et les récepteurs de radio.

L'électricité, qui n'était accessible que dans moins de 1 % des foyers au début du XXe siècle, se développa rapidement et équipa 70 % des logements américains à la fin des années 1920. La technique de production de masse avec les pièces de rechange et les premières formes d'automatisation (précurseurs de ce qu'est aujourd'hui Earth Inc.) commencèrent à dissocier la productivité et l'augmentation de l'emploi pour devenir une corne d'abondance de produits de consommation qui poussa les industriels et les commerçants à se pencher sur la nouvelle science du marketing de masse. C'est à ce moment-là que la publicité prit son essor et devint un élément à part entière du marché.

Cette période de notre histoire coïncida exactement avec le moment où les idées de Sigmund Freud se répandaient aux États-Unis. Freud s'était rendu pour la première fois en Amérique en 1909 pour faire une série de conférences sur la psychanalyse à l'université Clark à Worcester, Massachusetts, devant un public qui comprenait William James (dont le jeune protégé, Walter Lippmann, a été très influencé par Freud) et beaucoup d'autres intellectuels américains de premier rang. Pendant la décennie suivante, les idées popularisées par Freud, comme l'étude du subconscient pour comprendre les comportements humains, le transfert et d'autres aspects de la psychanalyse, se diffusèrent particulièrement sur la côte Ouest où l'industrie de la publicité était et est toujours installée. L'American Psychoanalytic Society fut fondée deux ans après la venue de Freud.

Quand les États-Unis entrèrent en guerre en 1917, ces concepts psychologiques avaient été adaptés pour les techniques de persuasion des masses utilisées durant l'effort de guerre. Woodrow Wilson mit en place un Committee on Public Information. Le neveu de Freud, Edward Bernays, en faisait partie, avec Walter Lippmann qui n'avait que deux ans de plus que lui et dont l'influence sur Bernays était en quelque sorte en concurrence avec celle de son oncle Sigmund. Après la guerre, Bernays se dit sidéré par l'efficacité de la propagande des masses et décida de l'introduire dans le marketing.

Bernays est le « père des relations publiques ». Il avait inventé ce terme pour éviter d'utiliser celui de « propagande », à la connotation négative aux États-Unis du fait qu'il avait été largement utilisé par les Allemands pour décrire leur stratégie de communication pendant la guerre. Bernays révolutionna le champ de la recherche en marketing en abandonnant la technique connue des questions aux consommateurs pour connaître leurs goûts. Il préféra passer beaucoup de temps avec des psychanalystes et mena des entretiens avec des individus choisis pour découvrir les associations qu'ils faisaient dans leur subconscient pouvant relever du marketing des produits et des marques. Paul Mazur, le partenaire en affaires de Bernays, déclara :

> Nous devons faire déplacer l'Amérique d'une culture des besoins vers une culture du désir. Il faut apprendre aux gens à désirer, à vouloir de nouveaux produits, même avant que les anciens n'aient pas encore été complètement consommés. Nous devons construire une nouvelle pensée. Les désirs de l'homme doivent dépasser ses besoins.

Voici ce que Bernays écrivait en 1928 :

> La manipulation consciente, intelligente, des opinions et des habitudes organisées des masses joue un grand rôle dans une société démocratique. Ceux qui manipulent ce mécanisme social imperceptible forment un gouvernement invisible qui dirige véritablement le pays. Nous sommes gouvernés, nos esprits sont modelés, nos goûts formés, nos idées suggérées principalement par des gens dont on n'a jamais entendu parler. C'est le résultat logique de la façon dont notre société démocratique est organisée... Dans chacun de nos actes quotidiens, que ce soit dans la sphère politique ou dans les affaires, dans notre comportement social ou notre éthique, nous sommes téléguidés par un petit nombre de personnes [...] qui ont compris le fonctionnement mental et les modèles sociaux des masses. Ce sont eux qui tirent les ficelles et contrôlent la pensée publique.

Bernays a connu son premier grand succès en s'attaquant à un problème rencontré par un de ses clients, l'American Tobacco Company, qui se plaignait des conventions sociales interdisant aux femmes de fumer. Lors de la parade du jour de Pâques 1929 à New York, il fit appel à un groupe de femmes, habillées en suffragettes, qui défilèrent sur la 5e Avenue. Quand elles atteignirent la zone réservée à la presse, ces fausses suffragettes sortirent des cigarettes et, dans un bel ensemble, les allumèrent en proclamant qu'elles avaient en main les « torches de la liberté ». Un tabou était levé. Des décennies plus tard apparut la fameuse campagne de publicité « *You've come a long way baby* » qui développait une image rassurante en véhiculant des valeurs d'émancipation féminine et de liberté.

En 1927, un éminent conseiller en relations industrielles, Edward Cowdrick, écrivit que cette stimulation de la consommation était devenue plus importante que la production : « le travailleur est devenu plus important en tant que consommateur que producteur [...] pas pour fabriquer, exploiter et promouvoir assez de produits, mais pour trouver assez de gens qui les achèteront ; c'est le problème vital du business ». Il décrivit cette sagesse macroéconomique toute fraîche comme « le nouvel évangile économique de la consommation ».

L'utilisation du mot « évangile » n'avait pas du tout la même connotation qu'aujourd'hui. La lutte entre le capitalisme et le communisme avait pris une toute nouvelle signification au début de la révolution menée avec succès par Lénine dix ans auparavant et à la naissance de l'URSS. Tout au long de ce long combat pendant le XXe siècle entre les deux camps, la croissance sans limites était l'hypothèse privilégiée mise en œuvre par les deux idéologies sans le moindre doute.

En 1926, le président Calvin Coolidge prononça un discours à l'attention des publicitaires en se risquant sur le même territoire que Cowdrick : « La publicité traite du versant spirituel des échanges. Une grande responsabilité vous a été confiée : inspirer et ennoblir le monde du commerce. Ce n'est qu'un élément du canevas de régénération et de rédemption de l'humanité. »

Trois ans plus tard, deux mois avant le krach de 1929, le successeur de Coolidge, Herbert Hoover, publia le rapport de son comité sur les *Recent Economic Changes* qui évoquait le pouvoir de la psychologie dans le marketing de masse :

> L'étude a prouvé de manière indiscutable que tout ce qui a été considéré comme théorique est vrai, à savoir que les besoins sont presque insatiables et qu'un besoin satisfait en appelle un autre. La conclusion est que, économiquement, nous avons un champ infini devant nous, que grâce à la publicité et à d'autres dispositifs promotionnels, ainsi qu'à des enquêtes rigoureuses, nous allons créer de nouveaux besoins qui en appelleront encore d'autres, aussi vite qu'ils seront satisfaits ; une consommation prudemment organisée a été créée qui entraînera une production mesurable [...]. L'activité ne va pas cesser d'augmenter.

Dans les années 1930, un autre psychanalyste freudien de Vienne, Ernest Dichter, immigra aux États-Unis et commença à travailler sur le marketing de masse. Pleinement averti de la popularité des concepts freudiens dans le business de la publicité, il expliqua à des clients potentiels de Madison Avenue et de Wall Street qu'il n'était pas seulement « un psychologue de Vienne » mais qu'il avait cotoyé Sigmund Freud. Il promettait de les aider à « vendre plus et mieux communiquer » et, comme le président Coolidge, il vit l'importance de stimuler davantage la consommation de masse comme moyen de renforcer l'économie américaine dans sa lutte pour assurer la victoire du capitalisme. « Dans une certaine mesure, il faut sans cesse stimuler les désirs et les besoins des gens. »

Comme Bernays et Lippmann l'avaient annoncé, le nouveau pouvoir de la psychologie et du marketing électronique a évidemment eu un énorme impact sur la sphère de la démocratie comme sur celle du marché. Mais, en Europe, pendant la période périlleuse et désespérée de l'entre-deux-guerres, ces nouveaux pouvoirs avaient été mis au service du totalitarisme. En 1922, Joseph Staline était devenu secrétaire général du Parti communiste de l'URSS, Benito Mussolini Premier ministre fasciste d'une coalition gouvernementale en Italie, et Adolf Hitler leader du Parti national-socialiste en Allemagne.

Quinze ans plus tard, après les lois de Nuremberg et l'ouverture des premiers camps de concentration, Edward Bernays fut anéanti en apprenant d'un témoin qui s'était rendu à Berlin que Goebbels faisait un usage intensif de son livre *Propaganda* pour organiser le génocide voulu par Hitler.

C'est également aux États-Unis, en 1922, qu'un ami de Bernays qui avait contribué à l'écriture de *Propaganda* écrivit :

> On croyait que la fabrication du consentement [...] avait disparu avec l'apparition de la démocratie. Mais elle n'est pas morte. Sa technique s'est en fait énormément améliorée. Résultat de la recherche en psychologie, couplée avec les moyens modernes de communication, la pratique de la démocratie a franchi un cap. Une révolution se met en place, infiniment plus révélatrice qu'un simple déplacement du pouvoir économique. [...] Savoir comment créer le consentement changera tous les calculs politiques et modifiera chaque proposition politique. Ainsi, il n'est plus possible de croire aux dogmes fondamentaux de la démocratie.

Comme je l'ai évoqué dans le chapitre précédent, le dynamisme et la santé de la vie démocratique sont menacés par le financement secret et illimité des campagnes électorales ainsi que par le marketing de masse électronique et les études psychologiques qui coûtent extrêmement cher. Si nous ne réagissons pas à ces attaques incessantes de nos institutions, la sinistre prophétie de Lippmann pourrait bien se réaliser ; si les élites disposent de moyens financiers, du pouvoir et des techniques de persuasion de masse pour contrôler les politiques des États-Unis, nous pourrions arriver au point où, pour reprendre les mots de Lippmann, il ne serait plus raisonnable de penser que l'Amérique est encore une démocratie.

Dans la sphère économique, les sommes dépensées pour « fabriquer les besoins » et stimuler l'augmentation de la consommation n'ont cessé d'augmenter année après année. L'utilisation du marketing de masse et des techniques freudiennes a commencé à se réduire au cours du XXe siècle, mais les spécialistes se sont à nouveau penchés sur l'analyse du fonctionnement du cerveau grâce à l'invention de techniques plus sophistiquées comme l'imagerie par résonance magnétique. L'utilisation du marketing de masse pour nous inciter à consommer a continué à envahir notre vie quotidienne au point que nous nous sommes habitués à vivre avec lui. Un citadin lambda était habitué à être sollicité par 2 000 messages commerciaux par jour il y a trente-cinq ans. Selon le *New York Times*, il en reçoit 5 000 aujourd'hui.

La croissance implacable de la consommation par une population mondiale de plus en plus nombreuse nous conduit peu à peu à l'épuisement des ressources naturelles utiles à la fabrication des produits, sachant par ailleurs que la consommation, en augmentation constante sur la planète, génère des montagnes de déchets. Une étude récente de la Banque mondiale explique que nous produisons 8 kilos d'ordures par personne et par jour et l'on estime que le volume augmentera de 70 % dans les douze prochaines années.

Le coût du traitement des ordures va pratiquement doubler pendant la même période, passant à 375 milliards de dollars par an – et pour la plus grande part dans les pays en développement. D'après l'OCDE, dans les pays développés, il suffit que le revenu national progresse de 1 % pour entraîner une augmentation de 0,69 % des déchets solides.

Il ne s'agit là que des ordures. Si l'on ajoute la production d'énergie, la fabrication de produits chimiques, manufacturés, électroniques, les déchets agricoles et ceux issus des fabricants de papier consommés par 7 milliards d'individus, le poids total des déchets issus de l'ensemble de ces process représente chaque année bien davantage que celui de 7 milliards de personnes.

Un marché noir très prospère dans les pays développés vit du traitement illégal des ordures en les expédiant vers les régions les plus pauvres. L'exportation de déchets de plastique – dont presque 90 % vers la Chine – a augmenté de près de 250 % pendant les dix dernières années. Les nouveaux médias ont largement parlé de l'immense vortex de déchets au milieu de l'océan Pacifique – constitués essentiellement de plastiques –, mais des millions de décharges en accueillent dans des quantités encore plus importantes.

Malgré les efforts louables d'entreprises et de villes pour recycler les déchets, les volumes qu'ils représentent tendent à dépasser leurs capacités. On peut par exemple fabriquer du méthane de qualité à partir de déchets organiques, mais, en raison de l'inertie générale et de l'absence de leadership, de telles quantités en sont simplement jetées dans des décharges de fortune ou en pleine nature que leur décomposition compte pour 4 % dans le réchauffement de la planète annuellement.

Les déchets électroniques, dont le volume augmente chaque année, et les matières extrêmement toxiques qu'ils contiennent ont été l'objet de la plus grande attention. Une fois encore, malgré les efforts de recyclage déjà entrepris, le problème est d'une telle ampleur que nous sommes encore loin de la solution.

Les déchets chimiques et biologiques nous posent un défi particulier. Pendant les années 1970 et 1980, j'ai présidé et participé à un grand nombre de commissions au Congrès qui avaient pour thème les déchets chimiques et leur toxicité. Les lois très rigoureuses alors promulguées avaient été sévèrement édulcorées par le lobby de l'industrie chimique. Une récente étude américaine des Centers for Disease Control and Prevention a identifié les traces de 212 déchets chimiques dans le corps des citoyens américains, dont des pesticides, de l'arsenic, du cadmium et des produits ignifugeants.

Pourquoi des produits ignifugeants ? L'histoire est intéressante car elle nous donne encore un exemple du déséquilibre des pouvoirs qui permet aux entreprises de faire passer leurs propres intérêts avant ceux du pays. Une enquête très complète réalisée par le *Chicago Tribune* en 2012 a démontré comment l'industrie du tabac a exercé une influence corruptrice sur les dirigeants politiques pour qu'ils décident d'ajouter des produits ignifugeants au mobilier sous prétexte de sauver des vies ; on déplore en effet chaque année des milliers de morts dans des incendies déclenchés par des fumeurs qui s'endorment et laissent tomber leur cigarette sur un canapé ou un fauteuil.

Une solution déjà proposée au début du XXe siècle – plus logique et moins dangereuse – consistait à obliger les industriels du tabac à supprimer les produits chimiques qu'ils intégraient aux cigarettes pour qu'elles ne s'éteignent jamais même sans que soient tirées de bouffées. Mais comme ils ne voulaient pas qu'on leur fasse porter la responsabilité des incendies ni perdre des ventes, ils organisèrent un plan de corruption pour que des produits chimiques dangereux soient ajoutés à la fabrication de la plupart des meubles.

Quand les entreprises de produits ignifugeants commencèrent à comprendre qu'elles tireraient d'importants bénéfices de ce stratagème, elles se regroupèrent pour contribuer au financement du projet de l'industrie du tabac. Les mêmes lobbyistes, salariés secrètement par les entreprises, avaient également infiltré les services d'incendie des États ainsi que l'industrie chimique. Pendant ce temps, les enfants continuent donc à respirer la poussière de ces produits ignifugeants en décomposition et les scientifiques à établir des liens entre cette exposition et le développement de cancers, de troubles de la reproduction et de dommages infligés aux fœtus. Enfin, la Consumer Product Safety Commission a récemment découvert que l'intégration de ces produits dans le processus de fabrication du mobilier ne garantissait pas la prévention des incendies.

Des produits chimiques particulièrement dangereux comme le bisphénol A (BPA) et les phtalates (dont la composition est proche de celle des produits ignifugeants) ont été l'objet d'une attention particulière des experts de la santé publique, mais le Toxic Substances Control Act, loi promulguée en 1976, n'a jamais réellement été mis en œuvre. Une liste d'environ 83 000 produits chimiques contenant des substances devant faire l'objet de contrôles stricts a été dressée, mais l'Agence de protection de l'environnement a demandé que les tests soient effectués sur 200 produits seulement et n'a demandé le retrait que de 5 d'entre eux. Les industriels de la chimie ont obtenu le droit de ne pas révéler leur contenu en invoquant le secret de fabrication.

C'est aux stocks de gaz neurotoxiques et de munitions que l'on doit le développement des produits chimiques dans l'agriculture et l'industrie après la Seconde Guerre mondiale. (L'inventeur des gaz de combat lors de la Première Guerre mondiale a aussi mis au point l'engrais azoté de synthèse.) Ces nouveaux composants chimiques multiplièrent les formes de pollution des eaux qui auparavant tenait essentiellement son origine de la contamination des matières fécales provoquant des épidémies de typhus et de choléra. Ces maladies ont été éradiquées dans les pays développés, mais les maladies et la mort frappent aujourd'hui les pays en développement pour les mêmes raisons, particulièrement en Asie du Sud, en Afrique et dans certaines parties du Moyen-Orient.

La pollution des rivières, des torrents et des nappes phréatiques est très grave car elle génère des pénuries d'eau qui affectent de nombreuses parties du monde. La Commission mondiale pour l'eau au XXIe siècle, à laquelle participent de nombreuses agences de l'ONU, indiqua dans un rapport publié en 1999 que « plus de la moitié des grands fleuves et rivières sont gravement pollués et dégradés ». Cette tragédie planétaire s'explique parce que ni les sécheresses ni la pollution ne sont prises en compte dans le calcul du PIB. Comme le souligne l'économiste Herman Daly : « La pollution n'est pas comptabilisée comme élément négatif dans notre calcul alors que les coûts nécessaires pour la combattre s'additionnent. C'est une méthode qui tient de la fongibilité asymétrique. » On considère d'une manière générale, et à tort, que le coût de la protection de l'environnement est un handicap pour notre système économique. Ainsi, en Chine, dans la ville de Guangzhou, le directeur adjoint de l'agence de planification s'est trouvé dans l'obligation de défendre la décision de lutter contre la pollution de l'air. « Nous voulons protéger la santé de nos concitoyens même si le gouvernement pense que notre croissance va en souffrir. Cela en vaut la peine. »

Une enquête du *New York Times* a permis de recueillir – par la voie du gouvernement fédéral et des États – des centaines de milliers d'alertes à la pollution des rivières selon le Freedom of Information Act. Un Américain sur dix a été exposé aux déchets chimiques et a connu des problèmes de santé en consommant simplement l'eau du robinet.

Depuis 1972, les États-Unis ont ouvert la voie pour ce qui concerne la protection de l'eau et la plupart des pays développés leur ont emboîté le pas. Les avancées réalisées dans les pays en développement ne leur permettent toutefois pas d'atteindre les normes du 2000 Millenium Development Goals (schéma directeur pour le développement mondial signé par les 193 États membres de l'ONU et 23 organisations internationales). Selon l'Organisation mondiale de la santé, « plus de 2 milliards de personnes ont eu accès à des sources améliorées d'eau potable, par exemple un approvisionnement par canalisation ou des puits protégés (défini comme "la possibilité d'avoir accès à l'eau potable"), et, entre 1990 et 2010, près de 1,8 milliard ont pu bénéficier d'installations sanitaires, cependant plus de 780 millions d'individus n'ont toujours pas accès à l'eau potable et 2,5 milliards ne disposent toujours pas d'installations sanitaires modernes ».

Si la tendance actuelle continue, ces chiffres resteront anormalement élevés en 2015 : selon l'Organisation mondiale de la santé, « 605 millions d'individus ne disposeront toujours pas d'eau potable améliorée et 2,4 milliards ne disposeront pas d'installations sanitaires ». En Chine, où 90 % des nappes superficielles sont polluées y compris par des déchets chimiques et industriels, 190 millions de Chinois tombent malades chaque année et des dizaines de milliers d'entre eux y laissent la vie.

L'accès à l'eau potable est réparti de manière très inégale : six pays seulement ont accès à la moitié du total des approvisionnements, qui diminuent dans de nombreuses zones géographiques où la qualité de l'eau se dégrade également. Cette tendance va de pair avec la disparition de terres arables, ce qui freine l'augmentation de la production de nourriture. La surconsommation et le gaspillage d'eau potable – avec la nouvelle concurrence des villes et les besoins toujours croissants de Earth Inc. – risquent de provoquer des crises alimentaires dans de nombreuses zones géographiques du monde.

Si le développement urbain a eu un impact sur les terres agricoles, la demande croissante d'énergie a aussi un impact sérieux sur la disponibilité d'eau courante pour les cultures alimentaires. La décision imprudente de privilégier la première génération des carburants à l'éthanol et des biodiesels à partir d'huile de palme a eu un impact sur les cultures alimentaires en redistribuant à la fois la répartition de l'eau et des terres cultivables. L'engouement actuel pour le gaz de schiste, qui nécessite 20 millions de litres d'eau par puits, a mis à rude épreuve les ressources dans des régions déjà en proie aux pénuries. Ainsi, de nombreux comtés et villes du Texas ont été forcés de procéder à des choix entre l'agriculture et la fracturation hydraulique. On estime que, sur le plan mondial, la consommation d'eau pour la production d'énergie augmentera deux fois plus vite que la demande en énergie.

Le développement de la fracturation hydraulique pour extraire du pétrole et du gaz qui nécessite l'injection de rebuts de liquide toxique, provoque des infiltrations qui atteignent des zones de dépôts considérées jusque-là comme saines. Aux États-Unis, on estime que 150 milliards de litres de rebuts de liquide toxique ont été injectés dans plus de 680 000 puits de stockage souterrain en quelques décennies, sachant que la méthode de fracturation change la géologie souterraine en créant de nouvelles fissures et en modifiant les trajets d'écoulement des eaux. Malheureusement, il est déjà arrivé que des infiltrations se produisent dans des aquifères d'eau potable.

L'eau souterraine représente environ 30 % des ressources d'eau potable dans le monde, comparé à 1 % fournie par l'ensemble de l'eau douce de surface. Le rythme des prélèvements s'est sérieusement accéléré pendant la seconde moitié du XXe siècle jusqu'à doubler en 1960. Mais, au cours des quinze dernières années (avec le poids de la croissance de la Chine et des autres économies émergentes), les prélèvements ont encore accéléré.

L'arrivée des nouvelles technologies de forage et de pompage a constitué un autre facteur important. En Inde, 12 milliards de dollars ont été investis dans de nouveaux puits et pompes et plus de 21 millions de puits ont été creusés par 100 millions de paysans, ce qui a asséché les nappes aquifères de nombreuses communautés. Il a alors fallu transporter l'eau potable par camions-citernes pendant que les paysans attendaient désespérément que la pluie tombe en abondance.

L'augmentation de la population et de la consommation d'eau entraîne des prélèvements si importants dans les fleuves et les grandes rivières que nombre de ces cours d'eau ont des difficultés à conserver leur débit jusqu'à la mer ; c'est le cas pour le Colorado, l'Indus, le Nil, le Rio Grande, le Murray-Darling en Australie, le Yangtze et le fleuve Jaune en Chine et l'Elbe en Allemagne.

Une population qui augmente sans cesse

Bien que les chiffres d'augmentation de la population aient ralenti dans le monde au cours des dernières décennies, la population de la planète atteint un tel chiffre que même si la démographie diminue, des milliards d'individus vont encore s'ajouter avant qu'elle ne se stabilise vers la fin de ce siècle, avec un nombre difficile à prédire aujourd'hui mais qu'on estime entre 10 et 15 milliards. (Une projection basse donne 6,1 milliards et une autre monte jusqu'à 27 milliards si la fécondité ne chutait pas à nouveau. Mais la grande majorité des experts estime que le chiffre se situera légèrement au-dessus de 10 milliards.)

Dans les douze prochaines années, l'Inde va dépasser la Chine pour devenir le pays le plus peuplé du monde en 2050. Dans vingt-cinq ans, l'Afrique sera plus peuplée que la Chine ou l'Inde, et à la fin de ce siècle on estime que sa population sera supérieure au total des deux. Dans les quarante prochaines années, l'Afrique pèsera pour la moitié dans l'augmentation mondiale et elle devrait tripler sa population actuelle pour atteindre le chiffre stupéfiant de 3,6 milliards à la fin du XXIe siècle. Compte tenu des faibles niveaux de fertilité du sol dans la partie subsaharienne du continent, des pénuries d'eau potable, d'une gouvernance défaillante dans de nombreux pays et des effets probables du réchauffement de la planète, les difficultés que rencontrera l'Afrique seront au centre de toutes les préoccupations au milieu du siècle.

La raison pour laquelle il est si difficile de prévoir le pic de la population mondiale et la raison pour laquelle les estimations peuvent varier de cinq milliards – le nombre d'êtres humains qui vivaient sur Terre à la fin des années 1980 ! – viennent de la difficulté inhérente à prédire le nombre d'enfants que les femmes souhaiteront avoir pendant les prochaines décennies. Une variation d'un demi-enfant (les démographes ne sont plus sensibles depuis longtemps à l'incongruité de cette expression) peut faire une différence très importante sur une population de plusieurs milliards et sur les quatre-vingt-sept années qu'il nous faut pour atteindre la fin de ce siècle. Les multiples facteurs qui peuvent influencer les femmes pour leurs choix de vie sont évidemment très difficiles à prévoir sur une période aussi longue.

Ces nouvelles projections à la hausse du pic de la population mondiale dans la dernière partie du XXIe siècle vient d'un déclin plus lent que prévu de la fécondité dans les pays en développement, dont la majorité se trouve en Afrique. La cause principale de la démographie galopante sur le continent africain et ailleurs dans le monde tient à l'incapacité pour la communauté mondiale de diffuser les méthodes de contraception pour les femmes qui souhaitent pouvoir en disposer.

Les experts ont énormément travaillé et appris pendant les dernières décennies sur les nombreux facteurs qui influent sur la démographie. Des recherches importantes ont démontré que tout dépend de l'harmonisation de quatre éléments qui constituent le puzzle démontrant que la population d'un pays augmente ou se stabilise – des taux de mortalité et de natalité élevés et des familles nombreuses ou bien des chiffres faibles pour ce qui concerne les décès, les naissances et des familles peu nombreuses.

Le point positif est que l'effort mondial pour ralentir la croissance démographique commence à porter réellement ses fruits quand bien même le mouvement est relativement lent. Même si pendant des décennies nous allons connaître encore de très fortes augmentations en valeur absolue, presque tous les pays du monde sont passés du premier terme de l'équation ci-dessus au second.

Certains ont changé assez rapidement, mais d'autres sont encore à la traîne. Aux États-Unis, le taux de croissance de la population a ralenti pour atteindre son niveau le plus bas depuis la Grande Dépression.

Pendant plusieurs dizaines d'années, le point de vue dominant était que les hausses du PIB – en particulier associées au développement industriel – constituaient la clé de la diminution de la population. C'était une autre illustration de la commodité séduisante et de la simplicité illusoire du PIB en tant que mesure approximative du progrès général et une manière d'attirer l'attention des responsables politiques même si elle était éloignée de leurs véritables objectifs.

Bien que le PIB ne fasse *pas* partie des quatre facteurs, dans de nombreux pays, la croissance économique crée des conditions et un cadre de vie qui peuvent avoir et qui ont un impact sur la démographie. Mais dans les pays aux institutions défaillantes, frappés par des pénuries d'eau et de terres arables, victimes de l'extrême pauvreté, l'augmentation de la population est toujours très forte. Sur les quatorze pays qui ont ces trois caractéristiques et des rythmes d'augmentation de la population extrêmement élevés, treize se trouvent en Afrique subsaharienne.

L'addition de quatre facteurs essentiels est nécessaire, et aucun n'est suffisant en lui-même. Les voici :

1. L'éducation des filles – facteur le plus important. Celle des garçons est bien entendu également importante mais les statistiques démographiques indiquent clairement que la capacité des filles à suivre des études pour bénéficier d'une bonne éducation est primordiale.
2. La libération des femmes dans la société de façon que leurs opinions soient entendues et respectées, qu'elles aient la possibilité de participer aux décisions avec leurs maris ou compagnons sur la vie quotidienne et tout ce qui concerne la famille.
3. Permettre un large accès à toutes les informations concernant les méthodes de contrôle des naissances pour que les femmes puissent effectivement choisir le nombre d'enfants qu'elles désirent et quand elles souhaitent les avoir.
4. Une mortalité infantile faible. Comme Julius K. Nyerere, le leader africain, a déclaré au milieu du XXe siècle : « le contraceptif le plus efficace est la confiance que les parents peuvent avoir pour l'avenir de leurs enfants ».

Le combat pour permettre l'accès à la contraception et le contrôle des naissances n'a pas été aussi efficace que les chercheurs et les démographes l'avaient espéré. Les engagements des pays riches qui avaient promis d'aider les pays pauvres financièrement n'ont pas été totalement respectés. Dans les pays développés où la démocratie est affaiblie, comme les États-Unis, les attaques contre les programmes concernant l'amélioration de la condition féminine ont connu un certain succès. L'opposition politique à la contraception, par exemple, a curieusement resurgi en Amérique au cours des deux dernières années, alors qu'une majorité écrasante d'Américaines (dont 98 % des catholiques « sexuellement actives ») la soutienne et que la question semblait avoir été réglée dans les années 1960.

L'opposition à la contraception reposant sur un sentiment religieux par une petite minorité a eu également un impact très négatif sur la contribution des États-Unis aux efforts déployés pour rendre accessible la contraception dans les pays en développement rapide – en partie à cause de la confusion hypocrite entre contraception et avortement. Depuis que l'aide extérieure subit des coupes budgétaires, le montant qui y est consacré est très loin des sommes initialement prévues. Et une fois encore, le déséquilibre du pouvoir et la paralysie politique qui sont le lot de l'Amérique ont dépossédé le monde d'un leadership recherché désespérément, ce qui, en retour, a porté un sérieux coup à la capacité d'action de l'ensemble des pays.

En conséquence, la baisse attendue des taux de natalité ne s'est pas produite – en particulier en Afrique, où 39 pays sur 55 ont encore des chiffres élevés. (On compte 9 pays avec des taux de fécondité importants en Asie, 6 dans les nations des îles du Pacifique et 4 dans des pays pauvres en Amérique latine.) Dans 34 des 58 pays à forte fécondité dans le monde, la population aura triplé à la moitié de ce siècle.

À l'échelle mondiale, les femmes en âge de procréer ont maintenant une moyenne de 2,5 enfants. En Afrique, cependant, la moyenne est presque de 4,5. De plus, dans quatre pays africains, la moyenne est supérieure à 6 enfants, ce qui conduit à un accroissement de la population catastrophique et insoutenable. Pour prendre l'exemple du Malawi, où vivent 15 millions d'individus, on s'attend à ce que le nombre d'habitants soit presque multiplié par dix pour arriver à un chiffre de l'ordre de 129 millions à la fin du siècle. Le Nigeria, pays le plus peuplé du continent, connaît un rythme d'augmentation qui fera passer la population du pays de 160 millions aujourd'hui à plus de 730 millions en 2100, ce qui correspond à la population de la Chine au milieu des années 1960.

Avant que la démographie soit une science mieux connue et maîtrisée, l'idée qu'un taux de mortalité élevé suffisait pour faire diminuer la population mondiale était largement répandue. Mais l'impact d'une forte mortalité sur des taux de natalité élevés a démenti cette opinion. La peste noire a fait des dégâts considérables au XIVe siècle et l'on pense qu'en réalité c'est la dernière fois que la population a chuté. Dans le monde d'aujourd'hui, les maladies les plus terribles n'ont pas eu beaucoup d'effets. L'épidémie de sida a eu un impact dans quelques pays africains, mais au niveau mondial la population a augmenté durant les cinq premiers mois de 2011, avec davantage de naissances que de décès du sida depuis que la maladie a commencé à se répandre il y a trois décennies.

Dans les pays à forte mortalité infantile, la tendance naturelle est de faire beaucoup d'enfants pour s'assurer qu'il y aura assez de survivants pour prendre soin de leurs parents quand ils seront âgés afin de perpétuer l'histoire de la famille, son nom et les traditions. Quand les décès connaissent une baisse sensible, une demi-génération plus tard le même mouvement affecte les taux de natalité, si les pays concernés bénéficient des trois autres facteurs. Après la Seconde Guerre mondiale, les améliorations sensibles en matière d'installations sanitaires, de nutrition et de santé, comme la diffusion des antibiotiques et des vaccins, à laquelle s'ajoutaient les progrès de la médecine moderne, ont conduit à des baisses significatives de la mortalité à la naissance et dans la petite enfance dans de nombreux pays du monde. Le même phénomène s'était produit dans les pays industriels au commencement du XIXe siècle. La durée de la vie avait doublé en passant de 35 à 77 ans.

Un programme pour les femmes et les jeunes filles

Malgré les résistances qui subsistent dans certains groupes sociaux ou politiques comme les talibans en Afghanistan, l'éducation des jeunes filles est devenue chose courante dans le monde d'aujourd'hui, y compris dans la plupart des pays qui ne s'étaient préoccupés que de l'avenir des garçons. La plupart des pays ont depuis longtemps compris les avantages de la nécessité de scolariser tous les enfants, en particulier à l'ère de la communication. Le système scolaire de l'Arabie Saoudite était conçu pour les garçons, mais d'après les statistiques les plus récentes, presque 60 % des étudiants à l'université sont des jeunes filles alors qu'elles ne représentaient que 8 % en 1970.

Au Qatar, ce chiffre est de 64 % ; en Tunisie et dans les Émirats, de 60 % ; et en moyenne de 48 % dans les pays arabes aujourd'hui. En Iran, il est de 51 %. Plus encore, sur les 120 pays dont les statistiques sont fiables, il y a davantage de filles diplômées que de garçons dans 67 d'entre eux. La moyenne mondiale est de 51 %. Aux États-Unis, elles sont 62 % à avoir des diplômes universitaires, 58 % ont le bac, 61 % une maîtrise et 51 % un doctorat.

Dans de nombreuses sociétés aux traditions fortes, la volonté de donner davantage de pouvoir et de responsabilités aux femmes est encore de l'ordre du challenge. En Arabie Saoudite, elles n'ont pas le droit de conduire ni de voter alors qu'elles sont diplômées. Leur roi, qui porte des idées plutôt progressistes, a annoncé que les femmes auraient le droit de vote en 2015. Même si 93 % de ce qui sépare les hommes des femmes en matière d'éducation a été évalué sur le plan mondial, elles sont encore moins de 60 % à participer à la vie économique et 18 % seulement à la politique.

La mondialisation a accentué la demande pour qu'elles prennent une place plus importante dans la société. Elles représentent plus de la moitié des utilisateurs des réseaux sociaux du monde et presque la moitié des utilisateurs d'Internet. Elles sont d'autant plus impatientes de voir bouger les choses quand elles se trouvent dans des contextes plus favorables à l'égalité, en particulier dans les pays développés.

Le monde a connu un changement capital au cours des quarante dernières années. Les chiffres l'indiquent clairement, parce que la tendance à travailler à l'extérieur du foyer s'est largement répandue, les femmes ont été deux fois plus nombreuses que les hommes à arriver sur le marché de l'emploi. Cette tendance – compte tenu du contexte de course à la croissance qui est le leur – est particulièrement marquée dans les pays asiatiques. Les chiffres de l'emploi sont de 83 femmes pour 100 hommes, avec une tendance lourde dans le secteur de l'exportation, essentiellement la confection où les femmes occupent de 60 à 80 % des emplois.

The Economist a calculé que « la progression du travail féminin dans les pays développés a contribué bien davantage que la Chine à la croissance économique mondiale ». Dans les pays industriels, les femmes produisent un peu moins de 40 % du PIB. Cependant, et c'est encore une lacune dans la façon de mesurer le PIB – comme l'avait souligné Kuznets en 1937 –, il ne prend pas en compte la valeur économique du travail des femmes (et de certains hommes) accompli à la maison : garde et éducation des enfants, préparation des repas, entretien de la maison et tout ce qui y est lié. Si ce travail accompli dans les pays développés était évalué à son véritable coût, dont les salaires versés aux nounous, aux cuisiniers, au personnel de ménage, la contribution totale des femmes au PIB dépasserait largement 50 %.

Ce mouvement a eu des conséquences non négligeables. Aux États-Unis, entre 1960 et 1990, le pourcentage des femmes mariées et avec des enfants de moins de six ans travaillant à l'extérieur du foyer a progressé de manière extraordinaire en passant de 12 à 55 % ; pour ce qui est des mères de famille avec des enfants en bas âge, il est passé de 20 à 60 %.

Ces changements sociologiques font partie des nombreux facteurs qui contribuent malheureusement à l'épidémie d'obésité. C'est parce que beaucoup de mères sont moins présentes à la maison, et que de plus en plus d'enfants vivent dans des familles où les deux parents travaillent, que les fast-foods et commerces alimentaires du même genre ont pris autant d'importance, tout comme les produits alimentaires industriels qui exigent un simple passage au micro-ondes. Les portions consommées ont elles aussi augmenté, ainsi que l'indice de masse corporelle. C'est exactement ce que Kessler[1] évoque quand il parle de l'incitation à manger toujours plus.

Des études montrent par ailleurs que les enfants des quartiers défavorisés sont autorisés, voire encouragés par leurs parents ou ceux qui en ont la charge à regarder davantage la télévision parce qu'ils sont plus en sécurité qu'à l'extérieur où la violence est relativement fréquente. Cette tendance générale pour des gens de toutes générations à passer toujours plus de temps devant des écrans connectés à la circulation de l'information globale les incite par là même à exercer des emplois sédentaires. Tout cela contribue largement à la diminution de l'activité physique, tout comme la marche qui a été largement remplacée par le temps passé en voiture.

Une structure familiale qui change

Les femmes plus nombreuses à suivre des études et à travailler et les évolutions diverses que connaissent les sociétés ont également contribué à des changements structurels dans les

1. David Kessler, médecin américain, a mis en lumière les effets de la combinaison de sucre, de graisse et de sel dans les aliments qui provoque une stimulation cérébrale donnant envie de manger. (*N.d.T.*)

familles. Le nombre de divorces a considérablement augmenté dans presque toutes les parties du monde. Les experts ont expliqué le phénomène par l'assouplissement de la législation et le travail des femmes, auxquels ils ajoutent aujourd'hui le développement des relations par Internet. Des analyses indiquent que Facebook provoquerait de 20 à 30 % des divorces aux États-Unis.

Les femmes se marient de plus en plus tard, et comme les hommes sont plus nombreux à choisir le célibat. Il y a cinquante ans, les deux tiers des Américains convolaient avant trente ans ; ils sont un quart aujourd'hui. La tendance est à l'union libre, y compris avec des enfants. En Amérique, ils sont 41 % à avoir une mère célibataire, alors qu'ils n'étaient que 5 % il y a cinquante ans. Le chiffre est de 50 % chez les femmes de moins de trente ans et de 73 % chez les mères de tout âge dans la communauté afro-américaine.

En matière d'égalité des sexes, les quatre pays qui arrivent en tête au classement général sont l'Islande, la Norvège, la Finlande et la Suède. Le Yémen ferme la marche. Cependant, c'est pour ce qui concerne la participation des femmes à la vie politique qu'il y a le plus à faire. Dans l'ensemble des pays, les femmes occupent moins de 20 % des sièges dans les Parlements élus ; c'est dans les pays nordiques qu'il est le plus élevé (42 %) et dans les pays arabes le plus faible (11,4 %). Les États-Unis se situent légèrement au-dessus de la moyenne. Seuls deux pays ont une majorité de femmes dans leurs assemblées, l'un des plus petits, Andorre, et l'un des plus pauvres, le Rwanda, qui après la tragédie de 1994 a mis en place une règle dans sa Constitution, spécifiant que le Parlement devait comporter au minimum 30 % de femmes. Quant aux postes à responsabilités dans les entreprises, 7 % seulement des sièges des conseils d'administration sont occupés par des femmes.

Les quatre facteurs qui contribuent à la baisse démographique ont un lien avec l'augmentation de la participation à la vie démocratique et le droit de vote accordé aux femmes. Dans les pays où elles participent massivement aux élections, elles se prononcent pour les programmes qui promettent une réduction de la mortalité infantile, l'éducation des jeunes filles, ainsi que des politiques qui proposent d'accorder davantage de place à des postes de responsabilités et des politiques qui permettent un large accès au contrôle des naissances.

Dans la plupart des pays riches, les taux de natalité ont tellement chuté que leur population est en train de diminuer. La Russie, l'Allemagne, l'Italie, l'Autriche, la Pologne et plusieurs autres en Europe de l'Est et du Sud ont aujourd'hui des chiffres bien en dessous des taux de remplacement, tout comme le Japon, la Corée du Sud, la Chine et d'autres en Asie du Sud-Est. Aux États-Unis, le chiffre a connu un minimum historique en 2011.

Dans certains de ces pays, le taux de natalité est tombé si bas que les démographes indiquent qu'ils risquent d'atteindre « le piège de la basse fécondité », c'est-à-dire que le peu de femmes en âge d'avoir des enfants auront elles-mêmes peu d'enfants, phénomène qui s'ajoute à la baisse forte et brutale de la population. Au Japon, on estime qu'elle va passer de 127 millions aujourd'hui à 100 millions au milieu du siècle et 64 millions en 2100.

Seules la Suède et la France ont évité ce piège en adoptant des politiques favorables à une augmentation de la démographie ; elles consacrent environ 4 % de leur revenu national à des programmes de politique familiale, facilitent le travail des parents de sorte qu'ils puissent avoir le nombre d'enfants qu'ils souhaitent, en accordant des congés de maternité et de paternité assez généreux, la gratuité de l'école maternelle, des services d'aide à la petite enfance de qualité et accessibles, un excellent système de santé pour mères et enfants, des mesures de protection de l'emploi pour celles qui reprennent leur travail après avoir eu un bébé et bien d'autres avantages qui ont permis à ces deux nations d'obtenir le niveau du taux de remplacement.

En revanche, le Japon et l'Italie n'ont pas su proposer de tels services et ne peuvent pas ralentir la tendance. En conséquence, ils se verront bientôt confrontés à de graves difficultés pour financer les retraites avec le changement fondamental du ratio entre la part de la population en activité et celle à la retraite. Le mécanisme de financement qui consiste à imposer le travail pour payer les retraites pénalise fortement les actifs quand ils sont beaucoup moins nombreux que les retraités.

L'augmentation de la durée de vie

Cette nouvelle réalité démographique est aujourd'hui une des premières causes des crises budgétaires dans de nombreux pays développés. De la même manière, l'augmentation continue du nombre de personnes âgées dans les pays développés contribue à aggraver les difficultés financières des programmes de santé – en particulier aux États-Unis où le coût des dépenses par personne est plus fort que dans n'importe quel autre pays.

L'allongement significatif de la durée de la vie se constate presque partout. Dans les pays développés, plus de la moitié des bébés nés après l'an 2000 seront centenaires. Aux États-Unis, plus de la moitié de ceux qui sont nés en 2007 dépasseront 104 ans.

Cette révolution entraîne des ajustements fondamentaux. Bien qu'il soit difficile de se fier à tous les chiffres qui circulent, les anthropologues estiment que pendant les 200 000 années qui nous ont précédés, la durée de la vie était de l'ordre d'une trentaine d'années, ou moins. La durée moyenne de la vie a commencé à s'allonger après la révolution agricole et la construction des villes, mais il a fallu attendre le milieu du XIXe siècle pour arriver à 40 ans. Elle atteint 69 ans au cours des cent cinquante dernières années et dans la plupart des pays industriels elle est aujourd'hui de l'ordre de 80 ans.

Les améliorations constantes des systèmes et des équipements sanitaires, des pratiques alimentaires, de la médecine – en particulier avec les antibiotiques, les vaccins et autres médicaments modernes – ont été essentielles, mais les niveaux de formation, d'instruction et d'information sur la santé et le bien-être ont également joué un rôle toujours plus important, amplifié par la mondialisation et l'urbanisation. On estime qu'en Chine la part des personnes âgées de 65 ans et plus devrait doubler pendant le prochain quart de siècle.

L'augmentation du pourcentage de personnes âgées dans certains pays n'est qu'un aspect des changements sociaux en cours qui ne concernent pas uniquement la dimension elle-même de la population mais aussi l'évolution et la répartition des groupes par tranches d'âge. Quand une génération comme celle du baby-boom arrive sur le marché du travail, les sociétés susceptibles d'embaucher en masse peuvent espérer des gains de productivité prodigieux. Or, des années plus tard, quand cette même génération avance en âge, elle a du mal à s'adapter à l'évolution des technologies et aux nouveaux besoins de flexibilité du marché du travail qui sont maintenant ceux de Earth Inc. La fécondité ayant diminué, la génération qui va les remplacer est beaucoup moins nombreuse. Ceux qui demandaient des changements révolutionnaires dans leurs jeunes années leur réclament alors des montants de pensions toujours plus élevés et des soins toujours meilleurs.

La Chine doit en grande partie son boom économique des trente dernières années à la force de travail de sa jeunesse, mais dans les deux années à venir cette classe d'âge commencera à diminuer et en 2050 plus d'un tiers des Chinois seront âgés de 60 ans ou plus. De la même façon, en Inde, le nombre de personnes de plus de 65 ans va doubler pendant les mêmes trente-sept années à venir, mais le pourcentage de personnes âgées restera la moitié de celui des Chinois.

L'essor économique exceptionnel du Japon s'est produit dans le même contexte, c'est-à-dire avec une jeune génération au travail, mais la diminution de sa population au cours des vingt dernières années a coïncidé avec son vieillissement. En 2012, les Japonais ont acheté davantage de couches pour adultes que pour bébés. Au milieu du XXIe siècle, l'âge moyen de ses habitants constaté en 2012 – 43 ans, le plus élevé du monde – atteindra 56. L'âge moyen des citoyens du monde va de même passer pendant cette période de 28 aujourd'hui à 40 en 2050.

Ce qu'on appelle la poussée de la jeunesse, quand elle représente la plus grande partie de la société, peut aussi entraîner des mouvements sociaux et révolutionnaires si le nombre d'emplois qui leur est proposé est insuffisant – surtout pour les hommes âgés de 18 à 25 ans. Les historiens pensent que la forte proportion de jeunes a contribué aux révoltes qui ont amené la Révolution française il y a plus de deux cents ans. Le même phénomène a été observé lors de la guerre civile anglaise au XVIIe siècle et dans la majorité des pays en développement pendant le XXe siècle. Pendant les années 1960, les soulèvements qui se sont produits aux États-Unis coïncidaient avec la génération des jeunes adultes du baby-boom qui a suivi la Seconde Guerre mondiale.

Selon Population Action International, les pays dont 40 % des adultes étaient âgés de 15 à 29 ans ont vécu deux fois plus de guerres civiles que la moyenne habituelle depuis les années 1970 ; plus de deux tiers se sont déroulées dans les pays connaissant de fortes poussées démographiques. Le Printemps arabe de 2011 a de nombreuses origines, mais l'une des principales était le poids extraordinaire de la jeunesse dans la plupart des pays. N'oublions pas que c'est le suicide d'un jeune vendeur de quatre saisons qui a tout déclenché dans une période où les prix de l'alimentation ne cessaient de monter partout dans le monde.

Aujourd'hui, c'est l'Iran qui est en proie à une fantastique poussée de sa jeunesse. Malgré la répression brutale contre les manifestations et la révolution verte, les pressions qui exigent un changement de société sont toujours à l'œuvre. L'Arabie Saoudite, où les manifestations et autres formes de contestation sont interdites, doit également faire face au même type de mouvements parce que le nombre de jeunes gens de 15 à 29 ans est exceptionnellement élevé et que le nombre d'emplois qui leur est proposé est particulièrement faible.

En se fondant sur ces mêmes critères, les États-Unis bénéficient de perspectives plus favorables. L'âge moyen est certes en train de monter, mais il n'atteindra pas 40 ans avant 2050, et grâce aux familles d'immigrés et à leur fécondité, le taux de remplacement est satisfaisant.

De grandes migrations

En 2010, l'ONU a évalué à 214 millions le nombre de migrants internationaux, ce qui représente 10 % de la population des pays développés et une augmentation de 7,2 % en vingt ans. Les migrants internes, qui se déplacent d'une région à une autre au sein d'un même pays, étaient évalués à 740 millions en 2009 (dernière statistique dont nous disposons). Les villes et les métropoles sont leur destination première, qu'il s'agisse de migrants internationaux – ceux qui franchissent des frontières – ou des migrants internes qui quittent les zones rurales. Le nombre de migrants internationaux qui se déplacent d'un pays en développement à un autre est aujourd'hui pratiquement égal au nombre de ceux qui se déplacent de régions défavorisées vers des pays industriels. Le secrétaire général de l'ONU l'a souligné : « Les mouvements "Sud-Sud" sont maintenant presque aussi importants que les mouvements "Sud-Nord". »

Les avantages que l'immigration apporte sont indéniables, en premier lieu parce qu'elle enrichit et régénère les viviers de talent dans les pays et les régions où elle se développe, mais elle est également un facteur de fortes tensions. La xénophobie, qui entraîne une tendance dangereuse à la discrimination et à des phénomènes de violence contre les immigrés – en particulier ceux dont les ethnies, nationalités, cultures et religions sont sensiblement différentes de la majorité des pays où ils s'installent –, est d'autant plus forte dans des régions où un chômage endémique frappe les autochtones et où l'immigration de masse est perçue comme une menace pour la culture, les traditions et la prospérité de la nation.

À Athènes, des milices d'extrême droite ont pris l'habitude de patrouiller dans les rues et de s'en prendre physiquement aux immigrés musulmans principalement originaires d'Afghanistan, du Pakistan et d'Algérie. À Moscou et dans d'autres villes russes, des militants néonazis, des skinheads et d'autres groupes extrémistes brutalisent également des immigrés venus de Tchétchénie et de Transcaucasie, où les communautés musulmanes sont très nombreuses.

Les immigrés constituent 20 % ou plus de la population dans quarante et un pays, dont les trois quarts ont moins d'un million d'habitants. Dans trente-huit pays plus importants, les immigrés représentent au moins 10 % de la population.

L'Inde est en train d'achever la construction d'un mur de 2,50 mètres de hauteur sur 4 000 kilomètres pour renforcer sa frontière avec le Bangladesh, qui connaît des déplacements massifs de victimes du réchauffement climatique sur les zones côtières basses et les îles du golfe du Bengale, où vivent 4 millions de personnes. La population totale du pays devrait passer de 150 millions aujourd'hui à 242 millions dans les prochaines années.

Le Bangladesh a aussi été la destination d'un grand nombre d'immigrés afghans depuis l'invasion américaine. La présence, parmi eux, de jihadistes et de talibans est une source d'inquiétude pour l'Inde qui redoute une vague d'extrémisme islamiste du côté bangladais. Le plus souvent, ces populations qui fuient les difficultés économiques ne font que traverser l'Inde vers d'autres destinations.

Aux États-Unis, où l'immigration a contribué, et de quelle façon, à la construction de la nation, l'arrivée, au début des années 2000, d'immigrés légaux et sans papiers a été un facteur de tensions sociales. Les États-Unis, qui ne représentent que 5 % de la population mondiale, accueillent 20 % du total des migrants internationaux. De juillet 2010 à juillet 2011, pour la première fois, il est né davantage de bébés « de couleur » que de blancs. Pendant cette même période, l'immigration illégale de diverses régions, et en particulier du Mexique, est considérée par les experts du terrorisme comme un élément crucial pouvant donner naissance à des groupes cultivant la haine.

Une étude récente réalisée par la Brookings Institution indique que « les minorités comptent pour 92 % de la croissance de la population mondiale de 2000 à 2010 ». Aux États-Unis le nombre d'enfants blancs a diminué de 4,3 millions pendant que Hispaniques et Asiatiques augmentaient de 5,5 millions. Plus de la moitié des villes américaines sont constituées de minorités, en premier lieu les Hispaniques (26 %) – aujourd'hui la minorité la plus importante – et les Afro-Américains (22 %).

La présence de groupes terroristes sur le territoire américain a atteint son pic dans les années 1990, juste avant l'attentat contre l'immeuble de l'office fédéral à Oklahoma City. Leur nombre avait ensuite sérieusement diminué jusqu'à l'élection de Barack Obama, qui semble avoir provoqué une recrudescence entre 2009 et 2012 dans des proportions bien plus fortes que lors du pic précédent. Le Southern Poverty Law Center explique le phénomène par l'évolution démographique : « La personne de Barack Obama compte beaucoup dans ce changement réel et très important. La droite radicale a énormément progressé depuis 2008, ce qui correspond précisément aux trois premières années de son mandat. »

Paradoxalement, l'immigration nette du Mexique est tombée à zéro en 2012, alors que celle de nombreux autres pays s'est poursuivie. En 2009, les mouvements des pays asiatiques ont été supérieurs aux hispaniques, et selon l'étude de la Brookings : « Les minorités seront majoritaires chez les enfants en 2023 si l'immigration continue, et ce serait encore le cas en 2050 si elle s'arrêtait demain. »

La forte natalité constatée dans les territoires palestiniens, comparée à celle plus faible en Israël, change les analyses politiques des deux parties pour trouver une solution aux tensions dans la région, ou au moins les apaiser. La même tendance a mené à une hausse sept fois supérieure de la population minoritaire arabe en Israël depuis la fondation de l'État moderne, ce qui fait resurgir les inquiétudes que les Israéliens expriment souvent : l'évolution démographique pourrait un jour les contraindre à faire le choix entre le caractère « juif » de l'État d'Israël et les principes démocratiques majoritaires.

Les déplacements de populations ont aussi souvent des conséquences négatives, en particulier lorsque des professionnels de haut niveau comme les médecins ou les infirmières quittent leur pays d'origine, en partie parce que leurs compétences leur permettent de trouver un travail mieux rémunéré et un niveau de vie plus élevé. Les familles appartenant à la classe moyenne émigrent parce que leur pays n'investit plus suffisamment dans les services publics comme l'éducation et la santé. En même temps, l'augmentation de la proportion de migrants et le développement des minorités sont parfois apparus comme un facteur qui affaiblit le contrat social consistant à soutenir les services publics, et en particulier le système éducatif quand des phénomènes comme le *white flight*[1] vers les écoles privées, ce qui pousse l'État à réduire les budgets de fonctionnement des établissements scolaires publics.

1. Littéralement, « fuite des Blancs » au sens de désertion des écoles par les familles blanches où la proportion d'enfants immigrés dépasse un certain taux. (*N.d.T.*)

De nombreux pays de destination ont élaboré et mis en place des politiques destinées à séduire des migrants de la classe supérieure. En outre, des pays développés ayant besoin d'une main-d'œuvre bon marché ont développé des programmes pour attirer des travailleurs temporaires, en particulier aux États-Unis, en Australie et au Royaume-Uni. Les universités ont aussi augmenté fortement leur niveau de recrutement d'étudiants étrangers.

Nombre de pays ou régions à revenus faibles ou intermédiaires dont sont originaires les immigrés bénéficient en retour de flux d'argent non négligeables. Pour l'année 2011, les sommes envoyées aux familles restées au pays étaient estimées à 351 milliards de dollars et devraient atteindre 441 milliards en 2014.

En fait, les montants sont probablement encore plus importants. En Chine, les migrants internes qui ont quitté les régions rurales pour les villes font parvenir 545 dollars en moyenne par an à leurs familles. Au Bangladesh, la Coalition for the Urban Poor a calculé que les travailleurs qui ont choisi de vivre à Dacca leur envoient 60 % de leurs revenus. Les migrants indiens de Bombay envoient régulièrement à leurs proches des États pauvres de l'Uttar Pradesh, du Bihar et du Bengale-Occidental des virements dont les montants représentent l'essentiel des flux monétaires de ces trois États.

Les réfugiés

Les mouvements migratoires internationaux et internes à grande échelle vont se poursuivre, entraînant un nombre de réfugiés toujours plus important. Selon les conventions internationales, un réfugié est une personne qui, à la différence d'un migrant, fuit son pays par crainte d'être persécutée du fait de sa race, de sa religion, de sa nationalité, de son appartenance à un certain groupe social ou de ses opinions politiques. Le nombre d'individus qui ont été contraints de quitter leurs pays pour fuir guerres ou persécutions est estimé à presque 44 millions – 15,4 millions sont répertoriés comme réfugiés –, et 27,5 millions de personnes victimes de violences ou de harcèlement ont rejoint de nouvelles communautés au sein de leur pays.

Pour António Guterres, le haut commissaire aux réfugiés de l'ONU, 70 % des réfugiés ont ce statut depuis plus de cinq ans, ce qui complique considérablement leur propre situation car il est de plus en plus difficile de trouver des solutions. 12 millions d'entre eux sont des apatrides, autrement dit ils n'ont aucun pays d'origine où retourner. Pour la première fois au cours des cinq dernières années, on a constaté que les réfugiés étaient toujours plus nombreux à se rendre dans des villes plutôt que dans des camps. Alors que les migrants se dirigent vers des pays développés et en voie de développement, les pays pauvres abritent 80 % des réfugiés.

Tous les pays d'où sont issus les réfugiés sont enlisés dans des conflits violents. C'est le cas de la Somalie, de la République démocratique du Congo, de la Birmanie, de la Colombie et du Soudan. Les deux plus importants sont l'Afghanistan et l'Irak. La stupide décision américaine d'envahir l'Irak en 2002 – prolongeant ainsi la guerre d'Afghanistan en retirant prématurément les troupes destinées à rechercher Oussama Ben Laden – avait entraîné des répercussions en cascade sur la région entière et noyé les pays voisins sous des flots de réfugiés.

Les 3 millions d'Afghans déplacés par la guerre se sont rendus en majorité au Pakistan (1,9 million) et en Iran (1 million). Les 1,7 million de réfugiés d'Irak ont gagné la plupart des pays voisins. Selon le *World Development Report*, plus des trois quarts des réfugiés sont hébergés dans des pays voisins de leur région d'origine. Les plus nombreux vivent en Asie et dans le Pacifique (2 millions – dont la plus grande partie en Asie du Sud), en Afrique subsaharienne (2,2 millions – 403 000 dans le seul Kenya !) ainsi qu'au Moyen-Orient et en Afrique du Nord (1,9 million).

Cependant, plus de 1,6 million, dont une grande majorité de musulmans, ont choisi l'Europe, ce qui crée toujours plus de tensions à caractère xénophobe alimentées par la peur grandissante de la radicalisation des jeunes dont le niveau d'intégration est très faible. Les musulmans représentent actuellement 5 % de la population européenne. Les mouvements en provenance d'Afrique du Nord et d'Asie du Sud vers l'Europe ont aussi provoqué une recrudescence de la xénophobie, même dans les pays connus pour leur esprit de tolérance. La combinaison de difficultés économiques et de l'augmentation des immigrés, en particulier des musulmans, a sérieusement perturbé l'équilibre politique de nombreux pays d'Europe et fait glisser leurs opinions à l'extrême droite, dont les militants exploitent les inquiétudes de la population.

C'est la catégorie des réfugiés climatiques qui connaît actuellement la plus forte augmentation. Bien qu'ils ne soient pas répertoriés comme réfugiés sur le plan strictement législatif (parce que la définition du Refugee Protocol implique que leur motivation soit due à des faits de violence ou de persécution), ils sont tout de même considérés comme tels parce que leurs déplacements ne sont pas volontaires. Dans *State of the World's Refugees*, le rapport publié par l'ONU en juin 2012, le secrétaire général Ban Ki-moon faisait remarquer que les causes traditionnelles des déplacements forcés, c'est-à-dire « les guerres et les violations des droits humains », se combinent aujourd'hui à d'autres facteurs, le plus important étant « l'avancée implacable du changement climatique ».

Au mois de mai 2012, Israël a annoncé la mise en œuvre d'un grand plan national sur le réchauffement climatique avec la mise en place de « barrières maritimes » à proximité des frontières maritimes sur la mer Rouge et la Méditerranée, reliées à ses frontières terrestres infranchissables pour se protéger de l'invasion probable de réfugiés climatiques. « Le changement climatique est une réalité et nous devons nous préparer sérieusement à ses conséquences », a déclaré Gilad Erdan, le ministre de la Protection de l'environnement. « Même s'il est difficile d'en déterminer le calendrier, nous allons être confrontés à de gigantesques déplacements de populations en provenance de pays pauvres fuyant les pénuries d'eau ainsi que le réchauffement et la montée des eaux. Elles s'installeront dans tous les lieux où elles pourront s'en préserver », indique le rapport.

Le professeur Arnon Soffer du département de géographie de l'université d'Haïfa, un des responsables de l'étude, ajoute que « la vague d'immigration n'est pas un problème qui interviendra dans le futur ; il s'agit bien d'aujourd'hui car elle a déjà commencé. [...] Elle ne fera qu'augmenter de jour en jour ». Soulignant que les marines européennes mettent tout en œuvre pour empêcher les nombreux bateaux d'immigrants d'atteindre des côtes, il note qu'ils sont contraints de trouver d'autres destinations, sauf « en Inde, au Népal ou au Japon où on leur tire dessus ». L'équipe d'experts indique par ailleurs que des réfugiés climatiques quitteront également le continent africain où presque huit cents lacs se sont complètement asséchés pendant la dernière décennie, y compris le lac Tchad, anciennement le plus grand d'Afrique, ce qui a provoqué d'énormes déplacements en direction de la partie orientale, dans la région du Darfour.

Les sècheresses persistantes et la désertification en Somalie ont aussi provoqué de violents conflits dans la région. Israël prévoit les tentatives d'autres réfugiés de Jordanie, des territoires palestiniens, de Syrie, et du delta du Nil auxquels il faut ajouter des réfugiés internes du Néguev, d'où de nombreux Bédouins ont déjà rejoint les villes du centre d'Israël. Soffer ajoute : « Si nous voulons qu'Israël reste un État juif, nous devons nous protéger de ce que j'appelle les "réfugiés climatiques", exactement comme le fait actuellement l'Europe. »

Kurt Campbell, le secrétaire d'État adjoint pour l'Extrême-Orient et le Pacifique, a récemment écrit que l'impact du réchauffement sur l'Afrique et l'Asie du Sud, y compris « la diminution probable de nourriture et d'eau potable, combinée avec les effets des conflits exacerbés par la pénurie des ressources, est en passe de produire une augmentation d'immigrants musulmans vers l'Union européenne qui aboutira à un doublement de la population musulmane en Europe dans les douze prochaines années, et dont le coefficient sera encore plus important si, comme nous le pensons, les effets du changement climatique provoquent d'autres déplacements de population en provenance d'Afrique et d'Asie du Sud ».

Il y a quelques années, me rendant aux îles Canaries, le point le plus au sud du continent européen, au large des côtes de l'Afrique de l'Ouest, je me suis rendu compte que les résidents s'inquiétaient beaucoup des flots de réfugiés qui tentaient de rejoindre l'Europe sur des embarcations précaires. En quelques années, plus de 20 000 Africains n'ont pas hésité à entreprendre cette traversée périlleuse.

Au cours du siècle prochain, les réfugiés climatiques se compteront par millions. Près de 150 millions d'individus vivent actuellement dans des zones basses, d'à peine un mètre au-dessus du niveau de la mer. On a calculé qu'environ 100 millions de personnes seront contraintes d'abandonner leurs abris chaque fois que les eaux monteront d'un mètre. Et ce chiffre, bien sûr, ne tient pas compte des réfugiés des zones atteintes par la sécheresse et la désertification.

L'ampleur et les conséquences de la crise climatique sont décrites dans le chapitre 6 de ce livre. J'y évoque les difficultés auxquelles nous allons être confrontés, en apportant des réponses et en en donnant les coûts. Ce qui est tout à fait clair cependant aujourd'hui, c'est qu'alors que nous ne sommes confrontés qu'aux premiers effets du réchauffement climatique, la croissance de la civilisation humaine se heurte à notre capacité de répondre aux besoins essentiels de la vie de milliards d'individus.

Menaces sur l'eau et les terres arables

On ne peut s'empêcher d'être frappé, d'une part, par l'exploitation effrénée des terres arables et la consommation de l'eau douce et, d'autre part, par l'extrême lenteur avec laquelle ces ressources vitales se régénèrent. Les nappes aquifères souterraines se renouvellent à un rythme moyen inférieur à 0,5 % par an. De la même façon, les terres se régénèrent naturellement – mais il faut cinq siècles pour regagner 2,5 centimètres de matière organique fertile.

Pendant les quarante dernières années, la surexploitation des terres a conduit à une perte sensible de productivité sur presque un tiers des domaines arables de la planète. Si nous n'agissons pas de manière urgente, la plupart vont se dégrader considérablement, et à la fin du siècle il sera peut-être même impossible de les exploiter. En Chine, les terres arables diminuent cinquante-cinq fois plus vite que leur régénération naturelle, et en Europe dix-sept fois plus vite. Selon la National Academy of Sciences, le chiffre est dix fois plus élevé aux États-Unis. L'Éthiopie perd actuellement presque 2 milliards de tonnes de terres arables chaque année du fait des pluies qui ravinent les sols particulièrement accidentés.

Pour ce qui concerne l'eau douce, dans de nombreux pays les experts s'inquiètent devant la baisse générale des nappes aquifères voire l'assèchement probable de quelques-unes, ce qui pose réellement le problème de l'avenir de cette ressource essentielle. Les prélèvements ont doublé dans l'ensemble du monde pendant la moitié du siècle dernier et tout indique qu'ils vont se poursuivre toujours plus vite. Dans de nombreuses régions, le rythme des prélèvements est supérieur au taux de renouvellement des nappes aquifères dont beaucoup baissent de plusieurs mètres chaque année.

Vis-à-vis des ressources naturelles de la planète, nous nous comportons comme si nous refusions de regarder la réalité en face et même de prendre conscience de nos responsabilités. Cet aveuglement apparent est renforcé par la méthode employée pour les comptabiliser. La destruction des ressources naturelles est considérée dans le calcul du PIB comme un revenu, alors que c'est évidemment un prélèvement du capital. Pour reprendre les mots d'un économiste spécialiste du développement durable, Herman Daly, c'est « une erreur de gestion colossale. Il faudrait tenir une comptabilité séparée des coûts et des bénéfices pour pouvoir procéder à des analyses correctes ».

La distinction élémentaire entre bénéfice d'exploitation et retrait du capital est cruciale, pour une entreprise comme pour un pays. Tous les manuels de comptabilité expliquent que si cette distinction est incomprise ou mal interprétée, cela conduit à « une réelle confusion entre chiffre d'affaires et capital » et « le bénéfice net d'une entité sur une période donnée est le maximum qui peut être distribué à ses actionnaires ». En d'autres termes, le capital doit être conservé tant qu'une unité n'a pas comptabilisé de bénéfices. « Ce principe peut s'appliquer pour la marche d'un pays et pour celle du monde dans son ensemble. En reconnaissant ce principe, la Commission des statistiques de l'ONU a adopté en 2012 un « système de comptabilité analytique écologique et économique » comme un premier pas vers la prise en compte des éléments environnementaux. En 2007, l'Union européenne a lancé l'initiative « Au-delà du PIB » qui concerne le développement d'indicateurs tenant compte d'autres dimensions, notamment sur les plans environnemental et social. Tous les États membres doivent publier en 2014 une évaluation de leur « capital naturel ».

Quand Simon Kuznets a averti en 1937 que le mauvais usage du PIB nous rendrait vulnérables à de telles erreurs d'appréciation et pourrait conduire à une forme d'aveuglement volontaire, il insistait sur les conflits pouvant survenir précisément à cause de cette méthode :

> La capacité inestimable de la pensée humaine à simplifier une situation complexe devient dangereuse si elle n'est pas contrôlée selon des critères clairement définis. Pour ce qui concerne des mesures quantitatives en particulier, le résultat suggère souvent de façon trompeuse une précision et une simplicité des caractéristiques de l'objet mesuré. La mesure du revenu national est sujette à ce genre d'illusion [...] surtout depuis que des conflits opposent des groupes sociaux pour lesquels l'efficacité d'un argument dépend d'une extrême simplification.

À titre d'exemple du problème que Kuznets anticipait, les calculs de l'impact des prélèvements des eaux souterraines sont aujourd'hui, partout dans le monde, souvent au « centre de conflits qui opposent des groupes sociaux ».

On voit fréquemment les dirigeants des régions où les réserves d'eau doivent être partagées entre pays voisins – et où les exploitations agricoles et les entreprises seraient gravement pénalisées par la moindre modification de la répartition – minimiser la gravité du problème en repoussant son traitement à plus tard. C'est un phénomène fréquent bien connu de tous ceux qui travaillent sur le réchauffement climatique.

Pour prendre un seul exemple de ce genre particulier de déni, un expert de l'université de l'Oklahoma, Luo Yiqi, qui s'était rendu en Mongolie-Intérieure il y a quelques années pour étudier le phénomène de désertification, était tombé des nues en découvrant que des rizières – un type de culture qui consomme énormément d'eau – étaient irriguées par des prélèvements des nappes aquifères dans des quantités insoutenables, et ce avec l'accord des autorités. « Apparemment, observa-t-il sèchement, la formation scientifique des cultivateurs est particulièrement défaillante. »

La décision regrettable d'ignorer la dépréciation des ressources naturelles en les comptabilisant comme des biens d'équipement pourrait avoir été subtilement influencée par l'état du monde des années 1930 lorsque la formule de calcul du PIB a été conçue. Nous étions encore à la fin de l'ère coloniale et l'épuisement éventuel des ressources naturelles semblait complètement hors de propos. Les pays industrialisés obtenaient ce qu'ils voulaient dans leurs colonies et avaient l'impression qu'il n'y avait aucune limite possible aux prélèvements, quels que soient les objectifs poursuivis. La population mondiale a triplé depuis que cette méthode de calcul a été adoptée. La dangereuse illusion que Kuznets avait signalée alors est à l'origine de notre refus de reconnaître les dangers provoqués par l'épuisement inévitable des terres arables et des réserves d'eau.

Depuis le début de la révolution agricole, ces deux ressources stratégiques ont été essentielles pour la production de nourriture. L'irrigation des cultures a commencé il y a environ 7 000 ans et la révolution verte du XXe siècle a augmenté la dépendance de l'agriculture à l'irrigation, particulièrement en Chine, pour 80 % des récoltes, et en Inde pour 60 %. (Les chiffres sont bien inférieurs aux États-Unis.)

Au XIXe siècle et au début du XXe, les constructions de grands barrages se sont multipliées. On en compte aujourd'hui 45 000 sur la planète, dont 21 sur les rivières ou les fleuves les plus longs. Dans les années 1930, le programme de relance économique lancé par Franklin Roosevelt donna naissance à l'immense barrage de Tennessee Valley Authority dans ma région d'origine, le barrage de Bonneville sur le fleuve Columbia dans le nord-ouest de la côte du Pacifique – et naturellement le majestueux

Hoover sur le Colorado, qui était le plus haut des États-Unis lors de sa construction il y a soixante-dix ans.

Avant la révolution industrielle et l'explosion de la population urbaine, plus de 90 % de l'eau potable était consommée par l'agriculture. Au cours des dernières décennies, la concurrence entre les exploitations agricoles, la production industrielle et les villes qui se développent à une allure folle a provoqué des conflits de plus en plus nombreux, le plus souvent perdus par l'agriculture. Aujourd'hui, plus de 70 % de l'eau potable de la planète est utilisée pour produire de la nourriture, et pourtant 780 millions d'individus n'ont toujours pas accès à l'eau potable. Comme je l'ai indiqué précédemment, le monde a fait des progrès importants pour améliorer cette situation (et pour la prévention de la pollution de sources d'eau potable – en surface ou souterraine – des déchets produits par les humains, les animaux et autres polluants).

Quelques nappes aquifères ont été depuis longtemps alimentées par l'eau de surface. La nappe souterraine du Patapsco, située sous l'État du Maryland, dans le nord-est des États-Unis, dont l'exploitation a commencé récemment, existe depuis un million d'années. De la même façon, l'Aquifère nubien (au Sahara), le Grand Artesian Basin (dans le nord-est de l'Australie) et l'Alberta Basin (dans l'ouest du Canada) ont eux aussi plus d'un million d'années, mais ces aquifères « fossiles » ne pouvant pas se reconstituer, de nombreux experts pensent que leur capacité d'approvisionnement est limitée ; la grande majorité des aquifères se reconstituent doucement grâce aux eaux de pluie.

Jusqu'à une période récente, les informations concernant l'épuisement des nappes souterraines étaient plus que sommaires, et, selon un spécialiste, le proverbe « loin des yeux, loin du cœur » représente une menace majeure. Les quantités d'eau prélevées dans les nappes souterraines sont si importantes que, d'après les experts, elles ont compté pour 20 % dans l'élévation du niveau de la mer au cours des dernières décennies (bien que les scientifiques prévoient que l'accélération de la fonte des glaces du Groenland et de l'Antarctique va énormément augmenter tout au long de ce siècle).

C'est dans le nord-ouest de l'Inde et le nord-est du Pakistan, la Central Valley de Californie et le nord-est de la Chine que les chiffres concernant l'épuisement aquifère sont les plus élevés. Un spécialiste a indiqué qu'une nappe vieille de 30 000 ans située dans le nord de la Chine est utilisée de manière insoutenable pour irriguer les cultures dans des zones arides. Le

Projet de transfert Sud-Nord qui est en construction depuis des décennies pour éviter des pénuries au nord est le plus important dans l'histoire de l'acheminement de l'eau. L'Asie, qui possède 29 % des ressources en eau du monde, en utilise maintenant 50 %. Selon l'ONU, « En 2000, environ 57 % des prélèvements d'eau potable et 70 % de sa consommation ont eu lieu en Asie où se trouvent la plus grande partie des terres irriguées du monde ».

L'Afrique ne possède que 9 % des réserves mais en utilise 13 %, et les experts de l'ONU affirment que ce continent connaîtra les augmentations les plus fortes dans les prochaines décennies. L'Europe ne consomme qu'un pourcentage légèrement supérieur à ses propres réserves. Les Amériques ont la chance de disposer davantage d'eau qu'elles en utilisent, mais de vastes régions – comme le Mexique et le sud-ouest des États-Unis – sont déjà confrontées à de fortes pénuries. En 2011, plus d'un million de têtes de bétail ont été regroupées dans le nord du Texas sur des pâturages plus frais et plus humides. De l'avis général, il y a peu de chances qu'elles en repartent.

Selon une étude du Scripps Institute, il y a 50 % de chances que le lac Mead, la plus grande retenue artificielle du continent américain, issu du barrage Hoover, soit complètement asséché dans la décennie. Selon le Département de l'Agriculture états-uniens, la nappe phréatique se trouvant sous trois des États les plus grands producteurs de céréales, le Kansas, le Texas et l'Oklahoma, a baissé de près de 30 mètres, contraignant de nombreux agriculteurs à renoncer à l'irrigation. Enfin, dans l'État de Géorgie, les réserves ont également atteint des niveaux inquiétants depuis plusieurs années.

Les pénuries qui affectent certaines régions du monde peuvent être solutionnées par des techniques d'irrigation beaucoup plus efficaces, même si leur mise en place nécessite des investissements importants. Par ailleurs, nous savons que de nombreux réseaux de distribution devenus obsolètes sont source de gaspillage. Aux États-Unis, une conduite d'eau éclate toutes les deux minutes en moyenne dans les grandes villes, vingt-quatre sur vingt-quatre. Les sections les plus anciennes ont été construites il y a plus de cent soixante ans et connaissent depuis lors le même sort que les nappes souterraines : « loin des yeux, loin du cœur ». Les réparations des conduites coûtent cher, mais quelques villes commencent à reconnaître – un peu tardivement – la nécessité d'entreprendre ces travaux.

Pour l'écologiste Peter Gleick, c'est par la recherche de l'efficacité et la lutte contre le gaspillage qu'on obtiendra une immense et nouvelle source d'eau potable. Malheureusement, comme beaucoup de nappes aquifères qui sont en train de s'assécher, elle semble être elle aussi « loin des yeux, loin du cœur ». La déperdition de l'eau pendant l'irrigation coûte très cher. L'installation de techniques d'irrigation goutte à goutte – ou de micro-irrigation –, qui réduisent au minimum l'utilisation d'eau et d'engrais en permettant à l'eau de s'égoutter lentement vers les racines, est rentable pour la plupart des exploitations, mais beaucoup d'agriculteurs ont été lents à s'y convertir. Cette méthode présente un autre avantage pour les terres agricoles dont les techniques actuelles augmentent la salinité – l'eau d'irrigation contenant en effet de petites quantités de sel qui s'accumulent.

Le recyclage de l'eau est une autre piste à suivre. Quelques communautés utilisent déjà les eaux usées non potables, qui ne présentent aucun inconvénient pour la végétation. Plus controversées sont les propositions de recyclage par purification, qui consiste à supprimer les contaminants et polluants et à remettre l'eau dans les circuits d'approvisionnement d'eau potable. Malgré les résistances devant cette solution, certaines communautés l'ont mise en place avec succès.

Dans les régions où les pluies sont de plus en plus concentrées et se produisent sous la forme d'averses violentes – suivies de longues périodes de sécheresse –, de nombreux experts proposent de faire un plus grand usage de citernes pour conserver l'eau de pluie et en faire de l'eau potable. Cette pratique, commune autrefois, avait été abandonnée avec l'extension des réseaux à partir des nappes souterraines. Je me souviens aussi des citernes installées dans la ferme de mon enfance. Nous avions cessé de l'utiliser lorsqu'on nous avait installé « l'eau courante ».

Les terres arables sont menacées par la même surexploitation volontairement aveugle qui a provoqué des pénuries d'eau potable. Dans ce monde où l'on donne un prix à chaque chose, on n'en a donné ni à l'eau ni à la terre. Par conséquent, les pratiques destructrices et sources de gaspillage qui maltraitent ces deux ressources sont invisibles dans le monde soumis à l'incessante pression de l'économie. Pourtant, tout comme la terre, l'eau est la base de la vie humaine. Plus de 99,7 % de l'alimentation destinée aux êtres humains provient des cultures, et plus particulièrement des 15 à 20 cm de matière biologique qui couvrent en gros 10 % des sols.

Nous sommes effectivement en train d'exploiter cette ressource selon un schéma non durable en nous obstinant à labourer des sols érodables, en pratiquant le surpâturage des prairies, en construisant des routes et des immeubles sur des terres cultivables pour aménager villes et banlieues, en tolérant l'implacable déforestation et en refusant d'utiliser les techniques éprouvées de gestion des terres agricoles qui permettent de reconstituer le sol en le réalimentant en carbone et azote.

Aujourd'hui, chaque kilo de blé produit dans le Midwest américain provoque la perte de plus d'un kilo de terre arable. Dans quelques États comme l'Iowa, le ratio est encore plus élevé : 1,5 kg de terre pour 1 kg de céréale. Ces taux de perte ne sont pas durables. C'est le signe d'un épuisement du carbone et de graves dommages infligés au fil du temps au rendement des terres arables tout en accélérant les émissions de dioxyde de carbone dans l'atmosphère.

Nous savons déjà comment ralentir et renverser le mouvement d'érosion du sol, mais le leadership mondial devrait mobiliser la communauté des nations de la même façon que Franklin Roosevelt a mobilisé les États-Unis dans les années 1930. L'agriculture biologique avec peu ou pas de labours peut réduire fortement les pertes de terres et augmenter simultanément la fertilité des sols. La technique de rotation des cultures largement utilisée avant que l'agriculture industrielle prenne le dessus peut également régénérer le carbone et l'azote.

Une autre technique courante abandonnée dans de grandes parties du monde consiste à recycler le fumier animal pour en faire de l'engrais. L'agriculture à l'échelle industrielle – le regroupement de milliers de têtes de bétail entassées dans des parcs d'engraissement où elles sont nourries de fourrage – a transformé cet engrais naturel en déchets extrêmement toxiques chargés en acide très mauvais pour les cultures et, qui plus est, devient une charge qui pèse lourd dans l'exploitation au lieu de constituer un apport actif et positif.

Une importante étude réalisée en 2012 par des chercheurs de premier plan de l'université de Minnesota, de l'université d'État de l'Iowa et du Service de recherche agricole du Département de l'Agriculture indique que l'utilisation de fumier naturel non toxique combinée à une rotation triennale pour régénérer le sol et lui faire retrouver sa fertilité, diminue de 90 % le besoin d'herbicides et d'engrais azoté de l'ordre sans réduction de ses bénéfices. Le professeur Matt Liebman, de l'université d'État de l'Iowa, a déclaré que l'une des raisons pour lesquelles les agriculteurs refusent d'utiliser ces méthodes recommandées dans le rapport est le fait que « les coûts environnementaux externes ne sont pas prévus ».

Tout au long du siècle dernier, l'agriculture moderne a fait une utilisation intensive d'engrais azotés synthétiques – dont le gaz naturel d'où est issu l'azote représente 90 % du coût de fabrication. Pourtant, le rendement agricole n'a pas augmenté malgré les quantités d'engrais toujours plus importantes, jusqu'à atteindre des proportions phénoménales. Ce procédé a été à l'origine de phénomènes de pollution considérables. Le drainage des eaux de pluie entraîne la prolifération d'algues toxiques que le nitrate fait pousser de manière anarchique au point de bouleverser les écosystèmes des zones côtières et d'étouffer toute forme de vie marine dans plusieurs régions proches de l'océan, comme la « zone morte » du golfe du Mexique où se jette le Mississippi. En Chine, l'utilisation d'engrais azoté a augmenté de 40 % lors des vingt dernières années alors que la production de céréales est restée relativement stable. L'écoulement d'azote a provoqué l'apparition et le développement spectaculaire d'algues dans les rivières, les lacs et les zones côtières.

Les émissions d'azote combinées à la combustion de carburants fossiles utilisés par les usines, les exploitations agricoles, les voitures et les camions sont à l'origine de graves problèmes de pollution, en particulier aux États-Unis, en Chine, en Asie du Sud-Est et dans certaines régions d'Amérique latine. La solution à ce problème passe d'abord par un emploi plus efficace et mieux ciblé d'engrais azoté, et des restrictions rigoureuses d'émissions de carbone par les usines et les véhicules.

Alors que les approvisionnements d'azote sont illimités, nous sommes aujourd'hui confrontés à l'épuisement probable du phosphore, autre composant naturel des engrais, et relativement rare sur la Terre, dont l'utilisation a été multipliée par trois avec les techniques agricoles modernes.

Un cartel du phosphore ?

C'est le président Roosevelt qui le premier, a évoqué une possible pénurie de phosphore, lors d'un message au Congrès en 1938. Les recherches alors entreprises avaient été couronnées de succès avec la découverte de nouvelles réserves de phosphate près de Tampa en Floride, où est réalisée aujourd'hui 65 % de la production américaine. Or, si les États-Unis contribuent pour 40 % de la production mondiale de maïs et de soja, le phosphore, essentiel pour l'agriculture, ne représente que 19 %. Il faut donc recommencer la prospection.

Le Maroc fournit 40 % de phosphates (la forme la plus commune du phosphore). Ce pays est parfois appelé « l'Arabie Saoudite du phosphore ». Les autres réserves majeures se trouvent en Chine, qui a créé une taxe de 135 % sur ses tarifs d'exportation pendant la crise des prix des produits alimentaires en 2008. De nombreux experts redoutent une éventuelle spéculation si les prix alimentaires continuent à progresser, mais d'autres se montrent plus optimistes quant à la possibilité de nouveaux gisements dans des lieux encore inexploités, comme le fond des océans.

Le phosphore est essentiel pour toutes les formes de vie, y compris la vie humaine. Il constitue notamment le squelette de l'ADN ; le corps humain en contient 1 % et, en fait, sept milliards d'individus en rejettent chaque jour de grandes quantités dans leurs urines dont certains pays étudient sérieusement la possibilité de les recycler afin de constituer de nouvelles réserves pour la fabrication d'engrais.

L'addition de bactéries rhizobiums et de champignons mycorrhiziens aux terres agricoles, qui permettent l'accroissement de la capacité d'absorption de l'eau et d'éléments nutritifs pour contribuer à la formation du sol, sont un des nombreux moyens pour améliorer naturellement la fertilité et le rendement des terres, tout en favorisant la fixation du carbone. Pour permettre la génération de l'azote dans la terre et la protéger contre l'érosion, on peut construire des haies de légumineuses qui convertissent l'azote atmosphérique en composés très bénéfiques pour les plantes. Les résidus de moisson comme la paille de maïs sont aussi d'excellents agents de fertilité et de lutte contre l'érosion. Il suffit de les laisser agir, tout comme le *biochar*, à condition qu'il provienne de sources durables. Si la diminution de la consommation de viande est excellente pour la santé humaine, elle l'est aussi pour la conservation des terres arables[1]. Enfin, comme les « jardins de la victoire » créés dans les pays occidentaux pendant la Seconde Guerre mondiale pour participer à l'approvisionnement alimentaire avaient montré leur utilité, la création et l'extension de petits jardins biologiques dans des pays disposant des surfaces nécessaires pourrait également contribuer à nourrir la planète, mais la mise en place d'un système de crédits carbone qui inciterait encore davantage les agriculteurs, déjà très attentifs à la

1. 70 % des terres à usage agricole sont directement ou indirectement consacrées à l'élevage. (*N.d.T.*)

qualité de leurs terres, à veiller à leur protection en échange de revenus supplémentaires serait peut-être la mesure la plus efficace pour protéger nos sols.

Tant que le monde ne prendra pas en compte la valeur de la terre dans ses calculs de croissance et de productivité, les pressions subies par l'agriculture combinées à l'augmentation de la population et de la consommation par habitant continueront à faire peser des risques graves sur l'avenir des terres cultivables. D'après les chiffres actuels de consommation – qui ne vont cesser d'augmenter –, pour assurer les besoins supplémentaires d'une population dont la croissance se poursuit, nous avons besoin chaque année de 15 millions d'hectares supplémentaires alors que nous en détruisons 10 millions. C'est essentiellement la déforestation qui permet d'exploiter de nouvelles surfaces, mais leur qualité laisse à désirer. Elles n'offrent en effet qu'une couche très fine de matière organique, qui perd rapidement de son efficacité sous les effets du vent et de la pluie. En définitive, plus on reconvertit les forêts en terres de culture, plus la biodiversité disparaît.

Toutes choses égales par ailleurs, la crise mondiale des terres arables peut faire penser à ce qui est arrivé aux États-Unis dans les années 1930 avec les tracteurs qui venaient d'être mis sur le marché et dont la diffusion allait être rapide. Leur utilisation intensive avec des charrues inventées soixante-quinze ans plus tôt avait entraîné un phénomène de surlabourage dans le Midwest et une érosion dévastatrice jusqu'à une forme de désertification connue sous le nom de *Dust Bowl* (« cuvette de poussière »). Une tragédie moins connue et pourtant bien réelle s'est déroulée en Asie centrale pendant les années 1950, quand l'URSS a entrepris la culture de gigantesques prairies, en particulier au Kazakhstan (1954), et a ainsi généré son propre *Dust Bowl*.

Une autre catastrophe de grande ampleur a frappé l'Asie centrale dans les années 1960, quand les dirigeants soviétiques ont entrepris la culture intensive du coton dans des zones arides d'Ouzbékistan et du Turkménistan. Ce plan avait été très mal conçu, car l'exploitation du coton consommait de grandes quantités d'eau prélevées dans l'Amou Daria et la Syr Daria, les deux fleuves qui alimentent la mer d'Aral, provoquant ainsi l'assèchement dramatique de ce qui était la quatrième plus grande mer intérieure de la Terre. Il y a une vingtaine d'années, j'ai constaté de mes yeux la tragédie qui frappait les populations qui en dépendaient.

Alerte aux tempêtes de poussière

La génération de mon père était très préoccupée par la crise de l'érosion des terres américaines et l'adoption de nouvelles techniques de management. Une des grandes réussites du New Deal de Franklin Roosevelt avait été le gigantesque programme de reconversion des terres érodées en prairies grâce à un immense effort national. Je revois encore mon père m'apprenant quand j'étais enfant à arrêter les rigoles avant qu'elles commencent à ravager le sol et à reconnaître la terre riche à sa couleur noire, du fait qu'elle contient du carbone élémentaire.

La fréquence et l'importance des tempêtes de poussière augmentent sans cesse au fur et à mesure que les zones arides sont l'objet de surpâturage et que les sols érodables sont sujets à des températures toujours plus hautes et des vents plus forts. Luc Gnacadja, qui dirige la Convention de l'ONU sur la lutte contre la désertification, a déclaré que les « zones arides sont en première ligne sur le front de la guerre contre le réchauffement climatique ». Le programme environnemental de l'ONU souligne que la dégradation des sols dans les zones arides menace la vie d'environ un milliard d'individus répartis dans une centaine de pays. La désertification détruit les terres arables – particulièrement dans les régions d'Afrique du Nord et subsahariennes, au Moyen-Orient, en Asie centrale et dans de très vastes zones de Chine où le surpâturage, les techniques agricoles de mauvaise qualité et l'extension des villes y contribuent largement.

En juillet 2011, la ville de Phoenix, en Arizona, a été totalement recouverte de poussière, victime, selon les mots du National Weather Service, « d'une tempête de poussière gigantesque et historique qui s'est abattue sur une grande partie de l'Arizona ». Bien que ce phénomène ne soit pas vraiment nouveau – il est connu en particulier dans le sud des États-Unis sous le nom de « *haboobs* » –, un nombre anormal de ces tempêtes a frappé Phoenix ces dernières années, dont sept pour la seule année 2011.

Le US Geological Survey et l'UCLA ont publié en 2011 une étude qui annonçait « des émissions de poussière de plus en plus nombreuses provoquées par l'érosion du vent » comme une conséquence du changement climatique dans le sud-ouest des États-Unis. Le climatologue Joseph Romm a recommandé l'usage du terme « *dustbowlification* » (« désertification par la poussière ») pour décrire ce qui attend de nombreux pays des zones de désertification arides.

Lester Brown, reconnu depuis longtemps comme un des meilleurs experts en matière d'environnement, a déclaré que le centre-nord de la Chine et les régions d'Afrique centrale qui se trouvent sur le côté sud du Sahara sont les deux zones en phase de désertification à l'origine de tempêtes de poussière. « Deux immenses cuvettes sont en train de se former, une qui recouvre le nord-ouest de la Chine, l'ouest de la Mongolie et l'Asie centrale et l'autre qui se trouve au-dessus de l'Afrique centrale », ajoute-t-il.

Pour le géographe Andrew Goudie d'Oxford, les tempêtes de sable du Sahara se sont multipliées par dix au cours des cinquante dernières années. Le président de l'Union africaine, Jean Ping, a déclaré que « le phénomène de désertification affecte 43 % des terres agricoles, 70 % de l'activité économique et 40 % de la population du continent ». Dans de grandes zones de l'Afrique subsaharienne, la teneur en carbone est maintenant plus basse qu'elle l'était dans le Midwest juste avant le *Dust Bowl*.

Alors que la population du Nigeria s'est multipliée par quatre au cours des soixante dernières années, le nombre de têtes de bétail est passé de 6 millions à plus de 100 millions, ce qui provoque la désertification du Nigeria et contribue à créer des tensions entre les musulmans qui se déplacent du nord vers les régions non musulmanes du sud du Nigeria. L'augmentation de la population et du bétail conduit aussi à une recherche effrénée de terres dans d'autres zones arides d'Afrique, aboutissant à des affrontements meurtriers entre bergers et fermiers (d'ethnies et de religions également différentes) au Soudan, au Mali et ailleurs.

Le surpâturage provoqué par l'augmentation spectaculaire du bétail cause des dommages importants aux prairies qui entourent le désert de Gobi en Chine, où l'on constate de fortes augmentations des tempêtes de poussière. Si les États-Unis et la Chine possèdent à peu près la même superficie de prairies et le même nombre de têtes de bétail (de 80 à 100 millions), la Chine a 284 millions de moutons et de chèvres alors qu'il y en a moins de 10 millions en Amérique. D'après les dernières statistiques dont nous disposons, la Chine perd chaque année presque 3 000 kilomètres carrés de terres arables qui se transforment en désert.

L'ambassade des États-Unis en Chine a utilisé des photos satellite pour illustrer les « fusions et acquisitions du désert » qui se produisent au centre-nord de la Chine où deux déserts, en Mongolie-Intérieure et dans la province de Gansu, sont en train de fusionner tout en continuant à se développer. Dans la province de Xinjiang au Nord Ouest, on assiste au même phénomène avec la fusion des déserts de Taklamakan et du Kumtag. Plus de 24 000 villages et leurs cultures alentour doivent être abandonnés en partie dans des régions du Nord et de l'Ouest. Des tragédies semblables se déroulent en Iran et en Afghanistan où des villages ont déjà été abandonnés devant l'avancée du désert.

Alors que nous nous préoccupons des gigantesques tempêtes de sable en Chine et en Afrique, Lester Brown a fait savoir « qu'une troisième expansion massive de terres est en train de se développer dans le bassin de l'Amazonie et dans le *cerrado*, cette immense savane qui accueille 5 % de la biodiversité de la planète, qui s'étend sur le côté sud ». On imagine les conséquences sur ces terres fragiles : de faibles rendements des récoltes suivis par une érosion massive des sols. Un effet boule de neige provoquera une augmentation de l'élevage dans la forêt amazonienne qui va encore fragiliser l'intégrité de cet écosystème essentiel à notre monde. L'Amazonie a déjà souffert de « sécheresses centenaires » au cours des sept dernières années. Alors que la déforestation et les incendies volontaires continuent, de nombreux experts ont fait part de leur inquiétude de voir la plus grande forêt de la Terre transformée en une gigantesque zone aride.

Avec la démographie galopante qui se poursuit en Afrique et au Moyen-Orient et l'imminence de pénurie alimentaire, il est étrange que le monde ne s'inquiète pas davantage de la désertification. Selon Luc Gnacadja, c'est parce que 90 % des populations concernées vivent dans des pays en développement, autre signe du déséquilibre des pouvoirs dans le monde et du manque de leadership. Il ajoute que « ce sont les vingt petits centimètres de terre superficielle recouvrant nos sols qui nous séparent de l'extinction ».

La disparition des terres arables est un problème particulièrement aigu dans les pays les plus peuplés d'Afrique du Nord. On a du mal à croire que l'Égypte perde chaque heure qui passe 15 000 m^2 de terres si fertiles du delta du Nil, particulièrement à cause des constructions et du mitage urbain pour fournir un toit aux populations dont le nombre ne cesse d'augmenter.

Il faut ajouter que la montée de la mer Méditerranée entraîne la salinisation progressive des zones côtières et des pertes de bétail. Le même phénomène se produit dans le riche delta du Gange, dans le delta du Mékong et dans d'autres très grands deltas. Une élévation d'un mètre du niveau des océans – ce qui est inférieur à ce que nous attendons pendant ce siècle – inondera une partie très importante des terres fertiles du delta du Nil qui représente 40 % de la production alimentaire de l'Égypte.

Avec l'augmentation de l'irrigation intensive, de la population et de l'expansion économique, la répartition de l'eau des rivières va créer de fortes tensions dans de nombreuses régions du monde où la gestion des rivières et des barrages affecte des bassins hydrographiques partagés par différents pays. L'éventualité d'un conflit à propos du bassin du Nil est fort probable entre l'Égypte, qui en est aujourd'hui le plus grand bénéficiaire, et l'Éthiopie d'où vient 85 % de son eau et qui en consomme actuellement très peu mais dont la population va doubler dans les trente-cinq prochaines années. Il en est de même pour le Soudan, dont la population va augmenter de 85 % pendant la même période.

La décision de la Turquie de prélever une plus grande quantité d'eau en amont du Tigre et de l'Euphrate à l'est de l'Égypte a conduit l'Irak et la Syrie à élever des protestations contre le traitement injuste qui leur était ainsi fait. Ces deux pays ont asséché leurs nappes phréatiques et cherchent une solution à cette situation délicate. De la même façon, l'effort réalisé par la Chine pour prélever de grandes quantités d'eau dans les fleuves et rivières qui coulent en Asie du Sud-Est et en Inde fait naître des tensions qui ne feront qu'empirer avec la croissance continue de leur population. Aux États-Unis, des conflits de plus en plus nombreux concernant la répartition de l'eau de la Colorado River dans l'Ouest se règlent de plus en plus souvent devant les tribunaux. Ce qui se passe autour des quatre bassins géants a toujours la même origine : une demande toujours plus forte et des réserves qui diminuent.

Dans le passé, c'est le plus souvent à cause de terres que les conflits internationaux se sont déclenchés, mais jamais pour l'accès à l'eau potable alors qu'il provoque fréquemment des tensions sociales voire des affrontements graves dans un même pays.

Dans nos économies mondialisées, certains pays dont la population augmente et qui épuisent les ressources de leurs sols et en eau sont amenés à acheter de vastes étendues de terres arables dans d'autres pays, en particulier en Afrique où l'on estime qu'un tiers des terres non cultivées sont disponibles. Les gouvernements africains (et les élites qui en font partie la plupart du temps) en disposent fréquemment dans de nombreuses parties d'Afrique où les droits des propriétés tribales qui datent d'avant la colonisation sont facilement ignorés. On a simplement chassé les exploitants agricoles sous prétexte qu'il n'y avait pas de droits fonciers, donc qu'ils n'avaient pas de titre de propriété. Cela se produit dans bon nombre de pays où les droits des populations locales ne sont pas suffisamment pris en compte ou défendus. La Chine, l'Inde, la république de Corée, l'Arabie Saoudite, notamment, ainsi que des entreprises multinationales, des fonds de pension et des universités achètent de grandes étendues de terres sur le continent afin de produire du blé et d'autres céréales non seulement pour leur propre consommation mais aussi pour les vendre sur les marchés mondiaux. « C'est une sorte de nouveau colonialisme, comme au XIXe siècle quand nos ressources étaient exploitées pour permettre au monde occidental de se développer », a déclaré Makambo Lotorobo, agent de terrain chez Friends of Turkana, une ONG environnementale kenyane.

« Il ne fait aucun doute qu'il ne s'agit plus seulement de terres, mais bien de l'eau », a déclaré Philip Woodhouse de l'université de Manchester. Devlin Kuyek, un chercheur de l'ONG GRAIN spécialisé dans les problèmes alimentaires et agricoles, ajoute : « Les pays riches ont un œil sur l'Afrique, pas uniquement en termes de profits et de retours sur investissements mais aussi comme une police d'assurance. »

Ces initiatives ont provoqué un boom immobilier en Afrique. Plus d'un tiers du Liberia a été vendu à des investisseurs privés. Selon une analyse de Rights and Resources Initiative, une coalition internationale d'ONG basée à Washington, la République démocratique du Congo a signé des accords avec des propriétaires étrangers pour céder 48,8 % de ses terres cultivables ; le Mozambique a signé des accords avec des exploitants étrangers pour 21,1 %. Presque 10 % des terres du Soudan du Sud (selon des experts norvégiens), et 25 % des meilleurs emplacements autour de sa capitale, ont été vendus à des investisseurs après que le pays a acquis son indépendance en 2011. La Chine a obtenu un agrément avec la République démocratique du Congo sur l'exploitation de l'huile de palme pour des biocarburants sur une étendue de 2,8 millions d'hectares. Quant à la part exacte des achats massifs destinés au biofuel, les experts sont partagés. La Banque mondiale a calculé que, en 2009, 21 % y étaient destinés, alors que l'International Land Coalition estime qu'ils représentent 44 %.

La multinationale de sud-coréenne Daewoo a prévu d'acheter la moitié des terres cultivables de Madagascar, mais des émeutes populaires ont conduit à une annulation du contrat. (Une étude publiée par *The Guardian* indique que 700 000 hectares du Soudan ont été achetés par des compagnies sud-coréennes pour cultiver du blé, et 750 000 par les Émirats arabes unis.)

En Éthiopie, où 8,2 % des terres agricoles ont été cédées à des étrangers, Nyikaw Ochalla, originaire de la région de Gambella mais qui vit aujourd'hui au Royaume-Uni, a raconté au *Guardian* :

> Les compagnies étrangères arrivent en grand nombre, privant les peuples de terres qu'ils utilisaient depuis des siècles sans la moindre concertation avec les populations indigènes. Le contenu des accords est secret. Les populations voient des gens débarquer avec des tracteurs pour envahir leurs terrains. Ils se sont emparés de toutes les surfaces situées autour du village d'Illia où vit ma famille. Maintenant, les gens travaillent pour une compagnie indienne. Ils ont été contraints de rendre leurs terres disponibles sans aucune compensation. Ils n'en croient pas leurs yeux. Des milliers de personnes vont être touchées et vont souffrir de la faim.

La Banque mondiale a analysé les rapports concernant les transactions immobilières internationales en matière d'agriculture entre 2008 et 2009 et conclu que, durant cette période de deux ans, les pays étrangers et les entreprises ont acheté presque 80 millions d'hectares de terres – approximativement la superficie du Pakistan – et que deux tiers des ventes se sont déroulées en Afrique. De plus, pour ajouter à l'ampleur de ces mouvements d'achats internationaux et de locations de longue durée sur ce continent, d'autres sujets d'inquiétude soulevés par les ONG internationales évoquent les problèmes de l'eau, de la gestion des sols et de l'impact sur les paysans locaux dont les droits fonciers de l'époque précoloniale sont souvent bafoués. En Ouganda, où 14,6 % des terres agricoles ont été vendues à des acheteurs étrangers, 20 000 personnes se sont plaintes d'avoir été injustement chassées de leur propriété et ont demandé à la justice ougandaise de statuer.

Après avoir examiné plus de trente dossiers de ce type, l'International Institute of Environment and Development est arrivé à la conclusion que beaucoup de ces investissements de grande ampleur ont déjà échoué à cause d'erreurs de financement de projets ou de *business plans* irréalistes. Une partie du problème sous-jacent est un déséquilibre important du pouvoir politique, avec des élites faisant partie de gouvernements non démocratiques qui signent des accords avec des entreprises multinationales et des pays étrangers pour réaliser des profits à court terme, souvent aux dépens des paysans pauvres chassés de leurs terres au moment de la vente, plutôt que de permettre à leur pays de produire de l'alimentation avec des méthodes durables.

De nombreux pays qui souffrent de la perte de terres arables, d'une forte diminution de rendement des récoltes et de pénurie d'eau sont dans l'obligation d'augmenter leurs importations de produits alimentaires. L'Arabie Saoudite pourrait produire sa dernière récolte de blé en 2013, alors que le pays avait prévu que cela arriverait en 2016. Dans les années 1970, ils eurent peur que leur rôle prépondérant au sein de l'OPEP lors de l'embargo sur le pétrole ne les rende en retour vulnérables à des restrictions d'importation de céréales et les mette en difficulté pour alimenter leur peuple. L'Arabie Saoudite avait alors lancé un programme accéléré avec des subventions à hauteur de presque 1 000 dollars la tonne de blé irrigué à partir d'une nappe aquifère profonde située sous la péninsule Arabique qui ne se régénère pas. Quand le pays se rendit compte, un peu tard malheureusement, que la nappe était en train de s'assécher à grande vitesse, l'annulation de ce programme fut décidée. « La décision de revenir aux importations est liée à la nécessité de préserver notre eau », avait annoncé le vice-ministre saoudien de la recherche et du développement agricole Abdullah al-Obaid. L'agriculture consomme de 85 à 90 % de l'eau de l'Arabie Saoudite et de 80 à 85 % de cette eau est prélevée sur les nappes phréatiques. (Israël a pour sa part interdit l'irrigation des cultures de blé en 2000.)

Les océans

Le besoin de répondre à la demande croissante d'eau douce et de produits alimentaires, en particulier de protéines, a conduit de nombreux chercheurs à se tourner vers les océans en espérant y trouver des solutions. L'Arabie Saoudite, comme d'autres pays, a longtemps rêvé de réaliser la désalinisation de l'eau de mer. Il est vrai que 97,5 % de l'eau qui se trouve sur notre planète est salée et la plupart des plans imaginés pour faire face aux pénuries à venir et à celles auxquelles nous sommes déjà confrontés étudient comment exploiter une bonne part des 2,5 % restants, dont 70 % se trouvent dans les glaces du Groenland et de l'Antarctique.

Malheureusement, même en disposant des meilleures technologies, il faut tant d'énergie pour supprimer le sel et les autres minéraux de l'eau de mer que même un pays comme l'Arabie Saoudite ne peut pas se le permettre malgré ses ressources pétrolières ; il est même préférable pour ce pays d'acheter des terres disposant d'abondantes nappes d'eau douce en Afrique. Les projets de désalinisation ne manquent pas dans le monde, mais les volumes sont encore très faibles et les coûts insoutenables.

Cependant, de nombreux ingénieurs et scientifiques travaillent pour inventer des technologies nouvelles performantes et d'un bon rapport coût/efficacité. Nous sommes nombreux à penser que ce challenge est une raison supplémentaire pour notre monde de mettre ses efforts en commun et d'y mettre toute notre énergie pour trouver les moyens de réduire le coût de l'énergie solaire. J'ai eu l'occasion de découvrir de nombreux *business plans* destinés à résoudre cette difficulté, mais pour l'instant aucun n'est encore satisfaisant financièrement.

Pour répondre au désespoir que les pénuries d'eau peuvent causer, un prince saoudien, Mohammad al-Faisal, a décidé de financer le travail d'un ingénieur français, Georges Mougin, pour élaborer et développer un plan permettant de remorquer des icebergs de l'Atlantique nord vers des régions qui souffrent de graves sécheresses. D'après leurs calculs, un iceberg de 30 millions de tonnes pourrait assurer les besoins annuels d'eau douce de 500 000 personnes.

Les cultures alimentaires nécessitent bien entendu à la fois de l'eau douce *et* des terres. Quelques chercheurs faisant preuve d'optimisme ont toutefois imaginé la possibilité de cultiver des plantes sans terre dans des installations hydroponiques où elles sont suspendues et nourries par le soleil et de grandes quantités d'eau. Malheureusement, les besoins en énergie sont équivalents à ceux nécessaires à la désalinisation et d'un coût prohibitif.

Les produits de la mer offrent des protéines de grande qualité et n'ont pas besoin de terre pour se développer. Aujourd'hui, plus de 4,3 milliards d'individus consomment du poisson, qui représente environ 15 % de leur consommation de protéine animale. Malheureusement, la demande est en train de dépasser considérablement les réserves des océans. L'augmentation de la consommation de produits de la mer est portée par deux tendances que nous connaissons bien : la croissance de la population et de la consommation par tête. Pendant la seconde moitié du siècle dernier, elle était de 10 kilos par personne et par an. Elle est pratiquement passée à 18 kilos en 2012. En conséquence, la plus grande partie des océans ont souffert de la surexploitation et, selon l'ONU, presque un tiers des stocks halieutiques sont en danger. Les réserves de gros poissons, comme le thon, l'espadon, le marlin, la morue, le flétan et la plie par exemple, ont diminué de 90 % depuis les années 1960.

Certes, d'autres facteurs liés au réchauffement climatique sont en cause, comme la destruction des récifs coralliens, les modifications de température et de niveau d'acidité, mais la surpêche industrielle est la cause principale de cette diminution. Le monde a atteint le « *peak fish* » il y a déjà vingt-cinq ans. Selon le Secrétariat de la Convention sur la diversité biologique, « environ 80 % des réserves de poisson pour lesquelles nous disposons de données sont pleinement exploitées ou surexploitées [...]. La moyenne maximale de la taille des poissons pêchés a diminué globalement de 22 % depuis 1959 dans les communautés évaluées. Le rythme de diminution des stocks est lui aussi en augmentation. En 2007, il a été de 14 % ».

Heureusement, si on y prête assez d'attention, les réserves *peuvent* se renouveler et elles le *font*. Les États-Unis ont mis en place des mesures qui permettent d'améliorer leur qualité et leur quantité. Le président George Bush a mis en œuvre un excellent système de protection sur une grande zone marine de la partie nord-ouest de l'océan Pacifique à Hawaï. Malheureusement, la plupart des pays ne l'ont pas suivi et la consommation mondiale continue à augmenter.

L'élevage est une solution qui permet de répondre à la demande toujours croissante. Cependant, l'expansion rapide de l'aquaculture, dont 61 % aura lieu en Chine pendant les sept prochaines années, n'est pas sans poser de problèmes. Les poissons d'élevage n'ont pas les mêmes qualités nutritionnelles que les poissons sauvages et – en particulier s'ils sont importés de Chine ou d'autres zones qui n'ont pas de règles environnementales assez rigoureuses – ils peuvent être pollués ou contenir des antibiotiques et des antifongiques. De plus, la plupart des poissons d'élevage sont alimentés avec de grandes quantités de petits poissons sauvages transformés. Ainsi, il faut plus de 2 kilos de poissons sauvages pour obtenir 500 grammes de saumon d'élevage. Par conséquent, les volumes considérables de petits poissons pêchés dans cet objectif provoquent de nouvelles ruptures dans la chaîne alimentaire des océans.

Lors d'une expédition en Antarctique en 2012, j'ai pu discuter avec des scientifiques qui sont très inquiets de la surexploitation du krill[1] pour l'élevage et la nourriture industrielle des animaux

1. Espèce marine qui constitue la nourriture de base des baleines et des phoques, essentielle pour l'écosystème antarctique. (*N.d.T.*)

de compagnie. Le Département de l'Agriculture américain a souligné que la surexploitation de certaines espèces sur le mode industriel pour nourrir les poissons d'élevage plutôt que d'être consommées directement par les êtres humains va bientôt nous conduire à limiter la production de farine et d'huile de poisson pour l'aquaculture en 2013. Plus de la moitié de la nourriture pour poissons est maintenant élaborée à partir de protéines végétales. Les opérateurs essaient d'augmenter ce pourcentage, mais il est difficile de fournir des éléments nutritifs essentiels sans utiliser la farine de poisson.

L'augmentation de l'utilisation de protéine végétale en aquaculture représenterait d'ailleurs un autre détournement de l'exploitation des terres arables qui doivent servir avant tout à la production alimentaire pour les êtres humains.

La surexploitation des océans comme l'épuisement irresponsable des ressources d'eau douce et des terres arables ont augmenté l'attention que nous devons porter au génie génétique des plantes et des animaux – afin de leur fournir des traits caractéristiques qui leur permettront de survivre et prospérer dans les nouvelles conditions que nous sommes en train de créer. Bien que plus de 10 % des cultures soient déjà génétiquement modifiées, les problèmes soulevés sont complexes comme nous allons le voir maintenant.

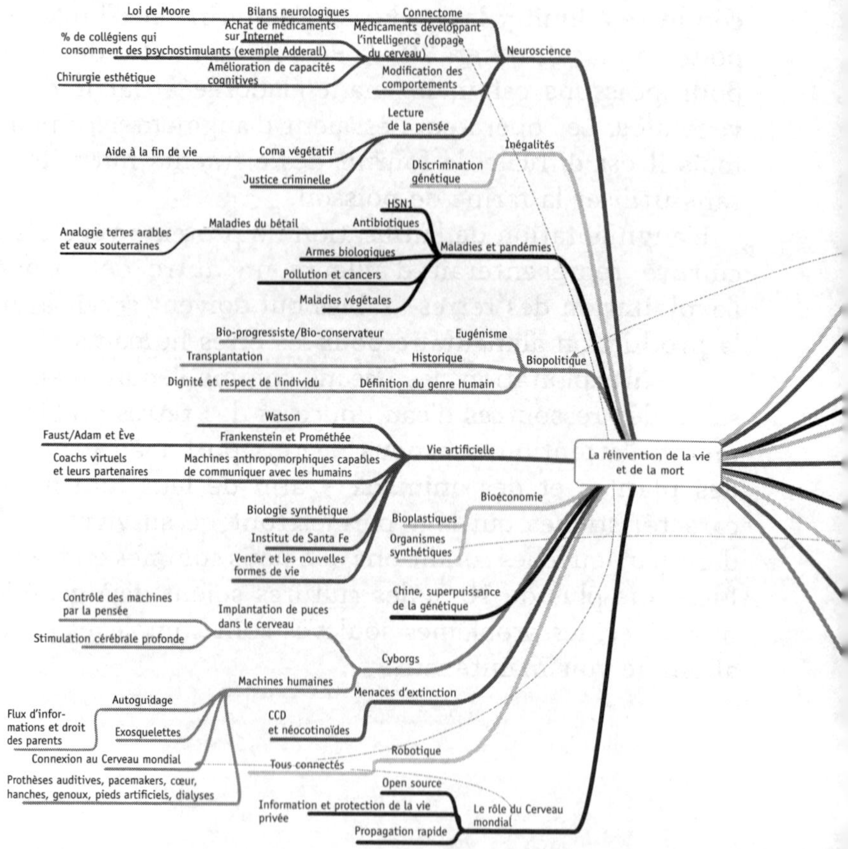

La réinvention de la vie et de la mort
Neuroscience
Connectome
Bilans neurologiques
Loi de Moore
Médicaments développant l'intelligence (dopage du cerveau)
Achat de médicaments sur Internet
% de collégiens qui consomment des psychostimulants (exemple Adderall)
Amélioration de capacités cognitives
Chirurgie esthétique
Modification des comportements
Lecture de la pensée
Coma végétatif
Aide à la fin de vie
Justice criminelle
Inégalités
Discrimination génétique
Maladies et pandémies
H5N1
Antibiotiques
Maladies du bétail
Analogie terres arables et eaux souterraines
Armes biologiques
Pollution et cancers
Maladies végétales
Biopolitique
Eugénisme
Bio-progressiste/Bio-conservateur
Historique
Transplantation
Définition du genre humain
Dignité et respect de l'individu
Vie artificielle
Watson
Frankenstein et Prométhée
Faust/Adam et Ève
Machines anthropomorphiques capables de communiquer avec les humains
Coachs virtuels et leurs partenaires
Biologie synthétique
Institut de Santa Fe
Venter et les nouvelles formes de vie
Bioéconomie
Bioplastiques
Organismes synthétiques
Chine, superpuissance de la génétique
Cyborgs
Implantation de puces dans le cerveau
Contrôle des machines par la pensée
Stimulation cérébrale profonde
Machines humaines
Autoguidage
Flux d'informations et droit des parents
Exosquelettes
Connexion au Cerveau mondial
Prothèses auditives, pacemakers, cœur, hanches, genoux, pieds artificiels, dialyses
Menaces d'extinction
CCD et néocotinoïdes
Robotique
Tous connectés
Le rôle du Cerveau mondial
Open source
Information et protection de la vie privée
Propagation rapide

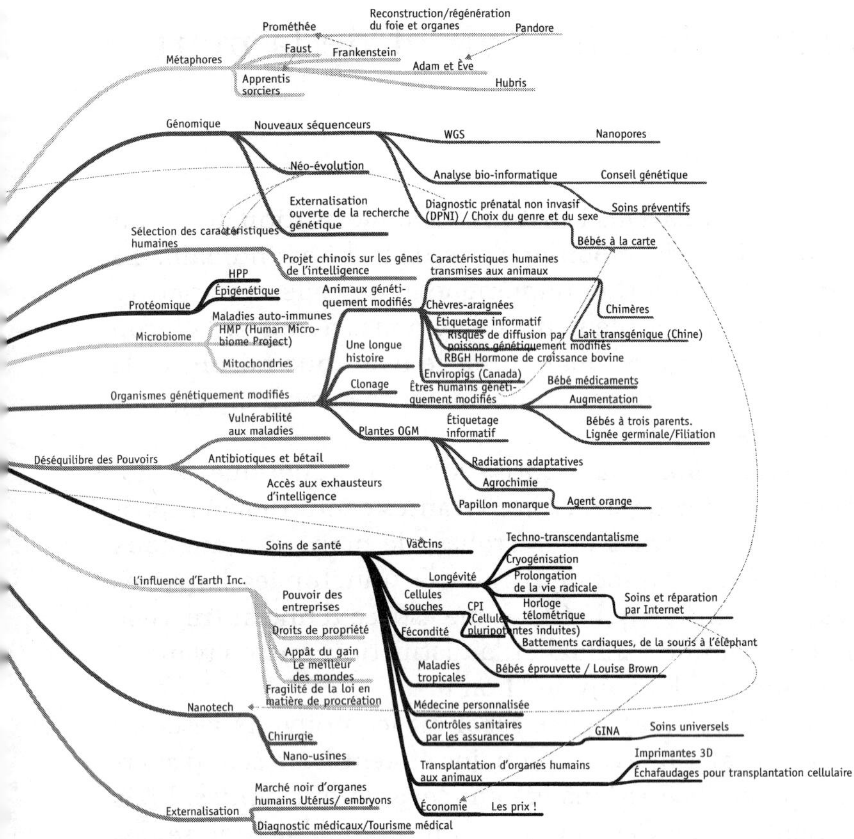

Métaphores
Prométhée
Reconstruction/régénération du foie et organes
Pandore
Faust
Frankenstein
Adam et Ève
Apprentis sorciers
Hubris
Génomique
Nouveaux séquenceurs
WGS
Nanopores
Néo-évolution
Analyse bio-informatique
Conseil génétique
Externalisation ouverte de la recherche génétique
Diagnostic prénatal non invasif (DPNI) / Choix du genre et du sexe
Soins préventifs
Sélection des caractéristiques humaines
Bébés à la carte
Projet chinois sur les gênes de l'intelligence
Caractéristiques humaines transmises aux animaux
HPP
Épigénétique
Protéomique
Animaux génétiquement modifiés
Chèvres-araignées
Chimères
Maladies auto-immunes
Microbiome
HMP (Human Microbiome Project)
Étiquetage informatif
Risques de diffusion par poissons génétiquement modifiés
Lait transgénique (Chine)
Une longue histoire
RBGH Hormone de croissance bovine
Mitochondries
Enviropigs (Canada)
Clonage
Êtres humains génétiquement modifiés
Bébé médicaments
Organismes génétiquement modifiés
Augmentation
Vulnérabilité aux maladies
Plantes OGM
Étiquetage informatif
Bébés à trois parents. Lignée germinale/Filiation
Déséquilibre des Pouvoirs
Antibiotiques et bétail
Radiations adaptatives
Accès aux exhausteurs d'intelligence
Agrochimie
Papillon monarque
Agent orange
Soins de santé
Vaccins
Techno-transcendantalisme
Cryogénisation
Longévité
Prolongation de la vie radicale
L'influence d'Earth Inc.
Cellules souches
CPI (Cellules pluripotentes induites)
Horloge télométrique
Soins et réparation par Internet
Pouvoir des entreprises
Droits de propriété
Fécondité
Battements cardiaques, de la souris à l'éléphant
Appât du gain
Le meilleur des mondes
Maladies tropicales
Bébés éprouvette / Louise Brown
Fragilité de la loi en matière de procréation
Nanotech
Médecine personnalisée
Chirurgie
Contrôles sanitaires par les assurances
GINA
Soins universels
Nano-usines
Transplantation d'organes humains aux animaux
Imprimantes 3D
Échafaudages pour transplantation cellulaire
Marché noir d'organes humains Utérus/ embryons
Externalisation
Économie
Les prix !
Diagnostic médicaux/Tourisme médical

5

La réinvention de la vie et de la mort

Pour la première fois dans l'Histoire, la numérisation du vivant donne la possibilité de modifier l'*être* dans l'être humain. La convergence de la révolution numérique et de celle des sciences du vivant modifie non seulement ce que nous savons et la façon dont nous communiquons, mais aussi ce que nous faisons et la manière dont nous le faisons – et commence donc à changer ce que nous sommes.

Déjà, la privatisation et la robotisation de la génétique, la biochimie et la fabrication de structures vivantes conduisent à l'apparition de nouvelles formes de microbes, de plantes, d'animaux et d'humains. Nous sommes en train de franchir les barrières ancestrales : la frontière qui sépare une espèce d'une autre, celle qui sépare l'humain de l'animal et la distinction entre vivant et artificiel produit par la main de l'homme.

Dans la mythologie, les lignes séparant les pouvoirs réservés aux dieux et ceux attribués aux humains étaient hérissées d'avertissements. Les transgressions étaient sévèrement punies. Mais jusqu'à présent, aucun Zeus ne nous a interdit d'introduire des gènes humains dans d'autres animaux, de créer des hybrides en mélangeant des gènes d'araignée avec des gènes de chèvre, d'implanter par la chirurgie des puces de silicium dans la matière grise d'un cerveau humain, ou encore de fournir un catalogue de caractéristiques sélectionnables par les parents qui souhaitent concevoir tel ou tel type d'enfant.

Dans notre effort pour améliorer l'être humain, la science et la technologie nous emportent au-delà des références morales, éthiques et religieuses que nous ont léguées les générations précédentes. Nous sommes maintenant en *terra incognita*, là où les anciennes cartes portaient parfois la mention : « Monstres ». Mais ceux qui étaient assez courageux pour cingler vers l'inconnu furent souvent récompensés et, dans le cas qui nous intéresse, la communauté scientifique nous annonce avec confiance que, dans le domaine de la santé et dans d'autres, de grands progrès nous attendent, même s'il faudra développer une véritable sagesse quant aux processus de décision.

L'expérience qui consiste pour l'humanité à acquérir des pouvoirs nouveaux et précédemment inimaginables, conduit à un mélange d'ivresse et d'inquiétude. Les religions abrahamiques nous enseignent que le premier homme et la première femme furent condamnés à une vie de peine lorsqu'ils s'emparèrent de connaissances qui leur étaient interdites. Prométhée, pour avoir volé le feu aux dieux, fut condamné à un tourment éternel. Chaque jour, des aigles venaient arracher des morceaux de son foie qui, la nuit venue, se régénérait, lui faisant ainsi endurer de perpétuelles souffrances.

Ironie de l'histoire, des scientifiques de la Wake Forest University travaillent au renouvellement génétique du foie et personne ne doute que ces avancées révolutionnaires sont un bienfait. Les perspectives de progrès dans virtuellement tous les domaines de la santé créent une immense excitation dans nombre de champ médicaux – et pourtant, il est évident que la culture et les pratiques médicales, ainsi que les institutions et professions de santé, vont être totalement chamboulées comme l'ont été en leur temps des industries comme celles de la machine à écrire ou du disque.

Une santé de haute précision

Avec l'arrivée prometteuse, voire miraculeuse, de nouveaux traitements contre des maladies mortelles ou extrêmement invalidantes, de nombreuses experts médicaux pensent qu'inévitablement les conditions d'exercice de la médecine vont être modifiées d'une façon radicale. On assiste à la naissance d'une « médecine personnalisée », ou « médecine de précision » comme certains l'appellent déjà, fondée sur les dossiers informatiques et moléculaires de chaque individu. Chaque dossier contiendra les spécificités en matière de gènes, de protéines, de faune microbienne et toutes les autres caractéristiques présentant un intérêt médical. La plupart des experts pensent que l'on tient là le nouveau modèle de soins.

La capacité à contrôler et à améliorer continuellement les fonctions organiques rendra les soins préventifs beaucoup plus efficaces. Les nouveaux modèles économiques engendrés par cette révolution pourraient aussi très rapidement rendre obsolète l'assurance santé traditionnelle fondée sur les grands risques, puisqu'en effet on peut dès maintenant rassembler d'énormes quantités d'informations sur chaque individu. Le rôle des compagnies d'assurances est d'ores et déjà en cours de réinvention et ces entreprises commencent à adopter des modèles numériques en créant de gigantesques bases de données.

Les produits pharmaceutiques, qui pour le moment ciblent de larges groupes d'individus présentant des symptômes identiques, seront bientôt capables d'atteindre leurs objectifs en fonction des caractéristiques génétiques et moléculaires de chaque patient. Cette révolution est déjà en cours pour les traitements anticancer et pour les « maladies orphelines », celles qui affectent moins de 200 000 personnes aux États-Unis, mais la définition varie selon les pays. Cette tendance va se développer parallèlement à l'amélioration de notre connaissance des maladies.

L'utilisation de l'intelligence artificielle, avec par exemple le système Watson d'IBM, pour aider les médecins à établir des diagnostics et des prescriptions laisse présager une diminution du nombre des erreurs médicales et une amélioration des compétences. Tout comme l'intelligence artificielle est en train de révolutionner le travail des avocats, elle va changer en profondeur celui des médecins. Le docteur Eric Topol, dans son ouvrage *The Creative Destruction of Medecine*, précise : « Cela constitue bien plus qu'un changement ordinaire. C'est l'essence même de la "destruction créatrice" telle qu'elle fut conceptualisée par l'économiste autrichien Joseph Schumpeter. Il n'y aura pas un seul pan de la médecine et de la santé d'aujourd'hui qui ne sera pas, en fin de compte, concerné d'une façon ou d'une autre. Les médecins, les hôpitaux, les industries du vivant, les gouvernements et leurs instances de régulation, tous seront l'objet de transformations radicales. »

Les individus joueront aussi un rôle dans leur parcours de soins. De nombreuses équipes travaillent avec des ingénieurs pour développer des programmes toujours plus sophistiqués de médecine personnelle, programmes qui permettront à leurs utilisateurs de modifier leurs comportements à risques afin d'éviter ensuite des maladies chroniques. Certains de ces programmes facilitent la communication entre médecins et patients afin de discuter et d'interpréter le flux continuel de données provenant des capteurs installés sur et dans le patient. Tout cela étant partie prenante d'une tendance générale vers le développement de systèmes d'autodiagnostic.

D'autres programmes et d'autres applications sont en mesure de créer des réseaux sociaux dans lesquels les individus relèvent ensemble le défi des questions de santé, tournant à leur avantage ce que les scientifiques nomment l'effet Hawthorne : le simple fait de savoir que les progrès sont observés conduit à de nouveaux progrès. Il y a des gens (je n'en fais pas partie) dont la balance tweete automatiquement le poids aux followers qui peuvent ainsi constater leurs progrès ou... l'absence de ceux-ci. Il y a aussi de nouvelles entreprises qui fondent leur développement sur la traduction d'essais cliniques, le « Programme de prévention contre le diabète » par exemple, à partir d'études à grande échelle, en programmes accessibles à tous par le biais des médias et réseaux sociaux. Certains experts pensent ainsi qu'un large accès à des programmes visant à modifier les comportements dangereux pourrait rapidement conduire à une réduction significative des dommages liés aux maladies chroniques telles que les diabètes et l'obésité.

Les nouvelles découvertes permettant de voir, d'étudier, de cartographier, de modifier et de manipuler des cellules vivantes sont maintenant applicables au cerveau humain. Ces techniques sont déjà utilisées pour permettre aux amputés de contrôler, à partir de leur cerveau, des prothèses de pointe, comme s'ils utilisaient leurs propres membres – en reliant les membres artificiels à des implants neuronaux. Les médecins ont également permis à des singes paralysés de réutiliser leurs bras et leurs mains en implantant dans leur cerveau des systèmes reliés aux muscles idoines. De plus, ces avancées spectaculaires offrent la possibilité de guérir certaines maladies cérébrales.

Tout comme la découverte de l'ADN a conduit à la cartographie du génome humain, la découverte des modes de connexion et de communication neuronales conduit inexorablement à une carte complète de ce que les spécialistes du cerveau appellent le « connectome »[1]. Mais, même si la capacité de calcul nécessaire est estimée à dix fois celle requise pour le génome humain et si certaines clés technologiques nécessaires sont encore en phase de développement, les chercheurs sont tout à fait confiants dans le fait qu'ils pourront compléter dans les toutes prochaines années la première « carte à grande échelle de la connectique neuronale ».

Le sens d'une telle carte est encore difficile à mesurer. Il y a plus de soixante ans, Teilhard de Chardin prédisait : « La pensée

1. Olaf Sporns, professeur de neurosciences cognitives computationnelles à l'université de l'Indiana, fut le premier à lancer l'expression « Connectome ». Les instituts nationaux de la santé de différents pays possèdent maintenant un « Projet connectome pour l'humain ».

pourrait artificiellement perfectionner l'instrument de la pensée lui-même. »

Des médecins utilisent des implants neuronaux comme régulateurs cérébraux ou pour fournir des stimulations en vue d'atténuer les symptômes de Parkinson. D'autres utilisent des techniques similaires pour alerter les épileptiques lors des premiers signaux des crises et en minimiser l'impact. D'autres encore utilisent depuis longtemps des implants cochléaires reliés à un micro externe, capables d'envoyer des impulsions au cerveau et au nerf auditif. Ces systèmes doivent d'ailleurs être activés par étapes afin de permettre au cerveau de s'adapter progressivement. À Boston, des chercheurs de la Massachusetts Eye and Ear Infirmary ont connecté une lentille au nerf optique d'un aveugle, lui permettant ainsi de percevoir les couleurs et même de lire de gros caractères.

Ces découvertes miraculeuses sont le plus souvent accueillies dans la joie et l'euphorie, mais certains expriment aussi de l'appréhension en raison de l'ampleur et de la rapidité de ces multiples révolutions biotechnologiques. Les sciences de la vie exigeront bientôt que nous soyons capables d'établir des distinctions quasiment d'ordre divin entre ce qui est bon et ce qui est néfaste pour l'avenir de l'espèce humaine, surtout en ce qui concerne les modifications définitives du génome. Sommes-nous prêts à prendre de telles décisions ? Il semblerait bien que nous ne le soyons pas vraiment, et pourtant ces décisions, nous allons les prendre.

Un pari éthique difficile

Nous devinons de manière intuitive que nous avons désespérément besoin de plus de sagesse que nous n'en possédons actuellement pour exercer de manière responsable ces nouveaux pouvoirs. Nombre des choix à faire sont faciles, tant les bénéfices attendus des interventions recourant à ces nouveaux outils sont évidents. *Ne pas* faire ces choix serait donc immoral, mais ces nouvelles capacités arriveront à une cadence toujours plus rapide puisqu'elles ouvrent la perspective d'éradiquer les cancers, le diabète, la sclérose en plaques et d'autres maladies effrayantes voire mortelles.

Pourtant, d'autres choix ne seront pas aussi évidents. La possibilité à venir de choisir la couleur des cheveux ou des yeux de leurs enfants, leur taille, leur force et leur intelligence, peut paraître tentante pour des parents. À ce sujet, il suffit de prendre en compte ce que la volonté de compétitivité des parents a déjà produit dans l'industrie de la préparation aux examens. Si des parents font le choix de donner un avantage décisif à leur enfant par le biais de la génétique, d'autres parents pourraient bien sentir qu'ils devraient en faire autant.

En effet, certaines modifications génétiques vont se transmettre aux générations à venir et pourraient déclencher des différenciations qui ne sont pas encore totalement comprises. Sommes-nous prêts à contrôler l'hérédité et à prendre la responsabilité d'agir directement sur le futur de l'évolution ? Comme le pointait en 2011 le Dr Harvey Fineberg : « Nous sommes en train de convertir la bonne vieille évolution en une évolution nouvelle manière. » Sommes-nous prêts à faire *ces* choix ? Encore une fois, la réponse semble être non, et pourtant ces choix, nous allons les faire quand même.

Mais qui est le « nous » qui va faire ces choix ? Ces changements incroyablement puissants dépassent de loin la capacité actuelle de l'humanité à la délibération et à la prise de décision collective. L'atrophie de la démocratie américaine et le manque de leadership dans la société ont créé un vide au moment précis où la civilisation humaine doit mettre en forme les règles de cette révolution de façon à protéger les valeurs humanistes. Au lieu de saisir l'occasion de faire baisser les coûts de santé et d'améliorer les résultats, les États-Unis diminuent leurs investissements dans la recherche biomédicale. Le budget de l'Institut national de la santé a baissé ces dix dernières années et le système éducatif perd de son efficacité en sciences, en mathématiques et en ingénierie.

Un des pionniers de la fécondation *in vitro*, le Dr Jeffrey Steinberg, directeur du Los Angeles Fertility Institute, affirme que l'ère des choix en matière de sélection est devant nous. « Il est temps pour chacun de sortir la tête du sable », ajoute-t-il. Une de ses collègues, Marcy Darnovsky, dit que la découverte en 2012 d'une technique non invasive pour séquencer totalement le génome d'un fœtus ouvre la porte « à des scénarios extrêmement troublants », et que parmi les questions qui émergent figure surtout celle-ci : « Qui mérite de naître ? »

Richard Hayes, directeur exécutif du Center for Genetics and Society, exprime son inquiétude quant au débat sur les questions éthiques qu'impliquent le profilage génomique fœtal et la sélection de caractéristiques génomiques. Jusqu'à présent, ce débat n'a concerné que la petite communauté des experts, aussi précise-t-il : « Les citoyens ordinaires se sentent dépassés par la technique, ils se sentent désemparés. » Il s'inquiète également de ce qu'un usage répandu de la sélection génomique pourrait conduire à « une chosification des enfants considérés comme des produits [...]. Nous promouvons le recours au diagnostic préimplantatoire (DPI) afin de permettre aux couples à risque d'avoir des enfants en bonne santé. Mais pour des objectifs non médicaux, disons cosmétiques, nous pensons que cela mettrait l'humanité en danger et contribuerait à créer une course techno-eugéniste ».

Les nations sont elles aussi en compétition. En Chine, l'Institut du génome de Pékin a mis en fonctionnement 167 des plus puissantes machines de séquençage génomique sur ses sites de Hong Kong et de Shenzhen. Les experts s'accordent à penser que leurs capacités de séquençage seront bientôt supérieures à celles des États-Unis.

Le but premier est de découvrir des gènes liés à l'intelligence et de diriger les étudiants vers les études et les professions correspondant le mieux à leurs compétences.

Selon certaines estimations, le gouvernement chinois a dépensé plus de 100 milliards de dollars dans le domaine des sciences de la vie sur les trois dernières années et a convaincu 80 000 doctorants formés dans les pays occidentaux de revenir en Chine. Une équipe d'experts installée à Boston, le Monitor Group, a estimé en 2010 que « la Chine est en passe de devenir leader mondial en matière de découvertes dans les sciences du vivant au cours de la prochaine décennie ». Le Conseil des affaires d'État chinois a annoncé que la recherche génétique serait un des piliers de ses ambitions industrielles au XXIe siècle et des chercheurs ont signalé que des discussions préliminaires ont déjà eu lieu en Chine pour envisager le séquençage de quasiment tous les enfants du pays.

Les entreprises multinationales jouent aussi un rôle puissant, en exploitant rapidement les nombreuses avancées qui peuvent avoir des applications commerciales rentables. Ayant envahi la sphère de la démocratie, la sphère commerciale cherche aussi à établir sa domination sur la biosphère. Tout comme Earth Inc. a émergé de l'interconnexion de milliards d'ordinateurs et de systèmes intelligents capables de communiquer facilement par-delà les frontières nationales, on voit une *Life Inc.* naître des capacités des chercheurs et des ingénieurs à connecter des flux d'informations génétiques au sein de cellules vivantes, par-delà toutes les frontières séparant les espèces.

La fusion entre Earth Inc. et Life Inc. est en bonne voie. Depuis le premier brevet sur un gène, autorisé dans les années 1980 par la Cour suprême des États-Unis, plus de 40 000 brevets ont été déposés sur plus de 2 000 gènes différents. De même pour les tissus humains, prélevés sur des patients et utilisés à des fins commerciales sans leur autorisation. (Techniquement, pour déposer un brevet, le propriétaire doit transformer, isoler ou purifier le gène ou le tissu d'une façon qui reste à définir. Dans la pratique, cependant, les gènes ou les tissus eux-mêmes sont contrôlés commercialement par le propriétaire du brevet.)

Il y a des avantages évidents à rechercher le moteur du profit et à recourir au secteur privé pour exploiter la révolution des sciences du vivant. En 2012, la Commission européenne a autorisé le premier médicament de thérapie génique, le Glybera, dans le cadre du traitement d'une maladie génétique rare, qui vise à retrouver une dégradation normale des acides gras et éviter qu'ils ne courent dans la circulation sanguine. En août 2011, la Food and Drug Administration a autorisé un médicament, le Crizotinib, dans le traitement ciblé d'un type rare de cancer du poumon déclenché par une mutation génétique.

Cependant, le même déséquilibre qui a produit des inégalités de revenus se manifeste à nouveau dans l'inégal accès au large éventail d'innovations issues de la révolution des sciences du vivant. Par exemple, une entreprise de biotechnologie – Monsanto – contrôle les brevets sur la grande majorité des graines plantées dans le monde. Neil Harl, expert de l'université d'État de l'Iowa, affirme en 2010 : « Monsanto domine 90 % de la génétique des graines. »

La course aux brevets est en contradiction forte avec l'attitude exprimée par l'inventeur du vaccin contre la polio, Jonas Salk[1]. Lorsque Edward R. Murrow lui demanda : « Ce vaccin va être très demandé. Tout le monde le veut. Le potentiel financier est énorme. Qui détient le brevet ? », il répondit : « Le peuple américain, je suppose. Est-ce que l'on peut breveter le soleil ? »

La vie numérisée

À l'époque de Salk, l'idée de breveter des découvertes faites pour le bien commun paraissait curieuse. Quelques décennies plus tard, un des plus éminents pairs de Salk, Norman Borlaug, lança sa révolution verte par croisements traditionnels et tech-

1. Le premier vaccin efficace contre la polio fut développé par Jonas Salk en 1952 et agréé en 1955. Une équipe menée par Albert Sabin développa le premier vaccin contre la polio par voie orale, qui fut agréé en 1962.

niques d'hybridation à un moment où la frénésie en matière de recherche génétique n'en était qu'à ses débuts. À la fin de sa carrière, Borlaug décrivait, pour ce qui concerne les États-Unis, la course aux brevets sur les plantes génétiquement modifiées en ces termes : « Dieu nous aide sur cette voie, sinon nous pourrions tous mourir de faim. » Il voulait s'opposer à la domination marchande sur la génétique du végétal et déclara un jour en Inde : « Nous nous battons contre le brevetage [...] et nous voulons la liberté des échanges pour le matériel génétique. » De leur côté, les États-Unis et l'Union européenne reconnaissent les brevets sur des gènes purifiés ou isolés et il y a, depuis quelque temps aux États-Unis, des appels devant des cours de justice pour défendre la brevetabilité des gènes.

D'une certaine façon, la numérisation du vivant n'est que la continuation au XXIe siècle de l'histoire de la maîtrise de l'humanité sur le monde. De toutes les formes de vie, nous seuls avons la capacité de fabriquer de complexes modèles informationnels. Puis, en manipulant et en étudiant ces modèles, nous parvenons à comprendre et à modifier la réalité. Tout comme les informations numériques sont exprimées en 1 et 0, les briques de base de la révolution numérique, le langage de l'ADN, commun à toutes les formes vivantes, se réduit à quatre lettres : A, T, C et G.

Même en laissant de côté ses autres caractéristiques miraculeuses, la capacité de stockage de l'ADN est proprement incroyable. En 2012, une équipe de Harvard dirigée par George Church a codé un livre de plus de 50 000 mots en séquences ADN et l'a restitué sans aucune erreur. Church, biologiste moléculaire, explique que des milliards de livres pourraient être stockés pour des siècles dans une éprouvette. Il ajoute qu'« un système de la taille d'un pouce pourrait contenir autant d'informations que tout Internet ».

Cependant, il faut aller plus loin et bien voir que les découvertes qui permettent de manipuler les caractères les plus essentiels de la vie marquent le début d'une histoire entièrement nouvelle. Dans la décennie suivant la Seconde Guerre mondiale, la structure en double hélice de l'ADN fut découverte par James Watson, Francis Crick et Rosalind Franklin. Franklin fut, les historiens des sciences le savent maintenant, privé de la reconnaissance pourtant due à sa contribution fondamentale à l'article annonçant la découverte en 1953. Elle mourut avant que le prix Nobel de médecine ne fût attribué à Watson et Crick. C'est en 2003, exactement cinquante ans plus tard, que le génome humain a été séquencé.

Pendant que la communauté scientifique se démène avec les quantités de données nécessaires au séquençage de l'ADN, le séquençage de l'acide ribonucléique (ARN) a commencé et les scientifiques ont découvert que celui-ci joue un rôle beaucoup plus important que celui de simple transmetteur d'informations dans la synthèse des protéines. Les protéines elles-mêmes – qui, parmi d'autres fonctions, fabriquent et contrôlent les cellules à la base de toute forme de vie – sont maintenant analysées dans le Human Proteome Project qui doit faire face à une quantité de données encore plus importante. Les protéines prennent des formes différentes et « se plient » selon des schémas qui affectent leurs fonctions et leurs rôles. Elles deviennent alors des protéines « transformées » qui peuvent à leur tour être chimiquement modifiées de différentes façons, élargissant le spectre de leurs fonctions et permettant de contrôler leur comportement. La complexité de ces analyses constitue un défi bien plus difficile que celui du séquençage du génome.

L'épigénétique concerne l'étude des modifications transmissibles qui n'impliquent *pas* de changement dans l'ADN de base. Le Human Epigone Project a obtenu des avancées significatives dans la compréhension de ces modifications. Plusieurs produits pharmaceutiques basés sur des avancées épigénétiques qui ont d'ores et déjà permis d'aider des patients atteints de cancer et d'autres thérapies nouvelles sont en cours de test. Le décodage des fondamentaux de la vie, de la santé et de la maladie conduit à de nombreuses et nouvelles possibilités de diagnostic et à de passionnantes avancées thérapeutiques.

De la même façon que le code informatique utilisé par les ordinateurs comporte des contenus à la fois informationnels et opératifs, les codes universels de la biologie, aujourd'hui déchiffrés et catalogués, permettent non seulement de comprendre les marqueurs fondamentaux de la vie, mais aussi de modifier leurs formes et leurs fonctions. En transférant des gènes d'une espèce à une autre et en créant de nouvelles séquences ADN, les chercheurs peuvent les insérer dans des formes vivantes afin de les transformer et de leur commander d'agir comme ils le souhaitent. À l'instar des virus, les séquences ADN ne sont pas « vivantes » au sens technique du terme, puisqu'elles ne peuvent pas se répliquer par elles-mêmes. Mais, comme les virus, elles peuvent prendre le contrôle de cellules vivantes et imposer des comportements comme celui, par exemple, de fabriquer des substances chimiques qui auront une valeur commerciale. Ils peuvent également programmer la réplication de séquences ADN qui pourront être intégrées dans des organismes vivants.

L'introduction d'ADN synthétique dans des organismes vivants a déjà produit des avancées bénéfiques. Il y a plus de trente ans, un des premiers progrès fut la synthétisation de l'insuline humaine à partir d'extraits pancréatiques de porc ou d'autres animaux. Dans un futur proche, les chercheurs attendent des avancées probantes dans les domaines de la peau artificielle et du sang synthétique. D'autres espèrent pouvoir modifier des cyanobactéries en vue de produire des matières aussi différentes que des carburants pour nos véhicules et des protéines pour la consommation humaine.

Mais la diffusion de ces technologies soulève des questions qui perturbent les bioéthiciens. À ce sujet, voici comment s'exprime le responsable d'un *think tank* spécialisé : « La biologie de la synthèse pose au contrôle politique le plus grand défi de l'histoire de l'humanité, entraînant avec lui de fortes implications économiques, légales, sécuritaires et éthiques, implications qui vont bien au-delà de la dangerosité et des capacités des technologies elles-mêmes. Pourtant, en raison des impératifs économiques et du simple volume des activités scientifiques et commerciales déjà existantes, la diffusion de ces technologies est tout bonnement inexorable. C'est une déferlante que les pouvoirs politiques ne peuvent déjà plus endiguer. »

Puisque la numérisation du vivant coïncide avec l'émergence du Cerveau mondial, chaque fois qu'une nouvelle pièce du grand puzzle est découverte et placée, les équipes de recherche du monde entier la mettent instantanément en relation avec les pièces de leurs propres recherches. Plus le nombre de gènes séquencés est important, plus il est facile pour les scientifiques de cartographier le réseau de connexions entre ces gènes et ceux dont on peut pressentir la découverte dans des schémas prévisibles.

Ainsi que le note Jun Wang, directeur exécutif de l'Institut du génome de Pékin : « Il y a un fort effet réseau. Le profil santé et les informations génétiques personnelles d'un individu vont, jusqu'à un certain point, fournir des indices pour mieux comprendre d'autres génomes et les implications médicales qui s'y rattachent. En ce sens, un génome n'a pas de valeur qu'en lui-même mais aussi pour toute l'humanité. »

En 2012, une collaboration sans précédent entre plus de cinq cents chercheurs de trente-deux laboratoires du monde entier a permis une avancée majeure dans la compréhension de morceaux d'ADN dont on pensait auparavant qu'ils ne jouaient pas un rôle significatif. Ils ont découvert que cet ADN, qualifié d'ADN poubelle, contient en réalité des millions de commutateurs regroupés en réseaux extrêmement complexes qui jouent un rôle crucial dans le contrôle des fonctions et des interactions des gènes. Cette réussite historique a permis d'identifier le fonctionnement de 80 % de l'ADN et a appris à la communauté scientifique qu'il reste un très long chemin à parcourir pour comprendre totalement comment fonctionne réellement la régulation génétique. Après la découverte, Job Dekker, biophysicien moléculaire de l'école de médecine de l'université du Massachusetts, a déclaré que chaque gène est entouré par « un océan d'éléments régulateurs » dans des « structures tridimensionnelles très complexes » dont seulement 1 % a, pour le moment, été décrit.

Le Cerveau mondial a également facilité l'émergence d'un marché appuyé sur Internet pour le commerce de biobriques – séquences ADN dont les propriétés sont connues et les utilisations fiables – facilement accessibles à coût réduit pour les équipes de biologistes synthétiques. Des chercheurs du MIT (Massachusetts Institute of Technology), y compris Ron Weiss, le fondateur de la BioBricks Foundation, ont favorisé la création du Registry of Standard Biological Parts (Registre des pièces biologiques standardisées) qui sert de répertoire mondial pour des milliers de séquences ADN, séquences qui peuvent être utilisées gratuitement comme des briques de construction. De la même façon qu'il a catalysé la dissémination de pôles manufacturiers dans des milliers de sites, Internet permet aussi de diffuser les outils de base et les matières premières de l'ingénierie génétique dans des laboratoires sur tous les continents.

L'effet génome

La convergence de la révolution numérique et de la révolution du vivant accélère ces développements à un rythme qui dépasse de loin le rythme d'expansion des ordinateurs. Pour illustrer à quelle vitesse ce changement se produit, rappelons qu'il y a dix ans le coût du premier séquençage de génome humain fut d'environ 3 milliards de dollars. En 2013, le séquençage détaillé du génome d'un individu ne reviendrait qu'à 1 000 dollars.

À ce tarif, selon les experts, les génomes vont pouvoir être utilisés de façon quotidienne pour le diagnostic médical, dans la mise au point de médicaments adaptés aux caractéristiques individuelles et pour de nombreux autres objectifs. Ces processus, selon un expert, « vont soulever une série de questions de politiques publiques (confidentialité, sécurité, information, remboursement, conseil, etc.) lourdes de sens dans les discussions à venir. Dans le même temps, une entreprise britannique a annoncé en 2012 qu'elle était sur le point de commercialiser un petit système à usage unique de séquençage pour moins de 900 dollars.

Les prix du séquençage d'un génome individuel connaissent une chute de l'ordre de 50 % tous les dix-huit à vingt-quatre mois conformément à la loi de Moore. Mais, à la fin de 2007, ils ont commencé à diminuer de manière beaucoup plus rapide, en partie à cause de l'effet réseau, mais surtout grâce aux nombreuses avancées permettant d'analyser plus vite de plus longues chaînes d'ADN, et les experts pensent que ces baisses vont survenir très rapidement. Ceci a pour effet que certaines entreprises, Life Technologies par exemple, produisent des génomes synthétiques en se fondant sur l'hypothèse que le rythme des découvertes va continuer à croître.

En revanche, la sagesse se répandant à un rythme extrêmement lent, il nous faut encore du temps pour accepter qu'elle guide nos choix. Depuis l'introduction du Code d'Hammourabi, le premier ensemble de lois écrites, il y a près de 4 000 ans[1], nous avons développé des codes bâtis sur des précédents dont on pense qu'ils ont intégré la sagesse des bons jugements du passé. Induite par la numérisation du vivant, la grande convergence par chevauchements et accélérations révolutionnaires de différentes sciences – génétique, épigénétique, génomique, protéomique, microbiomique, optogénétique, médecine régénérative, neuroscience, nanotechnologie, science des matériaux, cybernétique, supercalcul, bio-informatique, et d'autres domaines encore – nous amène à devoir prendre en compte, plus vite que nous n'en sommes capables, des significations profondes et l'ensemble des implications liées aux choix que nous sommes invités à faire.

C'est ainsi que la création imminente de formes de vie artificielles totalement nouvelles, capables de se reproduire, devrait déclencher de grands débats non seulement sur les risques, les bénéfices et les filets de sécurité nécessaires, mais aussi sur l'exploration des implications les plus profondes qui implique le franchissement d'un seuil si déterminant. Alors la formule prophétique de Teilhard de Chardin, au milieu du XXe siècle, prend tout son sens : « Nous pourrions bien un jour être en mesure de produire ce que la Terre, laissée à elle-même, semble ne plus

1. Pour les historiens, l'introduction du Code d'Hammourabi remonte aux environs de 1780 av. J.-C.

pouvoir produire : une nouvelle vague d'organismes, une néo-vie artificiellement créée. »

Les chercheurs qui travaillent d'arrache-pied à cette avancée sont surexcités, on peut aisément le comprendre, et les bénéfices incroyablement prometteurs qu'ils espèrent voir découler de leur réussite semblent constituer une raison suffisante pour foncer tête baissée. En face, comment oser poser la question qui fâche : « Et si l'affaire tournait mal ? »

Il semble tout de même raisonnable de prendre le temps d'examiner la question. Craig Venter, qui est entré dans l'histoire en séquençant son propre génome, a de nouveau marqué l'histoire en créant la première bactérie vivante entièrement construite à partir d'ADN synthétique. Cependant, certains chercheurs minimisent la découverte en faisant valoir que Venter a simplement copié les marqueurs d'une bactérie naturelle et en a utilisé une autre, comme une coquille vide, pour y introduire sa création. Mais il s'agit de toute façon d'un tournant extrêmement important.

En juillet 2012, Venter et ses collègues, ainsi qu'une équipe scientifique de Stanford, ont annoncé avoir mis au point un programme codifiant tous les gènes (525 en tout, soit le plus petit nombre connu pour un organisme vivant), les cellules, l'ARN, les protéines et les métabolites (qui sont de petites molécules produites par les cellules) d'une bactérie connue sous le nom de *Mycoplasma genitalium*. Venter cherche maintenant à créer une forme de vie, dans un projet qui consiste à trouver la quantité minimale d'information contenue par l'ADN nécessaire à une auto-réplication : « Nous essayons de comprendre les principes fondamentaux qui président au fonctionnement de la vie afin de les reproduire, à l'image de ce qu'un concepteur intelligent aurait pu faire aux commencements, s'il y a eu un concepteur [...]. » Son allusion à un « concepteur intelligent » ressemble à un rejet implicite du créationnisme et reflète une nouvelle attitude combative que de nombreux chercheurs adoptent en réponse aux attaques agressives contre l'évolution menées par de nombreux fondamentalistes.

Cependant, nul besoin d'être croyant pour envisager la possibilité que les structures de la vie forment une globalité dont nous ne comprenons pas encore toutes les composantes et que nous ne pouvons pas nous permettre de bousculer. Notre définition de l'orgueil trouve son origine au cœur d'histoires anciennes relatant la chute des hommes qui voulurent s'attribuer des pouvoirs réservés aux dieux. Sa signification profonde et les dangers qui s'y rattachent souvent sont enracinés dans la fierté et l'arrogance des hommes, que l'orgueil humain soit – ou pas – une offense contre une déité. Shakespeare écrit : « Notre faute, cher Brutus, ne se situe pas dans les étoiles, mais en nous. » Pour nous tous, l'orgueil est inhérent à la nature humaine. Son essence même inclut une forme de suffisance qui nous pousse à croire que nous comprenons totalement les conséquences du pouvoir que nous exerçons dans un domaine recelant des complexités qui s'étendent bien au-delà de l'intelligence de n'importe quel être humain.

Mais la posture du fondamentalisme n'est pas réservée aux religions. Le réductionnisme – la croyance que la compréhension scientifique est mieux servie lorsqu'on divise les phénomènes en leurs composants et sous-composants – a quelquefois conduit les observateurs à ne pas prendre en compte des phénomènes émergents qui surgissent dans des systèmes complexes et dans leurs interactions avec d'autres systèmes complexes.

Un des plus éminents biologistes de l'évolution, E. O. Wilson, a été sévèrement attaqué par nombre de ses pairs pour avoir suggéré que la sélection darwinienne opère non seulement au niveau des individus d'une espèce mais aussi au niveau des « superorganismes ». Cette proposition signifie que les adaptations servant les intérêts d'une espèce dans son ensemble peuvent être sélectionnées même si elles ne favorisent pas les chances de survie d'un membre de l'espèce à titre individuel. Wilson, qui était chrétien mais qui ne l'est plus, ne propose pas un « dessein intelligent » de type créationniste. Il affirme plutôt qu'il existe une autre couche, dans la complexité de l'évolution, qui opère à un niveau « émergent ».

Francis Collins, un fervent chrétien qui dirigeait le projet américain Human Genome (qui a annoncé ses résultats en même temps que Craig Venter), déplore « la polarisation galopante des visions scientifique et spirituelle, polarisation dont la plus grande part, je pense, est due à ceux qui sont menacés par ces alternatives et qui rechignent à considérer qu'il pourrait exister une harmonie [...]. Il nous faut reconnaître que notre compréhension de la nature est quelque chose qui grandit décennie après décennie, siècle après siècle ».

Pour sa part, Venter est tout à fait confiant dans le fait que nos connaissances sont assez importantes pour justifier un projet à grande échelle visant à réinventer la vie selon un dessein humain. « La vie a évolué de façon désordonnée à travers des changements relevant du hasard depuis plus de 3 milliards d'années, dit-il. Nous pouvons la concevoir en vue de différentes fonctions, telles que la réplication chromosomique et la division cellulaire, puis nous pouvons décider quel métabolisme nous voulons. »

La vie artificielle

Avec les nouvelles et étonnantes découvertes des sciences de la vie, la conception et la création de formes de vie artificielles offrent une promesse crédible d'avancées significatives pour la santé et les soins, la production d'énergie, la sauvegarde environnementale et de nombreux autres domaines. Parmi les nouveaux produits que Venter et les autres chercheurs espèrent mettre au point, il y a les virus synthétiques programmés pour détruire ou affaiblir des bactéries résistant aux antibiotiques. Ces virus synthétiques – ou bactériophages – peuvent être programmés pour attaquer de façon ciblée les bactéries tout en n'intervenant pas sur les autres cellules. Ils recourent à des stratégies élaborées pour non seulement tuer les bactéries mais aussi les utiliser de sorte qu'elles participent à la réplication de virus synthétiques qui peuvent poursuivre ainsi les bactéries ciblées jusqu'à ce que l'infection faiblisse.

L'utilisation de nouveaux organismes synthétiques pour accélérer le développement de vaccins génère aussi de grands espoirs. Ces vaccins synthétiques sont conçus dans le cadre d'un effort mondial visant à anticiper l'arrivée de nouvelles pandémies, comme la grippe aviaire (H5N1) de 2007 ou la grippe porcine (H1N1) de 2009. En effet, les chercheurs sont particulièrement inquiets à propos de la grippe H5N1 qui n'est plus qu'à quelques mutations de la transmission de l'homme à l'homme par voie aérienne.

Le processus habituel par lequel les vaccins sont développés exige du temps pour les différentes phases : développement, production, tests. Cela rend quasi impossible d'avoir à temps les nouveaux vaccins nécessaires en cas de virus mutant. Aussi, les chercheurs utilisent les outils de la biologie synthétique pour accélérer en laboratoire l'évolution des souches existantes, dans l'espoir de pouvoir prédire quelles nouvelles souches sont les plus susceptibles d'émerger. Ensuite, en étudiant leurs marqueurs, ils espèrent synthétiser préventivement des vaccins capables d'arrêter n'importe quelle mutation virale et constituent à cet effet des stocks. Des biolaboratoires sont installés un peu partout dans le monde afin de diminuer les coûts et les délais de fabrication.

De nos jours, il est d'ailleurs tout à fait possible d'installer un de ces biolaboratoires même dans un village reculé, là où l'on aura besoin rapidement du vaccin pour arrêter la dispersion d'un nouveau virus ou d'une nouvelle bactérie.

Certains experts prédisent aussi que la biologie synthétique pourrait, dans les années qui viennent, supplanter de 15 à 20 % de l'industrie chimique traditionnelle, en fabriquant des produits beaucoup moins chers, des médicaments, des bioplastiques et bien d'autres matériaux encore. D'autres prédisent que ces nouvelles techniques de productions chimiques et pharmaceutiques vont, en utilisant les techniques 3D décrites au chapitre 1, révolutionner les canaux de production. À partir du moment où la valeur réside dans l'information qui, elle, peut être distribuée sans limites, les productions de biologie synthétique peuvent se faire à peu près n'importe où.

Tous ces projets passionnants et d'autres, qui vont accompagner les avancées de la biologie synthétique et la création de formes de vie artificielles, ont conduit beaucoup, par impatience, à perdre de vue toute mesure quant aux effets indésirables. L'impatience n'est pas une nouveauté. Il y a quatre-vingt-dix ans, le biochimiste anglais J. B. S. Haldane a écrit un essai marquant imaginant un futur où les humains prennent le contrôle de l'évolution. Pour mettre en contexte, et surtout démentir, le malaise largement répandu à ce sujet, il écrit :

> Que ce soit en physique ou en chimie, l'inventeur est toujours un Prométhée et il n'est pas une seule invention qui n'ait été saluée comme une insulte à un quelconque dieu. Et puis, si chaque invention physique ou chimique est un blasphème, chaque trouvaille biologique est une perversion. Il est à peu près impossible d'en trouver une seule qui, présentée pour la première fois à un observateur béotien, ne lui paraisse indécente et contre nature.

À l'inverse, Leon Kass, qui a dirigé le Conseil de bioéthique américain de 2001 à 2005, a voulu soutenir la thèse qu'on ne peut pas rejeter une avancée en l'accusant d'être antiscientifique sous prétexte qu'elle comporte un détail répugnant et que ce qui est affaire d'intuition ou de sentiment ne doit pas être automatiquement rejeté ou regardé comme antiscientifique. « Cependant, dans certains cas cruciaux, la répugnance, au-delà du pouvoir de la raison pour venir la maîtriser, est la réponse émotionnelle que nous dicte la sagesse profonde [...]. Nous avons l'intuition immédiate et nous sentons instinctivement le viol subi par des éléments qui, de bon droit, nous sont chers. »

Dans le chapitre 2, le mot « répugnant » (*creepy*) a été utilisé par plusieurs observateurs des nouvelles tendances du monde numérique, telle la collecte systématique de grandes quantités d'information sur la plupart des Internautes. Pour d'autres, le terme manque de précision car il évoque un sentiment difficile à définir. Plutôt que de la peur il s'agit d'un malaise lié à un phénomène dont la nature et les implications nous sont étrangers au point de rester en alerte au cas où un danger surviendrait. Il existe, de manière comparable, une « crainte » imprécise que beaucoup éprouvent devant les avancées rapides de l'ingénierie génétique.

Un exemple : une méthode visant à produire de la soie d'araignée vient d'être mise au point par des ingénieurs généticiens qui ont introduit des gènes de l'insecte dans des chèvres, qui fabriquent alors la soie – avec le lait – à partir de leurs pis. La soie arachnéenne est incroyablement utile puisqu'elle est très élastique et, à poids égal, cinq fois plus résistante que l'acier. Ce processus permet la production de soie en quantité, en favorisant par ailleurs l'élevage de chèvres, l'élevage d'araignées étant impossible compte tenu de leur caractère asocial et de leurs pratiques cannibales[1].

Le *kudzu*, une plante japonaise introduite dans mon Sud natal pour combattre l'érosion des sols, s'est répandu si largement qu'il est devenu une menace pour la végétation locale. Il est maintenant surnommé « la vigne qui a dévoré le Sud ». Devons-nous alors nous inquiéter au sujet du « phénomène *kudzu* », lorsque des formes de vie artificielles capables de se reproduire, introduites dans la biosphère dans un but particulier, se mettent à se répandre selon des modalités imprévues ou même jamais observées ?

Dans le passé, les questions urgentes soulevées par les nouvelles découvertes scientifiques ou technologiques se sont souvent concentrées sur des scénarios catastrophe plus fondés sur la crainte que sur la raison, alors que les questions à débattre auraient dû concerner leurs effets de toutes sortes.

À la veille du test de la première bombe à hydrogène sur l'atoll de Bikini en 1954, un petit nombre de scientifiques ont exprimé la crainte de voir l'explosion entraîner une réaction en chaîne au fond de l'océan et créer ainsi une apocalypse écologique.

1. D'autres chercheurs ont synthétisé le modèle moléculaire de la soie arachnéenne à partir d'une substance disponible dans le commerce, l'élastomère de polyuréthane, mise en œuvre avec des lamelles d'argile dont les dimensions ne dépassent pas 1 nanomètre d'épaisseur (soit un milliardième de mètre) et 25 nanomètres de large. Ce procédé a été inventé par l'IST (Institute for Soldier Nanotechnologies) du MIT car les applications militaires qui en découlent sont considérées comme de la plus haute importance.

Leurs inquiétudes, comme les scénarios qu'ils avaient imaginés, furent démentis par des physiciens persuadés, à juste titre qu'ils étaient invraisemblables. Mais du coup d'autres questions plus importantes et surtout plus pertinentes ne furent pas suffisamment approfondies. Et notamment celle-ci : cette explosion thermonucléaire n'allait-elle pas contribuer à la dépense de milliers de milliards de dollars en armement et à l'accélération d'une course aux armes nucléaires menaçant la survie de l'espèce humaine ?

Pour une grande part, les craintes relatives au phénomène *kudzu* (ou à ses homologues mécaniques microscopiques comme les nanorobots capables de se reproduire, capacité parfois nommée « gelée grise » comme métaphore d'un nuage de nanorobots autoréplicants) sont maintenant souvent décrites comme probablement exagérées. Toutefois, à ce sujet, Helen Wallace, la directrice exécutive de l'ONG GeneWatch, a annoncé dans le *New York Times Magazine* : « Un certain niveau de dispersion est presque inévitable, mais la véritable question est : Ces organismes vont-ils survivre et se reproduire ? Je crois que personne n'a la réponse. »

Mais *quid* des autres questions qui peuvent sembler moins urgentes mais s'avérer plus importantes à long terme : si nous robotisons la vie elle-même et que nous synthétisions des formes de vie plus à même de répondre à nos plans que les schémas suivis depuis 3,5 milliards d'années, quelle est la probabilité que ces nouvelles aptitudes altèrent notre relation à la nature ? Pouvons-nous continuer tranquillement à foncer droit devant sans penser à identifier, voire éviter, quelques conséquences qui pourraient nous déplaire ?

Les techniciens et les spécialistes du contre-terrorisme ont mis en lumière la possibilité de voir apparaître une nouvelle génération d'armes bactériologiques. D'ailleurs, certains des premiers développements en génie génétique, nous le savons aujourd'hui, furent utilisés en URSS pour des programmes secrets d'armes biologiques. Alors si les fabuleux outils de la révolution numérique ont été détournés au bénéfice de la cyberguerre, pourquoi refuser de prendre des précautions contre le détournement de la biologie synthétique en armes bactériologiques ?

Le groupe d'experts New and Emerging Science and Technology (NEST) de la Commission européenne écrivait en 2005 : « La possibilité de fabriquer des virus ou des bactéries à la carte pourrait être utilisée par les bioterroristes pour créer de nouveaux agents pathogènes résistants, voire des organismes spécifiquement formatés pour organiser des attaques génétiques sur des populations ciblées. » En 2012, aux États-Unis, le National Science Advisory Board for Biosecurity a d'ailleurs essayé de bloquer la parution de deux articles scientifiques, un dans la revue *Nature* et l'autre dans *Science*, qui contenaient des détails du code mutant de la grippe aviaire modifié en vue de déterminer quels changements génétiques pourraient faciliter la transmission du virus parmi les mammifères.

Pour expliquer ces inquiétudes concernant un virus à quelques mutations de la forme transmissible d'humain à humain, rappelons que les spécialistes du bioterrorisme ont essayé de dissuader les scientifiques de publier la totalité de la description du génome. Finalement, les publications furent autorisées après un contrôle approfondi, mais le gouvernement continue à encadrer de près les recherches qui pourraient conduire à de nouvelles armes bactériologiques. Selon la loi américaine, le FBI passe au crible les membres des équipes travaillant sur des projets considérés comme sensibles d'un point de vue militaire.

Cloner des êtres humains

Parmi les types d'expérimentations spécifiquement interdites par le gouvernement américain, on trouve celles concernant le clonage humain qui serait financées sur des fonds publics. En tant que vice-président, peu de temps après la naissance en 1996 de Dolly, la première brebis clonée, lorsqu'il apparut clairement que le clonage humain était à portée de main, j'ai fermement soutenu cette interdiction en attendant une étude plus complète des conséquences. J'ai également appelé à la création d'une nouvelle structure, la National Bioethics Advisory Commission, afin de cerner les implications éthiques, morales et légales du clonage humain.

Quelques années plus tôt, en tant que président du Senate Subcommittee on Science, j'avais réussi à imposer que 3 % des financements du Human Genome Project soient consacrés aux conséquences éthiques, légales et sociales du clonage humain, afin d'assurer des études approfondies sur ces questions difficiles qui émergent beaucoup plus vite que les réponses. Cette quote-part de 3 % constituait ainsi le plus important programme de recherches sur financement public dans le domaine de l'éthique. James Watson, le codécouvreur de la double hélice de l'ADN, qui à l'époque dirigeait le Genome Project, était un soutien enthousiaste de cette initiative.

Les questions éthiques sur le clonage ont été débattues dès la découverte de l'ADN. L'article original de Watson et Crick en 1953 comprenait cette phrase : « Il ne nous a pas échappé que le couplage spécifique que nous avions postulé suggérait d'emblée une possibilité de copie pour le matériel génétique ». En tant que président du Science Investigations Subcommittee de la Chambre des représentants, j'ai conduit, au début des années 1980, des auditions sur ces questions émergentes qu'étaient à l'époque le clonage, l'ingénierie ou la sélection génétique. Les chercheurs se concentraient alors sur le clonage animal et, quinze ans plus tard, ils y parvenaient avec Dolly. Depuis, ils ont cloné du bétail et de nombreux autres animaux.

Mais dès le début de leurs expériences, les chercheurs annonçaient clairement que tous leurs progrès pourraient s'appliquer directement au clonage humain et que seules des préventions éthiques les avaient empêchés de se lancer dans de telles procédures. Depuis 1996, le clonage humain est interdit dans presque tous les pays européens et le directeur général de l'époque de l'Organisation mondiale de la santé qualifiait cette recherche d'« éthiquement inacceptable dans la mesure où ce procédé violerait les principes de base qui commandent la procréation médicalement assistée. Celle-ci inclut le respect de la dignité humaine et la protection de la sécurité du matériel génétique humain ».

Tout le monde ou presque attend donc qu'avec le temps d'autres développements et d'autres améliorations que le clonage humain adviennent a minima dans des circonstances présentant un bénéfice médical clair, n'induisant aucune souffrance à l'individu cloné ou à la société en général. En 2011, des chercheurs du New York Stem Cell Foundation Laboratory ont annoncé avoir cloné des embryons humains en reprogrammant des cellules embryonnaires adultes pour les faire retourner au stade embryonnaire, puis avoir créé à partir de celles-ci un lignage de cellules embryonnaires capables de se reproduire. Bien que l'ADN de ces cellules ne soit pas identique à celui du patient ayant fourni les cellules de départ, les ADN des cellules nouvellement produites sont identiques entre eux, ce qui facilite les recherches entreprises.

Plusieurs pays, dont le Brésil, le Mexique et le Canada, ont interdit ces procédures même à des fins de recherche. Cependant, les États-Unis ont fait un choix différent et plusieurs pays d'Asie semblent avoir moins de scrupules car ils progressent à marche forcée vers le clonage d'embryons humains – voire d'êtres humains. De temps à autre, une dépêche nous apprend qu'un médecin, travaillant dans un laboratoire secret situé dans un pays n'ayant pas banni le clonage humain, a brisé ce tabou moderne. Toutefois, il faut bien reconnaître que la plupart de ces histoires, sinon toutes, se sont révélées suspectes voire mensongères. Jusqu'à présent, il n'y a aucune confirmation de la naissance d'un clone humain.

En général, ceux qui militent en faveur de l'expérimentation sur le clonage humain pensent que cette procédure n'est pas très différente des autres formes de progrès technologique, que celui-ci de toute façon est inévitable et promet des réalisations supérieures à celles que d'autres domaines de recherche nous permettent d'espérer en raison des bénéfices médicaux attendus. Ils pensent aussi qu'une telle décision, clonage ou pas clonage – comme dans le cas de l'avortement –, devrait être laissée entre les mains du ou des parents.

Ceux qui sont opposés au clonage craignent que celui-ci ne sape la dignité des individus et n'entraîne une « marchandisation » des êtres humains. En théorie, le clonage crée la possibilité d'une production massive de répliques d'un même original, un processus aussi différent de la reproduction naturelle que l'industrialisation peut l'être de l'artisanat.

Certains invoquent des raisons religieuses pour défendre les droits et les protections dus à chaque individu, alors que d'autres, également opposés au clonage humain, s'appuient sur une conception humaniste plus générale de la dignité individuelle. En substance, ils redoutent que la manipulation de l'humain n'affaiblisse la définition, en tant qu'être humain, des individus ainsi manipulés. Cependant, cette inquiétude repose sur la présomption que l'être humain est réductible à son patrimoine génétique, une opinion qui s'accorde mal avec l'idéologie de ceux qui font de la protection de la dignité de l'individu leur priorité.

Le délai pour la diffusion des détails concernant les dangereuses mutations du H5N1 ou l'interdiction temporaire des recherches à financements publics sur le clonage humain constituent de rares exemples de surveillance réfléchie, même si controversée, de développements potentiellement problématiques, tout ceci en vue d'évaluer les implications pour l'ensemble de l'humanité. Ces deux stratégies mettent en évidence le leadership américain qui a permis d'arriver au moins à un consensus temporaire. Dans les deux cas, aucun lobby industriel n'a essayé de forcer le passage en dépit des doutes exprimés par les représentants de la population.

Les antibiotiques préférés au cochon

Malheureusement, lorsqu'il y a un véritable intérêt économique à influencer les gouvernements pour qu'ils prennent des décisions contraires à l'intérêt public, les lobbys commerciaux savent souvent toucher juste. Survient alors la question rituelle : « Qui est le "nous" qui prend les décisions concernant le futur de cette révolution dans laquelle d'importantes valeurs humaines sont en jeu ? À l'époque de Earth Inc., de Life Inc. et du Cerveau mondial, les décisions prises regorgent d'exemples troublants de déférence obséquieuse à l'endroit des multinationales et d'imprudents oublis de la voix de la science.

Considérons à ce sujet le feu vert scandaleux du Congrès donné à l'industrie de la viande et à sa volonté absurde de continuer à utiliser des antibiotiques sur le sol américain. Encore une illustration de ce dangereux déséquilibre dans la prise de décision politique : 80 % de tous les antibiotiques du pays sont de manière tout à fait légale utilisés en élevage, pour la nourriture et les injections du bétail malgré les menaces qu'ils font peser sur la santé humaine. En 2012, la Food and Drug Administration a tenté d'en limiter l'usage en les soumettant à l'autorisation d'un vétérinaire.

Depuis la découverte de la pénicilline par Alexander Fleming en 1929, les antibiotiques constituent une des plus belles avancées de toute l'histoire de la médecine. Bien que Fleming ait reconnu que sa découverte était « fortuite », le légendaire scientifique irlandais John Tyndall (qui le premier découvrit que le CO_2 capte la chaleur) avait présenté en 1875 un rapport à la Royal Society de Londres sur une espèce de *Penicillium* qui avait tué une culture bactérienne sur laquelle il travaillait, et, en 1897, Ernest Duchesne avait signalé le même phénomène mais avec une autre espèce. Duchesne avait prescrit de continuer les recherches autour de sa découverte, mais il fut appelé sous les drapeaux et partit à la guerre peu de temps après la publication de son article et, ironie de l'Histoire, mourut de la tuberculose avant d'avoir pu reprendre ses travaux.

Dans le sillage de la pénicilline, utilisée à grande échelle seulement à partir du début des années 1940, de nombreux autres antibiotiques furent découverts dans les années 1950 et 1960. Pourtant, dans les dernières décennies, les découvertes se sont réduites comme peau de chagrin. L'usage inapproprié et irresponsable de l'arsenal limité des antibiotiques érode leur efficacité, car les agents pathogènes mutent et évoluent de telle façon qu'ils mettent à mal l'effet des antibiotiques.

Par conséquent, les médecins et autres experts avaient souligné dès les premières utilisations de ces produits miraculeux qu'il faudrait y recourir avec parcimonie et seulement en cas de besoin réel. En effet, plus ils sont utilisés, plus les pathogènes ont l'occasion d'évoluer, de génération en génération, jusqu'à se stabiliser en une forme qui rend la molécule inopérante. D'ailleurs, certains antibiotiques sont déjà inefficaces contre certaines maladies. Et tandis que l'on en découvre de moins en moins, ceux que nous utilisons couramment s'affaiblissent à un rythme qui effraie la majorité des experts. L'efficacité de notre arsenal – le problème est de même nature pour les terres arables et les nappes phréatiques – est sérieusement mise à mal et ne se régénère qu'à un rythme terriblement lent.

Une de ces nouvelles superbactéries est la tuberculose multirésistante qui, selon le Dr Margaret Chan, directrice générale de l'Organisation mondiale de la santé, est très difficile et très chère à traiter. Chaque année dans le monde, 1 340 000 personnes meurent de la tuberculose. Sur 12 millions de cas en 2010, Chan estime que 650 000 relèvent de la tuberculose multirésistante, et la perspective d'un monde « d'après les antibiotiques » signifie selon elle « que des bobos aussi bénins qu'une angine ou un genou écorché chez un enfant pourraient tuer à nouveau ». En réponse à ce problème, la Food and Drug Administration a créé un groupe de travail qui cherche à développer de nouvelles substances antibactériennes.

Mais, en dépit de ces faits médicaux basiques, de nombreux gouvernements – y compris, et c'est choquant, celui des États-Unis – permettent à l'industrie de la viande une utilisation massive des antibiotiques comme stimulant de croissance. Le mécanisme par lequel ils favorisent la croissance n'est pas encore complètement connu, mais l'impact sur les profits est parfaitement clair et mesurable. Parallèlement, les agents pathogènes dans les entrailles des animaux se transforment rapidement en superbactéries résistantes aux antibiotiques. Mais à partir du moment où les doses sont infra-thérapeutiques et que l'objectif premier n'est pas médical, l'industrie de la viande ne se soucie guère de cette question. Et, bien sûr, leurs lobbyistes contestent d'une manière tendancieuse les positions scientifiques tout en finançant les campagnes de responsables politiques.

L'année dernière, des chercheurs ont ainsi confirmé qu'un germe de staphylocoque sensible aux antibiotiques était passé de l'homme au porc par l'intermédiaire de rations nutritionnelles contenant de la tétracycline et de la méticilline. Puis ces chercheurs ont confirmé que ce même germe de staphylocoque, après avoir acquis une résistance aux antibiotiques, avait trouvé le moyen de repasser du porc à l'homme.

Ce germe particulier, le CC398, s'est répandu chez les porcs, les poulets et d'autres animaux d'élevage. Son analyse détaillée a démontré qu'il s'agissait d'un ancêtre direct d'un germe sensible aux antibiotiques possédant des origines humaines. Il est d'ailleurs maintenant présent, selon la Société américaine de microbiologie, dans presque la moitié des viandes échantillonnées aux États-Unis. Bien qu'il puisse être tué par une cuisson rigoureuse de la viande, il peut cependant infecter des personnes en contaminant les instruments de cuisine, les plans de travail ou les casseroles et les poêles.

Une nouvelle fois, lorsqu'une industrie puissante exerce son influence, le gouvernement américain se montre souvent déférent quand il s'agit de légiférer alors que son attitude est toute différente en l'absence d'intérêts commerciaux. Le cas présent semble être trop sensible pour que le gouvernement applique le principe de précaution. Mais cette controverse est une bonne illustration : ceux qui bénéficient de l'utilisation massive et imprudente d'antibiotiques dans la filière viande ont aussi remporté ce combat d'arrière-garde en évitant son interdiction, ou même, jusqu'à récemment du moins, une limitation de cette pratique insensée.

L'Union européenne a déjà interdit les antibiotiques dans la nourriture du bétail, mais la pratique reste libre dans nombre de pays. Le germe du staphylocoque passé de l'homme au bétail et retour n'est qu'une des bactéries devenues résistantes, mais cela est rendu possible parce que tout simplement, nous cédons au diktat des industriels de la viande. Car ce qui lui permet de réduire ses coûts la transforme aussi en usine à fabriquer des germes tueurs contre lesquels les antibiotiques n'ont pas d'effet. Dans une démocratie réelle, ces faits posent question.

Les législateurs ont par ailleurs voté, à plusieurs reprises, contre la loi qui aurait interdit la vente d'animaux porteurs de la maladie de la vache folle (ESB ou encéphalopathie spongiforme bovine), une maladie neurodégénérative du cerveau causée par l'ingestion de farines animales contenant des tissus provenant de cerveaux ou de moelles épinières d'animaux infectés par le pathogène, le prion. Les animaux parvenus aux dernières étapes de la maladie peuvent également présenter le prion dans d'autres tissus et lorsqu'un animal, sur le chemin de l'abattoir, commence à trébucher, à chanceler puis à tomber, la probabilité qu'il soit porteur du prion est cinquante fois plus élevée.

Au Congrès, le débat a souvent porté sur la question de savoir si les animaux présentant ces symptômes spécifiques devaient être sortis de la chaîne alimentaire. En Amérique du Nord, au moins trois quarts des cas confirmés furent reliés à des animaux ayant manifesté les symptômes juste avant d'être abattus. Mais le pouvoir politique et le puissant lobby de la filière viande ont tellement intimidé et fasciné les représentants élus que le législateur a toujours préféré faire prendre des risques aux citoyens pour lui assurer un profit minimum. L'administration Obama a publié une réglementation qui reprend le projet de loi rejeté par le Congrès. Cependant, comme il ne s'agit que d'une réglementation, celle-ci pourrait être remise en cause par le successeur d'Obama. Encore une fois, dans une démocratie efficace, cela doit rester une vraie question.

L'incapacité du Congrès à se libérer de l'influence d'intérêts particuliers a des conséquences sur la façon dont les États-Unis vont affronter les difficiles décisions qui se profilent dans la révolution des sciences du vivant. Si l'on ne peut faire confiance aux représentants élus du peuple pour faire des choix clairs dans l'intérêt des consommateurs, comme dans le cas de la vache folle ou de la résistance des antibiotiques qui ne sert qu'à enrichir l'industrie de la viande, alors qui va faire ces choix ? Quelles institutions vont les défendre ? Et puis même si de telles décisions sont prises avec raison dans un pays, qu'est-ce qui empêche que de mauvais choix soient faits ailleurs ? Pouvons-nous accepter que l'avenir de l'Homme soit affecté à jamais ?

Vers le retour de l'eugénisme ?

Les décisions prises dans le passé par le gouvernement en matière de génétique sont loin d'être rassurantes. L'Histoire ressemble parfois à la mythologie grecque en ce que, comme avec les dieux, nos erreurs passées constituent des avertissements. L'histoire du mouvement eugéniste, il y a cent ans, nous fournit un sérieux exemple d'appel à la prudence : c'est à partir d'une terrible incompréhension de la théorie de l'évolution que le gouvernement a justifié des choix sur des critères racistes inacceptables.

Rétrospectivement, le mouvement eugéniste aurait dû être vigoureusement condamné en son temps, surtout en raison de ses propositions pour le moins surprenantes. Un certain nombre d'Américains, plus prudents en d'autres circonstances, apportèrent leur soutien au gouvernement dans sa politique active pour modeler l'avenir génétique des États-Unis à travers la stérilisation forcée d'individus dont il craignait qu'ils ne transmettent des tares aux générations futures.

En 1922, une « loi-cadre de stérilisation eugénique » (rédigée à l'origine en 1914) fut publiée par Harry Laughlin, le directeur du tout nouveau « Bureau eugéniste » de l'État de New York, autorisant la stérilisation des personnes considérées comme relevant des catégories suivantes :

> (1) Faibles d'esprit ; (2) Malades mentaux (y compris les psychopathes) ; (3) Criminels (y compris les délinquants et les prédélinquants) ; (4) Épileptiques ; (5) Ivrognes (y compris les toxicomanes) ; (6) Malades (y compris les tuberculeux, les syphilitiques, les lépreux et toutes les autres personnes porteuses de maladies chroniques, infectieuses et susceptibles de quarantaine) ; (7) Aveugles (y compris les personnes affligées de graves troubles de la vision) ; (8) Sourds (y compris les personnes affectées de troubles sérieux de l'audition) ; (9) Difformes (y compris les invalides) ; et (10) Dépendants (y compris les orphelins, les bons à rien, les sans-domicile, les clochards et les indigents).

Entre 1907 et 1963, plus de 64 000 personnes furent stérilisées sous le coup de la loi reprenant le projet de Laughlin. Son argument majeur était que de tels individus coûtent cher à l'État qui prend soin d'eux. Lui et d'autres prétendaient que les progrès au cours des siècles précédents dans les domaines de la santé publique et de la nutrition avaient conduit à la reproduction d'un nombre toujours plus important d'« indésirables » qui eux-mêmes se reproduisaient à un rythme plus rapide que par le passé.

Car ce qui est étonnant et offensant dans la « loi-cadre » de Laughlin, c'est le fait qu'il pense que les caractéristiques qu'il dénonce sont héréditaires. L'ironie du sort, c'est que Laughlin était lui-même épileptique et donc, selon sa propre législation, il remplissait les critères le désignant pour une stérilisation forcée. De plus, ses théories malveillantes eurent un impact sur les lois d'immigration puisqu'elles conduisirent, en 1924, à la mise en place de quotas sévères pour les immigrants du sud et de l'est de l'Europe.

Comme Jonathan Moreno l'a souligné dans son ouvrage *The Body Politic*, le mouvement eugéniste fut influencé par une confusion profonde sur la signification réelle de l'évolution. L'expression « survie du plus fort » ne vient pas de Charles Darwin mais de son cousin Sir Francis Galton et fut ensuite popularisée par Herbert Spencer dont la théorie concurrente était fondée sur les idées aberrantes de Jean-Baptiste Lamarck. Celui-ci prétendait que les caractères développés par les individus après leur naissance se transmettaient génétiquement à la génération suivante.

En URSS, avec Trofim Lyssenko, on put assister à la même dégradation de la théorie de l'évolution car Lyssenko empêcha l'introduction des grandes lignes de la génétique pendant les trente ans de son règne sur la science soviétique. Les généticiens en désaccord avec lui étaient arrêtés dans le plus grand secret et certains moururent dans des circonstances inexpliquées. L'idéologie dévoyée de Lyssenko demandait à la théorie biologique de se conformer aux besoins agricoles du pays, un peu à la façon dont certains politiciens américains insistent pour que la science du climat s'adapte à leur volonté de continuer à brûler de façon débridée le charbon et le pétrole.

En fait, Darwin enseigne que ce ne sont pas nécessairement les plus « forts » qui survivent, mais plutôt ceux qui sont le mieux adaptés à leur environnement. Mais, pour le moins, la version erronée de la théorie darwinienne telle que reflétée par son cousin contribua à promouvoir la notion de darwinisme social qui, à son tour, conduisit à d'absurdes débats politiques qui, à certains égards, se poursuivent encore aujourd'hui.

Certains des premiers progressistes furent séduits par cette version erronée de la théorie de Darwin car ils pensaient que l'État devait jouer un rôle pour faire diminuer les caractéristiques lamarckiennes dont ils croyaient à tort qu'elles étaient de plus en plus répandues en raison des interventions étatiques précédentes ayant rendu la vie plus facile à ces « indésirables » et leur permettant ainsi de proliférer.

Les mêmes fausses suppositions conduisirent la droite à porter un regard différent : l'État devrait s'abstenir de toutes ces interventions qui, au nom de ce qu'elle considère comme une compassion de mauvais aloi, avaient conduit à la prolifération des « indésirables ». Il n'y avait que peu de vrais avocats réactionnaires de l'eugénisme, mais au moins l'un d'entre eux survit au XXIe siècle, le Pioneer Fund, décrit comme un groupe haineux par le Southern Poverty Law Center. Il se trouve que son président fondateur ne fut autre que Harry Laughlin.

Selon les historiens, l'eugénisme fut également renforcé par les troubles socio-économiques des premières décennies du XXe siècle :

urbanisation et industrialisation rapides, disparition des schémas sociaux anciens, vagues d'immigration, stress économique engendré par des très bas salaires, et chômage élevé. Ces facteurs combinés à un zèle nouveau en faveur de réformes progressistes produisirent une vision très déformée du champ d'intervention de l'État en matière d'hérédité.

Cet épisode de l'histoire mondiale est maintenant considéré comme épouvantablement contraire à toute éthique – en partie parce que, trente ans après son apparition, les crimes génocidaires d'Adolf Hitler discréditèrent toutes les théories fondées sur la notion de race ou de génétique, même celles qui n'avaient qu'un lointain rapport avec le nazisme. Mais pour le moins certaines des leçons un peu plus subtiles de l'eugénisme n'ont toujours pas été intégrées dans le débat récent sur les propositions qualifiées parfois de néo-eugénistes.

Un des grands défis que doivent relever les démocraties à l'aube de cette ère nouvelle est de s'assurer que les décisions politiques concernant les sciences de pointe sont fondées sur une compréhension claire et précise des questions en cause. Dans le cas de l'eugénisme, les erreurs de base concernant la part de l'héréditaire remontent à Lamarck et ont contribué à une politique profondément immorale qui aurait pu être évitée si les responsables et le peuple en général avaient débattu sur la base de connaissances sérieuses.

Il est important de noter que, presque un siècle après la tragédie eugéniste, la moitié environ des Américains continuent de ne pas croire à l'évolution. Par ailleurs, les jugements qui doivent être rendus dans un futur proche par notre gouvernement – et dans d'autres pays – sont déjà assez difficiles à rendre même quand ils s'appuient sur une lecture précise de la science. Quand, en plus, cette difficulté inhérente est renforcée par des hypothèses défaillantes, la probabilité de se tromper augmente en conséquence.

Comme nous le verrons dans le prochain chapitre, les décisions relatives au réchauffement climatique sont aussi complexes, même quand elles s'appuient sur une connaissance pointue de la science. Mais quand les responsables fondent leurs arguments sur des représentations erronées, le degré de difficulté augmente encore considérablement. Et lorsque de grossières erreurs sont commises intentionnellement et de manière répétée par les principaux pollueurs qui souhaitent bloquer le débat sur les réductions de CO_2, ceux-ci commettent, selon moi, un crime quasiment impardonnable contre la démocratie et contre le futur bien-être de l'espèce humaine.

Dans une décision de 1927, le juge Oliver Wendell Holmes Jr. de la Cour suprême des États-Unis prit appui sur une loi eugéniste de l'État de Virginie, une parmi plus de deux douzaines, dans le cas Buck contre Bell, impliquant la stérilisation forcée d'une jeune femme de Virginie prétendument « faible d'esprit » et aux mœurs légères. Selon les faits présentés à la Cour, la personne en question, Carrie Buck, était déjà mère à l'âge de dix-sept ans. Confirmant le droit de l'État à recourir à la stérilisation, Holmes écrit : « La société a le droit d'empêcher de continuer l'espèce ceux qui n'en ont pas les qualités [...]. Trois générations d'imbéciles, ça suffit. »

Un demi-siècle après cette décision, qui ne fut jamais cassée, de la Cour suprême, le directeur de l'hôpital où Buck fut stérilisée de force entreprit des recherches pour la retrouver. Elle avait alors plus de quatre-vingts ans et il se rendit compte qu'elle était loin d'être « stupide ». Buck était parfaitement lucide et d'une intelligence tout à fait normale. Après un examen approfondi du dossier, il apparut clairement que les faits n'étaient pas ceux présentés devant la Cour. La jeune Carrie Buck était une enfant trouvée, violée par un neveu d'un de ses parents adoptifs qui l'avait envoyée à l'asile de l'État de Virginie pour les épileptiques et les faibles d'esprit afin d'éviter le scandale.

La mère de Carrie, Emma Buck, représentant la première des trois générations auxquelles faisait référence le juge Holmes, avait elle aussi été envoyée dans le même asile dans des circonstances peu claires, bien que des témoignages indiquent qu'elle était syphilitique et qu'elle n'était pas mariée lorsqu'elle donna naissance à Carrie. En tout cas, Albert Priddy, le directeur de l'asile de Virginie, cherchait avec énergie un cas à présenter devant la Cour suprême pour fournir une couverture légale à la stérilisation forcée que son institution, et d'autres, avaient mise en place. Il déclara Buck « congénitalement et incurablement déficiente ». Le tuteur légal de celle-ci choisit pour la défendre un avocat qui était un proche de Priddy et un ami d'enfance de l'avocat de l'asile, un avocat pro-eugénisme et pro-stérilisation (et même ancien directeur de l'asile) du nom d'Aubrey Strode.

L'historien Paul Lombardo de l'université d'État de Géorgie, qui a produit un ouvrage très complet sur le cas, montre que toute la procédure est « fondée sur le mensonge et la trahison [...]. Le ver était dans le fruit ». L'avocat de Buck, commis d'office, ne présenta aucun témoin et aucune preuve, et décrivit sa cliente comme à moitié idiote. Harry Laughlin, qui n'avait jamais rencontré Carrie Buck, sa mère ou sa fille, témoigna par écrit devant la Cour que toutes les trois appartenaient à « la classe asociale, indolente, ignorante et indigne des blancs du Sud ».

Vivian, la fille de Carrie, fut elle aussi examinée quelques semaines après sa naissance par une infirmière qui témoigna : « Elle a quelque chose qui n'est pas tout à fait normal. » La petite fille fut enlevée à sa famille et placée dans la famille du violeur de Carrie. Après avoir reçu des prix scolaires, Vivian mourut de la rougeole en CE1. Accessoirement, Doris, la sœur de Carrie, fut également stérilisée dans la même institution (où plus de 4 000 stérilisations furent réalisées) même si les médecins lui mentirent à propos de l'opération en prétendant qu'il s'agissait d'une appendicectomie. Comme Carrie, Doris n'apprit que beaucoup plus tard qu'elle ne pourrait pas avoir d'enfants.

Le « modèle de législation » proposé par Laughlin, qui constituait une base légale pour la Virginie confirmée par la Cour suprême, fut peu de temps après repris par le Troisième Reich comme socle de loi pour stériliser plus de 350 000 personnes. De la même façon, un texte rédigé par Edward Bernays expliquant des notions de marketing en s'appuyant sur des fondements psychologiques servit à Goebbels pour constituer son programme de propagande à l'origine du génocide hitlérien. En 1936, les nazis accordèrent à Laughlin un doctorat honorifique de l'université de Heidelberg pour sa contribution à la « science de la purification raciale ».

Les eugénistes furent également encouragés de manière scandaleuse par, notamment, le président Woodrow Wilson, Alexander Graham Bell ou Margaret Sanger, qui fonda le mouvement en faveur du contrôle des naissances, une idée qui était à l'époque plus controversée que l'eugénisme lui-même, ainsi que par Theodore Roosevelt après son départ de la Maison Blanche. En 1913, ce dernier écrit dans une lettre :

> Il est extraordinaire de constater que notre peuple refuse d'appliquer aux êtres humains les connaissances élémentaires que tout bon fermier applique à son bétail. Tout fermier qui ne s'occuperait pas de ses meilleurs animaux et qui escompterait que tout son revenu viendrait de la pire partie du troupeau serait considéré comme bon pour l'asile. Jusqu'à maintenant, nous avons du mal à considérer cette conduite comme rationnelle si l'on veut bien la comparer à celle d'une nation qui soutient sans limites l'élevage de ses pires éléments, que ce soit sur un plan physique ou moral, tout en encourageant délibérément un égoïsme froid et une sensiblerie perverse qui ont pour résultat que

les hommes et les femmes qui devraient se marier et créer de grandes familles restent célibataires ou n'ont qu'un enfant ou deux.

Sanger, pour sa part, était en désaccord avec les méthodes des avocats de l'eugénisme, mais fit tout de même savoir qu'elle les soutenait : « Améliorer la race par l'élimination des inadaptés. » Un des objectifs personnels qu'elle poursuivait en faisant la promotion de la contraception était, ainsi qu'elle l'écrit en 1919 : « Plus d'enfants de bons parents, moins d'enfants de mauvais parents, telle est la clé du contrôle des naissances. »

Mais les États-Unis ne sont pas la seule nation démocratique avec un passé trouble en matière de stérilisation forcée. Entre 1935 et 1976, la Suède a stérilisé plus de 60 000 personnes, « métis, mères célibataires ayant eu beaucoup d'enfants, marginaux, gitans ou autres "vagabonds" ». Curieusement, encore aujourd'hui, la Suède est un des dix-sept pays européens qui demandent la stérilisation avant modification officielle d'identité à une personne qui souhaite changer de sexe. D'ailleurs, les parlementaires suédois débattent de cette loi qui remonte à 1972, car, en effet, il n'existe aucune raison médicale ou scientifique pour la justifier. Ce sont la peur et l'incompréhension de petits partis conservateurs qui en ont, jusqu'à présent, rendu l'abrogation impossible.

En Ouzbékistan, il semblerait que les stérilisations aient débuté en 2004 et sont devenues une politique officielle en 2009. Chaque gynécologue reçoit un quota hebdomadaire de femmes à stériliser. « Nous démarchons les femmes maison par maison en vue de les convaincre de subir l'opération », affirme un chirurgien en milieu rural. « Il n'est pas difficile de persuader une femme pauvre. Il n'est pas difficile non plus de les berner. »

En Chine, la question des avortements forcés a resurgi avec les allégations de l'opposant évadé Chen Guangcheng, mais le Premier ministre sortant Wen Jiabao a publiquement appelé à une interdiction non seulement des avortements forcés, mais aussi de « l'identification sexuelle des fœtus ». Il n'en reste pas moins qu'en Chine nombre de femmes qui se font avorter sont aussi stérilisées contre leur volonté. En Inde, bien que la stérilisation contrainte soit illégale, les médecins et les responsables gouvernementaux reçoivent une prime pour chaque intervention. Ces incitations conduisent apparemment à de nombreux abus, en particulier dans les régions rurales où beaucoup de femmes sont stérilisées sous des prétextes totalement fallacieux.

La nature globale de la révolution dans les biotechnologies et les sciences du vivant, à l'image des nouvelles réalités commerciales qui ont émergé avec l'apparition de Earth Inc., signifie que les décisions morales, éthiques ou légales prises par une nation seule pourraient ne pas avoir beaucoup d'impact sur les choix pratiques des autres pays. On a essayé, ici ou là, de suivre des règles générales sur ce qui est acceptable, ce qui mérite un plus ample examen, et sur ce qui devrait être interdit, mais il n'existe aucun moyen pour parvenir à des décisions morales sur les possibilités qui s'offrent à nous.

La Chine et les sciences du vivant

Comme nous l'avons vu précédemment, la Chine semble déterminée à devenir la superpuissance en matière d'analyse génétique et de sciences du vivant. Le Beijing Genomics Institute (BGI), le moteur de l'effort chinois en analyse génomique, a déjà séquencé les génomes complets de plus de cinquante animaux et plantes, dont le ver à soie, le panda, l'abeille, le riz, le soja, ainsi que plus de mille espèces de bactéries. Mais l'objectif principal semble être la partie la plus importante et la plus intrigante du corps humain, le cerveau, qui pourrait être modifié pour parvenir à une amélioration des performances et à une utilisation plus efficace de l'intelligence.

À cet effet, en 2011, le BGI a installé à Shenzhen une banque de données génétiques (China's National Gene Bank) où l'on cherche à identifier quels sont les gènes déterminant pour l'intelligence, en établissant l'analyse génomique de plus de 2 000 enfants d'âge scolaire (1 000 prodiges issus des meilleurs écoles du pays et 1 000 enfants considérés comme possédant une intelligence proche de la moyenne) afin de comparer les résultats avec leur réussite scolaire.

Aux États-Unis, une telle étude serait extrêmement controversée, en partie à cause de la répulsion résiduelle due au scandale de l'eugénisme et en partie à cause d'une méfiance généralisée, dans toutes les sociétés qui valorisent les principes égalitaires, contre toute tendance cherchant à établir un lien entre intelligence et héritage familial. De plus, de nombreux biologistes, dont Francis Collins, qui a succédé à James Watson à la tête du Human Genome Project, considèrent qu'il est scientifiquement impossible de lier information génétique et intelligence infantile. Cependant, quelques chercheurs sont d'un avis différent et pensent que ces gènes pourront finalement être identifiés.

Dans le même temps, la vitesse à laquelle progresse la cartographie des connexions neuronales est largement supérieure à ce que la loi de Moore avait prédit pour les circuits intégrés. Déjà, la carte neuronale du nématode, une sorte de ver qui ne possède que 302 neurones, est terminée. Mais, avec environ 100 milliards de neurones et au moins 100 000 milliards de connexions synaptiques dans un cerveau humain, le défi pour parvenir à une carte complète de la connectique neuronale s'annonce redoutable. Sur ce sujet, la compréhension du fonctionnement du cerveau en est à ses balbutiements.

Souvenons-nous qu'après le premier séquençage complet du génome humain, les scientifiques ont rapidement compris que la carte génomique ne constituait que l'introduction d'une tâche beaucoup plus vaste : la cartographie des protéines, lesquelles adoptent des formes multiples et sont sujettes à des modifications biochimiques importantes.

De la même façon, une fois ce plan des connexions complété, les scientifiques devront se pencher sur le rôle des protéines dans le cerveau. Selon David Eagleman, un neurobiologiste du Bayor College of Medicine à Houston : « Les neurosciences se focalisent sur les neurones car notre meilleure technologie nous permet de les cerner. Mais, en fait, chaque neurone est aussi complexe dans son fonctionnement qu'une ville. Chaque neurone contient des millions de protéines, échangeant et interagissant en cascades biochimiques fabuleusement complexes. »

Même à ce stade précoce de la révolution des neurosciences, les chercheurs ont appris à activer certains systèmes cérébraux. En exploitant les avancées de ce nouveau domaine qu'est l'optogénétique, les scientifiques ont identifié l'opsine, une protéine photosensible de l'algue verte, et ont placé dans des cellules leurs gènes correspondants qui sont alors devenus des commutateurs optiques pour neurones. En insérant aussi des gènes correspondant aux orthoprotéines qui luisent en lumière verte, les chercheurs ont réussi à activer certains neurones et ont pu observer les effets sur les autres. L'optogénétique avance désormais rapidement vers le point où les chercheurs seront en mesure d'utiliser les commutateurs pour manipuler chez la souris des comportements et des sensations en contrôlant à volonté le flux d'ions (des particules chargées) vers les neurones. Une des applications les plus prometteuses pourrait être de réussir à contrôler des symptômes associés à la maladie de Parkinson.

D'autres scientifiques ont inséré dans des neurones des gènes de méduse et de corail capables de produire plusieurs couleurs, rouge, bleu, jaune, ainsi que des gradations intermédiaires. Cela permet l'identification de différentes catégories de neurones, chaque catégorie étant repérée par une couleur particulière. Ce « cerveau arc-en-ciel » permet de mieux visualiser la carte des connexions neuronales. Et encore une fois, le Cerveau mondial a facilité l'émergence d'un puissant effet réseau dans la recherche cérébrale. Quand une nouvelle partie des circuits très intriqués du cerveau est déchiffrée, la découverte est largement diffusée aux autres équipes dont le travail sur d'autres secteurs de la connectique se voit ainsi accéléré.

Voir un cerveau penser

Simultanément, une approche totalement nouvelle dans l'étude du cerveau, l'imagerie par résonance magnétique fonctionnelle (IRMf), a permis d'aboutir à de passionnantes découvertes. Cette expérimentation, fondée sur la technique plus familière de l'IRM, permet de suivre les flux de sang dans le cerveau. Lorsque les neurones sont actifs, ils prennent dans le sang l'oxygène et le glucose nécessaires à leurs besoins énergétiques. Du fait qu'il existe une légère différence de magnétisation entre le sang oxygéné et le sang qui en manque, la machine peut identifier les zones du cerveau qui sont en activité, à n'importe quel moment donné.

En corrélant les images réalisées par la machine et la description subjective des pensées ou des sentiments rapportés par la personne que l'on est en train de scanner, les scientifiques sont en mesure de faire des découvertes capitales sur la localisation de fonctions dans le cerveau. Cette technique est aujourd'hui si avancée que les équipes expérimentées peuvent en fait identifier une pensée particulière en voyant son « empreinte cérébrale ». Par exemple, le mot « marteau » possède une empreinte qui est quasiment identique pour presque tous les individus, quelles que soient leur nationalité ou leur culture d'origine.

L'un des exemples les plus étonnants des capacités de cette nouvelle découverte fut rapporté en 2010 par le docteur en neurosciences Adrian Owen, lorsqu'il était membre de l'université de Cambridge, en Angleterre. Owen utilisa l'imagerie par résonance magnétique fonctionnelle sur une jeune femme en état végétatif, ne présentant aucun signe discernable de conscience, et lui posa des questions pendant le scannage. Il lui demanda de s'imaginer en train de jouer au tennis, puis de s'imaginer en train de traverser sa maison. Les chercheurs ont pu établir qu'une personne qui pense qu'elle joue au tennis démontre une activité en un endroit particulier du cortex moteur, l'aire motrice supplémentaire. De manière similaire, lorsqu'une personne pense qu'elle est en train de marcher dans sa maison, cela produit un schéma reconnaissable dans la partie centrale du cerveau, appelée la circonvolution parahippocampique.

Après avoir observé que la jeune femme répondait à chacune des questions par la manifestation cérébrale que l'on attend d'une personne consciente, Owen utilisa ces deux questions de façon que la jeune femme puisse répondre « oui » en pensant au tennis et « non » en pensant à la marche dans la maison. Il lui posa ensuite patiemment une série de questions à propos de sa vie, questions dont personne dans l'équipe médicale ne pouvait connaître les réponses. Elle répondit correctement à presque toutes les questions, ce qui conduisit Owen à la conclusion qu'elle était en fait consciente. Il poursuivit cette expérimentation avec plusieurs autres patients et put ainsi spéculer qu'au moins 20 % de ceux que l'on croyait en état végétatif étaient en réalité conscients sans moyen de communiquer. Owen et son équipe utilisent aujourd'hui l'électroencéphalographie pour poursuivre ce travail.

Les chercheurs du Darmouth College utilisent aussi le casque électroencéphalographique pour interpréter les pensées et les connecter à un iPhone, ce qui permet à l'utilisateur de sélectionner des images et de les faire apparaître sur l'écran. Il reste difficile d'interpréter les signaux électriques provenant du crâne puisque les capteurs sont externes, mais les progrès sont rapides et impressionnants.

Un casque bon marché développé il y a quelques années par Emotiv, une entreprise australienne de jeux électroniques, peut traduire les signaux cérébraux permettant de contrôler des objets sur un écran. Les neuroscientifiques pensent cependant que ces systèmes d'entrée de gamme mesurent les rythmes musculaires plutôt que le rythme neuronal. Néanmoins, les ingénieurs de l'IBM Emerging Technologies Lab au Royaume-Uni sont parvenus à l'adapter, permettant ainsi le contrôle mental de systèmes électroniques tels que voitures miniatures, télévisions ou commutateurs. En Suisse, les chercheurs de l'École polytechnique de Lausanne ont utilisé la même approche pour construire des fauteuils roulants et des robots contrôlables par la pensée. Quatre autres entreprises, dont Toyota, ont annoncé qu'elles sont en train de développer un vélo dont les vitesses peuvent être changées par la pensée.

Gerwin Schalk et Anthony Ritaccio, de l'Albany Medical Center, travaillent pour un programme militaire américain doté de plusieurs millions de dollars, qui vise à développer des systèmes permettant aux soldats de communiquer par télépathie. Bien que tout ceci ressemble à de la science-fiction, le Pentagone pense que ce projet de « casque télépathique » est suffisamment réalisable pour y consacrer plus de 6 millions de dollars et envisage une date de mise en service du prototype en 2017.

« Transhumanisme » et « singularité »

Si un jour une telle technologie est mise en œuvre, il est difficile d'imaginer où nous emmèneront les versions les plus sophistiquées. Depuis longtemps déjà, certains théoriciens ont prédit que le développement d'un outil capable de transformer les pensées en schémas numériques déchiffrables par des ordinateurs conduirait à une plus grande convergence entre machines et humains. Pour les théoriciens, cette entité, qui est plus qu'un cyborg (mi-homme, mi-machine), ouvre une ère nouvelle qu'ils appellent « transhumanisme ».

Selon Nick Bostrom, l'historien majeur du transhumanisme, le terme fut apparemment inventé par Julian Huxley, le frère d'Aldous, un éminent biologiste, environnementaliste et humanitaire. En 1927, il écrivait : « L'espèce humaine peut, si elle le souhaite, se transcender elle-même, pas seulement d'une manière sporadique, un individu par-ci, un individu par-là, mais dans son ensemble, en tant qu'humanité. Nous avons besoin d'un nom pour cette nouvelle croyance. *Transhumanisme* correspondrait bien à cet usage : l'homme reste l'homme mais se transcende lui-même en actualisant de nouvelles possibilités à partir de et pour sa nature humaine. »

L'idée que nous, en tant qu'êtres humains, ne sommes pas arrivés au bout de l'évolution, mais sommes destinés à évoluer encore, avec notre participation active à la direction de ce processus, est une idée qui prend sa source dans le ferment intellectuel qui a suivi la publication de *L'Origine des espèces* de Charles Darwin, ferment qui a continué à se répandre durant le XXe siècle. Cette idée a conduit, quelques décennies plus tard, à imaginer une nouvelle extrémité pour l'évolution humaine : la « Singularité ».

D'abord utilisé par Teilhard de Chardin, le mot « Singularité » décrit un seuil futur au-delà duquel l'intelligence artificielle dépassera celle des êtres humains. Vernor Vinge, un mathématicien californien spécialiste d'informatique, a présenté l'idée, de manière succincte, dans un article publié il y a vingt ans et intitulé « La singularité technologique à venir » dans lequel il écrit : « Dans trente ans au plus, nous aurons les moyens technologiques de créer une intelligence suprahumaine. Peu de temps après, l'ère humaine sera terminée. »

À l'époque actuelle, cette notion de Singularité a été popularisée et promue avec beaucoup d'enthousiasme par le Dr Ray Kurzweil, un esprit universel, auteur, inventeur et futurologue, également cofondateur avec Peter Diamandis de l'université de la Singularité au sein du NASA Research Park à Moffett Field, en Californie. Kurzweil imagine, entre autres choses, qu'un développement rapide des technologies facilitera une traduction fluide et complète des pensées humaines sous une forme compréhensible par des ordinateurs de pointe qui pourront aussi les stocker. Imaginant que ces avancées adviendront, il croit que, dans les toutes prochaines décennies, il croit qu'il sera possible de faire converger l'intelligence humaine, et même la conscience, avec l'intelligence artificielle. Plus récemment, il a écrit : « Il n'y aura plus de différence, dans la post-Singularité, entre humain et machine, entre réalité physique et virtuelle. »

Kurzweil hésite rarement à avancer des idées provocantes même si d'autres technologues les tiennent pour farfelues. Un ami proche, Mitch Kapor, autre légende du monde de l'informatique, lui a lancé un défi à 20 000 dollars (à remettre à une fondation choisie par le gagnant) à propos de ce qui est peut-être le plus intéressant des vieux débats sur les capacités des ordinateurs : le test de Turing, du nom d'un pionnier légendaire de la science informatique, Alan Turing, qui fut le premier en 1950 à proposer le test qui a longtemps servi à déterminer le moment où les ordinateurs parviendraient au niveau de l'intelligence humaine. Le test consiste à faire discuter, par écrit, un humain avec un ordinateur et avec une personne. Si à l'issue de la conversation, l'humain ne peut déterminer qui est qui, alors l'ordinateur aura réussi le Test de Turing. Kurzweil a affirmé qu'un ordinateur réussirait ce test avant la fin de l'année 2029. Kapor, de son côté, est en désaccord et pense que l'intelligence humaine sera toujours organiquement distincte de l'intelligence-machine. Cependant, la Singularité à venir pose un défi bien différent.

Plus récemment, la version informatique de la Singularité a été mise au défi par des biologistes qui pensent que l'ingénierie génétique du cerveau pourrait produire une « Singularité organique » avant la « Singularité technologique ». Personnellement, je ne suis pas plus impatient pour l'une que pour l'autre, mais mon malaise pourrait bien n'être qu'une illustration de la difficulté à penser ces multiples révolutions qui se déroulent toujours plus vite.

Des pièces de rechange pour le corps humain

Même si la fusion entre humain et machine pourrait bien, pour le futur prévisible, rester dans le royaume de la science-fiction, l'utilisation de pièces mécaniques comme pièces de rechange dans le corps humain est une idée qui fait rapidement son chemin. Les prothèses sont maintenant utilisées pour remplacer non seulement hanches, genoux, jambes ou bras, mais aussi les yeux et d'autres parties du corps qui, jusqu'à présent, ne pouvaient être remplacées par des substituts artificiels. Les implants cochléaires, nous l'avons vu, sont utilisés en vue de réparer l'audition. Plusieurs équipes de recherche ont développé des exosquelettes mécaniques permettant à des handicapés de marcher ou de donner une force supplémentaire aux soldats ou à ceux qui doivent soulever de lourdes charges. La plupart des aides auditives sur mesure sont déjà fabriquées à l'aide de machines-outils 3D et la vitesse à laquelle celles-ci progressent rend inévitable le fait que de nombreuses autres prothèses pourront bientôt être fabriquées de la même façon.

En 2012, aux Pays-Bas, des médecins et des techniciens ont utilisé une machine 3D (décrite au chapitre 1) pour fabriquer une mâchoire inférieure à partir de poudre de titane, pour une femme âgée qui ne pouvait être traitée par la chirurgie reconstructrice traditionnelle. Cette mâchoire fut dessinée par un ordinateur avec des jointures articulées comme celles d'une vraie mâchoire, des rainures pour permettre la régénération des veines et des nerfs et des creux parfaitement dessinés pour les attaches musculaires. Elle fut évidemment calculée pour s'adapter parfaitement au visage de la femme.

Puis le programme informatique fut installé dans la machine 3D, qui mit en œuvre la poudre de titane en couches ultraminces (trente-trois couches par millimètre) pour les faire fondre grâce à un rayon laser, le tout en quelques heures. Selon Jules Poukens de l'université de Hasselt en Belgique, le médecin de la patiente, elle fut en mesure d'utiliser normalement sa nouvelle mâchoire au réveil et put s'alimenter dès le lendemain.

La fabrication d'organes humains par la 3D n'est pas encore

d'actualité, mais cette possibilité émergente a créé une excitation ahurissante dans le domaine des transplantations en raison du manque récurrent d'organes. Avant que la fabrication d'organes en 3D ne devienne une réalité, les chercheurs espèrent développer la capacité de fabriquer en laboratoire des organes de rechange pour des transplantations humaines. Les premières versions de reins exogènes (ou de foies) sont maintenant développées par des scientifiques de la Wake Forest University. Cette potentialité naissante qui permettrait à des individus de générer leurs propres organes de remplacement ouvre une promesse dans le champ des transplantations.

Les médecins du Karolinska Institutet de Stockholm ont déjà créé et transplanté une trachée de remplacement en faisant repousser en laboratoire les cellules du patient sur une sorte de « treillis » en plastique présentant la taille et la forme de la trachée à remplacer. Une équipe médicale de Pittsburgh a utilisé une technique similaire pour refaire le quadriceps d'un soldat ayant perdu ce muscle de la cuisse dans une explosion en Afghanistan. Il s'est agi d'implanter dans sa jambe un treillis fabriqué à partir d'une vessie de porc (débarrassée de ses cellules vivantes) en vue de pousser les cellules souches à reconstruire les tissus musculaires jusqu'à ce que la matrice de l'échafaudage soit détruite par le système immunitaire. Les chercheurs du Massachusetts Institute of Technology sont, pour leur part, en train de développer des nanofils, mille fois plus fins qu'un cheveu, pouvant être installés sur les « treillis » et servant alors à contrôler le fonctionnement des organes régénérés.

Étant l'un des auteurs en 1984 du National Organ Transplant Act, j'ai appris, lors de séances du Congrès, la difficulté qui existe à trouver suffisamment de donneurs d'organes pour couvrir les besoins grandissant en matière de transplantation. Ayant de plus soutenu l'interdiction portant sur l'achat ou la vente d'organes, je ne suis toujours pas convaincu par la levée de cette interdiction partagée par tous les autres pays, hormis l'Iran. La possibilité d'abus en ce domaine est déjà évidente, il suffit d'observer le marché noir qui s'est installé pour les organes ou les tissus et qui frappe des personnes pauvres dans des pays pauvres au profit de malades des pays riches.

En attendant le développement d'organes artificiels et d'organes régénérés, les outils Internet et les médias sociaux contribuent à répondre à la difficulté de trouver plus de donneurs d'organes et à les accorder aux besoins de transplantations. En 2012, Kevin Sack du *New York Times* a présenté un touchant exemple sur la manière dont soixante personnes ont formé « la plus longue chaîne jamais construite pour une transplantation rénale ». Récemment, Facebook a annoncé l'ajout de la mention « donneur d'organes » dans les profils des utilisateurs.

Bespoke Innovations, une entreprise de machines 3D basée à San Francisco, utilise le procédé pour fabriquer des membres artificiels de nouvelle génération. D'autres firmes y ont recours pour fabriquer de nombreux implants médicaux. Il existe aussi un effort particulier pour fabriquer à la demande des vaccins et des médicaments à partir de produits chimiques de base. Le professeur Lee Cronin, de l'université de Glasgow, qui dirige une équipe spécialisée en fabrication 3D de médicaments, a récemment déclaré que le processus sur lequel ils travaillent tend à considérer les molécules nécessaires à la formule du médicament comme des cartouches d'encre dans une imprimante 2D standard. Cronin rajoute : « Avec un nombre gérable de ces cartouches, vous pouvez fabriquer n'importe quelle molécule. »

Un des avantages de ce procédé est qu'il offre la possibilité de transmettre le programme 3D de vaccins ou de médicaments à des machines 3D disséminées un peu partout dans le monde pour qu'elles fabriquent les médicaments sur place, le coût pour s'adapter petit à petit à des médicaments spécifiques à chaque patient étant négligeable.

Historiquement, l'industrie pharmaceutique reposait sur de grandes usines centralisées, son modèle économique étant fondé sur un marché de masse, avec un nombre important de patients auxquels on fournissait le même produit. Cependant, la numérisation du vivant et des matériaux moléculaires produit une telle quantité de données discriminantes que cela n'aura plus aucun sens de mettre tous les patients dans le même panier en ignorant leurs différences signifiantes d'un point de vue médical.

Cette nouvelle prouesse, la fabrication d'un monde à l'échelle microscopique, nous donne également la capacité d'inventer des nanomachines ou nanorobots insérables dans le corps humain. Ceux-ci seront équipés de systèmes de la taille d'une cellule vivante et pourront cohabiter avec les tissus humains. En 2012, une équipe du MIT annonçait avoir réussi à construire des « nano-usines » théoriquement capables de produire des protéines à l'intérieur du corps humain et activables par un laser depuis l'extérieur.

On cherche aussi à développer des prothèses spécifiques pour le cerveau. À l'instar des pacemakers pour le cœur, des systèmes peuvent maintenant être insérés dans le cerveau pour compenser les désordres ou les dommages. Les chirurgiens ont déjà commencé à installer des puces ou des systèmes numériques à la surface du cerveau, voire, dans certains cas, au cœur de l'organe. En perçant un trou dans le crâne, puis en plaçant une puce reliée directement à un ordinateur, les médecins ont permis à des patients paralysés de faire fonctionner des robots à partir de leurs pensées. Dans une démonstration largement diffusée, on voit un patient paralysé capable de diriger un bras robotisé pour prendre une tasse de café, l'approcher de sa bouche et insérer une paille entre ses lèvres afin de boire une gorgée.

D'après les experts, ce n'est plus qu'une question de temps : grâce à des puissances de calcul de plus en plus importantes et à la réduction de la taille des puces, il sera bientôt possible de se dispenser de connectique entre l'ordinateur et la puce. Dans les universités de l'Illinois, de Pennsylvanie et de New York, des scientifiques et des ingénieurs travaillent à développer un nouveau type d'interface suffisamment souple pour s'adapter aux contours du cerveau. Selon Moncef Slaoui, directeur recherche et développement chez GlaxoSmithKline : « Les sciences qui soutiennent la bioélectronique se développent à une allure étonnante dans plusieurs centres universitaires autour du monde, mais pour le moment tout se passe en des lieux séparés. Le défi consiste à rassembler l'ensemble, interfaces cérébrales, science des matériaux, nanotechnologies, génération de micropuissance, afin d'arriver à de réels bénéfices thérapeutiques. »

À l'université de Tel-Aviv, des médecins ont équipé des rats avec des cervelets artificiels afin d'interpréter des informations en provenance du reste du corps. En utilisant ces informations, les scientifiques sont capables de stimuler les neurones moteurs pour mettre en mouvement les membres du rat. Bien que ces recherches n'en soient qu'à leurs débuts, les experts pensent aussi qu'à ce stade ce n'est plus qu'une question de temps avant que des versions artificielles de sous-systèmes cérébraux ne soient construites. Francisco Sepulveda, de l'université d'Essex au Royaume-Uni, rappelle que la complexité de ce défi peut être effrayante mais aussi que les scientifiques entrevoient clairement le chemin à suivre : « Il est probable que cela prendra plusieurs décennies pour y arriver, mais je fais le pari que des parties fonctionnelles de cerveau, telles que l'hippocampe ou le cortex visuel, auront des équivalents synthétiques avant la fin du siècle. » Bien avant ces développements, des neuroprothèses sont d'ores et déjà en utilisation chez l'être humain, y compris des prothèses de contrôle de la vessie, de soulagement des douleurs vertébrales ou de certaines formes de cécité et de surdité. D'autres neuroprothèses attendues dans un futur très proche vont pouvoir stimuler des zones données du cerveau afin d'améliorer la mise au point et la concentration, là aussi pour stimuler des connexions neuronales associées à la « pratique » et ainsi améliorer les capacités des victimes d'un accident vasculaire cérébral et leur réapprendre à marcher.

« Des enfants modifiés »

Au fur et à mesure que les implants, les prothèses, les neuroprothèses et autres applications cybernétiques continuent à s'améliorer, les discussions sur les implications en jeu ont pris de l'ampleur, de leurs usages thérapeutiques, réparateurs, reconstructeurs à leurs usages servant à améliorer l'être humain. Ainsi, les implants cérébraux qui aident les victimes d'AVC peuvent également être utilisés sur des personnes en bonne santé en vue de favoriser la concentration par exemple au moment d'acquérir de nouvelles compétences, ou d'améliorer leur capacité d'attention dans les moments importants.

L'amélioration temporaire des performances mentales par le recours à la pharmacopée a déjà commencé. On estime que 4 % des lycéens utilisent régulièrement des médicaments favorisant l'attention et/ou la concentration tels que la Ritaline, l'Adderall et la Privaline pour améliorer leurs résultats aux examens. Dans certaines écoles, ce taux monte parfois jusqu'à 35 % et, après une enquête approfondie sur l'usage de ces drogues dans les lycées, le *New York Times* rapporte qu'il n'existe pas d'études fiables sur lesquelles s'appuyer pour donner une estimation nationale. Mais après des observations conduites dans une quinzaine d'écoles de haut niveau, selon les médecins et les élèves, on peut arriver à des pourcentages d'étudiants utilisateurs situés entre 15 et 40 %.

Le *Times* poursuit : « Le consensus est parfaitement clair, les utilisateurs sont de plus en plus nombreux [...] et certains étudiants qui préféreraient ne pas avoir recours à ces médicaments y sont contraints par la compétition scolaire et les « intérêts » des collèges. Certains médecins qui s'occupent de familles à revenus modestes se sont mis à prescrire de l'Adderall aux enfants pour compenser leurs désavantages vis-à-vis des enfants issus de familles aisées. L'un d'entre eux, le Dr Michael Anderson de Canton en Géorgie, explique au *Times* qu'il envisage cette pratique comme un « petit rabotage des inégalités [...]. Puisque la société a décidé que modifier l'environnement des enfants coûte trop cher, alors nous devons modifier les enfants ».

Il y a quelques années, quelque 1 500 chercheurs de plus de soixante pays ont répondu à une enquête sur l'utilisation des médicaments capables d'améliorer les performances du cerveau. Environ 20 % d'entre eux ont reconnu avoir déjà utilisé ce type de médicaments, la majorité ayant eu la sensation d'avoir vu leur mémoire et leur concentration améliorées. Bien que l'usage inapproprié ou la surutilisation aient conduit les médecins à signaler des risques et des effets secondaires, les chercheurs travaillent sur de nouveaux composés qui portent en eux la promesse de doper l'intelligence. Certains prédisent que l'utilisation de ces médicaments, pour l'heure en développement, pourrait se banaliser et ne pas choquer plus que la chirurgie esthétique ne le fait actuellement. Par ailleurs, l'agence américaine Defense Advanced Research Projects est en train d'expérimenter, avec une approche différente, une méthode pour améliorer la concentration et la vitesse d'apprentissage par le biais de petits courants électriques appliqués de l'extérieur du crâne vers la partie du cerveau qui participe à la reconnaissance des objets, le tout en vue de rendre plus efficace l'entraînement des snipers.

Améliorer les performances

En 2012, le Sud-Africain Oscar Pistorius est entré dans l'histoire en devenant le premier double amputé à concourir lors des jeux Olympiques. Pistorius, né sans péroné et amputé à moins d'un an, apprit à courir avec des prothèses. Il participa au 400 mètres, dans lequel il atteignit les demi-finales, et au relais 4 × 400 mètres avec l'équipe d'Afrique du Sud, qui parvint en finale.

Certains de ses concurrents exprimèrent leurs inquiétudes avant les Jeux, estimant que ses lames flexibles lui donnaient un certain avantage. L'ancien compétiteur Michael Johnson, détenteur du record du 400 mètres, souligne : « Comme nous ne savons pas exactement quel avantage il tire de ses prothèses, cela représente une injustice pour les athlètes valides. »

Au vu de son courage et de sa détermination, beaucoup souhaitaient sa victoire. Mais, dans le même temps, nous vivons une époque de débats éthiques par lesquels nous essayons de savoir si l'amélioration artificielle d'un être humain peut conduire à des avantages plus ou moins justes. Quand Pistorius participa deux semaines plus tard aux jeux Paralympiques, il déposa lui aussi une réclamation contre un autre coureur dont les prothèses, selon lui, étaient trop longues par rapport à sa taille, lui donnant là aussi un avantage qu'il estimait injuste.

Un autre exemple nous est venu de l'athlétisme, l'utilisation d'une hormone appelée érythropoïétine (EPO) qui, en stimulant la production de globules rouges, donne aux athlètes un avantage significatif en délivrant plus d'oxygène aux muscles pour une période de temps plus longue. Un ancien vainqueur du Tour de France a déjà été déchu de sa victoire après avoir été testé positif avec un taux de testostérone trop élevé. Il a admis avoir utilisé de l'EPO ainsi que d'autres produits dopants. Plus récemment, Lance Armstrong, sept fois vainqueur, a été déchu de ses titres et banni à vie après la publication d'un rapport de l'Agence américaine antidopage détaillant son recours à l'EPO, aux stéroïdes, aux transfusions sanguines, détaillant aussi le dopage de ses coéquipiers ainsi qu'un système complexe de dissimulation.

Les autorités qui régissent les jeux Olympiques ou d'autres compétitions athlétiques sont contraintes de participer à une course à l'armement pour développer des méthodes toujours plus sophistiquées de détection des fraudes. Mais que se passera-t-il lorsqu'on saura intégrer au génome de l'athlète un gène capable de produire de l'EPO supplémentaire ? Comme le détecter ? Mais il existe au moins un cas où il s'est avéré qu'un ancien multiple champion olympique, le skieur de fond finlandais Eero Mäntyranta, était porteur d'une mutation *naturelle* par laquelle son organisme produisait des quantités d'EPO supérieures à la moyenne et donc plus de globules rouges. Cela ne constituait pas alors une violation des règles olympiques, Mäntyranta concourant dans les années 1960, avant la mise au point des techniques de modification génique. Mais, si à l'avenir un compétiteur se présente aux Jeux avec la même mutation, il risque d'être impossible de déterminer si celle-ci est naturelle ou artificielle. On pourra un jour déceler ce type de modification, mais les chercheurs précisent que, lorsque la procédure sera au point, les responsables olympiques devront peut-être édicter une règle qui exigera des tests génétiques sur les proches parents de l'athlète.

Une autre question doit être évoquée : des chercheurs ont déjà découvert les techniques qui permettent de manipuler une protéine, la myostatine, qui régule le développement musculaire. Les animaux chez lesquels elle est déficiente développent des hypertrophies musculaires. Si des athlètes sont génétiquement modifiés pour améliorer leur développement musculaire, va-t-on vers des compétitions irrégulières ? Est-ce une nouvelle forme de dopage ? Encore une fois, quelques personnes – dont au moins une très jeune gymnaste – sont porteuses d'une mutation rare mais naturelle qui les empêche de produire la quantité normale de myostatine, leur donnant une musculature hypertrophiée.

La convergence de l'ingénierie génique et de la science des prothèses est certainement capable de nouvelles avancées. En 2012, des chercheurs californiens annoncent un nouveau projet relatif à un testicule artificiel qu'ils présentent comme une « machine biologique à produire des spermatozoïdes ». Fonctionnant réellement comme une prothèse, ce testicule artificiel recevrait tous les deux mois une injection de sperme fabriqué à partir des cellules souches adultes de l'individu traité.

Certaines des premières applications de la recherche génétique ont concerné le traitement de l'infécondité. En effet, une grande partie de ces recherches depuis le début de la révolution du vivant s'est portée sur les problèmes liés au début et à la fin de la vie, constituant ainsi une sorte de réinvention de la vie et de la mort.

Une nouvelle éthique pour la fécondité

En 1978, la naissance en Angleterre de Louise Brown, le premier bébé-éprouvette, a provoqué un vaste débat sur les questions éthiques et les questions de procédures, débat qui, par bien des aspects, est devenu la norme en ce qui concerne les réactions publiques vis-à-vis de telles révolutions. La première vague de réactions s'exprime sous la forme d'un véritable choc, voire d'une peur à laquelle s'ajoute un torrent d'interrogations angoissées auxquelles les experts tentèrent de répondre en explorant les implications de ces découvertes. Certains bioéthiciens émirent l'inquiétude, dans les cas de fertilisation *in vitro*, que cela risquait de diminuer l'amour parental ou d'affaiblir les liens générationnels. Mais, face à cette peur diffuse et à ces sourcils froncés, on est touché par la joie immense des parents dont le rêve d'avoir un enfant vient enfin de se réaliser. Peu de temps après, les passions se calment puis meurent. Comme le rappelle la bioéthicienne américaine Debra Mathews : « Les gens veulent des enfants et personne n'accepterait qu'on le leur interdise. » Depuis 1978, plus de 5 millions de bébés sont nés de parents stériles qui ont eu recours à la fertilisation *in vitro*.

Dans les années 1970 et 1980, lors de sessions au Congrès

sur l'état des recherches en sciences du vivant, j'ai vu ce schéma se répéter à de nombreuses reprises. Plus tôt même, en 1967, la première transplantation cardiaque par le Dr Christiaan Barnard en Afrique du Sud fut à l'origine de controverses, mais la joie et l'émerveillement devant ce qui apparaissait comme un miracle mirent fin au débat avant qu'il ne prenne de l'ampleur. Le Dr Warwick Peacock, un médecin ayant participé à l'opération, m'a raconté que lorsque le cœur transplanté s'est enfin mis à battre, Barnard s'est exclamé : « Mon Dieu, ça marche ! » Plus tard, le premier clonage animal et la marchandisation de la maternité de substitution ont aussi été cause de polémiques, mais elles se sont éteintes rapidement, aux États-Unis au moins.

De nos jours, en revanche, le torrent des découvertes scientifiques conduit à de nouvelles techniques de fécondation susceptible de générer des controverses qui ne s'effaceraient pas aussi vite. Une des nouvelles procédures implique la conception d'un embryon et le recours au diagnostic préimplantatoire (DPI) afin de sélectionner un « bébé sauveur » qui pourra donner un organe, des tissus, de la moelle osseuse ou des cellules souches du cordon ombilical, à un frère ou à une sœur. Logiquement, les bioéthiciens s'inquiètent car le but instrumental de ces conceptions pourrait dévaluer l'enfant, tandis que d'autres se demandent pourquoi ce serait le cas. En théorie, les parents peuvent aimer de la même manière les deux enfants puisqu'ils poursuivent un objectif médical pour le premier avec l'aide du second, mais que, dans ce scénario, on s'interroge sur la réalité du consentement plein et entier de l'enfant donneur.

Les scientifiques et les médecins du Département de médecine reproductive de l'université de Newcastle, en Angleterre, esquissent une procédure pour créer des bébés à trois parents, afin de permettre à des couples dont les enfants risquent d'être atteints de maladies génétiques incurables transmises par un défaut de l'ADN mitochondrial de la mère, empêchant cette dernière d'avoir des enfants en bonne santé. Si une troisième personne (obligatoirement une femme) non porteuse du défaut en question accepte que ses gènes soient substitués à cette partie du génome de l'embryon, alors le bébé échappera au problème génétique redouté. 98 % de l'ADN viendra de l'ADN de la mère et du père et seulement 2 % des gènes de la donneuse. Cependant, cette modification génétique affectera non seulement le bébé mais aussi toute sa descendance, et à jamais. À cet effet donc, les scientifiques ont demandé au gouvernement un examen approfondi de cette question afin de déterminer quelles sont les procédures acceptables pour les lois britanniques.

Quand on laisse les citoyens choisir plutôt que de confier la décision aux gouvernements, les points de vue sont toujours variés. La seule grande exception en ce domaine est constituée par le débat toujours en cours sur l'avortement. En dépit de la forte opposition de nombreuses personnalités, la majorité des citoyens dans la plupart des pays semblent affirmer que c'est à la mère de décider, quels que soient leurs problèmes de conscience, au moins dans les premières étapes de la grossesse.

Mais, dans le même temps, les nouvelles options génétiques qui s'offrent aux individus entraînent l'apparition de nouvelles lois régulant ce que les parents peuvent ou ne peuvent pas faire. L'Inde a interdit les tests sur embryons et même les tests sanguins qui auraient pour but de déterminer le sexe de l'enfant. La forte préférence de nombre de parents indiens pour avoir un garçon, surtout s'ils ont déjà une fille, a déjà pour conséquence 500 000 avortements de fœtus féminins par an et un déséquilibre grandissant entre hommes et femmes dans la population. Parmi les nombreux facteurs culturels qui depuis longtemps entretiennent la préférence pour les bébés mâles, on trouve surtout l'importance de la dot que les parents doivent offrir quand leur fille se marie. Les résultats provisoires du recensement de 2011 en Inde montrent un déclin toujours plus fort du rapport masculin/féminin chez les enfants et ont poussé le gouvernement à lancer une nouvelle campagne contre la sélection du sexe des enfants.

En Inde, la plupart des procédures d'identification sexuelle prénatales se font par des machines à ultrasons plutôt que par des méthodes plus risquées telles que l'amniocentèse. De plus, la fréquence des publicités pour les cliniques *low-cost* qui pratiquent ces identifications est un témoignage de la popularité de ce type de procédure. Mais, bien que les avortements fondés sur un choix de sexe soient illégaux en Inde, l'interdiction proposée sur les machines à ultrasons n'a pas remporté une forte adhésion, notamment parce qu'elles ont d'autres fonctions médicales. De nombreux couples indiens, ou originaires d'autres pays, se rendent en Thaïlande, attirés par une puissante industrie du « tourisme médical » qui leur propose des diagnostics préimplantatoires. Un médecin de cette clinique confirme qu'il n'a jamais eu une seule demande pour un embryon féminin.

Depuis peu, une innovation scientifique permet de tester l'ADN fœtal par un simple examen de sang prélevé sur la mère et les experts précisent que ce test, précis à 95 %, permet de déterminer le sexe de l'enfant sept semaines après le début de la grossesse et devient même de plus en plus précis au fur et à mesure des mois. Consumer Genetics Inc, une entreprise de Santa Clara en Californie qui fabrique ce type de tests, demande aux femmes de signer un accord qui les engage à ne pas utiliser les résultats pour se déterminer en fonction du sexe de l'enfant. L'entreprise a également annoncé qu'elle ne commercialiserait pas ses kits en Inde et en Chine.

En 2012, des chercheurs de l'université de Washington ont annoncé une découverte qui permet le séquençage quasi complet du génome d'un fœtus en combinant un examen du sang de la mère enceinte et un prélèvement de salive du père. Même si le processus est encore cher, entre 20 000 et 50 000 dollars environ pour un génome fœtal, le coût étant encore de 200 000 dollars l'année dernière, ce prix est amené à diminuer rapidement. Puis, très peu de temps après cette annonce, une équipe de recherche médicale de Stanford a annoncé à son tour une technique améliorée qui ne demande pas d'échantillon génétique du père. Celle-ci devrait être disponible d'ici à deux ans pour un coût d'environ 3 000 dollars.

Et pendant qu'une attention très forte se portait sur la discrimination sexuelle des embryons, des progrès énormes ont été réalisés dans le repérage des marqueurs génétiques qui permettent d'identifier des troubles potentiels pouvant être traités grâce à une détection précoce. Sur les 4 millions de bébés qui naissent chaque année aux États-Unis, environ 5 000 sont porteurs de troubles fonctionnels que l'on peut traiter si le dépistage a été fait assez tôt. Mais, sachant que les nouveau-nés subissent, le jour de leur naissance, un examen approfondi portant sur plus de vingt maladies, on peut considérer que les nouvelles techniques de repérage génétique ne sont que des extensions de processus systématiquement conduits juste après la naissance.

Les implications éthiques sont tout à fait différentes, cependant, car les connaissances sur l'embryon qu'apportent ces techniques risquent de conduire les parents à opter pour l'avortement. En fait, les grossesses qui vont à terme et qui concernent des fœtus porteurs de problèmes importants sont très nombreuses de par le monde. Mais une récente étude a montré que 90 % des femmes américaines qui apprendraient que le fœtus qu'elles portent est atteint par le syndrome de Down, ou trisomie 21, mettraient un terme à leur grossesse. L'auteur d'un article titré de manière volontairement provocante « Le futur d'un nouvel eugénisme », Armand Leroi, de l'Imperial

College au Royaume-Uni, écrit : « Le fait que l'avortement soit largement accepté en tant que pratique eugéniste peut laisser penser qu'il n'y aurait pas beaucoup de résistance à l'arrivée de méthodes de sélection plus sophistiquées, ce qui a d'ailleurs été prouvé par l'expérience. »

Dans dix ans, les scientifiques pensent être en mesure de sélectionner des embryons en fonction de traits physiques tels que la couleur des cheveux, des yeux ou de la peau, ainsi que d'autres caractéristiques dont on pensait précédemment qu'elles relevaient du comportement mais pour lesquelles certains chercheurs avancent maintenant de fortes composantes génétiques. Le Dr David Eagleman, neuroscientifique du Baylor College of Medicine, remarque : « Si vous êtes porteur d'une certaine combinaison de gènes, la probabilité que vous commettiez un crime violent est quatre fois plus élevée. Une écrasante majorité des prisonniers en sont porteurs et ce chiffre monte à 98,1 % chez les condamnés à mort. »

Imaginons de futurs parents qui découvriraient une telle combinaison de gènes dans l'embryon. Ne seraient-ils pas tentés de vouloir les éliminer ou de sélectionner un autre embryon ? Sommes-nous alors au début d'un débat sur la « dissémination eugéniste » ? Considérant ces nouveaux développements, certains bioéthiciens redoutent que ce que Leroi appelait le « néo-eugénisme » risque de nous confronter très prochainement à des choix éthiques qui seront difficiles à faire.

Lors des conceptions *in vitro*, les cliniques pratiquent déjà le diagnostic préimplantatoire pour vérifier la présence éventuelle de centaines de maladies dans l'embryon. Mais, même si les États-Unis possèdent un grand nombre de lois concernant la recherche médicale, le diagnostic préimplantatoire n'est toujours pas régulé. Par conséquent, ce n'est peut-être qu'une question de temps avant qu'une nouvelle série de choix, y compris cosmétiques ou esthétiques, soient considérés par les parents comme de véritables options dans les processus de sélection.

La première question posée est celle de l'utilisation des embryons qui n'ont pas été sélectionnés pour une implantation. Ils peuvent être congelés et conservés en vue d'une implantation future, ceci constituant l'option la plus souvent choisie par les femmes. Cependant, en règle générale, plusieurs embryons sont implantés en même temps afin d'améliorer les chances de réussite ; cela explique pourquoi les grossesses multiples sont beaucoup plus nombreuses dans les cas de conception *in vitro* que dans la population générale.

Du coup, le Royaume-Uni a instauré une limite légale au nombre d'embryons pouvant être implantés, dans l'objectif de diminuer les naissances multiples et d'éviter les complications pour la mère et les enfants et occasionnellement les coûts induits pour le système de santé. À cet effet, une entreprise, Auxogyn, utilise l'imagerie digitale couplée à de puissants algorithmes pour contrôler le développement, de cinq minutes en cinq minutes, de l'embryon, depuis le moment de la fécondation jusqu'au choix pour l'implantation. Le but est évidemment de sélectionner l'embryon le plus apte à se développer sans problèmes de santé.

De manière pratique, tout le monde comprend donc que, là encore, c'est une simple question de temps avant que la majorité des embryons congelés ne soient éliminés. Cela soulève alors les mêmes questions que celles qui sous-tendent les mouvements antiavortement : un embryon aux premières étapes de la vie peut-il bénéficier des mêmes protections légales que celles qui protègent un être humain après sa naissance ? Encore une fois, quels que soient les scrupules que l'on puisse avoir, la majorité, dans presque tous les pays, est parvenue à la conclusion que, même si l'embryon constitue la première étape de la vie humaine, les différences concrètes entre embryon, fœtus et individu étant suffisamment signifiantes, on peut permettre aux femmes d'exercer leur choix quant à l'interruption volontaire de grossesse. Cette façon de voir est cohérente avec une autre opinion que l'on retrouve dans la plupart des pays et qui considère qu'un gouvernement ne peut obliger une femme à recourir à l'avortement.

Le tollé concernant la recherche sur les cellules souches embryonnaires prend de l'ampleur, en tant que sujet connexe. Certes, il est généralement acquis que les femmes puissent décider de mettre un terme à leur grossesse, mais est-il acceptable que des parents donnent l'autorisation pour des « expérimentations » sur un embryon auquel ils viennent de donner un commencement de vie ? Même si cette controverse semble loin d'être résolue, la majorité des gens dans la plupart des pays semblent penser que les bénéfices médicaux et scientifiques à en retirer sont assez significatifs pour justifier de telles expérimentations. Dans nombre de pays, on justifie cette pratique en avançant qu'il est nécessaire de s'assurer que les embryons concernés étaient dans tous les cas destinés à être détruits.

La découverte par Shinya Yamanaka de l'université de Kyoto, Prix Nobel de médecine 2012, de cellules souches non embryonnaires (ou cellules souches pluripotentes induites) a soulevé un enthousiasme extraordinaire pour toute une série de nouvelles thérapies, des améliorations réelles de médicaments et certaines techniques de dépistage. Cependant, en dépit de cette découverte enthousiasmante, de nombreux scientifiques continuent à prétendre que les cellules souches pourraient bien prouver qu'elles possèdent des qualités uniques justifiant que l'on continue à les utiliser. À titre d'exemple, des chercheurs de l'University College ont utilisé avec succès des cellules souches pour rendre la vue à une souris porteuse d'une maladie rétinienne héréditaire et ils pensent que certaines formes humaines de la cécité pourront bientôt être traitées par des techniques identiques. Des scientifiques de l'université de Sheffield ont, quant à eux, utilisé des cellules souches pour reconstruire le nerf auditif de gerbilles, un petit rongeur, et restaurer ainsi leurs capacités auditives.

En 2011, des chercheurs de l'université de Kyoto menant des recherches sur la fécondité ont causé un certain émoi en annonçant qu'ils avaient réussi à produire du sperme, en utilisant des cellules souches de souris transplantées dans des testicules de souris mâles stériles. Puis le sperme est extrait et introduit dans les ovules de la souris. Ces ovules sont ensuite transférés dans l'utérus des femelles pour donner naissance à une descendance normale qui pourra se reproduire naturellement. Leurs travaux s'appuient sur une découverte anglaise de 2006 : des biologistes de l'université de Newcastle upon Tyne avaient réussi pour la première fois à fabriquer, à partir de cellules souches, des cellules spermatiques capables de donner une descendance même si celle-ci était porteuse de défauts génétiques.

Ces techniques attirent une grande attention, parce que, développées et améliorées, elles pourraient bientôt permettre à des hommes stériles d'avoir des enfants et ouvrent la possibilité pour les couples gays et lesbiens d'avoir eux aussi des enfants qui seraient les leurs génétiquement et biologiquement. On a même vu quelques journaux spéculer sur cette technique en affirmant qu'il n'y a aucune raison pour que les femmes ne produisent pas leur propre sperme, avec des titres à sensation : « Les hommes seront-ils obsolètes ? » Sur la liste toujours plus longue des découvertes perturbantes issues de la recherche génétique, cette possibilité semble destinée à rester tout en bas de la pile. J'avoue être subjectif en faisant cette prédiction.

Durée de vie et « longévité en bonne santé »

Tout comme certains chercheurs se sont concentrés sur le début de la vie, d'autres se concentrent sur la fin de vie et ont fait des progrès énormes dans la compréhension des facteurs affectant la longévité. À cet effet, ils développent de nouvelles stratégies dont ils espèrent qu'elles permettront une augmentation significative de l'espérance de vie mais aussi de ce que l'on nomme aujourd'hui la « longévité en bonne santé », sans devoir affronter maladies ou conditions de vie dégradantes.

Quelques scientifiques isolés prétendent que l'ingénierie génétique pourrait augmenter la durée de vie jusqu'à plusieurs siècles, mais le consensus parmi les spécialistes de l'âge situe à environ 25 % le gain de vie possible. Selon la plupart des experts, les théories de l'évolution ainsi que de nombreuses études en génétique humaine et animale montrent que les facteurs environnementaux ainsi que les modes de vie comptent pour à peu près 75 % dans le processus de vieillissement alors que les caractéristiques génétiques n'y entreraient que pour 20 à 30 %.

Une des études les plus célèbres mettant en relation modes de vie et longévité montre qu'une forte restriction calorique chez les rongeurs entraîne une importante augmentation de la durée de vie, mais le débat se poursuit pour savoir si les mêmes causes auraient les mêmes effets chez l'humain. Des études plus récentes ont en effet démontré que le singe rhésus ne vit pas plus longtemps sous ce régime sévère. Il existe une différence subtile mais importante, pointée par tous les experts, entre longévité et vieillissement. Bien sûr, les deux sont liés, la longévité mesure la longueur de la vie alors que le vieillissement est le processus par lequel la dégradation cellulaire conduit au fil du temps à la fin de vie.

Il existe des thérapies très discutables pour ralentir voire inverser les manifestations indésirables du vieillissement, comme l'utilisation d'hormones humaines de croissance, mais celles-ci pourraient bien avoir des effets secondaires, déclenchement de diabète, croissance de tumeurs, qui réduiraient l'espérance de vie. Les autres hormones utilisées pour combattre le vieillissement, principalement la testostérone et les œstrogènes, ont aussi connu leur lot de controverses à propos des effets secondaires pouvant réduire la longévité chez certains patients.

Cependant, une étude de 2010 provenant de Harvard a créé un intérêt certain, en démontrant que le vieillissement d'une souris pouvait être arrêté voire inversé par le recours à des enzymes connues sous le nom de télomérases, qui servent elles-mêmes à protéger les télomères situés aux extrémités des chromosomes. Les scientifiques savent depuis longtemps que les télomères raccourcissent au fur et à mesure du vieillissement des cellules et que ce raccourcissement peut finalement bloquer le renouvellement des cellules. Suite à l'étude de Harvard, les chercheurs explorent donc de nouvelles techniques qui permettraient de protéger ces télomères et de retarder ainsi le vieillissement.

À cet égard, certains chercheurs se montrent optimistes quant à la possibilité, en étudiant le génome complet d'individus très âgés, de découvrir les facteurs génétiques conditionnant la longévité. Mais il ne faut pas perdre de vue que la plus grande part de l'augmentation de la durée de vie moyenne, au cours du siècle passé, provient surtout d'améliorations en matière de nutrition, d'hygiène et de bouleversements médicaux tels que la découverte des antibiotiques et la généralisation des vaccins. On peut alors penser que de nouvelles avancées en ces domaines particulièrement stratégiques permettront de tenir le rythme auquel nous sommes habitués, à savoir une année de vie gagnée par décennie.

En outre, l'effort particulier qui est mené contre les maladies infectieuses contribue à augmenter l'espérance de vie moyenne en réduisant le nombre de morts prématurées. Le gros de cet effort se concentre maintenant contre le paludisme, la tuberculose, le sida, la grippe, la pneumonie et de nombreuses maladies tropicales souvent négligées, à peine connues dans le monde industrialisé mais qui touchent plus d'un milliard de personnes dans les pays en développement des régions tropicales ou subtropicales.

Au front contre les maladies

Des progrès sensibles ont été réalisées dans la lutte contre le sida. En 2012, le nombre de décès est tombé à 1,7 million, nettement en dessous du pic de 2005 avec 2,3 millions de morts. La raison principale en est un meilleur accès aux médicaments, en particulier les antirétroviraux, qui permettent donc l'augmentation de l'espérance de vie et l'amélioration de la santé des personnes atteintes. Par ailleurs, les efforts accomplis pour faire baisser les taux d'infection continuent à se concentrer sur l'éducation préventive, la distribution de préservatifs dans les zones à risque et la découverte la plus rapide possible d'un vaccin.

Depuis une dizaine d'années et grâce à des stratégies particulièrement bien adaptées, la malaria aussi a pu être sérieusement combattue. Toutefois, même si c'est en Afrique que la baisse a été la plus spectaculaire, selon l'ONU c'est encore l'Afrique subsaharienne qui subit 90 % des décès, touchant d'ailleurs surtout des enfants de moins de cinq ans. Dans les années 1950, une importante tentative visant à l'éradiquer n'avait pas été couronnée de succès, mais ceux qui combattent cette maladie, dont Bill Gates, pensent aujourd'hui que leur objectif pourrait être atteint en quelques décennies.

Dès 1980, le monde a réussi à éliminer le terrible fléau qu'est la variole. Puis, en 2011, l'Organisation de l'ONU pour l'alimentation et l'agriculture a annoncé avoir vaincu la peste bovine, une maladie proche de la rougeole qui décime les troupeaux et tous les animaux biongulés. En tant que maladie animale, la peste bovine n'avait pas reçu la même attention que la variole, même si elle constituait une des menaces les plus redoutées et les plus mortelles des communautés dépendant de leurs troupeaux.

Même si les maladies infectieuses méritent toute notre attention, les causes majeures de décès aujourd'hui, selon l'OMS, sont les maladies chroniques non transmissibles. 2008, la dernière année sur laquelle les statistiques sont connues, a vu mourir environ 57 millions de personnes dont presque 60 % de maladies chroniques, à savoir les maladies cardiovasculaires, les diabètes, les cancers et les maladies respiratoires.

Le cancer représente un défi très particulier, puisqu'il ne s'agit pas d'une mais de plusieurs maladies. Aux États-Unis, l'Institut national du cancer et l'Institut national de recherche génomique dépensent, chaque année, plus de 100 millions de dollars afin de mettre en place un « Atlas du cancer ». En 2012, les premiers fruits de cet effort ont été publiés sous la forme d'un article dans la revue *Nature*, signé par plus de deux cents chercheurs, détaillant les caractéristiques des tumeurs du cancer du colon. Cette étude, portant sur plus de deux cent vingt tumeurs, marque un tournant dans le développement de nouveaux médicaments capables d'utiliser à leur profit les vulnérabilités des cellules tumorales.

Les chercheurs ne se concentrent pas uniquement sur l'analyse génomique ; ils exploitent la moindre stratégie possible contre les cancers : ils cherchent, par exemple à bloquer les apports sanguins aux cellules malades, à détruire leurs mécanismes de défense ou encore à développer les aptitudes des cellules immunes à identifier et attaquer les cellules cancéreuses. Certains placent de grands espoirs dans une technique nouvelle recourant à la protéomique, technique de décodage de l'ensemble des protéines transformées par le cancer lui-même, et au ciblage des anomalies épigénétiques.

Les spécialistes expliquent que le génome humain, souvent vu comme un schéma, est en fait plutôt un ensemble de pièces ou d'ingrédients. De fait, le travail de contrôle des fonctions cellulaires est effectué par les protéines grâce à une sorte de « dialogue » à l'intérieur et entre les cellules. Ces dialogues sont fondamentaux dans la compréhension de maladies telles que les cancers.

Une des voies prometteuses pour traiter des maux aussi graves, cancers ou troubles cardiaques, se trouve du côté du renforcement des défenses naturelles du corps humain. Et, dans certains cas, ces nouvelles thérapies géniques portent quelques espoirs. Une équipe de l'institut Gladstone des maladies cardiovasculaires de l'université de San Francisco a réussi à fortement améliorer les fonctions cardiaques d'une souris adulte en reprogrammant des cellules capables de renforcer les capacités des muscles du cœur.

Dans la plupart des cas, sinon tous, la méthode la plus efficace pour lutter contre les maladies chroniques reste la modification des comportements : réduction de la consommation de tabac, réduction de l'exposition aux produits cancérigènes et autres produits chimiques dangereux présents dans l'environnement, réduction de l'obésité par des régimes équilibrés et par l'exercice et – au moins pour les individus sensibles au sel – réduction de la consommation de sodium afin de réduire l'hypertension.

L'obésité – facteur déclenchant dans nombre de maladies chroniques – fut source de découragement quand, en 2012, la revue médicale britannique *The Lancet* publia une série d'études montrant que l'un des principaux facteurs de l'obésité, le manque d'activité physique accompagné d'un mode de vie sédentaire, s'étend maintenant de l'Amérique du Nord et de l'Europe occidentale au reste du monde. Les statistiques de l'OMS montrent que chaque année on constate aujourd'hui que les morts causées par la sédentarité sont plus nombreuses que celles dues à la cigarette et qu'un décès sur dix dans le monde est causé par des maladies provoquées par une inactivité persistante.

Mais il y a aussi de bonnes raisons d'espérer que ces nouvelles stratégies, combinées aux connaissances issues de la révolution des sciences du vivant et aux outils numériques de contrôle, puissent se répandre dans le monde entier à l'image des smartphones de moins en moins chers. Le recours à ces assistants intelligents (ou à des coachs bien-être) pourrait donc avoir un impact extrêmement positif.

Dans les nations développées, il existe déjà de nombreuses applications qui gardent trace du nombre de calories brûlées, des types de nourritures ingérées, des quantités d'exercice effectuées ou des durées de sommeil (certains capteurs peuvent même noter les périodes de sommeil profond ou paradoxal) et même des progrès réalisés dans la maîtrise des substances addictives telles que alcool, tabac ou médicaments. Les troubles de l'humeur et d'autres affections psychologiques sont aussi concernés par ces programmes de suivi. Lors des jeux Olympiques de Londres, de nombreux athlètes se virent proposer par des entreprises de biotechnologies cherchant à améliorer leur matériel de suivi médical d'utiliser des contrôleurs de glucose, des machines d'analyse du sommeil et d'avoir accès à leurs analyses génétiques afin de mieux gérer leurs besoins nutritionnels.

Mais de tels systèmes ne sont pas réservés aux athlètes. Que ce soit pour le cœur, le glucose, l'oxygénation du sang, la tension, la température, la fréquence respiratoire, le taux de masse graisseuse, les cycles du sommeil, le suivi médicamenteux ou la pratique sportive, les applications sont toujours plus nombreuses. Et les nouveaux développements en nanotechnologies et en biologie synthétique apportent l'espoir, par l'intermédiaire de capteurs placés à l'intérieur du corps, d'un contrôle continu plus pointu. Les nanorobots sont conçus pour suivre en permanence les flux sanguins et les organes vitaux et rapporter en continu des informations.

Mais il faut peut-être reconnaître avec le Dr H. Gilbert Welch de Darmouth, l'auteur du *Surdiagnostic, ou comment se rendre malade en cherchant la santé*, que nous nous mettons en danger en surcontrôlant nos signaux vitaux, voire pire : « Le suivi permanent est une bonne recette pour se considérer comme malade. En nous présentant comme malade, nous cherchons à ce que l'on agisse sur nous. » Welch et d'autres pensent que la majorité de ces interventions sont à la fois coûteuses et inutiles. C'est dans cet ordre d'idée qu'en 2011 des experts médicaux ont conseillé aux généralistes de renoncer à un test tout nouveau, extrêmement sophistiqué, utilisé dans les cancers de la prostate, mais dont les interventions subséquentes tendaient à faire plus de mal que de bien.

La numérisation des êtres humains, par la création de dossiers contenant des informations précises sur leurs caractéristiques génétiques et biochimiques, va exiger la même attention en matière de respect de la vie privée et de sécurité de ces systèmes d'informations que ceux dont il a été question dans le chapitre 2. Pour les mêmes raisons, ces bases de données si utiles en termes de santé et de réduction des coûts sont aussi des outils particulièrement intéressants pour les assureurs et les employeurs toujours prompts à couper toutes relations avec les clients ou les employés présentant un risque financier. D'ores et déjà, un grand nombre de ceux qui pourraient bénéficier des tests génétiques refusent de voir leurs informations rassemblées de peur de perdre leur emploi ou leurs assurances médicales.

Il y a quelques années, les États-Unis ont fait passer une loi connue sous le nom de loi sur la non-discrimination relative aux informations génétiques, qui interdit de dévoiler ou de dévoyer des informations génétiques personnelles. Mais la mise en place de cette loi est difficile et son niveau d'efficacité, faible. Savoir que les compagnies d'assurances et les employeurs payent la majorité des dépenses de santé – tests génétiques inclus – renforce la crainte des patients et des employés de voir leurs informations médicales personnelles ne pas rester confidentielles. Les flux d'informations circulant sur Internet ne semblent pas non plus à l'abri de divulgations intempestives. Aux États-Unis, la loi qui régit la gestion des dossiers médicaux a bien du mal à garantir aux patients l'accès aux données relevées par les capteurs, tandis que dans le même temps les entreprises cherchent à tirer profit de ces mêmes données.

Néanmoins, ces techniques d'autocontrôle – dans la grande tendance de la prétendue autoévaluation – offrent la possibilité de modifier son comportement, stratégie traditionnellement associée au milieu clinique, de manière individuelle et en dehors du cadre institutionnel. Mais dans le même temps, les dépenses de surveillance génétique augmentent tout aussi vite que le prix des tests diminue et que la vague de la médecine personnalisée déferle à grande vitesse.

À cet égard, il se pourrait bien que les États-Unis aient du mal à réussir la transition vers cette médecine de précision surtout à cause du déséquilibre des pouvoirs et du contrôle malsain effectué par les entreprises sur les processus de prise de décision des politiques publiques, tels que décrits dans le chapitre 3. Ce chapitre ne porte pas sur le système de santé américain, mais il est intéressant de noter que les inefficacités flagrantes, les inégalités et les dépenses absurdes du système américain sont mises en lumière par les tendances qui se développent dans les sciences du vivant. En effet, de nombreux systèmes de santé ne couvrent pas la prévention ni les dépenses de mieux-être, parce que leur financement est principalement consacré aux interventions les plus chères, mais nécessaires lorsque la vie du patient est en danger. C'est donc dans ce sens que, pour la première fois aux États-Unis, la réforme engagée par le président Obama prévoit la prise en charge des soins préventifs dans le cadre du plan national de santé.

Comme chacun le sait, les États-Unis dépensent plus par personne en soins de santé que n'importe quel autre pays, tout en obtenant des résultats bien moins bons que ceux qui payent beaucoup moins, et encore des dizaines de millions de citoyens n'ont-ils pas accès à une couverture santé même basique. N'ayant pas d'autre choix, ils attendent souvent que leur cas soit si grave qu'il ne reste plus que les urgences pour les prendre en charge, avec des coûts d'intervention plus élevés et des taux de réussite plus bas. Les réformes récemment engagées vont permettre de résoudre certains de ces défauts, mais les problèmes sous-jacents vont probablement continuer à empirer – surtout à cause des compagnies d'assurances, des entreprises pharmaceutiques et autres fournisseurs de soins qui gardent un contrôle quasi complet sur la conception des politiques de santé.

L'histoire de l'assurance

Le commerce des assurances remonte à la plus haute Antiquité, avec un système similaire aux assurances décès d'aujourd'hui. Les premiers contrats modernes apparaissent au XVIIe siècle en Angleterre. Le développement d'un réseau ferré aux États-Unis dans les années 1860 conduisit à la création d'assurances contre les accidents sur les voies ferrées ou les bateaux à vapeur, ce qui aboutit par la suite aux premières assurances maladie dans les années 1890.

Puis, au début des années 1930, lorsque les avancées médicales firent augmenter les coûts au-delà de ce que nombre de clients pouvaient se permettre de payer, les premières assurances collectives furent mises en place par des structures à but non lucratif : la Blue Cross pour régler l'hôpital et le Blue Shield pour payer le médecin. Le succès de ces deux organisations encouragea l'arrivée sur le marché de compagnies à but commercial qui commencèrent à facturer les clients selon les risques potentiels – et qui refusaient tout contrat à ceux qui présentaient des risques trop importants. Très vite, la Blue Cross et le Blue Shield furent obligés de s'aligner dans cette nouvelle course au profit en liant elles aussi les primes aux risques.

En préparant les réformes pour le New Deal, le président Franklin Roosevelt essaya par deux fois, en 1935 et en 1938, d'inclure un système national d'assurances santé dans les projets de lois. Dans les deux cas cependant, il redouta l'opposition de l'Association médicale américaine et retira ses propositions de crainte que cela n'interfère avec des priorités plus urgentes au cœur de la Grande Dépression : les allocations chômage et la Sécurité sociale. En 1939, la proposition de loi du sénateur démocrate de New York Robert Wagner représenta une troisième chance inespérée de faire avancer le dossier, mais Roosevelt choisit de ne pas la soutenir.

Pendant la Seconde Guerre mondiale, avec des salaires et des prix contrôlés par le gouvernement, les employeurs qui se battaient pour trouver des employés devenus rares à cause de la guerre décidèrent de leur offrir des couvertures santé. Après la guerre, les syndicats commencèrent à revendiquer de meilleures assurances santé dans leurs négociations avec les employeurs. Harry Truman, successeur de Roosevelt, chercha à raviver l'idée d'une assurance santé d'envergure nationale, mais l'opposition du Congrès – toujours alimentée par l'Association médicale américaine – tua le projet dans l'œuf. Il en résulta un système hybride où l'assurance prise en charge par l'employeur devint le modèle dominant aux États-Unis. Ensuite, parce que les personnes âgées ou en situation de handicap avaient des difficultés à trouver des assurances à des prix abordables, de nouveaux programmes gouvernementaux furent mis en place pour leur venir en aide.

Quant au reste du pays, ceux qui avaient le plus besoin d'assurances étaient ceux qui avaient le plus de mal à en obtenir une puis à la payer. À cette époque, les défauts et les contradictions de ce modèle semblaient tout à fait clairs et le système politique américain était si dégradé que les compagnies, qui avaient intérêt à ce que le système perdure, étaient en mesure d'exercer un pouvoir suffisamment fort afin que rien ne change.

À de rares exceptions, les législateurs ne sont plus capables de servir l'intérêt public, tout simplement parce qu'ils sont très dépendants des contributions de campagne qu'ils reçoivent de la part des entreprises qui exercent sur eux un lobbying permanent.

Le grand public ne participe pas au débat sauf pour absorber des messages de la part de ces mêmes intérêts corporatistes, conçus pour conditionner les individus à accepter ce qui est bon pour les lobbys.

Des aliments génétiquement modifiés

La même sclérose de la démocratie freine aussi l'arrivée des adaptations qui découlent de la révolution des sciences du vivant. Un seul exemple : même si les sondages montrent régulièrement que près de 90 % des Américains souhaitent l'étiquetage informatif des aliments génétiquement modifiés, le Congrès a adopté le point de vue défendu par les grandes entreprises agroalimentaires, en le refusant, parce que, selon eux, il saperait la « confiance du public dans l'approvisionnement alimentaire ».

Notons toutefois que la majorité des pays européens l'a mis en place. L'acceptation récente de la luzerne génétiquement modifiée a provoqué une vaste levée de boucliers et la campagne en faveur de la traçabilité est devenue le pivot d'un mouvement populaire exigeant l'étiquetage informatif aux États-Unis qui en cultivent deux fois plus que n'importe quel autre pays. En 2012, les Californiens ont répondu non à un référendum sur l'étiquetage, après que les lobbys eurent dépensé 46 millions de dollars en publicités négatives, soit cinq fois plus que les défenseurs du oui. Il n'en reste pas moins que, tant qu'approximativement 70 % de la nourriture vendue aux États-Unis contient des OGM, la controverse n'est pas près de s'éteindre.

Mais, comme le soulignent certains défenseurs enthousiastes, la modification génétique des plantes et des animaux n'est pas une nouveauté. Depuis la révolution agricole, l'humanité dépend de céréales modifiées par les générations successives depuis l'âge de pierre, modifications obtenues par croisements et sélections qui ont modifié la structure génétique des plantes et animaux pour en valoriser les traits intéressants pour l'homme. Norman Borlaug précise : « Les femmes du néolithique ont accéléré les modifications génétiques des plantes en domestiquant les céréales. »

Et donc, en recourant aux nouvelles techniques d'ingénierie génétique, nous ne ferions qu'accélérer et rendre plus efficientes des pratiques anciennes qui ont démontré depuis longtemps les bénéfices qu'elles engendrent et l'absence quasi totale d'effets secondaires négatifs. D'ailleurs, en dehors de l'Europe et de l'Inde, il existe un consensus parmi les agriculteurs, au sein de l'agrobusiness et chez les politiques pour penser que les OGM ne sont pas dangereux et sont même essentiels dans la stratégie mondiale de lutte contre de possibles pénuries alimentaires qui pourraient advenir.

Cependant, au fur et à mesure de l'évolution du débat sur les OGM, les opposants font remarquer qu'aucune modification génétique n'a jamais produit d'augmentation intrinsèque des récoltes de céréales et, au contraire, ils soulèvent à propos des écosystèmes des inquiétudes qui ne peuvent être écartées. Les opposants affirment qu'insérer un gène étranger dans un génome est en réalité différent de la sélection ou du croisement car cela bouleverse le schéma standard du code génétique et peut entraîner des mutations imprévisibles.

Le premier produit génétiquement modifié à être commercialisé fut la tomate connue sous le nom de FLAVR SAVR, modifiée pour rester ferme plus longtemps après la cueillette. Toutefois, celle-ci ne connut guère de succès en raison de son prix trop élevé. De plus, les consommateurs furent très réticents à l'égard de la sauce (clairement étiquetée OGM) fabriquée à partir de ces nouvelles tomates.

Au départ, la sélection avait pour but de modifier certaines caractéristiques des tomates destinées au commerce, car on cherchait à en faire avec un fond plus plat, moins rond, afin de faciliter la mécanisation. Cette nouvelle variété tenait mieux sur les tapis roulants des convoyeurs, était plus facile à mettre en cageots, et sa peau résistait mieux aux impacts provoqués par les machines. On les appelait parfois « tomates carrées » bien qu'elles ne le soient pas réellement.

En remontant plus avant, dans les années 1930, on trouve déjà, faites par sélection, des modifications que les amoureux de la tomate accusent d'avoir entraîné une diminution catastrophique du goût. Ces changements visaient à favoriser leur commercialisation et leur distribution en s'assurant qu'elles étaient « bien rouges » et cueillies à maturité, sans « taches vertes » que les consommateurs perçoivent comme le signe d'un produit qui n'est pas mûr. En travaillant sur la tomate génétiquement modifiée, les chercheurs se sont rendu compte qu'en éliminant le gène des « taches vertes », on avait aussi éliminé l'aptitude de la plante à produire les sucres qui donnent à la tomate son goût délicieux.

Mais, en dépit de ce genre d'expériences qui montrent bien que ces changements, effectués pour les besoins et les profits de grandes entreprises, déclenchent parfois des modifications génétiques redoutées par les citoyens, les agriculteurs du monde entier – sauf ceux de l'Union européenne – ont très vite adopté les céréales OGM. En 2011, selon l'International Service for the Acquisition of Agribiotech Applications qui assure la promotion des OGM, près de 11 % des terres mondiales sont cultivées en OGM. Sur les dix-sept dernières années, le nombre d'hectares plantés a été multiplié par cent et les 160 millions d'hectares plantés en OGM représentent une augmentation annuelle de 8 %.

Les États-Unis sont de loin le plus gros producteur mondial de céréales OGM, mais le Brésil et l'Argentine sont aussi impliqués dans ce domaine. Le Brésil, en particulier, a mis en place une procédure rapide d'approbation et poursuit une stratégie très précise de maximisation du recours aux biotechnologies en agriculture. Dans les pays en développement, l'adoption des OGM se fait à un rythme deux fois plus rapide que dans les pays développés. Environ 90 % des agriculteurs utilisant des semences OGM dans près de trente pays sont de petits exploitants sur des marchés émergents.

Le soja génétiquement modifié conçu pour tolérer le Roundup, herbicide fabriqué par Monsanto, constitue la plus importante culture OGM au monde. Le maïs arrive en deuxième position, même s'il est en tête aux États-Unis, pays où 95 % du soja et 80 % du maïs proviennent de graines sous licence que les agriculteurs doivent acheter à Monsanto ou à ses filiales. C'est le coton qui est la troisième culture de ce type dans le monde, suivi par le colza.

Bien que la science des plantes génétiquement modifiées progresse très vite, la grande majorité des cultures OGM aujourd'hui en cours ne remonte qu'aux trois premières générations de cette technologie. La première génération comprend des OGM qui se répartissent en trois catégories :

- L'introduction de gènes qui donnent au maïs et au coton la possibilité de produire leur propre insecticide.
- Pour le maïs, le coton, le colza et le soja, l'introduction de gènes qui permettent à ces plantes de résister à deux molécules chimiques souvent présentes dans des herbicides produits par la même entreprise – Monsanto – qui contrôle aussi les graines OGM.
- L'introduction de gènes qui améliorent la résistance à la sécheresse.

En règle générale, les agriculteurs utilisant la première génération d'OGM ont d'abord vu des réductions de leurs coûts de production, en partie grâce à un besoin moins important en insecticides et moins de pertes causées par les insectes et les mauvaises herbes. Par conséquent, le gros des bénéfices est allé jusqu'à maintenant aux planteurs de coton qui utilisent des souches capables de produire leur propre insecticide (dont le *Bacillus thuringiensis*, plus connu sous le nom de BT). Ce nouveau coton BT a permis à l'Inde de devenir une nation exportatrice et a été l'élément déclencheur du doublement de la production compte tenu de l'élimination de nombreux parasites. Cependant, de nombreux paysans indiens ont commencé à protester contre le coût trop élevé des graines OGM, qu'ils doivent racheter chaque année, et contre le coût des désherbants qu'il faut utiliser en plus grande quantité au fur et à mesure que la résistance des mauvaises herbes se développe. En Inde toujours, un groupe de parlementaires a publié en 2012 un rapport controversé affirmant qu'« il existe un lien entre le coton BT et les suicides de paysans » et recommandant que tous les essais d'OGM en plein champ soient immédiatement suspendus.

De nouvelles études – y compris, en 2009, un rapport exhaustif du National Research Council – vont d'ailleurs dans le sens des opposants aux OGM, montrant que les rendements n'augmentent absolument pas. Au contraire, certains paysans ont même constaté une légère baisse due à des changements imprévus dans le code génétique des plantes. Il faut aussi considérer que ce sont la sélection et les croisements qui ont permis l'impressionnante augmentation des rendements de la révolution verte, augmentation qui aura sauvé des millions de vies. Mais il existe aussi des entreprises comme Kaiima, en Israël, qui cherchent de nouvelles voies non OGM comme la « ploïdie améliorée » (technique de sélection et d'amélioration qui permet d'obtenir plus de deux jeux de chromosomes dans chaque noyau cellulaire) produisant en même temps de meilleurs rendements et possédant une plus grande résistance à la sécheresse pour une large variété d'aliments et de céréales. De récents essais de cette entreprise mettent en évidence des augmentations de 20 % pour le maïs et de 40 % pour le blé.

En revanche, les modifications génétiques des céréales n'ont pas encore produit de meilleures performances face à la sécheresse. Certaines souches OGM expérimentales offrent, en théorie, la promesse de rendements améliorés dans cette situation, mais ces souches n'ont pas encore été introduites sur le marché, et les tests n'ont pour le moment démontré que de légères améliorations et encore seulement en cas de sécheresse modérée.

En raison d'une prévalence plus forte des sécheresses due au réchauffement climatique, il y a un intérêt majeur à découvrir des souches résistantes, particulièrement de maïs, de blé, et même d'autres céréales des pays en développement. Malheureusement, ce type de résistance se révèle un défi extrêmement complexe pour les généticiens du végétal, car cette question implique de complexes combinaisons de gènes qui ne sont pas encore bien connues.

Après une analyse complète des progrès en matière de céréales génétiquement modifiées pour résister à la sécheresse, l'UCS, un groupement de scientifiques indépendants, a souligné qu'il n'y avait pas grand intérêt à vouloir fabriquer des céréales résistantes à la sécheresse. Ils insistent de plus sur le fait que les perspectives générales en matière d'ingénierie génique visant à répondre aux questions de sécheresse et aux défis de l'eau sont pour le moins limitées.

La deuxième génération d'OGM repose sur l'introduction de gènes qui renforcent la valeur nutritionnelle des plantes. Cela concerne par exemple un maïs contenant davantage de protéines, qui est surtout employé pour nourrir le bétail, et le développement de nouvelles souches de riz capables de produire plus de vitamines, dans le combat contre les carences en vitamine A qui touchent plus de 250 millions d'enfants dans le monde. Cette deuxième génération concerne aussi l'introduction de gènes destinés à développer la résistance des plantes à certains virus et champignons.

La troisième génération d'OGM, qui vient d'être commercialisée, fonctionne par l'introduction de gènes qui programment la production de substances à l'intérieur même de la plante, substances possédant un intérêt commercial dans l'élaboration d'autres processus comme de nouveaux produits, des biopolymères pour fabriquer des bioplastiques dégradables et facilement recyclables. Cette troisième génération vise également à introduire des gènes qui modifient les plantes contenant beaucoup de cellulose et de lignine en vue de faciliter la production d'éthanol cellulosique. Ces bioplastiques ont éveillé un grand intérêt, mais, comme dans le cas des carburants verts, se pose la question de savoir quelle part des superficies peuvent y être consacrées sans mettre à mal la production d'aliments dans un monde dont la population en croissance continue exige toujours plus de nourriture, l'agriculture requérant elle plus de terres arables et d'eau.

Les spécialistes des semences pensent être en mesure de

lancer dans les vingt années à venir une quatrième génération d'OGM, fonctionnant sur l'introduction des gènes de la photosynthèse du maïs, plus efficaces, dans des plantes comme le blé et le riz. S'ils y parviennent, ce qui est loin d'être fait au vu de la complexité du problème, cette technique pourrait cette fois augmenter sérieusement les rendements. Mais, pour le moment, les bénéfices issus de ces avancées se limitent à une réduction temporaire des pertes dues aux insectes parallèlement à une diminution temporaire des dépenses en insecticides.

En 2012, l'administration Obama a créé un Comité national de la bioéconomie, précisément pour stimuler ces productions et leurs acquisitions dans le cadre de marchés publics par le gouvernement, la Commission européenne ayant adopté la même stratégie deux mois plus tôt. Les défenseurs de l'environnement critiquent toutefois ces deux initiatives, manifestant des inquiétudes grandissantes par rapport à la disparition de terres consacrées aux cultures vivrières et à la destruction des forêts tropicales transformées en surfaces agricoles.

Les opposants aux OGM affirment que non seulement ces nouvelles technologies n'ont pas permis la croissance des rendements, mais qu'en outre les insectes et mauvaises herbes que les OGM devaient éliminer mutent rapidement et deviennent résistants aux insecticides et aux pesticides en question. En particulier, les céréales modifiées pour produire leur propre insecticide (*Bacillus thuringiensis*) sont maintenant si répandues que le perpétuel régime de BT servi aux insectes sur d'immenses monocultures produit exactement le même effet que l'usage intensif d'antibiotiques sur les germes présents dans les entrailles du bétail, à savoir la mutation de nouvelles souches d'insectes fortement résistants aux insecticides.

Le même phénomène se produit avec les mauvaises herbes constamment arrosées d'herbicides destinés à la protection de céréales génétiquement modifiées pour résister justement à ces herbicides (y compris le Roundup de Monsanto dont la molécule de base, le glyphosate, peut éliminer à peu près tous les végétaux). Mais aujourd'hui, dix espèces de plantes nuisibles ont développé une résistance, obligeant les agriculteurs à recourir à des produits encore plus toxiques. Certains opposants aux OGM veulent mettre en évidence qu'avec le temps, au fur et à mesure du développement de la résistance des parasites, le recours aux herbicides et pesticides augmente, même si les défenseurs des OGM contestent leurs analyses.

Face à ces résistances toujours plus fortes au glyphosate, on voit apparaître des demandes nouvelles d'herbicides plus puissants et donc plus dangereux. Le marché mondial des pesticides pèse 40 milliards de dollars, celui des herbicides environ 17,5 milliards, auxquels il faut ajouter les 21 milliards des insecticides et des fongicides.

Un laboratoire de recherches en produits de lutte contre les parasites, Dow Agro Sciences, a demandé l'homologation d'un nouveau maïs génétiquement modifié, un maïs qui tolère un pesticide connu sous la dénomination 2,4-D, un des ingrédients de l'Agent Orange, l'herbicide très destructeur utilisé par l'armée américaine lors de la guerre du Vietnam pour déforester, à l'origine de nombreux problèmes de santé aussi bien chez les Vietnamiens que chez les Américains qui y furent exposés. Des experts de la santé de plus cent quarante ONG se sont opposés à l'homologation de ce qu'ils nomment le « maïs Agent Orange », soulignant des liens entre l'exposition au 2,4-D et de « sérieux problèmes de santé tels que cancers, baisse de la production de spermatozoïdes, hépatites ou maladie de Parkinson. Les études en laboratoire montrent que le 2,4-D est responsable de perturbations endocriniennes, de problèmes de reproduction, de neurotoxicité ou d'immunodépression ».

Les insecticides répandus sur les céréales détruisaient également les insectes utiles. L'asclépiade, plante dont dépend presque entièrement le papillon monarque, a subi un déclin de près de 60 % dans les régions agricoles durant la dernière décennie, surtout à cause de l'expansion des surfaces cultivées en céréales modifiées pour supporter le Roundup. De plus, certaines études démontrent que les céréales BT (celles qui produisent de l'insecticide) ont un impact négatif sur au moins une sous-espèce du monarque et sur le chrysope (tous deux considérés comme des insectes très utiles), sur la coccinelle et sur l'ensemble des organismes vivants utiles présents dans le sol. Bien que les tenants des OGM aient minimisé ces effets, ceux-ci méritent qu'on les examine soigneusement puisque les OGM jouent un rôle de plus en plus important dans la production mondiale d'aliments.

Plus récemment, et dans le même ordre d'idée, des scientifiques ont attribué à un nouveau groupe de pesticides, les néonicotinoïdes, la disparition mystérieuse de nombreux individus dans les colonies d'abeilles. Ces désordres ont sérieusement inquiété les apiculteurs depuis leur apparition en 2006 et, même si de nombreuses théories sur ce syndrome d'effondrement des colonies d'abeilles ont été avancées, ce n'est qu'en 2012 que plusieurs études en ont identifié la cause.

Les néonicotinoïdes, dont le principe neurotoxique est similaire à celui de la nicotine, sont largement utilisés sur les graines de maïs avant de se répandre dans le plant au fur et à mesure de sa croissance. Pendant longtemps, les apiculteurs professionnels ont d'ailleurs nourri leurs abeilles avec du sirop de maïs. Selon le Département américain de la Recherche agricole, « la pollinisation par les abeilles représente une valeur ajoutée de 15 milliards de dollars, plus particulièrement pour des productions telles que les amandes et autres fruits secs, les baies, les fruits et les légumes. Un tiers environ de ce nous mangeons vient directement ou indirectement de la pollinisation ».

Les abeilles, bien sûr, ne jouent aucun rôle dans la pollinisation des produits OGM puisque leurs graines modifiées doivent être rachetées chaque année par les agriculteurs, et parce que la détestable habitude des abeilles de polliniser les plantes pourrait y introduire des gènes qui n'entrent pas dans les plans de l'entreprise qui a élaboré l'OGM. Selon le *Wall Street Journal*, les fruiticulteurs qui produisent une mandarine modifiée pour ne pas avoir de pépins menacent de poursuivre les apiculteurs qui travaillent à proximité s'ils continuent à laisser leurs abeilles pénétrer dans leurs vergers de mandarines sans pépins et risquer de les polliniser avec du pollen de citrons à pépins. Bien sûr, les apiculteurs protestent du fait qu'ils ne peuvent contrôler le vol de leurs abeilles.

L'expansion généralisée des techniques d'agriculture industrielle a eu pour résultat une dépendance accrue à la monoculture qui, à son tour, a accéléré la dispersion de la résistance aux herbicides et pesticides parmi les parasites, les insectes ou les maladies végétales. Dans de nombreux pays, dont les États-Unis, les principaux produits agricoles – maïs, soja, coton et blé – proviennent d'un petit nombre de variétés génétiques. Le résultat est que, dans la plupart des champs, presque toutes les plantes sont génétiquement identiques et certains experts ont exprimé depuis longtemps une inquiétude : la dépendance à la monoculture rend l'agriculture très vulnérable aux parasites et aux maladies végétales qui connaissent toujours plus de mutations leur permettant d'attaquer des variétés cultivées en grande quantité.

Des maladies végétales mutantes

De nouvelles versions de maladies végétales de variétés infinies posent des problèmes aux agriculteurs du monde entier. En 1999, une nouvelle variété mutante d'une ancienne maladie fongique connue sous le nom de rouille de la tige de blé a commencé à attaquer les champs en Ouganda. Les spores des champs africains furent ensuite transportées par le vent vers le Kenya voisin puis, à travers la mer Rouge, au Yémen, dans la péninsule Arabique et jusqu'en Iran. Les spécialistes s'inquiètent du fait que la maladie va continuer à se répandre en Afrique, en Asie et peut-être au-delà. En 2012, deux scientifiques experts de la maladie, Peter Njao et Ruth Wanyera, ont exprimé la crainte qu'elle soit en mesure de détruire 80 % de toutes les variétés de blé. Et alors qu'on pensait avoir réduit la rouille à une menace mineure il y a encore cinquante ans, cette nouvelle mutation l'a rendue plus mortelle que jamais.

De la même manière, le manioc, la troisième source végétale de calories (après le riz et le blé), est consommé surtout en Afrique, en Amérique du Sud et en Asie. En 2005, il a connu une nouvelle mutation en Afrique de l'Est et depuis, selon Claude Fauquet, directeur de recherches sur le manioc du Donald Danforth Plant Science Center à Saint Louis : « C'est une explosion de style pandémique [...] dont la vitesse de diffusion est sans précédent et les agriculteurs sont réellement désespérés. » Certains experts ont comparé cette épidémie à la crise de la pomme de terre dans les années 1840 en Irlande, crise en partie due à la lourde dépendance de l'Irlande à la monoculture d'une pomme de terre andine.

En 1970, 60 % du maïs américain fut détruit par une nouvelle affection, la brûlure de la feuille de maïs ou anthracnose du maïs, ce qui, selon l'Union of Concerned Scientists, démontre clairement que « des cultures fondées sur l'uniformité sont l'annonce d'un désastre à venir ». L'UCS note également que « l'agriculture américaine repose sur une base génétique très étroite ». C'est ainsi qu'au début des années 1990, 46 % des cultures du maïs se font sur seulement six variétés, neuf variétés de blé suffisent pour parvenir à 50 % de la production, et deux types de petits pois constituent 96 % des récoltes. Reflétant le succès mondial des fast-foods en cette époque de globalisation, plus de la moitié des surfaces mondiales plantées en pommes de terre le sont avec une seule variété, la Russet Burbank choisie par McDonald's.

Bien que l'essentiel du débat sur les plantes génétiquement modifiées se soit concentré sur les céréales alimentaires et la nutrition animale, il n'y a guère eu, de manière surprenante, de discussions à propos de l'énorme travail en cours sur les arbres génétiquement modifiés comme le peuplier et l'eucalyptus. À ce sujet, certains scientifiques s'inquiètent du fait que la grande hauteur de ces arbres signifie que le pollen des espèces génétiquement modifiées se répandra sur des superficies bien plus importantes que des plantes comme le soja, le maïs ou le coton.

La Chine est d'ores et déjà en train de planter des milliers d'hectares de peupliers génétiquement modifiés pour produire dans ses feuilles la toxine BT qui va protéger l'arbre contre les insectes, et des entreprises de biotechnologie essayent actuellement d'introduire des eucalyptus OGM aux États-Unis et au Brésil. L'argument des scientifiques est qu'en plus de la résistance aux parasites, les modifications pourraient se révéler utiles en permettant aux arbres de survivre aux sécheresses et pourraient aussi modifier la nature du bois pour faciliter la production de carburants verts.

Au-delà des plantes et des arbres, les modifications génétiques chez les animaux destinés à l'alimentation humaine ont aussi généré de vastes débats. Depuis la découverte en 1981 d'une technique qui permet de transférer des gènes d'une espèce à une autre, les généticiens ont modifié plusieurs types d'animaux dont les bovins, les porcs, les poulets, les moutons, les chèvres et les lapins. Et même si des expériences antérieures qui permettaient de réduire la vulnérabilité de la souris à certaines maladies avaient soulevé de grands espoirs, seuls, jusqu'à maintenant, les efforts visant à réduire la vulnérabilité du bétail ont été couronnés de succès.

Mais les efforts en cours pour créer des animaux OGM ont déjà produit, notamment, de la soie d'araignée à partir de chèvres comme nous l'avons vu plus haut, ou la découverte d'une hormone synthétique de croissance destinée à augmenter la production de lait des vaches laitières. Cette hormone de croissance artificielle injectée chaque jour aux vaches reste très controversée même si ceux qui portent les critiques ne la dénoncent pas comme étant directement dangereuse pour l'homme mais plutôt comme étant la cause de l'augmentation d'une seconde hormone, l'IGF-1, de la famille de l'insuline, que l'on retrouve dans le lait des vaches traitées dans des proportions dix fois supérieures à celles du lait standard.

Des études ont montré une relation entre ces taux élevés d'IGF et un risque significatif de cancer de la prostate et certaines formes de cancer du sein. Bien que d'autres facteurs soient clairement impliqués dans le développement de ces cancers, et même si l'IGF-1 est une substance naturellement présente dans le corps humain, les inquiétudes des opposants se sont traduites dans une campagne pour l'étiquetage du lait contenant cette hormone, qui a eu pour effet une forte diminution de sa consommation.

De leur côté, des généticiens chinois ont introduit des gènes humains couplés à des protéines de lait humain dans des embryons de vaches laitières, puis implanté ces embryons dans des vaches qui ont alors donné naissance à des veaux. Lorsque ces animaux ont commencé à produire du lait, celui-ci contenait beaucoup de protéines et d'anticorps que l'on trouve dans le lait humain mais pas dans le lait de vaches « normales ». De plus, ces animaux génétiquement modifiés sont capables de se reproduire avec les caractéristiques génétiques reçues. À l'heure actuelle, le State Key Laboratory of Agrobiotechnology de la China Agricultural University possède un troupeau de trois cents de ces vaches qui produisent un lait bien plus proche du lait humain. Des chercheurs du National Institute of Agribusiness Technology de Buenos Aires prétendent même avoir amélioré le processus.

En 2012, aux États-Unis, des chercheurs ont proposé à l'homologation le premier animal transgénique spécifiquement pour la consommation humaine, un saumon modifié avec un gène d'hormone de croissance et un déclencheur génétique qui provoque la fabrication de l'hormone de croissance même lorsque la température est plus basse que le seuil à partir duquel commence la production normale. Le saumon connaît une croissance deux fois plus rapide puisqu'il atteint sa taille de commercialisation en seize mois au lieu de trente, durée normale.

Ceux qui s'opposent à ce « super-saumon » s'inquiètent de possibles taux d'IGF-1 élevés, problème déjà rencontré dans le cas du lait produit par des vaches recevant des injections d'hormone bovine de croissance. Ils s'inquiètent également du fait que des saumons, échappés d'un élevage, pourraient se reproduire avec des saumons sauvages, ce qui aurait pour effet de modifier l'espèce d'une façon non souhaitée, tout comme les opposants aux OGM végétaux redoutent des pollinisations croisées avec les espèces non OGM. Rappelons également, comme nous l'avons vu au chapitre 4, que les poissons d'élevage sont nourris avec des rations constituées de poissons sortis des océans selon une proportion qui exige 3 kilos de poisson sauvage pour chaque kilo de poisson d'élevage.

Les chercheurs de l'université de Guelph, au Canada, ont essayé de commercialiser des porcs modifiés avec un segment d'ADN de souris afin de réduire la quantité de phosphore dans leurs déjections. Ils ont baptisé leur création « Enviroporc » car le phosphore est la cause de proliférations d'algues lorsqu'il est rejeté dans les rivières et crée des zones mortes là où les rivières se jettent dans la mer. Ils ont fini par abandonner leur projet et ont euthanasié les porcs en question, en partie en raison de l'opposition rencontrée et des accusations de fabriquer une nouvelle malbouffe, à savoir une nourriture provenant d'animaux transgéniques, mais aussi parce que d'autres chercheurs travaillaient sur une enzyme, la phytase, qui, ajoutée à la nourriture des porcs, produit le même résultat que celui espéré avec le désastreux « Enviroporc ».

Au-delà des efforts pour modifier le bétail ou les poissons, il y a eu, ces quinze dernières années, des initiatives pour travailler sur des insectes comme le charançon du coton ou le moustique. Récemment, une entreprise britannique de biotechnologie, Oxitec (Oxford Insect Technologies), a lancé un projet visant à modifier la principale (mais pas la seule) espèce du moustique vecteur de la dengue afin de créer un mâle mutant dont la descendance aura besoin d'un antibiotique, la tétracycline, pour survivre.

La larve, ne disposant pas de tétracycline, mourra avant même de pouvoir voler. L'idée est de parvenir à ce que le moustique mâle, qui contrairement à la femelle ne pique pas, monopolise les femelles et les féconde avec des embryons non viables, ce qui réduira drastiquement la population. Bien que des essais sur le terrain, aux îles Caïmans, en Malaisie et au Brésil, aient donné des résultats impressionnants, une vigoureuse opposition a vu le jour au moment où Oxitec a proposé de relâcher un grand nombre de ses moustiques à Key West, en Floride, où une épidémie de dengue s'était produite en 2010.

Les opposants craignent que les moustiques transgéniques produisent des effets perturbateurs et imprévisibles sur l'écosystème dans lequel ils seraient relâchés. Ils rappellent que les essais en laboratoire ont montré qu'une petite partie de la descendance parvient à survivre et qu'il existe donc un risque qu'elle diffuse les nouvelles caractéristiques aux populations de moustiques standards.

Des études plus approfondies pourraient montrer que ce projet est utile et constitue une stratégie valable pour limiter la diffusion de la dengue, mais se concentrer sur cette solution, modifier génétiquement le vecteur principal de la maladie, n'est-ce pas perdre de vue la cause principale de la diffusion de la dengue ? Le dérèglement climatique et l'augmentation subséquente des températures créent des zones, autrefois inhospitalières, où le moustique porteur de la maladie peut maintenant se développer.

Selon une étude de 2012 de la Texas Tech University sur l'extension de la dengue, il est à noter que « les modifications dans les schémas de températures et de précipitations dues au changement climatique pourraient avoir un impact sérieux sur le mode de fonctionnement de certaines maladies infectieuses ». La dengue en fait partie, et les chercheurs ont remarqué que, même si le Mexique constitue le territoire habituel de cette maladie en Amérique du Nord, avec quelques poussées occasionnelles dans le sud du Texas ou de la Floride, celle-ci gagne en direction du nord à cause du réchauffement global.

La dengue, qui affecte aujourd'hui 100 millions de personnes tous les ans et est responsable de milliers de morts, est également connue sous le nom de « fièvre des os cassés » en raison des douleurs extrêmes qu'elle inflige aux muscles et aux articulations. Des souches ont émergé simultanément en Asie, aux Amériques et en Afrique au XVIIIe siècle, mais la maladie fut largement contenue jusqu'à la Seconde Guerre mondiale ; les spécialistes pensent qu'elle fut disséminée involontairement pendant et après la guerre sur les autres continents. Aujourd'hui, en 2012, rien qu'en Inde, on compte 37 millions de cas.

Après avoir été élargi par les humains en Amérique, le domaine de la dengue s'est toutefois limité aux régions tropicales ou subtropicales. Mais aujourd'hui, alors que son domaine grandit, les experts prédisent qu'elle va probablement se répandre dans le sud des États-Unis et que les États du Nord seront susceptibles d'être touchés durant les mois d'été.

Ce chapitre a commencé avec une discussion sur la façon dont nous allons, pour la première fois, changer l'« être » dans l'être humain. Nous sommes aussi en train d'en modifier d'autres auxquels nous sommes écologiquement connectés. Quand nous modifions le système écologique dans lequel nous évoluons et que nous changeons radicalement le climat et les équilibres environnementaux pour lesquels notre civilisation a été patiemment configurée, nous devons nous attendre à des conséquences biologiques plus importantes que celles que nous pourrons réparer grâce aux technologies génétiques.

Car, après tout, c'est bien l'empiétement humain dans des zones sauvages qui est responsable de l'émergence de 40 % des maladies infectieuses qui mettent en danger l'espèce humaine, comme le VIH, la grippe aviaire, le virus Ebola, qui ont tous pour origine des animaux sauvages obligés de quitter leur habitat naturel à cause de contraintes imposées par l'homme, ou placés à proximité de troupeaux fermiers lorsque l'agriculture s'implante dans des régions auparavant sauvages. Jonathan Epstein, épidémiologiste vétérinaire, a ainsi récemment souligné : « Lorsque vous déséquilibrez l'écosystème, vous encouragez le débordement de pathogènes depuis la nature vers le bétail puis vers les hommes. » Au total, 60 % des nouvelles maladies infectieuses qui mettent en danger les humains ont une origine animale.

Le microbiome

Nous risquons aussi de perturber l'écosystème interne du corps. De nouvelles recherches démontrent le rôle clé que jouent les communautés microbiennes à l'intérieur (et à l'extérieur) de chaque individu. En fait, chacun d'entre nous possède un microbiome de bactéries (ainsi qu'un beaucoup plus petit nombre de virus, de levures ou champignons et d'amibes) dont le nombre est dix fois supérieur à celui de nos cellules. En d'autres termes, chaque être humain partage son corps avec approximativement 100 000 milliards de microbes porteurs de 3 millions de gènes non humains. Ces micro-organismes vivent et travaillent en symbiose avec notre corps, dans une communauté très adaptative dont nous sommes partie prenante.

Début 2012, deux cents chercheurs du Human Microbiome Project ont publié le séquençage de cette communauté bactérienne et ont découvert qu'il en existe trois types principaux – un peu comme les groupes sanguins –, types que l'on retrouve dans toutes les races et chez toutes les appartenances ethniques et qui sont également distribués au sein de toutes les populations sans considération de genre, d'âge, de masse corporelle ou toutes caractéristiques remarquables. En tout, cette équipe a identifié dans ces organismes 8 millions de gènes codeurs de protéines et affirment que la moitié ont une fonction que les scientifiques ne comprennent pas encore.

La régulation du système immunitaire est une des fonctions

du microbiome, notamment durant la petite enfance et l'enfance. Selon l'expression de Gary Huffnagle, de l'université du Michigan, « la flore microbienne intestinale est le bras armé du système immunitaire ». Depuis de nombreuses années, les scientifiques suspectent que le recours massif aux antibiotiques interfère avec ce système de contrôle et pourrait endommager le processus par lequel le système immunitaire apprend à distinguer avec précision les envahisseurs et les cellules saines. Des attaques inappropriées de cellules en bonne santé par le système immunitaire lui-même, telle est la caractéristique commune à toutes les maladies auto-immunes. « Auto-immune » signifiant attaque contre soi-même.

Il existe des preuves grandissantes que l'utilisation inappropriée et répétée des antibiotiques chez l'enfant en bas âge perturbe le développement et l'apprentissage du système immunitaire, contribuant ainsi à l'apparition croissante de nombreuses maladies auto-immunes telles que le diabète de type 1, la sclérose en plaques, la maladie de Crohn ou la colite ulcéreuse.

Le système immunitaire humain n'est pas totalement développé à la naissance. Tout comme le cerveau, il se développe et s'affine après la naissance, les humains constituant, l'espèce qui a la plus longue période infantile, ce qui permet un développement rapide du cerveau en interaction avec l'environnement. Le système immunitaire possède une capacité innée à activer les globules blancs afin que ceux-ci détruisent les bactéries ou les virus envahisseurs, mais il possède aussi un fonctionnement acquis – ou adaptatif – qui apprend à mémoriser les intrus en vue de mieux les combattre s'ils venaient à se représenter. Ce système acquis fabrique des anticorps qui intègrent les envahisseurs, ce qui permet à des globules blancs spécifiques de les identifier et de les détruire.

Le fond du problème est que les antibiotiques ne sont pas capables de faire la différence entre les bonnes et les mauvaises bactéries et, en recourant aux antibiotiques pour déclarer la guerre à ces maladies, nous détruisons accidentellement des bactéries dont nous avons besoin. « Il faudrait abandonner cette vision guerrière qui fait du tort aux bactéries qui ont évolué avec nous et qui nous maintiennent en bonne santé », rappelle Julie Segre, une chercheuse expérimentée du National Human Genome Research Institute.

Une importante bactérie du microbiome humain, *Helicobacter pylori* (ou *H. pylori*), affecte la régulation de deux hormones clés de l'estomac humain qui sont impliquées dans le contrôle des flux énergétiques et de l'appétit. Des équipes de chercheurs ont pu établir que *H. pylori* est présente dans les estomacs humains depuis au moins 58 000 ans et qu'il y a cent ans, elle était le microbe le plus répandu dans la plupart des estomacs humains. Puis, dans un article publié en 2011 dans la revue *Nature*, Martin Blaser, professeur de microbiologie et directeur du Département de médecine de l'université de New York, souligne qu'en revanche des études ont montré qu'« aux États-Unis, en Suède ou en Allemagne, à peine plus de 6 % des enfants sont porteurs de cet organisme. Plusieurs facteurs peuvent entrer en jeu dans cette disparition, mais les antibiotiques font toutefois un bon coupable. En effet, une seule prise d'amoxicilline ou d'un antibiotique macrolide, souvent utilisé pour soigner des infections de l'oreille ou des voies respiratoires chez l'enfant, peut éliminer *H. pylori* dans 25 à 50 % des cas ».

Il est donc important de noter que *H. pylori* joue un rôle aussi bien dans les gastrites que dans les ulcères. Le Dr Barry Marshall, biologiste australien Prix Nobel de médecine en 2005 pour la découverte de *H. pylori*, fait remarquer : « Des gens sont morts pour n'avoir pas reçu d'antibiotiques. Mais en même temps, plusieurs études ont clairement démontré que les individus qui manquent de *H. pylori* sont plus susceptibles que les autres de développer, pendant l'enfance, de l'asthme, le rhume des foins ou des allergies cutanées. » Son absence est également associée aux reflux gastriques et au cancer de l'œsophage. En Allemagne et en Suisse, des chercheurs ont découvert que l'introduction de *H. pylori* dans l'estomac des souris concourt à les protéger contre l'asthme. En ce qui concerne les humains, pour des raisons encore mal comprises, l'asthme a augmenté au niveau mondial de 160 % au cours des deux dernières décennies.

Une des hormones régulées par *H. pylori*, la ghréline, est un stimulant de l'appétit. Son taux diminue en fin de repas et le cerveau reçoit un signal de satiété. Mais, chez les personnes qui manquent de *H. pylori*, le taux de ghréline ne bouge pas et ce signal n'est pas envoyé. Dans le laboratoire dirigé par Martin Blaser, des souris ayant reçu des antibiotiques capables d'éliminer *H. pylori* ont connu une prise de poids importante sans changement de régime. Ce résultat est extrêmement intéressant car pendant longtemps les scientifiques ne savaient pas expliquer pourquoi des doses infrathérapeutiques d'antibiotiques dans les aliments du bétail conduisaient à des gains de poids. On peut dorénavant penser que ceux-ci sont dus à ces modifications du microbiome.

Le remplacement des bactéries bénéfiques anéanties par les antibiotiques s'est avéré un traitement efficace de certaines maladies déclenchées par des microbes normalement tenus sous contrôle par les bactéries bénéfiques. Les probiotiques, ainsi qu'on les appelle, ne sont pas une nouveauté, mais certains médecins traitent aujourd'hui les patients infectés par une bactérie très nocive dénommée *Clostridium difficile* en leur administrant un suppositoire qui accomplit une sorte de « transplantation fécale ».

Même si l'idée peut susciter une certaine répugnance, la procédure s'est révélée à la fois sûre et extrêmement efficace. Une équipe de l'université de l'Alberta a examiné 124 cas de transplantations fécales et constaté dans 83 % des cas une amélioration immédiate une fois la flore microbienne restaurée. Les chercheurs travaillent donc maintenant avec acharnement à développer des probiotiques conçus pour restaurer les bactéries bénéfiques lorsqu'elles viennent à manquer dans le microbiome du patient.

De la même façon que nous sommes connectés à 100 000 milliards de microbes qui vivent en chacun de nous du premier au dernier jour, qui nous sont nécessaires, nous sommes aussi connectés à toutes les formes de vie qui nous entourent dans et sur la Terre, auxquelles nous sommes également reliés et dont nous dépendons de la même façon. Et tout comme les perturbations artificielles que nous causons aux communautés microbiennes qui vivent en nous peuvent créer des déséquilibres nocifs pour notre santé dans l'écologie de notre microbiome, les perturbations causées au système écologique global qu'est la Terre – à l'intérieur duquel nous vivons – peuvent là aussi créer des déséquilibres qui vont nous menacer.

Les conséquences de ces perturbations à grande échelle – et ce que nous pouvons faire pour les prévenir – constituent le sujet du chapitre suivant.

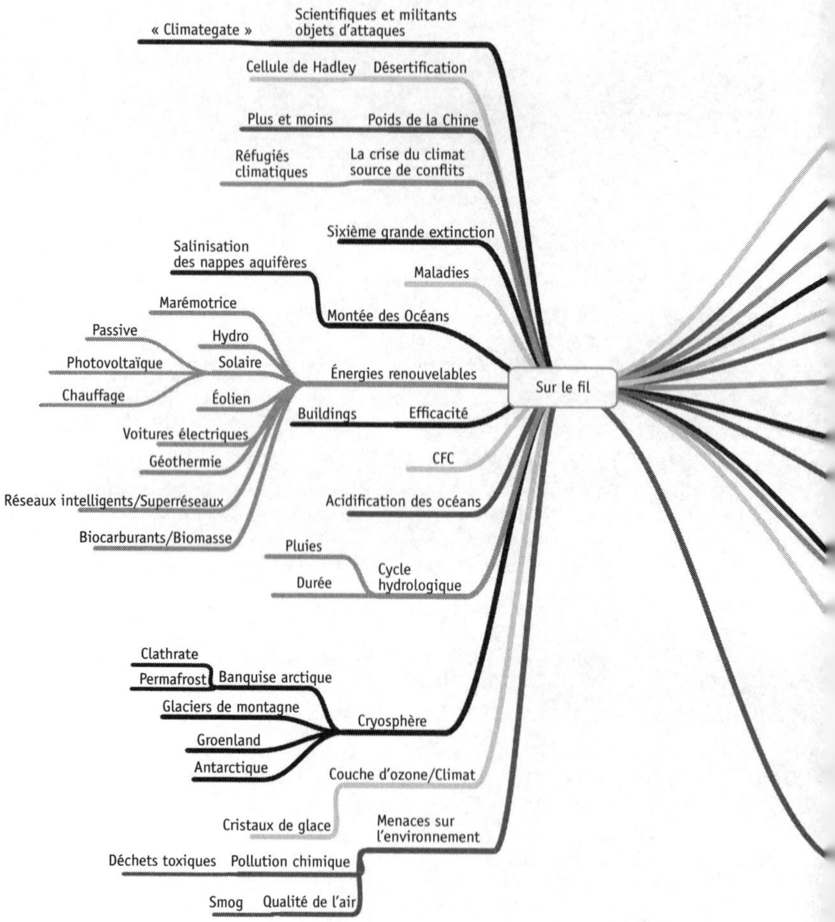

Sur le fil
« Climategate »
Scientifiques et militants objets d'attaques
Cellule de Hadley
Désertification
Plus et moins
Poids de la Chine
Réfugiés climatiques
La crise du climat source de conflits
Sixième grande extinction
Salinisation des nappes aquifères
Maladies
Montée des Océans
Marémotrice
Passive
Hydro
Photovoltaïque
Solaire
Chauffage
Éolien
Énergies renouvelables
Buildings
Efficacité
Voitures électriques
Géothermie
Réseaux intelligents/Superréseaux
Biocarburants/Biomasse
CFC
Acidification des océans
Pluies
Durée
Cycle hydrologique
Clathrate
Permafrost
Banquise arctique
Glaciers de montagne
Groenland
Antarctique
Cryosphère
Couche d'ozone/Climat
Cristaux de glace
Menaces sur l'environnement
Déchets toxiques
Pollution chimique
Smog
Qualité de l'air

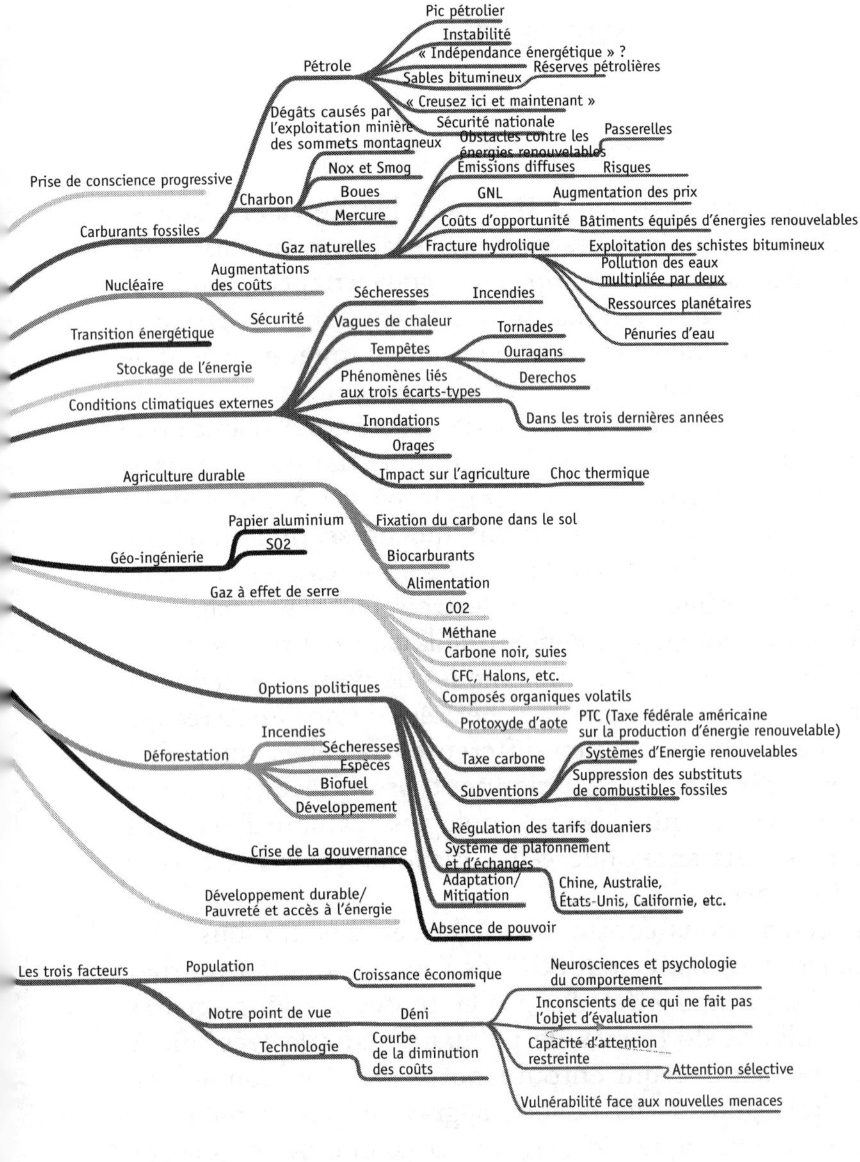

Pic pétrolier
Instabilité
« Indépendance énergétique » ?
Pétrole
Réserves pétrolières
Sables bitumineux
« Creusez ici et maintenant »
Dégâts causés par l'exploitation minière des sommets montagneux
Sécurité nationale
Obstacles contre les énergies renouvelables
Passerelles
Nox et Smog
Émissions diffuses
Risques
Prise de conscience progressive
Charbon
Boues
GNL
Augmentation des prix
Mercure
Coûts d'opportunité
Bâtiments équipés d'énergies renouvelables
Carburants fossiles
Gaz naturelles
Fracture hydrolique
Exploitation des schistes bitumineux
Pollution des eaux multipliée par deux
Augmentations des coûts
Nucléaire
Sécheresses
Incendies
Ressources planétaires
Sécurité
Vagues de chaleur
Transition énergétique
Pénuries d'eau
Tornades
Tempêtes
Ouragans
Stockage de l'énergie
Phénomènes liés aux trois écarts-types
Derechos
Conditions climatiques externes
Dans les trois dernières années
Inondations
Orages
Impact sur l'agriculture
Choc thermique
Agriculture durable
Papier aluminium
Fixation du carbone dans le sol
SO2
Géo-ingénierie
Biocarburants
Alimentation
Gaz à effet de serre
CO2
Méthane
Carbone noir, suies
CFC, Halons, etc.
Options politiques
Composés organiques volatils
Protoxyde d'aote
PTC (Taxe fédérale américaine sur la production d'énergie renouvelable)
Incendies
Sécheresses
Systèmes d'Energie renouvelables
Déforestation
Espèces
Taxe carbone
Suppression des substituts de combustibles fossiles
Biofuel
Subventions
Développement
Régulation des tarifs douaniers
Crise de la gouvernance
Système de plafonnement et d'échanges
Adaptation/ Mitigation
Chine, Australie, États-Unis, Californie, etc.
Développement durable/ Pauvreté et accès à l'énergie
Absence de pouvoir
Neurosciences et psychologie du comportement
Les trois facteurs
Population
Croissance économique
Inconscients de ce qui ne fait pas l'objet d'évaluation
Notre point de vue
Déni
Capacité d'attention restreinte
Technologie
Courbe de la diminution des coûts
Attention sélective
Vulnérabilité face aux nouvelles menaces

6

Sur le fil

Le pouvoir émergent de Earth Inc., dont le rôle va en s'accélérant, la croissance rapide et destructrice de la consommation des ressources, l'absence de leadership et une gouvernance défaillante de la communauté des nations, tout cela contribue à produire des monceaux de pollution qui menacent dangereusement le climat dont on sait qu'il est essentiel à la survie de la civilisation.

Nous avons mis longtemps avant de prendre conscience que nous sommes responsables de la situation dangereuse dans laquelle nous nous trouvons, en grande partie à cause de la soudaineté avec laquelle les relations qui unissent l'humanité et le système écologique terrestre ont été radicalement transformées par la confluence récente de trois facteurs essentiels. Le premier est dû au quadruplement de la population mondiale en moins d'un siècle ; ensuite, nos modes de pensée individuels ou collectifs – tenant des habitudes héritées de nos ancêtres qui ont survécu à des menaces bien différentes de celles auxquelles nous devons faire face – fonctionnent presque uniquement sur le court terme ; enfin, les technologies d'aujourd'hui sont beaucoup plus puissantes que celles disponibles il y a encore quelques décennies.

En particulier, nous continuons à brûler des combustibles fossiles riches en carbone pour 85 % de l'énergie qui fait tourner Earth Inc. Ceci a pour effet d'expédier toutes les vingt-quatre heures 90 millions de tonnes de polluants dans la très mince couche atmosphérique qui entoure notre planète, comme s'il s'agissait d'un égout à ciel ouvert, aggravant par là même le réchauffement climatique. Cela signifie aussi que nous ajoutons aux concentrations qui ont commencé à s'accumuler avec la révolution industrielle et qui ont grossi à un rythme toujours plus rapide depuis plus d'un demi-siècle, *chaque jour*, l'équivalent de plus de 5 000 fois la quantité de pétrole déversée dans le golfe du Mexique par la plate-forme accidentée Deepwater Horizon.

La civilisation humaine est en train d'entrer en collision avec le monde naturel sur lequel repose notre prospérité florissante en lui infligeant de graves préjudices. Nous en avons de nombreux signes : l'extinction de 20 à 50 % de toutes les espèces vivantes avant la fin du siècle ; la destruction des plus grandes et des plus importantes forêts du monde, l'acidification des océans, l'épuisement de certaines espèces de poissons ainsi que la perte imminente de récifs coralliens, l'accumulation de déchets chimiques à longue durée de vie qui nous menace de façon persistante ; l'épuisement des terres arables et des ressources en eau à un rythme insoutenable, et bien d'autres encore.

Mais le signe le plus important et le plus menaçant de cette collision est bien la crise liée au changement climatique. Parce que l'atmosphère qui entoure notre planète est très fine, elle est hautement sensible aux changements drastiques de sa composition chimique, engendrés par les quantités phénoménales de déchets chimiques gazeux que nous y importons. Cette couche de pollution est en train d'étouffer la capacité de l'atmosphère à gérer l'équilibre radiatif entre la Terre et le Soleil, en capturant dans la basse atmosphère une quantité de chaleur équivalente à 400 000 bombes d'Hiroshima. Avec ce processus qui modifie en profondeur le cycle de l'eau, nous détruisons des équilibres écologiques majeurs, aggravant encore les autres dommages que nous infligeons à la nature, aux plantes et aux animaux dont nous dépendons.

La bonne nouvelle, c'est que nous pouvons commencer à résoudre cette crise du climat, à condition de prendre conscience de la réalité et de décider que notre priorité est de sauver l'avenir de la civilisation humaine. Cela exige d'abord de comprendre non seulement le danger mais aussi l'opportunité que représente cette crise. Ensuite, d'abandonner l'illusion qu'il existerait un truc rapide, simple et pratique pour réparer la planète. L'urgence requiert plutôt une stratégie globale et bien pensée pour convertir nos schémas énergétiques, en particulier en ce qui concerne la production électrique, l'industrie, l'agriculture, la forêt, la construction, les transports, l'industrie minière et tous les autres secteurs de l'économie mondiale, pour aller vers des schémas de basse consommation notamment en termes d'énergies carbonées.

Certes, au regard de la complexité et de l'ampleur de la réponse attendue, le défi peut paraître intimidant. Toutefois, les étonnants progrès accomplis dans la période récente vont nous donner la capacité de réussir parce que nous allons gagner en efficacité. Ils se mettent en place beaucoup plus rapidement que prévu, comme c'est le cas sur le marché des énergies renouvelables. Ainsi, les prix des énergies éolienne et solaire ont baissé si vite en certains endroits du monde qu'ils sont maintenant compétitifs avec les prix moyens de l'électricité. De manière globale, on peut penser que les énergies renouvelables constitueront en 2015 la seconde source d'énergie.

De vraies alternatives

Plus nous produirons d'énergie à partir du soleil et du vent, moins elle sera chère ; plus nous produirons d'énergie à partir du pétrole et du charbon, plus elle sera chère. En outre, les « carburants » éolien et solaire sont infinis. Il faut savoir, par exemple, que la Terre reçoit du Soleil chaque heure plus d'énergie qu'il n'en faut pour toute la consommation mondiale annuelle. Il en va de même pour l'énergie éolienne potentielle qui dépasse largement le total des besoins du monde.

Durant l'été 2012, l'Allemagne a connu plusieurs périodes où plus de la moitié de son électricité provenait de sources renouvelables. Certains experts peuvent alors estimer, même sur des bases prudentes, qu'une baisse continue des coûts de production de l'électricité photovoltaïque conduira, lors de la prochaine décennie, à un développement stratosphérique de ses parts de marché, ce qui permettra de mettre en œuvre de nouvelles capacités de production pour parvenir à près de 50 % de l'électricité mondiale produite en photovoltaïque.

En 2010, pour la première fois dans l'histoire, les investissements dans les énergies renouvelables ont dépassé les investissements dans les énergies fossiles (187 milliards de dollars contre 157 milliards). Cette année-là, aux États-Unis, les installations photovoltaïques ont augmenté de 102 % par rapport à l'année précédente. Dans le même ordre d'idée, dans la décennie précédente, 166 projets de centrales au charbon ont été repoussés, souvent en raison de l'opposition de citoyens.

Les architectes et les constructeurs incorporent dorénavant de nouvelles façons de faire et des technologies nouvelles qui réduisent la consommation d'énergie et les coûts d'exploitation. Cette donnée est capitale car 30 % environ de toutes les émissions de CO_2 proviennent des bâtiments, et il faut savoir que plus que deux tiers de ceux dont nous aurons besoin en 2050 ne sont pas encore construits. Selon un rapport de l'EPA, l'Agence américaine de protection de l'environnement, « 30 % de l'énergie consommée dans les bâtiments à usage commercial est perdue. L'efficacité énergétique est de loin la meilleure piste pour éliminer ces pertes, réduire les émissions et économiser de l'argent ».

Des centaines de millions d'individus ont déjà procédé à des changements dans leurs modes d'achats et cherchent des produits et des services consommant moins d'énergies carbonées. En réponse à ces demandes, nombre d'entreprises et d'industries ont elles aussi diminué leur dépendance à ces énergies et se sont tournées vers des stratégies plus rentables, fondées sur la durabilité et le recours aux énergies renouvelables. Les améliorations apportées par l'efficacité énergétique sont maintenant installées à grande échelle ; cependant les émissions de gaz à effet de serre vont continuer à augmenter jusqu'à ce que la mise en place de politiques gouvernementales accélère la transition vers un monde moins consommateur de carbone.

Pour avancer plus vite vers cette transition nécessaire, nous devons d'abord trouver un consensus politique fort, en commençant par les États-Unis, pour accepter les changements importants, comme la mise en place d'une taxe juste sur les émissions de pollution, la définition d'une diminution régulière des émissions, des mécanismes de marché plus efficaces pour parvenir à des réductions globales.

À cet effet, les leaders d'opinion et les acteurs de la société civile doivent lutter politiquement et socialement contre la diffusion d'informations malhonnêtes sur cette crise existentielle, la plupart du temps par ceux qui nient la réalité du réchauffement alors qu'ils connaissent parfaitement la réalité et ses conséquences prévisibles. Pour empêcher l'établissement d'un consensus, ils essaient tout simplement de maintenir un modèle économique ultrarentable mais extrêmement destructeur en semant la confusion et en retardant le moment où il faudra bien voir la réalité en face.

Nous n'avons donc pas d'autre choix que de poser en principe central et organisationnel de notre civilisation globalisée la recherche des solutions à la crise du climat – ou alors, les mauvaises conditions que nous sommes en train de fabriquer vont continuer à empirer et le manteau de pollution qui recouvre la planète va épaissir toujours et encore, menaçant la viabilité de la civilisation telle nous la connaissons.

Aussi loin que nous puissions remonter dans l'histoire connue, nous avons configuré nos vies et les caractéristiques de notre civilisation pour entrer précisément dans un créneau relativement étroit où les températures, les vents, les pluies, les littoraux, les rivières, les chutes de neige ne peuvent subir que de modestes variations. Les hommes se sont installés à proximité de sources fournissant l'eau que nous buvons, près des terres qui nous nourrissent, dans un monde dont les contours n'avaient guère changé pendant plus de trois cents générations.

Depuis que les glaciers se sont retirés à la fin du dernier âge de glace, peu de temps avant que les premières cités ne soient construites et que l'invention de l'écriture ne préserve la mémoire des hommes, nous tenons pour immuables les courants aériens ou océaniques, les vagues de chaleur ou de froid, les saisons sèches ou humides, les plantations de printemps et les récoltes automnales, les têtards ou les papillons et d'autres phénomènes naturels persistants qui ont caractérisé notre monde pendant plus de 10 000 ans. Comme le poisson du proverbe ne sait pas qu'il vit dans l'eau – puisqu'il ne connaît *que* l'eau –, nous n'avons jamais rien connu d'autre que les conditions de notre planète, celles qui ont permis l'éclosion de l'humanité.

Tous ceux qui nous ont précédés ont apporté leur contribution à l'héritage humain transmis jusqu'à nous. Chaque génération à son tour a pu se maintenir grâce aux dons venus de la nature : la pollinisation des cultures et des plantes sauvages par les insectes ou par d'autres animaux, l'épuration de l'eau par les sols ou nombre d'autres bénéfices écologiques que les économistes qualifient de « services écosystémiques ».

Nous tenons tout cela – et plus encore – pour normal alors que nous mettons tout cela en danger. Ces changements très importants, dus aux humains, dans le fonctionnement d'un climat longtemps prédictible et auquel nous étions habitués depuis toujours, pourraient si radicalement réordonner la nature de la Nature qu'il est difficile d'imaginer le défi auquel notre espèce doit faire face. Un poisson hors de l'eau ne peut survivre. Selon le même principe, si nous détruisons totalement les conditions sur lesquelles notre civilisation est fondée – et pas seulement pour quelques années mais pour des milliers d'années –, il sera difficile de survivre dans un monde qui ne ressemblera en rien à celui que nous avons connu.

Sécurité et stabilité

Le risque accru d'instabilité politique est une des nombreuses conséquences des grands bouleversements qui affectent le climat tel que nous l'avons connu. En fait, ce risque est une des principales raisons qui ont fait que les experts militaires et les experts en sécurité nationale se sont depuis longtemps inquiétés du réchauffement global, beaucoup plus que la plupart des élus. Il y a déjà plusieurs régions du monde où la gouvernance doit faire face à des pressions énormes à cause d'États défaillants comme la Somalie, le Yémen ou le Zimbabwe, qui créent des problèmes difficiles à surmonter pour leurs voisins. Ces problèmes grandissants qui vont accompagner de graves altérations du climat pourraient pousser de nombreux autres pays jusqu'au point de rupture.

À l'issue d'une simulation conduite par la National Defense University pour comprendre les conséquences géopolitiques de migrations de masse de réfugiés climatiques des basses régions du Bangladesh, le directeur du Bengladesh Institute of Peace and Security Studies, le major-général A. N. M. Muniruzzaman a déclaré : « D'ici 2050, des millions de déplacés vont submerger non seulement notre territoire et nos ressources assez limitées mais aussi notre gouvernement, nos institutions et nos frontières. »

Les quelques exceptions à la stabilité toute relative du climat dont nous avons toujours joui confirment la règle. Une étude récente menée par David Zhang et son équipe, publiée dans *Proceedings of the National Academy of Sciences* et traitant des relations entre les relativement petites fluctuations du climat et les conflits civils dans le passé, affirme : « Les crises économiques consécutives à des changements climatiques ont été la cause directe de graves crises humaines dans l'Europe préindustielle ou dans l'hémisphère Nord. » En fait, notre histoire garde les traces des effets perturbateurs de variations comparativement petites sur les conditions dominantes dans lesquelles nous avions prospéré :

- Le réchauffement du Moyen Âge peut être rapproché de la disparition de la civilisation maya en Amérique centrale et de la colonisation temporaire du sud du Groenland par des paysans scandinaves.
- Lors du petit âge glaciaire, les Esquimaux, enveloppés de fourrures, purent se rendre en kayak jusqu'en Écosse ; plus loin au sud, des millions de personnes moururent à cause de la famine qui sévissait en Europe et plus particulièrement en France.
- Les déluges cataclysmiques qui se sont abattus au XIVe siècle sur la Chine ont déclenché une série d'événements conduisant à la peste noire qui balaya un quart de la population européenne.
- L'énorme éruption du volcan indonésien Tambora en 1815 remplit l'atmosphère terrestre de particules et provoqua une « année sans été » en 1816. Celle-ci déclencha une forte baisse

des récoltes partout dans le monde, une vague de révolutions en Europe et, dans de nombreuses régions, de grandes migrations de populations à la recherche de nourriture et de chaleur.

Tous ces événements, qui sont des cas extrêmes et rares, entrent néanmoins dans les limites naturelles des variations cohérentes avec les schémas généraux du climat que nous avons toujours connus. Mais aussi terribles que furent ces catastrophes, elles furent souvent provisoires et ne durèrent guère. *A contrario*, les perturbations que nous créons aujourd'hui menacent de provoquer des dégâts qui dureront sur des périodes qui dépassent l'imagination humaine. 25 % du CO_2 que nous diffusons annuellement dans l'atmosphère contribuera encore à l'élévation des températures dans 10 000 ans. De même, il faut savoir que lorsque nous provoquons la fonte de gigantesques blocs de glace en Antarctique et au Groenland, ceux-ci ne se reformeront pas sur une échelle de temps qui ait une quelconque signification pour l'espèce humaine.

Depuis qu'il existe des relevés précis, à partir des années 1880, neuf des dix années les plus chaudes jamais enregistrées appartiennent à la dernière décennie. Des millions de vies sont déjà perturbées par l'augmentation de la chaleur. Des événements météorologiques extrêmes qui étaient autrefois peu fréquents deviennent de plus en plus habituels et de plus en plus destructeurs. Parfois décrits comme se produisant une fois tous les mille ans, ces événements sont responsables d'énormes pertes humaines et économiques. Et les prédictions disent qu'ils vont être de plus en plus fréquents et de plus en plus dévastateurs.

Parmi les exemples les plus récents, on trouve les immenses inondations du Pakistan qui ont déplacé 20 millions de personnes, déstabilisant un peu plus un pays qui possède l'arme nucléaire ; en 2003, en Europe, des vagues de chaleur sans précédent ont tué 70 000 personnes. Pour les mêmes raisons, en 2010, 55 000 personnes sont mortes en Russie, qui a aussi cette année-là connu des incendies gigantesques et des pertes de récoltes qui ont poussé les prix à des niveaux record. En 2011, les inondations du nord-est de l'Australie ont recouvert une superficie égale à la France et à l'Allemagne réunies, alors que la Chine et le sud-ouest de l'Amérique du Nord ont subi des sécheresses de grande ampleur. En 2012, ce sont les États-Unis qui ont connu sur près de la moitié de leur territoire une sécheresse épouvantable. L'ouragan Sandy a dévasté une partie du New Jersey et de la ville de New York, tandis que de nombreuses autres régions du monde subissaient tempêtes et déluges.

Le cycle de l'eau – par lequel l'évaporation des océans retombe en précipitations sur les terres avant de retourner aux océans par les rivières et les fleuves – est actuellement radicalement intensifié et accéléré par le réchauffement climatique. Comme les océans sont plus chauds, ils génèrent plus de vapeur d'eau. Plus important encore, l'air plus chaud *retient* plus de vapeur d'eau. Si vous prenez une douche froide, le miroir de la salle de bains ne se couvrira pas de buée, ce qui sera le cas avec une douche chaude. Et c'est la présence de quantités d'eau supplémentaires dans l'atmosphère qui nourrit la puissance dévastatrice des tempêtes.

Les chercheurs ont déjà pu mesurer que l'atmosphère au-dessus des océans contenait 4 % de vapeur d'eau en plus qui pèse sur le cycle hydrologique, même si ce chiffre paraît faible. Parce que les tempêtes s'étendent parfois jusque sur deux mille kilomètres, elles rassemblent de la vapeur d'eau d'une vaste portion du ciel et la dirigent vers l'intérieur dans des régions où elle se déverse sous forme de déluges violents.

Pour comprendre ce phénomène, imaginons une baignoire remplie : l'eau qui s'évacue par la conduite d'évacuation provient de toute la baignoire et non pas seulement de la zone située immédiatement à son aplomb. De la même façon, les grandes quantités de vapeur d'eau contenues dans le ciel sont canalisées par les pluies torrentielles ou les tempêtes de neige vers les « tuyaux » ouverts au-dessus des terres. Les bassins océaniques contenant beaucoup plus de vapeur d'eau qu'autrefois, les précipitations sont bien plus fortes. Elles provoquent évidemment des inondations plus importantes qui érodent les sols, et l'eau s'infiltre en quantité insuffisante pour permettre la reconstitution correcte des nappes phréatiques.

En modifiant les circulations atmosphériques et en asséchant les terres et la végétation, le changement climatique entraîne aussi un phénomène de désertification. La même chaleur qui fait s'évaporer plus de vapeur d'eau au-dessus des océans accélère également l'évaporation de l'humidité du sol, ce qui provoque des sécheresses plus longues, plus profondes et surtout plus étendues. Le rechargement en eau prenant beaucoup de temps, de nombreuses régions du monde connaissent de longues périodes de chaleur sans une goutte de pluie interrompues par de violents déluges. Une fois privé de sa végétation, le sol absorbe toujours plus de chaleur. Quand l'humidité a disparu, la couche de terre est comme « cuite » et l'érosion en est facilitée.

L'assèchement des zones agricoles les plus productives laisse présager des crises alimentaires avec des conséquences politiques et humanitaires des plus inquiétantes. Marianne Bänziger, une des dirigeantes du Centre international d'amélioration du maïs et du blé à Mexico, précise : « Les citoyens ont une méconnaissance totale de la situation extrêmement dangereuse dans laquelle nous nous trouvons. »

Les conséquences qui pèsent sur la production alimentaire et les réserves d'eau sont déjà très lourdes. En 2012, les événements climatiques ont eu pour effet de diminuer les rendements, et les prix alimentaires ont considérablement augmenté, atteignant des chiffres records qui seront peut-être battus en 2013. En 2012, plus de 65 % des États-Unis ont souffert de la sécheresse. Aux dommages causés à l'agriculture industrielle de l'Amérique du Nord, de la Russie, de l'Australie et de l'Argentine, il faut ajouter ceux subis par l'agriculture vivrière durement frappée dans nombre de pays tropicaux ou subtropicaux en raison des changements majeurs du cycle hydrologique affectant la durée et l'intensité des périodes de précipitations dont le réchauffement climatique était évidemment la cause. Ram Khatri Yadav, qui cultive du riz dans le nord-est de l'Inde, a ainsi raconté à Justin Gillis du *New York Times* : « Il ne pleuvra pas pendant la saison des pluies, mais il pleuvra quand il ne devrait normalement pas pleuvoir. On constate aussi que la saison froide raccourcit. »

Au-delà des impacts évoqués dans le chapitre 4 – comme l'érosion des sols de surface, la diminution des nappes aquifères, la concurrence subie par les paysans pour garder leurs terres et les besoins en eau des villes qui grandissent à toute vitesse, de l'industrie, et de la production de biocarburants –, l'augmentation des températures menace les rendements de nombreuses productions agricoles. Un chercheur de Stanford, David Lobell, et son collègue de Columbia, Wolfram Schlenker, qui viennent d'achever une étude sur l'impact du stress thermique sur les récoltes, ont déclaré que les céréales étaient beaucoup plus sensibles à l'effet de la chaleur qu'on ne le pensait d'une manière générale.

Pendant les trois dernières années, de nouvelles recherches ont démontré que, contrairement à l'opinion répandue, les cultures vivrières seraient très affectées par la hausse des températures. Beaucoup pensaient que des niveaux de CO_2 plus élevés pourraient favoriser la croissance des plantes et contrebalancer ainsi les pertes de rendements causées par la chaleur. Des études plus poussées montrent que la fertilisation par le CO_2 a un effet bien moindre que ce qui était communément admis et que les productions agricoles risquent de chuter. De plus, il apparaît que ce sont les mauvaises herbes, beaucoup plus que les cultures, qui semblent tirer un bénéfice du CO_2 supplémentaire.

C'est le maïs, la céréale la plus cultivée dans le monde, qui semble être la plus sensible au stress thermique ; face aux températures que nous connaissons régulièrement aujourd'hui durant les mois d'été, les rendements commencent à baisser. Pendant la période de développement de la plante, qui se situe de mars à la fin août, chaque journée où la température dépasse 29 °C, le rendement baisse de 0,7 %. Lorsque la température dépasse 29 °C, le rendement plonge de plus en plus vite à chaque degré supplémentaire. Si aux États-Unis les températures continuent à monter comme prévu, les rendements du maïs pourraient avoir baissé d'un tiers à la fin du siècle. À ce stress thermique, il faut ajouter l'impact de sécheresses de plus en plus graves et des précipitations perturbées qui entraîneront des dégradations encore plus importantes.

Que ce soit dans l'hémisphère Nord ou dans l'hémisphère Sud, la saison chaude est plus longue, le printemps arrive une semaine plus tôt (et l'automne environ une semaine plus tard). De plus, la diminution des glaciers et des quantités de neige en montagne s'ajoute aux pénuries d'eau, causant de plus en plus tôt dans l'année des inondations toujours plus graves, ce qui a pour conséquence de priver ces régions d'eau pendant les mois les plus chauds, au moment où l'on en a le plus besoin.

De nombreuses études ont montré que chaque degré supplémentaire pendant la nuit entraîne une baisse linéaire des rendements de blé. Une grande étude sur l'impact du changement climatique, menée entre 1980 et 2010, a démontré une baisse de la production de blé au niveau mondial, en liaison avec des facteurs climatiques, d'environ 5 %. Shaobing Peng, chercheur à l'Institut national du riz aux Philippines, a publié ses découvertes dans le journal *Proceedings of the National Academy of Sciences*, où il démontre que les rendements du riz baissent de 10 % pour un degré supplémentaire la nuit pendant la période de pousse, même s'il n'apparaît pas de diminution significative liée aux fortes températures diurnes.

Le réchauffement favorise également le développement des maladies mais aussi des insectes nuisibles. La hausse des températures entraîne une expansion dramatique de leur développement et de leurs effets sur les cultures vivrières toujours plus au nord dans l'hémisphère Nord, plus au sud dans l'hémisphère Sud et toujours plus haut en altitude. À ce sujet, une équipe de scientifiques spécialistes des céréales écrit dans *Environmental*

Research Letters : « Cette expansion pourrait avoir des conséquences économiques substantielles avec des augmentations de prix des graines et des insecticides, avec des baisses de rendements et en aval des changements impliqués par ces variations. »

D'autres scientifiques ont également montré que les populations d'insectes sont dopées par ces hauts niveaux de CO_2. Evan DeLucia, un biologiste du végétal travaillant avec une équipe d'entomologistes de l'université de l'Illinois, a testé l'impact de niveaux élevés de dioxyde de carbone sur le soja et conclu que le puceron et le scarabée japonais vivant sur les plants de soja se développent plus vite dans des environnements riches en CO_2, mangent de plus grandes parts de la plante, vivent plus longtemps et produisent plus d'œufs. « Cela signifie des baisses de production plus importantes dans le futur », précise DeLucia. Son équipe a également découvert que ces niveaux élevés de dioxyde de carbone poussent le soja à désactiver des gènes essentiels de production des substances chimiques qui lui sont utiles pour se défendre contre les insectes en bloquant des enzymes qui se trouvent dans le ventre des scarabées, et en désactivant d'autres gènes utiles au soja pour attirer leurs ennemis naturels. Selon Clare Casteel, membre de cette équipe, la croissance du soja en ces circonstances « se révèle une mauvaise nouvelle dans la lutte contre les insectes herbivores ».

La hausse des températures semble avoir le même effet sur les nuisibles un peu partout dans le monde. Pramod K. Agrawal, un des hauts dirigeants d'une unité de recherche agronomique en Asie, affirme : « Des conditions plus chaudes, des saisons sèches plus longues, le tout en relation avec les changements climatiques, cela pourrait donner la recette parfaite pour une explosion des nuisibles et des maladies. Il existe d'ailleurs dès maintenant de formidables ennemis qui s'attaquent aux cultures vivrières. » Des chercheurs indiens ont remarqué que, les insectes étant des animaux à sang froid, « la température est certainement le facteur déterminant qui influence le plus leur comportement, leur répartition, leur développement, leur survie et leur reproduction [...]. On estime qu'avec 2 °C en plus, les insectes connaîtraient de un à cinq cycles de reproduction supplémentaire par an ». C'est ainsi que des chercheurs du Centre international d'agriculture tropicale ont, par exemple, découvert que la culture du manioc en Asie du Sud-Est, qui pèse environ 1,5 milliard de dollars par an, est menacée par des insectes nuisibles et des maladies végétales dont le développement est favorisé par l'augmentation des températures. Selon Toni Bellotti, spécialiste du manioc : « À l'heure actuelle, en Asie, la situation à propos des nuisibles du manioc est très préoccupante et, selon nos études, les hausses de température pourraient encore faire empirer la situation. » Il ajoute : « Une invasion d'une espèce nuisible est déjà une mauvaise nouvelle, mais nos résultats montrent que le changement climatique pourrait déclencher des invasions multiples et conjointes à travers les zones de culture du manioc en Asie du Sud-Est, en Chine du Sud et en Inde du Sud. »

Les microbes responsables des maladies humaines – et les espèces qui en sont porteuses – sont aussi en expansion. Dans les régions fortement peuplées des zones tempérées, le climat prédominant n'était pas favorable à la survie de nombreux organismes vecteurs de maladies ; à présent que la chaleur s'étend en direction des pôles, certains de ces agents pathogènes suivent le mouvement. Dans une étude publiée dans la revue *Science* de l'université de Princeton, le chercheur Andrew Dobson et son équipe assurent que le réchauffement global est la cause de l'expansion de bactéries, de virus et de champignons responsables de maladies humaines, dans des zones qui autrefois leur étaient hostiles. « Le changement climatique perturbe les écosystèmes naturels en rendant la vie plus facile à certaines maladies infectieuses, précise-t-il. Cette accumulation de preuves nous inquiète fortement. » Un coauteur de cette même étude, Richard S. Ostfeld, ajoute : « Nous sommes inquiets car, en compilant les recherches sur divers types d'organismes, nous avons été frappés par la similitude des schémas tous identiques quant à l'extension des maladies ou à leurs incidences en relation avec le réchauffement. »

Même si le gigantesque développement des voyages internationaux et son corollaire, des insectes porteurs de maladies involontairement transportés un peu partout dans le monde, ont contribué à la dispersion de maladies comme la dengue, le virus du Nil occidental et bien d'autres, les nouvelles conditions climatiques y prennent aussi largement leur part. L'Union of Concerned Scientists souligne que le « changement climatique affecte l'occurrence et la diffusion de maladies en impactant la taille et l'extension des hôtes et des pathogènes, la durée des périodes de transmission, et la vitesse et l'intensité des épidémies ». Elle ajoute : « Les événements climatiques extrêmes comme les fortes précipitations ou les sécheresses déclenchent souvent des épidémies de maladies, surtout dans les régions pauvres, là où les mesures de prévention et les traitements peuvent se révéler inadéquats. Les moustiques, en particulier, sont très sensibles à la température. » Les améliorations des systèmes de santé publique deviennent alors cruciales pour contrôler la diffusion de ces maladies migrantes, mais beaucoup de pays à faibles revenus peinent à trouver les fonds nécessaires pour recruter et former des médecins, des infirmières et des épidémiologistes. Ils signalent également que, dans les zones où ces pathogènes se développent en raison de la hausse des températures, « les populations touchées n'auront qu'une faible immunité, voire pas d'immunité du tout, ce qui pourrait conduire à des épidémies très graves voire mortelles dans certains cas ».

À l'été 2012, les États-Unis ont connu la pire épidémie du virus du Nil occidental qui, après son apparition en 1999 dans le Maryland, s'est répandu dans les cinquante États en seulement quatre ans, durant une période de températures inhabituellement élevées. Dallas fut la première ville à déclarer une urgence sanitaire et à entreprendre des épandages aériens pour la première fois depuis 1966. Au plus haut du pic, les responsables de la sécurité publique demandèrent aux habitants de ne plus appeler le 911, le numéro d'urgence, en cas de piqûres de moustique. La maladie toucha finalement quarante-quatre des cinquante États, tuant au moins 234 personnes.

Feu Paul Epstein, un ami proche et ancien professeur à la Harvard Medical School, signalait en 2001 la relation existant entre la crise climatique et le virus du Nil occidental. Plus récemment, il précisait : « Nous avons maintenant de vraies preuves montrant que les conditions qui favorisent le cycle de vie du virus sont des hivers doux, des sécheresses prolongées, des vagues de chaleur, soit des phénomènes extrêmes durables liés au changements climatiques. »

Selon Christie Wilcox dans *Scientific American* :

> L'influence du climat sur le virus du Nil occidental a été prévue il y a maintenant plus de dix ans et si ces prédictions sont exactes, cela signifie que les États-Unis se dirigent tout droit vers des épidémies encore plus graves. [...] Les études ont montré que les moustiques attrapent plus rapidement le virus lorsque les températures sont plus élevées. Celles-ci augmentent les probabilités de transmission, et donc plus il fait chaud, plus il est probable que le moustique piquant un oiseau infecté sera imprégné par le virus et plus il est probable qu'il sera transmis à un hôte humain contre son gré. Aux États-Unis, les épicentres de transmission sont en corrélation exacte avec des températures au-dessus de la moyenne. Aux États-Unis en particulier, la souche du virus se répand mieux pendant les vagues de chaleur, et la diffusion en direction de l'ouest est, là aussi, corrélée à des chaleurs hors normes. En plus, les températures élevées sont aussi à blâmer dans

> le passage du virus d'une espèce de moustique à une autre, beaucoup plus urbaine, conduisant à des épidémies un peu partout dans le pays. [...] Les incidences majeures de ce virus sont intimement liées aux schémas du climat et aux effets provenant directement des émissions de dioxyde de carbone.

L'année 2010 aura été la plus chaude depuis que nous disposons de mesures fiables, clôturant également la décennie la plus chaude, et 2012 aura battu tous les records. Octobre 2012 est le 332ᵉ mois consécutif à connaître des températures au-dessus des moyennes du XXᵉ siècle. La plus forte sécheresse depuis celle, terrible, des années 1930 aux États-Unis a ravagé les cultures et asséché les sources d'eau et les sols de nombreuses régions. Le manque d'eau est responsable de l'apparition de toxines dans le maïs et de l'incapacité d'autres céréales à assimiler les engrais.

La fièvre du monde

Afin de mettre en évidence les différences entre le réchauffement de la planète et les variations climatiques naturelles, le Dr James Hansen, l'expert le plus influent dans ce domaine, et deux de ses collègues, Makiko Sato et Reto Ruedy, ont produit une analyse statistique qui a fait l'effet d'un coup de tonnerre. Cette étude portait sur les températures extrêmes entre 1951 et 2010, en comparant la période plus normale entre 1951 et 1980 et les décennies les plus récentes, particulièrement les dernières années, là où les impacts du réchauffement global ont été les plus manifestes. Après avoir divisé la surface terrestre en carrés de 250 kilomètres de côté, Hansen a calculé pour chacune de ces zones la fréquence des hautes températures lors des soixante dernières années. Les résultats – qui ne s'appuient sur aucun autre modèle climatique, sur aucune science du climat ou sur aucune théorie en particulier – montrent clairement que les températures extrêmes sont jusqu'à cent fois plus fréquentes dans les dernières années comparativement aux premières décennies. L'analyse statistique montre ainsi que dans les années les plus récentes les températures extrêmes apparaissent régulièrement sur 10 % de la surface du globe, alors que ce chiffre n'était que de 0,1 à 0,2 % durant les premières décennies.

Pour expliciter son travail, Hansen utilise deux dés, chacun à six faces bien sûr. Le premier dé, qui concerne les écarts de température entre 1951 et 1980, possède deux faces représentant les saisons « normales », deux autres faces les saisons « plus chaudes que la normale », les deux dernières pour les saisons « plus fraîches que la normale ». On retrouve là le schéma « normal » de la distribution des températures. Le second dé, pour les années les plus récentes, n'a qu'une seule face pour les saisons « normales », une face seulement pour les saisons « en dessous de la normale » mais trois pour celles au-dessus de la moyenne, la face restante représentant les saisons « extrêmement chaudes », à savoir des saisons largement en dehors des lignes statistiques habituelles.

Dans le langage des statisticiens, l'écart-type mesure la dispersion d'un groupe de phénomènes par rapport au phénomène moyen. Les saisons extrêmes – inhabituellement chaudes ou inhabituellement froides – apparaissent beaucoup moins fréquemment que les saisons moyennes ou proches de la moyenne. Parce que les saisons connaissant des températures extrêmes sont beaucoup moins fréquentes, elles nous surprennent plus, même si elles apparaissent avec la régularité normalement attendue. Les saisons dont l'écart-type est de *trois* par rapport à la moyenne sont extrêmement rares, mais arrivent de temps à autre selon un processus normal.

La température moyenne est partout plus élevée même si des épisodes extrêmement froids continuent à se produire, et même s'ils sont rares. En d'autres mots, c'est toute la distribution des températures qui s'est déplacée vers des valeurs plus élevées, la courbe de celles-ci s'étant élargie et légèrement aplanie, tendant vers une plus grande variabilité des températures. Mais la découverte la plus significative montre que la fréquence des températures extrêmement élevées a très fortement augmenté. Hansen en déduit que la cause en est le réchauffement global, et en fait, ces résultats sont parfaitement cohérents avec ce qui avait été annoncé depuis longtemps. Dans d'autres études, nombreuses et denses, Hansen et ses collègues climatologues du monde entier ont prouvé ce lien de causalité « sans équivoque possible » et de manière « indiscutable » selon l'avis de quasiment toute la communauté scientifique mondiale. Mais les résultats eux-mêmes sont fondés sur l'observation des températures réelles dans un monde bien réel. Ils sont indiscutables et les implications sont parfaitement claires. Comme le dit le vieux proverbe du Tennessee, si vous apercevez une tortue en haut d'un poteau de clôture, il est peu probable qu'elle y soit arrivée par ses propres moyens[1]. Nous vivons une époque où nous pouvons voir des tortues sur un poteau sur dix de chaque champ dans le monde entier et l'on peut effectivement penser qu'elles n'y sont pas montées toutes seules. De nos jours, il est évident que toutes les températures extrêmes et tous les événements climatiques extrêmes qui en découlent sont bien comme des tortues sur des poteaux de clôture. Tous ces phénomènes n'ont pu apparaître sans l'intervention de l'homme.

En 2012, le nouveau président de la Banque mondiale, Jim Yong Kim, a publié une étude montrant qu'il est fort probable que les températures montent de 4 °C en l'absence de décisions énergiques destinées à réduire les émissions de CO_2 « sans avoir la certitude que le monde soit capable de s'adapter à un monde avec 4 °C de plus ». Gerald Meehl, du National Center for Atmospheric Research, utilise une métaphore différente pour expliquer ce qui est en train de se passer : imaginons un joueur de base-ball qui prendrait des stéroïdes et qui réussirait un *home run*. On peut aussi imaginer qu'il y serait parvenu sans stéroïdes. Mais le fait qu'il prend un produit dopant illégal rend beaucoup plus probable qu'il réussisse son coup. Dans la métaphore de Meehl, les 90 millions de tonnes de polluants que nous répandons chaque jour dans l'atmosphère agissent sur le climat comme des stéroïdes. En 2012, une étude assez innovante sur les prévisions concernant la dernière décennie a montré que c'est le pire scénario envisagé qui a le plus de chances d'advenir.

Les augmentations des moyennes de températures et la plus grande fréquence des températures extrêmes constatées par Hansen et d'autres concourent également à la fonte des glaces. Il y a encore trente ans, l'océan Arctique était presque complètement gelé, été comme hiver. Certains se souviennent même de la dénomination « calotte glaciaire ». Vous pourrez bientôt raconter à vos petits-enfants comment celle-ci séparait l'Eurasie de l'Amérique du Nord et l'Atlantique du Pacifique et cela tout au long de l'année. La calotte a d'ailleurs connu l'année dernière des records de fonte, en volume et en surface, le processus s'accélérant même pour parvenir à une perte de 49 % en trente ans. Quelques scientifiques envisagent même une fonte totale d'ici à dix ans. Du coup, certaines compagnies maritimes

1. À l'époque où les fermiers n'utilisaient pas de pesticides, ils savaient parfaitement que les tortues, les oiseaux et les chauve-souris étaient leurs alliés. Pour protéger les tortues de dommages causés par les charrues, garçons et filles de ferme parcouraient les champs avant les labours afin de repérer les tortues et les placer sur les poteaux des clôtures. Puis ils les relâchaient, souvent au coucher du soleil, une fois le labour terminé.

fantasment déjà sur un passage du Nord-Est ouvert plusieurs mois par an. À l'été 2012, un navire chinois, le *Snow Dragon*, a réussi la traversée du pôle Nord jusqu'en Islande et retour. Un câble optique haut débit va être installé entre la Bourse de Tokyo et celle de New York. Des flottes de pêche se préparent également à exploiter les ressources de l'océan Arctique dont les richesses, jusqu'à présent, étaient protégées par les glaces. Les marines de plusieurs pays débattent de la régulation des mouvements militaires dans la région, même si des discussions ont aussi commencé pour promouvoir des solutions pacifiques en matière de sécurité, de souveraineté et de développement d'un océan Arctique libre de glace en période d'été.

Plusieurs compagnies pétrolières se montrent très enthousiastes à la perspective de nouvelles opportunités, et certaines en sont déjà rendues à installer leurs puits de forage. Mais les conséquences d'une explosion accidentelle d'une tête de puits, du type de la plate-forme BP en 2010, se révéleraient bien plus catastrophiques au cœur de l'Arctique que dans le golfe du Mexique et surtout beaucoup plus difficiles à traiter que n'importe quelle autre explosion en eaux profondes entraînant d'inévitables marées noires. Les technologies imparfaites et relativement nouvelles utilisées pour les forages présentent plus de risques que celles utilisées pour les forages traditionnels en raison des fortes pressions qui règnent en profondeur. Chercher du pétrole au fond de l'océan Arctique, c'est courir le risque d'une grosse marée noire dans un écosystème vierge où les opérations de secours ou de réparations sont impossibles une bonne partie de l'année et cela constitue donc une quête très imprudente. Courant 2012, le directeur général de la compagnie pétrolière Total s'est démarqué de son industrie en affirmant que forer du pétrole dans l'océan Arctique présente un risque écologique inacceptable et qui ne doit pas être couru.

L'écologie de l'océan Arctique subit déjà des changements significatifs. La découverte en 2012 de la plus grande prolifération d'algues jamais observée, s'étendant de zones non glacées jusqu'au-dessous de la couverture glaciaire restante, fut un choc pour les scientifiques, alors que ce phénomène n'avait jamais été observé auparavant et était considéré comme impossible. Pour les chercheurs, l'explication la plus plausible de ce phénomène nouveau réside dans la présence d'innombrables accumulations d'eau qui parsèment la surface et dans la finesse de la couche de glace résiduelle qui laisse alors passer suffisamment de lumière pour fournir l'énergie nécessaire à la croissance des algues.

Les conséquences de la fonte de la calotte glaciaire auront un grand impact sur les schémas météorologiques et plus largement vers le sud jusqu'aux zones tempérées densément peuplées. En absence de glace pendant les périodes estivales, la capacité d'absorption de chaleur de l'océan Arctique a considérablement augmenté, ce qui aura des conséquences sur la situation et le fonctionnement du courant-jet nordique et de la route des tempêtes en automne et en hiver, en modifiant les courants océaniques et les schémas météorologiques partout dans l'hémisphère Nord voire peut-être au-delà. Il faut savoir en outre que si les modèles ancestraux sont profondément modifiés, ils risquent de l'être à jamais.

Les terres qui bordent l'océan Arctique se réchauffent et provoquent la décongélation de la toundra, laquelle contient des quantités gigantesques de carbone dans les végétaux qui alors se décomposent, ce qui transforme le carbone en CO_2 ou en méthane selon le niveau d'humidité du sol. Il existe aussi d'énormes quantités de méthane dans les formations de cristaux de glace appelés clathrates qui gisent au fond des très nombreux lacs et mares que l'on trouve sur le pourtour de l'Arctique et certaines parties du fond de l'océan Arctique. Le méthane fait alors remonter de la chaleur, ce qui fait fondre la glace, la capacité de l'eau à absorber la chaleur étant alors plus forte puisque la glace ne reflète pas les rayons solaires.

Les scientifiques travaillent dur pour calculer les quantités de CO_2 et de méthane qui pourraient être relâchées, mais les zones concernées sont si vastes que leur travail est extrêmement difficile. Cependant, ils ont déjà constaté des dégagements gazeux supérieurs à ce que l'on pouvait attendre en ces premières étapes du réchauffement global. En 2012, ils sont arrivés à la conclusion que la calotte antarctique cache probablement de grandes quantités de méthane, peut-être aussi importantes que celles actuellement prisonnières de la toundra arctique et des sédiments côtiers. En temps normal, les clathrates sont retenus par le froid et des pressions élevées, mais les scientifiques redoutent que l'amincissement de la couverture glaciaire antarctique fasse baisser la pression sous la glace et déclenche la libération du méthane. Les changements en cours en Antarctique et au Groenland sont l'objet de recherches intensives pour évaluer de combien le niveau des océans va s'élever et à quel rythme. Les deux calottes glaciaires sont déstabilisées, perdent de la masse à une vitesse effarante, tout ceci conduisant à une montée plus rapide des eaux, plus rapide que ce qui était prévu il y a dix ans.

Tout au long de l'histoire de la civilisation humaine, les océans ont connu une élévation lente et modérée de leur niveau, par exemple lorsque les températures de l'actuelle période interglaciaire ont provoqué une expansion thermique du volume des océans et la fonte de certaines glaces terrestres. Mais, avec l'accumulation rapide du CO_2 et des gaz à effet de serre dans l'atmosphère au cours des cinquante dernières années, le réchauffement global s'est accéléré, imprimant le même rythme à la fonte des glaces, un peu partout sur la planète. Il a toujours été très difficile de faire des estimations sur la montée des eaux en se fondant sur des modèles dérivés des études remontant à la fin du dernier âge glaciaire alors que les conditions de l'époque étaient fort différentes de celles que nous connaissons aujourd'hui. De nouvelles mesures satellite en temps réel des masses glaciaires au Groenland et en Antarctique vont bientôt améliorer notre compréhension de ces processus. Mais ces mesures ne datent que de quelques années et l'on a besoin de plus de temps pour pouvoir considérer comme assez fiables les résultats annoncés par les chercheurs. Des observations récentes en Antarctique ouest et au Groenland ont cependant déjà confirmé des pertes glaciaires de plus en plus rapides. Et puis, après un nouvel épisode de fonte particulièrement fort en juillet 2012, événement qui a touché 97 % du Groenland, Bob Corell, directeur du Arctic Climate Impact Assessment, a déclaré : « Nous sommes totalement abasourdis par ce que nous constatons. » De son côté, James Hansen présume que nous assisterons à la diminution exponentielle des glaces et que les chiffres indiquant que la fonte se réalise deux fois plus suffisent à eux-mêmes. Les premières analyses de ses données ont conduit Hansen à penser que nous allons faire face à une montée des eaux de plusieurs mètres au cours de ce siècle. D'autres font remarquer que la dernière fois où les températures terrestres ont été aussi élevées qu'aujourd'hui, le niveau des mers était de six à neuf mètres plus haut, même s'il avait fallu des millénaires aux océans pour atteindre ce niveau.

Les plus grandes villes du monde sont pour la plupart installées près des côtes. Nombre de pays ont été en effet créés par des immigrants arrivés par bateau, parfois sous un régime colonial ; par ailleurs, de nombreuses routes commerciales s'appuient sur des zones portuaires. En fait, 50 % de la population mondiale vit à moins de 25 kilomètres des côtes et, selon l'Académie des sciences des États-Unis : « Les populations côtières grossissent à vue d'œil. D'ores et déjà, près des deux tiers de la population mondiale, soit près de 3,6 milliards de personnes, vivent à moins de 160 kilomètres des côtes et l'on en prévoit 6 milliards dans trente ans, soit 75 % de la population mondiale. Dans la plupart des pays en développement, les populations côtières sont en train d'exploser. » Les zones de basse altitude sont particulièrement vulnérables face à cette montée des eaux principalement due à la fonte de gigantesques quantités de glace en Antarctique et au Groenland. Une récente étude menée par Deborah Balk et ses collègues du CUNY Institute for Demographic Research montre qu'approximativement 634 millions de personnes vivent sur des zones côtières de faible altitude et que les dix pays avec le plus d'habitants menacés sont : la Chine, l'Inde, le Bangladesh, le Vietnam, l'Indonésie, le Japon, l'Égypte, les États-Unis, la Thaïlande et les Philippines. En outre, les deux tiers des villes de plus de 5 millions d'habitants se trouvent au moins en partie dans des zones sensibles situées au niveau de la mer ou très légèrement au-dessus.

Une partie des populations vivant sur les îles les moins élevées de l'océan Indien ou de l'océan Pacifique et dans les deltas côtiers ont déjà commencé à chercher de nouveaux lieux d'habitation. Celles des grandes îles telles que les Philippines ou la Malaisie sont aussi en danger et l'on s'attend à ce que le nombre de réfugiés climatiques grandisse et concerne plus de 200 millions de personnes dans le courant de ce siècle, surtout ceux qui devront quitter les grands deltas d'Asie du Sud-Est, de Chine et d'Égypte. Les réfugiés des zones côtières du Bangladesh affluent déjà à Dacca, la capitale, et beaucoup d'autres sont partis vers le nord, traversant la frontière vers l'Inde du Nord-Est, où leur arrivée a contribué à l'amplification des tensions déjà existantes à cause de conflits religieux et tribaux complexes. Les peurs entretenues par une campagne de courriels et de SMS diffusés dans l'ensemble du pays ont ressurgi en 2012.

Toutes ces régions et d'autres encore sont menacées par des inondations durant les tempêtes ou les cyclones, d'autant plus chargés en énergie qu'ils proviennent de mers plus chaudes, comme si l'océan allait submerger les terres. Les tempêtes étant de plus en plus puissantes, les impacts sont d'autant plus dévastateurs. En 2011, le métro de New York a été une première fois sérieusement menacé par les effets d'un ouragan susceptible d'envahir le réseau souterrain, ce qui se produisit finalement en 2012 avec l'ouragan Sandy. Londres a construit depuis longtemps des barrières entre la mer et la Tamise, qui peuvent être fermées, au moins pour un certain temps, en cas de danger. La ville pense d'ailleurs renforcer ce système de défense.

Comme nous l'avons vu au chapitre 4, les plus fortes augmentations de population de ce siècle se produiront dans les aires urbaines et les villes les plus peuplées menacées par la montée des eaux sont, dans l'ordre : Calcutta, Bombay, Dacca, Canton, Hô Chi Min-Ville, Shanghai, Bangkok, Rangoon, Miami et Haïphong. Les villes dont les équipements sont les plus menacés sont : Miami, Canton, la conurbation New York/Newark, Calcutta, Shanghai, Bombay, Tianjin, Tokyo, Hong Kong et Bangkok. Comme l'a récemment pointé Sir John Beddington, conseiller scientifique en chef au Royaume-Uni, la plupart des réfugiés climatiques ont fui vers des villes côtières de faible altitude et donc elles-mêmes très vulnérables à la montée des eaux océaniques et aux inondations. Ils se réinstallent sans le savoir dans des zones d'où ils auront sûrement à repartir. Contrairement à ce que l'on pourrait penser, la vitesse de montée des eaux n'est pas uniforme partout dans le monde, à cause notamment des plaques tectoniques sur lesquelles reposent les masses continentales qui sont encore légèrement en phase de « rebond » après le dernier âge glaciaire. En outre, les modifications climatiques causées par les changements dans la force gravitationnelle de la glace ont des effets que l'on peut mesurer en certains endroits sur le niveau de la mer. La Scandinavie et l'est du Canada ont été « enfoncés » par le poids de la dernière glaciation et sont encore en train de « remonter » doucement, longtemps après le retrait des glaces. Réciproquement, les zones situées à l'autre extrémité des mêmes plaques tectoniques, les pays côtiers de l'Europe de l'Ouest ou les États du centre du littoral des États-Unis par exemple, sont lentement en train de « couler » dans une sorte d'effet balançoire. D'autres villes connaissent le même sort, pour différentes raisons. C'est le cas de Venise et de Galvestin au Texas.

Les océans les plus chauds se dilatant lorsque leurs molécules s'écartent les unes des autres (la dilatation thermique des océans a contribué de manière significative à la relativement modeste montée du niveau des eaux que nous avons connue jusqu'à présent), les zones océaniques qui contiennent de vastes quantités d'eaux plus chaudes connaissent une montée des eaux plus rapide, citons par exemple la côte américaine entre la Caroline du Sud et le Rhode Island. Mais l'actuelle augmentation du niveau n'est absolument rien comparée à ce que les scientifiques prévoient lorsque l'Antarctique et le Groenland seront touchés par la forte hausse des températures que nous connaissons déjà.

De nombreuses étendues agricoles des régions côtières ou adjacentes aux deltas fluviaux souffrent déjà de la montée des eaux par l'intrusion d'eau saumâtre dans les nappes phréatiques dont dépend l'agriculture. En 2012, la montée des eaux, concomitamment à une forte diminution du niveau du Mississipi en raison d'une forte sécheresse, a provoqué des invasions salines dans les puits et dans les nappes phréatiques du sud du Mississippi. Les caractéristiques de l'eau salée elle-même sont modifiées en profondeur par le réchauffement global. Environ 30 % des émissions d'origine humaine de CO_2 finissent dans les océans où elles se dissolvent en acide faible en quantités si gigantesques que les océans sont plus acides qu'ils ne l'ont jamais été en 55 millions d'années, période d'une des cinq grandes extinctions connues dans l'histoire de la Terre. Dans le même temps, la vitesse de développement de l'acidification est la plus élevée qui soit depuis 300 millions d'années.

Ces taux élevés d'acidité inquiètent fortement car ils participent à la réduction des concentrations en ions carbonate essentiels à de nombreuses espèces qui fabriquent leurs coquilles et aux récifs coralliens. Toutes ces structures sont faites de différents types de carbonate de calcium que les polypes coralliens et les animaux qui fabriquent leurs coquilles recueillent dans l'eau de mer, mais l'acidité galopante des océans perturbe la solidification de ces structures. Jane Lubchenco, la directrice de la National Oceanic and Atmospheric Administration, appelle l'acidification des océans et le réchauffement global les « jumeaux diaboliques ». La montée de la température des océans représente un stress particulier pour des algues – zooxanthellae, ou zoox – qui ont un rôle particulier dans la formation de la peau brillante et colorée des récifs coralliens en étroite symbiose avec les polypes coralliens. Sous l'effet de la chaleur, elle quitte alors la peau du corail, le laissant transparent et révélant son squelette osseux de couleur blanche. Ce qu'on appelle le blanchiment des coraux est à l'origine de la disparition de nombreux récifs qui ne résistent pas aux effets répétés du stress thermique. Or, selon les experts, environ un quart des espèces vivant dans les océans passent au moins une partie de leur vie dans, sur et à proximité des récifs. Aussi choquant que cela puisse paraître, les chercheurs redoutent leur totale disparition le temps d'une génération. De 1997 à 2001, 80 % des récifs coralliens des Caraïbes ont été perdus tandis que les coraux restants sont menacés avant 2050. La même menace pèse sur les récifs dans tous les océans, y compris la Grande Barrière de corail, le plus grand, qui court le long de la côte est de l'Australie. En Australie, en 2012, l'Institut des sciences marines a annoncé que la moitié des coraux de la Grande Barrière étaient morts au cours des vingt-sept dernières années.

Les récifs les plus faciles à observer et les plus répandus sont ceux qui se trouvent en eaux peu profondes, mais il en existe autant voire davantage qui vivent en profondeur et qui ont été moins étudiés et bien moins documentés du fait de leur localisation. Les scientifiques rappellent que les eaux froides absorbent plus de CO_2 que les eaux chaudes (comme une canette froide de soda reste plus gazeuse qu'une canette chaude), ce qui indique que de nombreux récifs pourraient eux aussi disparaître. Certains chercheurs pensent malgré tout que les coraux survivront aux effets du changement climatique, alors que la plupart de leurs collègues sont maintenant convaincus qu'ils vont tous mourir sous l'effet de la combinaison acidité océanique/températures élevées/pollution, à laquelle il faut ajouter la surpêche d'espèces vitales pour les récifs. L'absorption toujours plus importante de CO_2 par les océans influe également sur la reproduction de certaines espèces. Parmi elles, un petit zooplancton à coquille qui joue un rôle important dans la chaîne alimentaire du fond des océans. Mais, bien que de nombreuses recherches restent à mener, beaucoup de chercheurs sont inquiets pour l'avenir de ce lien crucial de la chaîne alimentaire du fond des océans.

Des études réalisées dans certaines régions maritimes indiquent qu'elles sont hautement corrosives. C'est le cas au large du sud de la Californie. Des coquillages d'une valeur commerciale importante meurent de l'acidité des eaux côtières de l'Oregon. Les experts affirment que, même si l'on parvenait à stopper maintenant les émissions de CO_2, il faudrait quand même des dizaines de milliers d'années pour que la composition chimique des océans retourne à un état comparable à celui des siècles précédents. Le réchauffement global et l'acidification portent des coups aux pêcheries et à la biodiversité marine déjà mises à mal par d'autres activités humaines. Selon l'ONU, presque un tiers de toutes les espèces de poissons sont actuellement surexploitées. Telle que nous l'avons décrite au chapitre 4, la surpêche a déjà fait diminuer 90 % des espèces de gros poissons tels que le thon, le marlin et le cabillaud. Certaines techniques de pêche, comme la pêche à la dynamite (encore utilisée sur les récifs coralliens des pays en développement) et le chalutage de fond (l'Atlantique nord-est a été particulièrement endommagé par cette pratique), ajoutent des dommages aux écosystèmes océaniques importants pour la survie de la vie marine. Malgré quelques améliorations très encourageantes dans certaines techniques de pêche océanique, le tableau général reste extrêmement noir et c'est la combinaison de tous ces facteurs qui fait peser de sérieuses menaces sur la santé des océans.

Tout comme les récifs coralliens, certains habitats d'importance critique, comme les mangroves que l'on trouve sur de nombreuses zones côtières, et les prairies sous-marines, sont en réel danger. De plus, il faut aussi savoir que le nombre de zones mortes proches des embouchures de fleuves double tous les dix ans. Les fortes concentrations en azote et en phosphore contenus dans les eaux de ruissellement agricoles ainsi que les eaux usées nourrissent la croissance des algues et, lorsque ces algues sont consommées par les bactéries, de larges espaces océaniques sont totalement privés d'oxygène, formant ce que l'on nomme donc les « zones mortes ». Ironie de l'histoire, la grande sécheresse de 2012 en Amérique du Nord a fait diminuer les eaux du Mississippi – et donc l'azote, le phosphore et les autres produits chimiques que les eaux emportent avec elles – à un tel point que la grande zone morte qui s'étend à partir de l'embouchure du Mississippi a temporairement commencé à se résorber.

Des experts océanologues ont présenté leurs conclusions lors d'un colloque qui s'est tenu à l'université d'Oxford pendant l'été 2011. Ils indiquaient que l'« examen des menaces qui fonctionnent en synergie nous amène à la conclusion que nous avons sous-estimé les risques et que le montant total des dégradations marines est supérieur à l'addition de ses composantes et que la dégradation à laquelle nous assistons se déroule beaucoup plus rapidement que ce qui avait été prévu. [...] Une fois tout pris en compte, il est clair que nous sommes dans une situation qui pourrait conduire à des extinctions majeures d'organismes dans les océans. [...] Il est clair également que les valeurs des consommateurs et les valeurs économiques traditionnelles qui ont longtemps fait le bonheur des sociétés, couplées avec les taux actuels d'augmentation des populations, ne sont plus tenables ».

Réduction ou adaptation

Un débat s'est instauré au sein de la communauté internationale depuis une trentaine d'années. Faut-il en priorité réduire les émissions de gaz à effet de serre afin de *réduire* les impacts de la crise climatique, ou est-il préférable de *s'adapter* à la crise du climat ? Il est des voix, en effet, pour minimiser l'importance du réchauffement global et s'opposer à la plupart des stratégies de réduction. Elles parlent souvent d'adaptation en lieu et place de réduction. C'est l'idée que si, depuis toujours, l'humanité s'est adaptée à toutes les particularités écologiques de notre planète, et qu'il n'y a donc pas d'autre solution qui s'offre à nous. Pour illustrer cette position, citons Rex Tillerson, directeur général d'ExxonMobil, lors d'un échange avec l'activiste David Fenton : « Nous avons passé notre vie à nous adapter, n'est-ce pas ? Eh bien ! Nous allons nous adapter encore une fois. »

Pour ma part, j'ai toujours pensé que les ressources et l'énergie consacrées à l'adaptation ne feraient que détourner l'attention des efforts acharnés nécessaires pour réduire le réchauffement global et mettre en place une vraie volonté politique de diminuer la pollution. En fait, je me trompais, non pas sur le fait que certains proposeraient l'adaptation comme alternative à cette réduction, mais je commettais l'erreur de ne pas poursuivre l'impératif moral d'engager les deux stratégies simultanément malgré les difficultés que cela engendre. Il y a, en attendant, deux vérités qui doivent alimenter le débat adaptation/réduction : tout d'abord, les conséquences qui sont en train de survenir, sans même prendre en compte celles qui sont déjà à l'œuvre dans le système climatique, particulièrement dévastatrices pour les pays à faibles revenus. Les budgets pour entretenir ou réparer les infrastructures ont déjà explosé dans les pays où les routes, les ponts et les services publics ont été gravement endommagés par des précipitations dantesques, des inondations qui en résultent et des glissements de terrain. Les autres ont été dévastés par des sécheresses provoquées par les changements climatiques. D'autre part, les dommages infligés à l'agriculture vivrière par les inondations et les sécheresses ont là aussi fait exploser le coût des produits alimentaires importés dans les pays en développement. De même et comme nous l'avons déjà vu, certains pays de faible altitude se battent déjà pour transférer les réfugiés des régions côtières touchées par les premières montées des eaux, tandis que d'autres nations se battent pour intégrer des groupes de réfugiés dans des populations déjà en forte augmentation.

Au vu de ces développements et de bien d'autres qui vont non seulement se poursuivre mais surtout empirer, le monde a donc le devoir moral d'aider ces nations à s'adapter. C'est aussi, de toute façon, une nécessité pratique et économique. De manière inquiétante, le monde a encore à prendre pleinement conscience des effets des pollutions déjà présentes dans l'atmosphère qui participent ainsi au réchauffement. Même si nous réduisons aujourd'hui drastiquement nos émissions, l'aggravation dont nous verrons les effets dans les toutes prochaines années va se poursuivre. En d'autres termes, les considérables augmentations d'émissions de polluants, en particulier les gaz à effet de serre qui affectent notre machinerie climatique, nous obligent à penser que les adaptations sont absolument essentielles. Dans le même temps, il nous faut continuer à construire le consensus politique global dont nous avons besoin pour prévenir les pires conséquences. Nous n'avons pas d'autre choix que de poursuivre simultanément ces deux voies.

La deuxième vérité qui doit alimenter ce débat est, contre toute attente, la plus urgente à prendre en compte. Si nous ne commençons pas très rapidement à réduire nos émissions de pollutions, les effets seront si dévastateurs que de nombreuses zones géographiques du monde ne seront même plus en capacité de s'adapter. Les gaz à effet de serre, qui provoquent déjà des changements dans la circulation atmosphérique, vont probablement provoquer des sécheresses terribles dans toute une série de régions très peuplées et importantes sur le plan de la production agricole : l'Europe du Sud, les Balkans, la Turquie, l'Afrique australe, une bonne partie de la Patagonie, le sud-est densément peuplé de l'Australie, le sud-ouest des États-Unis ainsi que le nord du Midwest, une grande partie du Mexique et de l'Amérique centrale, le Venezuela, la partie nord du bassin amazonien et des parties significatives de l'Asie centrale et de la Chine.

Le raisonnement scientifique qui conduit à ce scénario exige quelques explications. La nature profonde du système climatique, lorsqu'on le considère dans son ensemble, est d'être une machine à redistribuer l'énergie depuis l'équateur vers les pôles, par les océans et les continents, de la basse atmosphère jusqu'à la haute atmosphère, et par allers-retours. La forte hausse de la quantité d'énergie piégée dans la basse atmosphère signifie, pour dire les choses clairement, que le système atmosphérique est en train de se charger en énergie. Dans l'hémisphère Nord, cet engin climatique transfère de l'énergie du sud vers le nord par l'intermédiaire du Gulf Stream, le composant central du convoyeur océanique connu sous le nom de ruban de Möbius, une sorte de boucle qui connecte tous les océans du monde. Les courants profonds au fond des océans qui redistribuent l'eau froide des pôles vers l'équateur avant de retourner en surface vers les pôles sont une autre composante. Le plus important est le courant circumpolaire antarctique qui tourne autour du continent antarctique et alimente le courant de Humboldt qui s'écoule depuis le sud, le long de la côte ouest de l'Amérique du Sud, et remonte, chargé en nutriments au bénéfice de la vie marine très riche qui prolifère le long des côtes du Pérou. Le courant froid profond qui circule du nord vers le sud, depuis une zone de l'Atlantique nord proche du Groenland sud, sous le Gulf Stream, pour se diriger vers les eaux tropicales de l'Atlantique est beaucoup moins connu.

L'énergie est également redistribuée par les cyclones, les orages et par des phénomènes annuels tels que El Niño/La Niña (désignés par les scientifiques sous le sigle ENSO : El Niño/Southern Oscillation). De plus, tous ces transferts d'énergie sont affectés par la force de Coriolis induite par la rotation de la Terre sur son axe, de l'ouest vers l'est.

Les cellules de Hadley

Jusqu'à une période récente, on a accordé peu d'attention aux relations entre le réchauffement global et les régimes atmosphériques au sein desquels l'énergie se déplace de haut en bas et inversement. Les cellules de Hadley qui couvrent les régions tropicales et subtropicales sont d'énormes boucles de vent qui encerclent la planète des deux côtés de l'équateur et fonctionnent comme de gigantesques tuyaux dans lesquels les alizés s'écoulent d'est en ouest.

Des vents chauds et humides s'élèvent verticalement depuis le sol vers le ciel vers ces boucles de part et d'autre de l'équateur. Lorsque ces vents ont atteint la tropopause (le sommet de la troposphère qui est la partie haute de la basse atmosphère située à environ 16 000 mètres d'altitude au niveau des tropiques), chaque boucle tourne en direction du pôle de son hémisphère respectif. Le temps que ces courants atteignent le sommet de leur course, la plus grande part de l'humidité qu'ils transportent est déjà retombée sous forme de pluies tropicales. Au point le plus haut, chaque courant s'écoule vers le pôle en suivant la partie haute de la troposphère sur une distance de plus de 3 000 kilomètres (soit environ 30 degrés de latitude) jusqu'à ce qu'il soit complètement déchargé de son énergie. Ensuite, il redescend verticalement, beaucoup plus froid et beaucoup plus sec. Quand chaque boucle atteint à nouveau la surface, elle regagne l'équateur en se rechargeant en chaleur et en humidité. La boucle peut alors se reformer et reprendre le cycle en repartant en altitude chargée de chaleur et de vapeur d'eau.

C'est la raison pour laquelle les zones situées entre l'équateur et 30 degrés nord ou sud sont extrêmement sensibles à la désertification. La plupart des régions les plus sèches de la planète, dont le Sahara, le plus grand désert, sont à l'aplomb de ces courants secs. (D'autres facteurs contribuent à la position des déserts, comme l'effet d'ombre pluviométrique des chaînes de montagnes ; les vents dominants se déchargeant de leur humidité sur le versant exposé, celui sous le vent est toujours plus sec. En outre, la position des déserts est influencée par ce que les géographes appellent la continentalité ; les zones au centre de grands continents, étant situées loin des océans, reçoivent beaucoup moins d'humidité.) Mais globalement, le facteur le plus puissant de la désertification reste bien celui des courants descendants des cellules de Hadley. Les climatologues observent maintenant très concrètement ce qu'ils avaient prédit et modélisé depuis longtemps. Ce réchauffement massif est en train de modifier les localisations des grands courants atmosphériques, les écartant de l'équateur et les rapprochant des pôles, élargissant les régions subtropicales et leur aridité. Dans l'hémisphère Nord, les courants se sont déplacés de 3 degrés environ vers le nord, soit approximativement 340 kilomètres, même si cela reste encore difficile à mesurer. Les courants reliés à la cellule de Hadley sud se sont aussi écartés vers le sud.

Différentes théories cherchent à expliquer comment le réchauffement crée de tels mouvements dans les cellules de Hadley, mais aucune n'est encore confirmée. Le réchauffement par le soleil dans la basse atmosphère des régions tropicales et subtropicales est bien plus important que n'importe où ailleurs sur la planète, pour des raisons évidentes : les rayons du Soleil frappent la Terre avec un angle plus direct tout au long de l'année. De manière proportionnelle, les températures de surface augmentent plus vite sous les latitudes hautes à cause de la fonte des neiges ou des glaces qui modifient fortement la réflectivité, ce qui augmente l'absorption de la chaleur. (Une autre explication consiste à dire que, sous les latitudes basses, une part bien plus importante de l'énergie capturée repart sous forme d'évaporation plutôt que par réchauffement de l'air.) Cela signifie, notamment, que la différence entre les températures moyennes des tropiques et des régions polaires diminue dans le temps, ce qui a aussi des conséquences sur l'équilibre du climat.

Les plus grandes quantités de chaleur absorbées sont pourtant toujours celles des latitudes moyennes. Ceci a aussi pour effet de faire monter la température des airs chauds des tropiques (et incidemment de les rendre moins denses). En définitive, cette chaleur supplémentaire rejoint la tropopause, là où les courants font un angle droit depuis leur trajectoire verticale pour se diriger vers les pôles.

L'élargissement des cellules de Hadley déplace donc les circulations de courants vers le nord dans l'hémisphère Nord, vers le sud dans l'hémisphère Sud. Comme de nombreuses autres réalités ayant à voir avec le réchauffement global, celle-ci peut paraître technique et abstraite, mais en fait les conséquences réelles pour les vrais gens, les animaux et les plantes sont particulièrement sévères. Pour les régions aujourd'hui soumises à ces courants secs, c'est comme si elles se retrouvaient sous un gigantesque sèche-cheveux. Il ne s'agit donc plus seulement de sécheresses plus fréquentes et plus dures, mais de sécheresses permanentes conduisant tout droit à la désertification dans les pays qui ont la malchance de se trouver sur la ligne de front. En outre, la majorité des zones affectées, Europe du Sud, Australie, Afrique australe, Sud-Ouest américain et Mexique, sont à deux doigts de pénuries d'eau quasi permanentes. Le mot « désert » explicite d'ailleurs la relation qui existe entre les hommes et cette terre : les déserts sont *désertés* par les individus. Imaginons la Grèce, l'Italie et le Croissant fertile, les berceaux de la civilisation occidentale, transformés en déserts par une action humaine sur les caractéristiques naturelles du climat qui a créé le Sahara il y a quelque 7 300 ans.

Depuis quelques années, le courant-jet qui contrôle la route des cyclones sur une bonne partie de l'Amérique du Nord et de l'Eurasie est également affecté par le réchauffement climatique, et en particulier sur les modes de circulation des régimes atmosphériques et les schémas inhabituellement chaotiques de la météo constatés dans une période récente sous ces latitudes. Il en existe deux dans chaque hémisphère – l'un d'est en ouest (l'alizé) le long de la face de la cellule de Hadley côté pôle, et le courant-jet *polaire*, d'ouest en est sur la face côté pôle d'une seconde boucle atmosphérique à l'intersection entre la cellule *polaire* et celle dite de Ferrel. La position du courant-jet polaire (que les Nord-Américains et les Eurasiens appellent *le* courant-jet) est déterminée en partie par le mur d'air froid qui se développe au sud du Cercle arctique. Mais, depuis quelques années, la fonte de la calotte glaciaire arctique a entraîné une absorption de chaleur plus importante, à tel point que sa limite nord, qui passe au-dessus de l'Amérique du Nord et de l'Eurasie, a été radicalement déplacée, modifiant la route des cyclones, attirant plus au sud, en hiver, de l'air polaire et modifiant en profondeur les schémas des précipitations.

Tous ces mécanismes de transfert d'énergie, les vents et les courants océaniques, les tempêtes et les ouragans, les cellules atmosphériques, définissent les contours du climat, resté relativement stable depuis la période qui précède la révolution agricole. Mais aujourd'hui, le réchauffement global est en train de modifier totalement l'équilibre énergétique qui avait défini la forme du climat. Il est aussi en train d'intensifier les phénomènes météorologiques que nous connaissions tout en modifiant leur distribution. Ces équilibres sont modifiés à un point tel que l'on pourrait donc voir apparaître des schémas tout à fait nouveaux dans l'intensité, la localisation et le timing des phénomènes météo, qui ne nous seront guère familiers et surtout ne seront guère compatibles avec les principes sur lesquels nous avons construit notre civilisation.

Pour illustrer ce point, prenez une ceinture en cuir, tenez une extrémité dans chaque main et rapprochez vos mains jusqu'à former une boucle pointant vers le haut. Si vous bougez les mains et modifiez un peu la position de vos poignets, la boucle formée par la ceinture se déformera quelque peu mais gardera globalement la même forme. Mais si vous inclinez un peu plus les poignets, la ceinture prendra une forme totalement nouvelle avec la boucle pendant vers le bas. Les modifications extrêmement importantes, dans ce climat que nous avons toujours connu, sont à l'image des déformations de la ceinture pointant vers le haut. Les mêmes déformations se produiraient encore si la boucle formée par la ceinture pointait vers le bas, mais si nous entraînons la ceinture vers des conditions un peu plus limites qui la poussent à adopter une forme entièrement nouvelle, les conséquences pour le climat seront alors à coup sûr extrêmes.

Nous avons déjà été confrontés à quelques surprises peu agréables dans nos tentatives pour changer la composition chimique de l'atmosphère terrestre. L'apparition soudaine dans les années 1980 d'un trou de la taille d'un continent dans la couche d'ozone au-dessus de l'Antarctique a fait surgir le spectre d'une menace mortelle pour de nombreuses formes de vie, puisque ce trou permet aux rayonnements ultraviolets, normalement bloqués par la couche d'ozone stratosphérique, d'atteindre la surface de la terre. À moins de parvenir à bloquer sa destruction progressive, les experts pensent que le trou pourrait s'étendre au-dessus de régions densément peuplées.

Même si le trou ne durait qu'approximativement deux mois par an, il a commencé à engendrer une légère dilution de l'ozone dans la stratosphère. À l'époque, les scientifiques ont signalé que des concentrations plus importantes dans les produits chimiques qui détruisent l'ozone pourraient accélérer ce processus et produire un trou encore plus dangereux au-dessus de l'Arctique, le tout sur une base encore plus régulière.

Heureusement, peu de temps après cette découverte effrayante, le président Ronald Reagan et Margaret Thatcher, Premier ministre du Royaume-Uni, ont soutenu, en 1987, l'organisation d'une conférence mondiale afin de négocier et approuver, très rapidement, un traité, le protocole de Montréal, qui prévoit l'interdiction d'un groupe de produits chimiques, notamment les chlorofluorocarbures (les CFC). En 1974, deux scientifiques, Sherwood Roland et Mario Molina, ont démontré que les CFC agissent sur les conditions atmosphériques de la stratosphère froide au-dessus de l'Antarctique, ce qui produit progressivement la destruction de la couche d'ozone qui protège les humains et toutes les autres formes de vie des rayonnements ultraviolets mortels.

Si le protocole de Montréal a constitué une victoire historique, il est important de comprendre précisément les mécanismes par lesquels ces produits chimiques ont commencé à générer un trou dans la couche d'ozone, en plus des nouvelles menaces que le réchauffement fait peser lui aussi sur celle-ci. D'abord, il existe une troisième et dernière série de boucles atmosphériques aux deux pôles, appelées cellules polaires, et dans chacune d'entre elles les vents forment un vortex autour de chaque pôle.

Le vortex polaire austral est beaucoup plus puissant et cohérent, particulièrement en hiver. L'Antarctique est une terre entourée d'océans alors que l'Arctique est un océan cerné par des terres et recouvert, au moins en période hivernale, d'une mince couche de glace de quelques mètres seulement. L'Antarctique est couvert, toute l'année, par deux kilomètres de glace, ce qui en fait le continent à la plus haute altitude moyenne, donc le plus proche du ciel pour renvoyer les rayons solaires dans l'espace de manière plus efficace. Par conséquent, l'air au-dessus de l'Antarctique est beaucoup plus froid que n'importe où sur la Terre, ce qui tend à produire une concentration en cristaux de glace dans la stratosphère inhabituellement élevée. Le mince vortex formé par le courant circumpolaire antarctique pendant l'hiver maintient en place les CFC et les cristaux de glace au-dessus du continent, comme le ferait un bol, car c'est à la surface de ces cristaux de glace que les CFC interagissent avec l'ozone stratosphérique. Il faut un autre ingrédient crucial pour que la réaction chimique qui détruit l'ozone puisse avoir lieu : quelques rayons de soleil.

Vers la mi-septembre, à la fin de l'hiver austral, les premiers rayons frappent les cristaux de glace retenus dans le « bol ». Commence alors la réaction chimique qui va s'étendre rapidement, détruisant quasiment tout l'ozone contenu dans le bol. L'atmosphère absorbant plus de chaleur, le vortex formé par les vents s'affaiblit et le bol se désintègre, annonçant la fin du trou dans l'ozone pour l'année en cours. Quelques masses d'air sans ozone se déplacent parfois vers le nord, comme les bulles des lampes à lave des années 1960, exposant des régions très peuplées de l'hémisphère Sud, l'Australie, la Patagonie à des niveaux élevés de rayonnements ultraviolets puisque l'air pauvre en ozone n'est plus en mesure de fournir une protection aux différentes formes de vie.

L'épuisement de l'ozone et le réchauffement global ont toujours été considérés comme des phénomènes totalement indépendants, mais en 2012 les chercheurs ont découvert que le réchauffement climatique produit une menace inattendue et indésirable sur la couche d'ozone, cette fois au-dessus de zones très peuplées de régions tempérées de l'hémisphère Nord.

Tout comme l'énergie supplémentaire absorbée par les tropiques est responsable de courants ascendants dans les cellules de Hadley qui vont frôler la partie haute de la troposphère, l'énergie supplémentaire absorbée dans les régions tempérées de l'hémisphère Nord déclenche des orages plus puissants, capables de transpercer la troposphère et d'injecter de la vapeur d'eau dans la stratosphère où elle gèle en formant une nouvelle et dangereuse concentration de cristaux de glace. Ces cristaux fournissent les surfaces sur lesquelles les CFC toujours présents dans l'atmosphère entrent en contact avec l'ozone et le rayonnement solaire. Les conditions sont alors réunies pour la destruction de la couche d'ozone. Ce nouveau phénomène a commencé à apparaître à un moment où la stratosphère devenait plus froide, dans des proportions inverses au réchauffement de la basse atmosphère. Prédit de longue date par des modèles climatiques, le refroidissement de la stratosphère est une conséquence de la tentative de la Terre pour maintenir son « équilibre énergétique ». Mais il faudra encore beaucoup de travail pour que cette inquiétante surprise soit parfaitement comprise ; cela illustre déjà l'imprudence de ces « expérimentations planétaires » mises en route par l'humanité. Nous jouons avec le feu... et avec la glace. Robert Frost l'a écrit : « Certains pensent que le monde va finir par le feu, d'autres par la glace. » Et il ajoute : « L'un des deux suffira. »

Les expérimentations les plus risquées

L'idée que nous sommes engagés dans une expérience accidentelle de dimension planétaire a été émise pour la première fois par Roger Revelle, qui fut mon professeur et mon mentor en ce qui concerne le réchauffement climatique. En 1957, Revelle et Hans Suess, son co-auteur, écrivaient :

> Les humains ont maintenant entrepris une expérience géophysique à grande échelle. La présence de CO_2 dans l'atmosphère, due à la combustion de carburants fossiles, n'est pas encore très importante mais pourrait devenir prégnante dans les prochaines décennies si la consommation de carburants fossiles continue à augmenter de manière industrielle.

Le mot « expérience » demande qu'on s'y arrête quelque peu. Habituellement, lorsque les expériences mettent des vies en danger, on peut y opposer des interdits éthiques. Quand des millions de vie sont menacées par des « expériences non planifiées » qui sont en mesure de modifier en profondeur l'atmosphère terrestre et de menacer le futur de la civilisation humaine, alors les mêmes principes éthiques devraient s'appliquer.

La climatologie est née il y a plus de cent cinquante ans avec le légendaire chercheur irlandais John Tyndall qui découvrit la capacité du dioxyde de carbone à capturer la chaleur. En fait, le mécanisme qui préside à ce phénomène est plus complexe que la métaphore bien connue du « gaz à effet de serre » ne le laisse entendre ; les liens qui unissent les atomes des molécules de CO_2 absorbent l'énergie dans le domaine infrarouge, tendant à bloquer l'émission de l'énergie thermique vers l'espace un peu à la manière d'une couverture. Mais les conséquences sont les mêmes ; comme la vitre d'une serre, le CO_2 dans l'atmosphère retient la chaleur produite par le rayonnement solaire. Notons aussi que Tyndall fait sa découverte en 1859 et que, la même année, le colonel Edwin Drake creuse le premier puits de pétrole en Pennsylvanie. Trente-sept ans plus tard, le chimiste suédois Svante Arrhenius cite Tyndall dans un article marquant, dans lequel il pose la question suivante : « La température moyenne au sol est-elle influencée, d'une façon ou d'une autre, par la présence dans l'atmosphère de gaz absorbeurs d'énergie ? » Arrhenius fit, à la main, plus de dix mille calculs pour démontrer qu'un doublement de la concentration en CO_2 dans l'atmosphère entraînerait une hausse des températures moyennes de plusieurs degrés Celsius.

Dans la seconde moitié du XXe siècle, au cœur de l'explosion industrielle de l'après-guerre, la recherche sur le réchauffement climatique s'est considérablement développée. L'Année géophysique internationale 1957-1958 fut l'occasion pour Roger Revelle et Charles David Keeling de lancer un projet historique : la mesure systématique des concentrations de CO_2 dans l'atmosphère. Déjà les premiers résultats furent étonnants et, après quelques années seulement, il devint évident que les concentrations augmentaient régulièrement et en quantités significatives, un résultat confirmé dans les années suivantes par les stations d'observation installées un peu partout dans le monde.

La plus grande part de la masse continentale et des végétations caduques se trouvant dans l'hémisphère Nord, les taux de CO_2 suivent un cycle annuel de dilution puis de concentration dans la biosphère terrestre et sont beaucoup plus importants au nord de l'équateur qu'au sud. Il en résulte que les concentrations de CO_2 dans l'hémisphère Nord augmentent en hiver (quand l'absorption du CO_2 par la végétation est faible) et sont basses en été (quand la végétation absorbe de nouveau du CO_2). Mais les observations montrent aussi clairement que les concentrations en CO_2 tout au long de ce cycle saisonnier ont augmenté régulièrement. Au bout de sept ans, le point bas de ce cycle annuel était déjà plus haut que le point haut relevé au commencement de ce qui est connu sous le nom de courbe de Keeling. Cinquante-six ans plus tard, les relevés sont toujours effectués quotidiennement au sommet du volcan Mauna Loa à Hawaï, au pôle Sud, aux Samoa américaines, à Trinidad Head en Californie et à Barrow, dans le nord de l'Alaska. Il existe aussi soixante autres moyens de mesures dont des avions, des bateaux, des ballons ou des trains. Le projet est maintenant supervisé par un remarquable scientifique, Ralph Keeling, qui n'est autre que le fils de Charles David. Il supervise aussi la modeste mais régulière baisse du taux d'oxygène dans l'atmosphère, ce qui ne constitue pas une cause d'inquiétude en soi, mais plutôt une validation supplémentaire des aboutissants de la climatologie, qui avait prédit ce résultat depuis longtemps, et une vérification croisée efficace de la justesse des mesures du dioxyde de carbone.

Dix ans après que Revelle et Keeling ont commencé à mesurer le CO_2 dans l'atmosphère, j'ai eu le privilège d'avoir Revelle comme professeur à l'université et je fus profondément impressionné par la clarté avec laquelle il décrivait ce phénomène et la prescience avec laquelle il prévoyait ce qui allait arriver si la croissance exponentielle de la consommation de carburants fossiles et ses subséquentes émissions de CO_2 se poursuivait. Dix ans après avoir quitté l'université, j'ai commencé à organiser au Congrès des audiences à propos du réchauffement climatique, puis en 1987-1988, je me présentai pour la première fois à la présidence afin d'attirer une attention plus importante sur l'urgence de trouver des solutions à la crise du climat. En juin 1988, Jim Hansen, un chercheur de la NASA, affirma que les preuves de la responsabilité humaine dans le réchauffement étaient devenues incontestables, ne serait-ce que pour ce qui concerne la hausse globale des températures. Six mois plus tard, en décembre, l'ONU mit en place une commission scientifique, le Groupe d'experts intergouvernemental sur l'évolution du climat (GIEC), afin d'établir des compilations qui fassent autorité sur les preuves apportées par nombre d'études scientifiques un peu partout dans le monde.

Aujourd'hui, vingt-cinq ans après le début du travail de cette commission, le consensus scientifique international confirmant la primauté des activités humaines dans les causes du réchauffement climatique est très clairement établi. La menace est réelle et sérieuse, elle exige une réponse urgente sous la forme d'une nette réduction des émissions de gaz à effet de serre. On peut aujourd'hui affirmer que, dans tous les pays, toutes les associations scientifiques de quelque importance et toutes les académies des sciences soutiennent ce consensus.

Dans une déclaration conjointe de 2009, les académies des sciences des pays du G8 et de cinq autres nations ont déclaré : « Le besoin d'une action urgente contre le changement climatique est maintenant indiscutable. » Selon une étude menée par d'autres scientifiques, publiée aux États-Unis dans *Proceedings of the National Academy of Sciences* : « 97 à 98 % des climatologues les plus actifs en termes de publications dans le domaine soutiennent la doctrine de l'origine humaine telle que mise en évidence par le GIEC. »

Il est également significatif que presque toutes les projections faites par les scientifiques pendant les dernières décennies sont déjà dépassées par la réalité d'aujourd'hui. Beaucoup l'auront remarqué, les scientifiques en général et les processus scientifiques en particulier sont par nature prudents lorsqu'il s'agit d'arriver à une conclusion même, disons, conservatrice. Il ne s'agit pas d'être conservateur au sens politique du terme mais au moins prudent dans les méthodologies et les approches. Cette procédure est propre à décourager les observations susceptibles de refléter le sens commun mais qui ne peuvent pas être prouvées au degré requis pour les publications de la communauté scientifique. Néanmoins, en dépit de cette culture de la prudence, la communauté scientifique dans son ensemble a fortement et publiquement alerté les responsables politiques de la nécessité d'agir très rapidement afin d'éviter une catastrophe planétaire. Et malgré un prix à payer de plus en élevé en raison des catastrophes climatiques et du réchauffement maintenant parfaitement visible aux yeux de tous, bien peu de décisions importantes ont été prises contre ces menaces existentielles.

On ne peut que déplorer que les modèles démocratique et capitaliste échouent dramatiquement à servir les intérêts les plus profonds de la civilisation humaine dont l'avenir est en jeu. Leur état de délabrement les rend totalement inefficaces. Si l'on pouvait corriger leurs trajectoires, si le fléau de la corruption, le contrôle imposé par les multinationales et la domination des élites pouvaient être balayés, alors ces deux modèles se révéleraient précieux pour remettre le monde sur les bons rails avant qu'il ne soit trop tard. Mais cette transition politique est difficile et demandera un leadership fort ainsi que du courage politique, ce dont nous manquons cruellement à l'heure actuelle, en particulier aux États-Unis.

Pour bien comprendre pourquoi un si grand nombre de leaders politiques ne sont pas capables de répondre à cette crise profonde, il est primordial de se pencher sur la façon dont la perception du réchauffement global par le grand public a été manipulée par ceux qui le nient et quelles armes psychologiques ont été utilisées pour faciliter cette manipulation. De puissantes entreprises ayant intérêt à gagner du temps ont dépensé sans compter pour des campagnes malhonnêtes et cyniques qui sèment le doute quant à la réalité de la crise climatique. Elles jouent sur un désir présent en chacun de nous, cherchant à saisir la moindre indication qui pourrait signifier qu'après tout ce réchauffement n'existe pas et que ce sont les scientifiques qui se trompent.

Certains ont décrit cette crise climatique comme une « perspective infernale », en partie à cause de sa complexité, de son échelle, de sa durée, de ses causes et de ses solutions difficiles à mettre en place. Mais, parce que ses conséquences se distribuent de manière globale, la crise fait figure d'abstraction. Les solutions exigent que nous nous engagions sur une voie nouvelle, que nous améliorions des technologies auxquelles nous recourons depuis longtemps, que nous modifiions de vieux schémas que nous tenons du passé, tout cela s'opposant à notre résistance naturelle au changement. Et puis, comme les dégâts les pires ne sont encore qu'à venir et que notre attention se focalise plus facilement sur le présent, cela nous pousse à privilégier l'illusion que nous avons encore beaucoup de temps devant nous pour mettre des solutions en œuvre. Le « déni » est une tendance psychologique qui nous guette tous. Une des pionnières dans l'étude de ce phénomène fut Elisabeth Kübler-Ross, qui enseigna que « le déni est un refus conscient ou inconscient d'accepter des faits, des informations ou la réalité d'une situation. Le déni est un mécanisme de défense et certaines personnes peuvent être bloquées à cette étape ». La définition qu'en donne aujourd'hui la psychiatrie est la suivante : « Un mécanisme inconscient de défense caractérisé par le refus de reconnaître des réalités, des pensées ou des sentiments douloureux. »

Il est vrai que la perspective d'une catastrophe menaçant le futur de toute une civilisation peut au moins être qualifiée de « pensée désagréable ». De plus, nous avons tous en nous-mêmes une tendance naturelle à espérer que le consensus scientifique sur le réchauffement global ne constitue pas un tableau exact des dangers qui se profilent. Ceux qui s'enferment dans cette stratégie psychologique répondent à l'évidence de plus en plus forte du réchauffement par des dénonciations de plus en plus fortes du concept même de réchauffement et par des attaques plus rudes contre ceux qui affirment qu'il faut absolument réagir.

Nous avons beaucoup appris sur la nature humaine au cours du dernier siècle. Nous savons maintenant, par exemple, qu'une « personne rationnelle » telle que la concevaient les penseurs des Lumières, ou que le comportement humain implicite dans les travaux d'Adam Smith et d'autres économistes classiques, comportement auquel certains se réfèrent sous l'appellation « *Homo economicus* », ne représentent pas vraiment ce que nous sommes. Au contraire, nous sommes les héritiers en tant qu'espèce de comportements qui se sont forgés pendant les longues périodes de développement. Au-delà de notre capacité à raisonner, nous sommes aussi équipés pour être plus attentifs et plus réactifs à court terme que face aux menaces à long terme qui demandent précisément que nous nous servions de notre intelligence. Jane Risen, de l'université de Chicago, et Clayton Crichter, de l'université de Californie à Berkeley, tous les deux chercheurs en sciences sociales, ont posé à deux groupes de personnes les mêmes questions sur le réchauffement climatique, la seule différence pour les deux groupes étant la température dans la pièce où se déroulait l'expérience. Ceux qui ont répondu dans une pièce dont la température était de dix degrés plus élevée sont beaucoup plus favorables aux actions à entreprendre pour contrer le réchauffement que ceux qui ont répondu dans une pièce plus fraîche. La différence reste identique au sein de groupes libéraux ou conservateurs. Dans une variante, les deux groupes sont interrogés sur leurs opinions à propos de la sécheresse et ceux à qui on a donné des bretzels salés avant de répondre au questionnaire ont exprimé des opinions très différentes par rapport au groupe qui avait moins soif…

Dans une période où le monde va affronter des changements spectaculaires liés aux facteurs décrits dans ce livre : la mondialisation, l'émergence de Earth Inc., la révolution Internet, la révolution informatique, la révolution des sciences de la vie ou celle des biotechnologies, le changement capital de l'équilibre des pouvoirs politiques et économiques et l'engagement pour une forme de « croissance » qui ignore les valeurs humaines tout en nous menaçant de nous priver de ressources vitales pour notre futur, la crise du climat peut facilement se retrouver, dans la plupart des nations, en bas de la pile des priorités politiques.

La définition erronée de la croissance, décrite au chapitre 4, est au centre d'un mauvais calcul sur les coûts et bénéfices que représente la poursuite d'une économie appuyée sur des carburants à base de carbone. Les actions des compagnies pétrolières cotées en Bourse sont valorisées sur la base de nombreux facteurs dont en particulier la valeur des réserves qu'elles contrôlent. Même lorsqu'elles en arrivent au bout, ces sociétés partent du principe que ce qui reste pourrait être extrait et vendu au prix du marché. Or, toute personne sensée et quelque peu familière du changement climatique sait que ces réserves *ne pourront pas* être brûlées. Le simple fait d'y penser est une stupidité. De plus, les conséquences environnementales qui en résulteraient ne sont pas prises en compte dans leur valorisation.

Au-delà du déni et de notre confiance aveugle dans une boussole économique défectueuse, nous avons en chacun de nous la volonté de croire que tout ne va pas si mal, ou du moins pour ce qui concerne la partie du monde dans laquelle nous vivons. C'est ce que les psychosociologues appellent la théorie de la justification, qui suppose que tous les individus veulent avoir une bonne image d'eux-mêmes, des groupes sociaux auxquels ils s'identifient et de l'ordre social dans lequel ils vivent. Parce que l'échelle des changements nécessaires pour contrer le réchauffement est gigantesque, toute proposition pour s'embarquer dans ce voyage peut facilement être considérée comme un défi à l'immobilisme et déclencher notre tendance à le défendre en refusant toute alternative. Quand une menace impérieuse exige une mobilisation massive et rapide comme lorsqu'il s'est agi de répliquer à l'attaque de Pearl Harbor en 1941, l'urgence bouscule notre réticence naturelle à briser nos habitudes confortables. Mais de tels exemples exigent des scénarios réellement conflictuels, qui ont caractérisé la longue période durant laquelle, nous, les êtres humains, nous sommes développés. Et il n'y a pas, sauf pour le trou dans la couche d'ozone, d'exemples de réponse rapide à une menace générale et urgente, et plus particulièrement lorsque la réponse demande de bouleverser sérieusement les habitudes du monde des affaires.

Lorsque le président Reagan s'est trouvé confronté à la question du contrôle des armes nucléaires, il a exprimé en maintes occasions la même idée, y compris lors d'un discours à l'Assemblée générale de l'ONU : « Dans notre obsession des antagonismes du moment, nous oublions souvent ce qui unit tous les membres de l'humanité. Peut-être avons-nous besoin d'une menace extérieure pour que nous reconnaissions ce lien qui nous unit. Je pense parfois que nos différences s'évanouiraient très vite si nous devions faire face à une menace extraterrestre venant de l'extérieur de ce monde. » Certains membres de mon parti politique se moquèrent de la formule de Reagan, mais j'ai toujours pensé qu'elle contenait une part de vérité.

Les politiques de la division

Avec le changement climatique, la menace qui concerne l'humanité tout entière n'a rien d'extraterrestre. Elle vient de *nous*. Notre capacité à nous rassembler pour la combattre est minée par les « antagonismes du moment ». Les fondateurs de l'Amérique surent reconnaître l'importance de l'unité comme un trait profond de la nature humaine. Mais, un peu plus de deux siècles plus tard, les scientifiques nous signalent que la tendance dans l'histoire de l'espèce est plutôt aux factions qui s'opposent. E. O. Wilson a écrit récemment :

> Tout le monde, sans exception, appartient à une tribu, une alliance avec laquelle on peut concourir pour la quête du pouvoir et des territoires, pour diaboliser ses ennemis et agiter des drapeaux. Et cela a toujours été [...] La nature humaine ne change pas. Les groupes d'aujourd'hui ressemblent trait pour trait aux anciennes tribus. En tant que tels, ces groupes descendent directement des hordes de primitifs humains ou des préhumains.

Cela explique pourquoi la négation du réchauffement global est devenue en quelque sorte une question « culturelle » dans le sens où la plupart de ceux qui rejettent l'évidence scientifique éprouvent un sentiment d'appartenance voire une « identité tribale » avec ceux qui, comme eux, sont enfermés dans le déni. Aux États-Unis, l'idéologie très conservatrice qui marque de son emprise le Parti républicain est fondée sur un engagement déterminé contre toutes les propositions de réformes venant d'ailleurs. C'est la devise des Trois Mousquetaires : « Un pour tous, tous pour un. » Ceux qui par exemple s'opposent à toute forme de régulation pour les armes soutiennent aussi le discours des compagnies de pétrole et de charbon qui refusent tout effort visant à réduire le réchauffement climatique. De même, les activistes antiavortement soutiennent les grandes banques dans leur combat contre toutes nouvelles réglementations financières. Comme le dit Kurt Vonnegut : « Ainsi va le monde... »

Durant les quarante dernières années, les plus gros pollueurs en carbone se sont révélés être les membres fondateurs du mouvement antiréformateur décrit au chapitre 3, mouvement organisé dans les années 1970 sous les auspices de la Chambre de commerce des États-Unis. Tous redoutaient les mouvements de protestations nés dans les années 1960 (contre la guerre au Vietnam, pour les droits civiques, les droits des femmes, des homosexuels, des personnes handicapées, les mouvements de consommateurs, les couvertures santé, les programmes d'aide aux plus démunis, etc.) dont ils craignaient qu'ils ne minent le pouvoir des élites et des grandes entreprises. Selon eux, ces mouvements cherchaient tout bonnement à saper le capitalisme lui-même. L'une des conséquences durables de ce mouvement réactionnaire aura été la mise en place d'un vaste réseau de groupes de réflexion, de fondations, d'instituts, de centres juridiques et autres organisations produisant à jet continu des « rapports » presque tous arrangés, des « études », des actions en justice, des déclarations devant des commissions du Congrès ou des instances régulatrices, des éditoriaux et des livres qui promeuvent tous la philosophie et le programme des nouveaux croisés de l'Entreprise :

- Le gouvernement est mauvais par nature ; il est impossible de lui faire confiance et l'on doit même en avoir peur. Il doit être privé de ressources de sorte qu'il interfère le moins possible avec les projets des entreprises et les intérêts des élites.
- Il est bon que les pauvres souffrent ; c'est la seule raison qui peut les inciter à devenir plus productifs ; leurs difficultés leur

feront accepter aussi plus facilement des salaires peu élevés et des allocations plus basses.

• *A contrario*, les riches doivent être taxés le moins possible afin qu'ils soient encouragés à gagner encore plus d'argent – ceci étant la seule méthode véritable et éprouvée pour toujours plus de croissance économique, même si les consommateurs n'ont pas assez d'argent pour se procurer des biens et des services, entraînant de fait un fléchissement de la demande.

• L'inégalité est une bonne chose puisqu'elle pousse les pauvres à être plus ambitieux et les riches à investir plus, même si, à l'évidence, les hauts revenus sont d'abord soucieux de la préservation de la richesse lorsque l'économie est en période de faiblesse.

• Quelle que soit la quantité de pollution dont nous sommes à l'origine, il est inutile de se préoccuper de questions environnementales. Toute personne qui pense autrement est uniquement motivée par un penchant à peine dissimulé pour les idées socialistes et une volonté farouche de perturber le monde des affaires.

La plupart des partis essaient de construire de larges coalitions en prenant en compte des positions divergentes. J'ai personnellement expérimenté de telles pressions lorsque j'étais membre du Parti démocrate élu au Congrès. Mais nous touchons à quelque chose de différent avec cette discipline rigoureuse qui sévit au sein de la coalition de la droite américaine, entretenue par des contributeurs extrêmement riches qui cherchent surtout à soutenir les politiques leur permettant d'augmenter encore leur part du gâteau dans le partage malsain des richesses aux États-Unis. Dans le monde d'aujourd'hui, le défi à relever face au réchauffement climatique a malheureusement conduit à des divisions quasi tribales entre ceux qui acceptent ce consensus scientifique accablant et ce que leur raison leur dicte, et ceux qui sont déterminés à le rejeter en exhibant leur appartenance et leur antagonisme comme on porte fièrement un badge.

Ceux qui nient le réchauffement climatique sont très organisés et savent que, pour continuer à exercer leur influence sur la coalition qui s'oppose aux politiques visant à réduire les émissions de gaz à effet de serre, ils n'ont pas besoin de prouver que l'homme n'est pas responsable de la crise climatique – même si nombre d'entre eux l'affirment encore et encore. Il leur suffit de créer un doute suffisant pour convaincre le public que « le jury ne s'est pas encore prononcé ». Ce but stratégique a été clairement exprimé dans un document interne d'un groupement d'entreprises comptant en majorité de gros émetteurs de carbone. Ce document, qui avait fuité dans la presse en 1991, montrait que le but stratégique poursuivi était de « repositionner le réchauffement comme une théorie et non pas comme un fait avéré ». L'interprétation charitable pourrait être que ces entreprises se sont longtemps senties assiégées par ce qu'elles percevaient comme des revendications exagérées de la part d'activistes environnementaux. Elles ont alors développé le réflexe de contrer par tous les moyens toutes les démarches destinées à dénoncer le danger imminent afin de détruire leur bien-fondé et la crédibilité de ceux qui les entreprennent.

À la lumière des documentations produites pendant des dizaines d'années et des travaux des académies des sciences qui, tout autour du monde, confirment l'évidence de la situation, il n'est plus question de faire preuve de la moindre mansuétude envers les positions de ces négateurs riches, puissants et égoïstes qui refusent par ailleurs le dialogue. Plus fort encore, ils rejettent voire calomnient la recherche scientifique en mettant en cause sa probité. Rien n'a pu les rappeler à leurs obligations même s'il est vrai que certains ont en toute conscience changé de point de vue après avoir examiné objectivement les faits. Ils sont encore une toute petite minorité et l'agression des négateurs sur l'avenir du monde continue. Il n'y a plus *aucun* doute sur le fait que les émissions de CO_2 et d'autres substances polluantes dont l'homme est responsable sont en train de sérieusement endommager le système écologique planétaire essentiel pour la survie de la civilisation humaine. La crise du climat est la cause de presque tous les phénomènes météorologiques extrêmes qui ont déjà pris tant de vies et causé tant de souffrances. Les dommages subis par des centaines de millions de personnes de la génération actuelle nous interdisent d'ignorer les conséquences morales de ce qui est en train de se jouer.

Dans la plupart des systèmes législatifs du monde, le fait de dissimuler sciemment des éléments matériels à des fins d'enrichissement personnel et aux dépens de personnes qui en subiront des dommages constitue un délit voire un crime. S'il s'agit d'une simple négligence, ce n'est encore qu'une infraction, mais si les déclarations se révèlent mensongères et que les dommages endurés par les victimes sont sérieux, la faute est plus grave. La voie légale la plus habituelle pour déterminer si une personne (ou une entreprise) falsifie des faits n'est pas la voie du « au-delà de tout doute raisonnable » mais plutôt la « primauté de la preuve ».

Les grandes compagnies pétrolières multinationales sont à la tête de réserves estimées à 7 000 milliards de dollars et ont tout à redouter d'un consensus scientifique accepté par les opinions publiques et les gouvernements de par le monde. Ce sont ces 7 000 milliards de dollars qui ont amené ces compagnies à falsifier pour le public – et les investisseurs – les faits et les dégâts importants préjudiciables à notre avenir, qui repose sur l'idée de la consommation continue et imprudente de leurs réserves. En outre, si l'on additionne la valeur des réserves plus importantes encore qui appartiennent à des États souverains aux réserves propriétés d'entreprises privées, on obtient un total de 27 000 milliards de dollars. C'est pourquoi, jusqu'à une période récente, l'Arabie Saoudite a été aussi véhémente dans ses tentatives pour bloquer tout accord international visant à limiter le réchauffement. Mais, en 2012, un membre de la famille royale d'Arabie Saoudite, le prince Turki al-Faisal, a appelé son pays à convertir totalement son utilisation domestique d'énergie en énergies renouvelables afin de préserver ses réserves de pétrole qu'elle vend au reste du monde.

Des actifs carbone à hauts risques

Les réserves de pétrole, de charbon et de gaz inscrites dans les livres de comptes des compagnies d'énergie fossile sont valorisées au prix du marché comme si elles allaient être vendues à des clients et consommées en répandant dans l'atmosphère leur part de pollution. J'ai qualifié dans le passé ces réserves d'« actifs carbone à hauts risques » pour faire le parallèle avec les *subprimes* bancaires qui étaient aussi des actifs à hauts risques dont le marché et presque tous les experts bancaires pensaient qu'ils avaient une très grande valeur. En fait, ces prêts hypothécaires n'étaient qu'une illusion car ils étaient fondés sur l'idée folle que des gens qui n'avaient clairement pas les moyens de payer paieraient d'une manière ou d'une autre. Dans le métier, on les qualifiait de « prêts mal expliqués » ou plus simplement de « prêts de menteurs ».

Je me rappelle très bien le jour où, encore jeune homme, j'ai signé mon premier emprunt immobilier. J'étais assis en face de Walter Glenn Birdwell Jr., dans son bureau de la Citizens Bank à Carthage, dans le Tennessee. Avant de m'accorder ce crédit, M. Birdwell me fit répondre, par écrit, à toute une série de questions sur mes biens et sur mes revenus. Ils n'étaient pas très importants, mais lui inspirèrent suffisamment confiance pour penser que je serais en mesure d'honorer mes remboursements mensuels. Il me demanda ensuite de verser un apport qui représentait pour moi, à cette époque, une somme considérable. Au contraire, les *subprimes* étaient accordées à des gens qui étaient en fait dans l'incapacité de les rembourser, ce qui aurait été immédiatement mis en lumière par les réponses qu'ils auraient faites à M. Birdwell. On ne leur demandait pas non plus de premier versement. Pourquoi les banques se sont-elles donc lancées dans de telles opérations alors que le simple bon sens démontre que ces prêts n'avaient que très peu de chances d'être remboursés, et que les emprunteurs allaient vite se retrouver en défaut de paiement ?

La réponse est qu'à l'âge de Earth Inc. et du Cerveau mondial, les banques émettant ces prêts défectueux recourent à de puissants logiciels capables de mélanger des milliers de prêts – 7,5 millions rien qu'aux États-Unis –, de les découper en tout petits morceaux et de les glisser dans des produits dérivés trop complexes pour que la majorité d'entre nous puisse y comprendre quelque chose, produits dérivés ensuite commercialisés sur le marché financier. En d'autres termes, l'hypothèse ridicule était que le risque qu'il y avait à vendre des crédits immobiliers à des clients qui ne pourraient pas les rembourser serait éliminé d'un coup de baguette magique par l'agrégation puis la dispersion de tous ces crédits sur les marchés financiers. Cette hypothèse fut mise à mal lors de la crise économique de 2007-2008 puis s'écroula d'un coup, entraînant les banquiers à heurter de plein fouet, de manière fort désagréable, le mur de la réalité. Mais ces désagréments ne durèrent guère puisqu'ils surent se faire renflouer par l'argent des contribuables en faisant jouer de puissants leviers politiques qu'ils avaient achetés en finançant largement les campagnes électorales et grâce à leurs activités de lobbying – sans oublier un sérieux coup de main de responsables œuvrant dans les sphères réunissant banques et gouvernements. Il en résulta une crise du crédit et une récession économique mondiale que les économistes pourraient tout aussi bien qualifier de dépression.

Les actifs carbone sont surévalués sur les marchés financiers comme l'étaient les *subprimes*, soutenus par l'hypothèse encore plus absurde que celle qui consistait à croire qu'il était parfaitement logique d'accorder des crédits à des millions de personnes dont on savait qu'elles ne pouvaient pas les rembourser. Cette fois-ci, l'hypothèse assume l'idée qu'il est parfaitement normal de brûler jusqu'à la dernière goutte de pétrole stockée dans les réserves des compagnies et d'anéantir ainsi l'avenir de la civilisation. Cette situation est intolérable.

Avec ce principe, la valorisation des compagnies de pétrole, de gaz et de charbon est particulièrement élevée, ce qui explique qu'elles n'ont pas hésité à organiser d'énormes campagnes, coûtant des milliards de dollars, pour tromper les citoyens et les décideurs politiques, en leur faisant croire qu'il est tout à fait logique de brûler l'énergie fossile sans se restreindre le moins du monde. Ces pollueurs ont aussi dupé les mineurs et les employés de l'industrie des énergies fossiles en leur cachant sciemment les changements qui ne vont pas manquer de survenir. En 2012, dans un discours courageux au Sénat, Jay Rockefeller, un sénateur de la Virginie-Occidentale, l'État américain le plus dépendant du charbon, a prévenu : « Mes inquiétudes sont aussi nourries par les vues étroites de ceux qui ont des motivations divergentes, ceux qui nient l'inéluctabilité du changement dans les industries de l'énergie, et qui en plus laissent les mineurs dans le noir. La réalité, c'est que ceux qui dirigent l'industrie du charbon préfèrent attaquer de faux ennemis et nier les problèmes plutôt que de chercher des solutions. »

Le poids de la finance et l'influence des grandes entreprises sur les prises de décision effraient tellement la plupart des responsables politiques qu'ils évitent même de débattre d'une manière ou d'une autre de ces menaces existentielles. Il y a bien quelques exceptions, mais lorsque les discussions portent sur les intérêts de Earth Inc., elles sont totalement sous le contrôle du système politique global. Pour freiner toute volonté de légiférer, les entreprises de combustibles ont embauché quatre lobbyistes pour chaque membre du Sénat et de la Chambre des représentants. Elles sont devenues par ailleurs une des sources les plus importantes de financement des campagnes électorales des deux partis, dont une part tout de même plus importante va aux républicains. Pendant les vingt dernières années, elles ont distribué énormément d'argent à des « menteurs à louer » qui déversent à leur tour un torrent de réclamations prêtant à confusion, qui sont trompeuses voire fausses et ne reposent sur aucune base scientifique :

- Le réchauffement est un canular monté par des scientifiques toujours plus avides de subventions de recherche et par des activistes qui veulent imposer le socialisme voire pire.
- Le réchauffement n'existe pas, il s'est arrêté depuis plusieurs années.
- S'il se produit, il n'est pas la conséquence des pollutions, mais le résultat d'un cycle naturel.
- Le système climatique de la terre est si résistant qu'il peut,

dans tous les cas de figure, absorber des quantités illimitées de pollution sans conséquences dommageables.

- Si le réchauffement arrive, il nous sera même bénéfique.
- Et s'il n'est pas bon pour tout le monde, nous aurons sûrement la capacité de nous y adapter sans trop de difficultés.
- Les calottes glaciaires de Jupiter sont aussi en train de fondre, il est donc plutôt logique d'imaginer que c'est phénomène encore mal compris, typique de notre système solaire, qui en est la véritable cause (et tant pis si Jupiter *n'a pas* de calottes glaciaires).
- Le réchauffement est causé par des taches solaires (là aussi, peu importe si les températures ont poursuivi leur progression même pendant la phase solaire sans taches qui est actuellement en train de prendre fin).
- Le réchauffement est dû aux volcans (même si les émissions humaines de CO_2 sont 135 à 200 fois plus importantes que les émissions volcaniques, qui, elles, sont partie prenante d'un processus naturel présentant, sur le long terme, un bilan carbone neutre).
- Les prévisions informatiques ne sont pas sûres (même si, là aussi, plus d'une douzaine d'études indépendantes sur les températures confirment entièrement ce que les modèles informatiques ont prédit depuis longtemps).
- Les nuages vont mettre fin au réchauffement (même s'il existe de plus en plus de preuves que l'effet des nuages va probablement renforcer les effets du réchauffement et non l'améliorer).

Il existe encore plus de cent arguments fallacieux, des faux-fuyants que l'on retrouve en toutes occasions dans les médias, avancés par les lobbyistes et les politiciens sous la coupe des pollueurs. La seule chose dont les négateurs sont persuadés, c'est que les 90 millions de tonnes quotidiennes de pollution ne sont certainement *pas* la cause du réchauffement, même si toute la communauté scientifique dit le contraire. Il y a bien quelques opposants à ce consensus scientifique qui pensent sincèrement que la science se trompe. Certains d'entre eux ont un passé et une histoire personnelle qui les prédisposent, pour des raisons variées, à ce combat. Mais il y a les vraies exceptions, et leur manque total de preuves crédibles pourrait les marginaliser très vite, sauf que le déni climatologique est devenu une niche généreusement soutenue par les pollueurs.

Afin de détruire la confiance que le public peut avoir dans l'intégrité de la science, les entreprises des énergies carbonées, leurs agents et leurs alliés passent leur temps à insinuer que les climatologues mentent et/ou sont secrètement partie prenante d'un dessein politique visant à renforcer le rôle du gouvernement. Les agressions politiques contre les chercheurs en climatologie ont été conçues non seulement pour les diaboliser, mais aussi pour les intimider. Mais cela n'a fait que renforcer les approches déjà prudentes que les scientifiques adoptent habituellement. On a déjà vu, aux États-Unis, un procureur général conservateur entamer une procédure contre un climatologue simplement parce que ses découvertes allaient à l'encontre des intérêts des entreprises minières. Les fondations et les *think tanks* de droite ont régulièrement poursuivi des climatologues et les ont calomniés dans des déclarations publiques. Les membres conservateurs du Congrès ont maintes fois cherché à tailler dans les financements de la recherche sur le climat. Pour n'évoquer qu'une seule des conséquences de ces comportements, la capacité des États-Unis à surveiller les changements climatiques a été drastiquement restreinte par des lancements de satellites repoussés voire annulés, au moment crucial où il fallait accumuler des données sur le phénomène.

Juste avant la négociation mondiale sur le climat en décembre 2009 à Copenhague, c'est toute la communauté scientifique des climatologues qui a été victime de ce qui semble avoir été une attaque très bien planifiée contre leurs boîtes mail privées ou professionnelles. Des phrases soigneusement sorties de leur contexte permirent aux médias de droite de présenter des preuves fallacieuses cherchant à démontrer que la communauté scientifique mentait aux citoyens et aux gouvernements. Une enquête approfondie montra toutefois que l'attaque venait bien de l'extérieur des centres de recherches mais ne permit pas d'identifier le ou les responsables. Dans le même temps, quatre autres enquêtes indépendantes disculpèrent les climatologues de tout acte répréhensible.

La machine à nier

La capacité du public à comprendre les mensonges et les tromperies des pollueurs et de leurs alliés s'est atténuée, notamment parce que le rôle traditionnel des médias a fortement évolué ces dernières années, en particulier aux États-Unis. De plus en plus de journaux sont au bord de la faillite et les autres sont dans de telles difficultés financières qu'ils ne sont plus guère en état de jouer leur rôle historique, qui est d'assurer un des fondements de la démocratie, « informer correctement les citoyens ». Comme nous l'avons vu au chapitre 3, l'importance grandissante d'Internet est une source d'espoir, mais pour le moment la télévision est encore, et de loin, le média dominant en ce qui concerne l'information. De plus en plus, les rédactions des chaînes de télévision se voient demander de contribuer à la rentabilité de l'entreprise. Il en résulte que la frontière entre information et divertissement est de plus en plus floue. L'audience étant la clé du profit, le type d'information auquel on donne la priorité a changé. Tous les programmes concernant la politique ou le commentaire politique sont sponsorisés par des entreprises pétrolières, gazières ou du secteur du charbon, pas seulement pendant la période des campagnes électorales mais toute l'année, avec des messages destinés à apaiser le public et lui garantir que tout va bien, que l'environnement n'est pas menacé et que les entreprises d'énergies fossiles travaillent ardemment à développer de nouvelles sources d'énergies renouvelables. Aux États-Unis, les principales chaînes de télévision sont réticentes à évoquer le sujet du climat. La coalition des négateurs est prête à attaquer au vitriol toute personne qui oserait mettre le sujet sur la table, le résultat étant que d'innombrables entreprises de presse ont été réduites au silence. Même *The Frozen Planet*, la très populaire émission sur la nature de la BBC, fut diffusé sur Discovery Network aux États-Unis mais sans la partie consacrée au réchauffement. Puisque l'un des thèmes principaux de la série touchait à la fonte des glaces un peu partout sur la planète, il était absurde d'éliminer le débat sur ce qui constitue la cause principale de celle-ci. Comme l'a souligné l'activiste Bill McKibben : « Imaginez un documentaire sur le cancer du poumon qui ne parlerait pas de la cigarette. »

Durant les étés caniculaires de 2011 et 2012, les journaux télévisés du soir ressemblaient souvent à un voyage à l'intérieur du livre de l'Apocalypse. Chaque soir, les journaux télévisés s'ouvraient sur les sécheresses, les incendies, les tempêtes et les inondations, mais les explications étaient souvent les mêmes, « une zone de haute pression » ou « La Niña », la petite sœur d'El Niño. Quand, en de rares occasions, le réchauffement climatique est évoqué, la couverture médiatique est biaisée par la tendance qu'ont les médias à toujours vouloir inclure un point de vue contradictoire pour, disent-ils, maintenir l'équilibre, comme si le réchauffement était une opinion. De plus, le problème s'est encore aggravé avec la réduction des budgets pour les reportages d'investigation.

Pour quelqu'un qui grandit en croyant à l'intégrité du processus démocratique de son pays – et qui croit encore que cette intégrité peut être rachetée et restaurée –, il est extrêmement troublant de constater que des intérêts particuliers ont su prendre le contrôle des processus de décision et de choix politiques, au cœur d'une nation qu'Abraham Lincoln avait, avec éloquence, qualifiée de « plus bel espoir que la terre ait porté ». Mais le combat est loin d'être terminé. Son épicentre se situe aux États-Unis, tout simplement parce que c'est la seule nation capable de rallier le monde pour sauver l'avenir. Comme l'a exprimé Edmund Burke : « La seule chose nécessaire pour faire triompher le mal est l'inaction des hommes de bien. » Car nous en sommes rendus là : les hommes et les femmes de bonne volonté vont-ils rester inactifs ou vont-ils répondre à l'urgence toute proche ?

Depuis quelques années, la fréquence et l'amplitude des phénomènes météorologiques extrêmes ont un impact certain sur l'attitude du public vis-à-vis du réchauffement climatique. Même aux États-Unis où la propagande des négateurs tourne encore à plein régime, le soutien des citoyens aux actions visant à réduire les émissions de gaz à effet de serre s'est fortement développé. Depuis longtemps, les propositions de faire mieux et plus ont la faveur du public même si l'intensité de ce soutien n'a pas été assez forte pour contrebalancer les efforts des pollueurs dont l'objectif reste la paralysie de l'action politique. Cependant, depuis quelque temps, le soutien à l'action se construit petit à petit.

En 2009, quand l'administration Obama faisait ses premiers pas, nous nous prîmes à espérer de voir changer la politique des États-Unis en matière de réchauffement climatique – ce qui fut le cas pendant quelque temps. Son projet de loi a vraiment mis l'accent sur des dispositifs verts, comme des mesures pour accélérer la recherche et le développement, la production et l'utilisation d'énergies renouvelables. Il a également nommé au poste d'administratrice de l'Agence de protection de l'environnement la très compétente Lisa Jackson, qui a ouvert la voie à un certain nombre d'initiatives qui ont permis de réduire les émissions de CO_2 et de polluants dans l'environnement. Les règles de l'Agence exigent des réductions des émissions de CO_2 pour les automobiles et les nouvelles centrales, ainsi qu'une réduction réelle des émissions de mercure provenant des mines de charbon, et ces baisses ont aidé à prendre la décision de ne pas construire toute une série de centrales au charbon. Les victoires remportées par Jackson, son collègue ministre des Transports Ray LaHood et la conseillère à la Maison Blanche Carole Browner, qui sont parvenus à un accord avec l'industrie automobile pour améliorer de manière significative les ratios consommation/kilomètre en visant un doublement des performances, ont été saluées par Dan Becker, responsable du Safe Climate Campaign du Center for Auto Safety comme « la plus grande avancée mise en œuvre par un pays pour réduire la pollution ». Mais, dans les dernières années, plusieurs éléments ont rendu ce défi politique beaucoup plus difficile que ce que le président Obama attendait. Tout d'abord, il a hérité d'une crise économique et d'une forte récession qui ont rendu l'administration réticente à affronter un défi aussi complexe dans une période si tendue. Les effets de la récession perdurent car celle-ci est profonde. Elle persiste aussi en raison du remboursement de la dette qui est massif, de l'effondrement du marché immobilier et de l'insuffisance des mesures fiscales de relance qui ont recréé, mais en quantité insuffisante, de la demande dans l'économie.

Ensuite, la Chine a pris le monde par surprise par sa volonté farouche de dominer la production et les exportations d'éoliennes et de panneaux solaires massivement subventionnés par des salaires très bas. Cette politique permet à la Chine d'inonder le marché mondial avec des équipements dont le prix est largement inférieur aux coûts de production américains ou à ceux d'autres pays développés. Troisième point, même si la législation Obama a pu passer à la Chambre des représentants tant qu'elle était encore sous le contrôle de son parti, les règlements complexes et vieillots du Sénat ont à l'inverse permis à une minorité de tuer le projet dans l'œuf. Les sénateurs des deux partis ont reconnu en privé que ce plan climat aurait pu être adopté mais qu'il a semblé que le président Obama n'était pas préparé à faire l'effort nécessaire pour construire une coalition soutenant le projet. Un peu plus tôt, il avait choisi de faire de sa réforme de la santé sa priorité numéro un, et le vieux système politique américain a alors produit un des blocages dont il a le secret jusqu'au démarrage de la campagne de mi-mandat, ne laissant plus de temps au Sénat pour débattre de la question du climat. On peut aussi penser que l'administration Obama à la Maison Blanche avait sérieusement pesé les risques politiques dans les États où le pouvoir des industries fossiles pourrait lui faire payer le vote de son plan. Alors, lorsqu'au Sénat les opposants entonnèrent la chanson du pétrole « *Fore, Baby, Fore* », le président proposa l'extension des possibilités de forages pétroliers, y compris dans l'océan Arctique, et ouvrit de nouveaux terrains publics aux mines de charbon. Pour ces raisons et d'autres, les effets positifs des propositions sur l'énergie et le climat du début de sa présidence furent quasiment balayés par cette volte-face en direction d'une politique qualifiée par Obama lui-même d'approche « toutes énergies », approche qui aura contribué à renforcer la dépendance aux énergies fossiles.

Quatrièmement, la découverte d'énormes réserves de gaz de schiste a fait baisser les prix de l'électricité au fur et à mesure de la mutation des centrales à charbon vers un gaz moins cher, l'effet collatéral étant la baisse du prix du kilowatt sous le niveau nécessaire pour que le solaire et l'éolien restent compétitifs alors qu'ils n'en sont qu'aux premières étapes de leur développement. Les gaz de schiste ont inondé le marché depuis la découverte de nouvelles techniques d'exploitation qui combinent forage horizontal et fracturation hydraulique, même si la plus grande part du débat sur la fracturation a porté sur son utilisation dans l'exploitation des gaz de schiste, alors qu'en effet on y a aussi recours dans la production de pétrole. Cette technique permet d'accéder à des réserves précédemment inaccessibles et augmente le rendement de champs pétrolifères en voie d'épuisement.

L'impact de la fracturation hydraulique

Les chercheurs ont mis le monde en garde sur la hausse à venir du prix du gaz de schiste car les techniques de transports de gaz naturel liquéfié permettent de transférer le gaz des marchés à faible coût comme les États-Unis, vers des marchés à forte valeur ajoutée comme l'Asie et l'Europe. Cependant, la taille de ces nouvelles réserves ouvertes grâce à la fracturation a, au moins temporairement, bouleversé les échelles de prix sur le marché de l'énergie. L'enthousiasme provoqué par l'exploitation de ces réserves a cependant repoussé plusieurs controverses cruciales qui devraient, et qui avec le temps vont, inspirer un peu plus de précautions quant au gaz de schiste.

Pour bien comprendre, le processus de fracturation résulte de la fuite d'énormes quantités de méthane, le principal composant du gaz naturel. Il faut aussi savoir que, sur une période de vingt ans, le méthane agit comme un gaz à effet de serre *soixante-douze* fois plus puissant que le CO_2. Au bout de dix ans, le méthane est transformé en CO_2 et en vapeur d'eau, mais son impact énergétique, molécule pour molécule, est bien plus important que celui du CO_2 sur des périodes de temps plus courtes. Le potentiel de réchauffement dû au méthane a provoqué l'irruption d'une série de propositions pour réduire drastiquement les émissions de méthane, en tant que mesure à court terme permettant de gagner du temps pour la mise en œuvre des stratégies plus complexes nécessaires pour réduire les émissions de CO_2. Dans le même ordre d'idées, certains ont proposé de se concentrer très vite sur une réduction forte des émissions de noir de carbone. Cette matière capte le rayonnement solaire et, une fois déposée sur la glace ou la neige, elle accentue l'absorption de chaleur et accélère la fonte. Prises conjointement, ces deux mesures pourraient significativement réduire le potentiel de réchauffement d'ici à 2050 et, vu le temps déjà écoulé avant les prémices du contrôle des émissions, nous avons besoin des deux et même de bien d'autres. Lors de la fracturation, avant que les différents équipements ne soient mis en place pour capturer le gaz en surface, il se produit d'énormes fuites de méthane et, après la fracture des formations souterraines par l'injection de fluides sous très haute pression, on observe un « reflux ». Lorsque les produits utilisés, eau, produits chimiques et sable, refluent, ils contiennent de grandes quantités de méthane qui va se disperser dans l'atmosphère ou brûler. Même si les grands opérateurs prennent des dispositions pour éviter ces fuites, ce n'est absolument pas le cas des foreurs « sauvages ». On a constaté aussi des fuites de méthane lors du traitement, du stockage et de la distribution du gaz. En fin de compte, le volume total des fuites est si important que plusieurs études – dont une analyse récente du cycle de vie du produit par Nathan Myhrvold, un ancien de Microsoft, cofondateur d'Intellectual Ventures, et Ken Caldeira, climatologue du Carnegie Institution's Department of Global Ecology – ont montré que quasiment tous les bénéfices que ce gaz pourrait présenter en raison de son faible taux de carbone, comparé au charbon, disparaissent.

Pour son bon fonctionnement, la fracturation requiert l'injection de quantités gigantesques d'eau mélangée avec du sable et des produits chimiques toxiques. En effet, chaque puits a besoin en moyenne de 19 millions de litres d'eau, ce qui entraîne des conflits dans des régions qui souffrent de sécheresses et de manque d'eau. Dans de nombreuses communautés, en particulier dans les régions arides de l'Ouest américain, la compétition autour des rares ressources aquatiques était déjà féroce avant même l'irruption d'une fracturation gourmande en eau. Dans certaines zones du Texas, des puits sont déjà forés dans des villages où l'on doit procéder à des limitations de l'approvisionnement en eau pour la consommation courante et pour l'agriculture.

La fracturation contamine aussi accidentellement des nappes

phréatiques fragiles par nature, même si les roches qui contiennent le gaz se trouvent plus en profondeur que les nappes d'eau potable. Toutefois, les mouvements ascendants par lesquels les liquides remontent vers la surface sont encore mal connus et difficiles à prédire ou à contrôler. Les gisements où se pratique la fracturation se situent souvent au cœur de champs gaziers ou pétrolifères parsemés d'anciens conduits abandonnés il y a plusieurs dizaines d'années, à l'époque où les réserves pouvaient être exploitées par des moyens conventionnels. Ces forages anciens peuvent avoir l'effet de cheminées en faisant remonter du méthane et des produits de forage.

Ces anciens forages laissés à l'abandon, ainsi que certaines caractéristiques géologiques mal connues, ont pu empoisonner de nombreux puits aquatiques situés bien au-dessus des nouveaux forages, par des liquides toxiques. L'Agence de protection de l'environnement (APE) a ainsi découvert que des fluides utilisés pour forer du gaz dans le Wyoming sont probablement la cause de pollutions dans la zone immédiatement située juste au-dessus. Des rapports font état de cas similaires dans d'autres régions, mais l'APE a été gênée lors de ses investigations par une étrange loi votée en 2005 à la demande de Dick Cheney, alors vice-président ; celle-ci prévoyait des exemptions particulières en ce qui concerne la supervision que le gouvernement doit effectuer aux termes de lois sur l'eau potable et l'eau de consommation.

L'industrie réfute la plupart de ces rapports en avançant l'argument que la pollution de quelques puits est un petit prix à payer ; Rex Tillerson, le PDG d'ExxonMobil, par exemple, a récemment déclaré : « Les conséquences d'un problème dans un puits peuvent être gênantes pour les personnes vivant dans le voisinage immédiat mais sont bien moins importantes à l'échelle globale du projet. » Néanmoins, la résistance politique des propriétaires de terrains s'est sérieusement développée dans plusieurs régions.

Une fois utilisés, les fluides doivent être récupérés et traités comme des eaux usées toxiques. Or, ils sont souvent réinjectés dans le sol selon une technique qui provoque de multiples mini-tremblements de terre (heureusement sans danger) et, certaines fois, ils auraient aussi infiltré des nappes phréatiques. En fait, le rejet de ces liquides usagés est plus souvent une source de plaintes que leur injection initiale au début du processus de fracturation. Dans d'autres cas, ces fluides usagés ont été stockés dans des bassins de rétention à ciel ouvert qui débordent de temps en temps, notamment en cas de fortes précipitations.

Ils sont aussi parfois répandus sur des routes, soi-disant pour capter les poussières.

Les avocats des gaz de schiste défendent l'idée que des mesures de sécurité sont mises en place pour minimiser ces inconvénients et affirment de manière peu sincère que l'industrie les adoptera volontiers en dépit des coûts que cela implique. En revanche, George P. Mitchell de Houston, un pionnier des techniques de fracturation, demande plus de régulation de la part du gouvernement. « Il devrait y avoir un strict contrôle et c'est le ministère de l'Énergie qui devrait en être responsable. » Il précise dans le magazine *Forbes* : « S'ils ne le font pas, il y aura des problèmes. [...] Les indépendants sont difficiles à contrôler. S'ils font quelque chose de mal, il faut les punir. »

En admettant que ces mesures fonctionnent comme prévu, et que les fuites de méthane soient fermement contrôlées, la combustion de gaz naturel dégagera encore d'énormes quantités de CO_2. L'argument que ces émissions puissent en théorie être ramenées à un niveau où elles ne représenteraient que la moitié des émissions du charbon a été utilisé par ceux qui défendent les gaz de schiste comme une nouveauté intéressante en remettant au goût du jour la vieille question du verre à moitié plein ou à moitié vide. Selon eux, le passage aux gaz de schiste permettrait de diviser par deux les émissions dans des secteurs actuellement dépendants du charbon. Mais il y a un hic ! L'atmosphère est déjà *pleine*. Les concentrations en polluants responsables du réchauffement global ont déjà atteint des niveaux dangereux.

Revenir à la réalité

La leçon qu'on peut tirer, c'est que pour résoudre la question climatique, il faut réduire les émissions sur une très grande échelle en commençant par les gaz à effet de serre – non pas de 50 %, mais de 80 à 90 % afin de s'assurer que les concentrations globales ne dépassent pas le point critique avant de commencer à diminuer. L'addition de nouvelles quantités de gaz à effet de serre à un rythme qui excède, et de loin, la vitesse à laquelle le CO_2 est capté par les océans et la biosphère repousserait toujours plus loin dans le futur toute possibilité de réduire les niveaux de concentration globaux. S'appuyer sur le gaz pour « gagner » le temps dont nous avons besoin pour passer aux énergies renouvelables pourrait nous aider, mais un engagement plus profond serait équivalent à une reddition dans la lutte pour la survie de la civilisation. D'une certaine manière, ce défi est similaire à celui de la raréfaction des eaux souterraines et des sols arables. La reconstitution naturelle de ces ressources s'opère à une vitesse beaucoup plus lente que la vitesse à laquelle elles sont endommagées par les activités humaines, tout comme la captation naturelle du CO_2 se fait beaucoup moins vite que l'addition du CO_2 dans l'atmosphère. Dans ces trois cas, les activités anthropiques engendrent des changements si rapides que la nature n'a pas le temps de s'y adapter.

Le problème sous-jacent est donc bien la collision entre l'élan de développement que connaît Earth Inc. et l'équilibre environnemental de la planète. La surconsommation de ressources limitées, couplée à une pollution qui, elle, est illimitée, ne permettra pas au système écologique de la Terre de continuer à fonctionner de façon telle qu'il puisse soutenir la survie de l'espèce humaine. Comme nous l'avons vu plus haut, le CO_2 contenu dans les « réserves prouvées » de charbon, de pétrole et de gaz, telles que consignées dans les comptes des entreprises et des États souverains, excède de loin les quantités que nous pourrions sans danger ajouter dans l'atmosphère – sans parler des réserves non conventionnelles que l'on commence à exploiter et qui sont encore plus importantes.

Le boom du gaz de schiste aux États-Unis a débouché sur une frénésie en ce domaine en Chine, en Europe, en Afrique, voire ailleurs, soulevant le spectre d'une dépendance à long terme au gaz, repoussant encore loin l'émergence des énergies renouvelables. Cependant, pour le moment, la production de cette ressource a été très limitée en dehors des États-Unis. En Chine, où les géologues pensent que les stocks pourraient représenter deux fois et demie ceux des États-Unis, la géologie du sous-sol nécessite des techniques différentes de celles utilisées en Amérique, ce qui complique l'affaire, car il ne s'agit plus simplement de transférer en Chine les techniques américaines de forage horizontal et de fracturation. Comme dans les États de l'Ouest, les énormes quantités d'eau nécessaires à la fracturation pourraient limiter le recours à cette façon de procéder – en particulier dans le nord et le nord-ouest de la Chine où le manque d'eau est endémique. Pour autant, on assiste dans l'économie globalisée à un engouement qui tend à une exploitation maximale des gaz de schiste. Au cas où l'on parviendrait à réellement maîtriser les « fuites intempestives », certains analystes veulent nous convaincre que le passage du charbon au gaz pourrait produire une réduction temporaire mais assez significative des émissions de gaz à effet de serre. En

2012, on a d'ailleurs pu constater un développement étonnant aux États-Unis, la baisse des émissions de CO_2 à leur plus bas niveau depuis trente ans, en partie à cause du ralentissement économique, en raison d'un automne et d'un hiver doux, de la plus grande part des énergies renouvelables et de l'amélioration des rendements, mais aussi à cause du passage du charbon au gaz naturel pour la production d'électricité.

Il y a des années, je faisais partie de ceux qui recommandaient un recours plus important au gaz naturel conventionnel en tant combustible de substitution, le temps que le charbon soit remplacé par le solaire et l'éolien et pour que ces énergies puissent être utilisées sur une échelle suffisante pour en faire baisser les tarifs. Il apparaît néanmoins de plus en plus clairement que les effets des gaz de schiste risquent de bloquer cette voie de remplacement. La société dans son ensemble trouverait un peu rude de faire d'énormes investissements pour passer du charbon au gaz puis de dépenser encore des sommes folles, pour passer aux énergies renouvelables. Ce serait pousser un peu les limites de la crédulité et, pour le dire autrement, cela ressemble fort à un pont qui ne mène nulle part. Les nouvelles ressources venant des gaz de schiste ont fait baisser les prix de l'énergie à un point tel que les énergies douces ont du mal à s'imposer. Si, de plus, les études montrent qu'il n'existe pas de bénéfice particulier en termes d'effet de serre à passer aux gaz de schiste, alors nous pourrions être confrontés au pire des scénarios : les énormes investissements pour les gaz de schiste détournent l'argent nécessaire aux énergies renouvelables et, en même temps, entraînent une dégradation dans la crise climatique. La seule vertu que l'on puisse accorder aux gaz de schiste, c'est celle de permettre une sortie un peu plus rapide du charbon, au moins aux États-Unis.

De tous les combustibles, le charbon est celui qui contient le plus de carbone et émet le plus de CO_2 relativement à la quantité d'énergie produite. C'est un facteur de pollution de l'air qui s'étend largement, comprenant des émissions d'oxyde nitreux ou protoxyde d'azote qui constituent la cause principale du smog, des émissions de dioxyde de soufre responsables des pluies acides ainsi que des polluants toxiques tels que l'arsenic et le plomb. La combustion du charbon dégage aussi d'énormes quantités de boues toxiques – la deuxième source de déchets industriels aux États-Unis –, qui sont généralement stockées dans des bassins lagunaires comme celui dont un mur de soutènement a cédé, provoquant, il y a quatre ans, une inondation de certains quartiers d'Harriman, dans le Tennessee de mon enfance.

Autre élément à prendre en compte, la combustion du charbon est la première source de mercure d'origine humaine. Ce polluant extrêmement toxique peut causer des dommages neurologiques entraînant, notamment, une dégradation des aptitudes cognitives, de la capacité de concentration, de la mémoire et de la motricité fine. Aux États-Unis, presque tous les coquillages et tous les poissons contiennent une certaine quantité de méthylmercure provenant des centrales au charbon. C'est essentiellement pour cette raison que les poissons et coquillages sont considérés comme dangereux pour les femmes enceintes ou sur le point de l'être, les mères qui allaitent et les enfants en bas âge. Mais comme la consommation de poisson est bénéfique pour le développement du cerveau, il est recommandé aux femmes enceintes d'en rechercher contenant peu de mercure pour ne pas s'en priver totalement.

Le défaut principal du charbon, c'est son rôle déterminant dans le réchauffement climatique et, même si une forte opposition publique aux États-Unis a permis l'annulation d'un plan prévoyant 166 nouvelles unités de production, sa consommation augmente au niveau planétaire. Environ 1 200 centrales sont en cours d'installation dans 59 pays. Selon les prévisions actuelles, le recours au charbon devrait progresser de 65 % dans les vingt prochaines années, pour finir par devancer le pétrole comme première source d'énergie dans le monde. Le charbon est considéré comme une matière bon marché surtout parce que l'on ne prend jamais en compte les dégâts engendrés par sa combustion. Du coup, des ingénieurs travaillent à améliorer un processus connu de longue date qui permettrait de transformer les réserves souterraines de charbon en gaz qui pourrait être ramené à la surface. Mais, même au cas où l'on parviendrait à améliorer ces techniques, les émissions de CO_2 continueraient à détruire les écosystèmes.

Le pétrole, qui constitue la deuxième source de pollutions à l'origine du réchauffement, contient de 70 à 75 % de la quantité de carbone contenue dans le charbon à énergie produite équivalente. Mais, en plus, la majorité des nouvelles ressources planifiées – sous forme d'huiles de schiste, de forages océaniques de grandes profondeurs, de sables bitumineux (pas seulement au Canada mais aussi au Venezuela, en Russie et ailleurs) – coûteront beaucoup plus cher à produire et seront source d'impacts beaucoup plus graves pour l'environnement. Le pétrole conventionnel est porteur d'autres problèmes que le charbon. La plus grande part du pétrole facilement exploitable se trouve dans des régions telles que le golfe Persique qui sont politiquement et socialement instables. Plusieurs guerres ont déjà eu pour origine des motifs liés à l'accès au pétrole. Avec l'Iran qui est déterminée à développer son armement nucléaire et l'agitation politique qui règne dans nombre de pays de la région, la menace stratégique de perdre l'accès à ces ressources rend les prix du pétrole hautement volatiles.

Bien que les discussions sur les réductions d'émissions de CO_2 aient principalement porté sur les émissions automobiles ou industrielles, il est tout aussi important de réduire les émissions et de favoriser la capture du CO_2 dans les domaines de l'agriculture et de la forêt qui, réunis, sont la deuxième source d'émissions. Comme le montre la courbe de Keeling, la quantité de CO_2 contenue dans la végétation, surtout les arbres, est énorme, correspondant à environ trois quarts de la quantité totale contenue dans l'atmosphère.

Depuis des décennies, la forêt amazonienne, la plus grande forêt tropicale, subit les assauts des aménageurs, des bûcherons, des éleveurs de bétail et des agriculteurs de subsistance, malgré les mesures prises par le gouvernement de l'ancien président Luiz Inácio Lula da Silva. Le gouvernement suivant a modifié la législation rendant caducs les progrès réalisés, le taux de déforestation ayant quand même baissé en 2012. Ces dix dernières années, la région de l'Amazone a été frappée en 2005 et en 2010 par des sécheresses centennales ou plutôt par ce qui était considéré comme tel avant les modifications anthropiques du climat. Ceci a conduit des chercheurs à exprimer à nouveau leurs inquiétudes à propos d'un modèle informatique assez controversé qui prédit la possibilité d'un dépérissement de la forêt amazonienne, si les températures continuent à augmenter, d'ici au milieu du siècle. Une quantité de plus en plus importante des émissions mondiales de CO_2 proviennent de la coupe, de l'assèchement et du brûlage des forêts humides et des tourbières – surtout en Indonésie et en Malaisie – afin d'y établir des plantations d'huile de palme. Selon le Programme environnemental de l'ONU, les tourbières contiennent un tiers de tout le carbone stocké dans le sol. Et bien que les deux gouvernements aient apporté leur soutien, au moins verbal, pour mettre fin à cette pratique destructrice, une corruption endémique a sapé leurs objectifs déclarés. L'absence d'une gouvernance efficace est la cause principale de la déforestation, surtout parce que 80 % du couvert forestier mondial se trouve sur des terres appartenant au secteur public.

Les forêts tropicales sont également soumises à rude épreuve en Afrique centrale et australe, particulièrement au Soudan et en Zambie, ainsi que dans les archipels du Sud-Est asiatique, dont la Papouasie-Nouvelle-Guinée, l'Indonésie, Bornéo et les Philippines. Dans nombre de pays tropicaux, la demande croissante de viande partout dans le monde a grandement contribué à une déforestation qui se fait en faveur de ranchs d'élevage bovin. Ainsi que nous l'avons vu au chapitre 4, cette hausse de la demande de viande a un grand impact sur l'utilisation des terres puisque la production d'un kilo de protéines animales requiert sept kilos de protéines végétales. Les immenses forêts boréales nordiques en Russie, au Canada, en Alaska, en Norvège, en Suède, en Finlande et dans certaines régions en Chine, en Corée et au Japon, sont aussi gravement en danger. De nouvelles estimations des quantités de carbone stockées dans ces forêts, pas seulement dans les arbres, mais aussi dans les sols profonds, ce qui inclut les tourbières souvent riches elles aussi en carbone, ont permis de calculer qu'au moins 22 % de tout le carbone à la surface et sous la surface de la planète se trouve dans ces forêts boréales. Dans les forêts boréales de Russie, de loin la plus vaste surface d'arbres au monde, le mélèze, qui a longtemps prédominé, disparaît au profit de l'épicéa et du sapin. En hiver, contrairement à celles de l'épicéa et du sapin, les aiguilles du mélèze tombent, les rayons du soleil qui passent à travers les branches dénudées sont réverbérés vers l'espace par le manteau neigeux, le sol restant alors gelé. En revanche, quand les aiguilles des conifères restent sur l'arbre et absorbent l'énergie du rayonnement solaire, les températures au sol augmentent, ce qui accélère la fonte de la neige et la décongélation de la toundra. La symbiose étroite entre le mélèze et la toundra est alors interrompue et les deux sont amenés à disparaître. D'ailleurs, des millions de relations symbiotiques de ce type sont ainsi interrompues.

Contrairement à certaines provinces canadiennes qui se sont dotées d'impressionnantes politiques exigeant des activités forestières durables et la limitation des dégâts pouvant être causés par les opérations d'exploitation forestière, la Russie n'a rien entrepris. Et que ce soit en Russie ou en Amérique du Nord, les forêts sont ravagées par les impacts du réchauffement climatique sur les sécheresses, les incendies et les insectes. Les scarabées, avec la hausse des températures, étendent leur domaine et se sont rapidement multipliés au fur et à mesure de la raréfaction des vagues de froid qui en contenaient la prolifération. Dans de nombreuses régions, ils se reproduisent trois fois par été au lieu d'une fois habituellement. Lors des dix dernières années, ce sont plus de 110 000 kilomètres carrés de forêts de l'Ouest américain et du Canada qui ont été dévastés par ce que les experts de la biodiversité de l'ONU ont décrit comme une « invasion sans précédent du scarabée du pin ponderosa ».

Dans les régions montagneuses, la fonte précoce des glaces prive les arbres de l'eau qui leur est nécessaire durant les mois d'été, ce qui augmente encore leur vulnérabilité à la sécheresse. Robert L. Crabtree, un spécialiste de ces questions, a récemment expliqué au *New York Times* : « Beaucoup d'écologistes comme moi commencent à penser que ces agents, tels que les insectes ou les incendies, ne sont qu'une cause secondaire, le vrai coupable étant le stress hydrique dû aux changements climatiques. » L'aridité affaiblit les arbres en les rendant plus vulnérables aux scarabées, et le nombre des feux de forêts – les scientifiques l'ont compris depuis longtemps – est en lien direct avec la montée des températures. Il est aujourd'hui certain que la gestion des forêts telle qu'elle est pratiquée depuis quelques dizaines d'années a contribué au risque, à la fréquence et à la taille des incendies de forêts. Mais les innombrables impacts du réchauffement dépassent, et de très loin, les impacts des pratiques de gestion. Selon les experts, l'échelle des pertes que connaissent les régions déforestées est absolument sans précédent et a pour résultat de gigantesques quantités de CO_2 relâchées dans l'atmosphère. Tout comme la toundra arctique, les grandes forêts du monde retiennent, dans les arbres, dans les plantes, dans les sols et dans la litière forestière qui les recouvre, de très importantes quantités de CO_2. Il se pourrait d'ailleurs que la grande forêt nordique boréale du Canada et de l'Alaska soit devenue un contributeur net aux niveaux de CO_2 dans l'atmosphère, alors qu'elle devrait être un « réservoir » net, accumulant du CO_2 au fur et à mesure de la croissance des arbres.

Si les nutriments adéquats sont disponibles, le CO_2 supplémentaire dans l'atmosphère recèle le potentiel de stimuler la pousse additionnelle d'arbres, bien que dans le même temps les experts pointent certains facteurs limitants, tels que la disponibilité en eau, la menace grandissante des insectes et des incendies, qui vont rendre ce potentiel inopérant. Cependant, en dépit de ces disparitions colossales en milieu forestier, la perte *nette* des forêts a ralenti ces dernières années, premièrement grâce à la plantation de forêts nouvelles, mais aussi grâce à la repousse naturelle des arbres sur des terres agricoles abandonnées. Selon l'ONU, la repousse est surtout marquante dans les zones tempérées, dans l'est de l'Amérique du Nord, en Europe, au Caucase et en Asie centrale, et, selon une étude récente, parvenir à diviser par deux le taux de déforestation à l'horizon 2030 permettrait d'économiser à l'échelle mondiale 3 700 milliards de dollars en coûts environnementaux.

La Chine est le leader mondial en termes de plantation arboricole ; en fait, sur les dernières années, le pays a planté 40 % du total des arbres plantés dans le monde. Depuis 1981, il est officiellement demandé à tous les citoyens chinois entre 11 et 60 ans de planter au moins trois arbres par an et, à ce jour, l'Empire du Milieu a reboisé plus de 40 millions d'hectares. Viennent ensuite les pays qui présentent des gains nets en nombre d'arbres, comme les États-Unis, l'Inde, le Vietnam et l'Espagne. Malheureusement, très souvent, ces nouvelles forêts ne comprennent qu'une seule essence, ce qui a pour effet de fortement diminuer la biodiversité animale et végétale, si l'on compare aux nombreuses variétés que l'on trouve dans les riches forêts primaires aux essences variées.

La quantité de carbone stockée dans les premiers mètres du sol (principalement sur les 10,57 % de la Terre recouverts de sols arables) représente presque deux fois tout le carbone de la végétation et de l'atmosphère réunies. En réalité, bien avant la révolution industrielle et l'adoption du charbon et du pétrole comme principales sources d'énergie au niveau mondial, le relâchement de CO_2 par les labours et la dégradation des sols avait contribué significativement à l'excès de CO_2 dans l'air. D'après certaines estimations, depuis 1800, 60 % environ du carbone qui était stocké dans les sols, les arbres et les autres végétations, a été relâché dans l'atmosphère par les déboisements agricoles et l'urbanisation.

Les techniques agricoles industrielles modernes, qui s'appuient sur le labour, la monoculture et le recours massif aux fertilisants synthétiques azotés, continuent à relâcher du CO_2 dans l'atmosphère, appauvrissant les sols en bonne santé. Le labour favorise l'érosion des terres arables par l'eau et le vent ; la monoculture, en prenant la place de la polyculture et de la rotation des cultures, empêche la restauration naturelle des sols ; et l'usage d'engrais azotés ressemble à celui des stéroïdes : ils dopent la croissance des plantes aux dépens de la santé du sol et interfèrent avec la séquestration du carbone organique des sols.

L'abandon des cultures vivrières au profit de plantes destinées à la fabrication de biocarburants a également produit plus de CO_2 tout en encourageant une destruction accrue de zones forestières, soit directement dans le cas des forêts humides, soit indirectement en poussant les agriculteurs à déboiser pour remplacer les terres sur lesquelles ils plantaient. Je l'ai déjà reconnu publiquement, j'ai commis une erreur à l'époque où j'étais en poste au gouvernement, en soutenant les premiers programmes de production d'éthanol, car je croyais que les biocarburants apporteraient une réduction significative des émissions de CO_2 en remplaçant les produits pétroliers. Les calculs faits à l'époque se sont révélés faux, et moi et d'autres n'avons pas su anticiper la croissance très rapide des biocarburants ni la place considérable qu'ils ont prise un peu partout dans le monde.

L'extinction des espèces

La destruction des forêts, en particulier les forêts tropicales qui sont riches en biodiversité, est un des premiers facteurs, avec le réchauffement climatique, qui nous entraînent vers ce que les biologistes considèrent comme la pire conséquence de la crise environnementale : une vague d'extinction qui pourrait potentiellement atteindre de 20 à 50 % de toutes les espèces vivant sur la Terre d'ici à cent ans.

Une telle quantité de chaleur est d'ores et déjà capturée dans le processus du réchauffement que les moyennes mondiales des températures augmentent beaucoup plus vite que le rythme auquel la plupart des animaux et des végétaux peuvent s'adapter. Au premier stade, ce sont les amphibiens qui sont les plus menacés, dont de multiples variétés de grenouilles, de crapauds, de salamandres et d'autres encore qui risquent de s'éteindre partout dans le monde à grande vitesse. Aujourd'hui, un tiers environ des amphibiens est en grand danger et 50 % des espèces sont déjà en diminution. Les experts ont par ailleurs découvert qu'en plus du changement climatique et des destructions de leurs habitats, les amphibiens ont été frappés par une maladie fongique qui peut d'ailleurs être reliée au réchauffement global. Les coraux, nous en avons parlé, font aussi face à un risque grandissant de disparition. Selon les experts, les autres facteurs qui concourent à cet épisode d'extinction incluent, en plus du réchauffement et de la déforestation, la destruction d'habitats vitaux tels que les zones humides et les récifs coralliens, les pollutions toxiques d'origine humaine, les espèces invasives et la surexploitation de certains espèces par l'homme. Beaucoup d'espèces africaines sont particulièrement menacées par le braconnage et l'empiétement d'activités humaines sur leur territoire, souvent par la conversion de zones sauvages en terres agricoles.

Le monde a déjà connu cinq grandes périodes d'extinction depuis 450 millions d'années et, si certaines ne sont pas très bien documentées, la plus récente, il y a 65 millions d'années, époque où les dinosaures ont disparu, fut causée par un gros astéroïde qui s'est écrasé sur la région de l'actuel Yucatán, au Mexique. Au contraire des cinq premières périodes d'extinction qui avaient toutes une origine naturelle, celle d'aujourd'hui, selon les mots du célèbre biologiste E. O. Wilson, « est totalement précipitée par l'homme ».

De nombreuses espèces animales et végétales sont forcées à migrer vers des latitudes plus hautes, au nord pour l'hémisphère Nord, au sud pour l'hémisphère Sud (une étude de grande envergure a démontré que les plantes et les animaux se déplacent en direction des pôles de 6,1 kilomètres par décennie), et vers des altitudes plus élevées, là où elles existent. Une étude couvrant cent ans d'enquêtes animalières dans le Yosemite National Park a montré que la moitié des espèces de montagne ont, en moyenne, gagné 500 mètres en altitude. Lorsqu'elles ont atteint le pôle et les sommets, ne pouvant aller plus loin ou plus haut, certaines espèces sont alors poussées à l'extinction, comme si elles étaient expulsées de la planète. D'autres, parce qu'elles ne peuvent pas se déplacer vers de nouveaux habitats aussi vite que le climat change, sont aussi dirigées vers la case extinction. Une récente étude de l'université Duke pour la National Science Foundation a là aussi montré que plus de la moitié des espèces d'arbres de l'est des États-Unis sont en danger car elles n'arrivent pas à s'adapter assez rapidement au changement climatique.

On estime que les menaces d'extinction augmentent pour près de 25 % de toutes les espèces végétales. Les agronomes sont très inquiets à propos de variétés sauvages d'espèces alimentaires. De par le monde, il existe douze Centres de diversité, nommé Centres de diversité Vavilov d'après le nom de Nikolaï Vavilov, un grand scientifique russe dont les collègues sont morts de faim durant le siège de Leningrad en voulant protéger les graines qu'il avait collectées partout dans le monde. L'un d'entre eux a laissé une lettre, qui fut retrouvée avec cette énorme collection intacte : « Au milieu d'un monde pris dans les flammes de la guerre, nous voulons protéger cette collection pour l'avenir des peuples. » Pour avoir critiqué Trofim Lyssenko, Vavilov fut lui-même persécuté, arrêté et condamné à mort.

Les anciennes régions de cultures vivrières sont le berceau d'une abondante diversité génétique qui constitue un trésor pour les généticiens à la recherche de caractéristiques qui pourraient les aider à faire survivre et à adapter des variétés aux nouveaux nuisibles et aux nouvelles conditions environnementales. Mais beaucoup d'entre elles ont déjà disparu et d'autres sont menacées par divers facteurs comme le développement, la monoculture, la guerre et bien d'autres encore. La Convention de l'ONU sur la diversité biologique constate, entre autres exemples, que le nombre de variétés de riz cultivées en Chine a décru de 46 000 dans les années 1950 à seulement 1 000 à l'heure actuelle. Des banques de graines du type de celle que Vavilov avait créée établissent des catalogues et stockent un grand nombre de variétés. C'est la Norvège qui a pris le leadership en ce domaine avec la mise en œuvre d'un lieu de stockage parfaitement sûr, une salle souterraine voûtée creusée dans le roc à Svalbard, au nord du Cercle arctique, un précieux moyen de préservation pour l'avenir de l'humanité.

La disparition d'espèces vivantes avec lesquelles nous partageons la planète, les destructions à grande échelle de paysages et d'habitats que des centaines de générations ont considérés comme leur « foyer » devraient, ainsi que toutes les autres conséquences multiples et variées de la crise climatique, nous conduire tous à prendre conscience de l'obligation morale que nous avons vis-à-vis de nos enfants et petits-enfants. Ceux qui ont compris la gravité de la crise non seulement ont modifié leur comportement mais demandent aussi de toute urgence à leurs gouvernements d'entreprendre les changements radicaux qui s'imposent afin de sécuriser le futur.

Pour aller de l'avant

On s'accorde à dire qu'il existe quatre sortes d'options politiques pour agir sur la crise climatique. La première et la plus importante de ces options serait une politique de taxation visant à décourager les émissions de CO_2 et à favoriser l'adoption plus rapide de technologies alternatives. Les experts considèrent qu'une taxe fondée sur une assiette large et en augmentation régulière serait le moyen le plus efficace pour pousser le marché vers une économie moins gourmande en carbone.

Les économistes ont compris depuis longtemps que ces taxes ne se contentent pas de remplir les poches des gouvernements qui les mettent en place : jusqu'à un certain point au moins, elles réduisent voire découragent les activités ainsi taxées. En insistant sur leur volonté d'ajuster le niveau de coût que l'on peut attribuer à la production de CO_2 et d'autres gaz à effet de serre, les gouvernements envoient un signal puissant aux marchés, ce qui, dans le meilleur des cas, libère la créativité des entrepreneurs et des décideurs pour se mettre en quête des meilleurs moyens en coûts et en qualité pour combattre le réchauffement global. C'est la raison pour laquelle, pendant trente-cinq ans, j'ai soutenu la taxe carbone comme étant le meilleur moyen de réussir. Il s'agit également de la mettre en place de façon progressive afin d'envoyer aux industries et aux citoyens le signal durable que l'on agit sur le long terme. Les taxes étant toujours impopulaires, il faut beaucoup de détermination pour les mettre en œuvre et, dans la mesure du possible, des accords bipartites. Au vu de ces faits politiques simples mais parlants, j'ai toujours recommandé de coupler la taxe carbone avec des réductions équivalentes sur d'autres impôts. Malheureusement, la plupart des gens veulent bien croire que l'État va mettre une taxation en œuvre mais ils ont plus de mal à voir qu'ils en tireront un bénéfice sous une autre forme. Aux États-Unis, depuis quarante ans, la campagne menée par une alliance conservatrice au service des entreprises et de l'élite des affaires a parfaitement fonctionné en diabolisant le gouvernement à tous les niveaux et en poursuivant une stratégie du type « servez-vous sur la bête » qui se concentre sur une opposition féroce à tout nouvel impôt ou taxe, à moins que ladite taxe ne s'abatte sur les petits revenus.

D'autres versions de cette proposition la couplaient sur le CO_2 avec un système de remboursement aux contribuables. Dans cette optique, parfois appelée « cotiser et encaisser », ceux qui réussissent à réduire leurs émissions de CO_2 *reçoivent* de l'argent ou peuvent l'investir dans des technologies plus efficaces ou dans les énergies renouvelables. Une autre version encore, présentée devant le Congrès en 2012 mais non votée, prévoyait de restituer aux contribuables les deux tiers de la taxe prélevée et d'utiliser le tiers restant à la réduction du déficit budgétaire. Malheureusement, les tenaces et éternelles oppositions à tout nouvel impôt – même neutres en termes de revenus – ont rendu difficile la construction d'un soutien à la seule stratégie valable dans la lutte climatique, la taxe carbone.

Le second volet de ces options concerne l'utilisation des subsides ainsi récoltés. La première mesure à prendre est de supprimer toutes les subventions qui encouragent l'utilisation des énergies fossiles. Aux États-Unis, par exemple, 4 milliards de dollars chaque année vont dans la poche des entreprises du carbone. En Inde, pour pointer un autre exemple, le kérosène, le moins propre des combustibles, est lourdement subventionné. Au contraire, les gouvernements devraient fortement aider le développement des énergies renouvelables, au moins jusqu'à ce qu'elles atteignent le stade de la production qui permettra des réductions de coûts qui les rendront compétitives face à des énergies fossiles non subventionnées. Cette politique serait encore plus efficace en couplage avec une taxe carbone et si le prix des combustibles fossiles incluait les dépenses énormes qu'ils imposent à la société.

Des subventions publiques modestes ont déjà réussi à faire adopter plus rapidement des énergies renouvelables en leur permettant d'afficher des prix qui les rendent compétitives vis-à-vis du charbon et du pétrole grâce à des réductions de coûts associées à une production à plus grande échelle. Le solaire et l'éolien ne sont plus qu'à quelques années de ce seuil. Et encore les grands pollueurs et leurs alliés ont-ils travaillé d'arrache-pied pour faire supprimer les aides aux énergies renouvelables avant que ces technologies propres ne deviennent compétitives face aux énergies sales, ce qui ne manque pas de sel, lorsque l'on sait que les subventions pour les énergies fossiles excèdent, et de loin, celles dévolues aux renouvelables, même si ces dernières sont critiquées par leurs adversaires qui les mettent dans le même sac les subventions pour le nucléaire, les technologies du charbon prétendument propres et quelques autres options qui ne relèvent pas du renouvelable.

Le troisième choix politique consiste en un subventionnement indirect des énergies renouvelables sous la forme d'une obligation pour les installations publiques à tirer un certain pourcentage de leur électricité à partir de sources durables. Ce mécanisme a déjà fonctionné dans plusieurs pays, même si, là aussi, on rencontre de fortes oppositions. Plusieurs États américains, dont en premier lieu la Californie, ont adopté avec succès cette approche qui constitue maintenant le facteur principal dans le développement des énergies renouvelables aux États-Unis. L'Allemagne est peut-être, à ce sujet, le pays qui a le mieux su utiliser cette stratégie qui vise à stimuler l'adoption rapide du solaire et de l'éolien. D'une manière générale, la combinaison de subventions pour un développement accéléré des énergies renouvelables avec l'obligation pour les installations publiques de produire une part de leur énergie en renouvelable, a contribué à une avancée bien au-delà de ce qui avait été prédit. En 2002, un consultant majeur du domaine avait prévu que l'on atteindrait, au niveau mondial, 1 gigawatt d'électricité solaire en 2010 ; la quantité produite a été dix-sept fois plus importante. La Banque mondiale avait projeté en 1996 que la Chine installerait 500 mégawatts de solaire en 2020. En 2010, elle en avait installé le double.

Les projections faites par le passé sur la montée en puissance de l'éolien se sont révélées trop pessimistes. Le ministère américain de l'Énergie prévoyait en 1999 que la capacité éolienne du pays atteindrait 10 gigawatts en 2010. Ce niveau fut atteint dès 2006 et depuis la production a quadruplé. En 2000, l'Agence américaine d'information sur l'énergie imaginait que la production mondiale de l'éolien serait de 30 gigawatts en 2010. En réalité, ce fut sept fois plus. La même agence pensait aussi que la Chine installerait 2 gigawatts d'éolien à l'horizon 2010 ; en 2010, la Chine atteignait 44 gigawatts et l'on pense qu'elle sera à 150 en 2020.

Cela dit, comme l'a fait remarquer Dave Roberts du magazine environnemental *Grist*, on a déjà vu « des prévisions tomber totalement à côté de la plaque ». Au démarrage de la révolution du téléphone portable, l'industrie et les investisseurs avaient très largement sous-estimé la rapidité avec laquelle cette technologie nouvelle allait se répandre. De même, après l'embargo pétrolier de l'OPEP dans les années 1970, les projections sur l'adoption de mesures d'efficience énergétique furent très en dessous de la réalité. Ce que ces deux exemples ont en commun avec les énergies renouvelables, c'est que toutes ces technologies sont « largement dispersées » et connaissent des croissances exponentielles dont il est difficile de prévoir qu'elles vont entrer dans un cercle vertueux, dans lequel l'augmentation de la production entraîne une baisse ultrarapide des coûts qui eux-mêmes dopent à nouveau la croissance.

Le précédent le plus connu de ce type de phénomène n'est autre que l'industrie de la puce informatique. Nous l'avons vu plus haut, la loi de Moore, qui prédisait avec précision la diminution continue de 50 % des coûts de production tous les dix-huit à vingt-quatre mois, n'est pas une loi naturelle mais au contraire un loi qui gouverne les investissements. Dans les premiers jours de la révolution informatique, il y a plus de soixante ans, les fabricants de puces parvinrent à deux conclusions : d'abord le marché potentiel pour les puces informatiques était énorme et grandissait à vue d'œil, presque sans limites, puis les voies de ce développement ne pouvaient passer que par l'innovation. Forts de ces deux certitudes, les principaux fabricants consacrèrent des sommes considérables à la recherche et au développement dans l'objectif de protéger leurs parts de marché face à la concurrence. Avec le temps, un consensus collectif se fit autour de l'idée qu'aussi longtemps qu'ils pourraient continuer à réduire les coûts au rythme de la loi de Moore, ils pourraient maintenir voire accroître leurs parts de marché. En d'autres termes, de description du passé, la loi de Moore s'était transformée en prophétie autoréalisatrice. Mais les stratégies conçues pour créer une attente rationnelle d'un marché des énergies renouvelables en croissance régulière peuvent accentuer une réduction semblable et durable des coûts des énergies renouvelables.

La quatrième option serait un système de plafonnement et d'échanges de droits d'émission de gaz à effet de serre. Cette proposition présente aussi l'avantage de mobiliser les marchés et d'en faire des acteurs de la réduction du CO_2. Même si ce mécanisme fait l'objet de critiques virulentes, ce système de plafonnement et d'échanges a la faveur de nombreux experts qui y voient la meilleure approche pour parvenir à un accord généralisé. Bien que je sois moi-même favorable à une taxe carbone, un des désavantages que présente cette solution est la difficulté qu'il y a à coordonner des taxes nationales instaurées dans divers pays selon des modes et des contraintes très différents. C'est en cela que le système de plafonnement et d'échanges serait en soi beaucoup plus pratique en vue d'une harmonisation entre des pays qui présentent par ailleurs des systèmes d'imposition tous différents.

Ce système est fondé sur une politique qui avait parfaitement fonctionné, mise en place par l'ancien président George H. W. Bush, qui avait pour objectif de réduire les émissions de dioxyde de soufre (SO_2) et donc les pluies acides sur les États qui se trouvent sous le vent des centrales à charbon du Midwest. Cette stratégie fut adoptée par les républicains comme une alternative acceptable en lieu et place d'un contrôle qui se serait appliqué centrale par centrale. Ce projet supposait qu'un plafonnement progressivement abaissé, couplé avec la possibilité d'acheter et de vendre des « permis de polluer », maximiserait les réductions d'émissions en donnant un avantage aux entreprises les plus efficaces en termes de réductions, tout en accordant un peu plus de temps à celles qui auraient plus de difficultés en ce domaine, et les résultats furent incroyablement positifs. Les émissions diminuèrent bien plus vite que prévu et à un coup bien moindre que ce que l'on pouvait imaginer. En conséquence, les partisans des réductions de CO_2 ont pensé que ce mécanisme pourrait constituer un compromis efficace dans la lutte contre le réchauffement climatique. Mais malheureusement, dès que ce système fut présenté comme un compromis gagnant-gagnant, de nombreux conservateurs qui avait pourtant à l'origine soutenu le projet changèrent leur fusil d'épaule et le qualifièrent de taxe déguisée. Puis les entreprises de combustibles fossiles et leurs alliés idéologiques paralysèrent le processus de décision que ce soit aux États-Unis ou au niveau mondial.

Pendant de nombreuses années, l'effort pour parvenir à un consensus global dans la crise du climat fut perturbé par la faille béante qui sépare les nations riches et les nations pauvres, les pays pauvres insistant sur la priorité qui est la leur, à savoir parvenir à un développement économique tel qu'il a pu advenir dans les pays riches, ce qui signifiait qu'ils ne pouvaient se permettre de participer à l'effort général de réduction des émissions. Les accords suivants proposèrent systématiquement de faire porter l'effort sur les seuls pays riches, repoussant les obligations des pays en développement à de futurs rounds de négociations car le besoin en énergie pour soutenir un développement économique durable dans les pays pauvres augmente et devient même aigu. On estime à 1,3 milliard le nombre de personnes qui n'ont toujours aucun accès à l'électricité sur la planète. Malgré une forte diminution de la pauvreté globale, le revenu par habitant de nombreux pays pauvres est encore si bas qu'il est facile de comprendre pourquoi ils se sont opposés à toutes contraintes sur une possible augmentation des émissions de CO_2 alors que les pays riches ont assis leur développement économique sur un usage prodigue des énergies fossiles.

Beaucoup de choses ont changé, cependant. La réalité de la crise du climat est devenue beaucoup plus apparente dans les pays en développement qui doivent en affronter les terribles conséquences et qui se battent pour trouver les ressources nécessaires et reconstruire après les catastrophes qu'ils subissent. Ils sont aussi à la recherche de compétences que l'on trouve plus facilement dans les pays développés. Cette situation a conduit la plupart des pays en développement à changer d'attitude ; ils poussent maintenant la communauté mondiale à agir sur le climat même si cela implique qu'ils doivent eux aussi prendre leur part de la charge. La Banque mondiale estime que les trois quarts du coût des perturbations liées au climat seront supportés par les pays en développement, qui pour la plupart manquent cruellement des ressources et des compétences requises pour faire face. Les dépenses nécessaires à la mise en route des énergies durables dans le monde en développement dépassent maintenant celles des pays riches. Selon David Wheeler du Center for Global Development, depuis 2002, les pays en développement sont maintenant responsables des deux tiers des nouveaux équipements en énergies renouvelables dans le monde et comptent plus de la moitié des installations en énergies renouvelables.

Les pays riches eux-mêmes sont obligés de reconnaître le tribut économique qu'il faut payer aux désastres climatiques. Aux États-Unis, qui sont encore le pays le plus riche du monde, de nouvelles polémiques sont apparues à propos des coûts toujours plus élevés des secours en cas de catastrophes et elles ont conduit à des coupes budgétaires dans les programmes de secours d'urgence. Nombre de villes ou de villages ont du coup beaucoup de mal à se remettre sur pied après le passage de telles calamités. Mais la période 2011-2012 fut une sérieuse alerte.

En 2011, les États-Unis ont connu huit catastrophes climatiques majeures, chacune ayant atteint un coût supérieur à 1 milliard de dollars. La tempête tropicale Irène, qui a frôlé New York, a quant à elle causé 15 milliards de dégâts. Le Texas a connu sa pire sécheresse et les plus hautes températures de son histoire ainsi que des incendies dans 240 de ses 242 comtés. Des milliers de records de température ont été battus. Des tornades, les climatologues ne sont toujours pas d'accord pour considérer qu'elles sont liées au réchauffement (en partie parce que les enregistrements météorologiques anciens ne sont pas complets et parfois imprécis), ont ravagé Tuscaloosa en Alabama, Joplin dans le Missouri et bien d'autres villes ou villages. Sept d'entre elles ont causé des dégâts supérieurs à 1 milliard de dollars. En 2012, plus de la moitié des comtés du pays ont souffert de sécheresse et l'ouragan Sandy a coûté au moins 71 milliards de dollars.

Une des objections principales au système plafonnement et permis d'émissions aux États-Unis était fondée sur la crainte que les pays en développement ne seraient pas soumis à la loi et que donc les industries américaines connaîtraient un désavantage compétitif. Depuis vingt ans, l'émergence de Earth Inc. a surtout inspiré chez les ouvriers américains et ceux des autres pays développés la crainte que leurs emplois leur seraient enlevés pour être donnés aux ouvriers de pays plus pauvres, là où le travail est moins cher et où des technologies plus avancées commencent à être disponibles. Par conséquent, le moindre avantage compétitif qui pourrait être accordé aux pays en développement constitue une sorte de poison politique dans le monde industriel. C'est une des nombreuses raisons pour lesquelles existent des propositions d'intégrer les réductions de CO_2 dans la définition de l'Organisation mondiale du commerce de ce qu'il est permis de faire en matière d'« ajustement aux frontières », à savoir ajouter le coût des réductions de CO_2 aux prix des biens importés d'un pays qui n'exige pas ces baisses d'émissions dans un pays qui les exige. En 2009, l'Organisation mondiale du commerce et le Programme environnemental de l'ONU ont conjointement publié un rapport soutenant ces ajustements.

J'ai longtemps soutenu haut et fort un marché de libre échange réciproque, même si cette position ne m'a pas attiré que des amis dans mon propre parti. Et je continue fermement à croire en un commerce international ouvert et loyal. Mais les bonnes règles sont celles qui créent et permettent de maintenir des règles du jeu équitables et, selon moi, les réductions de CO_2 entrent tout à fait dans les facteurs qui doivent être inclus dans les ajustements aux frontières. Lorsque j'étais vice-président, j'ai participé avec d'autres aux négociations sur un traité global à Kyoto, au Japon, qui visait à adopter le système de plafonnement et de permis d'émissions comme socle de l'effort mondial dans la réduction des émissions de CO_2. Le protocole de Kyoto fut adopté par 191 pays, par l'Union européenne dans son ensemble, et, en dépit du refus des États-Unis de participer et de problèmes de mise en œuvre, il a été une réussite dans la plupart des pays ou régions où il a été mis en place. Car même si quelques nations ont abusé du système des crédits carbone et si des problèmes sont apparus aux premiers jours de la mise en œuvre en Europe, presque tous les pays qui ont su correctement mettre le système en place sont sur le point d'aboutir à de fortes réductions des émissions. Comme le précise Bill Hare, analyste en stratégie politique du Potsdam Institute for Climate Impact Research : « Je ne vois pas d'autre façon de faire. Les autres stratégies seraient de toute façon difficiles à négocier. Le marché du carbone est peut-être complexe, mais après tout nous vivons dans un monde complexe. »

Malheureusement, la décision des États-Unis de ne pas signer le Protocole de Kyoto et le non-engagement de la Chine et d'autres pays « en développement » (à cette époque, la Chine était encore placée dans la catégorie « pays en développement ») signifient que les deux plus grands émetteurs de polluants responsables du réchauffement global ne sont pas pris en compte.

Si les États-Unis *avaient* participé à ce grand mouvement de mise en conformité, celui-ci aurait été assez puissant pour entraîner les pays en développement dans la seconde phase du traité comme cela était initialement prévu. Alors que le système politique américain est encore paralysé à son niveau fédéral, les gouvernements de nombreux autres pays vont adopter de nouvelles législations face aux dangers qui menacent et aux opportunités qu'il faut saisir. En plus de l'Union européenne, la Suisse, la Nouvelle-Zélande, le Japon, une province du Canada et vingt États américains sont sur le point eux aussi d'adopter le système plafonnement et permis. Plus significatif encore, la Californie a mis le sien en œuvre en 2012. L'Australie, le plus grand exportateur de charbon au monde, a adopté en même temps une taxe carbone et un système plafond/permis d'ailleurs lié au système de l'Union européenne. La Corée du Sud est aussi en passe de mettre en place son propre système comme quatorze autres pays qui ont formellement annoncé l'adoption imminente des leurs : le Brésil, le Chili, la Colombie, le Costa Rica, l'Inde, l'Indonésie, la Jordanie, le Mexique, le Maroc, l'Afrique du Sud, la Thaïlande, la Turquie, l'Ukraine et le Vietnam. Wolfgang Sterck, du Wuppertal Institut en Allemagne, précise à ce sujet : « Le marché du carbone n'est pas mort [...]. Si un tel système apparaît en Chine, selon le modèle choisi et sa portée, il pourrait devenir le plus grand marché du monde et les quotas envisagés pourraient fournir un bon indice pour l'établissement des prix. »

La Chine est en train de mettre en œuvre un système plafond/permis dans cinq de ses villes (Pékin, Tianjin, Shanghai, Chongqing et Shenzhen) et deux de ses provinces (le Guangdong et le Hubei). Ces projets pilotes sont prévus pour être sur les rails en 2013 afin de fournir un retour d'expérience qui sera utilisé pour sa mise en place nationale en 2015. Comme pour d'autres engagements pris par le gouvernement chinois, il reste à l'étranger une part de scepticisme quant à sa capacité à suivre le plan jusqu'à son terme. Mais les observateurs ont effectivement remarqué que des progrès ont été faits sur la plupart de ces sites pilotes. Au total, les zones de ces sites pilotes représentent près de 20 % de la population chinoise et près de 30 % de ses exportations. L'engagement de la Chine en faveur des énergies durables a à la fois aidé et gêné la capacité mondiale à trouver des solutions face à la crise climatique. Mais, en limitant les importations et en recourant aux subventions pour faire baisser le prix des technologies du renouvelable sous le niveau à partir duquel les entreprises occidentales ne peuvent plus s'aligner, la Chine a servi ses propres intérêts en se mettant en position de dominer ce que les experts pensent être un des marchés clés du XXIe siècle et, dans le même temps, a empêché les autres pays de récolter les fruits de ce qui aurait dû être une compétition équitable permettant de faire progresser rapidement ces technologies.

En 2011, les États-Unis ont officiellement porté plainte contre la Chine pour avoir supposément recouru à des subventions irrégulières afin de favoriser ses fabricants de solaire et d'éolien. En 2012, les États-Unis ont mis en place des taxes d'environ 30 % sur les importations de panneaux solaires chinois, alors que l'Union européenne songe à déposer une plainte similaire. Néanmoins, en dépit de tous ces problèmes, les prix bas résultant de l'engagement chinois et de ses subventions ont permis de porter les échelles de production à des niveaux que personne n'avait anticipés, ce qui a aussi produit des baisses de coûts bien plus fortes que prévu. L'engagement tout à fait impressionnant de la Chine en faveur du solaire et de l'éolien a donné des idées à de nombreux autres pays, mais, dans le même temps, la Chine continue à investir massivement dans des centrales au charbon de nouvelle génération, et elle est ainsi devenue le premier pollueur mondial. Tout le monde comprend l'importance qu'il y a à ce que la Chine poursuive son développement commercial et industriel afin de réduire quelque peu la pauvreté extrême qui règne dans le pays, où l'on observe aussi des mouvements de protestation de plus en plus affirmés contre les sources d'énergie polluantes.

Au cours des dix dernières années, la consommation chinoise d'énergie a augmenté de plus de 150 % et dépassé celle des États-Unis. Mais, contrairement à ceux-ci, la Chine tire encore 70 % de son énergie du charbon. Sa consommation a augmenté de 200 % pendant la même décennie, jusqu'à atteindre trois fois celle des États-Unis. La Chine est à la fois le plus grand importateur mondial de charbon (suivie par le Japon, la Corée du Sud et l'Inde) et, de loin, le plus gros producteur, extrayant la moitié du charbon du monde, soit deux fois et demie la production des États-Unis qui restent le deuxième producteur mondial. En fait, l'augmentation de la consommation chinoise entre 2007 et 2012 correspond à elle seule à la consommation américaine. Enfin, Pékin a proposé un plafonnement de sa production et de son utilisation en 2015, même si de nombreux experts doutent quelque peu de la capacité du pays à pouvoir rester sous ce plafond. Même si l'appétit en pétrole de la Chine fait pâle figure à côté de sa consommation de charbon, la quantité totale consommée par le pays a doublé pendant les années 1990, doublé encore pendant la première décennie des années 2000 et est aujourd'hui la deuxième au monde, derrière celle des États-Unis. Pour la première fois en 2010, les exportations de l'Arabie Saoudite vers la Chine ont dépassé celles vers les États-Unis. Mais, en 2012, les réserves chinoises en pétrole semblent avoir atteint leur pic et, même si les Chinois développent fortement les forages offshore, ils importent déjà la moitié du pétrole qu'ils utilisent et l'Agence de l'énergie des États-Unis prédit que dans vingt ans ce chiffre atteindra les trois quarts.

Les experts en sécurité ont également fait remarquer que cette tendance a des implications dans la politique étrangère du pays, notamment dans des régions comme la Chine du Sud et sur ses engagements appuyés vis-à-vis de pays pétroliers d'Afrique et du Moyen-Orient. Ironie de l'Histoire, après l'invasion de l'Irak par les États-Unis, au moins en partie pour assurer la sécurité des approvisionnements par le golfe Persique, la Chine est devenue le premier investisseur dans le domaine pétrolier en Irak.

En Chine, la consommation d'énergie par habitant ne représente qu'une fraction de celle des États-Unis ou d'autres pays développés, et pourtant ses émissions par habitant de CO_2 approchent celles de l'Europe. Depuis les réformes de Deng Xiaoping, il y a plus de trente ans, la Chine a transformé une grande partie de son économie, passant de l'agriculture à l'industrie, avec une transition très énergivore puisque les énergies fossiles étaient subventionnées. Cependant, tous les pays qui ont eu recours à cette stratégie ont vu leur efficacité énergétique diminuer. En fait, les tarifs de l'électricité, le prix des produits pétroliers et du gaz naturel sont tous fixés par le gouvernement à des niveaux inférieurs aux cours internationaux, bien qu'il y ait à Pékin même un véritable débat pour savoir s'il faut laisser flotter les tarifs de l'énergie jusqu'au niveau du marché. En fin de compte, la Chine connaît encore un retard certain par rapport à d'autres puissances économiques dans le domaine crucial de l'efficacité énergétique. Devant faire face à un défi énergétique et à d'énormes émissions de CO_2, la Chine a mis en œuvre toute une série de mesures pour développer la production et l'utilisation d'énergies renouvelables. Dans son dernier plan quinquennal, elle a prévu d'investir près de 500 milliards de dollars dans les énergies propres. Elle a aussi recours à une complexe grille tarifaire de rachat de l'énergie, inspirée d'un système allemand qui a bien fonctionné, ainsi qu'à d'autres méthodes comme les crédits d'impôts et l'obligation pour les usines d'utiliser un pourcentage minimal d'énergie durable.

La Chine ne se contente pas de plafonner l'utilisation du charbon. Elle s'est aussi fixé un certain nombre d'objectifs en termes de réduction de CO_2 pour chaque domaine de croissance. Pan Yue, ancien vice-ministre chargé de la Protection environnementale, a ainsi déclaré en 2005 que « le miracle économique chinois va bientôt prendre fin parce que l'environnement ne peut plus suivre le rythme ». Mais, depuis quelques années, des tensions sont apparues entre les objectifs fixés par le gouvernement national et les stratégies de mise en œuvre poursuivies par les gouvernements régionaux dont les intérêts s'entrecroisent avec ceux des utilisateurs industriels. Pour preuve du sérieux du gouvernement national dans la lutte contre les émissions de CO_2 et les gaspillages d'énergies, en 2011, Pékin a envoyé des contrôleurs officiels dans différentes régions pour faire fermer discrètement certaines usines afin de s'assurer que ses objectifs seraient bien atteints. Et puis, plus récemment, le gouvernement a lié la promotion des responsables locaux et régionaux à leur réussite en ces domaines.

Dans le secteur des énergies renouvelables, comme nous l'avons vu, la Chine domine la production mondiale d'éoliennes et de panneaux solaires, mais a fait moins de progrès dans l'installation de panneaux solaires que dans l'installation d'éoliennes, en partie parce qu'elle exporte 95 % des panneaux qu'elle produit, dont une grande partie aux États-Unis. Ces dernières années, 50 % des éoliennes installées dans le monde l'ont été en Chine, encore que presque un tiers d'entre elles n'est pas raccordé au réseau électrique ou soient connectées à des lignes qui ne supportent pas la tension du réseau. Le gouvernement central est, d'ailleurs, en train de mettre en œuvre un plan ambitieux visant à construire le plus vaste et le meilleur « super-réseau électrique » au monde afin de remédier à ces questions. Pékin a annoncé vouloir dépenser 269 milliards de dollars dans les toutes prochaines années pour construire 200 000 kilomètres de lignes haute tension, ce qui a été vu par un journal spécialisé comme un « effort presque équivalent à reconstruire à partir de rien le réseau haute tension de 257 500 kilomètres des États-Unis ».

De nombreux pays le savent aujourd'hui, des réseaux intelligents et à haute capacité sont essentiels si l'on veut pouvoir utiliser des sources d'énergie intermittentes comme dans le cas de l'éolien et du solaire, et parce qu'il faut aussi transporter l'électricité d'origine renouvelable des régions à fort potentiel où elle est produite vers les villes où elle sera utilisée. Au fur et à mesure que le pourcentage d'électricité venu de ces sources-là augmente, l'importante des super-réseaux intelligents augmente aussi. Il existe aussi des plans pour relier les régions à fort potentiel solaire de l'Afrique du Nord et du Moyen-Orient à l'Europe. Des projets similaires sont sur la planche à dessin en Amérique du Nord, là où les zones à gros potentiel solaire du Sud-Ouest américain et du nord du Mexique pourraient facilement fournir toute l'électricité dont les deux pays ont besoin. En Inde et en Australie, on a aussi des projets pour relier les zones favorables à l'éolien et au solaire avec les régions qui ont de gros besoins en consommation électrique.

Il y a de toute façon un besoin urgent d'améliorer la fiabilité, la capacité de transport et des fonctions plus avancées dans les réseaux de distribution, que ce soit dans les pays pauvres ou dans les pays riches. Aux États-Unis par exemple, les coupures intempestives et les problèmes dans la transmission et la distribution entraînent des pertes annuelles de l'ordre de 200 milliards de dollars. En Inde, le plus grand black-out de l'Histoire – et de loin – est survenu en 2012 avec plus de 600 millions de personnes qui n'avaient plus de courant, lors d'une panne due à l'incapacité de gérer les flux sur un réseau obsolète. Au-delà du développement de super-réseaux intelligents – qui vont aussi permettre à l'utilisateur final d'être plus efficace dans sa capacité à réduire sa consommation et à économiser de l'argent –, il existe également un besoin pressant pour découvrir des moyens plus efficaces pour *stocker* l'énergie. De gros investissements ont déjà été faits en recherche et développement pour de nouvelles batteries qui pourraient être réparties un peu partout dans le réseau, dans les maisons et les magasins afin de réduire ce coûteux besoin de surcapacité qui nous est nécessaire durant les heures de pointe. Elles seraient aussi très utiles pour les voitures électriques qui bien entendu passent la plupart du temps au garage ou sur des parkings. À cette fin, les constructeurs sont en train de lancer des flottes de véhicules électriques afin d'anticiper le virage vers l'électricité d'origine renouvelable et de s'éloigner d'un pétrole cher dont l'approvisionnement va devenir compliqué. On trouve d'ailleurs, dans chaque secteur industriel, des fabricants qui se convertissent à des stratégies moins énergivores et qui demandent moins de matériaux. Amory Lovins, expert en efficacité énergétique au Rocky Mountain Institute, a soigneusement passé en revue cette forte tendance que l'on retrouve chez un grand nombre de fabricants qui veulent vraiment se saisir de ces opportunités.

L'énergie marémotrice constitue un autre domaine d'exploration

– au Portugal, en Écosse, aux États-Unis par exemple – et, bien que son apport soit encore très faible, beaucoup pensent qu'il y a là un vrai potentiel pour le futur. Cependant, le GIEC a bien précisé, dans un rapport spécial de 2012 sur les énergies renouvelables, « qu'il n'y avait que très peu de chances que les énergies liées aux vagues et aux marées constituent un apport significatif avant 2020 ». La géothermie a aussi fait de sérieux progrès en Islande, en Nouvelle-Zélande et aux Philippines, qui disposent d'une abondante énergie géothermique facile à exploiter. Pour le moment, le vaste potentiel de la géothermie a connu des difficultés inattendues dans son développement mais, dans ce cas-là aussi, des entrepreneurs, dans de nombreux pays, travaillent dur pour améliorer ces technologies. Bien que le potentiel hydroélectrique ait lui aussi été presque entièrement exploité dans plusieurs grandes régions du monde, il reste des ressources non utilisées mais à fort potentiel en Russie, en Asie centrale et en Afrique, même si certains rappellent les risques écologiques importants qui pourraient advenir sur certains sites.

L'usage de la biomasse se répand et, dans certains pays, il commence à présenter quelques avantages. En plus des utilisations traditionnelles du fumier et d'autres formes de biomasse, les techniques modernes permettent de brûler des bois issus de forêts renouvelables et gérées durablement pour produire de manière plus efficace de l'électricité et de la chaleur. Comme dans le cas des biocarburants, l'impact net de l'usage de la biomasse, que l'on doit analyser sur la base de son cycle de vie, demande que l'on calcule précisément tous les entrants énergétiques du processus, les impacts sur les sols, la biodiversité et les périodes de temps nécessaires pour recycler le carbone à travers la repousse des plantes ou des arbres.

Il existe aussi un fort mouvement pour la production de méthane et de gaz de synthèse dans les décharges de déchets organiques ou pour la production de biogaz à partir des déjections animales. Pour sa part, la Chine s'intéresse de près au biogaz, qui nécessite l'installation de digesteurs dans toutes les fermes d'élevage de bovins, de porcs ou de poulets, encore que ce domaine ait pris du retard. Les États-Unis, qui se sont dotés d'un programme volontaire en la matière, et d'autres pays devraient suivre la voie.

De fausses solutions

Il y a deux stratégies pour répondre au défi du réchauffement qui ont peu de chances de succès, même si chacune d'elles possède des supporters très enthousiastes. La première est le captage et stockage géologique du dioxyde de carbone. J'ai longtemps soutenu la recherche et développement en ce domaine tout en pensant que cette technique ne jouerait qu'un rôle mineur. On peut toujours penser qu'un jour une découverte technologique inattendue permettra de fortement réduire le coût du captage du CO_2 pour soit le placer dans des stockages souterrains sécurisés, soit le transformer d'une façon ou d'une autre pour le rendre utile et sûr. Mon ami Richard Branson a d'ailleurs créé un prix généreusement doté pour récompenser des découvertes sur le captage du CO_2 dans l'atmosphère et a invité Jim Hansen, chercheur de la NASA et spécialiste du réchauffement, ainsi que moi-même pour faire partie du jury de cette compétition. À moins de percées spectaculaires, les coûts actuels de ces techniques de capture et stockage du carbone, que ce soit en termes financiers ou énergétiques, sont si élevés, qu'il est peu probable que l'on puisse y recourir dans un futur proche. Prenons le cas d'un opérateur qui gère une centrale à charbon et vend son électricité à ses clients. Il devrait consacrer 35 % de sa production électrique rien que pour parvenir à capturer, comprimer et stocker le CO_2 qui serait autrement libéré dans l'atmosphère. Cela peut sembler une bonne affaire s'il s'agit de sauver l'humanité, mais aujourd'hui aucun opérateur ne peut se le permettre s'il veut continuer à faire face à la concurrence et les volumes en question sont si importants que les contribuables n'ont certainement pas envie d'endosser le problème.

Les cavités souterraines de stockage sûres et sécurisées existent, mais le processus pour les localiser et analyser minutieusement leurs caractéristiques afin de s'assurer qu'il n'y aura pas de fuites de CO_2 vers la surface et l'atmosphère n'est pas terminé. En parallèle, il existe aussi une forte opposition des opinions publiques pour ne pas installer ces lieux de stockage à proximité de zones densément peuplées. Dans le même temps, le consensus des scientifiques et des experts de la chose se fait jour pour dire que plus longue est la durée de stockage du CO_2, plus celui-ci devient sûr – car cela signifie qu'il commence à être absorbé par la formation géologique elle-même. Néanmoins, le coût global de cette technique a pour le moment fait reculer même les plus gros émetteurs de pollution carbone. La Chine et les États-Unis ont annoncé des projets en ce sens largement financés sur fonds publics, même si le projet chinois – connu sous le nom de GreenGen – a pris du retard et si le projet américain – qui s'appelle FutureGen – est paralysé par les blocages endémiques qui caractérisent l'actuelle démocratie américaine. La Norvège, le Royaume-Uni, le Canada et l'Australie ont aussi annoncé des projets de captage et stockage. Toutefois, un des plus sérieux experts de la question, Howard Herzog, du Massachusetts Institute of Technology, rappelle depuis des années que la clé pour rendre viable et rentable cette technique sera de définir un prix pour le carbone.

Le nucléaire, seconde technologie incriminée, et parfois décrit comme la solution miracle pour éliminer quasiment toute émission de CO_2, au moins pour ce qui est de l'électricité, a déjà derrière lui une histoire longue et controversée. La génération actuelle des réacteurs à eau pressurisée de 800 à 1 200 mégawatts constitue malheureusement une impasse technologique. Pour de multiples raisons, le prix des réacteurs a augmenté de manière régulière et importante depuis plusieurs décennies. Ensuite, à la suite de la triple tragédie de Fukushima au Japon, les perspectives pour l'énergie nucléaire sont en perte de vitesse. C'est la sécurité, pourtant bien améliorée, qui soulève l'opposition de l'opinion publique. La France, considérée comme le pays le plus avancé et le plus efficace en matière de nucléaire, connaît des difficultés avec sa nouvelle génération de réacteurs. En revanche, la Corée du Sud s'engage sur une voie nouvelle qui paraît prometteuse. Plusieurs réacteurs sont en construction dans le monde, mais, au regard de l'évaluation carbone, le nucléaire est sévèrement handicapé par ses coûts et par la question de la sécurité. Et puis il existe encore une réelle possibilité que la recherche et développement permette d'aboutir à une nouvelle génération de réacteurs plus petits et, espérons-le, plus sûrs, qui pourrait jouer un rôle important dans le futur. Nous devrions en savoir d'avantage autour de 2030.

En dépit des problèmes, le captage/stockage du CO_2 et le nucléaire continuent à exercer une certaine séduction, en partie parce qu'ils constituent des solutions technologiques offrant une réponse unique qui pourrait constituer une sorte de solution miracle. Il s'agit en fait de ce que les psychologues considèrent comme un travers de notre façon de considérer les grands problèmes. En effet, les psychologues ont observé une tendance profondément enracinée dans nos comportements à vouloir une solution unique à chaque problème, quelle que soit la complexité du problème en question. Cette bizarrerie dans notre façon de penser aide à comprendre le soutien – qui serait autrement inexplicable – que nous apportons à un certain nombre de propositions totalement loufoques que l'on peut regrouper sous le nom générique de géo-ingénierie. Il y a quelques années, des ingénieurs ont proposé d'envoyer en orbite des milliards de petites bandes de papier aluminium capables de réfléchir davantage de rayonnement solaire et de faire ainsi baisser la température sur la Terre. L'histoire ne dit pas s'ils portaient des chapeaux en aluminium le jour où ils ont lancé cette idée. Quelque temps auparavant, une idée du même type suggérait de recourir à un parasol géant, toujours pour bloquer les rayons du soleil. Rien de moins qu'un parasol de plus de 1 600 kilomètres de diamètre qui nécessiterait une base lunaire pour sa construction et son lancement. D'autres ont suggéré que nous devrions essayer de parvenir au même résultat en injectant d'importantes quantités de dioxyde de soufre dans la haute atmosphère, là aussi afin de bloquer les rayonnements solaires.

Le fait qu'un ou une scientifique d'honorable réputation prête son nom à de telles propositions permet de mesurer combien ceux qui comprennent le problème climatique peuvent se sentir désespérés face à l'incapacité totale du monde politique ne serait-ce qu'à commencer de réduire les pollutions responsables du réchauffement climatique. Mais, étant donné les conséquences imprévues de l'expérience planétaire que nous avons entreprise – expédier 90 millions de tonnes de polluants dans l'atmosphère toutes les vingt-quatre heures –, il serait, selon moi, complètement fou de se lancer dans une deuxième expérience du même acabit avec le faux espoir que cela pourrait temporairement annuler quelques-unes des conséquences de la première expérience sans trop aggraver les choses au passage. Les scientifiques ont aussi fait remarquer que, parmi les autres conséquences de cette proposition sur le dioxyde de soufre, se cache un changement quelque peu effrayant : le ciel que nous contemplons depuis le premier jour de l'existence de l'humanité ne serait plus bleu – ou pour le moins plus du *même* bleu. Est-ce grave ? Peut-être aurons nous à expliquer à nos petits-enfants pourquoi il y a tant de références au « ciel bleu » dans toutes les histoires de toutes les cultures de cette planète. Peut-être comprendront-ils qu'il était nécessaire de sacrifier le bleu du ciel pour mieux s'adapter aux desiderata des compagnies gazières, minières ou pétrolières. Mais constatons que les niveaux de pollution au-dessus des villes ont déjà changé la couleur des ciels nocturnes, qui sont passés du noir à une sorte de noir rougeâtre.

Personne n'a la moindre idée des conséquences possibles sur la photosynthèse des végétaux agricoles et de toutes les autres plantes : la lumière, si nécessaire à la vie, serait partiellement bloquée, ce qui aurait pour conséquence de créer un « vide thermique » qui serait alors occupé par les émissions toujours croissantes issues des combustibles fossiles. L'efficacité de la conversion photovoltaïque – une des technologies renouvelables les plus prometteuses – pourrait aussi être affectée. Aucune de ces propositions exotiques ne saurait apporter quoi que ce soit contre l'acidification des océans. Si nous échouons en plus à réduire les émissions de CO_2, les injections de dioxyde de soufre et le nombre de bandelettes d'aluminium devront être augmentés régulièrement, année après année. Quelqu'un a-t-il la plus petite idée de ce que ces propositions totalement dingues risquent d'infliger aux schémas climatiques, aux régimes de précipitations, aux routes des tempêtes et à tous les autres phénomènes météorologiques qui sont par ailleurs déjà perturbés. Aurions-nous complètement perdu la tête ?

Non, nous ne sommes pas devenus fous. C'est juste que notre façon de communiquer sur ces immenses défis et de débattre sur des solutions raisonnables a été pervertie à un tel degré et soumis au contrôle de puissants lobbys d'entreprises qui ont pour unique souci de repousser toutes les tentatives un peu sérieuses de réduire le réchauffement climatique.

Techniquement, il y a même quelques modestes propositions de géo-ingénierie susceptibles d'apporter des bénéfices marginaux sans imposer des risques insensés. Peindre nos toits en blanc, par exemple, ou transformer quelques millions de toits en jardins sont deux exemples de changements sans risque dans les capacités réflectives de la surface de la Terre, qui renverrait dans l'espace une plus grande quantité de lumière solaire avant que l'énergie qu'elle ne transporte ne soit absorbée dans la basse atmosphère. Variation sur le même thème : le Pérou a peint en blanc des rochers en altitude des Andes, dans un effort désespéré pour ralentir la fonte des neiges et des glaciers dont les Péruviens dépendent pour l'irrigation et l'eau potable.

Si nous continuons à repousser le lancement d'un programme multiapproche sérieux visant à réduire les émissions de gaz à effet de serre, nous serons dans l'obligation de prendre des mesures désespérées pour atténuer les impacts grandissants du réchauffement global. Nous essaierons de nous en débrouiller, nous débattrons et nous nous battrons les uns avec les autres, nous poursuivrons nos intérêts personnels aux dépens des autres, nous les décevrons souvent comme nous nous décevrons nous-mêmes souvent dans le cours du processus. Voilà où nous en sommes.

Quand la survie de ce à quoi nous tenons le plus est clairement en danger, il nous faut agir. Dans toute l'histoire humaine, il y a de rares moments où nous avons su transcender notre passé et tracer une route nouvelle pour sauvegarder nos valeurs les plus importantes. Lors d'un de ces moments si exigeant de l'Histoire, Abraham Lincoln a un jour déclaré : « La difficulté est grande, aussi devons-nous nous montrer à la hauteur. À situation nouvelle, pensée nouvelle et actes novateurs. Sachons nous émanciper et alors nous pourrons sauver notre pays. »

Cette fois, ce n'est pas la planète qui est en jeu, mais la vie à travers les conditions environnementales et la santé des systèmes naturels dont l'humanité dépend. Notre Terre, même si elle devait en sortir un peu abîmée, survivrait tranquillement sans la civilisation humaine. Le fait que cette crise touche l'ensemble du monde naturel fait partie du défi qui nous attend.

Par le passé, il n'y a que deux fois où toute l'humanité s'est trouvée en danger. La première fois, il y a environ 100 000 ans, à l'aube de l'ère de l'*Homo sapiens*, les anthropologues nous révèlent que le nombre d'êtres vivants est tombé sous le seuil des 10 000, et pourtant nous avons survécu. La deuxième fois, c'est le moment où les États-Unis et l'URSS ont failli déclencher leurs arsenaux nucléaires l'un contre l'autre, au risque de tuer des millions de gens et de répandre sur toute la planète un hiver nucléaire aux conséquences apocalyptiques. Là encore, nous avons survécu.

Cette fois-ci, la menace qui pèse sur notre futur ne se manifestera pas en l'espace d'une minute au milieu de flashs aveuglants et dans un vacarme assourdissant. Cela durera longtemps, et les prochaines générations vivront éternellement avec l'idée qu'il a existé une Terre hospitalière pour les humains. Une Terre qui nous protégeait, qui nous nourrissait en abondance, une Terre qui nous élevait et nous inspirait par sa beauté majestueuse.

Quand les souvenirs de cette Terre-là seront en train de mourir, l'histoire sera encore à écrire : durant les premières décennies du XXIe siècle, une génération généreusement dotée par toutes celles qui l'ont précédée de la plus grande prospérité et des plus grandes avancées technologiques que la Terre ait jamais connues a brisé la confiance dans le futur. Cette génération n'aura pensé qu'à elle-même, aura profité de l'abondance dont elle a hérité mais ne se sera pas préoccupée de ce qui viendra après elle. Serons-nous pardonnés ? Où serons-nous maudits jusqu'au dernier souffle de toutes les générations à venir ?

En revanche, si nous trouvons le moyen de nous reprendre en main, nous aurons le rare privilège de relever un défi qui nous fera donner le meilleur de nous-mêmes. Les outils dont nous avons besoin sont à notre portée. Certains, il est vrai, ont besoin d'être réparés. D'autres ont besoin d'être améliorés ou perfectionnés pour la tâche qui nous attend. La seule chose qui nous manque, c'est la volonté d'en sortir, mais ne perdons pas de vue que la volonté politique peut être renouvelée et renforcée si l'on veut bien reconnaître la vérité de la réalité qui nous entoure et accepter l'obligation que nous avons de sauver le futur pour la génération qui arrive et les suivantes. Ce qu'il nous faut, c'est un changement radical dans notre façon de penser, un rejet des illusions toxiques qui nous ont été si soigneusement inoculées et même continuellement assénées par tous ceux qui refusent que l'on agisse, et qui sont bien sûr les grands pollueurs et leurs alliés. Donc, d'une certaine façon, cette bataille pour sauver le futur se jouera entre Earth Inc. et le Cerveau mondial. L'interconnexion entre les individus du monde entier, par le biais d'Internet, a eu pour effet de révéler que les moyens existent pour se lancer dans cette aventure sans précédent, pour communiquer entre nous sur ce défi qui nous attend et sur les solutions qui sont maintenant disponibles.

D'un autre côté, les connexions qui se développent aussi dans l'univers commercial et industriel partout dans le monde ont créé un mouvement financièrement puissant qui sait résister à tous les efforts des gouvernements quand ceux-ci essaient d'annihiler ces tendances destructrices. Earth Inc. est maintenant l'outil qui influence les gouvernements mais, heureusement, il existe aussi de très nombreux exemples de l'émergence d'une conscience globale sur Internet, une conscience qui sait exercer de fortes pressions pour corriger des injustices et des fautes morales comme le travail des enfants, les conditions de travail abusives, les emprisonnements arbitraires, l'esclavage sexuel, la persécution des minorités ou la destruction de l'environnement.

Dans certains pays, cette nouvelle conscience collective a aussi grandement contribué à faire émerger des politiques destinées à lutter contre la crise du climat. Le nombre d'ONG qui ont recours à Internet et qui travaillent sur le terrain pour la sauvegarde de l'écosystème terrestre ne cesse d'augmenter. La question qui demeure et qui est cruciale vis-à-vis de l'avenir est de savoir si le message de vérité capable d'apporter un choc de conscience assez puissant pour modifier le cours de l'histoire de l'humanité se produira à temps.

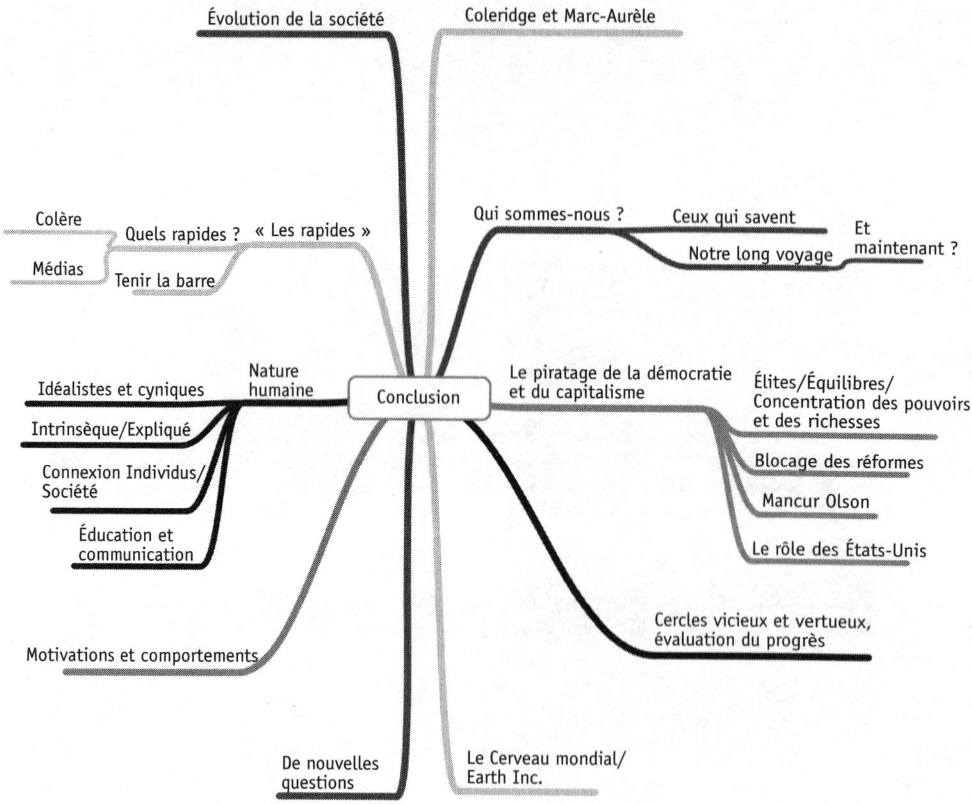
Conclusion
Évolution de la société
Coleridge et Marc-Aurèle
Qui sommes-nous ?
Ceux qui savent
Notre long voyage
Et maintenant ?
Le piratage de la démocratie et du capitalisme
Élites/Équilibres/Concentration des pouvoirs et des richesses
Blocage des réformes
Mancur Olson
Le rôle des États-Unis
Cercles vicieux et vertueux, évaluation du progrès
Le Cerveau mondial/Earth Inc.
De nouvelles questions
Motivations et comportements
Nature humaine
Idéalistes et cyniques
Intrinsèque/Expliqué
Connexion Individus/Société
Éducation et communication
« Les rapides »
Quels rapides ?
Colère
Médias
Tenir la barre

Conclusion

> « Si souvent l'esprit
> des grands événements s'approche à grands pas avant les événements,
> Et dans aujourd'hui déjà marche demain. »
>
> Samuel Taylor Coleridge

Quand j'ai entrepris ce voyage personnel qu'a représenté l'écriture de ce livre, une seule question se posait à moi, mais celle-ci exigeait une réponse beaucoup plus complexe que je ne le pensais et mes recherches pour obtenir une meilleure réponse m'ont surtout conduit à de nouvelles interrogations qui elles aussi exigent des réponses, en particulier du monde politique, du monde des affaires, de la société civile ou des chefs religieux partout dans le monde.

Au début, c'est toujours la même question : qui sommes-nous ? Et la première réponse, là aussi est toujours la même : nous sommes des *Homo sapiens*. « Des êtres qui *savent*. » Les suspects habituels. Nous avons fait un long voyage, des forêts aux savanes, des fermes aux mégapoles ; nous avons été deux puis mille, des millions puis des milliards ; nous sommes passés de la pierre à la charrue, de la ligne d'assemblage aux nanorobots ; de la syllabe à l'encyclopédie, des ondes radio au Cerveau mondial ; de la famille aux tribus et des villages aux nations.

Mais cela, c'est ce que nous avons été. Le voyage va maintenant nous emmener là où se détermine le type d'êtres que nous les humains voulons être. Pour le dire autrement, notre décision sur la manière dont nous choisirons de vivre déterminera si c'est le voyage qui nous emporte ou si c'est nous qui entreprenons un nouveau voyage.

Le changement est comme un fleuve, si puissant que certains ont depuis belle lurette sorti les rames de l'eau, parce qu'ils ont décidé qu'il est plus aisé de se laisser porter, qu'il n'y a qu'à profiter de la balade et à espérer que les choses tourneront au mieux, même si les courants nous poussent de plus en plus vite vers les rapides qui rugissent si fort que nous ne nous entendons même plus réfléchir.

« Des rapides ? crient-ils, couvrant le vacarme. Quels rapides ? Ne dites pas de bêtises, il n'y a pas de rapides ! Tout va bien ! » Il y a un peu de colère dans leur voix, et ceux qu'elle intimide ont appris à ne pas aborder le sujet qui fâche. Se sentant persécutés, ils s'évertuent à maintenir la paix en évitant toute allusion au sujet tabou.

De nos jours au moins, c'est comme cela que certains se comportent dans les médias. Ils sont absolument terrifiés à l'idée de prononcer un mot comme « climat », de peur de déclencher la rage de ceux qui ne veulent rien entendre à propos de ces changements si destructeurs et qui, en outre, prennent de l'ampleur. Le résultat ? Un silence quasi pathologique quant à ce défi gigantesque, et un mépris généralisé pour les conséquences à venir de nos actions présentes. Mais, au bout du compte, ce n'est pas ce que nous sommes.

Quiconque passe un peu de temps à réfléchir à un avenir meilleur doit tout d'abord faire une hypothèse sur la nature humaine. Les idéalistes qui veulent et espèrent le meilleur commettent parfois l'erreur de croire qu'elle peut changer et s'améliorera dans le sens qu'ils souhaitent. Les cyniques se réjouissent en pointant cette erreur et soulignent qu'il est impossible de changer la nature des hommes.

En ce qui me concerne, je ne suis ni l'un ni l'autre. Je crois qu'il existe une différence entre la nature humaine intrinsèque – dont, effectivement, je crois qu'elle ne change pas – et les facettes de la nature humaine que nous exprimons et qui, elles, peuvent changer. Les peintures vieilles de 35 000 ans de la grotte Chauvet, les figurines fabriquées par nos ancêtres africains ou eurasiens reflètent clairement une conscience et une sensibilité pas si différentes – en tout cas, pas du tout différente du point de vue intrinsèque – de la nôtre. Mais, à bien des égards, nous sommes en fait très différents.

Chacun d'entre nous est un individu connecté aux autres, comme toutes nos grandes traditions nous l'enseignent. Et la science nous confirme que l'être humain est fondamentalement un être social. Les groupes sociaux auxquels nous appartenons connaissent chacun une évolution qui leur est propre. Certaines normes, certains comportements survivent d'une génération à l'autre tandis que d'autres disparaissent. Les habitudes, les coutumes deviennent des rituels et des règles qui évoluent avec le temps pour devenir des cultures, des systèmes sociaux, des lois, des institutions qui à leur tour exercent une influence profonde sur certains aspects de la nature humaine.

Considérons ce que nous avons appris sur le génome de l'homme : même si 99,9 % sont identiques dans chaque être humain, nos 23 000 gènes et nos millions de protéines contiennent un univers de possibilités. Certains gènes sont exprimés tandis que d'autres ne le sont pas. Parfois, des capacités qui ont eu leur utilité dans un passé lointain sont réactivées lorsque les circonstances changent, pour remplir de nouvelles fonctions. Regardons aussi ce que les neuroscientifiques ont appris sur le cerveau : les neurones qui sont utilisés se développent davantage et sont plus dynamiques, alors que ceux qui sont moins ou pas utilisés s'atrophient.

Et puis, il y a aussi ceux qui croient depuis toujours que le meilleur moyen de renforcer ce qu'il y a de meilleur en nous est tout simplement l'éducation. Personnellement, je suis parfaitement d'accord pour dire qu'une éducation générale de bonne qualité est non seulement souhaitable mais essentielle, sans être toutefois suffisante. N'oublions jamais que quelques-unes des plus grandes atrocités de l'histoire humaine ont été commises par des scélérats parfaitement bien éduqués.

L'ignorance, les erreurs sont évidemment les ennemies du progrès véritable, tout comme le savoir, l'intégrité et la personnalité sont fondamentaux pour rencontrer le succès. Mais l'évolution de nos comportements collectifs et l'émergence d'une véritable compréhension du fait que nos destins sont intimement liés à la santé de l'écosystème terrestre dépendront des choix que nous faisons quant à la structure des systèmes que nous utilisons. La façon dont nous mesurons ce que nous faisons et le résultat de nos actions, la manière dont nous communiquons entre nous, les incitations ou les mesures dissuasives que nous introduisons dans nos systèmes politiques, économiques ou sociaux, tout cela aura une influence déterminante sur le futur.

Les comportements qui induisent des récompenses sont de plus en plus communs alors que ceux qui n'en n'apportent pas ont tendance à disparaître. Les éléments de notre personnalité qui sont ainsi activés gagnent en force. La leçon générale est que les groupes sociaux établissent des valeurs qui distinguent les comportements qu'ils souhaitent récompenser et ceux qu'ils souhaitent décourager. Ces valeurs sont ancrées dans la tribu, le village, la ville, la nation, les systèmes économiques, les institutions et les cultures.

Je reviens toujours à l'exemple qui m'a inspiré et qui a inspiré beaucoup de gens dans le monde : le génie éternel de la Constitution des États-Unis, inventée grâce à la clairvoyance de ses auteurs qui avaient aussi parfaitement compris la nature humaine – même si elle ne s'adressait qu'aux hommes, blancs de surcroît –, leur habileté à mettre en place les garde-fous nécessaires pour dissuader les affamés du pouvoir et récompenser ceux qui cherchent à résoudre les différences, par la réflexion collective, seule capable d'engendrer des compromis intelligents visant le plus grand bien du plus grand nombre.

La séparation et l'équilibre des pouvoirs, le contrôle démocratique qui sont tissés dans le corps même de la Constitution démontrent une compréhension subtile de ce qu'il est nécessaire de mettre en œuvre pour décourager certains comportements inhérents à la nature humaine ou pour, au contraire, encourager les initiatives positives. D'autres, dans le secteur économique, ont essayé de bâtir des systèmes qui permettent à la créativité et au dynamisme de se révéler, qui encouragent les comportements vertueux et découragent ceux par trop néfastes pour le bien commun.

Avec le temps, nous en sommes arrivés à reconnaître que la manière dont nous mesurons la valeur économique exerce aussi une sorte de pression sur nos façons d'agir et que les choses non mesurées sont ignorées comme si elles n'avaient aucune valeur, positive ou négative. Lorsque nous modifions la façon de mesurer la valeur, la nature des incitations et la structure des systèmes que nous employons pour prendre nos décisions politiques, économiques et sociales, nous encourageons inévitablement l'expression de certains aspects de la nature humaine et nous en décourageons d'autres. Alors, pendant que la nature humaine profonde ne connaît pas de modifications, ses manifestations – les aspects de notre personnalité qui s'expriment à travers nos comportements et nos choix – peuvent changer pour répondre à des incitations que nous aurons choisies comme socle de civilisation, et qui vont conditionner notre futur.

Si, par exemple, le signal que nous envoyons au monde des affaires, c'est qu'une pollution illimitée n'entraîne pas de coût supplémentaire ou de sanction, alors cela ne sert pas à grand-chose de le qualifier d'immoral s'il répond de manière prévisible à nos attentes quand il reçoit des messages. Quand nous signalons à nos hommes politiques que le meilleur moyen de remporter une élection est de passer le plus clair de leur temps à recueillir de l'argent auprès de certains donateurs ou auprès d'entreprises qui ont pour objectif de modeler les politiques publiques après l'élection, nous encourageons le personnel politique à exprimer la face sombre d'une nature humaine qui nous est commune – parce qu'elle est inhérente à chacun d'entre nous – même si la plupart d'entre nous savent l'effacer et comprennent pleinement pourquoi il faut décourager cette corruption douce et la trahison de la confiance qui en résulte évidemment.

Des problèmes plus sérieux encore ne manquent pas de survenir quand ceux qui bénéficient de ces incitations biaisées et de ces règles perverses parviennent à acquérir un pouvoir politique suffisant pour bloquer les réformes qui encourageraient les caractéristiques de la nature humaine que nous voulons voir se manifester en politique et en économie.

Les longues périodes de stabilité, que la plupart d'entre nous préfèrent bien naturellement, peuvent favoriser la vulnérabilité des systèmes politiques et économiques face à ceux qui ont appris à en tordre à leur profit les règles et les incitations. Il y a des décennies, Mancur Olson, spécialiste en économie politique de l'université du Maryland, avait publié une étude très complète qui montrait comment les élites dans toutes les sociétés cumulent des parts toujours plus importantes de la richesse et de l'influence et comment elles l'utilisent à leur profit pour bloquer toute réforme des règles qui fonctionnent à leur avantage.

Il n'est qu'à voir la vulnérabilité des monocultures face à l'évolution constante des espèces nuisibles qui apprennent à circonvenir les défenses naturelles des plantes. Il n'est qu'à voir aussi la sensibilité des systèmes informatiques face aux hackers, par exemple lorsque les codes de protection restent trop longtemps inchangés. La nature intrinsèque des nuisibles ne varie pas, mais ils apprennent des comportements et s'adaptent.

La démocratie et le capitalisme ont été piratés comme on pirate un ordinateur. Les résultats sont tangibles et parfaitement clairs : contrôle des processus de décision politique par les élites, inégalités toujours croissantes en matière de revenus et concentration accrue des richesses, paralysie de toute volonté de réforme. Et l'opinion publique qui voudrait exprimer son dégoût, plutôt que de prendre les armes face au cynisme ambiant, en est découragée par la télévision, média dominant, qui sert principalement à faire la promotion des produits de consommation et à divertir le public sans proposer de dialogue réellement interactif ni de processus de décisions en commun.

Mais, par bonheur, le réveil du Cerveau mondial dérange les

schémas par trop établis, créant au passage quelques passionnantes opportunités pour établir des centres d'influence hors du contrôle des élites et un potentiel pour changer certains comportements. Puis vient en sus l'émergence de Earth Inc., l'entreprise globale et mondiale, qui a favorisé la puissance et la capacité de nos moteurs de croissance, tout en valorisant les comportements qui récompensent l'insoutenable exploitation de ressources limitées, la destruction d'écosystèmes cruciaux pour la survie de l'humanité, des flux illimités de pollution et le mépris des valeurs sociales et humanistes.

La lutte qui se profile pour modeler l'avenir de l'humanité se verra tranchée par l'issue du combat opposant le Cerveau mondial et l'entreprise mondiale Earth Inc. Sur des millions de champs de bataille, qu'il s'agisse de la réforme des règles du marché et des incitations qui s'y rattachent, des systèmes politiques, des institutions, de la société, la victoire dépendra de la vitesse à laquelle les individus ou les groupes d'individus connectés les uns aux autres et engagés dans un futur viable pourront acquérir la force et les aptitudes nécessaires nous conduisant à un monde meilleur.

Quelles sont alors les questions fondamentales auxquelles nous devons répondre et quelles sont les batailles à gagner ?

Les Américains sauront-ils refaire fonctionner sainement leur système politique et économique pour que celui-ci puisse à nouveau assurer un leadership visionnaire à la communauté des nations ? Cela pourrait constituer une alternative au leadership qui émergera du Cerveau mondial, mais reste pour le moment très incertain et prendra probablement beaucoup de temps, temps dont nous ne disposons pas.

On peut toujours imaginer, même si cela demeure hautement improbable, que d'autres nations se hissent à la hauteur de ce défi. Il se peut aussi que les changements tectoniques qui ont réorganisé l'équilibre du pouvoir de l'Ouest vers l'Est compliquent l'itinéraire des États-Unis pour retrouver leur leadership de la seconde moitié du XXe siècle. La perte de confiance mondiale dans mon pays après les erreurs militaires, politiques et économiques catastrophiques des premières années du XXIe siècle a accéléré ce déplacement des pouvoirs, mais n'en a pas été la cause véritable.

Cependant, au-delà de tous ces phénomènes, la meilleure chance pour donner forme à un futur positif et éviter la grande catastrophe, c'est encore que les États-Unis sachent rétablir le leadership transcendant qui a été le leur. Pour ceux qui ont du mal à croire que la démocratie américaine possède une capacité de rédemption, qu'ils se souviennent de ce que l'Amérique de toujours a su offrir au monde dans les moments les plus sombres. Sa révolution a failli avorter et le pays s'est presque coupé en deux durant la guerre de Sécession. Les crimes des magnats d'alors dépassaient les excès des exploiteurs d'aujourd'hui. Le dénuement après la Grande Dépression, la dévastation de Pearl Harbor tandis qu'Hitler dévastait l'Europe, la quasi-apocalypse de la crise des missiles à Cuba, tous ces épisodes furent suivis par la renaissance de l'esprit américain et par un renouvellement du rêve américain. Alors, l'Amérique peut certainement se régénérer, tout comme elle peut renouer avec son aptitude au leadership.

Cela va-t-il se produire ? La réponse à cette question aura un impact déterminant sur l'avenir de l'humanité.

À quelle vitesse les institutions vont-elles s'adapter à Internet ? Car même si, grâce au Cerveau mondial, le retour à des processus collectifs de décision peut paraître enthousiasmant et prometteur, il est de notoriété publique que les institutions anciennes sont rétives au changement. Dans le même temps, la vitesse à laquelle les anciens modèles économiques ont été déconstruits et de nouveaux modèles apparaissent laisse une place à de vrais espoirs.

Or Internet disperse l'attention et la concentration sur les vraies questions. La variété des expériences possibles et la profusion des divertissements s'ajoutent à la difficulté de réunir tous ceux qui veulent s'engager pour le changement. Tout cela complexifie le recours à Internet comme outil de réforme des institutions. Mais l'irruption nouvelle, d'ici au milieu du siècle, de 3 milliards d'individus dans la classe moyenne mondiale pourrait s'accompagner d'une demande de plus en plus exigeante de réformes démocratiques du type de celles qui ont très souvent émergé, dans nombre de nations, en période de croissance et de prospérité des classes moyennes éduquées.

Et lorsque les gouvernements recourent à Internet pour avoir des informations sur la vie privée des citoyens et instaurer un contrôle détestable sur les populations, y a-t-il suffisamment de garde-fous et de protections ? Les nations en conflit vont-elles, elles aussi, produire des formes encore plus destructrices de cyberguerre et de nationalisme âpre au gain ? Mais, en même temps que le défi se complique, je reste plein d'espoir, confiant même, dans le fait qu'un nombre suffisant de groupes et d'individus engagés sauront s'unir à temps pour s'organiser de manière originale et ainsi créer une vraie force réformatrice.

Le poids économique de la Chine va-t-il s'accentuer ? Dans l'affirmative, l'engagement de ce pays en matière de protection de l'environnement survivra-t-il à ses impératifs économiques ? Sa capacité à améliorer le niveau de vie et à réduire la pauvreté conduira-t-elle à des réformes politiques qui mèneront à une gouvernance réellement démocratique ?

Le remplacement du travail humain par des machines intelligentes va-t-il renforcer le chômage, ou allons-nous trouver les moyens de créer en compensation de nouveaux types d'emplois ? Car ce ne sont pas les tâches à accomplir qui manquent. Mais la domination des entreprises et l'invasion de la sphère démocratique par le marché érodent la capacité d'initiative et la volonté nécessaires pour structurer les nouvelles opportunités d'emplois dans les domaines publics comme l'éducation, la restauration environnementale, la santé mentale ou physique, les services à la personne, le renforcement du vivre ensemble et tous les autres défis à relever.

Ce potentiel émergent capable d'altérer la fabrique de la vie et la structure génétique des êtres humains sera-t-il accompagné de la sagesse nécessaire pour prendre les décisions de grande portée qui vont bientôt se présenter à nous, ou alors ces techniques seront-elles très largement diffusées sans que nous ayons parfaitement considéré toutes les conséquences qui pourraient en découler ?

Les programmes sociaux des nations développées survivront-ils aux effets simultanés des changements démographiques qui font peser des charges plus lourdes sur la population active, surtout lorsque les emplois et les salaires sont déjà mis à mal par l'automatisation et les délocalisations ? Saura-t-on créer de nouveaux schémas capables de remplacer les modèles hérités du XXe siècle afin de retrouver des niveaux de revenus et des systèmes de santé décents pour des populations toujours plus importantes de personnes âgées ?

La communauté mondiale saura-t-elle gérer la fertilité dans les pays en développement qui connaissent de forts taux de croissance démographique, pourra-t-elle continuer à promouvoir l'autonomisation des femmes et améliorer les taux de survie infantile ? Les conditions de vie critiques de l'Afrique vont-elles être enfin reconnues et correctement traitées ?

Trouverons-nous les incitations propres à encourager la décarbonisation de l'économie mondiale ? Parviendrons-nous à temps à une réduction drastique de la pollution responsable du réchauffement si menaçant pour la stabilité du climat dont dépend la prospérité de notre civilisation ?

Ces questions difficiles impliquent des choix difficiles. La civilisation humaine – en fait, l'espèce humaine – traverse déjà les premières étapes des six grands changements décrits dans ce livre. Ceux-ci ont déjà commencé à transformer notre planète, notre civilisation et la façon dont nous vivons et travaillons. Certains de ceux-ci sont déjà en train de dégrader nos capacités de gouvernance, la fabrique de la vie, les espèces avec lesquelles nous partageons la Terre et même la nature physique, mentale et spirituelle de l'humanité.

La complexité de ces changements, la vitesse sans précédent à laquelle ils se déroulent, leur simultanéité, leur convergence, tous ces phénomènes ont contribué à la crise de confiance qui ravage notre aptitude, en tant que civilisation, à voir clairement où ils nous entraînent, et encore moins à modifier leur trajectoire ou à ralentir leur élan.

Mais si nous savons faire ces choix avec courage, les bonnes réponses sont assez évidentes, quoique parfois controversées. Et il ne sera pas simple de prendre les bonnes décisions. Mais nous n'en ferons pas l'économie. Nous devons décider. Bientôt. Car si nous décidions de ne pas reprendre le contrôle de nos destinées, la fin du voyage ne sera pas de tout repos.

Le courant du changement est fort et nous projette dans un avenir très différent de ce que nous avons connu auparavant. Ce que nous avons à faire – pour filer la métaphore – est désespérément simple : prendre la barre ! Cela signifie que nous devons réparer les défauts et les dérives du capitalisme et de la gouvernance. Cela signifie contrôler le cancer de la corruption politique, briser le carcan des intérêts particuliers et restaurer des processus décisionnels plus sains pour une démocratie vraiment représentative. Cela signifie aussi réformer les marchés, rendre le capitalisme respectueux de la durabilité en coordonnant les incitations et nos intérêts à long terme. Cela signifie, par exemple, taxer la pollution au carbone et réduire les charges sur le travail, en récupérant des revenus sur ce que nous brûlons et non pas sur ce que nous gagnons.

Il y a plus de 1 800 ans, le dernier des « cinq empereurs remarquables » de Rome, Marc Aurèle, écrivait : « Ne laissez jamais le futur vous effrayer. Vous l'affronterez, si vous avez à le faire, avec l'arme de la raison, la même avec laquelle vous affrontez le présent. » Ce conseil est toujours avisé, même si peu de temps après son règne l'Empire romain entra dans un long processus de déclin qui aboutit à sa chute trois cents ans plus tard.

Et maintenant, qu'est-ce qu'on fait ?

Nous munir de « l'arme de la raison » est nécessaire mais non suffisant. L'émergence du Cerveau mondial nous fournit l'occasion de renforcer notre capacité à prendre des décisions fondées sur la raison, mais il faut aussi voir que l'écosystème politique et économique qui sert de terreau à ces décisions, même les plus sages, a besoin de sérieuses réparations. La confiance, que ce soit dans le capitalisme ou dans la démocratie représentative, est au plus bas parce qu'il semble évident que ces deux champs ont furieusement besoin d'être réformés, et leur réfection devrait figurer sur la première page de l'agenda de ceux d'entre nous qui veulent aider à redessiner l'avenir de l'humanité.

Notre première priorité devrait être de restaurer notre capacité à communiquer les uns avec les autres sur une agora largement ouverte à tous afin de débattre des choix difficiles qui nous attendent. Cela signifie ouvrir et construire sur Internet des « forums publics » où chacun pourra apporter sa pierre à la recherche des meilleures solutions et des meilleures stratégies. Cela signifie également qu'il faudra protéger ces forums de la mainmise des élites et des intérêts particuliers qui, par définition, ne sont pas en phase avec l'intérêt général.

Il est particulièrement fondamental d'accélérer la transition démocratique vers Internet. L'accès libre et ouvert à un forum essentiellement sous forme écrite dont nous jouissions autrefois a permis le renforcement de la démocratie et élevé la légitimité des positions fondées sur les faits et la raison. Mais le virage radical du dernier tiers du XXe siècle, qui nous a fait passer de l'écrit à la télévision comme média dominant, a étouffé le discours démocratique et a renforcé ceux qui étaient du côté de la richesse et du pouvoir. Cette bascule a éclipsé le rôle de la raison, fait baisser l'importance de la recherche collective des meilleures réponses disponibles, mis la finance en avant – tout particulièrement en politique –, mettant à mal notre recherche de vérité et dégradant notre aptitude à penser ensemble.

Ceci est également vrai en ce qui concerne les organes d'information. La télévision, média de la pensée unique, dominée par la publicité, contrôlée par les grandes entreprises, a petit à petit tari le ruisseau des idées libres nécessaires à une véritable pensée personnelle. En 2012, par exemple, la campagne présidentielle américaine s'est déroulée pendant toute une série de désastres climatiques – dont une énorme sécheresse qui affectait plus de 65 % du pays, des incendies gigantesques dans tout l'Ouest, un ouragan démoniaque puis les vents glacés du nord-est qui ont tous deux réussi à paralyser presque tout New York pour la deuxième fois en deux ans – sans qu'aucune question sur la crise climatique ne fut posée par un seul journaliste dans les débats de la campagne électorale.

La frontière de plus en plus floue entre information et divertissement, l'influence plus forte que jamais des grands annonceurs publicitaires sur les programmes d'information, les déformations cyniques infligées aux informations par des agents politiques se prétendant porteurs de sens, tous ces éléments ont mis à mal l'intégrité du quatrième pouvoir et son indépendance de jugement suffisante pour jouer réellement le rôle essentiel qui est le sien au cœur de la démocratie.

Internet est l'outil qui peut nous permettre de renverser cette tendance à la dégradation de la démocratie et de rétablir une gouvernance de bon aloi. Même s'il n'existe pas encore, sur Internet, de modèle économique suffisamment rentable pour financer un journalisme d'investigation de qualité, sa capacité à recevoir des images en haute définition va très rapidement le rendre viable et rentable. De plus, le recours à des partenariats public-privé pour promouvoir un journalisme d'excellence sur la Toile devrait être vivement encouragé.

Il faut aussi sérieusement se préoccuper de la protection de la vie privée. Cette nouvelle économie, fondée sur la collecte et la compilation de nombreuses données privées concernant les individus qui achètent ou vendent en ligne, est dévastatrice et inacceptable. De la même manière, le mésusage grandissant par certains gouvernements des données personnelles informatiques concernant leurs citoyens – y compris l'interception quotidienne de communications privées – représente une menace grave pour les libertés. Il faut donc y mettre un terme. Ceux qui s'inquiètent de la qualité des libertés qui nous sont garanties doivent faire de la mise en place des nouvelles protections légales de la vie privée une priorité.

Les nouveaux outils informatiques qui nous fournissent un accès toujours plus large au Cerveau mondial devraient être mieux exploités dans le développement des approches médicales personnalisées, ce que l'on qualifie maintenant de « médecine prédictive » qui utilise des outils de diagnostic personnel, le tout afin, évidemment, de réduire les coûts et d'augmenter l'efficacité de ces services médicaux à la personne. De même, la force et la précision d'Internet devraient être utilisées le plus rapidement possible au service de cette nouvelle « économie circulaire », caractérisée par un haut niveau de recyclage et de réutilisation, et une meilleure efficacité dans l'utilisation de l'énergie et des matériaux.

Le capitalisme, comme la démocratie, doit être réformé. Ceux qui pensent qu'il est crucial de restaurer un capitalisme digne, capable d'être un outil de réappropriation de nos destins, doivent avoir comme priorité la mesure précise, pleine et entière de la notion de valeur. Les externalités, avantages ou inconvénients directs ou indirects dont on peut bénéficier ou pâtir lors d'une transaction ou au sein d'un marché, actuellement ignorées dans les comptabilités usuelles, doivent être entièrement intégrées dans les calculs des prix du marché. Par exemple, il n'est tout simplement plus acceptable de faire comme si les gigantesques volumes de pollutions nocives n'existaient pas.

La pollution responsable du réchauffement devrait, en particulier, avoir un prix avec la mise en place de la taxe carbone. Ses revenus pourraient d'ailleurs être redistribués aux contribuables ou rééquilibrés par des réductions équivalentes sur d'autres prélèvements, par exemple les charges salariales. Définir pour les émissions une limite à ne pas dépasser puis la faire baisser régulièrement et autoriser un marché des droits à émissions à l'intérieur de ces limites représente aussi une alternative. Quant aux pays inquiets pour les conséquences sur la compétitivité en l'absence d'un accord global, les règles de l'Organisation mondiale du commerce autorisent les ajustements aux frontières sur les produits en provenance des pays qui n'ont pas de taxe carbone.

Les principes de durabilité – qui sont conçus, par-dessus tout, pour s'assurer que nous faisons des choix intelligents qui permettent d'améliorer le présent sans écorner les perspectives d'avenir – devraient être totalement intégrés au capitalisme. Les incitations omniprésentes et parties prenantes du capitalisme – car elles portent en elles la capacité de celui-ci à libérer l'ingéniosité humaine et la productivité – doivent être soigneusement pensées afin de pouvoir être sûr qu'elles répondent aux objectifs visés. Les systèmes de rémunération, par exemple, devront être passés à la loupe par les investisseurs, les chefs d'entreprise, les conseils d'administration, les consommateurs, les organismes de contrôle et toutes les parties prenantes de chaque entreprise – quelle que soit sa taille.

Il nous faut aussi réévaluer notre dépendance actuelle au produit intérieur brut auquel nous nous référons comme à une boussole pour guider nos choix économiques. Le concept sur lequel repose le PIB – et les systèmes comptables qui en découlent – est faussé et ne peut pas être utilisé sans danger. Par exemple, les ressources naturelles devraient être soumises à dépréciation et la répartition des revenus devrait être intégrée dans l'évaluation de la réussite ou de l'échec de nos politiques. Certes, avec le capitalisme, les inégalités sont la règle, mais les niveaux atteints de nos jours, détruisent à la fois le capitalisme et la démocratie.

La valeur du secteur public devrait aussi être pleinement reconnue – et pas systématiquement dénigrée ou attaquée pour des raisons idéologiques. Dans une période où le recours aux machines et les délocalisations détruisent des emplois à grande vitesse, le retour de la demande macroéconomique à des niveaux plus sains est absolument essentiel pour une croissance durable. La création de plus de biens publics – dans le domaine de la santé, de l'éducation et de la protection environnementale, par exemple – est une voie qui peut conduire à créer davantage d'emplois et soutenir une vraie vitalité économique.

C'est également le souci de la durabilité qui doit nous guider pour redessiner les contours de l'agriculture, de l'industrie forestière et de la pêche. La dégradation des terres arables et des réserves en eau, la surexploitation des forêts, des océans et de la biodiversité génétique doivent être stoppées et inversées.

Dans un autre domaine, si nous voulons stabiliser la croissance de la population mondiale, plaçons en haut de nos priorités l'éducation des jeunes filles, le renforcement des droits des femmes, un large accès à la connaissance et aux techniques de contrôle des naissances, la baisse des taux de mortalité infantile. Il existe aujourd'hui un consensus mondial sur l'efficacité de ces quatre stratégies pour parvenir à des familles moins nombreuses, des taux de natalité et de mortalité plus bas et des niveaux de population stabilisés. Les pays riches doivent soutenir ces efforts dans leur propre intérêt et l'Afrique doit être l'objet d'une attention toute particulière, en raison de sa fertilité encore élevée et de ses ressources très menacées.

Deux autres réalités démographiques encore doivent retenir notre attention : l'urbanisation galopante partout dans le monde peut aussi être vue comme une opportunité d'intégrer la durabilité dans la conception et la construction de bâtiments basse consommation, pour recourir à une architecture durable. Ceci peut d'ailleurs optimiser l'utilisation des espaces urbains et pour restructurer les systèmes de transport urbain dans un but de meilleure efficacité énergétique et de diminution de la pollution. Ensuite, le vieillissement de la population dans les économies avancées – et sur certains marchés émergents comme la Chine – devrait être vu comme l'occasion de bâtir de meilleures stratégies pour les programmes de santé et de soutien aux revenus modestes et en profiter pour sortir de la menace qui pèse sur les salaires comme source principale de financement de ces programmes.

En regard de la révolution dans les sciences du vivant, nous devrions aussi rendre prioritaire la mise en place de garde-fous contre les risques d'altérations permanentes et définitives du génome humain. Maintenant que nous sommes les agents principaux de l'évolution, il est absolument fondamental d'être conscient que la poursuite d'objectifs à court terme dans ce domaine pourrait se révéler dangereusement contradictoire avec les intérêts à long terme de l'espèce humaine. En plus, nous n'avons toujours pas développé les critères adéquats – encore moins les protocoles de décision – nécessaires pour guider nos choix. Nous devons le faire, et vite.

De manière similaire, la primauté de la recherche du profit et le pouvoir des entreprises en matière de modifications génétiques sur les animaux ou les végétaux – surtout ceux qui participent de la chaîne alimentaire – sont en train de nous entraîner vers des comportements risqués et déraisonnables. Il y a donc un besoin urgent de mettre en place des procédures de bon sens, pour analyser ces risques à l'aune de la protection à long terme de l'intérêt public.

Les avancées continues de la technologie nous apporteront bien entendu un certain nombre de bienfaits, mais les valeurs humaines doivent être préservées au moment où nous déployons de nouvelles et puissantes technologies. Certains veulent que l'on se montre prudent et que l'on procède avec soin : la prolifération des nanomatériaux, les formes de vie synthétiques, les drones de surveillance sont des exemples de nouvelles technologies prometteuses et pleines de potentiel, nécessitant toutefois un passage en revue et des barrières de protection.

D'ailleurs, certaines de ces pratiques inconsidérées doivent être arrêtées sans délai : les ventes d'armes mortelles à certains groupes de par le monde, l'usage des antibiotiques comme stimulant de croissance du bétail, le forage pétrolier dans un océan

Arctique trop vulnérable, la primauté accordée aux marchés boursiers qui ont recours à des algorithmes ultrarapides pour des transactions à haute fréquence qui créent de la volatilité et mettent les marchés en danger, et surtout les propositions totalement folles qui consistent à empêcher le rayonnement solaire d'atteindre la Terre en vue de compenser les quantités de chaleur capturées par une pollution toujours plus forte. Ce sont tous des exemples d'une pensée confuse et dangereuse et tous doivent être vus comme des tests de notre volonté, de notre résistance et de notre détermination à créer un futur digne pour les générations à venir.

Pour terminer, la communauté mondiale a véritablement besoin d'un leadership fondé sur les valeurs humaines les plus profondes et, bien que ce livre s'adresse au monde entier, il a aussi pour objectif de faire passer un message particulièrement urgent aux citoyens des États-Unis, qui restent la seule nation capable d'apporter le leadership mondial dont nous avons besoin.

Pour cette raison, et pour la fierté que les Américains doivent ressentir pour ce que les États-Unis ont représenté pour l'humanité pendant plus de deux cents ans, il est fondamental de faire cesser le déclin de l'engagement américain pour un avenir au sein duquel la dignité humaine est chérie et les valeurs humaines protégées et soutenues. Les deux objectifs prioritaires pour tous ceux qui veulent agir sont : limiter le poids de l'argent en politique et réformer les règles législatives, obscures et désuètes, qui permettent à une petite minorité de bloquer l'action législative au sein du Sénat américain.

La civilisation humaine est aujourd'hui à un carrefour sur la route que nous parcourons depuis si longtemps. Une nouvelle direction doit être choisie, mais les choix possibles mènent tous vers l'inconnu. Cependant, l'un d'entre eux conduit à la destruction de l'équilibre climatique dont nous dépendons, à la perte de ressources irremplaçables et vitales, à la détérioration des valeurs humaines et à la possibilité que la civilisation que nous avons connue soit détruite. L'autre conduit vers le futur.

Remerciements

Je tiens à exprimer ma reconnaissance à Elizabeth Keadle pour ses encouragements et son soutien affectueux pendant l'écriture de cet ouvrage, pour ses conseils, son écoute et ses lectures des versions successives de chacun des chapitres ainsi que son précieux apport en particulier pour les questions relatives aux sciences du vivant. Je veux aussi remercier chaleureusement mon beau-frère, Frank Hunger, dont les nombreux conseils avisés et l'amitié fidèle ont été si importants pour moi tout au long de ce projet, et puis également tous les membres de ma famille pour leur appui et leurs encouragements.

Ce livre n'aurait pu voir le jour sans une extraordinaire équipe de recherche, Brad Hall et Alex Lamballe, dont le dévouement, la diligence, la fidélité et les compétences ont été exceptionnels en toutes circonstances. Je veux aussi remercier leurs familles pour leur compréhension et leur soutien durant les longues heures de travail qui ont souvent débordé sur les week-ends et les vacances, lesquels ont constitué une part importante du temps que j'ai consacré à l'écriture de ce livre lors des deux dernières années. Leur personnalité, leur humour, leur enthousiasme et leur panache ont là aussi été impressionnants et appréciables au plus haut point. Lors des premières étapes de recherche, l'aide apportée par Adam Abelkop fut inestimable et je lui suis spécialement reconnaissant d'avoir accepté de remettre à plus tard son doctorat afin de participer à ce projet. Après le congé sabbatique d'Adam, ce fut au tour de Dan Myers, de mon équipe de Nashville, d'apporter de nombreuses contributions d'excellente qualité.

Comme je l'ai écrit dans l'introduction, l'origine de ce livre remonte à huit ans, au moment où j'ai commencé à m'intéresser aux clés du changement, à collecter des idées et des éléments de recherche. Les premières versions de ce travail ont constitué pour moi une exploration d'une question absolument passionnante. En outre, j'ai eu la chance qu'elle possède une vraie valeur pratique en constituant la feuille de route que mes partenaires et moi allions utiliser au sein de Generation Investment Management, notre nouveau projet d'« investissements durables ». Je suis aussi particulièrement reconnaissant à David Blood, le cofondateur de Generation, ainsi qu'à tous mes autres partenaires pour les conversations que nous avons eues au fil des années, conversations qui ont enrichi ma compréhension sur nombre de questions.

Et comme je continuais à élaborer les grandes lignes, j'ai commencé à penser que ce travail pourrait intéresser un public plus large, mais il a fallu que Jon Meacham rejoigne Random House en tant que directeur éditorial pour que je commence la rédaction de ce livre. J'appelai alors mon agent Andrew Wylie (à qui j'adresse aussi toute ma gratitude) pour lui dire que Jon serait l'éditeur idéal de ce livre à venir. Nous nous sommes retrouvés tous les trois à New York pour discuter de cette idée, une semaine plus tard le projet était lancé et je peux dire sans exagération que sans Jon, qui est devenu un véritable ami et un voisin à Nashville, je n'aurais jamais pu le mener à terme. Sa sagesse, ses apports et sa pertinence ont été absolument extraordinaires. Merci aussi à Gina Centrello, Susan Kamil, Tom Perry, Beck Stvan, Ben Steinberg, London King, Sally Marvin, Steve Messina, Benjamin Dreyer, Erika Greber, Dennis Ambrose et à toutes les équipes éditoriales, de fabrication et de marketing de Random House.

Il y a deux ans, Graham Allison, un ami très proche et mon mentor depuis quarante-cinq ans, a organisé deux journées d'évaluation du travail au Belfour Center de la John F. Kennedy School of Government à Harvard après les étapes initiales de recherche. Je suis très reconnaissant à Graham et à l'extraordinaire groupe de tous ceux qui ont généreusement donné de leur temps pour participer à nos réflexions (en venant souvent de très loin) et ont passé deux jours à Cambridge afin de participer à d'intenses et stimulantes discussions sur les sujets que nous avions mis à l'ordre du jour : Rodney Brooks, David Christian, Leon Fuerth, Danny Hillis, Mitch Kapor, Freada Kapor, Ray Kurzweil, Joseph Nye, Dan Schrag et Fred Spier.

Je dois aussi beaucoup au groupe des experts qui ont pris sur leur temps pour lire la première version du manuscrit. Leur aide a permis de corriger des erreurs, d'ajouter des idées nouvelles, de nuancer quelques points de vue, et m'a fait parvenir à une meilleure compréhension de certains sujets sur lesquels ils m'ont apporté plus que je ne pourrais jamais apprendre. J'en remercie pleinement : Graham Allison, Rosina Bierbaum, Vint Cerf, Bob Corell, Herman Daly, Jared Diamond, Harvey Fineberg, Dargan

Frierson, Danny Hillis, Rattan Lal, Mick MacCracken, Dan Schrag, Beth Seidenberg, Laura Tyson et E. O. Wilson.

En outre, de nombreux experts ont généreusement donné de leur temps pendant mes recherches lors de conversations au long cours : Ragui Assaad, Judy Baker, Thomas Buettner, Andrew Cherlin, Kattherine Curtis, Richard Hodes, Paul Kaplowitz, David Owen, Hans Rosling, Saskia Sassen, Annemarie Schneider, Joni Seager et Audrey Singer.

Il m'arrive de lire dans les remerciements des témoignages insistant sur le fait que ceux auxquels ils s'adressent ne sont pas responsables des erreurs qui pourraient subsister. Cela s'applique parfaitement à ce livre.

Je veux aussi remercier Maggie Fox, directrice du Climate Reality Project, Joel Hyatt, cofondateur et directeur de Current TV, John Doerr, directeur associé chez Kleiner Perkins Caufield & Byers, ainsi que David Blood de Generation et mes collègues de ces quatre organisations, non seulement pour leur soutien et leurs encouragements, mais aussi pour la patience avec laquelle ils ont su s'adapter au calendrier des entretiens téléphoniques et des réunions visant à préparer les moments dont j'avais besoin pour travailler sur ce livre, en particulier au cours des deux dernières années.

(Pour information : en plus de Generation Investment Management, dans les 120 entreprises mentionnées dans le livre, il y en a 9 dans lesquelles je suis investisseur direct ou indirect : Apple, Auxogyn, Citizens Bank, Coursera, Facebook, Google, JPMorgan Chase, Kaiima et Twitter.)

Un merci tout particulier à Matt Taylor pour m'avoir prêté pendant tout ce projet une collection géante de tableaux blancs très pratiques.

Enfin, Beth Alpert, la directrice de mon staff à Nashville, a pris en charge la coordination générale de l'équipe qui a aidé à produire ce livre, tout en continuant à diriger mes autres activités en cours. Chaque membre de cette équipe a aussi contribué par ses efforts et par son temps à rendre ce livre possible : Joey Schlichter, Claudia Huskey, Lisa Berg, Betsy McManus, Jill Martin, Kristy Jeffers, Jessica Cox et, lors des phases initiales du travail, Kalee Kreider, Patrick Hamilton et Alex Thorpe. Pour terminer, je ne voudrais pas oublier Bill Simmons qui fit beaucoup plus que son devoir en nous préparant de formidables repas pour les innombrables sessions de travail à Nashville tout au long de cette aventure. Merci à tous !

Bibliographie

Acemoglu, Daron, Robinson, James A., *Why Nations Fail. The Origins of Power, Prosperity, and Poverty*, New York, Crown Business, 2012.

Anderson, Benedict, *Imagined Communities. Reflections on the Origin and Spread of Nationalism*, New York, Verso, 2006. Trad. fr. : *L'Imaginaire national. Réflexions sur l'origine et l'essor du nationalisme*, Paris, La Découverte, 2006.

Bakan, Joel, *The Corporation. The Pathological Pursuit of Profit and Power*, New York, Free Press, 2004. Trad. fr. : *Psychopathes & Cie. La soif pathologique de profit et de pouvoir*, Montréal, Transcontinental, 2004.

Barker, Graeme, *The Agricultural Revolution in Prehistory. Why Did Foragers Become Farmers ?*, New York, Oxford University Press, 2009.

Beatty, Jack, *The Age of Betrayal. The Triumph of Money in America, 1865-1900*, New York, Vintage Books, 2008.

Brock, David, *The Republican Noise Machine. Right-Wing Media and How it Corrupts Democracy*, New York, Random House, 2005.

Brown, Lester, *Plan B 4.0. Mobilizing to Save Civilization*, New York, Norton, 2009. Trad. fr. : *Le Plan B. Pour un pacte écologique mondial*, Paris, Calmann Lévy, 2007.

– *Full Planet, Empty Plates. The New Geopolitics of Food Scarcity*, New York, Norton, 2012.

– *World on the Edge. How to Prevent Environmental and Economic Collapse*, New York, Norton, 2011. Trad. fr. : *Basculement. Comment éviter l'effondrement économique et environnemental*, Paris, Rue de l'Échiquier, 2011.

Brzezinski, Zbigniew, *Strategic Vision. America and the Crisis of Global Power*, New York, Basic Books, 2012.

Buchanan, Allen, *Better than Human. The Promise and Perils of Enhancing Ourselves*, New York, Oxford University Press, 2011.

Carr, Nicholas, *The Shallows. What the Internet is Doing to our Brains*, New York, Norton, 2010. Trad. fr. : *Internet rend-il bête ?*, Paris, Robert Laffont, 2011.

Church, George, Regis, Ed, *Regenesis. How Synthetic Biology Will Reinvent Nature and Ourselves*, New York, Basic Books, 2012.

Coll, Steve, *Private Empire. ExxonMobil and American Power*, New York, Penguin Press, 2012.

Coyle, Diane, *The Weightless World. Strategies for Managing the Digital Economy*, Oxford, Capstone, 1997.

Diamond, Jared, *Collapse. How Societies Choose to Fail or Succeed*, New York, Viking, 2005. Trad. fr. : *Effondrement. Comment les sociétés décident de leur disparition ou de leur survie*, Paris, Gallimard, coll. « Folio Essais », 2009.

– *Guns, Germs, and Steel. The Fates of Human Societies*, New York, Norton, 1998.

Dobson, Wendy, *Gravity Shift : How Asia's New Economic Powerhouses Will Shape the Twenty-First Century*, Toronto, University of Toronto Press, 2009.

Edsall, Thomas Byrne, *The Age of Austerity. How Scarcity Will Remake American Politics*, New York, Doubleday, 2012.

Ford, Martin, *The Lights in the Tunnel. Automation, Accelerating Technology and the Economy of the Future*, Acculant, 2009.

Franklin, Daniel, Andrews, John, *Megachange. The World in 2050*, Hoboken, Wiley, 2012.

Freeman, Walter J., *How Brains Make Up Their Minds*, New York, Columbia University Press, 2000.

Fukuyama, Francis, *The End of History and the Last Man*, New York, Harper Perennial, 1993. Trad. fr. : *La Fin de l'Histoire et le dernier homme*, Paris, Flammarion, coll. « Champs Essais », 2009.

– *Our Posthuman Future. Consequences of the Biotechnology Revolution*, New York, Farrar, Straus & Giroux, 2002. Trad. fr. : *La Fin de l'Homme*, Paris, Gallimard, coll. « Folio Actuel », 2004.

Gazzaniga, Michael, *Human. The Science Behind What Makes Us Unique*, New York, Harper Collins, 2008.

Goldstein, Joshua S., *Winning the War on War. The Decline of Armed Conflict Worldwide*, New York, Dutton/Penguin, 2011.

Gore, Al., *The Assault on Reason*, New York, Penguin Press, 2007. Trad. fr. : *La Raison assiégée*, Paris, Seuil, 2008.

– *Earth in the Balance. Ecology and the Human Spirit*, Boston, Houghton Mifflin, 1992. Trad. fr. : *Urgence Planète Terre*, Paris, Alphée, 2007.

– *An Inconvenient Truth. The Planetary Emergency of Global Warming and What we can Do about it*, Emmaus, Rodale, 2006. Trad. fr. : *Une vérité qui dérange*, Paris, La Martinière, 2007.

– *Our Choice. A Plan to Solve the Climate Crisis*, Emmaus, Rodale, 2009. Trad. fr. : *Choisir maintenant*, Paris, La Martinière, 2010.

Hacker, Joseph S., Pierson, Paul, *Winner-Take-All Politics. How Washing-*

ton Made the Rich Richer and Turned Its Back on the Middle Class, New York, Simon & Schuster, 2011.

Haidt, Jonathan, *The Religious Mind. Why Good People are Divided by Politics and Religion*. New York, Pantheon Books, 2012.

Hansen, James, *Storms of My Grandchildren. The Truth About the Coming Climate Catastrophe and Our Last Chance to Save Humanity*, New York, Bloomsbury, 2009.

James, Harold, *The Creation and Destruction of Value. The Globalization Cycle*, Cambridge, Harvard University Press, 2009.

Johnson, Steven, *Emergence. The Connected Lives of Ants, Brains, Cities and Software*, New York, Scribner, 2001.

Jones, Steven E., *Against Technology. From the Luddites to Neo-Luddism*, New York, Routledge, 2006.

Kagan, Robert, *The World America Made*, New York, Knopf, 2012.

Kaku, Michio, *Physics of the Future. How Science Will Shape Human Destiny and Our Daily Lives by the Year 2100*, New York, Doubleday, 2011.

– *Visions. How Science will Revolutionize the 21st Century*, New York, Anchor Books, 1997. Trad. fr. : *Comment la science va révolutionner le XXIe siècle*, Paris, Albin Michel, 1999.

Kaplan, Robert D., *The Revenge of Geography. What the Map Tells us about Coming Conflicts and the Battle Against Fate*, New York, Random House, 2012.

Kelly, Kevin, *What Technology Wants*, New York, Viking, 2010.

Klare, Michael T., *The Race for What's Left. The Global Scramble for the World's Last Resources*, New York, Metropolitan Books, 2012.

Korten, David C., *When Corporations Rule the World*, Bloomfield, CT, Kumarian Press, 1995. Trad. fr. : *Quand les multinationales gouvernent le monde*, Gap, Éditions Yves Michel, 2006.

Kupchan, Charles A., *No One's World. The West, the Rising Rest, and the Coming Global Turn*, New York, Oxford University Press, 2012.

Kurzweil, Ray, *The Age of Spiritual Machines. When Computers Exceed Human Intelligence*, New York, Penguin, 1999.

– *The Singularity is Near. When Humans Transcend Biology*, New York, Penguin, 2006.

Lanier, Jaron, *You are not a Gadget. A Manifesto*, New York, Knopf, 2010.

Lessig, Lawrence, *Republic, Lost. How Money Corrupts Congress and a Plan to Stop it*, New York, Twelve, 2011.

Lovins, Amory, *Reinventing Fire. Bold Business Solutions for the New Energy Era*, White River Junction, Chelsea Green, 2011. Trad. fr. : *Réinventer le feu. Des solutions économiques novatrices pour une nouvelle ère énergétique*, Paris, Rue de l'Échiquier, 2013.

Luce, Edward, *Time to Start Thinking. America in the Age of Descent*, New York, Atlantic Monthly Press, 2012.

McKibben, Bill, *Earth. Making a Life on a Tough New Planet*, New York, Times Books, 2010.

– *The Global Warming Reader*, New York, Penguin Books, 2012.

McLuhan, Marshall, *The Gutenberg Galaxy. The Making of Typographic Man*, Toronto, University of Toronto Press, 1962. Trad. fr. : *La Galaxie Gutenberg*, Paris, Gallimard, coll. « Idées », 1977.

– *Understanding Media. The Extensions of Man*, Cambridge, MIT Press, 1994. Trad. fr. : *Pour comprendre les médias. Les prolongements technologiques de l'homme*, Paris, Seuil, coll. « Points Essais ».

Meyer, Christopher, Stan Davis, *It's Alive. The Coming Convergence of Information, Biology and Business*, New York, Crown Business, 2003.

Moreno, Jonathan D., *The Body Politic. The Battle Over Science in America*, New York, Belle vue Literary Press, 2011.

Morowitz, Harold J., *The Emergence of Everything. How the World Became Complex*, New York, Oxford University Press, 2002.

Moyo, Dambisa, *Winner Take All. China's Race for Resources and What it Means for the World*, New York, Basic Books, 2012.

Naisbitt, John, *Megatrends. Ten New Directions Transforming Our Lives*, New York, Warner Books, 1982. Trad. fr. : *Mégatendances 1990-2000 : ce qui va changer*, Paris, First.

Nye, Joseph S., Jr., *The Future of Power*, New York, PublicAffairs, 2011.

Olson, Mancur, *The Rise and Decline of Nations. Economic Growth, Stagflation, and Social Rigidities*, New Haven, Yale University Press, 1982.

Otto, Shawn Lawrence, *Fool Me Twice. Fighting the Assault on Science in America*, New York, Rodale, 2011.

Owen, David, *Green Metropolis. Why Living Smaller, Living Closer, and Driving Less are the Keys to Sustainability*, New York, Riverhead Books, 2009.

Pagel, Mark, *Wired for Culture. Origins of the Human Social Mind*. New York, Norton, 2012.

Polak, Fred, *The Image of the Future*, Amsterdam, Elsevier Scientific, 1973.

Postman, Neil, *Amusing Ourselves to Death*, New York, Viking, 1985. Trad. fr. : *Se distraire à en mourir*, Paris, Fayard, coll. « Pluriel », 2011.

Reich, Robert, *Aftershock. The Next Economy and America's Future*, New York, Knopf, 2010.

Rifkin, Jeremy, *The Empathic Civilization. The Race to Global Consciousness in a World in Crisis*, New York, Penguin, 2009. Trad. fr. : *Une nouvelle conscience pour un monde en crise. Vers une civilisation de l'empathie*, Arles, Actes Sud, coll. « Babel », 2012.

– *The End of Work. The Decline of the Global Labor Force and the Dawn of the Post-Market Era*, New York, Putnam, 1995. Trad. fr. : *La Fin du travail*, Paris, La Découverte, 1997.

– *The Third Industrial Revolution. How Lateral Power is Transforming Energy, the Economy, and the World*, New York, Palgrave Macmillan, 2011. Trad. fr. : *La Troisième Révolution industrielle*, Paris, Les Liens qui libèrent, 2012.

Rothkopf, David, *Power, Inc. The Epic Rivalry Between Big Business and Government and the Reckoning that Lies Ahead*, New York, Farrar, Straus & Giroux, 2012.

Salk, Jonas, *The Survival of the Wisest*, New York, Harper & Row, 1973. Trad. fr. : *Qui survivra ?*, Paris, Fayard, 1978.

Sandel, Michael J., *What Money can't Buy. The Moral Limits of Markets*, New York, Farrar, Straus & Giroux, 2012.

Schor, Juliet B., *The Overworked American. The Unexpected Decline of Leisure*, New York, Basic Books, 1991.

– *True Wealth. How and Why Millions of Americans Are Creating a Time-Rich, Ecologically Light, Small-Scale, High-Satisfaction Economy*, New York, Penguin Books, 2011.

Seager, Joni, *The Penguin Atlas of Women in the World*, New York, Penguin Books, 2009. Trad. fr. : *Atlas des femmes dans le monde. La réalité de leurs conditions de vie*, Paris, Autrement, 2003.

Seung, Sebastian, *Connectome. How the Brain's Wiring Makes us Who we are*, Boston, Houghton Miffling Harcourt, 2012.

Singer, P. W., *Wired for War. The Robotics Revolution and Conflict in the 21st Century*, New York, Penguin Press, 2009.

Singh, Simon, *The Code Book. The Science of Secrecy from Ancient Egypt to Quantum Cryptography*, New York, Doubleday, 1999. Trad. fr. : *Histoire des codes secrets*, Paris, Le Livre de poche, 2001.

Spence, Michael, *The Next Convergence. The Future of Economic Growth in a Multispeed World*. New York, Farrar, Straus & Giroux, 2011.

Speth, James Gustave, *America the Possible. Manifesto for a New Economy*, New Haven, Yale University Press, 2012.

Stiglitz, Joseph E., *The Price of Inequality. How Today's Divided Society Endangers Our Future*, New York, Norton, 2012. Trad. fr. : *Le Prix de l'inégalité*, Paris, Les Liens qui libèrent, 2012.

Teilhard de Chardin, Pierre, *The Future of Man*, New York, Harper & Row, 1964. Trad. fr. : *L'Avenir de l'homme*, Paris, Seuil, coll. « Points Sagesses », 2001.

Teilhard de Chardin, *The Phenomenon of Man*, New York, Harper, 1959. Trad. fr. : *Le Phénomène humain*, Paris, Seuil, coll. « Points Sagesses », 2007.

Toffler, Alvin, *Future Shock*, New York, Random House, 1970. Trad. fr. : *Le Choc du futur*, Paris, Denoël, 1971.

Topol, Eric, *The Creative Destruction of Medicine. How the Digital Revolution Will Create Better Health Care*, New York, Basic Books, 2012.

Turkle, Sherry, *Alone Together. Why we Expect More from Technology and Less from Each Other*, New York, Basic Books, 2011.

Vollmann, William T., *Uncentering the Earth. Copernicus and the Revolutions of the Heavenly Spheres*, New York, Norton, 2006. Trad. fr. : *Décentrer la Terre. Copernic et les révolutions des sphères célestes*, Auch, Tristram, 2007.

Washington, Harriet A., *Deadly Monopolies. The Shocking Corporate Takeover of Life Itself and the Consequences for Your Health and Our Medical Future*, New York, Doubleday, 2011.

Weart, Spencer, *The Discovery of Global Warming*, Cambridge, Harvard University Press, 2003.

Wells, H. G., *World Brain*, London, Ayer, 1938.

Wilson, E. O., *The Social Conquest of Earth*, New York, Liveright, 2012.

Wolfe, Nathan, *The Viral Storm. The Dawn of a New Pandemic Age*, New York, Times Books, 2012.

Articles

Alterman, Jon, "The Revolution Will Not Be Televised", Middle East Notes and Comment, Center for Strategic and International Studies, mars 2011.

Archer, David, Brovkin, Victor, "The Millennial Atmospheric Lifetime of Anthropogenic CO2", *Climatic Change*, n° 90, 2008, p. 283-297.

Barnosky, Anthony *et al.*, "Has the Earth's Sixth Mass Extinction Already Arrived ?", *Nature*, mars 2011.

Bartlett, Bruce, "'Starve the Beast'. Origins and Development of a Budgetary Metaphor", *Independent Review*, été 2007.

Bergsten, C. Fred, "Two's Company", *Foreign Affairs*, septembre-octobre 2009.

Bisson, Peter, Stephenson, Elizabeth, Viguerie, S. Patrick, "The Global Grid", *McKinsey Quarterly*, 26 juillet 2011.

Blaser, Martin, "Antibiotic Overuse. Stop the Killing of Beneficial Bacteria", *Nature*, 25 août 2011.

Bohannon, John, "Searching for the Google Effect on People's Memory", *Science*, 15 juillet 2011.

Bostrom, Nick, "A History of Transhumanist Thought", *Journal of Evolution and Technology*, 14, avril 2005.

Bowden, Mark, "The Measured Man", *Atlantic*, juillet-août 2012.

Bowley, Graham, "The New Speed of Money, Reshaping Markets", *New York Times*, 2 janvier 2011.

Bradford, James, "The NSA is Building the Country's Biggest Spy Center (Watch What You Say)", *Wired*, 15 mars 2012.

Carmody, Tim, "Google Co-founder. China, Apple, Facebook Threaten the 'Open Web'", *Wired*, 16 avril 2012.

Caruso, Denise, "Synthetic Biology. An Overview and Recommendations for Anticipating and Addressing Emerging Risks", *Science Progress*, 12 novembre 2008, http://scienceprogress.org/2008/11/synthetic-biology/.

Caryl, Christian, "Predators and Robots at War", *New York Review of Books*, 30 août 2011.

Cookson, Clive, "Synthetic Life", *Financial Times*, 27 juillet 2012.

Council on Foreign Relations, "The New North American Energy Paradigm. Reshaping the Future", 27 juin 2012.

Cudahy, Brian J., "The Containership Revolution : Malcolm McLean's 1956 Innovation Goes Global", *Transportation Research News*, Transportation Research Board of the National Academies, n° 246, septembre-octobre 2006.

Day, Peter, "Will 3D Printing Revolutionise Manufacturing ?", BBC, 27 juillet 2011.

Diamond, Jared, "What Makes Countries Rich or Poor ?" *New York Review of Books*, 7 juin 2012.

Diamond, Larry, "A Fourth Wave or False Start ?", *Foreign Affairs*, 22 mai 2011.

– "Liberation Technology", *Journal of Democracy*, vol. XXI, n° 3, juillet 2010.

Dunbar, R.I.M., "Coevolution of Neocortical Size, Group Size and Language in Humans", *Behavioral and Brain Sciences*, n° 16, n° 4, 1993, p. 681-735.

Economist, "The Dating Game", 27 décembre 2011.

– "Hello America", 16 août 2010.

– "How Luther Went Viral", 17 décembre 2011.

– "No Easy Fix", 24 février 2011.

– "The Printed World", 10 février 2011.

– "The Third Industrial Revolution", 21 avril 2012.

– "Unbottled Gini", 20 janvier 2011.

Etling, Bruce, Faris, Robert, Palfrey, John, "Political Change in the Digital Age. The Fragility and Promise of Online Organizing", *SAIS Review*, n° 30, n° 2, 2010.

Evans, Dave, "The Internet of Things", Cisco Blog, 15 juillet 2011.

Farrell, Henry, Shalizi, Cosma, "Cognitive Democracy", *Three-Toed Sloth*, 23 mai 2012.

Feldstein, Martin, "China's Biggest Problems Are Political, Not Economic", *Wall Street Journal*, 2 août 2012.

Fernandez-Cornejo, Jorge, Caswell, Margriet, "The First Decade of

Genetically Engineered Crops in the United States", US Department of Agriculture, Economic Research Service, 2006.
Financial Times, "Job-Devouring Technology Confronts US Workers", 15 décembre 2011.
Fineberg, Harvey, "Are we Ready for Neo-Evolution ?", TED Talks, 2011.
Fishman, Ted, "As Populations Age, a Chance for Younger Nations", *New York Times Magazine*, 17 octobre 2010.
Fortey, Richard A., "Charles Lyell and Deep Time", *Geoscientist*, n° 21, n° 9, octobre 2011.
Fox, Justin, "What the Founding Fathers Really Thought About Corporations", *Harvard Business Review*, 1er avril 2010.
Freeman, David, "The Perfected Self", *Atlantic*, juin 2012.
Generation Investment Management, "Sustainable Capitalism", 15 février 2012, http://www.generationim.com/media/pdf-generation-sustainable-capitalism-v1.pdf.
Gillis, Justin, "Are we Nearing a Planetary Boundary", *New York Times*, 6 juin 2012.
– "A Warming Planet Struggles to Feed Itself", *New York Times*, 6 juin 2011.
Gladwell, Malcolm, "Small Change. Why the Revolution Will Not Be Tweeted", *New Yorker*, 4 octobre 2010.
– "The Tweaker", *New Yorker*, 14 novembre 2011.
Grantham, Jeremy, "Time to Wake Up : Days of Abundant Resources and Falling Prices Are Over Forever", *GMO Quarterly Letter*, avril 2011.
Gross, Michael Joseph, "Enter the Cyber-Dragon", *Vanity Fair*, septembre 2011.
– "World War 3.0.", *Vanity Fair*, mai 2012.
Haidt, Jonathan, "Born This Way ? Nature, Nurture, Narratives, and the Making of Our Political Personalities", *Reason*, mai 2012.
Hansen, James *et al.*, "Perception of Climate Change", *Proceedings of the National Academy of Sciences*, août 2012.
Harb, Zahera, "Arab Revolutions and the Social Media Effect", *M/C Journal* [*Media/Culture Journal*] 14, n° 2, 2011.
Hillis, Danny, "Understanding Cancer Through Proteomics", TEDMED 2010, octobre 2010.
Huntington, Samuel P., "The US Decline or Renewal ?", *Foreign Affairs*, hiver 1988-1989.
Ikenson, Daniel J., "Made on Earth. How Global Economic Integration Renders Trade Policy Obsolete", Cato Trade Policy Analysis, n° 42, 2 décembre 2009.
International Monetary Fund, World Economic Outlook, septembre 2011.

Joffe, Josef, "Declinism's Fifth Wave", *American Interest*, janvier-février 2012.

Johnson, Toni, "Food Price Volatility and Insecurity", Council on Foreign Relations, 9 août 2011.

Kagan, Robert, "Not Fade Away", *New Republic*, 11 janvier 2012.

Kaufman, Edward E., Jr., M. Levin, Carl, "Preventing the Next Flash Crash", *New York Times*, 6 mai 2011.

Keim, Brando, "Nanosecond Trading Could Make Markets Go Haywire", *Wired*, 16 février 2012.

Kennedy, Pagan, "The Cyborg in Us All", *New York Times Magazine*, 18 septembre 2011.

Kleiner, Keith, "Designer Babies. Like It or Not, Here They Come", Singularity Hub, 25 février 2009.

Kristof, Nicolas D., "America's 'Primal Scream' ", *New York Times*, 15 octobre 2011.

Krugman, Paul, "We are the 99,9 %", *New York Times*, 24 novembre 2011.

Kuznetsov, V.G., "Importance of Charles Lyell's Works for the Formation of Scientific Geological Ideology", *Lithology and Mineral Resources*, vol. XLVI, n° 2, 2011, p. 186-197.

Lavelle, Marianne, "The Climate Change Lobby Explosion", Center for Public Integrity, 24 février 2009.

Levinson, Marc, "Container Shipping and the Economy", Transportation Research News, Transportation Research Board of the National Academies, n° 246, septembre-octobre 2006.

Lewis, Mark, "The History of the Future", *Forbes*, 15 octobre 2007.

MacKenzie, Donald, "How to Make Money in Microseconds", *London Review of Books*, 19 mai 2011.

MacKinnon, Rebecca, "Internet Freedom Starts at Home", *Foreign Policy*, 3 avril 2012.

Macklem, Peter T., "Emergent Phenomena and the Secrets of Life", *Journal of Applied Physiology*, n° 104, 2008, p. 1844-1846.

Madrigal, Alexis, "I'm Being Followed : How Google and 104 Other Companies Are Tracking Me on the Web", *Atlantic*, 29 février 2012.

Markoff, John, "Armies of Expensive Lawyers, Replaced by Cheaper Software", *New York Times*, 5 mars 2011.

– "Cost of Gene Sequencing Falls, Raising Hopes for Medical Advances", *New York Times*, 8 mars 2012.

– "Google Cars Drive Themselves, in Traffic", *New York Times*, 10 octobre 2010.

McKibben, Bill, "Global Warming's Terrifying New Math", *Rolling Stone*, juillet 2012.

Milojevic, Ivana, “A Selective History of Futures Thinking”, Ph. D. diss., University of Queensland, 2002.
Mooney, Chris, “The Science of Why we Don’t Believe Science”, *Mother Jones*, juin 2011.
Moore, Stephen, et Julian L. Simon, “The Greatest Century That Ever Was. 25 Miraculous Trends of the Past 100 Years”, Cato Policy Analysis, n° 364, 15 décembre 1999.
New York Times, “Dow Falls 1,000, Then Rebounds, Shaking Market”, 7 mai 2010.
Nisbet, Robert, “The Idea of Progress”, *Literature of Liberty. A Review of Contemporary Liberal Thought*, n° 2, n° 1, 1979.
Noah, Timothy, “Introducing the Great Divergence”, *Slate*, 3 septembre 2010.
– “Think Cranks”, *New Republic*, 30 mars 2012.
Nye, Joseph S., “Cyber War and Peace”, Project Syndicate, 10 avril 2012.
Organisation for Economic Co-operation and Development, “Divided We Stand. Why Inequality Keeps Rising”, décembre 2011.
Peters, Glen *et al.*, “Rapid Growth in CO2 Emissions After the 2008-2009 Global Financial Crisis”, *Nature Climate Change*, 2011.
Purdum, Todd, “One Nation, Under Arms”, *Vanity Fair*, janvier 2012.
Rosen, Jeffrey, “POTUS v. SCOTUS”, *New York*, 17 mars 2010.
Salvaris, Mike, “The Idea of Progress in History. Future Directions in Measuring Australia’s Progress”, Australian Bureau of Statistics, 2010.
Sargent, John F., Jr, “Nanotechnology. A Policy Primer”, Congressional Research Service, 13 avril 2012.
Speth, James Gustave, “America the Possible. A Manifesto, Part I”, *Orion*, mars-avril 2012.
Steiner, Christopher, “Wall Street’s Speed War”, *Forbes*, 27 septembre 2010.
Steinhart, Eric, “Teilhard de Chardin and Transhumanism”, *Journal of Evolution and Technology*, n° 20, n° 1, décembre 2008.
Stern, Nicholas, “The Economics of Climate Change. The Stern Review”, *Population and Development Review*, n° 32, décembre 2006.
Stiglitz, Joseph E., “Of the 1 %, by the 1 %, for the 1 %”, *Vanity Fair*, mai 2011.
Trenberth, Kevin, “Changes in Precipitation with Climate Change”, *Climate Research*, n° 47, 2010.
Trivett, Vincent, “25 US Mega Corporations. Where They Rank If They Were Countries”, *Business Insider*, 27 juin 2011.
Vance, Ashlee, “3-D Printing Spurs a Manufacturing Revolution”, *New York Times*, 14 septembre 2010.
Walt, Steven M., “The End of the American Era”, *National Interest*, 25 octobre 2011.

Wilford, John Noble, “Who Began Writing ? Many Theories, Few Answers”, *New York Times*, 6 avril 1999.

Wilson, Daniel H., “Bionic Brains and Beyond”, *Wall Street Journal*, 1er juin 2012.

Wilson, E. O., “Why Humans, Like Ants, Need a Tribe”, *Daily Beast*, 1er avril 2012.

Worstall, Tim, “Six Waltons Have More Wealth than the Bottom 30 % of Americans”, *Forbes*, 14 décembre 2011.

Zhang, David, Lee, Harry, “The Causality Analysis of Climate Change and Large-Scale Human Crisis”, *Proceedings of the National Academy of Sciences*, n° 108, mars 2011, p. 17296-17301.

Zimmer, Carl, “Tending the Body’s Microbial Garden”, *New York Times*, 18 juin 2012.

Notes

INTRODUCTION

liste des problèmes les plus sensibles qui, selon eux, surviendraient
Peter Lindstrom, *The Future Agenda as Seen by the Committees and Subcommittees of the United States House of Representatives. A Workbook for Participatory Democracy*, Washington, DC, Congressional Clearinghouse on the Future and the Congressional Institute for the Future, 1982.

un chercheur né en Russie quelques mois avant la révolution de 1917
The Nobel Prize in Chemistry, 1977. Ilya Prigogine, "Autobiography", http://www.nobelprize.org/nobel prizes/chemistry/laureates/1977/prigogine-autobio.html#.

fait ses études et vécu en Belgique
Ibid.

l'irréversibilité de la nature
Peter T. Macklem, "Emergent Phenomena and the Secrets of Life", *Journal of Applied Physiology*, n° 104, 2008, p. 1844-1846 ; Ray Kurzweil, *The Age of Spiritual Machines. When Computers Exceed Human Intelligence*, New York, Penguin, 1999.

aux contours clairement définis
Macklem, "Emergent Phenomena and the Secrets of Life".

Chaque fois plus élevé de complexité
Ibid.

stabilisés sous terre depuis des millions d'années
Farrington Daniels, "A Limitless Resource. Solar Energy", *New York Times*, 18 mars 1956.

rendu si évident le rôle constructif de *la flèche du temps*
Prigogine, "Autobiography".

n'en ont pas la même approche
Ivana Milojevic, "A Selective History of Futures Thinking", *in* "Futures of Education : Feminist and Post-Western Critiques and Visions", Ph. D. diss., University of Queensland, 2002.

en s'aidant d'oracles et de médiums
Ibid.

animaux offerts en sacrifice à leurs dieux
Ibid.

les mouvements des poissons
Ibid.

signes sur la Terre
Ibid.

une forme au contenu des molécules
Tracy V. Wilson, "How Holograms Work", HowStuffWorks, http://science.howstuffworks.com/hologram.htm.

les astrologues de l'ancienne Babylone utilisaient deux horloges
Fred Polak, *The Image of the Future*, Amsterdam, Elsevier Scientific, 1973, p. 5.

à retenir la chaleur
Daniel Schrag, entretien avec l'auteur.

au développement des sciences et des arts
Mike Salvaris, "The Idea of Progress in History. Future Directions in Measuring Australia's Progress", Australian Bureau of Statistics, 2010.

et du visible à l'invisible
Robert Nisbet, "The Idea of Progress", *Literature of Liberty. A Review of Contemporary Liberal Thought*, vol. II, n° 1, 1979.

Chine ancienne pour un guide
Peter Hubral, "The Tao. Modern Pathway to Ancient Wisdom", *Philosopher*, vol. XCVIII, n° 1, 2010, http://www.the-philosopher.co.uk/taowisdom.htm ; Abu al-Hasan Ali ibn al-Husayn al-Mas'udi, "How Do we Come upon New Ideas ?", *First Break*, n° 29, mars 2011.

un véritable progrès scientifique et donc un véritable accomplissement
Salvaris, "The Idea of Progress in History".

vif intérêt pour les héritages matériels et philosophiques
Polak, *The Image of the Future*, p. 82-95.

Antonie Van Leeuwenhoek
Jonathan Janson, "Antonie van Leeuwenhoek (1632-1723)", Essential Vermeer, http://www.essentialvermeer.com/dutch-painters/dutchart/leeuwenhoek.html.

un siècle auparavant
Nobel Media, "Microscopes. Time Line", http://www.nobelprize.org/educational/physics/microscopes/timeline/index.html.

de nouvelles cellules et de nouvelles bactéries
Ibid.

camera obscura
Outre leur amitié et leur possible collaboration artistique, Van Leeuwenhoek était aussi l'exécuteur testamentaire de Vermeer. Jonathan Janson, "Vermeer and the Camera Obscura", Essential Vermeer, http://www.essentialvermeer.com/camera_obscura/co_one.html ; Philip Steadman, "Vermeer and the Camera Obscura", BBC History, 17 février 2011, http://www.bbc.co.uk/history/british/empire_seapower/vermeer_camera_01.shtml.

un jour, elle finira par disparaître de la surface de la Terre
Thomas Jefferson, "To William Ludlow", 6 septembre 1824, *The Portable Thomas Jefferson*, New York, Penguin, 1977, p. 583.

que notre planète était bien plus ancienne
Richard A. Fortey, "Charles Lyell and Deep Time", *Geoscientist*, vol. XXI, n° 9, octobre 2011 ; V.G. Kuznetsov, "Importance of Charles Lyell's Works for the Formation of Scientific Geological Ideology", *Lithology and Mineral Resources*, vol. XLVI, n° 2, 2011, p. 186-197 ; Mark Lewis, "The History of the Future", *Forbes*, 15 octobre 2007.

nous le savons aujourd'hui, 4,5 milliards
"History of Life on Earth", BBC Nature, http://www.bbc.co.uk/nature/history_of_the_earth.

les livres de Lyell sur le *Beagle*
Fortey, "Charles Lyell and Deep Time" ; Kuznetsov, "Importance of Charles Lyell's Works for the Formation of Scientific Geological Ideology".

Pour Aristote, la nature d'une chose est définie par sa fin
Aristote, *Eudemian Ethics*, Book 2, Section 1219a.

Plus d'une décennie avant de publier *Faust*
Scott Horton, "The Sorcerer's Apprentice", *Harper's*, décembre 2007 ; Cyrus Hamlin, "Faust in Performance. Peter Stein's Production of Goethe's Faust, Parts 1 & 2", *Theatre*, n° 32, 2002.

de leur sagesse et de leur créativité
Henry Farrell et Cosma Shalizi, "Cognitive Democracy", *Three-Toed Sloth*, 23 mai 2012, http://masi.cscs.lsa.umich.edu/~crshalizi/weblog/917.html.

réification
Polak, *The Image of the Future*, p. 196.

il y a 4,5 milliards d'années se situerait à l'extrémité gauche
"History of Life on Earth", BBC Nature.

apparition de la vie (3,8 milliards d'années)
Ibid.

vie multicellulaire (2,8 milliards d'années)
Ibid.

premiers végétaux (475 millions d'années)
Ibid.

premiers vertébrés (plus de 400 millions d'années)
Ibid.

premiers primates (65 millions d'années)
Blythe A. Williams, Richard F. Kay, E. Christopher Kirk, "New Perspectives on Anthropoid Origins", *Proceedings of the National Academy of Sciences*, 8 mars 2010.

dans 7,5 milliards d'années
David Appell, "The Sun Will Eventually Engulf Earth. Maybe", *Scientific American*, 8 septembre 2008.

CHAPITRE 1

leur efficacité, leurs fonctionnalités et leur puissance
Martin Ford, *Lights in the Tunnel. Automation, Accelerating Technology and the Economy of the Futur*, N.p., Acculant, 2009.

un million de nouveaux robots dans ses usines
"Foxconn to Replace Workers with 1 Million Robots in 3 Years", *Xinhuanet*, 30 juillet 2011, http://news.xinhuanet.com/english2010/china/2011-07/30/c_131018764.htm.

De nombreuses entreprises en ligne se créent grâce à Internet
Quentin Hardy, "The Global Arbitrage of Online Work", *New York Times*, 10 octobre 2012.

Narrative Science, entreprise fondée
Joe Fassler, "Can the Computers at Narrative Science Replace Paid Writers ?", *Atlantic*, 12 avril 2012.

l'Amérique latine est l'exception
Jonathan Watts, "Latin America's Income Inequality Falling, Says World Bank", *Guardian*, 13 novembre 2012.

et a culminé en 2012
Natasha Lennard, "Global Inequality Highest in 20 Years", *Salon*, 1er novembre 2012, http://www.salon.com/2012/11/01/global_inequality_highest_in_20_years/.

de 35 à 45 aux États-Unis
"Unbottled Gini", *Economist*, 20 janvier 2011 ; CIA World Factbook, https://www.cia.gov/library/publications/the-world-factbook/fields/2172.html, consulté le 20 janvier 2012.

en Chine de 30 à 40
Data Set, University of Texas Inequality Project, Estimated Household Income Inequality Data Set (EHII). This is a global data set, derived from the econometric relationship between UTIP-UNIDO, other conditioning variables, and the World Bank's Deininger & Squire data set (http://utip.gov.utexas.edu/data.html) ; World Data Bank, http://data.worldbank.org/indicator/SI.POV.GINI.

en Russie de 25 à 40
Ibid.

au Royaume-Uni de 30 à 36
Data Set, University of Texas Inequality Project, Estimated Household Income Inequality Data Set ; "Growing Income Inequality in OECD Countries. What Drives It and How Can Policy Tackle It ?", OECD Forum on Tackling Inequality, 2 mai 2011, http://www.oecd.org/dataoecd/32/20/47723414.pdf.

multipliés que par six
"India Income Inequality Doubles in 20 Years, Says OECD", BBC, 7 décembre 2011, http://www.bbc.co.uk/news/world-asia-india-16064321.

son niveau historique le plus bas
Joseph E. Stiglitz, "Of the 1 %, by the 1 %, for the 1 %", *Vanity Fair*, mai 2011.

un millième des individus les plus riches
Paul Krugman, "We Are the 99,9 %", *New York Times*, 24 novembre 2011.

qu'en Égypte ou en Tunisie
Nicholas D. Kristof, "America's 'Primal Scream' ", *New York Times*, 15 octobre 2011.

99 % du reste des individus
Ibid.

50 % du bas de l'échelle
Ibid.

30 % d'Américains les plus pauvres
Tim Worstall, "Six Waltons Have More Wealth Than the Bottom 30 % of Americans", *Forbes*, 14 décembre 2011.

en un quart de siècle
Stiglitz, "Of the 1 %, by the 1 %, for the 1 %".

400 % sur la même période
Krugman, "We Are the 99,9 %"

passant de 5 à 40 % du PIB
UnctadStat, Statistical Database for the United Nations Conference on Trade and Development, http://unctadstat.unctad.org/ReportFolders/reportFolders.aspx.

trois fois plus vite que le PIB
International Monetary Fund, *World Economic Outlook*, septembre 2011, http://www.imf.org/external/pubs/ft/weo/2011/02/weodata/WEOSep2011alla.xls ; Peter Bisson, Elizabeth Stephenson, S. Patrick Viguerie, "The Global Grid", *McKinsey Quarterly*, 26 juillet 2011.

il est passé de 5 à 30 % du PIB
UnctadStat, Statistical Database for the United Nations Conference on Trade and Development.

supérieurs de 20 % à la moyenne nationale
Daniel J. Ikenson, "Made on Earth. How Global Economic Integration Renders Trade Policy Obsolete", *Cato Trade Policy Analysis*, n° 42, 2 décembre 2009, http://www.cato.org/pubs/tpa/tpa-042.pdf.

5 millions de citoyens américains
Ibid.

et du matériel de fabrication perfectionné
Steven Mufson, "China's Growing Share of Solar Market Comes at a Price", *Washington Post*, 16 décembre 2011.

pour devenir la plus grande du monde
Brett Arends, "IMF Bombshell. Age of America Nears End", Market Watch, 25 avril 2011, http://www.marketwatch.com/story/imf-bombshell-age-of-america-about-to-end-2011-04-25.

Elle compte deux fois plus d'utilisateurs d'Internet
"The Dating Game", *Economist*, 27 décembre 2011, http://www.economist.com/blogs/dailychart/2010/12/savedate ; "Survey. China has 513 million Internet users", CBS News, 15 janvier 2012, http://www.cbsnews.com/8301-205162-57359546/survey-china-has-513-million-internet-users/; Internet World Stats, "Top 20 Countries with the Highest Number of Internet Users", 7 août 2011, http://www.internetworldstats.com/top20.htm.

n'importe quelle autre décennie depuis les années 1960
"Job-Devouring Technology Confronts US Workers", *Financial Times*, 15 décembre 2011.

alors que le chômage a très peu diminué
"US Tax Haul Trails Profit Surge", *Wall Street Journal*, 4 janvier 2012.

secteur privé seulement de 2 %
Catherine Rampell, "Companies Spend on Equipment, Not Workers", *New York Times*, 10 juin 2011.

progressé de 41 % est très significatif
Robotic Industries Association, "North American Robot Orders Jump 41 % in First Half of 2011", 29 juillet 2011, http://www.robotics.org/content-detail.cfm/Industrial-Robotics-News/North-American-Robot-Orders-Jump-41-in-First-Half-of-2011/content id/2922.

pour la première fois de l'époque moderne
"Special Report. Developing World to Overtake Advanced Economies in 2013", Euromonitor, 19 février 2009, http://blog.euromonitor.com/2009/02/special-report-developing-world-to-overtake-advanced-economies-in-2013-.html.

se développent beaucoup plus vite que les économies développées
Mark Mobius, "Emerging Markets May See More Capital Flow, Away from Assets and Currencies of Countries Burdened with High Debt", *Economic Times*, 27 septembre 2011.

la durabilité de leurs taux de croissance
Ruchir Sharma, "Broken BRICs. Why the Rest Stopped Rising", *Foreign Affairs*, novembre-décembre 2012.

à construire d'autres usines en Occident
Don Lee, "US Jobs Continue to Flow Overseas", *Los Angeles Times*, 6 octobre 2010.

la destruction de 27 millions d'emplois dans le reste du monde
United Nations Department of Economic and Social Affairs, The Report on the World Social Situation. The Global Social Crisis, 2011, http://social.un.org/index/LinkClick.aspx?fileticket=cO3JAiiX-NE % 3D&tabid=1562.

vingt-trois fois plus importante que la totalité du PNB mondial
"Why Derivatives Caused Financial Crisis", Seeking Alpha, 12 avril 2010, http://seekingalpha.com/article/198197-why-derivatives-caused-financial-crisis.

l'ensemble des transactions journalières des Bourses de la planète
Ibid.

des plus grands marchés d'obligations et d'actions
Ibid.

des échanges effectués au cours de l'année 2009
Nathaniel Popper, "High-Speed Trading No Longer Hurtling Forward", *New York Times*, 14 octobre 2012.

réaliser une transaction en 124 microsecondes
Donald MacKenzie, "How to Make Money in Microseconds", *London Review of Books*, 19 mai 2011.

les risques de perturbations des marchés
Ibid.

qui échappe à toute compréhension théorique
Brandon Keim, "Nanosecond Trading Could Make Markets Go Haywire", *Wired*, 16 février 2012.

algorithme mystère
John Melloy, "Mysterious Algorithm Was 4 % of Trading Activity Last Week", CNBC, 8 octobre 2012, http://www.cnbc.com/id/49333454/Mysterious_Algorithm_Was_4_of_Trading_Activity_Last_Week.

en vendant à découvert des obligations françaises
Christopher Steiner, "Wall Street's Speed War", *Forbes*, 27 septembre 2010.

des obligations de la confédération
Ibid.

en passant de 16,3 à 13,3 millièmes de seconde
Ibid.

ce que de nombreux experts appellent la financiarisation de l'économie
Ibid.

depuis 1980, en passant de 4 à plus de 8 % aujourd'hui
Thomas Philippon, "The Future of the Financial Industry", Stern on Finance blog, 16 octobre 2008, http://sternfinance.blogspot.com/2008/10/future-of-financial-industry-thomas.html.

6 % sur les dérivés de crédit
"America's Big Bank $244 Trillion Derivatives Market Exposed", Seeking Alpha, 15 septembre 2011, http://seekingalpha.com/article/293830-america-s-big-bank-244-trillion-derivatives-market-exposed.

sur les prix des matières premières
Ibid.

pèsent quatorze fois plus que le marché physique
Roderick Bruce, "Making Markets. Oil Derivatives. In the Beginning", Energyrisk.com, p. 31, juillet 2009, http://db.riskwaters.com/data/energyrisk/EnergyRisk/Energyrisk0709/markets.pdf.

parce que les banques retiennent des garanties correspondant à un fort pourcentage de leurs transactions
Mais voir Mazen Labban, "Oil in Parallax. Scarcity, Markets, and the Financialization of Accumulation", *Geoforum*, n° 41, 2010, p. 546 ("Although financial derivatives allowed investors and traders to manage risk and hedge against the volatility of financial markets, the 'aggregate impact' of trading in derivatives was to increase risk and contribute to the volatility of the market"), citant Adam Tickell, "Unstable Futures. Controlling and Creating Risks in International Money", *Global Capitalism Versus Democracy*, Leo Panitch et Colin Leys (éd.), New York, Monthly Review Press, 1999, p. 248-277 ; Adam Tickell, "Dangerous Derivatives. Controlling and Creating Risks in International Money", *Geoforum*, n° 31, 2000, p. 87-99.

se réfléchit implicitement dans le comportement collectif du marché (ce qui n'est pas le cas)
Peter J. Boettke, "Where Did Economics Go Wrong ? Modern Economics as a Flight from Reality", *Critical Review*, vol. XI, n° 1, 1997, p. 11-64 ; Al Gore et David Blood, "A Manifesto for Sustainable Capitalism", *Wall Street Journal*, 14 décembre 2011.

de « fausses liquidités » ou des « liquidités fantômes »
Entretien de l'auteur avec Joseph Stiglitz.

Le total des réserves des banques de tous les pays avancés
Morris Miller, "Global Governance to Address the Crises of Debt, Poverty and Environment", background paper prepared for the 42nd Pugwash Conference, Berlin, septembre 1992, http://www.management.uottawa.ca/miller/governa.htm.

aux opérations qui se produisent plutôt qu'aux réalités du marché
Donald MacKenzie, "How to Make Money in Microseconds", *London Review of Books*, 19 mai 2011.

en seize minutes, sans raison apparente
"Dow Falls 1,000, Then Rebounds, Shaking Market", *New York Times*, 7 mai 2010.

nous avions l'impression de nous trouver dans la quatrième dimension
Ibid.

jusqu'à cette chute phénoménale des valeurs
Graham Bowley, "The New Speed of Money, Reshaping Markets", *New York Times*, 2 janvier 2011 ; Felix Salmon et Jon Stokes, "Algorithms Take Control of Wall Street", *Wired*, 27 décembre 2010.

très attachés à ce nouveau modèle de gestion des affaires
Entretien de l'auteur avec Joseph Stiglitz.

mettrait l'économie mondiale à genoux
Ibid.

par des agences de notation corrompues et complices, et enfin mis en circulation
"'Robo-Signing' of Mortgages Still a Problem", Associated Press, 18 juillet 2011, http://www.cbsnews.com/stories/2011/07/18/national/main20080533.shtml.

On a appelé cette méthode « la signature robotisée »
Alan Zibel, Matthias Rieker et Nick Timiraos, "Banks Near 'Robo-Signing' Settlement", *Wall Street Journal*, 19 janvier 2012.

à une moyenne de 65 % par an
Mark Jickling et Rena S. Miller, "Derivatives Regulation in the 111th Congress", Congressional Research Service Report for Congress, 3 mars 2011, Table I, http://assets.opencrs.com/rpts/R4064620110303.pdf.

dans l'epoir d'une régulation de moins en moins contraignante
"Why Derivatives Caused Financial Crisis", Seeking Alpha, 12 avril 2010, http://seekingalpha.com/article/198197-why-derivatives-caused-financial-crisis.

à un taux plus rapide de moitié que la production mondiale
Organisation for Economic Co-operation and Development, "Divided We Stand".

la fermeture des routes entre l'Europe et l'Asie
Ronald Findlay et Kevin H. O'Rourke, "Commodity Market Integration, 1500-2000", *Globalization in Historical Perspective*, Michael D. Bordo, Alan M. Taylor et Jeffrey G. Williamson (éd.), Chicago, University of Chicago Press, 2003.

sous le contrôle strict de Venise et de l'Égypte
Ibid.

l'introduction du maïs et d'autres céréales en Europe et en Afrique
Ibid.

jusqu'au commencement de la guerre de l'Opium en 1839
"Hello America", *Economist*, 16 août 2010 (citant Angus Maddison).

depuis que l'Orient a accédé aux nouvelles technologies que l'ancien modèle a entamé son retour
Derek Thompson, "The Economic History of the Last 2,000 Years in 1 Little Graph", *Atlantic*, 19 juin 2012.

des « macro-inventions » hautement productives et rémunératrices
Malcolm Gladwell, "The Tweaker", *New Yorker*, 14 novembre 2011.

n'hésitaient pas à échanger leurs connaissances
Wayne D. Rasmussen, US Department of Agriculture National Agricultural Library, "Lincoln's Agricultural Legacy", 30 janvier 2012, http://www.nal.usda.gov/lincolns-agricultural-legacy.

à la naissance de la nation américaine, à moins de 60 %
US Department of Agriculture, "A History of American Agriculture. Farmers & the Land", Agriculture in the Classroom, http://www.agclassroom.org/gan/timeline/farmers land.htm.

pour y construire des écoles d'agriculture et de mécanique
Rasmussen, "Lincoln's Agricultural Legacy".

touts les États s'y employèrent
US Department of Agriculture, "A History of American Agriculture".

dans les trois mille comtés du pays, alors que les emplois agricoles avaient diminué de 2 %
Representative Butler Derrick, Congressional Record 140, n° 138, 28 septembre 1994.

dont la production mondiale a augmenté de 350 % au cours des cinquante dernières années
United Nations Food and Agriculture Organization, World Livestock 2011, http://www.fao.org/docrep/014/i2373e/i2373e.pdf.

quatre fois plus que les États-Unis, la Chine est de loin le plus grand producteur
Ibid.

a augmenté de 3 200 % sur le reste de la période
Ibid.

fut lancé par l'URSS
Brian J. Cudahy, "The Containership Revolution. Malcolm McLean's 1956 Innovation Goes Global", Transportation Research News, Transportation Research Board of the National Academies, n° 246, septembre-octobre 2006, p. 5-9, http://onlinepubs.trb.org/onlinepubs/trnews/trnews246.pdf.

transporteront des marchandises d'un pays à l'autre
Ibid. ; Marc Levinson, "Container Shipping and the Economy", Transportation Research News, Transportation Research Board of the National Academies, n° 246, septembre-octobre 2006, p. 10, http://onlinepubs.trb.org/onlinepubs/trnews/trnews246.pdf.

en excédent sur le marché (tout comme l'étaient les céréales il y a plusieurs décennies)
"Plunging Prices Set to Trigger Tech Boom", *Financial Times*, 8 janvier 2012 ; "TV Prices Fall, Squeezing Most Makers and Sellers", *New York Times*, 26 décembre 2011.

pour l'équivalent de 8 000 dollars actuels
Richard Powelson, "First Color Television Sets Were Sold 50 Years Ago", Scripps Howard News Service, 31 décembre 2003, http://www.post-gazette.com/tv/20031231colortv1231p3.asp.

133 % alors que les emplois ont diminué de 33 % en un quart de siècle
Energy Information Administration, Annual Energy Review, 19 octobre 2011, http://www.eia.gov/totalenergy/data/annual/xls/stb0702.xls ; Mine Safety and Health Administration, Table 3, "Average Number of Employees at Coal Mines in the United States, by Primary Activity, 1978-2008", http://www.msha.gov/STATS/PART50/WQ/1978/wq78cl03.asp.

La productivité a augmenté sans cesse alors que les postes de travail n'ont fait que disparaître
John E. Tilton et Hans H. Landsberg, septembre 1997, "Innovation, Productivity Growth, and the Survival of the US Copper Industry", Resources for the Future, http://www.rff.org/RFF/Documents/RFF-DP-97-41.pdf.

Le nombre d'heures de travail nécessaires pour produire une tonne de cuivre a diminué de 50 %
Ibid.

Kennecott, une des entreprises les plus importantes de ce secteur
Ibid.

De nouvelles sources de cuivre ont été exploitées, principalement au Chili
Matthijs Randsdorp, "A Closer Look at Copper", 3 novembre 2011, TCW, https://www.tcw.com/News and Commentary/Market Commentary/Insights/11-03-11_A_Closer_Look_at_Copper.aspx.

Le volume de travail effectué autrefois par cinq cents personnes
John Markoff, "Armies of Expensive Lawyers, Replaced by Cheaper Software", *New York Times*, 5 mars 2011.

500 000 kilomètres dans toutes les conditions sans le moindre accident
Rebecca J. Rosen, "Google's Self-Driving Cars. 300,000 Miles Logged, Not a Single Accident Under Computer Control", *Atlantic*, 9 août 2012.

373 000 chauffeurs de taxi et autres conducteurs, pour ne parler que des États-Unis
US Bureau of Labor Statistics, as cited in the Statistical Abstract of the United States. 2010, Table 640, http://www.census.gov/compendia/statab/.

iront plus vraisemblablement à l'épargne qu'à la consommation, notamment pour des raisons culturelles
Mauricio Cardenas, "Lower Savings in China Could Slow Down Growth in Latin America", Brookings Institution, 11 février 2011, http://www.brookings.edu/research/opinions/2011/02/11-china-savings-cardenas-frank.

celles de la métallurgie et de la céramique d'un autre temps
Caltech Materials Science, "Welcome", 2012, http://www.matsci.caltech.edu/.

de nouveaux pouvoirs physiques qui lui permettront de super-organiser la matière
Eric Steinhart, "Teilhard de Chardin and Transhumanism", *Journal of Evolution and Technology*, vol. XX, n° 1, décembre 2008, p. 1-22.

de ce que certains experts appellent l'économie moléculaire
Christopher Meyer et Stan Davis, *It's Alive. The Coming Convergence of Information, Biology and Business*, New York, Crown Business, 2003, p. 4.

pour réaliser les expériences en mode réel
Ibid., p. 3-6, 66-67.

la façon dont ils entrent en interaction avec d'autres molécules et matériaux
John F. Sargent Jr., "Nanotechnology. A Policy Primer", Congressional Research Service, 13 avril 2012, http://www.fas.org/sgp/crs/misc/RL34511.pdf.

d'améliorer la résistance aux taches, aux plis et au feu
Ibid.

les médecins et les hôpitaux afin de se protéger contre les infections
"Nanotech-Enabled Consumer Products Continue to Rise", Science Daily, 13 mars 2011, http://www.sciencedaily.com/releases/2011/03/110310101351.htm.

des objets de cuivre sont apparus dans de nombreux autres lieux à la même époque
Miljana Radivojevica *et al.*, "On the Origins of Extractive Metallurgy. New Evidence from Europe", *Journal of Archaeological Science*, novembre 2010.

de hautes températures et une sorte de pressurisation
Richard Cowen, "Chapter 5. The Age of Iron", avril 1999, http://mygeologypage.ucdavis.edu/cowen/~GEL115/115CH5.html.

En Bretagne plus de 1 000 ans plus tard
"Bronze Age", *Encyclopaedia Britannica*, http://www.britannica.com/EBchecked/topic/81017/Bronze-Age.

4 500 ans dans le nord de la Turquie
Cowen, "Chapter 5. The Age of Iron".

les transformer en outils et en armes
Ibid.

plus dur et plus résistant que le bronze
Ibid.

il fallut attendre le milieu du XIXe siècle pour maîtriser la fabrication de l'acier
Ibid.

une catégorie entièrement nouvelle de produits
Jeremy Rifkin, *The Third Industrial Revolution. How Lateral Power is Transforming Energy, the Economy, and the World*, New York, Palgrave Macmillan, 2011.

dotés de propriétés inimaginables auparavant
Pulickel M. Ajayan et Otto Z. Zhou, "Applications of Carbon Nanotubes", *Topics in Applied Physics*, n° 80, 2001, p. 391-425 ; Eliza Strickland, "9 Ways Carbon Nanotubes Just Might Rock the World", *Discover Magazine*, 6 août 2009.

l'acier dans certaines applications spécifiques
Corie Lok, "Nanotechnology. Small Wonders", *Nature*, 1er septembre 2010, p. 18-21.

dont on sait qu'ils auront des applications importantes dans l'industrie
Dmitri Kopeliovich, "Ceramic Matrix Composites (Introduction)", SubsTech, http://www.substech.com/dokuwiki/doku.php?id=ceramic_matrix_composites_introduction.

dans les secteurs de la santé et du bien-être
"Nanotech-Enabled Consumer Products Continue to Rise", Science Daily, 13 mars 2011, http://www.sciencedaily.com/releases/2011/03/110310101351.htm ; Sargent, "Nanotechnology. A Policy Primer" ; Project on Emerging Nanotechnologies, 2012, http://www.fas.org/sgp/crs/misc/RL34511.pdf.

Qui laisse espérer toutes sortes d'applications utiles
A. K. Geim, "Graphene. Status and Prospects", *Science*, vol. CCCXXIV, n° 5934, 19 juin 2009, p. 1530-1534 ; Matthew Finnegan, "Graphene Nanoribbons Could Extend Moore's Law by 10 Years", Techeye.com, 28 septembre 2011 ; "Adding Hydrogen Triples Transistor Performance in Graphene", *Science Daily*, 4 septembre 2011.

des graves inquiétudes et beaucoup de débats au début des années 2000
Robert F. Service, "Nanotechnology Grows Up", *Science*, vol. CCCIV, 304, n° 5678, 19 juin 2004, p. 1732-1734.

les dommages qu'elles peuvent causer aux cellules
Ibid.

rien sur les effets éventuels de synergie
Ibid.

depuis la découverte de la structure en double hélice de l'ADN en 1953
National Research Council, *Nanotechnology in Food Products. Workshop Summary*, Leslie Pray et Ann Yaktine, rapporteurs, 2009.

l'application de la nanotechnologie dans le développement de nouveaux matériaux
Ibid.

cent fois plus résistant que l'acier et six fois plus léger
Lok, "Nanotechnology. Small Wonders", p. 18-21.

jusqu'à ce que l'objet prenne sa forme complète en trois dimensions
"The Printed World. Three-Dimensional Printing from Digital Designs Will Transform Manufacturing and Allow More People to Start Making Things", *Economist*, 10 février 2011.

avaient permis une production de masse
"The Third Industrial Revolution", *Economist*, 21 avril 2012 ; Peter Day, "Will 3D Printing Revolutionise Manufacturing ?", BBC, 27 juillet 2011, http://www.bbc.co.uk/news/business-14282091.

avaient révolutionné l'industrie et le commerce
"The Third Industrial Revolution", *Economist* ; Day, "Will 3D Printing Revolutionise Manufacturing ?"

selon des processus plus traditionnels
Day, "Will 3D Printing Revolutionise Manufacturing ?" ; Neil Gershenfeld, "How to Make Almost Anything", *Foreign Affairs*, 27 septembre 2012.

lui faire subir les tests en soufflerie
"The Printed World", *Economist*.

en une nuit pour 2 000 dollars
Ashlee Vance, "3-D Printing Spurs a Manufacturing Revolution", *New York Times*, 14 septembre 2010.

et bien entendu le coût en termes de frais de personnel
Day, "Will 3D Printing Revolutionise Manufacturing ?" ; "The Third Industrial Revolution", *Economist*.

la production de masse, sans oublier les économies d'énergie
"The Printed World", *Economist* ; Jeremy Rifkin, "The Third Industrial Revolution. How the Internet, Green Electricity, and 3-D Printing Are Ushering in a Sustainable Era of Distributed Capitalism", *Huffington Post*, 28 mars 2012, http://www.huffingtonpost.com/jeremy-rifkin/the-third-industrial-revo_1_b_1386430.html.

alors qu'elle a plus que triplé
Diane Coyle, introduction de *The Weightless World. Strategies for Managing the Digital Economy*, Oxford, Capstone, 1997.

qui n'est pas satisfaisante pour de nombreux produits spécifiques
"The Printed World", *Economist*.

et des produits finis vers les marchés éloignés
Day, "Will 3D Printing Revolutionise Manufacturing ?".

la mise en forme du projet et le plan de fabrication de chaque produit
"The Third Industrial Revolution", *Economist* ; Gershenfeld, "How to Make Almost Anything".

en attendant d'être imprimés sur place à la demande
Day, "Will 3D Printing Revolutionise Manufacturing ?".

elle imprime une maison entière en vingt heures
Vance, "3-D Printing Spurs a Manufacturing Revolution" ; Behrokh Khoshnevis, TEDx Conference presentation, février 2012.

des centaines de milliers de pièces et de produits standardisés
"The Printed World", *Economist*.

Les lois de copyright ne protègent pas les objets physiques « utiles » contre les répliques
Michael Weinberg, "The DIY Copyright Revolution", Slate, 23 février 2012, http://www.slate.com/articles/technology/future_tense/2012/02/3_d_printing_copyright_and_intellectual_property.html ; "The Third Industrial Revolution", *Economist* ; Peter Marsh, "Made to Measure", *Financial Times*, 7 septembre 2012.

en Chine et en Europe ingénieurs et technologues travaillent dur pour exploiter son potentiel
"The Printed World", *Economist*.

prothèses et autres applications médicales se développe rapidement
Vance, "3-D Printing Spurs a Manufacturing Revolution" ; "Transplant Jaw Made by 3D Printer Claimed as First", BBC News, 6 février 2012, http://www.bbc.co.uk/news/technology-16907104 ; "Engineers Pioneer Use of 3D Printer to Create New Bones", BBC News, 30 novembre 2011, http://www.bbc.com/news/technology-15963467 ; Joann Pan, "3D Printer Creates 'Magic Arms' for Two-Year-Old Girl", Mashable, 3 août 2012, http://mashable.com/2012/08/03/3d-printed-magic-arms/; "Artificial Blood Vessels Created on a 3D Printer", BBC News, 16 septembre 2011, http://www.bbc.co.uk/news/technology-14946808.

pour seulement 1 000 dollars
Vance, "3-D Printing Spurs a Manufacturing Revolution".

un véritable séisme
Bob Parks, "Creation Engine. Autodesk Wants to Help Anyone, Anywhere, Make Anything", *Wired*, 21 septembre 2012.

Certains des avocats de la liberté du port d'armes
"3D Printers Could 'Print Ammunition for an Army' ", *Dezeen Magazine*, 3 octobre 2012, http://www.dezeen.com/2012/10/03/3d-printers-could-print-ammunition-for-an-army/.

et faire ainsi disparaître l'élément de la preuve
Nick Bilton, "Disruptions. With a 3-D Printer, Building a Gun with the Push of a Button", *New York Times*, 7 octobre 2012.

des emplois délocalisés dans des pays en développement
"The Third Industrial Revolution", *Economist*.

Ces opinions sont affirmées de manière beaucoup moins nette aux États-Unis
Boston Consulting Group, press release, "Nearly a Third of Companies Say Sustainability is Contributing to Their Profits, Says MIT Sloan Management Review – Boston Consulting Group Report", 24 janvier 2012, http://www.bcg.com/media/PressReleaseDetails.aspx?id=tcm:12-96246.

des individus disposant de revenus plus élevés n'en consomment pas la totalité, ou dans un proportion moindre
Joseph E. Stiglitz, "The 1 Percent's Problem", *Vanity Fair*, 31 mai 2012.

revenu inférieur à 1,25 dollar par jour
World Bank, *World Development Indicators*, rapport annuel 2010, http://data.worldbank.org/sites/default/files/wdi-final.pdf.

90 millions de tonnes de pollution vomies chaque jour par notre planète dans l'atmosphère
Drew Shindell, entretien avec l'auteur par téléphone le 1er septembre 2009.

la période de conservation moyenne des actions était d'environ sept ans
James Montier, *Behavioural Investing. A Practitioner's Guide to Applying Behavioural Finance*, Chichester, Wiley, 2007, p. 277.

la durée approximative d'un cycle économique et demi
Richard Dobbs, Keith Leslie et Lenny T. Mendonca, "Building the Healthy Corporation", *McKinsey Quarterly*, août 2005 ; Roger A. Morin et Sherry L. Jarrell, *Driving Shareholder Value. Value-Building Techniques for Creating Shareholder Wealth*, New York, McGraw-Hill, 2001, p. 56 ; Roland J. Burgman, David J. Adams, David A. Light et Joshua B. Bellin, "The Future Is Now", *MIT Sloan Management Review*, 26 octobre 2007.

aujourd'hui, pourtant, les actions sont conservées moins de sept mois
Henry Blodget, "You're an Investor ? How Quaint", *Business Insider*, 8 août 2008, http://www.businessinsider.com/henry-blodget-youre-an-investor-how-quaint-2009-8.

pour espérer un retour
Jon Gertner, "Does America Need Manufacturing ?", *New York Times Magazine*, 28 août 2011.

80 % ont répondu par la négative
Tilde Herrera, "BSR 2011. Al Gore Says Short-Term Thinking Is 'FunctionallyInsane'", GreenBiz, 2 novembre 2011, http://www.greenbiz.com/blog/2011/11/02/bsr-2011-al-gore-says-short-term-thinking-functionally-insane.

qui a duré 200 000 ans, selon les anthropologues
Sileshi Semaw *et al.*, "2.6-Million-Year-Old Stone Tools and Associated Bones from OGS-6 and OGS-7, Gona, Afar, Ethiopia", *Journal of Human Evolution*, n° 45, 2003, p. 169-177.

dura moins de 8 000 ans
Graeme Barker, *The Agricultural Revolution in Prehistory. Why Did Foragers Become Farmers ?*, New York, Oxford University Press, 2009, p. v ("Ten thousand years ago there were few if any societies which can properly be described as agricultural. Five thousand years ago large numbers of the world's population were farmers.").

de 90 à 2 % de la main-d'œuvre aux États-Unis
Ibid. ; Claude Fischer, "Can You Compete with AI for the Next Job ?", *Fiscal Times*, 14 avril 2011 ; Carolyn Dimitri, Anne Effland et Neilson Conklin, Economic Research Service, US Department of Agriculture, "The 20th Century Transformation of US Agriculture and Farm Policy", juin 2005, http://www.ers.usda.gov/publications/eib3/eib3.htm ; United Nations Social Policy and Development Division, Report on the World Social Situation 2007. The Employment Imperative, 2007, http://www.un.org/esa/socdev/rwss/docs/2007/chapter1.pdf ("Agriculture still accounts for about 45 per cent of the world's labour force, or about 1.3 billion people").

moins de la moitié des emplois dans l'ensemble du monde
United Nations Social Policy and Development Division, *Report on the World Social Situation 2007*. The Employment Imperative.

et la révolution industrielle cent cinquante ans seulement
Barker, *The Agricultural Revolution in Prehistory*, p. v.

on peut se demander si ce n'est pas de la magie
"Clarke's Third Law", in *Brave New Words. The Oxford Dictionary of Science Fiction*, Jeff Prucher (éd.), New York, Oxford University Press, 2007, p. 22.

nos ancêtres qui vivaient sur la Terre il y a 200 000 ans
"Human Brains Enjoy Ongoing Evolution", *New Scientist*, 9 septembre 2005.

qui était l'ordinateur le plus puissant du monde il y a trente ans
John Markoff, "The iPad in Your Hand. As Fast as a Supercomputer of Yore", *New York Times*, 9 mai 2011.

l'erreur de Ned Ludd
Ford, *Lights in the Tunnel*, p. 95-100.

prenaient progressivement la place des hommes
Steven E. Jones, *Against Technology. From the Luddites to Neo-Luddism*, New York, Routledge, 2006, p. 54-55.

nouvelles technologies comme une simple extension des capacités humaines
Marshall McLuhan, *Understanding Media. The Extensions of Man*, Cambridge, MIT Press, 1994.

CHAPITRE 2

des prospectus publicitaires et dépliants de tous ordres
Steven Greenhouse, "Postal Service Is Nearing Default as Losses Mount", *New York Times*, 5 septembre 2011.

et que 2 milliards de personnes connectées à Internet font vivre
International Telecommunication Union, "The World in 2011. ICT Facts and Figures", 2011, http://www.itu.int/ITU-D/ict/facts/2011/material/ICTFactsFigures2011.pdf.

déjà plus nombreux que les habitants de la Terre
Dave Evans, "The Internet of Things", Cisco Blog, 15 juillet 2011, http://blogs.cisco.com/news/the-internet-of-things-infographic/.

qui communiquent entre eux sans avoir besoin d'une intervention humaine
Jessi Hempel, "The Hot Tech Gig of 2022. Data Scientist", *Fortune*, 6 janvier 2012 ; Evans, "The Internet of Things."

le nombre d'objets connectés dans le monde sera encore bien supérieur
Maisie Ramsay, "Cisco. 1 Trillion Connected Devices by 2013", *Wireless Week*, 25 mars 2010.

pour lutter contre l'absentéisme scolaire
David Rosen, "Big Brother Invades Our Classrooms", *Salon*, 8 octobre 2012, http://www.salon.com/2012/10/08/big_brother_invades_our_classrooms/.

Notre globe est maintenant un cerveau à l'intelligence bouillonnante
Nathaniel Hawthorne, *The House of the Seven Gables*, Boston, Ticknor, Reed, & Fields, 1851, p. 283.

reçus, triés, résumés, digérés, expliqués et comparés
H. G. Wells, *World Brain*, Londres, Ayer, 1938.

Google qui met un billion de pages à notre disposition
Jesse Alpert et Nissan Hajaj, "We Knew the Web Was Big...", Google Official Blog, 25 juillet 2008, http://googleblog.blogspot.com/2008/07/we-knew-web-was-big.html.

différents apports spirituels, ce qu'il a appelé le « Cerveau mondial »
Pierre Teilhard de Chardin, *L'Avenir de l'homme* (1964), chap. 7, « La planétisation humaine ».

nous façonnons nos outils et ceux-ci à leur tour nous façonnent
McLuhan, *Understanding Media*.

un organisme très complexe qui suit souvent ses propres désirs
Kevin Kelly, *What Technology Wants*, New York, Penguin, 2010.

nous passons de plus en plus de temps « seuls ensemble »
Sherry Turkle, *Alone Together. Why we Expect More from Technology and Less from Each Other*, New York, Basic Books, 2011 ; Robert Kraut *et al.*, "Internet Paradox. A Social Technology That Reduces Social Involvement and Psychological Well-Being ?", *American Psychologist* 53, n° 9, septembre 1998, p. 1017-1031 ; Stephen Marche, "Is Facebook Making Us Lonely ?", *Atlantic*, mai 2012.

une utilisation abusive du clavier et de l'écran
Tony Dokupil, "Is the Web Driving Us Mad ?", *Daily Beast*, 8 juillet 2012.

qui s'adonnent au moins une heure par jour à des jeux en ligne
Jane McGonigal, "Video Games. An Hour a Day Is Key to Success in Life", *Huffington Post*, 15 février 2012, http://www.huffingtonpost.com/jane-mcgonigal/video-games_b_823208.html.

équivalent au nombre d'heures de cours en classe au lycée
Ibid.

le passionné de jeux en ligne typique
Mathew Ingram, "Average Social Gamer Is a 43-Year-Old Woman", GigaOM, 17 février 2010, http://gigaom.com/2010/02/17/average-social-gamer-is-a-43-year-old-woman/.

Aux États-Unis, elles sont 55 %
Ibid.

60 % des commentaires sur Facebook, et 70 % y postent des photos
Robert Lane Greene, "Facebook. Like ?", *Intelligent Life*, mai-juin 2012, http://moreintelligentlife.com/content/ideas/robert-lane-greene/facebook?page=full.

se réorganiser en fonction de cette nouvelle donnée
Nicholas Carr, *The Shallows. What the Internet is Doing to Our Brains*, New York, Norton, 2010.

se les remémore moins bien que celui qui n'a pas eu cette information
John Bohannon, "Searching for the Google Effect on People's Memory", *Science*, 15 juillet 2011.

commençaient à perdre leur sens élémentaire de l'orientation
Alex Hutchinson, "Global Impositioning Systems", *Walrus*, novembre 2009.

un nouvel élément de notre système de pensée
Carr, *The Shallows*.

ne jamais chercher à mémoriser ce qu'on peut trouver dans des livres
Library of Congress, *World Treasures of the Library of Congress*, 28 juillet 2010, http://www.loc.gov/exhibits/world/world-record.html.

dans le cas contraire, ils s'étiolent et perdent peu à peu de leur efficacité
Walter J. Freeman, *How Brains Make Up Their Minds*, New York, Columbia University Press, 2000), p. 37-43, 81-82 ; Society for Neuroscience, "Brain Plasticity and Alzheimer's Disease", 2010, http://web.archive.org/web/20101225174414/ ; http://sfn.org/index.aspx?pagename=publications_rd_alzheimers.j.

nous avons donc toujours un temps de retard dans notre vision
McLuhan, *Understanding Media*.

ils ne solliciteront plus leurs propres capacités
Plato, *Plato's Phaedrus*, traduit par Reginald Hackforth, Cambridge, Cambridge University Press, 1972, p. 157.

protocole TCP/IP
Kleinrock Internet History Center at UCLA, "The IMP Log. October 1969 to April 1970", 21 septembre 2011, http://internethistory.ucla.edu/2011/09/imp-log-october-1969-to-april-1970.html ; Jim Horne, "What Hath God Wrought", *New York Times*, Wordplay blog, 8 septembre 2009, http://wordplay.blogs.nytimes.com/2009/09/08/wrought/; George P. Oslin, *The Story of Telecommunications*, Macon, Mercer University Press, 1999, p. 2, 219.

moins on se fie à notre cerveau
Carr, *The Shallows*, p. 191-197.

notre capacité à avoir une pensée complexe et abstraite
Michael S. Gazzaniga, *Human. The Science Behind What Makes Us Unique*, New York, HarperCollins, 2008, p. 199.

depuis l'émergence du néocortex dans sa forme moderne, il y a environ 200 000 ans
R. I. M. Dunbar, "Coevolution of Neocortical Size, Group Size and Language in Humans", *Behavioral and Brain Sciences*, vol. XVI, n° 4, 1993, p. 681-735.

à la faveur d'une mutation génétique ou s'il s'est développé de manière progressive
Constance Holden, "The Origin of Speech", *Science*, vol. CCCIII, n° 5662, 27 février 2004, p. 1316-1319.

sur la base de raisonnements construits et élaborés
John Noble Wilford, "Who Began Writing ? Many Theories, Few Answers", *New York Times*, 6 avril 1999.

la parole a été « la technologie de l'information » principale utilisée par les sociétés humaines
Nicholas Wade, "Phonetic Clues Hint Language Is Africa-Born", *New York Times*, 14 avril 2011.

aux premières étapes de la révolution agricole
Wilford, "Who Began Writing ?".

ainsi que dans les régions méditerranéennes et d'Amérique centrale
William J. Duiker et Jackson J. Spielvogel, *World History*, 6e éd., vol. 1, Boston, Wadsworth/Cengage Learning, 2010, p. 43.

concepts sophistiqués comme la démocratie
Carr, *The Shallows*, p. 50-57.

pour la plupart illettrés, étaient inexistantes
Marshall McLuhan, *The Gutenberg Galaxy*, Toronto, University of Toronto Press, 1962.

une langue essentiellement compréhensible par les moines
Burnett Hillman Streeter, *The Chained Library. A Survey of Four Centuries in the Evolution of the English Library*, New York, Cambridge University Press, 2011.

onze éditions du récit de son voyage captivèrent l'Europe
"The Diffusion of Columbus's Letter through Europe, 1493-1497", University of Southern Maine, Osher Map Library, http://usm.maine.edu/maps/web-document/1/5/sub-/5-the-diffusion-of-columbuss-letter-through-europe-1493-1497.

culture de régions inconnues
Laurence Bergreen, *Over the Edge of the World. Magellan's Terrifying Circumnavigation of the Globe*, New York, William Morrow, 2004.

les indulgences pour les péchés non encore commis
Hans J. Hillerbrand, *The Protestant Reformation*, édition revue, New York, HarperCollins, 2009, p. IX-XIII, 66-67.

mais des milliers de copies imprimées en allemand
"How Luther Went Viral", *Economist*, 17 décembre 2011.

écrits par Luther lui-même
Ibid.

en Europe du Nord et se déplaça vers le sud
Tom Head, *It's Your World, So Change It. Using the Power of the Internet to Create Social Change*, Indianapolis, Que, 2010, p. 115.

comme étant « l'œuvre du diable »
Charles Coffin, *The Story of Liberty*, New York, Harper & Brothers, 1879, p. 77.

***Des révolutions des sphères célestes* de Nicolas Copernic**
William T. Vollmann, *Uncentering the Earth. Copernicus and the Revolutions of the Heavenly Spheres*, New York, Norton, 2006.

au début du mois de janvier 1776
"Jan 9, 1776. Thomas Paine Publishes Common Sense", History.com, http://www.history.com/this-day-in-history/thomas-paine-publishes-common-sense.

guerre américaine d'Indépendance dès le mois de juillet
David McCullough, 1776, New York, Simon & Schuster, 2005, p. 112.

théorie d'une économie de marché capitaliste
Adam Smith, *An Inquiry into the Nature and Causes of the Wealth of Nations*, Londres, 1776.

l'*Histoire de la décadence et de la chute de l'Empire romain* d'Edward Gibbon
Edward Gibbon, *The History of the Decline and Fall of the Roman Empire*, Londres, 1776.

la fin d'une époque et de l'ordre ancien
T. H. Breen, "Making History", *New York Times Book Review*, 7 mai 2000.

la formidable puissance des ordinateurs
Michio Kaku, *Physics of the Future. How Science Will Shape Human Destiny and Our Daily Lives by the Year 2100*, New York, Doubleday, 2011, chapitre 1.

est 60 000 fois plus élevée que la quantité totale
McKinsey Global Institute, *Big Data. The Next Frontier for Innovation, Competition, and Productivity*, mai 2011.

par neuf en seulement cinq ans
"The 2011 Digital Universe Study. Extracting Value from Chaos", IDC, juin 2011, http://idcdocserv.com/1142.

l'appel téléphonique moyen a diminué de pratiquement la moitié
Tom Vanderbilt, "The Call of the Future", *Wilson Quarterly*, printemps 2012.

le nombre de personnes abonnées à Internet a doublé
International Telecommunications Union, "The World in 2010. ICT Facts and Figures", http://www.itu.int/ITU-D/ict/material/FactsFigures2010.pdf.

on les estimait à 2,4 milliards sur la planète en 2015
Mary Meeker et Liang Wu, "2012 Internet Trends (Update)", 3 décembre 2012, http://kpcb.com/insights/2012-internet-trends-update.

autant d'appareils mobiles que d'habitants
Cisco Systems, Inc., Cisco Visual Networking Index. Global Mobile Data Traffic Forecast Update, 2010-2015, 1er février 2011, http://newsroom.cisco.com/ekits/Cisco_VNI_Global_Mobile_Data_Traffic_Forecast_2010_2015.pdf.

va être multiplié par 56 pendant les cinq prochaines années
Ibid.

et le flux d'information par 47
Ibid.

plus de la moitié du marché du téléphone portable aux États-Unis
Aaron Smith, Pew Internet & American Life Project, "Nearly Half of American Adults are Smartphone Owners", 1er mars 2012, http://pewinternet.org/Reports/2012/Smartphone-Update-2012.aspx.

5 milliards ont maintenant accès au téléphones mobiles
International Telecommunications Union, "ICT Facts and Figures. The World in 2011".

1,1 milliard d'utilisateurs actifs de smartphones
Meeker et Wu, "2012 Internet Trends (Update)".

la connexion à Internet sera ainsi possible partout
Christina Bonnington, Wired Gadget Lab, "Global Smartphone Adoption Approaches 30 Percent", 28 novembre 2011, http://www.wired.com/gadgetlab/2011/11/smartphones-feature-phones/ ; Juro Osawa et Paul Mozur, "The Battle for China's Low-End Smartphone Market", *Wall Street Journal*, 22 juin 2012.

qu'un rapport de l'ONU considère comme un nouveau « droit de l'homme »
David Kravets, "UN Report Declares Internet Access a Human Right", *Wired*, 3 juin 2011.

un ordinateur ou une tablette bon marché
"Nicholas Negroponte and One Laptop Per Child", Public Radio International, 29 avril 2009, http://www.pri.org/stories/business/social-entrepreneurs/one-laptop-per-child.html.

avait été votée dans les années 1990
Austan Goolsbee et Jonathan Guryan, "World Wide Wonder ?", *Education Next*, vol. VI, n° 1, hiver 2006.

dès le réveil, avant de sortir du lit
Kevin J. O'Brien, "Top 1 % of Mobile Users Consume Half of World's Bandwidth, and Gap is Growing", *New York Times*, 5 janvier 2012.

au volant de leur voiture ou de leur camion
Matt Richtel, "US Safety Board Urges Cellphone Ban for Drivers", *New York Times*, 13 décembre 2011.

absorbés par leurs ordinateurs personnels dans le cockpit
Micheline Maynard et Matthew L. Wald, "Off-Course Pilots Cite Computer Distraction", *New York Times*, 27 octobre 2009.

le *facelift* de FaceTime
Jason Gilbert, "FaceTime Facelift. The Plastic Surgery Procedure for iPhone Users Who Don't Like How They Look on FaceTime", *Huffington Post*, 27 février 2012.

l'Internet qui sert à tout
Dave Evans, "How the Internet of Everything Will Change the World... for the Better", Cisco Blog, 7 novembre 2012, http://blogs.cisco.com/news/how-the-internet-of-everything-will-change-the-worldfor-the-better-infographic/.

impossibles à manipuler auparavant
McKinsey Institute, "Big Data. The Next Frontier for Innovation, Competition, and Productivity", mai 2011, http://www.mckinsey.com/Insights/MGI/Research/Technology_and_Innovation/Big_data_The_next_frontier_for_innovation.

ni être analysées par des logiciels
Al Gore, "The Digital Earth. Understanding Our Planet in the 21st Century", Conférence au California Science Center, le 31 janvier 1998, http://portal.opengeospatial.org/files/?artifact_id=6 210&version=1&format=doc.

actionneurs intelligents peuvent être traitées immédiatement
Michael Chui, Markus Loffler et Roger Roberts, "The Internet of Things", *McKinsey Quarterly*, 2010.

pour le monde de l'industrie et des affaires
McKinsey Institute, "Big data".

sont sauvegardées pour être analysées
"In-Car Camera Records Accidents", BBC News, 14 octobre 2005, http://news.bbc.co.uk/2/hi/uk_news/england/southern_counties/4341342.stm.

barrières de sécurité dans les immeubles
Kevin Bonsor, "How Black Boxes Work", HowStuffWorks, http://science.howstuffworks.com/transport/flight/modern/black-box3.htm.

au double de ce qui est généré sur l'ensemble du Web
Tony Hoffman, "IBM Preps Hyper-Fast Computing System for World's Largest Radiotelescope", *PC Magazine*, 2 avril 2012.

et dans les milliards de messages envoyés tous les jours
Chui, Loffler et Roberts, "The Internet of Things" ; McKinsey Institute, "Big Data".

détecteur de tremblement de terre sur Twitter
Tim Lohman, "Twitter to Detect Earthquakes, Tsunamis", *Computer World*, 1er juin 2011.

le programme Global Pulse destiné à analyser les informations
Steve Lohr, "The Internet Gets Physical", *New York Times*, 17 décembre 2011.

troubles sociaux dans les pays et les régions qui présentent un intérêt particulier
John Markoff, "Government Aims to Build a 'Data Eye in the Sky' ", *New York Times*, 10 octobre 2011.

Hollywood et Bollywood au box-office
Ibid.

la domination écrasante d'Internet s'exprime avec des mots
Roger E. Bohn et James E. Short, "How Much Information ? 2009 Report on American Consumers", décembre 2009, http://hmi.ucsd.edu/pdf/HMI_2009_ConsumerReport_2009.pdf.

pour contester le déroulement des élections en Russie
Alissa de Carbonnel, "Social Media Makes Anti-Putin Protests 'Snowball'", Reuters, 7 décembre 2011.

en mettant par exemple en lumière les excès des élites
Thomas Friedman, "This Is Just the Start", *New York Times*, 1er mars 2011.

à Misrata pour guider leurs mortiers
Tom Coghlan, "Google and a Notebook. The Weapons Helping to Beat Gaddafiin Libya", *Times*, Londres, 16 juin 2011.

des clés USB à la diaspora de la Thaïlande voisine
Mridul Chowdhury, Berkman Center for Internet & Society, "The Role of the Inter-

net in Burma's Saffron Revolution", septembre 2008, http://cyber.law.harvard.edu/sites/cyber.law.harvard.edu/files/Chowdhury_Role_of_the_Internet_in_Burmas_Saffron_Revolution.pdf_0.pdf.

il dut interdire Internet à l'intérieur du pays
Ibid.

détenue depuis des années à son domicile
Tim Johnson, "Aung San Suu Kyi Freed", *Financial Times*, 13 novembre 2010.

susceptible de prendre le pouvoir
Dean Nelson, "Aung San Suu Kyi 'Wins Landslide Landmark Election' as Burma Rejoices", *Telegraph*, 1er avril 2012.

les fraudes grossières de l'élection présidentielle
Bruce Etling, Robert Faris et John Palfrey, "Political Change in the Digital Age. The Fragility and Promise of Online Organizing", *SAIS Review*, vol. XXX, n° 2, 2010.

à prendre le contrôle d'Internet
Ibid.

la mort tragique de Neda Agha-Soltan
Ibid.

furent presque complètement réduits au silence
Ibid.

le gouvernement le supprima purement et simplement
Ibid.

toute tentative de résistance à la dictature
Will Heaven, "Iran and Twitter. The Fatal Folly of the Online Revolutionaries", *Telegraph*, 29 décembre 2009 ; Christopher Williams, "Iran Cracks Down on Web Dissident Technology", *Telegraph*, 18 mars 2011.

L'Iran et la dictature stalinienne de la Biélorussie
Larry Diamond, "Liberation Technology", *Journal of Democracy*, vol. XXI, n° 3, juillet 2010.

les protocoles au point d'en faire un Internet national
Ibid.

de manière que le peuple chinois n'en n'ait pas connaissance
Josh Chin, "Netizens React. Premier's Interview Censored", China Real Time Report blog, *Wall Street Journal*, 7 octobre 2010.

Google, le plus grand moteur de recherche au monde
Clive Thompson, "Google's China Problem (and China's Google Problem)", *New York Times Magazine*, 23 avril 2006.

faire entrer le génie dans la bouteille, mais il me semble bien qu'aujourd'hui certains pays y sont parvenus
Tim Carmody, "Google Co-Founder. China, Apple, Facebook Threaten the'Open Web'", *Wired*, 16 avril 2012.

c'est inutile d'essayer de contrôler Internet
Ian Katz, "Web Freedom Faces Greatest Threat Ever, Warns Google's Sergey Brin", *Guardian*, 15 avril 2012.

500 millions, le nombre d'utilisateurs d'Internet en Chine
Matt Silverman, "China. The World's Largest Online Population", *Mashable*, 10 avril 2012 ; Jon Russell, "Internet Usage in China Surges 11 %", *USA Today*, 19 juillet 2012.

afin de réagir aux controverses publiques
Lye Liang Fook et Yang Yi, EAI Background Brief No. 467, "The Chinese Leadership and the Internet", 27 juillet 2009, http://www.eai.nus.edu.sg/BB467.pdf.

Medvedev a lui aussi ressenti la necessité de s'engager personnellement sur le Web
"Medvedev Believes Internet Best Guarantee Against Totalitarianism", Itar-Tass News Agency, 30 juillet 2012, http://www.itar-tass.com/en/c154/484098.html.

Le pays comptait 40 % d'internautes
Zahera Harb, "Arab Revolutions and the Social Media Effect", *M/C Journal* [*Media/Culture Journal*], vol. XIV, n° 2, 2011.

dont 20 % abonnés à Facebook
Ibid.

80 % des utilisateurs de Facebook n'avaient pas trente ans
Ibid.

exerçant la plus forte censure politique sur Internet
Reporters sans frontières, "Enemies of the Internet", 12 mars 2010, http://en.rsf.org/IMG/pdf/Internet_enemies.pdf.

C'est la vidéo qui déclencha le Printemps arabe
John D. Sutter, "How Smartphones Make Us Superhuman", CNN, 10 septembre 2012.

vis-à-vis du gouvernement ainsi que de la famille royale
Robert F. Worth, "Twitter Gives Saudi Arabia a Revolution of Its Own", *New York Times*, 20 octobre 2012.

la chaîne de télévision par satellite relativement indépendante et combative Al Jazeera
Jon Alterman, "The Revolution Will Not Be Televised", Middle East Notes and Comment, Center for Strategic and International Studies, mars 2011 ; Heidi Lane, "The Arab Spring's Three Foundations", per Concordiam, mars 2012.

y compris dans des pays où leur diffusion est illégale
Angelika Mendes, "Media in Arab Countries Lack Transparency, Diversity and Independence", Konrad-Adenauer-Stiftung, 25 juin 2012, http://www.kas.de/wf/en/33.31742/; Lin Noueihed et Alex Warren, *The Battle for the Arab Spring. Revolution, Counter-Revolution and the Making of a New Era*, New Haven, Yale University Press, 2012, p. 50 ; Lane, "The Arab Spring's Three Foundations".

largement répandus en Égypte et dans les pays alentour
Harb, "Arab Revolutions and the Social Media Effect" ; Alterman, "The Revolution Will Not Be Televised".

Al Jazeera et sa nombreuse fratrie qui jouèrent le plus grand rôle
Alterman, "The Revolution Will Not Be Televised".

Tous nos ennuis viennent donc de cette petite boîte d'allumettes ?
"Special Report. Al Jazeera's News Revolution", Reuters, 17 février 2011.

L'Égypte n'a pas pu bloquer l'accès à Internet comme la Birmanie et l'Iran l'ont fait
Harb, "Arab Revolutions and the Social Media Effect".

la réaction de la population fut telle que l'agitation redoubla
Ibid.

Certains analystes comme Malcolm Gladwell
Malcolm Gladwell, "Small Change. Why the Revolution Will Not Be Tweeted", *New Yorker*, 4 octobre 2010.

qu'une minuscule partie de la très nombreuse population égyptienne
Noah Shachtman, "How Many People Are in Tahrir Square ? Here's How to Tell", Wired Danger Room blog, 1er février 2011, http://www.wired.com/dangerroom/2011/02/how-many-people-are-in-tahrir-square-heres-how-to-tell/.

trouver un nouveau consensus politique pour succéder à Moubarak
David D. Kirkpatrick, "Named Egypt's Winner, Islamist Makes History", *New York Times*, 25 juin 2012.

conscience politique collective née sur Internet
Ibid.

l'Empire ottoman avait interdit diffusion de l'imprimerie
Fatmagul Demirel, *Encyclopedia of the Ottoman Empire*, Gabor Agoston et Bruce Masters (éds.), New York, Facts on File, 2009, p. 130.

Se sont ainsi isolés de la révolution scientifique et des autres progrès
Ishtiaq Hussain, "The Tanzimat. Secular Reforms in the Ottoman Empire", *Faith Matters*, 5 février 2011, http://faith-matters.org/images/stories/fm-publications/the-tanzimat-final-web.pdf.

Tout dépend des buts poursuivis et de qui les poursuit
Evgeny Morozov, "The Dark Side of Internet for Egyptian and Tunisian Protesters", *Globe and Mail*, 28 janvier 2011 ; Louis Klaveras, "The Coming Twivolutions ? Social Media in the Recent Uprisings in Tunisia and Egypt", *Huffington Post*, 31 janvier 2011, http://www.huffingtonpost.com/louis-klarevas/post_1647_b_815749.html.

à l'occasion d'élections et de référendums
Sutton Meagher, "Comment. When Personal Computers Are Transformed into Ballot Boxes. How Internet Elections in Estonia Comply with the United Nations International Covenant on Civil and Political Rights", *American University International Law Review*, n° 23, 2008.

deux lois émanant des citoyens ont déjà été votées
Freedom House – Latvia, 2012, http://www.freedomhouse.org/report/nations-transit/2012/latvia.

chercher à l'améliorer en fonction de leurs ressources financières
Tina Rosenberg, "Armed with Data, Fighting More Than Crime", *New York Times*, Opinionator blog, 2 mai 2012, http://opinionator.blogs.nytimes.com/2012/05/02/armed-with-data-fighting-more-than-crime/.

Une démocratie directe, qui sera plus riche, plus rapide et plus proche des problèmes de chacun
Clay Shirky, "How the Internet Will (One Day) Transform Government", TEDGlobal 2012, juin 2012.

Les vidéos sont davantage regardées sur les téléviseurs que sur les écrans d'ordinateur
Jenna Wortham, "More Are Watching Internet Video on Actual TVs, Research Shows", *New York Times*, 26 septembre 2012.

appartiendra complètement au domaine numérique
William Gibson, "Back from the Future", *New York Times Magazine*, 19 août 2007.

plus de temps à regarder la télévision qu'à dormir ou à travailler
Joe Light, "Leisure Trumps Learning in Time-Use Survey", *Wall Street Journal*, 22 juin 2011.

plus de cinq heures par jour
Nielsen, "State of the Media. Consumer Usage Report", 2011, p. 3. The American Video Viewer, 32 hours, 47 minutes of TV viewing weekly = 4.7 hours per day, http://www.nielsen.com/content/dam/corporate/us/en/reports-downloads/2011-Reports/StateofMediaConsumerUsageReport.pdf.

80 % de leur financement de campagne électorale
eMarketer, "Are Political Ad Dollars Going Online ?", 14 mai 2008, http://www.emarketer.com/Article.aspx?id=1006271&R=1006271.

que quelques pas à faire pour trouver une imprimerie très abordable
Christopher Munden, "A Brief History of Early Publishing in Philadelphia", Philly Fiction, http://phillyfiction.com/more/brief_history_of_early_days_of_philadelphia_publishing.html.

la tendance destructrice qui va encore s'aggraver avant que l'on puisse espérer qu'elle s'améliore
Citizens United v. FEC, 130 S. Ct. 876 (2010) ; Adam Liptak, "Justices, 5-4, Reject Corporate Spending Limit", *New York Times*, 22 janvier 2010.

En Chine et en Russie, la télévision est contrôlée beaucoup plus sévèrement qu'Internet
Charles Clover, "Internet Subverts Russian TV's Message", *Financial Times*, 1er décembre 2011.

qu'un seul visage, celui de Poutine
David M. Herszenhorn, "Putin Wins, but Opposition Keeps Pressing", *New York Times*, 4 mars 2012.

les gens de 65 ans et plus la regardent en moyenne sept heures par jour
Alana Semuels, "Television Viewing at All-Time High", *Los Angeles Times*, 24 février 2009.

le soir en rentrant du travail, furent les premiers à faire faillite
Donald A. Ritchie, *Reporting from Washington. The History of the Washington Press Corps*, New York, Oxford University Press, 2005, p. 131.

et les journaux du matin firent également faillite
Mark Fitzgerald, "How Did Newspapers Get in This Pickle ?", *Editor & Publisher*, 18 mars 2009.

les articles numériques touchent déjà davantage d'individus
David Carr, "Tired Cries of Bias Don't Help Romney", *New York Times*, 1er octobre 2012.

les yeux fixés sur une craie qui court sur le tableau noir
"Why Do 60 % of Students Find Their Lectures Boring ?", *Guardian*, 11 mai 2009.

des coupes sévères dans les budgets de l'éducation publique
"Education Takes a Beating Nationwide", *Los Angeles Times*, 31 juillet 2011.

fournir des prestations à la hauteur des attentes ni des prix demandés aux étudiants
Tamar Lewin, "Questions Follow Leader of For-Profit Colleges", *New York Times*,

27 mai 2011 ; Tamar Lewin, “For-Profit College Group Sued as US Lays Out Wide Fraud”, *New York Times*, 9 août 2011.

l'établissement fut poursuivi en justice et condamné à cesser son activité
“Degrees for Sale at Spam U.”, CBS News, 11 février 2009, http://www.cbsnews.com/2100-205162-659418.html ; “Diploma Mill Operators Hit with Court Judgments”, *Consumer Affairs*, 18 mars 2005, http://www.consumeraffairs.com/news04/2005/diploma_mill.html.

à l'origine de nombreux problèmes sanitaires dans le monde
“Counting Every Moment”, *Economist*, 3 mars 2012.

en matière de santé publique pour un coût bien moins élevé
Andrea Freyer Dugas *et al.*, “Google Flu Trends. Correlation with Emergency Department Influenza Rates and Crowding Metrics”, *Clinical Infectious Diseases*, vol. LIV, n° 4, 8 janvier 2012.

compagnies d'assurances ont commencé à utiliser des techniques d'analyses des médias sociaux
“Very Personal Finance”, *Economist*, 2 juin 2012.

susceptibles de signer un contrat d'assurance-vie
Ibid.

la légende du docteur Faust apparut il y a plus de quatre cents ans
Christopher Marlowe, *The Tragical History of Doctor Faustus*, 1604, Rev. Alexander Dyce (ed.), http://www.gutenberg.org/files/779/779-h/779-h.htm.

Certains historiens prétendent que le personnage de Faust était inspiré
Philip B. Meggs et Alston W. Purvis, *Meggs' History of Graphic Design*, 5e éd., Hoboken, Wiley, 2012, p. 76-77.

décrites comme des « marchés faustiens »
Herman Kahn, “Technology and the Faustian Bargain”, 1er janvier 1976, http://www.hudson.org/index.cfm?fuseaction=publication_details&id=2218 ; Lance Morrow, “The Faustian Bargain of Stem Cell Research”, *Time*, 12 juillet 2001.

sans informer leurs auteurs ni leur demander la moindre autorisation
John Seabrook, “Petraeus and the Cloud”, *New Yorker*, 14 novembre 2012.

la confiance grandissante dans le *cloud* risque de provoquer de nouveaux goulots d'étranglement
Nicole Perlroth, “Amazon Cloud Service Goes Down and Takes Popular Sites with It”, *New York Times*, 12 octobre 2012.

en Suède, en Islande et peut-être dans d'autres pays
Andy Greenberg, “Wikileaks Servers Move to Underground Nuclear Bunker”, *Forbes*, 30 août 2010.

dans de nombreux sites gouvernementaux et d'entreprises du monde entier
“WikiLeaks Backlash. The First Global Cyber War Has Begun, Claim Hackers”, *Guardian*, 11 décembre 2010.

Les groupes de pirates indépendants ont pu pénétrer dans des sites
Hayley Tsukayama, “Anonymous Claims Credit for Crashing FBI, DOJ Sites”, *Washington Post*, 20 janvier 2012 ; Ellen Nakashima, “CIA Web Site Hacked ; Group LulzSec Takes Credit”, *Washington Post*, 15 juin 2011 ; Thom Shanker et Elisabeth Bumiller,

"Hackers Gained Access to Sensitive Military Files", *New York Times*, 14 juillet 2011 ; David E. Sanger et John Markoff, "IMF Reports Cyberattack Led to 'Very Major Breach' ", *New York Times*, 11 juin 2011 ; David Batty, "Vatican Becomes Latest Anonymous Hacking Victim", *Guardian*, 7 mars 2012 ; Melanie Hick, "Anonymous Hacks Interpol Site After 25 Arrests", *Huffington Post*, 3 janvier 2012, http://www.huffingtonpost.co.uk/2012/03/01/anonymous-hacks-interpol-_n_1312544.html ; Martin Beckford, "Downing Street Website Also Taken Down by Anonymous", *Telegraph*, 8 avril 2012 ; Tom Brewster, "Anonymous Strikes Downing Street and Ministry of Justice", TechWeek Europe, 10 avril 2012, http://www.techweekeurope.co.uk/news/anonymous-government-downing-street-moj-71979 ; "NASA Says Was Hacked 13 Times Last Year", Reuters, 2 mars 2012.

enregistrèrent la conversation et la mirent sur YouTube
Duncan Gardham, "'Anonymous' Hackers Intercept Conversation Between FBI and Scotland Yard on How to Deal with Hackers", *Telegraph*, 3 février 2012.

cyberattaque, probablement venue de Chine
Michael Joseph Gross, "Enter the Cyber-Dragon", *Vanity Fair*, septembre 2011.

le cinquième espace de conflit militaire
Susan P. Crawford, "When We Wage Cyberwar, the Whole Web Suffers", Bloomberg, 25 avril 2012.

course mondiale aux cyberarmements
David Alexander, "Global Cyber Arms Race Engulfing Web – Defense Official", Reuters, 11 avril 2012.

l'attaque a l'avantage sur la défense
Ibid. ; Ron Rosenbaum, "Richard Clarke on Who Was Behind the Stuxnet Attack", *Smithsonian*, 2 avril 2012.

la Grèce avait évité d'être envahie par les Perses
Simon Singh, *The Code Book. The Science of Secrecy from Ancient Egypt to Quantum Cryptography*, New York, Doubleday, 1999.

puis attendit que ses cheveux repoussent
Ibid.

la cryptographie sous toutes ses formes
Ibid. ; Andrew Lycett, "Breaking Germany's Enigma Code", BBC, 17 février 2011, http://www.bbc.co.uk/history/worldwars/wwtwo/enigma01.shtml.

Le système est en train de partir dans tous les sens
Michael Joseph Gross, "World War 3.0", *Vanity Fair*, mai 2012.

quatre points qui soulignent les problèmes de cybersécurité
James Kaplan, Shantnu Sharma et Allen Weinberg, "Meeting the Cybersecurity Challenge", *McKinsey Quarterly*, juin 2011.

aux entreprises, aux agences gouvernementales et à des institutions qui ont des liens avec elles
Gross, "Enter the Cyber-Dragon".

Cela ne fait pas partie de nos pratiques
Rosenbaum, "Richard Clarke on Who Was Behind the Stuxnet Attack."

16 milliards de dollars de pertes d'exploitation à l'économie américaine
Richard Adler, *Report of the 26th Annual Aspen Institute Conference on Communications Policy, Updating Rules of the Digital Road. Privacy, Security, Intellectual Property*, 2012, p. 14.

dix années de recherche et développement, soit 1 milliard de dollars
Richard A. Clarke, "How China Steals Our Secrets", *New York Times*, 3 avril 2012

sont l'objet de menaces avancées persistantes
Nicole Perlroth, "How Much Have Foreign Hackers Stolen ?", *New York Times*, Bits blog, 14 février 2012, http://bits.blogs.nytimes.com/2012/02/14/how-much-have-foreign-hackers-stolen/?scp=7&sq=cyber % 20security&st=cse.

presque quatre fois la quantité de données conservées aux archives de la Bibliothèque du Congrès
Ibid.

Ce sera la menace numéro un contre notre pays
J. Nicholas Hoover, "Cyber Attacks Becoming Top Terror Threat, FBI Says", *Information Week*, 1er février 2012.

un grand nombre d'autres entreprises – mais aucun en Chine
Michael Joseph Gross, "Exclusive. Operation Shady Rat – Unprecedented Cyber-Espionage Campaign and Intellectual-Property Bonanza", *Vanity Fair*, 2 août 2012.

s'étaient emparés de six semaines de correspondance par courriels
Nicole Perlroth, "Traveling Light in a Time of Digital Thievery", *New York Times*, 10 février 2012.

continuaient à envoyer des informations en Chine par le réseau Internet
Ibid.

jusqu'aux petits systèmes intégrés aux machines des usines et aux emballages individuels contenant les produits qu'elles fabriquent
Organisation for Economic Co-operation and Development, "Machine-to-Machine Communications. Connecting Billions of Devices", *OECD Digital Economy Papers*, n° 192, 2012, http://dx.doi.org/10.1787/5k9gsh2gp043-en.

En Suisse, des fermiers ont même établi des connexions avec les organes génitaux de leurs vaches pour contrôler leur cycle de fécondité
John Tagliabue, "Swiss Cows Send Texts to Announce They're in Heat", *New York Times*, 2 octobre 2012.

nous avons identifié presque deux cents tentatives d'intrusions dans les systèmes de contrôle qui gèrent ces installations ; certaines atteignirent leurs cibles, soit cinq fois plus qu'en 2010
John O. Brennan, "Time to Protect Against Dangers of Cyberattack", *Washington Post*, 15 avril 2012.

et des bureaux du ministère du Pétrole à Téhéran en raison de cyberattaques répétées d'origine inconnue
Thomas Erdbrink, "Iranian Officials Disconnect Some Oil Terminals from Internet", *New York Times*, 24 avril 2012.

Aramco, la compagnie de pétrole nationale d'Arabie saoudite, fut elle aussi attaquée
Thom Shanker et David E. Sanger, "US Suspects Iran Was Behind a Wave of Cyberattacks", *New York Times*, 14 octobre 2012.

L'attaque sur Aramco, qui avait remplacé l'ensemble des données sur 75 % des ordinateurs de l'entreprise par l'image d'un drapeau américain en flammes, prouvait
Nicole Perlroth, "In Cyberattack on Saudi Firm, US Sees Iran Firing Back", *New York Times*, 23 octobre 2012.

dans un petit système de contrôle de Siemens connecté aux moteurs des centrifugeuses iraniennes produisant de l'uranium enrichi
William J. Broad, John Markoff et David E. Sanger, "Israeli Test on Worm Called Crucial in Iran Nuclear Delay", *New York Times*, 15 janvier 2011.

ont appelé « Stuxnet nain » compte tenu de la quantité de codes qu'il contenait, aurait commencé à infecter les ordinateurs en Iran, dans d'autres pays au Moyen-Orient et en Afrique du Nord
"'Flame' Computer Virus Strikes Middle East ; Israel Speculation Continues", Associated Press, 29 mai 2012.

susceptible d'être utilisé contre des systèmes connectés à Internet dans les pays industriels
William J. Broad, John Markoff et David E. Sanger, "Israeli Test on Worm Called Crucial in Iran Nuclear Delay", *New York Times*, 15 janvier 2011.

Certains ont d'ailleurs déjà été infectés involontairement par Stuxnet
Rachel King, "Virus Aimed at Iran Infected Chevron Network", *Wall Street Journal*, 9 novembre 2012.

Léon Panetta, le secrétaire américain à la Défense, avait alors déclaré publiquement qu'un « cyber-Pearl Harbour »
Elisabeth Bumiller et Thom Shanker, "Panetta Warns of Dire Threat of Cyberattack on US", *New York Times*, 11 octobre 2012.

jusqu'à ce qu'un concurrent étranger fabrique le même produit qu'elles, sauf qu'il coûte 30 % de moins
Perlroth, "Traveling Light in a Time of Digital Thievery".

avait piraté les courriels privés de son principal concurrent afin de s'emparer de sa propriété intellectuelle et de lui voler certains de ses clients les plus importants
Steve Fishman, "Floored by News Corp. Who Hacked a Rival's Computer System ?", *New York Times*, 28 septembre 2011.

Un autre service de News Corp a reconnu avoir piraté les courriels de personnes privées
Sarah Lyall et Ravi Somaiya, "British Broadcaster with Murdoch Link Admits to Hacking", *New York Times*, 5 avril 2012.

ont reconnu avoir piraté la messagerie vocale de milliers de personnes au Royaume-Uni
Don Van Natta Jr., Jo Becker et Graham Bowley, "Tabloid Hack Attack on Royals, and Beyond", *New York Times*, 1er septembre 2010.

à infiltrer très facilement des vidéoconférences prétendument sécurisées
Nicole Perlroth, "Cameras May Open Up the Board Room to Hackers", *New York Times*, 22 janvier 2012.

De nombreuses sociétés victimes de cyberattaques ont refusé de reconnaître qu'elles avaient été piratées
James Kaplan, Shantnu Sharma et Allen Weinberg, "Meeting the Cybersecurity Challenge", *McKinsey Quarterly*, juin 2011.

Même des entreprises qui avaint été clairement averties qu'elles étaient visées n'ont pas cru bon de prendre des mesures de protection
Michaela L. Sozio, "Cyber Liability. A Real Threat to Your Business", *California Business Law Confidential*, mars 2012 ; Preet Bharara, "Asleep at the Laptop", *New York Times*, 4 juin 2012.

D'autres entreprises collectent systématiquement des informations sur leurs propres clients et utilisateurs, souvent sans autorisation
Alexis Madrigal, "I'm Being Followed. How Google – and 104 Other Companies – Are Tracking Me on the Web", *Atlantic*, 29 février 2012.

et en les personnalisant pour cibler précisément les centres d'intérêt
Ibid.

connaître automatiquement les centres d'intérêt des utilisateurs en ligne sans demander leur accord
Riva Richmond, "As 'Like' Buttons Spread, So Do Facebook's Tentacles", *New York Times*, Bits blog, 27 septembre 2011, http://bits.blogs.nytimes.com/2011/09/27/as-like-buttons-spread-so-do-facebooks-tentacles/.

de simples outils destinés à renforcer la force de la "main invisible"
Madrigal, "I'm Being Followed".

que leurs employeurs ont systématiquement accès à tous leurs commentaires et parfois découvert des informations qu'ils ne souhaitaient pas donner
Jeffrey Rosen, "The Web Means the End of Forgetting", *New York Times Magazine*, 21 juillet 2010.

des employeurs ont exigé que les demandeurs d'emploi leur communiquent leur mot de passe afin d'accéder à leur domaine privé
Michelle Singletary, "Would You Give Potential Employers Your Facebook Password ?", *Washington Post*, 29 mars 2012.

Facebook a indiqué à plusieurs reprises qu'il a pour politique de ne jamais donner les mots de passe et demande instamment à ses abonnés de ne pas obéir à de telles injonctions
Joanna Stern, "Demanding Facebook Passwords May Break Law, Say Senators", ABC News, 26 mars 2012, http://abcnews.go.com/Technology/facebook-passwords-employers-schools-demand-access-facebook-senators/story?id=16005565#.UCPKWY40jdk.

après avoir été embauchés, de nombreux employés ont été soumis à la cybersurveillance par leurs employeurs
Tam Harbert, "Employee Monitoring. When It Is Asked to Spy", *Computer World*, 16 juin 2010.

La valeur du réseau, en particulier Internet, augmente avec le nombre d'abonnés.
James Hendler et Jennifer Golbeck, "Metcalfe's Law, Web 2.0, and the Semantic Web", *Web Semantics*, vol. VI, n° 1, février 2008, p. 14-20.

la valeur inhérente de tout réseau est proportionnelle au carré du nombre de personnes qui s'y connectent
Ibid.

et les options que certains sites proposent pour changer ses configurations sont trop difficiles et complexes

Alexis Madrigal, "Reading the Privacy Policies You Encounter in a Year Would Take 76 Work Days", *Atlantic*, 1er mars 2012 ; Elaine Rigoli, "Most People Worried About Online Privacy, Personal Data, Employer Bias, Privacy Policies", *Consumer Reports*, 25 avril 2012.

mais ceux qui essaient d'y échapper n'ont pour l'instant pas la possibilité de le faire.
Julia Angwin et Emily Steel, "Web's Hot New Commodity. Privacy", *Wall Street Journal*, 28 février 2011.

en raison même des pressions exercées par les lobbys de l'industrie publicitaire
Tanzina Vega, "Opt-Out Provision Would Halt Some, but Not All, Web Tracking", *New York Times*, 26 février 2012 ; Madrigal, "I'm Being Followed".

les clics sont si nombreux que chaque année les sommes se comptent en milliards de dollars
Madrigal, "I'm Being Followed" ; Vega, "Opt-Out Provision Would Halt Some, but Not All, Web Tracking".

une longue série d'articles d'investigation sur la manière dont les cookies transmettent les activités d'un internaute
"What They Know" Series, *Wall Street Journal*, http://online.wsj.com/public/page/what-they-know-digital-privacy.html.

de les communiquer à des publicitaires ou opérateurs divers qui achètent l'information
Julia Angwin, "The Web's New Gold Mine. Your Secrets", *Wall Street Journal*, 30 juillet 2010.

expliquent qu'il est très facile de faire correspondre les numéros d'ordinateurs individuels avec le nom, l'adresse et les numéros de téléphone de chaque personne
Madrigal, "I'm Being Followed".

Tim Berners-Lee, l'inventeur de la Wold Wide Web, s'est élevé contre l'utilisation du DPI et l'a décrit comme une grave menace sur la vie privée des internautes
Olivia Solon, "Tim Berners-Lee. Deep Packet Inspection a 'Really Serious' Privacy Breach", *Wired*, 18 avril 2012.

tragiquement, le jeune homosexuel s'est suicidé peu de temps après
Ian Parker, "The Story of a Suicide. Two College Roommates, a Webcam, and a Tragedy", *New Yorker*, 6 février 2012.

pour tagger automatiquement les individus présents sur les photos du site
"Facebook 'Face Recognition' Feature Draws Privacy Scrutiny", Bloomberg News, 8 juin 2011.

Un logiciel de reconnaissance vocale est aussi aujourd'hui utilisé par de nombreux sites afin d'identifier les gens
Natasha Singer, "The Human Voice, as Game Changer", *New York Times*, 31 mars 2012.

afin de permettre à la machine d'interpréter les conversations avec précision
Ibid.

de nombreux logiciels et applications utilisent des programmes de localisation
"Privacy Please ! US Smartphone App Users Concerned with Privacy When It Comes to Location", Nielsen, 21 avril 2011, http://blog.nielsen.com/nielsenwire/online_mobile/

privacy-please-u-s-smartphone-app-users-concerned-with-privacy-when-it-comes-to-location/.

On estime à 25 000 les citoyens américains qui sont aussi victimes de « harcèlement GPS » chaque année
Justin Scheck, "Stalkers Exploit Cellphone GPS", *Wall Street Journal*, 3 août 2010.

contenant plus de 1200 pages d'informations dont il était persuadé qu'il les avait effacées
Kevin J. O'Brien, "Austrian Law Student Faces Down Facebook", *New York Times*, 5 février 2012.

destinés à l'escroquer ou à voler des informations sur l'ordinateur ou le téléphone mobile de la victime
Matt Richtel et Verne G. Kopytoff, "E-Mail Fraud Hides Behind Friendly Face", *New York Times*, 2 juin 2011.

une conséquence du flux d'informations privées maintenant accessibles sur Internet
Ann Carrns, "Careless Social Media Use May Raise Risk of Identity Fraud", *New York Times*, 29 février 2012.

qui ont tous connu des pertes importantes à la suite de ces attaques
"IMF Is Victim of 'Sophisticated Cyberattack,' Says Report", *IDG Reporter*, 13 juin 2011 ; "US Senate Orders Security Review After LulzSec Hacking", *Guardian*, 14 juin 2011 ; Julianne Pepitone et Leigh Remizowski, "'Massive' Credit Card Data Breach Involves All Major Brands", CNN, 2 avril 2012, http://money.cnn.com/2012/03/30/technology/credit-card-data-breach/index.htm ; "Heartland Payment Systems Hacked", Associated Press, 20 janvier 2009 ; Bianca Dima, "Top 5. Corporate Losses Due to Hacking", *HOT for Security*, 17 mai 2012.

plus de 7,2 millions de dollars aux organisations, et ce coût augmente chaque année
"The Real Cost of Cyber Attacks", *Atlantic*, 16 février 2012.

davantage que le marché annuel mondial de la marijuana, de la cocaïne et de l'héroïne combinées
Symantec, press release, "Norton Study Calculates Cost of Global Cybercrime. $114 Billion Annually", 7 septembre 2011, http://www.symantec.com/about/news/release/article.jsp?prid=20110907_02. Toutefois, des analystes notent que certaines estimations du cybercrime sont peu fiables. Dinei Florencio et Cormac Herley, "The Cybercrime Wave That Wasn't", *New York Times*, 14 avril 2012.

Piratées, y compris LinkedIn
Ian Paul, "LinkedIn Confirms Account Passwords Hacked", *PC World*, 6 juin 2012.

eHarmony
Salvador Rodriguez, "Like LinkedIn, eHarmony Is Hacked ; 1.5 Million Passwords Stolen", *Los Angeles Times*, 6 juin 2012.

Gmail de Google
Nicole Perlroth, "Yahoo Breach Extends Beyond Yahoo to Gmail, Hotmail, AOL Users", *New York Times*, 12 juillet 2012.

Bank of America, JPMorgan Chase, Citigroup, US Bank, Welles Fargo et PNC
David Goldman, "Major Banks Hit with Biggest Cyberattacks in History", CNN, 28 septembre 2012 ; "Week-Long Cyber Attacks Cripple US Banks", Associated Press, 29 septembre 2012.

loi qui autoriserait le gouvernement à archiver les communications par Internet et par téléphone de tous les habitants
Brian Wheeler, "Communications Data Bill Creates 'a Virtual Giant Database'", BBC, 19 juillet 2012, http://www.bbc.co.uk/news/uk-politics-18884460.

Le pays compte déjà 60 000 caméras de télésurveillance
Heather Brooke, "Investigation. A Sharp Focus on CCTV", *Wired UK*, 1er avril 2010.

des restrictions qui encadrent même l'affirmation la plus désintéressée de l'autorité
Justice Felix Frankfurter, Concurring Opinion, Youngstown Sheet & Tube Co. v. Sawyer, 343 US, n 579, 1952.

Savoir, c'est pouvoir
Georg Henrik Wright, *The Tree of Knowledge and Other Essays*, Leiden, Brill, 1993, p. 127-128.

nous permettant d'espionner les Américains » sans se priver de procéder à des écoutes téléphoniques si on le jugeait nécessaire
James Bradford, "The NSA Is Building the Country's Biggest Spy Center (Watch What You Say)", *Wired*, 15 mars 2012.

a rapidement commencé à faire des États-Unis l'équivalent d'une nation étrangère. On n'hésitait pas à faire usage de surveillance électronique pour justifier les rafles
Jason Reed, "NSA Whistleblowers. Government Spying on Every Single American", Reuters, 25 juillet 2012.

a intercepté « entre 15 et 20 billions » de communications
Bradford, "The NSA Is Building the Country's Biggest Spy Center (Watch What You Say)".

L'état d'urgence officiel mis en place juste après le 11 septembre 2001 a été encore une fois renforcé en 2012
President of the United States, "Notice – Continuation of the National Emergency with Respect to Certain Terrorist Attacks", 11 septembre 2012.

il y a vraiment de quoi avoir la chair de poule
Matt Sledge, "Warrantless Electronic Surveillance Surges Under Obama Justice Department", *Huffington Post*, 28 septembre 2012.

y compris dans les parties les plus intimes des personnes pour des motifs aussi stupides qu'un parking impayé ou une sonnette « peu audible » sur sa bicyclette
Brief for the Petitioner in the United States Supreme Court, Albert W. Florence v. Board of Chosen Freeholders of the County of Burlington *et al.*, n° 10-945, http://www.americanbar.org/content/dam/aba/publishing/previewbriefs/Other Brief_Updates/10-945 petitioner.authcheckdam.pdf. Justice Stephen Breyer dissented from the strip search decision in a powerful rebuke of the expansive powers granted to law enforcement by the Court's action. See Florence v. Board of Chosen Freeholders, 2 avril 2012, http://www.supremecourt.gov/opinions/11pdf/10-945.pdf.

la douane a maintenant le droit d'extraire et de copier toutes les informations numériques contenues dans l'ordinateur ou un autre appareil numérique d'un citoyen américain de retour dans son pays après un voyage à l'étranger
Glenn Greenwald, "US Filmmaker Repeatedly Detained at Border", *Salon*, 8 avril 2012, http://www.salon.com/2012/04/08/u_s_filmmaker_repeatedly_detained_at_border/.

les contenus relatifs à l'activité professionnelle, et tout ce que peut contenir la mémoire d'un ordinateur peuvent être confisqués sans motif ni justification
Ibid.

Un réalisateur de films documentaires qui avait un jour osé interpeller le gouvernement sur sa politique vit tous ses fichiers saisis sans explication valable
Ibid.

une excellente affaire pour les entreprises de téléphones mobiles également avec une poignée de sociétés qui négocient les "tarifs de surveillance" avec la police
Eric Lichtblau, "Police Are Using Phone Tracking as a Routine Tool", *New York Times*, 1er avril 2012.

à des enquêteurs privés, des assureurs ou tout autre organisme susceptible d'être interessé par les faits et gestes des gens
Julia Angwin et Jennifer Valentino-Devries, "New Tracking Frontier. Your License Plates", *Wall Street Journal*, 2 octobre 2012.

Le marché s'est considérablement développé pendant la décennie
Nicole Perlroth, "Software Meant to Fight Crime Is Used to Spy on Dissidents", *New York Times*, 31 août 2012.

et de contrôle strict à des régimes autoritaires comme l'Iran, la Syrie et la Chine
Rebecca MacKinnon, "Internet Freedom Starts at Home", *Foreign Policy*, 3 avril 2012 ; Cindy Cohn, Trevor Timm et Jillian C. York, Electronic Frontier Foundation, "Human Rights and Technology Sales. How Corporations Can Avoid Assisting Repressive Regimes", avril 2012, https ://www.eff.org/document/human-rights-and-technology-sales ; Jon Evans, "Selling Software That Kills", TechCrunch, 26 mai 2012, http://techcrunch.com/2012/05/26/selling-software-that-kills/.

de micro-drones équipés de caméras feront bientôt partie des outils utilisés pour faire respecter la loi
Francis Fukuyama, "Why We All Need a Drone of Our Own", *Financial Times*, 24 février 2012.

soixante trois bases secrètes de drones en service dans vingt États américains
"Is There a Drone in Your Neighbourhood ? Rise of Spy Planes Exposed After FAA Is Forced to Reveal 63 Launch Sites Across US", *Daily Mail*, 24 avril 2012.

le processus est actif même si les appareils sont éteints
David Kushner, "The Hacker is Watching", *GQ*, janvier 2012.

ont aussi été utilisés pour contrôler les conversations de personnes suspectes
Declan McCullagh, "Court to FBI. No Spying on In-Car Computers", CNET, 19 novembre 2003, http://news.cnet.com/2100-1029_3-5109435.html. The Ninth Circuit Court of Appeals has ruled that this instance of surveillance is illegal.

et retrouver d'autres informations confidentielles saisies dans un ordinateur ou un autre appareil
Nicole Perlroth, "Malicious Software Attacks Security Cards Used by Pentagon", *New York Times*, Bits blog, 12 janvier 2012, http://bits.blogs.nytimes.com/2012/01/12/malicious-software-attacks-security-cards-used-by-pentagon/.

construire le plus grand centre au monde d'archives secrètes que le monde ait jamais connu
Bamford, "The NSA Is Building the Country's Biggest Spy Center (Watch What You Say)".

suite au tollé que son potentiel à envahir la vie privée avait soulevé
American Civil Liberties Union, "Congress Dismantles Total Information Awareness Spy Program ; ACLU Applauds Victory, Calls for Continued Vigilance Against Snoop Programs", 25 septembre 2003, http://www.aclu.org/national-security/congress-dismantles-total-information-awareness-spy-program-aclu-applauds-victory.

L'indignation qui en résulta, suivie d'une campagne efficace en ligne contre ces propositions, entraîna leur retrait
Jonathan Weisman, "After an Online Firestorm, Congress Shelves Antipiracy Bills", *New York Times*, 21 janvier 2012.

confier au gouvernement le pouvoir d'espionner toute communication en ligne
Robert Pear, "House Votes to Approve Disputed Hacking Bill", *New York Times*, 27 avril 2012.

pour cultiver les nécessaires habitudes du cœur et ne pas se laisser séduire par l'idéologie de la technologie
Michael Sacasas, "Technology in America", *American*, 13 avril 2012.

normes et des valeurs traditionnelles américaines de la liberté d'expression et d'entreprendre
Gross, "World War 3.0".

on peut regretter que le Brésil, l'Inde et l'Afrique du sud emboîtent le pas à la Chine et à la Russie
Georgina Prodhan, "BRIC Nations Push for Bigger Say in Policing of Internet", *Globe and Mail*, 6 septembre 2012.

pour protéger les informations confidentielles et de grande importance
Gross, "World War 3.0".

ont adopté un type de fonctionnement nommé « walled garden » (jardin clos)
Ryan Nakashima, "Ex-AOL Exec Calls Facebook New 'Walled Garden'", Associated Press, 1er mai 2012.

des vendeurs de contenu ont essayé d'en retarder l'accès à leurs concurrents ou de les vendre plus cher
Claire Cain Miller et Miguel Helft, "Web Plan from Google and Verizon Is Criticized", *New York Times*, 10 août 2010.

une législation garantissant la neutralité du réseau ainsi que la liberté d'expression et de concurrence
"Protecting the Internet", éditorial, *New York Times*, 18 décembre 2010.

CHAPITRE 3

des bouleversements d'une ampleur inédite depuis cinq siècles, lorsque les Grandes Découvertes avaient permis de relier les continents
"China Became World's Top Manufacturing Nation, Ending 110 Year US Leadership", MercoPress, 15 mars 2011, http://en.mercopress.com/2011/03/15/china-became-world-s-top-manufacturing-nation-ending-110-year-us-leadership.

la puissance économique chinoise va supplanter celle des États-Unis, qui perdront ainsi leur position de leader pour la première fois depuis 1890

Charles Kenny, "China vs. the US. The Case for Second Place", *Bloomberg Businessweek*, 13 octobre 2011.

La Banque mondiale et le FMI ont besoin de recueillir 85 % des suffrages des pays membres pour prendre leurs décisions
"Profile. IMF and World Bank", BBC News, 17 avril 2012, http://news.bbc.co.uk/2/hi/americas/country_profiles/3670465.stm ; Thomas J. Bollyky, "How to Fix the World Bank", op-ed, *New York Times*, 9 avril 2012 ; David Bosco, "A Primer on World Bank Voting Procedures", *Foreign Policy*, 28 mars 2012.

cela correspond à un véritable droit de veto
BBC News, "Profile. IMF and World Bank", BBC News ; World Bank, "World Bank Group Voice Reform. Enhancing Voice and Participation in Developing and Transition Countries in 2010 and Beyond", 25 avril 2010, http://siteresources.worldbank.org/NEWS/Resources/IBRD2010VotingPowerRealignmentFINAL.pdf.

ni le Brésil qui a un PIB plus important qu'eux ni l'Inde dont le PIB est supérieur aux deux réunis et qui sera bientôt le pays le plus peuplé du monde
CIA, The World Factbook, https ://www.cia.gov/library/publications/the-world-factbook/rankorder/2001rank.html.

ont anticipé et parlent déjà de « G2 »
C. Fred Bergsten, "Two's Company", *Foreign Affairs*, septembre-octobre 2009.

s'inquiétaient déjà que les États-Unis ne tombent rapidement de leur piédestal et perdent leur leadership mondial
Josef Joffe, "Declinism's Fifth Wave", American Interest, janvier-février 2012 ; Samuel P. Huntington, "The US. Decline or Renewal ?", *Foreign Affairs*, hiver 1988-1989 ; Victor Davis Hanson, "Beware the Boom in American 'Declinism'", CBS News, 14 novembre 2011, http://www.cbsnews.com/8301-215 162-57324071/beware-the-boom-in-american-declinism/.

est tombé de 50 % à la fin des années 1940 à 25 % environ au début des années 1970
Stephen M. Walt, "The End of the American Era", *National Interest*, 25 octobre 2011 ; Robert Kagan, "Not Fade Away", *New Republic*, 11 janvier 2012.

et qu'il est resté à ce niveau durant les quarante dernières années
Kagan, "Not Fade Away".

Se sont faites au détriment de l'Europe et non des États-Unis
Ibid.

quand elle est devenue la nation économique la plus florissante
Charles Kenny, "China vs. the US. The Case for Second Place", *Bloomberg Businessweek*, 13 octobre 2011.

L'URSS, qui avait dû déplorer cent fois plus de victimes
Irina Titova, "Medvedev Orders Precise Soviet WWII Death Toll", Associated Press, 27 janvier 2009 ; Anne Leland, Mari-Jana Oboroceanu, Congressional Research Service, "American War and Military Operations Casualties. Lists and Statistics", février 2010, http://www.fas.org/sgp/crs/natsec/RL32492.pdf.

détruite par le pacte signé entre Hitler et Staline
"The Day in History. August 23rd, 1939. The Hitler-Stalin Pact", History.com, 2012.

organisèrent le système monétaire mondial autour du dollar américain
"Beyond Bretton Woods 2", *Economist*, 4 novembre 2010.

évolua plus tard en Marché commun puis en Union européenne
European Commission, "Treaty Establishing the European Coal and Steel Community, ECSC Treaty", 15 octobre 2010, http://europa.eu/legislation summaries/institutional_affairs/treaties/treaties_ecsc_en.htm.

qu'on décrit comme « le père de l'ONU »
Cordell Hull Foundation, "Cordell Hull Biography", http://www.cordellhull.org/english/About Us/Biography.asp.

quand les produits franchissent les frontières, les armées ne le font pas
Jill Lerner, "Free Trade's Champion", *Atlanta Business Chronicle*, 13 février 2006.

nous assistions à « la fin de l'histoire »
Francis Fukuyama, *The End of History and the Last Man*, New York, Harper Perennial, 1993).

trois vagues de démocratie se sont répandues dans le monde
US Department of State, Bureau of International Information Programs, "Democracy's Third Wave", http://www.4uth.gov.ua/usa/english/politics/whatsdem/whatdm13.htm.

a entraîné la naissance de vingt-neuf républiques
Ibid.

il avait avec lui une photo de George Washington sa poche de poitrine
John F. Kennedy, "Remarks at an Independence Day Celebration with the American Community in Mexico City", 30 juin 1962, American Presidency Project, http://www.presidency.ucsb.edu/ws/?pid=8748.

fit tomber ce nombre à douze au commencement de la Seconde Guerre mondiale
US Department of State, "Democracy's Third Wave".

la seconde vague porta le nombre de pays libres à trente-six
Ibid.

suivie par un déclin à trente de 1962 jusqu'au milieu des années 1970
Ibid.

puis s'accéléra avec l'effondrement du communisme en 1989
Ibid.

Depuis la crise financière de 2007-2008, le nombre de pays libres a diminué
Economist Intelligence Unit, Democracy Index 2010, 2010, http://www.eiu.com/democracy.

le signal d'une quatrième vague de démocratisation
Larry Diamond, "A Fourth Wave or False Start ?", *Foreign Affairs*, 22 mai 2011.

absolue pour atteindre son plus haut niveau depuis 1945
Kagan, "Not Fade Away", 11 janvier 2012 ; Todd Purdum, "One Nation, Under Arms", *Vanity Fair*, janvier 2012.

à l'addition des cinquante suivants et il égale pratiquement les dépenses militaires cumulées des autres pays du monde
Purdum, "One Nation, Under Arms".

de véhicules opérationnels dispensés de présence humaine que de pilotes d'avions de chasse classiques
Christian Caryl, "Predators and Robots at War", *New York Review of Books*, 30 août

2011 ; Elisabeth Bumiller, “Air Force Drone Operators Report High Levels of Stress”, *New York Times*, 19 décembre 2011.

souffrent du même taux de stress post-traumatique que les pilotes d’avion
Caryl, “Predators and Robots at War”.

et lui donner l’ordre de se poser sur la piste d’atterrissage de Kashmar
Scott Peterson, “Downed US Drone. How Iran Caught the ‘Beast’”, *Christian Science Monitor*, 9 décembre 2011 ; Rick Gladstone, “Iran Shows Video It Says Is of US Drone”, *New York Times*, 9 décembre 2011 ; “Insurgents Hack US Drones”, *Wall Street Journal*, 17 décembre 2009 ; “Iran ‘Building Copy of Captured US Drone’ RQ-170 Sentinel”, BBC, 22 avril 2012.

Plus de cinquante pays procèdent actuellement à des expérimentations de robots militaires
David Wood, “American Drones Ignite New Arms Race from Gaza to Iran to China”, *Huffington Post*, 27 novembre 2012, http://www.huffingtonpost.com/2012/11/27/american-drones_n_2199193.html.

exactement comme un pilote a le droit de faire feu sur un agresseur potentiel dès que le radar lui a signalé sa présence
Ibid.

selon eux, les bases économiques sociales et politiques ne sont pas encore assez solides
Walt, “The End of the American Era” ; Thair Shaikh, “When Will China Become a Global Superpower ?”, CNN, 10 juin 2011, http://www.cnn.com/2011/WORLD/asiapcf/06/10/china.military.superpower/index.html.

La liberté d’expression est inexistante
Walt, “The End of the American Era” ; Kagan, “Not Fade Away”, 11 janvier 2012 ; Martin Feldstein, “China’s Biggest Problems Are Political, Not Economic”, *Wall Street Journal*, 2 août 2012 ; Frank Rich, “Mayberry RIP”, *New York Times*, 22-juillet 2012.

le pouvoir autocratique est concentré à Beijing
Ibid.

la corruption gangrène l’ensemble des structures politiques et économiques du pays
Feldstein, “China’s Biggest Problems Are Political, Not Economic”.

on estime à 64 millions le nombre d’appartements neufs vides
“Crisis in China. 64 Million Empty Apartments”, *Asia News*, 15 septembre 2010, http://www.asianews.it/news-en/Crisis-in-China:-64-million-empty-apartments-19459.html.

près de 30 % des éoliennes construites en Chine ne sont pas connectées au réseau électrique
“Weaknesses in Chinese Wind Power”, *Forbes*, 20 juillet 2009.

de gigantesques mouvements de migration interne jamais vus auparavant
“The Largest Migration in History”, *Economist*, 24 février 2012.

on avait recensé 180 000 manifestations, émeutes et autres mouvements de masse
Tom Orlik, “Unrest Grows as Economy Booms”, *Wall Street Journal*, 26 septembre 2011.

C’est-à-dire quatre fois plus qu’au cours de l’année 2000
Ibid.

sont une réponse aux inégalités
Feldstein, "China's Biggest Problems Are Political, Not Economic" ; Wendy Dobson, *Gravity Shift. How Asia's New Economic Powerhouses Will Shape the Twenty-First Century*, Toronto, University of Toronto Press, 2009.

et aux conditions environnementales intolérables
Dobson, *Gravity Shift*.

et à d'autres abus de pouvoir pratiquées par les potentats locaux
Orlik, "Unrest Grows as Economy Booms".

des augmentations sensibles des salaires au cours des deux dernières années
David Leonhardt, "In China, Cultivating the Urge to Splurge", *New York Times Magazine*, 28 novembre 2010.

la nature participative de leur système
Daniel Bell, "Real Meaning of the Rot at the Top of China", *Financial Times*, 23 avril 2012.

et en intégrant la théorie à la pratique, constitue les principes fondamentaux de la Pensée de Mao Zedong ?
Deng Xiaoping, "Speech at the All-Army Conference on Political Work. 2 juin 1978", in *Selected Works of Deng Xiaoping*, vol. II, Beijing, Foreign Languages Press, 1984, p. 132.

incapable de voter des lois sans l'accord des lobbys industriels
Laura Sullivan, "Shaping State Laws with Little Scrutiny", *NPR*, 29 octobre 2010, http://www.npr.org/2010/10/29/130891396/shaping-state-laws-with-little-scrutiny ; Mike McIntire, "Conservative Nonprofit Acts as a Stealth Business Lobbyist", *New York Times*, 22 avril 2012.

comme si elles y apposaient un coup de tampon pour la forme
Sullivan, "Shaping State Laws with Little Scrutiny" ; McIntire, "Conservative Nonprofit Acts as a Stealth Business Lobbyist" ; John Cassidy, "America's Class War", New Yorker blog, 8 juin 2012, http://www.newyorker.com/online/blogs/comment/2012/06/wisconsin-scott-walker-class-war.html.

L'entreprise commerciale la plus ancienne a été fondée en Suède en 1347
"Sweden. The Oldest Corporation in the World", *Time*, 15 mars 1963.

n'apparut pas avant le XVIIe siècle, quand les Pays-bas
"The taste of adventure", *Economist*, 17 décembre 1998.

et le Royaume-Uni
Joel Bakan, *The Corporation*, New York, Free Press, 2004, p. 6.

scandale de la Compagnie des mers du Sud
Ibid., p. 7.

l'Angleterre prononça l'interdiction des sociétés en 1720
Ibid., p. 6.

laquelle ne fut pas levée avant 1825
Ibid., p. 9.

chartes à des fins avant tout civiques et caritatives, et pour des périodes limitées
Justin Fox, "What the Founding Fathers Really Thought About Corporations", *Harvard Business Review*, 1er avril 2010, http://blogs.hbr.org/fox/2010/04/what-the-founding-fathers-real.html.

en faisant preuve d'une grande méfiance vis-à-vis des lois de notre pays
Thomas Jefferson, "To George Logan", 12 novembre 1816.

le nombre d'entreprises ne cessa de croître, passant de 33 à 328
Bakan, *The Corporation*, p. 9.

l'État de New York promulgua les premiers des statuts
Linda Smiddy et Lawrence Cunningham, "Corporations and Other Business Organizations. Cases, Materials, Problems", *LexisNexis*, 2010, p. 16.

leur pouvoir s'accrut considérablement avec la mobilisation de l'industrie du Nord
David C. Korten, *When Corporations Rule the World*, Bloomfield, Kumarian Press, 1995, http://www.thirdworldtraveler.com/Korten/RiseCorpPower_WCRW.html.

la signature de contrats très importants avec le gouvernement
Ibid.

et la construction de lignes de chemin de fer
Ibid.

alors que leur rôle se faisait de plus en plus important
Ibid.

elles s'organisaient pour exercer un contrôle sur le Congrès et les Parlements des États
Ibid.

L'élection de 1876, entachée d'irrégularités
"Compromise of 1877", History.com, http://www.history.com/topics/compromise-of-1877.

l'argent et le pouvoir des entreprises jouèrent un rôle décisif
Korten, *When Corporations Rule the World.*

C'est le gouvernement des entreprises par les entreprises et pour les entreprises
Ibid.

Entre 1888 et 1908, 700 000 individus
Ibid.

une centaine par jour
Ibid.

tandis que des avocats et des lobbyistes inondaient de leurs interventions le Capitole et les Parlements des États
Ibid.

la Cour suprême vida de sa substance un contrat de lobbying
Jack Maskell, "Lobbying Congress. An Overview of Legal Provisions and Congressional Ethics Rules", CRS Report for Congress, 14 septembre 2011, http://digital.library.unt.edu/ark:/67531/metacrs1903/m1/1/high_res_d/RL31126_2001Sep14.pdf.

abusant et salissant ceux à qui nous accordons une grande confiance pour bâtir notre législation
Ibid.

le reflet du délabrement de la morale publique
Lawrence Lessig, *Republic, Lost. How Money Corrupts Congress – and a Plan to Stop It*, New York, Twelve, 2011, p. 101.

La nouvelle Constitution de l'État de Géorgie interdisait d'ailleurs de manière explicite les pratiques de lobbying
Ibid., p. 101.

La rédaction et le vote des lois faisaient l'objet de négociations financières continuelles
Matthew Josephson, *The Robber Barons. The Great American Capitalist 1861-1901*, New Brunswick, Transaction, 2010, p. 168.

Santa Clara County v. Southern Pacific Railroad
Bakan, *The Corporation*, p. 16.

Les termes employés dans les attendus ne permettaient pas de douter qu'ils avaient été soufflés au juge Stephen Field
Joshua Holland, "The Supreme Court Sold Out Our Democracy. How to Fight the Corporate Takeover of Elections", AlterNet, 25 octobre 2010.

par l'ancien patron d'une compagnie de chemin de fer
Ibid.

la Cour ne souhaite pas entendre de plaidoirie
Pamela Karlan, "Me, Inc.", *Boston Review*, juillet 2011.

Nous sommes tous convaincus que c'est le cas
Santa Clara County v. Southern Pacific, Justia.com, 1886, http://supreme.justia.com/cases/federal/us/118/394/.

Cyrus Field, le frère du juge, a installé le premier câble transocéanique en 1858
"Cyrus W. Field", Encyclopaedia Britannica, http://www.britannica.com/EBchecked/topic/206188/Cyrus-W-Field.

et permis en échange la nomination de Stephen à la Cour suprême
Lincoln Institute, "David Dudley Field (1805-1894)", *Mr. Lincoln and New York*, http://www.mrlincolnandnewyork.org/inside.asp?ID=56&subjectID=3.

et la répression sanglante dont il était victime
Mike Sacks, "Corporate Citizenship. How Public Dissent in Paris Sparked Creation of the Corporate Person", *Huffington Post*, 12 octobre 2011, http://www.huffingtonpost.com/2011/10/12/corporate-citizenship-corporate-personhood-pariscommune_n_1005244.html.

la première fois dans l'histoire qu'on pouvait suivre au jour le jour des événements qui se déroulaient sur un continent éloigné
Ibid.

la défaite de la France dans la guerre contre l'Allemagne
Alice Bullard, *Human Rights and Revolutions*, Jeffrey N. Wasserstrom, Lynn Hunt et Marilyn B. Young (éds.), Oxford, Rowan & Littlefield, 2000, p. 81-83.

le premier clash symbolique entre le capitalisme et le communisme
Marx, néanmoins, écrit dans *Manifeste du Parti communiste*, la révolution de 1848 en France fut la première « lutte des classes ».

éternellement célébrée comme le signe de l'avènement d'une nouvelle société
Karl Marx, "The Fall of Paris", mai 1871, http://www.marxists.org/archive/marx/works/1871/civil-war-france/ch06.htm.

dans les lambeaux d'un drapeau rouge et blanc que les Parisiens avaient fait flotter pendant les deux mois de la Commune
Alistair Horne, *The Fall of Paris. The Siege and the Commune 1870-1971*, New York, Penguin Books, 2007, p. 433.

qui suivait passionnément les rapports quotidiens
Sacks, "Corporate Citizenship".

plus importante que tout autre événement de cette année-là, excepté les articles concernant la corruption du gouvernement
John Harland Hicks et Robert Tucker, *Revolution & Reaction. The Paris Commune, 1871*, Amherst, University of Massachusetts Press, 1973, p. 60 ; Jack Beatty, *Age of Betrayal. The Triumph of Money in America, 1865-1900*, New York, Vintage Books, 2008, p. 153.

la faillite de l'investisseur et l'entrepreneur de chemins de fer Jay Cooke
"The Panic of 1873", The American Experience, Ulysses S. Grant, PBS, http://www.pbs.org/wgbh/americanexperience/features/general-article/grant-panic/.

qui cherche tout les prétextes pour déclencher des émeutes et répandre l'anarchie
"The Communists", *New York Times*, 20 janvier 1874.

décida de s'investir, tel un apôtre pour donner plus de pouvoir encore aux entreprises
Sacks, "Corporate Citizenship".

Theodore Roosevelt fut élu contre toute attente
"Domestic Politics", The American Experience, TR, PBS, http://www.pbs.org/wgbh/americanexperience/features/general-article/tr-domestic/.

au sein de son nouveau ministère du Commerce et du Travail
Ibid.

casser JP Morgan's Northern Securities Corporation
Ibid.

Cent douze sociétés dont la valeur était estimée à 571 milliards de dollars en valeur 2012
Korten, *When Corporations Rule the World*, p. 67.

deux fois la valeur de toutes les avoirs de treize États du sud des États-Unis
Ibid.

antitrust fut suivie par quarante autres du même ordre
"Domestic Politics", PBS.

des mesures de protection sur plus de 950 000 kilomètres carrés de terre
Ibid.

ce qui lui avait valu d'obtenir le prix Nobel de la Paix
Historians now believe that, while Roosevelt was no doubt essential to the brokering of an effective deal, he was not truly a neutral arbiter and tilted heavily toward Japan in private. See James Bradley, "Diplomacy That Will Live in Infamy", *New York Times*, 6 décembre 2009.

qui estimait raisonnable d'exercer deux mandats seulement
Edmund Morris, *Theodore Rex*, New York, Random House, 2002, p. 364.

Son successeur William Howard Taft, à peine investi, commença à abroger certaines lois
"American President. William Howard Taft", Miller Center, University of Virginia, http://millercenter.org/president/taft/essays/biography/1.

et corrompent trop souvent les hommes et les méthodes de gouvernement pour leur propres profits
Theodore Roosevelt, "The New Nationalism", 31 août 1910, http://www.pbs.org/wgbh/americanexperience/features/primary-resources/tr-nationalism/.

et dont le seul objectif est de défendre les grands intérêts de la finance
Lessig, *Republic, Lost*, p. 4.

qui polluent les méthodes de gouvernement
Ibid., p. 5. Theodore Roosevelt, "From the Archives. President Teddy Roosevelt's New Nationalism Speech", 31 août 2010, http://www.whitehouse.gov/blog/2011/12/06/archives-president-teddy-roosevelts-new-nationalism-speech.

interdisent aux entreprises de verser des fonds de manière directe ou indirecte à des organisations politiques
Roosevelt, "From the Archives. President Teddy Roosevelt's New Nationalism Speech".

ne donne pas le droit de vote aux entreprises
Ibid.

avaient soudoyé des membres éminents de l'administration Harding
United States Senate, "1921-1940. Senate Investigates the 'Teapot Dome Scandal", http://www.senate.gov/artandhistory/history/minute/Senate_Investigates_the_Teapot_Dome_Scandal.htm.

les juges étaient une menace pour le bien de la nation
Jeffrey Rosen, "POTUS v. SCOTUS", *New York Times*, 17 mars 2010.

Les historiens sont parfois partagés sur la portée réelle de la menace de Roosevelt
"Presidential Politics", American Experience, FDR, PBS, http://www.pbs.org/wgbh/americanexperience/features/general-article/fdr-presidential/.

commença à approuver la constitutionnalité
Ibid.

faire modifier des décisions remontant à cette époque
Jeffrey Rosen, "Second Opinions", *New Republic*, 4 mai 2012.

Lewis Powell – qui allait bientôt présider la Cour suprême – se sentit investi d'une mission
Jim Hoggan, "40th Anniversary of the Lewis Powell Memo Launching Corporate Propaganda Infrastructure", DeSmogBlog, 23 août 2011, http://www.desmogblog.com/40th-anniversary-lewis-powell-memo-launching-corporate-propaganda-infrastructure ; John Jeffries, *Justice Lewis F. Powell, Jr. A Biography* (New York, Fordham University Press, 2001, p. 4.

des Parlements des États et du système judiciaire dans son ensemble pour redonner du pouvoir aux entrepreneurs
Lewis F. Powell, "The Powell Memo", 23 août 1971, http://reclaimdemocracy.org/powell_memo_lewis/.

le nouveau concept de « *corporate speech* » dont il estimait qu'il devait être protégé par le premier amendement
Jeffrey Clements, "The Real History of 'Corporate Personhood'. Meet the Man to Blame for Corporations Having More Rights Than You", AlterNet, 6 décembre 2011.

Vingt-cinq entreprises multinationales basées aux États-Unis ont un revenu supérieur à de nombreux États-nations du monde
Vincent Trivett, "25 US Mega Corporations. Where They Rank If They Were Countries", *Business Insider*, 27 juin 2011, http://www.businessinsider.com/25-corporations-bigger-tan-countries-2011-6?op=1.

Je ne suis pas une compagnie américaine et je ne prends pas mes décisions en fonction de ce qui peut être bon pour les États-Unis
Steve Coll, *Private Empire. ExxonMobil and American Power*, New York, Penguin Press, 2012, p. 71.

de moins en moins dépendantes des décisions gouvernementales, et qui seront forcément moins loyales
Bakan, *The Corporation*, p. 25.

Personne ne dit à ces gens ce qu'ils doivent faire
Coll, *Private Empire*, p. 257.

En une seule décennie, le nombre de comités d'action politique a explosé
Federal Election Commission, "The Growth of Political Action Committees, 1974-1998", http://www.voteview.com/Growth_of_PACs_by_Type.htm.

le nombre d'entreprises disposant de lobbyistes
Jacob S. Hacker et Paul Pierson, *Winner-Take-All Politics. How Washington Made the Rich Richer – And Turned Its Back on the Middle Class*, New York, Simon & Schuster, 2011, p. 118.

à 3,5 milliards en 2010 alors qu'elle se chiffraient à 100 millions de dollars en 1975
Robert G. Kaiser, "Citizen K Street. Introduction", *Washington Post*, mars 2007, http://blog.washingtonpost.com/citizen-k-street/chapters/introduction/ ; Bennett Roth et Alex Knott, "Lobby Dollars Dip for First Time in Years", *Roll Call*, 1er février 2011.

La Chambre de commerce des États-Unis établit régulièrement la liste des sociétés qui y consacrent plus de 100 millions de dollars par an
Roth et Knott, "Lobby Dollars Dip for First Time in Years".

somme supérieure à l'ensemble de toutes les dépenses cumulées au moment de l'élaboration du plan Powell
Kaiser, "Citizen K Street. Introduction".

seuls 3 % des sénateurs acceptaient un poste de lobbyiste
Lessig, *Republic, Lost*, p. 123.

alors qu'actuellement le chiffre est de l'ordre de 50 %, et 40 % pour ce qui est de la Chambre des représentants.
Ibid.

un combat idéologique contre les entreprises et les valeurs des sociétés occidentales
Powell, "The Powell Memo".

et s'acharna à faire évoluer l'opinion américaine
Timothy Noah, "Think Cranks", *New Republic*, 30 mars 2012.

Pour donner un maximum d'impact aux différentes actions qu'il menait
Ibid.

les fondations Lynde and Harry Bradley
Ibid.

Adolph Coors
David Brock, *The Republican Noise Machine. Right-Wing Media and How It Corrupts Democracy*, New York, Random House, 2005, p. 43.

Il faut saisir cette opportunité, surtout si le monde des affaires veut bien participer au financement
Powell, "The Powell Memo".

participer à ses séminaires où, mis à part le fait qu'ils étaient traités en seigneurs, ils dispensaient conseils et instructions juridiques pour défendre évidemment les intérêts financiers des sociétés industrielles et commerciales.
Eric Lichtblau, "Advocacy Group Says Justices May Have Conflict in Campaign Finance Case", *New York Times*, 19 janvier 2011.

et encore bien d'autres fonctions dont la gestion était assurée par des gouvernements élus
Emily Thornton, "Roads to Riches", BusinessWeek, 6 mai 2007 ; Jonathan Hoenig, "Opportunities in Infrastructure. Should We Privatize Bridges and Roads ?", Fox News, 5 août 2007, http://www.foxnews.com/story/0,2933,253438,00.html.

connaissent les plus grandes inégalités en matière de revenus, avec le plus fort taux de pauvreté
James Gustave Speth, "America the Possible. A Manifesto, Part I", *Orion*, mars-avril 2012.

le niveau de vie des enfants – selon les critères de l'ONU – le plus bas,
Ibid.

le taux de pauvreté et de mortalité infantile les plus élevés
Ibid.

le plus grand nombre de détenus et le pourcentage d'homicides le plus élevé
Ibid.

les plus grosses dépenses de santé et le plus fort pourcentage de citoyens qui n'ont pas accès aux soins de santé
Ibid.

le réseau national de télévision, comme les manuels scolaires, soit contrôlé de la manière la plus stricte
Powell, "The Powell Memo".

Il avait également appelé à la création de programmes « qui soutiennent de manière indéfectible le pays »
Ibid.

beaucoup plus disposés à se combattre et à s'opprimer les uns les autres qu'à coopérer pour le bien commun
James Madison, Federalist No. 10, "The Same Subject Continued. The Union as a Safeguard Against Domestic Faction and Insurrection", 23 novembre 1787, http://thomas.loc.gov/home/histdox/fed_10.html.

pour réveiller leurs passions hostiles et alimenter leurs conflits
Ibid.

oppositions a été la répartition inégale de la propriété
Ibid.

Les inégalités en matière de revenus sont maintenant plus fortes qu'elles ne l'ont jamais été
Timothy Noah, "Introducing the Great Divergence", *Slate*, 3 septembre 2010.

où se trouvent ceux qui ont tendance à accepter les inégalités et ceux qu'elles révoltent
Jonathan Haidt, "Born This Way ? Nature, Nurture, Narratives, and the Making of Our Political Personalities", *Reason*, mai 2012.

Les deux groupes partagent le sens des valeurs de liberté et d'équité mais n'en n'ont pas la même approche
Ibid.

les différences sont consolidées par le bain social dans lequel ils évoluent
Ibid. ; Sasha Issenberg, "Born This Way. The New Weird Science of Hardwired Political Identity", *New York Times*, 16 avril 2012.

trouver les mots qui susciteraient immédiatement des sentiments d'indignation
Frank Luntz, *Words That Work. It's Not What You Say, It's What People Hear*, New York, Hyperion, 2006, p. 165.

une stratégie cynique connue sous le terme d'« affamer la bête »
Bruce Bartlett, "'Starve the Beast'. Origins and Development of a Budgetary Metaphor", *Independent Review*, été 2007.

le ratio de la dette par rapport au PIB est de 70 % en 2013
Congressional Budget Office, "The 2012 Long-Term Budget Outlook", http://www.cbo.gov/sites/default/files/cbofiles/attachments/06-05-Long-Term_Budget_Outlook.pdf.

il est même supérieur au PIB quand on ajoute les emprunts de l'État
Agence France-Presse, "US Borrowing Tops 100 % of GDP. Treasury", 3 août 2011 ; Matt Phillips, "The US Debt Load. Big and Cheap", *Wall Street Journal*, 25 juillet 2012.

n'ait pas eu d'effet perceptible sur la demande d'obligations américaines
Tim Mullaney, "A Year After Downgrade, S&P's View on Washington Unchanged", *USA Today*, 7 août 2012.

ajouterait environ 1 000 milliards de dollars de paiement des intérêts dans les dix ans à venir
Jeanne Sahadi, "Washington's $5 Trillion Interest Bill", CNN Money, 12 mars 2012, http://money.cnn.com/2012/03/05/news/economy/national-debt-interest/index.htm.

la perte des pouvoirs des gouvernements est l'un des faits marquants du siècle
Joseph S. Nye, "Cyber War and Peace", Project Syndicate, 10 avril 2012, http://www.project-syndicate.org/commentary/cyber-war-and-peace.

les économies des pays du Sud ne correspondaient pas aux normes requises pour intégrer l'Union
David Marsh, "The Euro's Lost Promise", *New York Times*, 17 mars 2010 ; Sven Boll, "New Documents Shine Light on Euro Birth Defects", *Der Spiegel*, 8 mai 2012.

pendant les vingt années qui ont suivi la chute du Mur pour un coût estimé à près de 1 500 milliards d'euros, ne sont guère disposés à renouveler l'expérience
Katrin Bennhold, "What History Can Explain About the Greek Crisis", *New York Times*, 21 mai 2012.

lorsque la révolution agricole a permis de cultiver des fruits et légumes variés sur les terres fertiles de nombreuses régions du monde
Jared Diamond, "What Makes Countries Rich or Poor ?", *New York Review of Books*, 7 juin 2012.

le Croissant fertile
Ibid.

le Mexique, les Andes et Hawaï
Ibid.

sont les impératifs économiques liés à la reproduction en nombre des textes par l'imprimerie qui poussèrent à l'adoption d'une langue commune régionale
Benedict Anderson, *Imagined Communities*, New York, Verso, 2006, p. 39-48.

si différentes que les locuteurs avaient du mal à se comprendre
Ibid.

la diffusion d'informations imprimées dans la langue nationale
Ibid.

présentées dans une cadre de référence commun – renforça encore le sentiment identitaire
Ibid.

l'invasion et l'occupation de la Chine et de la Corée, sources de tension depuis toujours en Asie du Nord-Est
"Japan Textbook Angers Chinese, Korean Press", BBC News, 6 avril 2005, http://news.bbc.co.uk/2/hi/asia-pacific/4416593.stm.

Google Translate
Franz Och, Google Official Blog, "Breaking Down the Language Barrier. Six Years In", 26 avril 2012, http://googleblog.blogspot.com/2012/04/breaking-down-language-barriersix-years.html.

ce qui permet d'avoir accès à des publications, articles et livres en quelques heures alors qu'il faudrait des mois à tous les traducteurs du monde pour les rendre disponibles
Ibid.

75 % des traductions sur Internet se font à partir de l'anglais
Échange de couriers de l'auteur avec Franz Och, Google.
Matt Silverman, "China. The World's Largest Online Population", *Mashable*, 10 avril 2012, http://mashable.com/2012/04/10/china-largest-online-population/ ; David Teegham, "Chinese to Be Most Popular Language on the Internet", Discovery News, 2 janvier 2011, http://news.discovery.com/tech/chinese-to-be-most-popular-language-on-internet.html.

le cas de la Belgique qui a dû redonner le pouvoir auparavant centralisé à ses régions
US Department of State, "Background Note. Belgium", 22 mars 2012, http://www.state.gov/r/pa/ei/bgn/2874.htm.

qu'il s'agisse d'un monarque ou d'une « assemblée d'hommes »
Thomas Hobbes, "Of the Natural Condition of Mankind as Concerning Their Felicity and Misery", *The Leviathan*, 1651 ; *ibid.*, "Of the Rights of Sovereign by Institution".

avaient marqué, quinze siècles auparavant, la séparation entre des Empires romains d'Occident et d'Orient
"Bosnia and Hercegovina", *Lonely Planet*, 2008, http://www.lonelyplanet.com/shop_pickandmix/previews/mediterranean-europe-8-bosnia-hercegovina-preview.pdf.

indépendante se rendit sur le territoire très convoité du Kosovo
Barney Petrovic, "Serbia Recalls an Epic Defeat", *Guardian*, 29 juin 1989.

un génocide d'une violence inouïe contre les Bosniaques et les Croates
Ibid.

avaient imposé leur joug à 150 millions de personnes
"The United States Becomes a World Power", Digital History, http://www.digitalhistory.uh.edu/disp textbook print.cfm ? smtid=2&psid=3158 ; Saul David, "Slavery and the 'Scramble for Africa'", BBC, 17 février 2011, http://www.bbc.co.uk/history/british/abolition/scramble for africa article 01.shtml.

Sur 43 groupes terroristes répertoriés dans le monde, 19 ont des liens avec le commerce de la drogue
Lieutenant Colonel David A. Haupt, US Air Force, "Narco-Terrorism. An Increasing Threat to US National Security", Joint Forces Staff College, Joint Advanced Warfighting School, 2009.

Le volume du marché des produits stupéfiants est maintenant supérieur à 163 économies sur les 184 officielles
Ibid.

Cette tragédie, qui a coûté 3 milliards de dollars et des centaines de milliers de morts inutiles
Joseph E. Stiglitz et Linda J. Bilmes, *The Three Trillion Dollar War. The True Cost of the Iraq Conflict*, New York, Norton, 2008.

corrélation entre le temps passé devant la télévision et la diminution du nombre d'adeptes de l'intégrisme
Mansoor Moaddel et Stuart A. Karabenick, "Religious Fundamentalism among Young Muslims in Egypt and Saudi Arabia", *Social Forces*, vol. LXXXVI, n° 4, juin 2008.

la popularité de ses programmes TV et de ses films
Thomas Seibert, "Turkey Has a Star Role in More Than Just TV Drama", *National*, 8 février 2012.

la réduction du nombre de victimes des guerres
Joshua S. Goldstein, *Winning the War on War. The Decline of Armed Conflict Worldwide*, New York, Dutton/Penguin, 2011, p. 5-6.

et des conflits en tout genre
Ibid.

sous l'arbitrage du droit international
Bulletin of the Pan-American Union, vol. XXXVIII, n° 244-24949, 1914, p. 79.

en dépit de la supériorité américaine en matière d'armement conventionnel et nucléaire
Richard Clarke, "China's Cyberassault on America", *Wall Street Journal*, 15 juin 2011.

la sécurité nationale dépend plus que jamais de la collecte de renseignements et de leur analyse
John Mueller, "Think Again. Nuclear Weapons", *Foreign Policy* n° 177, janvier-février 2010 ; Peter Passell, "The Flimsy Accounting in Nuclear Weapons Decisions", *New York Times*, 9 juillet 1998.

Le président Barack Obama, qui voulait changer d'orientation
"A Treaty on Conventional Arms", éditorial, *New York Times*, 9 juillet 2012.

mais beaucoup finissent dans des trafics et le marché noir
C.J. Chivers, "Small Arms, Big Problems", *Foreign Affairs*, vol. XC, n° 1, janvier-février 2011, p. 110-121 ; Richard F. Grimmett, Congressional Research Service, "Conventional Arms Transfers to Developing Nations, 2003-2010", 22 septembre 2011, http://fpc.state.gov/documents/organization/174196.pdf.

alerter le pays sur l'importance du « complexe militaro-industriel »
Sam Roberts, "In Archive, New Light on Evolution of Eisenhower Speech", *New York Times*, 11 décembre 2010.

plus de la moitié (52,7 % en 2010) de toutes les armes militaires vendues dans le monde soient d'origine américaine
Grimmett, "Conventional Arms Transfers to Developing Nations, 2003-2010".

Les connaissances nécessaires pour fabriquer des armes de destruction massive, y compris nucléaires, ont déjà été diffusées dans les autres pays
Polly M. Holdorf, "Limited Nuclear War in the 21st Century", Center for Strategic and International Studies, 2010, http://csis.org/files/publication/110916_Holdorf.pdf.

qui pourrait, avec le temps, leur donner la capacité d'imaginer une puissance intercontinentale
Graham Allison, "Nuclear Disorder", *Foreign Affairs*, vol. LXXXIX, n° 1, janvier-février 2010, p. 74-85.

achètent ou volent des composants pour fabriquer leurs propres bombes
William J. Broad, James Glanz et David E. Sanger, "Iran Fortifies Its Arsenal with the Aid of North Korea", *New York Times*, 29 novembre 2010.

corrélation entre les hauts niveaux de développement d'une société et une démocratie stable
Francis Fukuyama, "The Future of History. Can Liberal Democracy Survive the Decline of the Middle Class ?", *Foreign Affairs*, vol. XLI, n° 1, janvier-février 2012.

et atteindra presque 5 milliards en 2030
European Strategy and Policy Analysis System, Global Trends 2030 – Citizens in an Interconnected and Polycentric World, http://www.iss.europa.eu/uploads/media/ESPAS report 01.pdf.

les droits sociaux et économiques, et les problèmes environnementaux en croissance continue
Ibid.

CHAPITRE 4

parce qu'il ne tenait pas compte de « la distribution de revenus des ménages » ou « de l'ensemble des dépenses »
Simon Kuznets, National Income 1929-1932, Report to the US Senate, 73rd Congress, 2nd Session, Washington, DC, US Government Printing Office, 1934, p. 5-6.

Dans les soixante-dix prochaines années, la classe moyenne mondiale va augmenter de 3 milliards d'individus
Homi Kharas, OECD Development Center, "The Emerging Middle Class in Developing Countries", janvier 2010, www.oecd.org/dataoecd/54/62/44798225.pdf.

d'un niveau de vie identique à celui des pays les plus riches
Ibid.

progresse à un rythme supérieur à celui de la population mondiale
Jeremy Grantham, "Time to Wake Up. Days of Abundant Resources and Falling Prices Are Over Forever", *GMO Quarterly Letter*, avril 2011.

tout ce que les nouveaux produits ont changé dans leur vie pour en être privés
"Letter from Thomas Jefferson to George Washington, 15 March 1784", Library of Virginia, http://www.lva.virginia.gov/lib-edu/education/psd/nation/gwtj.htm.

la moindre augmentation du bonheur ni du bien-être dans le pays
Institute for Studies in Happiness, Economy and Society, interview with Lester Brown, 7 novembre 2011, http://ishesorg/en/interview/itv02 01html.

au-delà duquel toute augmentation de la consommation ne donne pas pour autant un plus fort sentiment de bien-être
Daniel Kahneman et Angus Deaton, "High Income Improves Evaluation of Life but Not Emotional Well-Being", *Proceedings of the National Academy of Sciences*, 7 septembre 2010, http://www.pnas.org/content/early/2010/08/27/1011492107.abstract.

conduisent notre planète vers un point critique
Anthony Barnosky *et al.*, "Approaching a State Shift in Earth's Biosphere", *Nature*, 7 juin 2012.

Il faut faire dégonfler cette bulle sans attendre, en douceur, ou elle finira par éclater.
Justin Gillis, "Are We Nearing a Planetary Boundary ?", *New York Times*, Green blog, 6 juin 2012, http://green.blogs.nytimes.com/2012/06/06/are-we-nearing-a-planetary-boundary/.

produits alimentaires dont les prix ont atteint des niveaux record en 2008, puis de nouveau en 2011
United Nations Food and Agriculture Organization, "FAO Initiative on Soaring Food Prices", http://www.fao.org/isfp/en/ ; Annie Lowrey, "Experts Issue a Warning as Food Prices Shoot Up", *New York Times*, 4 septembre 2012.

des émeutes de la faim et des manifestations politiques dans de nombreux pays
Jack Farchy et Gregory Meyer, "World Braced for New Food Crisis", *Financial Times*, 19 juillet 2012 ; Evan Fraser et Andrew Rimas, "The Psychology of Food Riots", *Foreign Affairs*, 30 janvier 2011.

en Chine du Nord, Inde et dans l'ouest des États-Unis
Li Jiao, "Water Shortages Loom as Northern China's Aquifers Are Sucked Dry", *Science*,

18 juin 2010 ; "Groundwater Depletion Rate Accelerating Worldwide", *Science Daily*, 23 septembre 2010, http://www.sciencedaily.com/releases/2010/09/100923142503.htm.

accueillent 50 % du total de la population mondiale
Lester Brown, *Earth Policy Institute, Plan B 3.0. Mobilizing to Save Civilization*, New York, Norton, 2008, http://www.earth-policy.org/images/uploads/book_files/pb3book.pdf.

dans plusieurs grandes régions appartenant à des pays producteurs de denrées alimentaires
John Vidal, "Soil Erosion Threatens to Leave Earth Hungry", *Guardian*, 14 décembre 2010.

ont augmenté simultanément au cours des onze dernières années
Grantham, "Time to Wake Up".

qui a suivi la Première Guerre mondiale, les deux guerres mondiales
Ibid.

que nous pourrions bientôt atteindre « le pic fatidique en toutes matières »
Ibid.

la croissance a été trois fois plus rapide que celle des pays avancés.
Ibid.

et environ 40 % de l'aluminium et du cuivre
Ibid. ; Scott Neuman, "World Starts to Worry as Chinese Economy Hiccups", NPR News, 2 décembre 2011, http://www.npr.org/2011/12/02/143048898/world-starts-to-worry-as-chinese-economy-hiccups ; Presentation by Robert Zoellick, World Bank Spring Meetings 2012, http://siteresources.worldbank.org/NEWS/Resources/RBZ-SM12-for-Print-FINAL.pdf.

Presque le quart des voitures fabriquées chaque année le sont maintenant en Chine
Charles Riley, "Obama Hits China with Trade Complaint", CNN Money, 17 septembre 2012, http://money.cnn.com/2012/09/17/news/economy/obama-china-trade-autos/index.html.

vend aujourd'hui davantage de voitures dans l'empire du Milieu que dans son propre pays
Alisa Priddle, "GM's Big Plans for China Includes More Cadillac Models", *USA Today*, 25 avril 2012.

en passant de 250 millions à probablement plus de 1 milliard en 2013
"One Billion Vehicles Now Cruise the Planet", Discovery News, 18 août 2011, http://news.discovery.com/autos/one-billion-cars-cruise-planet-110818.html.

sera encore multiplié par deux pendant les trente prochaines années
ExxonMobil, "The Outlook for Energy. A View to 2040", 2012, http://www.exxonmobil.com/Corporate/files/news pub eo.pdf.

toute la croissance nette des économies émergentes viendra du transport
International Energy Agency, "World Energy Outlook", 2011.

Dans certains cas ils ont pu atteindre leur pic
Voir, par exemple, US Energy Information Administration, press release, "EIA examines alternate scenarios for the future of US energy", 25 juin 2012, http://www.eia.gov/pressroom/releases/press361.cfm, et "US Energy-Related Carbon Dioxide Emissions, 2011", 14 août 2012, http://www.eia.gov/environment/emissions/carbon/.

dans les mêmes proportions dans le reste du monde qu'aux États-Unis, on en compterait 5,5 milliards
Justin Lahart, "What If the Rest of World Had as Many Cars as US ?", Wall Street Journal blog, 12 novembre 2011, http://blogs.wsj.com/economics/2011/11/12/number-of-the-week-what-if-rest-of-world-had-as-many-cars-as-u-s/.

qui lui avait permis de conclure qu'il serait atteint un peu après l'année 1970
Ronald D. White et Tiffany Hsu, "US to Become World's Largest Oil Producer by 2020, Report Says", *Los Angeles Times*, 13 novembre 2012.

à l'automne 1973, les pays arabes membres de l'OPEP décidèrent le premier embargo
US Department of State, Office of the Historian, "OPEC Oil Embargo, 1973-1974", 2012, http://history.state.gov/milestones/1969-1976/OPEC.

les taux de croissance en Chine et dans les autres marchés émergents annoncent encore de fortes augmentations
International Energy Agency, Key World Energy Statistics, 2011, http://www.iea.org/publications/freepublications/publication/key world energy stats-1.pdf.

la Chine a multiplié par soixante ses importations pendant la dernière décennie
Kevin Jianjun Tu, Carnegie Endowment for International Peace Policy Outlook, "Understanding China's Rising Coal Imports", février 2012.

et les doublera encore d'ici à 2015
Rebekah Kebede et Michael Taylor, "China Coal Imports to Double in 2015, India Close Behind", Reuters, 30 mai 2011.

l'augmentation nette mondiale de consommation de charbon et de pétrole pendant les vingt prochaines années
International Energy Agency, "World Energy Outlook", 2011.

et les profonds gisements de schiste bitumineux
Chrystia Freeland, "The Coming Oil Boom", *New York Times*, 9 août 2012.

Les niveaux actuels de croissance
International Energy Agency, "World Energy Outlook", 2011.

semble avoir atteint son pic il y a plus de trente ans
Grantham, "Time to Wake Up".

selon un mode d'exploitation qui revient beaucoup plus cher
Ibid.

de l'océan Arctique, cette région sauvage, mais si vulnérable
Guy Chazan, "Total Warns Against Oil Drilling in Arctic", *Financial Times*, 25 septembre 2012.

beaucoup plus cher que celui dont le monde a profité dans le passé
Jeff Rubin, "How High Oil Prices Will Permanently Cap Economic Growth", Bloomberg View, 23 septembre 2012, http://www.bloomberg.com/news/2012-09-23/how-high-oil-prices-will-permanently-cap-economic-growth.html ; Bryan Walsh, "There Will Be Oil – and That's the Problem", *Time*, 29 mars 2012.

méthane contenu dans des conditions précaires pour 90 % des coûts
Maria Blanco, Agronomos Etsia Upm, "Supply of and Access to Key Nutrients NPK for Fertilizers for Feeding the World in 2050", 28 novembre 2011, http://eusoils.jrc.ec.europa.eu/projects/NPK/Documents/Madrid_NPK_supply_report_FINAL_Blanco.pdf, p. 26.

Il faut plus qu'une calorie de carburant issu d'énergie fossile pour produire une calorie de nourriture
Michael Pollan, *The Omnivore's Dilemma. A Natural History of Four Meals*, New York, Penguin, 2006, p. 46.

Pour la plupart de 50 à 70 % de leurs revenus en nourriture
Lester Brown, *Full Planet, Empty Plates. The New Geopolitics of Food Scarcity*, New York, Norton, 2012, ch. 1, http://www.energybulletin.net/stories/2012-09-17/full-planet-empty-plates-new-geopolitics-food-scarcity-new-book-chapter.

diminue le rendement de 6 %
Jims Vincent Capuno, "Soil Erosion. The Country's Unseen Enemy", Edge Davao, 11 juillet 2011, http://www.edgedavao.net/index.php?option=com content&view=article&id=4801 : soil-erosion-the-countrys-unseen-enemy&catid=51 : on-the-cover&Itemid=83 ; Lester Brown, *Eco-Economy. Building an Economy for the Earth*, New York, Norton, 2001), ch. 3, http://www.earth-policy.org/books/eco/eech3ss5.

La réduction de 50 % de matière organique diminue les rendements de 25 %
Vidal, "Soil Erosion Threatens to Leave Earth Hungry".

La désertification des prairies en forte augmentation
Judith Schwartz, "Saving US Grasslands. A Bid to Turn Back the Clock on Desertification", *Christian Science Monitor*, 24 octobre 2011.

les besoins devraient augmenter de 45 % en 2030
"No Easy Fix. Simply Using More of Everything to Produce More Food Will Not Work", *Economist*, 24 février 2011.

de 3,5 % l'an pendant les trente dernières années et a peine plus de 1 % aujourd'hui
Grantham, "Time to Wake Up".

et des trois quarts de la diversité génétique
United Nations Food and Agriculture Organization, "Building on Gender, Agrobiodiversity and Local Knowledge", 2004, ftp://ftp.fao.org/docrep/fao/007/y5609e/y5609e00.pdf.

L'augmentation des risques d'interdiction d'exportation par de gros producteurs
Toni Johnson, Council on Foreign Relations, "Food Price Volatility and Insecurity", 9 août 2011, http://www.cfr.org/food-security/food-price-volatility-insecurity/p16662.

précipitations irrégulières, moins fréquentes, intenses, mais difficiles à prévoir, suivies de longues périodes de forte sécheresse
Kevin Trenberth, "Changes in Precipitation with Climate Change", *Climate Research*, n° 47, 2010, p. 123-138.

entraînera une diminution de 10 % des rendements agricoles
Wolfram Schlenker et Michael Roberts, "Nonlinear Temperature Effects Indicate Severe Damages to US Crop Yields under Climate Change", *Proceedings of the National Academy of Sciences*, n° 106, n° 37, octobre 2008, p. 15594-15598.

l'augmentation continue de consommation de viande, une tendance planétaire qui nécessite des ressources considérables
Johnson, "Food Price Volatility and Insecurity".

Le détournement de plus en plus fréquent de terres pour le biofuel au détriment de la production alimentaire
Ibid.

L'extension des villes et de leurs banlieues sur des terrains auparavant utilisés par l'agriculture
Lester Brown, *Plan B 4.0. Mobilizing to Save Civilization*, New York, Norton, 2009, http://www.earth-policy.org/images/uploads/book files/pb4book.pdf.

67 % de la population était âgée de moins de vingt-quatre ans
John Ishiyama *et al.*, "Environmental Degradation and Genocide, 1958-2007", *Ethnopolitics*, n° 11, 2012, p. 141-158.

ils se résoudront eux-mêmes, que ce soit à la manière du Rwanda ou d'une tout autre façon que nous sommes bien incapables d'imaginer
Jared Diamond, "Malthus in Africa, Rwanda's Genocide", chap. 10, in *Collapse. How Societies Choose to Fail or Succeed*, New York, Viking, 2005.

quelques grands pays producteurs comme la Chine et l'Inde aller dans le mur
Groundwater Depletion Rate Accelerating Worldwide", *Science Daily*, 23 septembre 2010, http://www.sciencedaily.com/releases/2010/09/100923142503.htm.

Quand la bulle va éclater, l'Inde rurale va plonger dans une situation révolutionnaire violente
Fred Pearce, "Asian Farmers Sucking the Continent Dry", *New Scientist*, août 2004.

À Sanaa, la capitale, on ne dispose d'eau courante qu'un jour sur quatre
Lester Brown, "This Will Be the Arab World's Next Battle", *Guardian*, 22 avril 2011.

diminution de plus de 30 % des rendements
Ibid.

un désastre hydrologique
Ibid.

plus de 95 % de cette croissance se fera dans les pays en développement
United Nations Department of Economic and Social Affairs, "World Population Prospects. The 2010 Revision", 2011, http://esa.un.org/wpp/Documentation/pdf/WPP2010 Highlights.pdf.

la totalité de l'augmentation va se faire dans les villes
United Nations Department of Economic and Social Affairs, "World Urbanization Prospects. The 2011 Revision", mars 2012, http://esa.un.org/unpd/wup/pdf/WUP2011 Highlights.pdf.

supérieur au chiffre total de la population mondiale du début des années 1990
Ibid. ; US Census Bureau, "Total Midyear Population for the World. 1950-2050", http://www.census.gov/population/international/data/worldpop/table population.php.

la population des mégapoles aura déjà été multipliée par dix au cours des quarante dernières années
United Nations Department of Economic and Social Affairs, "World Urbanization Prospects. The 2011 Revision".

pèseront de moins en moins dans la population de la planète
Ibid.

représentaient pas plus de 10 ou 12 % des habitants de la planète
Susan Thomas, "Urbanization as a Driver of Change", *Arup Journal*, 2008.

le chiffre de 13 % y compris au début du XXe siècle
Sukkoo Kim, "Urbanization", *The New Palgrave Dictionary of Economics*, New York, Palgrave Macmillan, 2008 ; Thomas, "Urbanization as a Driver of Change".

les villes seront habitées par 64 % de la population
Ibid.

alors qu'en 2013 vingt-trois métropoles auront dépassé ce chiffre
Ibid.

qu'elles seront trente-sept en 2025
Ibid.

sera de l'ordre de 175 % entre 2000 et 2030
United Nations Population Fund (UNFPA), State of World Population 2007. Unleashing the Potential of Urban Growth, http://www.unfpa.org/swp/2007/english/introduction.html.

va passer de 11 millions aujourd'hui à presque 19 millions en 2025
United Nations Department of Economic and Social Affairs, "World Urbanization Prospects. The 2011 Revision".

qui aura une population de presque 33 millions en 2025
Ibid.

En 2050, presque 70 % des habitants de la Terre seront des citadins
Ibid.

Plus de 1 milliard d'individus – avec en gros un citadin sur trois – vit actuellement dans des bidonvilles
La plupart d'entre nous ont une image de ce qu'est un « bidonville », mais en réalité ils ont des formes et des tailles différentes. Ce qu'ils ont en commun, selon la définition de l'ONU : « Le manque d'au moins une des conditions de base d'un logement décent : des sanitaires acceptables, une alimentation en eau moderne, un logement durable ou un espace de vie suffisant », UNFPA, *State of World Population 2007. Unleashing the Potential of Urban Growth.*

ce chiffre doublera dans les soixante-dix prochaines années
Ben Sutherland, "Slum Dwellers 'to Top 2 Billion'", BBC, 20 juin 2006, http://news.bbc.co.uk/2/hi/in depth/5099038.stm.

la proportion des plus démunis – ceux qui n'ont qu'un dollar maximum par jour pour vivre – ne va cesser de grandir
United Nations Department of Economic and Social Affairs, World Population Monitoring. Focusing on Population Distribution, Urbanization, Internal Migration, and Development, 2009.

et en particulier dans les pays en développement – le font pour des salaires plus importants
David Satterthwaite *et al.*, "Urbanization and Its Implications for Food and Farming", Philosophical Transactions of the Royal Society B 365, n° 1554, 2010, p. 2809-2820.

et en Asie surtout – un transfert de la condition de pauvreté vers la classe moyenne dont la grande majorité vivra en ville
European Strategy and Policy Analysis System, Global Trends 2030 – Citizens in an Interconnected and Polycentric World, http://www.iss.europa.eu/uploads/media/ESPAS report 01.pdf.

Plus de 80 % de la production du monde a lieu dans les villes
Richard Dobbs, Jaana Remes et Charles Roxburgh, "Boomtown 2025. A Special Report", *Foreign Policy*, 24 mars 2011.

la consommation dans les villes est bien plus élevée que dans les campagnes
David Owen, *Green Metropolis. Why Living Smaller, Living Closer, and Driving Less Are the Keys to Sustainability*, New York, Riverhead Trade, 2010 ; Qi Jingmei, "Urbanization Helps Consumption", *China Daily*, 15 décembre 2009.

et celle des produits carnés a doublé
United Nations Food and Agriculture Organization, "Livestock in the Balance", The State of Food and Agriculture 2009.

il faut 9 kilos de protéines végétales pour produire 1 kilo de protéine animale
"Mankind Benefits from Eating Less Meat", PhysOrg, 6 avril 2006, http://phys.org/news63547941.html.

alors que plus de 900 millions d'individus souffrent encore de la faim
United Nations, Millennium Development Goals Report 2011.

de l'ordre de dix kilos au cours des quarante dernières années
Claudia Dreifus, "A Mathematical Challenge to Obesity", *New York Times*, 14 mai 2012.

que la moitié de la population sera obèse en 2030 et qu'un quart souffrira d'une obésité « massive »
Eric Finkelstein *et al.*, "Obesity and Severe Obesity Forecasts Through 2030", *American Journal of Preventive Medicine*, juin 2012 ; "Most Americans May Be Obese by 2030, Report Warns", ABC News, 18 septembre 2012 ; "Fat and Getting Fatter. US Obesity Rates to Soar by 2030", Reuters, 18 septembre 2012.

mais de manière inéluctable, les victimes de malnutrition chronique
United Nations, Millennium Development Goals Report 2011.

l'obésité a plus que doublé au cours des trente dernières années
World Health Organization Media Centre, "Obesity and Overweight", mai 2012, http://www.who.int/mediacentre/factsheets/fs311/en/index.html.

et plus d'un tiers sont obèses selon la classification établie
Ibid.

pour des raisons liées à l'obésité et au surpoids qu'à cause de la sous-alimentation
Ibid.

les maladies de cœur et les accidents vasculaires cérébraux – et le principal facteur de risques de diabète, devenue aujourd'hui la première pandémie mondiale d'une maladie non contagieuse
Centers for Disease Control and Prevention, National Diabetes Statistics, 2011, http://diabetes.niddk.nih.gov/dm/pubs/statistics/.

presque 17 % sont touchés aux États-Unis
Tara Parker-Pope, "Obesity Rates Stall, but No Decline", *New York Times*, Well blog, 17 janvier 2012, http://well.blogs.nytimes.com/2012/01/17/obesity-rates-stall-but-no-decline/.

et 7 % dans le monde
ProCor, "Global. Childhood Obesity Rate Higher Than 20 Years Ago", 28 septembre 2010, http://www.procor.org/prevention/prevention show.htm ? doc id=1367793.

l'épidémie continuera probablement de se développer puisqu'elle persiste chez les enfants, aux États-Unis et dans le monde
Parker-Pope, "Obesity Rates Stall, but No Decline".

signal provoquant une envie de manger davantage, même lorsqu'on est rassasié
Tara Parker-Pope, "How the Food Makers Captured Our Brains", *New York Times*, 23 juin 2009.

riches en calories, riches en graisses, sel et sucres, mais d'une faible teneur en vitamines, minéraux et autres micronutriments
World Health Organization Media Centre, "Obesity and Overweight".

la consommation de fruits et légumes frais se raréfie
"If You Build It, They May Not Come", *Economist*, juillet 2011.

Les calories de qualité que ces produits contiennent coûtent dix fois plus par gramme que ceux que l'on trouve dans les sucreries et aliments riches en féculents
David Bornstein, "Time to Revisit Food Deserts", *New York Times*, Opinionator blog, 25 avril 2012, http://opinionator.blogs.nytimes.com/2012/04/25/time-to-revisit-food-deserts/.

Les prix des produits gras diminuaient de 15 % et ceux des sodas sucrés de 25 %
Ibid.

le temps et le savoir-faire nécessaires pour préparer de véritables repas
Ibid.

Campagnes de protestations sur les réseaux sociaux
Vivian Yee, "No Appetite for Good-for-You School Lunches", *New York Times*, 5 octobre 2012.

La corrélation entre l'introduction des fast-foods américains et l'augmentation de l'obésité
Jeannine Stein, "Wealthy Nations with a Lot of Fast Food. Destined to Be Obese ?", *Los Angeles Times*, 22 décembre 2011.

Les prix chutèrent alors fortement
Charles Kenny, "The Global Obesity Bomb", *Bloomberg Businessweek*, 4 juin 2012.

La prise de poids et l'augmentation de l'obésité correspondent très exactement aux changements de la politique agricole américaine
Dreifus, "A Mathematical Challenge to Obesity".

un sex-symbol vêtu de manière très légère en train de laver une voiture en prenant des poses très suggestives
Eric Noe, "How Well Does Paris Sell Burgers ?", ABC News, 29 juin 2005, http://abcnews.go.com/Business/story?id =893867&page =1#.UGMPQI40jdk.

correspond à la présence d'un milliard d'individus de plus sur la planète
Matt McGrath, "Global Weight Gain More Damaging Than Rising Numbers", BBC, 20 juin 2012.

quand la radio, premier média électronique de masse, fit son apparition avec les premiers magazines et films muets
Johannes Malkmes, *American Consumer Culture and Its Society. From F. Scott Fitzgerald's 1920s Modernism to Bret Easton Ellis' 1980s Blank Fiction*, Hamburg, Diplomica, 2011, p. 44.

à des prix relativement élevés, comme les automobiles et les récepteurs de radio
Jeremy Rifkin, *The End of Work*, New York, Putnam, 1995, p. 22.

équipa 70 % des logements américains à la fin des années 1920
Stephen Moore et Julian L. Simon, "The Greatest Century That Ever Was. 25 Miraculous Trends of the Past 100 Years", *Cato Policy Analysis*, n° 364, Cato Institute, 15 décembre 1999, http://www.cato.org/pubs/pas/pa364.pdf, p. 20.

les industriels et les commerçants à se pencher sur la nouvelle science du marketing de masse
Rifkin, *The End of Work*, p. 20-22.

La publicité prit son essor et devint un élément à part entière du marché
Daniel Pope, "Making Sense of Advertisements", History Matters. The US Survey on the Web, http://historymatters.gmu.edu/mse/ads/ads.pdf.

beaucoup d'autres intellectuels américains de premier rang
Russell Jacoby, "Freud's Visit to Clark U", *Chronicle of Higher Education*, septembre 2009.

L'American Psychoanalytic Society fut fondée deux ans après la venue de Freud
Leon Hoffman, "Freud's Adirondack Vacation", *New York Times*, 29 août 2009.

Committee on Public Information
Woodrow Wilson, Executive Order 2594 – Creating Committee on Public Information, April 13, 1917, American Presidency Project, http://www.presidency.ucsb.edu/ws/?pid =75409.

sidéré par l'efficacité de la propagande des masses et décida de l'introduire dans le marketing
Institute for Studies in Happiness, Economy, and Society, *Alternatives and Complements to GDP-Measured Growth as a Framing Concept for Social Progress*, 2012.

Il avait inventé ce terme pour éviter d'utiliser celui de « propagande »
J'explique l'histoire du mot « propagande » – et son sens aux États-Unis – dans un autre livre. Voir *The Assault on Reason*, New York, Penguin Press, 2007, p. 93-96.

utilisé par les Allemands pour décrire sa stratégie de communication pendant la guerre
Sam Pocker, *Retail Anarchy. A Radical Shopper's Adventures in Consumption*, Philadelphia, Running Press, 2009, p. 122.

qu'ils faisaient dans leur subconscient pouvant relever du marketing des produits et des marques
Larry Tye, "The Father of Spin. Edward L. Bernays and the Birth of P.R.", PR Watch, 1999, http://www.prwatch.org/prwissues/1999Q2/bernays.html.

Les désirs de l'homme doivent dépasser ses besoins
Paul Mazur, tel que cité dans *Century of the Self*, BBC Four, avril-mai 2002.

Ce sont eux qui tirent les ficelles et contrôlent la pensée publique.
Edward Bernays, *Propaganda*, New York, Horace Liveright, 1928, p. 38.

véhiculant des valeurs d'émancipation féminine et de liberté
William E. Geist, "Selling Soap to Children and Hairnets to Women", *New York Times*, 27 mars 1985.

le nouvel évangile économique de la consommation
Robert LaJeunesse, *Work Time Regulation as Sustainable Full Employment Strategy. The Social Effort Bargain*, New York, Routledge, 2009, p. 37-38.

Ce n'est qu'un élément du canevas de régénération et de rédemption de l'humanité
James B. Twitchell, *Adcult USA. The Triumph of Advertising in American Culture*, New York, Columbia University Press, 1996.

L'activité ne va pas cesser d'augmenter.
Benjamin Hunnicutt, *Work Without End. Abandoning Shorter Hours for the Right to Work*, Philadelphia, Temple University Press, 1988, p. 44.

Dans une certaine mesure, il faut sans cesse stimuler les désirs et les besoins des gens
"Retail Therapy", *Economist*, 17 décembre 2011.

Goebbels faisait un usage intensif de son livre *Propaganda* pour organiser le génocide voulu par Hitler
Dennis W. Johnson, *Routledge Handbook of Political Management*, New York, Routledge, 2009, p. 314, n° 3 ; voir Edward Bernays, *Biography of an Idea. Memoirs of Public Relations Counsel Edward L. Bernays*, New York, Simon & Schuster, 1965.

révélatrice qu'un simple déplacement du pouvoir économique
Walter Lippmann, *Public Opinion*, New York, Harcourt, Brace, 1922, p. 248.

techniques plus sophistiquées comme l'imagerie par résonance magnétique
Natasha Singer, "Making Ads That Whisper to the Brain", *New York Times*, 14 novembre 2010.

s'était accoutumé à être sollicité par 2 000 messages commerciaux par jour
Louise Story, "Anywhere the Eye Can See, It's Likely to See an Ad", *New York Times*, 15 janvier 2007.

il en reçoit 5 000 par jour aujourd'hui
Ibid.

volume augmentera de 70 % dans les douze prochaines années
Daniel Hoornweg et Perinaz Bhada-Tata, World Bank, "What a Waste. A Global Review of Solid Waste Management", mars 2012.

pendant la même période, passant à 375 milliards de dollars par an
Ibid.

entraîner une augmentation de 0,69 % des déchets solides
Antonis Mavropoulos, "Waste Management 2030+", http://www.waste-management-world.com.

représente chaque année bien davantage que celui de 7 milliards de personnes
Alexandra Sifferlin, "Weight of the World. Globally, Adults Are 16.5 Million Tons Overweight", *Time*, 18 juin 2012 ; Paul Hawken, "Resource Waste", *Mother Jones*, mars-avril 1997 ; US Environmental Protection Agency (EPA), "Municipal Solid Waste", http://www.epa.gov/epawaste/nonhaz/municipal/index.htm.

a augmenté de près de 250 % pendant les dix dernières années
Mavropoulos, "Waste Management 2030+".

mais des millions de décharges en accueillent dans des quantités encore plus importantes
EPA, "Municipal Solid Waste Generation, Recycling, and Disposal in the United

States. Facts and Figures for 2010", novembre 2011, http://www.epa.gov/epawaste/nonhaz/municipal/pubs/msw 2010 rev factsheet.pdf ; NOAA Marine Debris Program, "De-mystifying the 'Great Pacific Garbage Patch' ", http://marinedebris.noaa.gov/info/patch.html.

leur décomposition compte pour 4 % chaque année dans le réchauffement de la planète
Ian Williams, University of Southampton, "Future of Waste. Initial Perspectives", *in* Tim Jones et Caroline Dewing (éds.), *Future Agenda. Initial Perspectives*, Newbury, Vodafone Group, 2009, p. 84-89.

des pesticides, de l'arsenic, du cadmium et des produits ignifugeants
Centers for Disease Control and Prevention, *Fourth National Report on Human Exposure to Environmental Chemicals*, 2009, http://www.cdc.gov/exposurereport/pdf/FourthReport.pdf.

des incendies déclenchés par des fumeurs qui s'endorment et laissent tomber leur cigarette sur un canapé ou un fauteuil
Michael Hawthorne, "Testing Shows Treated Foam Offers No Safety Benefit", *Chicago Tribune*, 6 mai 2012.

pour que des produits chimiques dangereux soient ajoutés à la fabrication de la plupart des meubles
Nicholas D. Kristof, "Are You Safe on That Sofa ?", *New York Times*, 19 mai 2012.

cette exposition et le développement de cancers, de troubles de la reproduction et de dommages infligés aux fœtus
Hawthorne, "Testing Shows Treated Foam Offers No Safety Benefit".

processus de fabrication du mobilier ne garantissait pas la prévention des incendies
Ibid.

le Toxic Substances Control Act, loi promulguée en 1976, n'a jamais réellement été mis en œuvre
Bryan Walsh, "The Perils of Plastic", *Time*, 1er avril 2010.

ont obtenu le droit de ne pas révéler leur contenu en invoquant le secret de fabrication.
Ibid.

L'inventeur des gaz de combat lors de la Première Guerre mondiale a aussi mis au point l'engrais azoté de synthèse
Diarmuid Jeffreys, *Hell's Cartel. IG Farben and the Making of Hitler's War Machine*, New York, Metropolitan Books, 2008.

en Asie du Sud, en Afrique et dans certaines parties du Moyen-Orient
John Cameron, Paul Hunter, Paul Jagals et Katherine Pond, eds., *Valuing Water, Valuing Livelihoods*, World Health Organization, http://whqlibdoc.who.int/publications/2011/9781843393108_eng.pdf.

plus de la moitié des grands fleuves et rivières sont gravement pollués et dégradés
World Water Council, "Water and Nature", http://www.worldwatercouncil.org/index.php?id=21.

C'est une méthode qui tient de la fongibilité asymétrique
Jorgen Randers, *2052. A Global Forecast for the Next Forty Years*, White River Junction, Chelsea Green, 2012, p. 75.

Nous voulons protéger la santé de nos concitoyens même si le gouvernement pense que notre croissance va en souffrir. Cela en vaut la peine
Keith Bradsher, "A Chinese City Moves to Limit Cars", *New York Times*, 4 septembre 2012.

Un Américain sur dix a été exposé aux déchets chimiques et a connu des problèmes de santé en consommant simplement l'eau du robinet
Charles Duhigg, "Clean Water Laws Are Neglected, at a Cost in Suffering", *New York Times*, 13 septembre 2009.

2,5 milliards ne disposent toujours pas d'installations sanitaires modernes
World Health Organization, "Progress on Drinking Water and Sanitation. 2012 Update", http://www.wssinfo.org/fileadmin/user_upload/resources/JMP-report-2012-en.pdf.

2,4 milliards ne disposeront pas d'installations sanitaires
Ibid.

tombent malades chaque année et des dizaines de milliers d'entre eux y laissent la vie
Jane Qiu, "China to Spend Billions Cleaning Up Groundwater", *Science*, novembre 2011, p. 745.

L'engouement croissant pour le gaz de schiste
Chesapeake Energy, "Water Use in Deep Shale Gas Exploration", 2012, http://www.chk.com/Media/Educational-Library/Fact-Sheets/Corporate/Water_Use_Fact_Sheet.pdf ; Jack Healy, "Struggle for Water in Colorado with Rise in Fracking", *New York Times*, 5 septembre 2012.

a mis à rude épreuve les ressources dans des régions déjà en proie aux pénuries
Chesapeake Energy, "Water Use in Deep Shale Gas Exploration" ; Healy, "Struggle for Water in Colorado with Rise in Fracking".

On estime que sur le plan mondial, la consommation d'eau pour la production d'énergie augmentera deux fois plus vite que la demande en énergie
International Energy Agency, *World Energy Outlook 2012*, Paris, International Energy Agency, 2012.

provoque des infiltrations qui atteignent des zones de dépôts considérées jusque-là comme saines
Abrahm Lustgarten, "Are Fracking Wastewater Wells Poisoning the Ground beneath Our Feet ?", *Scientific American*, 21 juin 2012.

il est déjà arrivé que des infiltrations se produisent dans des aquifères d'eau potable
Ibid.

1 % fournie par l'ensemble de l'eau douce de surface
"Groundwater Depletion Rate Accelerating Worldwide", *Science Daily*, 23 septembre 2010, http://www.sciencedaily.com/releases/2010/09/100923142503.htm.

prélèvements s'est sérieusement accéléré pendant la deuxième moitié du XXe siècle jusqu'à doubler en 1960
Ibid.

les prélèvements ont encore accéléré
Ibid.

ont été creusés par 100 millions de paysans
Lester Brown, *Plan B4.0. Mobilizing to Save Civilization*, New York, Norton, 2009, http://www.earth-policy.org/images/uploads/book files/pb4book.pdf.

pendant que les paysans attendaient désespérément que la pluie tombe en abondance
Ibid.

le Colorado, l'Indus, le Nil, le Rio Grande, le Murray-Darling en Australie, le Yangtze et le fleuve Jaune en Chine et l'Elbe en Allemagne
Geoffrey Lean, "Rivers. A Drying Shame", *Independent*, 12 mars 2006.

mais qu'on estime entre 10 et 15 milliards
United Nations Department of Economic and Social Affairs, "World Population to Reach 10 Billion by 2100 If Fertility in All Countries Converges to Replacement Level", 3 mai 2011, http://esa.un.org/wpp/Other-Information/Press Release_WPP2010.pdf.

Mais la grande majorité des experts estime que le chiffre se situera légèrement au-dessus de 10 milliards
Ibid. ; United Nations Department of Economic and Social Affairs, "World Population Prospects. The 2010 Revision", 2011, http://esa.un.org/unpd/wpp/Analytical-Figures/htm/fig 1.htm.

l'Inde va dépasser la Chine pour devenir le pays le plus peuplé du monde en 2050
United Nations Department of Economic and Social Affairs, "World Population Prospects. The 2010 Revision", 2011, http://esa.un.org/unpd/wpp/unpp/panel_population.htm.

à la fin de ce siècle on estime que sa population sera supérieure au total des deux
Ibid.

pour atteindre le chiffre stupéfiant de 3,6 milliards à la fin du XXIe siècle
David E. Bloom, "Africa's Daunting Challenges", *New York Times*, 5 mai 2011.

déclin moins lent que prévu de la fécondité dans les pays en développement, dont la majorité se trouve en Afrique
United Nations Department of Economic and Social Affairs, "World Population to Reach 10 Billion by 2100 If Fertility in All Countries Converges to Replacement Level".

les méthodes de contraception pour les femmes qui souhaitent pouvoir en disposer
Malcolm Potts et Martha Campbell, "The Myth of 9 Billion", *Foreign Policy*, 9 mai 2011 ; Justin Gillis et Celia W. Dugger, "UN Forecasts 10.1 Billion People by Century's End", *New York Times*, 4 mai 2011.

pour atteindre son niveau le plus bas depuis la Grande Dépression
Malcolm Potts et Martha Campbell, "The Myth of 9 Billion", *Foreign Policy*, 9 mai 2011 ; Justin Gillis et Celia W. Dugger, "UN Forecasts 10.1 Billion People by Century's End", *New York Times*, 4 mai 2011.

des conditions et un cadre de vie qui peuvent avoir et qui ont un impact sur la démographie
T. Paul Shultz, Yale Economic Growth Center, "Fertility and Income", octobre 2005, www.econ.yale.edu/~pschultz/cdp925.pdf.

treize se trouvent en Afrique subsaharienne
Bloom, "Africa's Daunting Challenge".

la capacité des filles à suivre des études pour bénéficier d'une bonne éducation est primordiale
United Nations, Report of the International Conference on Population and Development, Le Caire, 5-13 septembre, 1994, http://www.un.org/popin/icpd/conference/offeng/poa.html.

avec leurs maris ou compagnons sur la vie quotidienne et tout ce qui concerne la famille
Ibid.

concernant les méthodes de contrôle des naissances pour que les femmes puissent effectivement choisir le nombre d'enfants qu'elles désirent et quand elles souhaitent les avoir
Ibid.

« le contraceptif le plus efficace est la confiance que les parents peuvent avoir pour l'avenir de leurs enfants »
Ibid.

qu'une majorité écrasante d'américaines (dont 98 % des catholiques « sexuellement actives »)
Nicholas D. Kristof, "Beyond Pelvic Politics", *New York Times*, 11 février 2012.

en Afrique, où 39 pays africains sur 55 ont encore des chiffres élevés
United Nations Department of Economic and Social Affairs, "World Population to Reach 10 Billion by 2100 If Fertility in All Countries Converges to Replacement Level".

Dans 34 des 58 pays à forte fécondité dans le monde, la population aura triplé à la moitié de ce siècle
Ibid.

les femmes en âge de procréer ont maintenant une moyenne de 2,5 enfants
Bloom, "Africa's Daunting Challenge".

En Afrique, cependant, la moyenne est presque de 4,5
Ibid.

un accroissement de la population catastrophique et insoutenable
Ibid.

à un chiffre de l'ordre de 129 millions à la fin du siècle
Gillis et Dugger, "UN Forecasts 10.1 Billion People by Century's End".

à plus de 730 millions en 2100
Ibid.

ce qui correspond à la population de la Chine du milieu des années 1960
"Total Population, CBR, CDR, NIR and TFR of China (1949-2000)", *China Daily*, 20 août 2010.

ont conduit à des baisses significatives de la mortalité à la naissance et dans la petite enfance dans de nombreux pays du monde
Potts et Campbell, "The Myth of 9 Billion" ; Robert Kunzig, "Population 7 Billion", *National Geographic*, janvier 2011.

La durée de la vie avait doublé en passant de 35 à 77 ans
Kunzig, "Population 7 Billion".

sont des jeunes filles alors qu'elles ne représentaient que 8 % en 1970
UNESCO Institute for Statistics, Global Education Digest 2009. Comparing Education Statistics Across the World, 2009, http://www.uis.unesco.org/template/pdf/ged/2009/GED_2009_EN.pdf, p. 227.

moyenne de 48 % dans les pays arabes aujourd'hui. En Iran, il est de 51 %
UNESCO Institute for Statistics, *Global Education Digest 2011*, 2011, http://www.uis.unesco.org/Education/Pages/ged-2011.aspx.

sur les 120 pays dont les statistiques sont fiables, il y a davantage de filles diplômées que de garçons dans 67 d'entre eux
Gary S. Becker, William H.J. Hubbard et Kevin M. Murphy, "The Market for College Graduates and the Worldwide Boom in Higher Education of Women", *American Economic Review*, vol. C, n° 2, 2010, p. 229-233.

La moyenne mondiale est de 51 %
Ibid. ; World Bank, The Road Not Traveled. Education Reform in the Middle East and North Africa, MENA Development Report, 2008, http://siteresources.worldbank.org/INTMENA/Resources/EDU_Flagship_Full_ENG.pdf, p. 171.

61 % une maîtrise et 51 % un doctorat
US Department of Education, National Center for Education Statistics, "Fast Facts", 2010, http://nces.ed.gov/fastfacts/display.asp?id=72.

Leur roi, qui porte des idées plutôt progressistes, a annoncé que les femmes auraient le droit de vote en 2015
"Saudi Women to Receive Right to Vote – in 2015", NPR, 26 septembre 2011, http://www.npr.org/2011/09/26/140818249/saudi-women-get-the-vote.

et 18 % seulement à la politique
Ricardo Hausmann, Laura D. Tyson et Saadia Zahidi, "The Global Gender Gap Index 2010", Global Gender Gap Report 2010, 2010, http://www3.weforum.org/docs/WEF_GenderGap_Report_2010.pdf.

les femmes ont été deux fois plus nombreuses que les hommes à arriver sur le marché de l'emploi
"A Guide to Womenomics", *Economist*, 12 avril 2006.

Les chiffres de l'emploi sont de 83 femmes pour 100 hommes
Ibid.

où les femmes occupent de 60 à 80 % des emplois
Ibid.

du travail féminin dans les pays développés a contribué bien davantage que la Chine à la croissance économique mondiale
Ibid.

a progressé de manière extraordinaire en passant de 12 à 55 %
Robert R. Reich, *Aftershock. The Next Economy and America's Future*, New York, Knopf, 2010, p. 61.

avec des enfants en bas âge il est passé de 20 à 60 %
Ibid.

C'est exactement ce que Kessler évoque quand il parle de l'incitation à manger toujours plus

Tara Parker-Pope, "How the Food Makers Captured Our Brains", *New York Times*, 23 juin 2009.

qu'ils sont plus en sécurité qu'à l'extérieur où la violence est relativement fréquente
Rebecca Cecil-Carb et Andrew Grogan-Kaylor, "Childhood Body Mass Index in Community Context. Neighborhood Safety, Television Viewing and Growth Trajectories of BMI", *Health and Social Work*, n° 34, mars 2009, p. 169-177.

par l'assouplissement de la législation et le travail des femmes
United Nations Division for Social Policy and Development Division, Family Unit, 2003-2004, Major Trends Affecting Families, "Introduction", http://social.un.org/index/LinkClick.aspx?fileticket=LJsVbHQC7Ss%3d&tabid=282.

provoquerait de 20 à 30 % des divorces aux États-Unis
Carl Bialik, "Irreconcilable Claim. Facebook Causes 1 in 5 Divorces", *Wall Street Journal*, 12 mars 2011 ; Carl Bialik, "Divorcing Hype from Reality in Facebook Stats", *Wall Street Journal blog*, 11 mars 2011, http://blogs.wsj.com/numbersguy/divorcing-hype-from-reality-in-facebook-stats-1046/.

se mariaient avant d'avoir trente ans ; ils sont un quart aujourd'hui
Pew Research Center, "The Decline of Marriage and Rise of New Families", 18 novembre 2010, http://pewresearch.org/pubs/1802/decline-marriage-rise-new-families.

La tendance est à l'union libre, y compris avec des enfants
Ibid.

41 % à être nés d'une mère célibataire
Ibid.

alors qu'ils n'étaient que 5 % il y a cinquante ans
Ibid.

Le chiffre est de 50 % chez les femmes de moins de trente ans
Jason DeParle et Sabrina Tavernise, "For Women Under 30, Most Births Occur Outside Marriage", *New York Times*, 17 février 2012.

de 73 % chez les mères de tout âge dans la communauté afro-américaine
Ibid.

l'Islande, la Norvège, la Finlande et la Suède. Le Yémen ferme la marche
Hausmann, Tyson et Zahidi, "The Global Gender Gap Index 2010".

et dans les pays arabes le plus faible (11,4 %)
Inter-Parliamentary Union, "Women in National Parliaments", 30 avril 2011, http://www.ipu.org/wmn-e/world.htm.

spécifiant que le Parlement devait comporter au minimum 30 % de femmes
Catherine Rampell, "A Female Parliamentary Majority in Just One Country. Rwanda", *New York Times*, Economix blog, 9 mars 2010, http://economix.blogs.nytimes.com/2010/03/09/women-underrepresented-in-parliaments-around-the-world/ ; Inter-Parliamentary Union, "Women in National Parliaments".

7 % seulement des conseils de direction sont occupés par des femmes
"A Guide to Womenomics", *Economist*.

les taux de natalité ont tellement chuté que leur population est en train de diminuer
Steven Philip Kramer, "Baby Gap. How to Boost Birthrates and Avoid Demographic Decline", *Foreign Affairs*, mai-juin 2012.

Aux États-Unis, le chiffre a connu un minimum historique en 2011
Terence P. Jeffrey, "CDC. US Birth Rate Hits All-Time Low ; 40,7 % of Babies Born to Unmarried Women", CNS News, 31 octobre 2012, http://cnsnews.com/news/article/cdc-us-birth-rate-hits-all-time-low-407-babies-born-unmarried-women.

et 64 millions en 2100
Bryan Walsh, "Japan. Still Shrinking", *Time*, 28 août 2006.

des mesures de protection de l'emploi pour les mères qui reprennent leur travail après avoir donné naissance à un enfant
Kramer, "Baby Gap".

d'autres avantages encore qui ont permis à ces deux nations d'obtenir le niveau du taux de remplacement
Ibid.

le Japon et l'Italie n'ont pas su proposer de tels services et ne peuvent pas ralentir la tendance
Ibid.

où le coût des dépenses par personne est plus fort que dans n'importe quel autre pays
Simon Rogers, "Healthcare Spending Around the World, Country by Country", *Guardian*, 30 juin 2012 ; Harvey Morris, "US Healthcare Costs More Than 'Socialized' European Medicine", *International Herald Tribune*, 28 juin 2012.

plus de la moitié des bébés nés après l'an 2000 seront centenaires
"Most Babies Born Today May Live Past 100", ABC News, 1er octobre 2009, http://abcnews.go.com/Health/WellnessNews/half-todays-babies-expected-live-past-100/story?id=8724273.

plus de la moitié de ceux qui sont nés en 2007 dépasseront 104 ans
Ibid.

la durée de la vie était de l'ordre d'une trentaine d'années, ou moins
Nicholas Wade, "Genetic Data and Fossil Evidence Tell Differing Tales of Human Origins", *New York Times*, 27 juillet 2012 ; Sonia Arrison, "Average Life Expectancy Through History", *Wall Street Journal*, 27 août 2011.

mais il a fallu attendre le milieu du XIXe siècle
Arrison, "Average Life Expectancy Through History".

et dans la plupart des pays industriels elle est aujourd'hui de l'ordre de 80 ans
United Nations Department of Economic and Social Affairs, *World Population Prospects. The 2010 Revision* ; Arrison, "Average Life Expectancy Through History."

âgées de 65 ans et plus devrait doubler pendant le prochain quart de siècle
Ted C. Fishman, "As Populations Age, a Chance for Younger Nations", *New York Times Magazine*, 17 octobre 2010.

et en 2050 plus d'un tiers des Chinois sera âgé de 60 ans ou plus
Ibid. ; Joseph Chamie, former director of the United Nations Population Division, "The Battle of the Billionaires. China vs. India", *Globalist*, 4 octobre 2010.

En 2012, les Japonais ont acheté davantage de couches pour adultes que pour bébés
Sam Jones et Ben McLannahan, "Hedge Funds Say Shorting Japan Will Work", *Financial Times*, 29 novembre 2012.

va de même passer pendant cette période de 28 aujourd'hui à 40 en 2050
Ibid.

Les historiens pensent que la forte proportion de jeunes a contribué aux révoltes qui ont amené la Révolution française il y a plus de deux cents ans
NPR, "In Arab Conflicts, the Young Are the Restless", NPR, 8 février 2012, http://www.npr.org/2011/02/09/133567583/in-arab-conflicts-the-young-are-the-restless.

et dans la majorité des pays en développement pendant le XXe siècle
Jack Goldstone, "Population and Security. How Demographic Change Can Lead to Violent Conflict", *Journal of International Affairs*, n° 56, 2002.

avec la génération des jeunes adultes du baby-boom qui a suivi la Seconde Guerre mondiale
Kenneth Weiss, "Runaway Population Growth Often Fuels Youth-Driven Uprisings", *Los Angeles Times*, 22 juillet 2012.

ont vécu deux fois plus de guerres civiles que la moyenne habituelle depuis les années 1970
"In Arab Conflicts, the Young Are the Restless", NPR.

dans les pays connaissant de fortes poussées démographiques
"The Hazards of Youth", WorldWatch, octobre 2004.

dans une période où les prix de l'alimentation ne cessaient de monter partout dans le monde
Joseph Chamie, "A 'Youth Bulge' Feeds Arab Discontent", *Daily Star*, 15 avril 2011 ; Ashley Fantz, "Tunisian on Life One Year Later. No Fear", CNN, 16 décembre 2011, http://www.cnn.com/2011/12/16/world/meast/tunisia-immolation-anniversary/index.html.

que le nombre d'emplois qui leur est proposé est particulièrement faible
Madawi Al-Rasheed, "Yes, It Could Happen Here. Why Saudi Arabia Is Ripe for Revolution", *Foreign Policy*, 28 février 2011.

aux familles d'immigrés et à leur fécondité, le taux de remplacement est satisfaisant
Ibid.

nombre migrants internationaux, ce qui représente 10 % de la population des pays développés
United Nations Department of Economic and Social Affairs, "Trends in International Migrant Stock. Migrants by Age and Sex", http://esa.un.org/MigAge/index.asp?panel=8 ; United Nations Department of Social and Economic Affairs, "Trends in International Migrant Stock. The 2008 Revision", juillet 2009, http://www.un.org/esa/population/migration/UN_MigStock_2008.pdf.

et une augmentation de 7,2 % en vingt ans
Ibid.

Les migrants internes, qui se déplacent d'une région à une autre au sein d'un même pays
Fiona Harvey, "Climate Change Could Trap Hundreds of Millions in Disaster Areas, Report Claims", *Guardian*, 20 octobre 2011.

pratiquement égal au nombre de ceux qui se déplacent de régions défavorisées vers des pays industriels
Report of the Secretary-General, United Nations General Assembly, "International Migration and Development", 18 mai 2006.

Les mouvements "Sud-Sud" sont maintenant presque aussi importants que ces mouvements "Sud-Nord"
Ibid.

de nombreux pays dont l'Afghanistan, le Pakistan et l'Algérie
Anne-Sophie Labadie, "Greek Far-Right Rise Cows Battered Immigrants", *Daily Star*, 25 mai 2012.

brutalisent également des immigrés, venus de Tchétchénie et de Transcaucasie où les communautés musulmanes sont très nombreuses
Atryom Liss, "Neo-Nazi Skinheads Jailed in Russia for Racist Killings", BBC, 25 février 2010, http://news.bbc.co.uk/2/hi/europe/8537861.stm ; Mansur Mirovalev, "Russia. Far-Right Nationalists and Neo-Nazis March in Moscow", Associated Press, 4 novembre 2011.

dont les trois quarts ont moins d'un million d'habitants
Report of the Secretary-General, "International Migration and Development".

Les immigrés représentent au moins 10 %
United Nations Department of Social and Economic Affairs, "Trends in International Migrant Stock. The 2008 Revision".

L'Inde est en train d'achever la construction d'un mur de 2,50 mètres de hauteur sur 4 000 kilomètres
Kurt M. Campbell *et al.*, "The Age of Consequences. The Foreign Policy and National Security Implications of Global Climate Change", Center for Strategic & International Studies, novembre 2007, http://www.climateactionproject.com/docs/071105_ageofconsequences.pdf.

qui connaît des déplacements massifs de populations victimes des effets du réchauffement climatique sur les zones côtières basses et les îles du golfe du Bengale
Ibid.

où vivent 4 millions de personnes
Ibid.

devrait passer de 150 millions aujourd'hui à 242 millions dans les prochaines années
Ibid.

Les États-Unis, qui ne représentent que 5 % de la population mondiale
Global Migration Group, "International Migration and Human Rights", octobre 2008, http://www.unhcr.org/cgi-bin/texis/vtx/home/opendocPDFViewer.html?docid=49e479cf0&query=migration.

pour la première fois, il est né davantage de bébés « de couleur » que de blancs
Conor Dougherty et Miriam Jordan, "Minority Births Are New Majority", *Wall Street Journal*, 17 mai 2012.

comme un élément crucial pouvant donner naissance à des groupes cultivant la haine
Colleen Curry, "Hate Groups Grow as Racial Tipping Point Changes Demographics", ABC News, 18 mai 2012, http://abcnews.go.com/US/militias-hate-groups-grow-response-minority-population-boom/story?id=16370136#.T7Zy1O2I3dl.

92 % de la croissance de la population mondiale de 2000 à 2010
Sabrina Tavernise, "Whites Account for Under Half of Births in US", *New York Times*, 17 mai 2012.

pendant que Hispaniques et Asiatiques augmentaient de 5,5 millions
William H. Frey, "America's Diverse Future. Initial Glimpses at the US Child Population from the 2010 Census", Brookings Institution, 6 avril 2011, http://www.brookings.edu/papers/2011/0406_census_diversity_frey.aspx.

les Hispaniques (26 %) – aujourd'hui la minorité la plus importante
Dennis Cauchon et Paul Overberg, "Census Data Shows Minorities Now a Majority of US Births", *USA Today*, 17 mai 2012.

et les Afro-Américains (22 %)
William H. Frey, "Melting Pot Cities and Suburbs. Racial and Ethnic Change in Metro America in the 2000s", Brookings Institution, 4 mai 2011, http://www.brookings.edu/papers/2011/0504_census_ethnicity_frey.aspx.

juste avant l'attentat contre l'immeuble de l'office fédéral à Oklahoma City
Brian Levin, "US Hate and Extremist Groups Hit Record Levels, New Report Says", *Huffington Post*, 8 mars 2012, http://www.huffingtonpost.com/brian-levin-jd/hate-groups-splc_b_1331318.html.

provoqué une recrudescence entre 2009 et 2012
Ibid.

diminué jusqu'à l'élection de Barack Obama
Curry, "Hate Groups Grow as Racial Tipping Point Changes Demographics".

alors que celle de nombreux autres pays s'est poursuivie
Jeffrey Passel, D'Vera Cohn et Ana Gonzalez-Barrera, Pew Research Center, "Net Migration from Mexico Falls to Zero – and Perhaps Less", 3 mai 2012, http://www.pewhispanic.org/2012/04/23/net-migration-from-mexico-falls-to-zero-and-perhaps-less/.

En 2009, les mouvements des pays asiatiques ont été supérieurs aux hispaniques
"Asians Overtake Hispanics as Largest US Immigration Group", *Telegraph*, 20 juin 2009.

Les minorités seront majoritaires chez les enfants en 2023 si l'immigration continue, et ce serait encore le cas en 2050 si elle s'arrêtait demain
William H. Frey, "A Demographic Tipping Point Among America's Three-Year-Olds", Brookings Institution, 7 février 2011, http://www.brookings.edu/research/opinions/2011/02/07-population-frey.

et les principes démocratiques majoritaires
"Arab Majority in 'Historic Palestine' After 2014. Survey", Agence France-Presse, 30 décembre 2010.

et un niveau de vie plus élevé
Report of the Secretary-General, "International Migration and Development".

ce qui pousse l'État à réduire les budgets de fonctionnement des établissements scolaires publics
Tavernise, "Whites Account for Under Half of Births in US".

en particulier aux États-Unis, en Australie et au Royaume-Uni
Report of the Secretary-General, "International Migration and Development".

étaient estimées à 351 milliards de dollars et devraient atteindre 441 milliards en 2014
Dipil Ratha, World Bank, "Outlook for Migration and Remittances 2012-2014", 9 février 2012.

font parvenir 545 dollars en moyenne par an à leurs familles
Overseas Development Institute, "Internal Migration, Poverty and Development in Asia, October 2006", http://www.odi.org.uk/resources/download/29.pdf.

leur envoient 60 % de leurs revenus
Ibid.

des virements dont les montants représentent l'essentiel des flux monétaires de ces trois États
Ibid.

de violences ou de harcèlement ont rejoint de nouvelles communautés au sein de leur pays
United Nations Refugee Agency, "UNHCR. Global Trends", 2010.

car il est de plus en plus difficile de trouver des solutions
United Nations Refugee Agency, "UNHCR. Global Trends", 2010.

autrement dit ils n'ont aucun pays d'origine où retourner
"UN Report Predicts Increase in World's Displaced", Associated Press, 1er juin 2012.

plus nombreux à se rendre dans des villes plutôt que dans des camps
United Nations High Commissioner for Refugees (UNHCR), "2009 Global Trends. Refugees, Asylum-Seekers, Returnees, Internally Displaced and Stateless Persons", 15 juin 2010, http://www.unhcr.org/refworld/docid/4caee6552.html.

les pays pauvres abritent 80 % des réfugiés
Antoine Pecoud et Paul de Guchteneire, UNESCO, "International Migration, Border Controls and Human Rights. Assessing the Relevance of a Right to Mobility", *Journal of Borderlands Studies*, vol. XXI, n° 1, printemps 2006.

de la République démocratique du Congo, de la Birmanie, de la Colombie et du Soudan
UNHCR, "2009 Global Trends".

Les deux plus importants sont l'Afghanistan et l'Irak
Ibid.

se sont rendus en majorité au Pakistan (1,9 million) et en Iran (1 million)
UNHCR, "Global Trends 2010", http://www.unhcr.org/4dfa11499.pdf.

Les 1,7 millions de réfugiés d'Irak ont gagné la plupart des pays voisins
Ibid.

plus de trois quarts des réfugiés sont hébergés dans des pays voisins de leur région d'origine
"The Impacts of Refugees on Neighboring Countries. A Development Challenge", *World Development Report 2011 Background Note*, 29 juillet 2010, http://wdronline.worldbank.org/worldbank/a/nonwdrdetail/199.

ainsi qu'au Moyen-Orient et en Afrique du Nord (encore 1,9 millions)
UNHCR, "Global Trends 2010".

Les musulmans représentent actuellement 5 % de la population européenne
Ibid. ; Kurt M. Campbell *et al.*, "The Age of Consequences".

dont les militants exploitent les inquiétudes de la population
Peter Walker et Matthew Taylor, "Far Right on Rise in Europe, Says Report", *Guardian*, 6 novembre 2011.

« l'avancée implacable du changement climatique »
"UN Report Predicts Increase in World's Displaced", Associated Press.

pour se protéger de l'invasion probable de réfugiés climatiques
Sharon Udasin, "Defending Israel's Borders from 'Climate Refugees'", *Jerusalem Post*, 15 mai 2012.

« Le changement climatique est une réalité et nous devons nous préparer sérieusement à ses conséquences », a déclaré Gilad Erdan, ministre de la Protection de l'environnement
Ibid.

pour empêcher les nombreux bateaux d'immigrants d'atteindre des côtes
Ibid.

ou au Japon où on leur tire dessus
Ibid.

dans la région du Darfour
Ibid.

des territoires palestiniens, de Syrie, et du delta du Nil
Ibid.

exactement comme le fait actuellement l'Europe
Ibid.

les effets du changement climatique provoquent d'autres déplacements de population en provenance d'Afrique et d'Asie du Sud
Campbell *et al.*, "The Age of Consequences".

En quelques années, plus de 20 000 Africains n'ont pas hésité à entreprendre cette traversée périlleuse
"Canaries Migrant Surge Tops 1,400", BBC, 4 septembre 2006, http://news.bbc.co.uk/2/hi/europe/5310412.stm.

dans des zones basses, d'à peine un mètre au-dessus du niveau de la mer
"Sea Levels May Rise by as Much as One Meter Before the End of the Century", *Science Daily*, 10 juin 2012.

On a calculé qu'environ 100 millions de personnes seront contraintes d'abandonner leurs abris chaque fois que les eaux monteront d'un mètre
Hugo Ahlenius, "Population, Area and Economy Affected by 1m Sea Level Rise", UNEP/GRID-Arendal, 2007, http://www.grida.no/graphicslib/detail/population-area-and-economy-affected-by-a-1-m-sea-level-rise-global-and-regional-estimates-based-on-todays-situation d4fe.

à un rythme moyen inférieur à 0,5 % par an
WorldWatch Institute, "World Population, Agriculture, and Malnutrition", 2011.

mais il faut cinq siècles pour regagner 2,5 centimètres de matière organique fertile
Pete Miller et Laura Westra, *Just Ecological Integrity. The Ethics of Maintaining a Planetary Life*, Lanham, Rowman & Littlefield, 2002, p. 124.

à une perte sensible de productivité sur presque un tiers des domaines arables de la planète
Jims Vincent Capuno, "Soil Erosion. The Country's Unseen Enemy", Edge Davao,

11 juillet 2011, http://www.edgedavao.net/index.php?option=com content&view=article &id=4801:soil-erosion-the-countrys-unseen-enemy&catid=51:on-the-cover&Itemid=83.

Selon le National Academy of Sciences, aux États-Unis le chiffre est dix fois plus élevé
Tom Paulson, "The Lowdown on Topsoil. It's Disappearing", *Seattle Post-Intelligencer*, 21 janvier 2008.

L'Éthiopie perd actuellement presque 2 milliards de tonnes de terres arables chaque année du fait des pluies qui ravinent les sols au relief très pentu
Lester Brown, "Civilization's Founding Eroding", 28 septembre 2010, http://www.earth-policy.org/book_bytes/2010/pb4ch02_ss2.

Pour ce qui concerne l'eau douce, dans de nombreux pays les experts s'inquiètent
"Groundwater Depletion Rate Accelerating Worldwide", *Science Daily*, 23 septembre 2010, http://www.sciencedaily.com/releases/2010/09/100923142503.htm.

des nappes aquifères dont beaucoup baissent de plusieurs mètres chaque année.
"No Easy Fix. Simply Using More of Everything to Produce More Food Will Not Work", *Economist*, 24 février 2011.

Il faudrait tenir une comptabilité séparée des coûts et des bénéfices pour pouvoir procéder à des analyses correctes
Jorgen Randers, *2052. A Global Forecast for the Next Forty Years*, White River Junction, Chelsea Green, 2012, p. 75.

« une réelle confusion entre chiffre d'affaires et capital »
R.H. Parker et G.C. Harcourt, *Readings in the Concept and Measurement of Income*, Cambridge, Cambridge University Press, 1969, p. 81.

Ce principe peut s'appliquer pour la marche d'un pays et celle du monde dans son ensemble
Kevin Holmes, *The Concept of Income. A Multi-disciplinary Analysis*, Amsterdam, IBFD, 2001, p. 109.

« système de comptabilité analytique écologique et économique »
Janez Potocnik, "Our Natural Capital Is Endangered", European Union press release, 20 juin 2012.

La mesure du revenu national est sujette à ce genre d'illusion [...] surtout depuis que des conflits opposent des groupes sociaux où l'efficacité d'un argument dépend d'une extrême simplification
Simon Kuznets, *National Income 1929-1932, Report to the US Senate, 73rd Congress, 2nd Session*, Washington, DC, US Government Printing Office, 1934, www.nber.org/chapters/c2258.pdf.

La formation scientifique des cultivateurs est particulièrement défaillante
Li Jiao, "Water Shortages Loom as Northern China's Aquifers Are Sucked Dry", *Science*, juin 2010.

a augmenté la dépendance de l'agriculture à l'irrigation
Brown, *Plan B 4.0.*

dont 21 sur les rivières ou les fleuves les plus longs
"Dams Control Most of the World's Large Rivers", Environmental News Service, avril 2005, http://www.ens-newswire.com/ens/apr2005/2005-04-15-04.asp.

qui était le plus haut des États-Unis lors de sa construction il y a soixante dix ans
US Bureau of Reclamation, "What Is the Biggest Dam in the World ?", juin 2012, http://www.usbr.gov/lc/hooverdam/History/essays/biggest.html.

plus de 90 % de l'eau potable était consommée par l'agriculture
"No Easy Fix", *Economist*.

780 millions d'individus n'ont toujours pas accès à l'eau potable
Ibid. ; UNICEF, "Water, Sanitation and Hygiene. Introduction", mars 2012 ; World Health Organization, "Progress on Drinking Water and Sanitation. 2012 Update", 2012, http://whqlibdoc.who.int/publications/2012/9789280646320_eng_full_text.pdf.

dont l'exploitation a commencé récemment, existe depuis un million d'années
Jack Eggleston, US Geological Survey, "Million Year Old Groundwater in Maryland Water Supply", juin 2012, http://www.usgs.gov/newsroom/article.asp?ID=3246#.UGS3kRh9lbo.

ont eux aussi plus d'un million d'années
Ibid.

le proverbe « loin des yeux, loin du cœur »
Jiao, "Water Shortages Loom as Northern China's Aquifers Are Sucked Dry".

va énormément augmenter tout au long de ce siècle
"Groundwater Depletion Rate Accelerating Worldwide", *Science Daily*.

C'est dans le nord-ouest de l'Inde et le nord-est du Pakistan, la Central Valley de Californie et le nord-est de la Chine
Ibid.

utilisée de manière insoutenable pour irriguer les cultures dans des zones arides
Jiao, "Water Shortages Loom as Northern China's Aquifers Are Sucked Dry".

pour éviter des pénuries au nord est le plus important dans l'histoire de l'acheminement de l'eau
Edward Wong, "Plan for China's Water Crisis Spurs Concern", *New York Times*, 1er juin 2011.

où se trouvent la plus grande partie des terres irriguées de la Terre
UNEP, "Water Withdrawal and Consumption. The Big Gap", 2008, http://www.unep.org/dewa/vitalwater/article42.html.

connaîtra les augmentations les plus fortes dans les prochaines décennies
Ibid. ; Matthew Power, "Peak Water. Aquifers and Rivers Are Running Dry. How Three Regions Are Coping", *Wired*, 21 avril 2008.

L'Europe ne consomme qu'un pourcentage légèrement supérieur à ses propres réserves
Ibid.

sont déjà confrontées à de lourdes pénuries
Paul Quinlan, "US-Mexico Pact Hailed as Key Step Towards Solving Southwest Water Supply Woes", *New York Times*, 22 décembre 2010.

plus d'un million de têtes de bétail ont été regroupées dans le nord du Texas sur des pâturages plus frais et plus humides
Drover's Cattle, "More Than 150,000 Breeding Cattle Leave Texas in 2011 Drought", février 2012, http://www.cattlenetwork.com/e-newsletters/drovers-daily/More-than-150000-breeding-cattle-leave-Texas-in-2011-drought-138513934.html.

soit complètement asséché avant dix ans
"Dry Lake Mead ? 50-50 Chance by 2021 Seen", MSNBC, février 2008, http://www.msnbc.msn.com/id/23130256/ns/us-news-environment/t/dry-lake-mead-chance-seen/#.UGSvsBh9lbo.

a baissé de près de 30 mètres
Brown, *Plan B 4.0*.

une conduite d'eau éclate toutes les deux minutes en moyenne dans les grandes villes
Charles Duhigg, "Saving US Water Systems Could Be Costly", *New York Times*, 14 mars 2010.

elle semble être elle aussi « loin des yeux, loin du cœur »
Ibid.

La déperdition de l'eau pendant l'irrigation coûte très cher
T. Marc Schober, "Irrigation. Yield Enhancer or Farmland Destroyer ?", Seeking Alpha, 11 juillet 2011, http://seekingalpha.com/instablog/362794-t-marc-schober/194359-irrigation-yield-enhancer-or-farmland-destroyer ; "No Easy Fix", *Economist* ; World Health Organization, "Progress on Drinking Water and Sanitation. 2012 Update".

mais beaucoup d'agriculteurs ont été lents à s'y convertir
Sandra Postel, "Drip Irrigation Expanding Worldwide", *National Geographic*, 25 juin 2012.

quantités de sel qui s'accumulent
World Wildlife Fund, "Farming. Wasteful Water Use", 2005, http://wwf.panda.org/what we do/footprint/agriculture/impacts/water use/.

qui ne présentent aucun inconvénient pour la végétation
Nancy Farghalli, "Recycling 'Grey Water' Cheaply", NPR News, juin 2009, http://www.npr.org/templates/story/story.php?storyId=105089381.

qui consiste à supprimer les contaminants et polluants et à remettre l'eau dans les circuits d'approvisionnement d'eau potable
Kate Galbraith, "Taking the Ick Factor out of Recycled Water", *New York Times*, 25 juillet 2012.

certaines communautés l'ont mise en place avec succès
Ibid.

faire un plus grand usage de citernes pour conserver l'eau de pluie et en faire de l'eau potable
Peter Gleick et Matthew Herberger, "Devastating Drought Seems Inevitable in American West", *Scientific American*, janvier 2012.

matière biologique qui couvrent en gros 10 % de la surface de la terre
Susan Lang, "'Slow Insidious' Soil Erosion Threatens Human Health and Welfare as Well as the Environment, Cornell Study Asserts", *Cornell Chronicle*, mars 2006.

tout en accélérant les émissions de dioxyde de carbone dans l'atmosphère
Rattan Lal, entretien avec l'auteur.

et augmenter simultanément la fertilité des sols
David R. Huggins et John P. Reganold, "No-Till. The Quiet Revolution", *Scientific American*, juillet 2008, p. 70-77.

peut également régénérer le carbone et l'azote
Michael Pollan, *The Omnivore's Dilemma. A Natural History of Four Meals*, New York, Penguin, 2006, p. 42.

une charge qui pèse lourd dans l'exploitation au lieu de constituer un apport actif et positif
Ibid., p. 78

l'utilisation comme engrais de fumier naturel non toxique avec une rotation des cultures sur trois ans pour régénérer le sol et lui faire retrouver sa fertilité
US Government Accountability Office, "Domestic Nitrogen Fertilizer Depends On Natural Gas Availability and Prices", 2003, p. 1, http://www.gao.gov/products/GAO-03-1148.

malgré les quantités d'engrais toujours plus importantes, jusqu'à atteindre des proportions phénoménales
Jeremy Grantham, "Time to Wake Up. Days of Abundant Resources and Falling Prices Are Over Forever", *GMO Quarterly Letter*, avril 2011.

et étouffer toute forme de vie marine dans plusieurs régions proches de l'océan
Robert Diaz et Rutger Rosenberg, "Spreading Dead Zones and Consequences for Marine Ecosystems", *Science*, 15 avril 2008.

a provoqué l'apparition et le développement spectaculaire d'algues dans les rivières, les lacs et les zones côtières
"No Easy Fix", *Economist*.

en particulier aux États-Unis, en Chine, en Asie du Sud-Est et dans certaines régions d'Amérique latine
"Nitrogen Pollution an Increasing Problem Globally", PRI's The World, 27 janvier 2009, http://www.pri.org/stories/science/environment/nitrogen-pollution-an-increasing-problem-globally-8166.html.

dont l'utilisation a été multipliée par trois avec les techniques agricoles modernes
David Vaccari, "Phosphorus. A Looming Crisis", *Scientific American*, juin 2009.

où est réalisée aujourd'hui 65 % de la production américaine
Ibid. ; James Elser et Stuart White, "Peak Phosphorus", *Foreign Policy*, 20 avril 2010.

Il faut donc recommencer la prospection
Ibid.

qu'on appelle parfois « l'Arabie Saoudite du phosphore »
Ibid.

pendant la crise des prix des produits alimentaires en 2008
Elser et White, "Peak Phosphorus".

Afin de constituer de nouvelles réserves pour la fabrication d'engrais
Mara Grunbaum, "Gee Whiz. Human Urine Is Shown to Be an Effective Agricultural Fertilizer", *Scientific American*, 23 juillet 2010.

pour améliorer naturellement la fertilité et le rendement des terres, tout en favorisant la fixation du carbone
Rifat Hayat *et al.*, "Soil Beneficial Bacteria and Their Role in Plant Growth Promotion. A Review", *Annals of Microbiology*, vol. LX, n° 4, décembre 2010, p. 579-598 ; Tim J. LaSalle, *Regenerative Organic Farming. A Solution to Global Warming*, Rodale Institute,

30 juillet 2008, p. 2-3, http://www.rodaleinstitute.org/files/Rodale_Research_Paper-07_30_08.pdf.

Pour permettre la génération de l'azote dans la terre et la protéger contre l'érosion
J. Paul Mueller, Denise Finney et Paul Hepperly, "The Field System", in *The Sciences and Art of Adaptive Management. Innovating for Sustainable Agriculture and Natural Resource Management*, Keith M. Moore (éd.), Ankeny, Soil and Water Conservation Society, 2009.

Les résidus de moisson comme la paille de maïs sont d'excellents agents de fertilité et de lutte contre l'érosion
Huggins et Reganold, "No-Till. The Quiet Revolution".

tout comme le *biochar*, à condition qu'il provienne de sources durables
David Laird et Jeffrey Novak, "Biochar and Soil Quality", *Encyclopedia of Soil Science*, 2e éd., New York, Taylor & Francis, 2011, p. 1-4.

Enfin, comme les « jardins de la victoire » créés dans les pays occidentaux pendant la Seconde Guerre mondiale pour participer à l'approvisionnement alimentaire avaient montré leur utilité
National WWII Museum, "Victory Gardens at a Glance", 2009, http://www.nationalww2museum.org/learn/education/for-students/ww2-history/at-a-glance/victory-gardens.html.

pour assurer les besoins supplémentaires d'une population dont la croissance se poursuit
David Pimentel *et al.*, "Impact of a Growing Population on Natural Resources. The Challenge for Environmental Management", *Frontiers*, n° 3, 1997.

nous avons besoin chaque année de 15 millions d'hectares
Lang, "'Slow Insidious' Soil Erosion".

quand l'URSS avait entrepris la culture de gigantesques prairies, en particulier au Kazakhstan
NASA, "A Shrinking Sea, Aral Sea", 23 juillet 2012, http://www.nasa.gov/mission_pages/landsat/news/40th-top10-aralsea.html.

le gigantesque programme de reconversion des terres érodées en prairies grâce à un immense effort national
Andrew Glass, "FDR Signs Soil Conservation Act, April 27, 1935", Politico, http://www.politico.com/news/stories/0410/36362.html.

les « zones arides sont en première ligne sur le front de la guerre contre le réchauffement climatique »
Alister Doyle, "World Urged to Stop Net Desertification by 2030", Reuters, 14 juin 2011.

menace la vie d'environ un milliard d'individus répartis dans une centaine de pays
Ibid.

En juillet 2011, la ville de Phoenix, en Arizona, a été totalement recouverte de poussière
"Historic Dust Storm Sweeps Across Arizona, Turns Day into Night", Reuters, 6 juillet 2011.

un nombre anormal de ces tempêtes a frappé Phoenix ces dernières années
"7 Haboobs Have Hit Arizona Since July", KVOA, 28 septembre 2011, http://www.kvoa.com/news/7-haboobs-have-hit-arizona-since-july/.

pour décrire ce qui attend de nombreux pays des zones de désertification arides
Joe Romm, "Desertification. The Next Dust Bowl", *Nature*, octobre 2011.

qui recouvre le nord-ouest de la Chine, l'ouest de la Mongolie et l'Asie centrale et l'autre qui se trouve au-dessus de l'Afrique centrale
Lester Brown, "The Great Food Crisis of 2011", *Foreign Policy*, 10 janvier 2011.

se sont multipliées par dix au cours des cinquante dernières années
Gaia Vince, "Dust Storms on the Rise Globally", *New Scientist*, août 2004.

et 40 % de la population du continent
"Desertification Affects 70 Percent of Economic Activity in Africa", *Pana Press*, 24 octobre 2011.

est maintenant plus basse qu'elle l'était dans le Midwest juste avant le *Dust Bowl*
Rattan Lal, entretien avec l'auteur, 2 juillet 2009 ; Rattan Lal, "Global Potential of Soil Carbon Sequestration to Mitigate the Greenhouse Effect", *Critical Reviews in Plant Sciences*, vol. XXII, n° 2, 2003, p. 151-184.

le nombre de têtes de bétail est passé de 6 millions à plus de 100 millions
Brown, *Plan B 4.0.*

contribue à créer des tensions entre les musulmans qui se déplacent du nord vers les régions non musulmanes du sud du Nigeria
Ibid.

aux prairies qui entourent le désert de Gobi en Chine
Damien Currington, "Desertification Is the Greatest Threat to the Planet, Experts Warn", *Guardian*, 15 décembre 2010.

la Chine a 284 millions de moutons et de chèvres alors qu'il y en a moins de 100 millions en Amérique
Ibid.

la Chine perd chaque année presque 3 000 kilomètres carrés de terres arables
Ibid.

où deux déserts, en Mongolie-Intérieure et dans la province de Gansu, sont en train de fusionner tout en continuant à se développer
Ibid.

on assiste au même phénomène avec la fusion des déserts de Taklamakan et du Kumtag
Ibid.

abandonnés en partie dans des régions du Nord et de l'Ouest
Ibid.

ont déjà été abandonnés devant l'avancée du désert
Ibid.

cette immense savane qui accueille 5 % de la biodiversité de la planète, qui s'étend sur le côté sud
Ibid.

dans la forêt amazonienne qui va encore fragiliser l'intégrité de cet écosystème essentiel à notre monde
David Lapola *et al.*, "Indirect Land-Use Changes Can Overcome Carbon Savings from Biofuels in Brazil", *Proceedings of the National Academy of Sciences*, janvier 2010.

L'Amazonie a déjà souffert de « sécheresses centenaires » au cours des sept dernières années
Simon Lewis *et al.*, "The 2010 Amazon Drought", *Science*, février 2011.

leur inquiétude de voir la plus grande forêt de la Terre transformée en une gigantesque zone aride
Brown, *Plan B4.0.*

90 % des populations concernées vivent dans des pays en développement
Currington, "Desertification Is the Greatest Threat to the Planet, Experts Warn".

ce sont les vingt petits centimètres de terre superficielle recouvrant nos sols qui nous séparent de l'extinction
Ibid.

On a du mal à croire que l'Égypte perde chaque heure qui passe 15 kilomètres carrés de terres si fertiles du delta du Nil, particulièrement à cause des constructions
Metwali Salem, "UN Report. Egypt Sustains Severe Land Loss to Desertification and Development", *Egypt Independent*, 17 juin 2011.

que la montée de la mer Méditerranée entraîne la salinisation progressive des zones côtières et des pertes de bétail
"Seawater Intrusion Is the First Cause of Contamination of Coastal Aquifers", *Science Daily*, 31 juillet 2007, http://www.sciencedaily.com/releases/2007/07/070727091903.htm.

Le même phénomène se produit dans le riche delta du Gange, le delta du Mékong et dans d'autres très grands deltas
K. Wium Olesen *et al.*, "Mega Deltas and the Climate Change Challenges", Eleventh International Symposium on River Sedimentation, 6-9 septembre 2010, http://www.irtces.org/zt/11isrs/paper/Kim_Wium_Olesen.pdf.

une partie très importante des terres fertiles du delta du Nil qui représente 40 % de la production alimentaire de l'Égypte
United Nations Development Programme, "Adaption to Climate Change in the Nile Delta Through Integrated Coastal Zone Management", 2009, p. 9, http://nile-delta-adapt.org/index.php?view=DownLoadAct&id=6.

Il en est de même pour le Soudan, dont la population va augmenter de 85 % pendant la même période
Brown, *Plan B4.0.*

à l'est de l'Égypte a conduit l'Irak et la Syrie à élever des protestations contre le traitement injuste qui leur était ainsi fait
Brown, "This Will Be the Arab World's Next Battle".

fait naître des tensions qui ne feront qu'empirer avec la croissance continue de leur population
"Thirsty South Asia's River Rifts Threaten 'Water Wars'", Alertnet, 23 juillet 2012, http://www.trust.org/alertnet/news/thirsty-south-asias-river-rifts-threaten-water-wars/ ; "Southeast Asia Drought Triggers Debate Over Region's Water Resources", VOA News, 24 mars 2010, http://www.voanews.com/content/southeast-asia-drought-triggers-debate-over-regions-water-resources—89114447/114686.html.

Aux États-Unis, des conflits de plus en plus nombreux concernant la répartition de l'eau de la Colorado River dans l'Ouest se règlent de plus en plus souvent devant les tribunaux

Felicia Fonseca, "Arizona High Court Settles Water Rights Query", Associated Press, 12 septembre 2012 ; "Colorado Court Ruling Limits Water Transfer Rights", American Water Intelligence, juillet 2011, http://www.americanwaterintel.com/archive/2/7/opinion/colorado-court-ruling-limits-water-tranfers-rights.html ; "Pivotal Water Rights Case on Wastewater Rights", American Water Intelligence, juin 2011, http://www.americanwaterintel.com/archive/2/6/analysis/pivotal-water-rights-case-wastewater-rights.html ; "Navajo Lawmakers Approve Water Rights Settlement", Associated Press, 5 novembre 2010 ; Jim Carlton, "Wet Winter Can't Slake West's Thirst", *Wall Street Journal*, 31 mars 2011.

Makambo Lotorobo, agent de terrain chez Friends of Turkana, une ONG environnementale kenyane
Kremena Krumova, "Land Grabs in Africa Threaten Greater Poverty", *Epoch Times*, 21 septembre 2011.

« Il ne fait aucun doute qu'il ne s'agit plus seulement de terres, mais bien de l'eau »
Anil Ananthaswamy, "African Land Grabs Could Lead to Future Water Conflicts", *New Scientist*, 26 mai 2011.

« Les pays riches ont un œil sur l'Afrique, pas uniquement en termes de profits et de retours sur investissements mais aussi comme une police d'assurance »
John Vidal, "How Food and Water are Driving a 21st-Century African Land Grab", *Guardian*, 6 mars 2010.

Ces initiatives ont provoqué un boom immobilier en Afrique
Lorenzo Cotula, "Analysis. Land Grab or Development Opportunity ?", BBC News, 21 février 2012.

Plus d'un tiers du Liberia a été vendu à des investisseurs privés
Anjala Nayar, "African Land Grabs Hinder Sustainable Development", *Nature*, 1er février 2012.

le Mozambique a signé des accords avec des exploitants étrangers pour 21,1 %
Cotula, "Analysis. Land Grab or Development Opportunity ?".

ont été vendus à des investisseurs après que le pays a acquis son indépendance en 2011
Nayar, "African Land Grabs Hinder Sustainable Development".

sur l'exploitation de l'huile de palme pour des biocarburants sur une étendue de 2,8 millions d'hectares
Vidal, "How Food and Water Are Driving a 21st-Century African Land Grab".

alors que l'International Land Coalition estime qu'ils représentent 44 %
Krumova, "Land Grabs in Africa Threaten Greater Poverty".

et 750 000 par les Émirats arabes unis
Vidal, "How Food and Water Are Driving a 21st-Century African Land Grab".

Des milliers de personnes vont être touchées et vont souffrir de la faim
Ibid.

approximativement la superficie du Pakistan – et que deux tiers des ventes se sont déroulées en Afrique
W. Anseeuw *et al.*, "Transnational Land Deals for Agriculture in the Global South. Analytical Report Based on the Land Matrix Database", CDE/CIRAD/GIGA, 2012.

d'avoir été injustement chassées de leur propriété
Ibid.

ont déjà échoué à cause d'erreurs d'estimation de financements de projets ou de *business plans* irréalistes
International Land Coalition, "Land Rights and the Rush for Land Report", 2011.

L'Arabie Saoudite pourrait produire sa dernière récolte de blé en 2013, alors que le pays avait prévu que cela arriverait en 2016
"Saudi Arabia Launches Tender to Buy 550,000 Tons of Wheat", *Saudi Gazette*, 30 août 2012.

à partir d'une nappe aquifère profonde située sous la péninsule Arabique qui ne se régénère pas
Brown, "This Will Be the Arab World's Next Battle".

et de 80 à 85 % de cette eau est prélevée sur les nappes phréatiques
Reem Shamseddine et Barbara Lewis, "Saudi Arabia's Water Needs Eating into Oil Wealth", Reuters, 9 septembre 2011 ; Brown, *Plan B 4.0*.

a longtemps rêvé de pouvoir réaliser la désalinisation de l'eau de mer
Shamseddine et Lewis, "Saudi Arabia's Water Needs Eating into Oil Wealth".

se trouvent dans les glaces du Groenland et de l'Antarctique
Howard Perlman, US Geological Survey, "Where Is Earth's Water Located ?", 7 septembre 2012, http://ga.water.usgs.gov/edu/earthwherewater.html.

même un pays comme l'Arabie Saoudite ne peut pas se le permettre malgré ses ressources pétrolières
Caline Malek, "Solar Desalination 'the Only Way' for Gulf to Sustainably Produce Water", *The National*, 24 avril 2012, http://www.thenational.ae/news/uae-news/solar-desalination-the-only-way-for-gulf-to-sustainably-produce-water.

pour acheter en Afrique des terres disposant de nombreuses nappes souterraines d'eau douce
John Vidal, "What Does the Arab World Do When Its Water Runs Out ?", *Guardian*, 19 février 2011.

J'ai eu l'occasion de découvrir de nombreux *business plans*
"Saudi Arabia and Desalinisation", *Harvard International Review*, 23 décembre 2010, http://hir.harvard.edu/pressing-change/saudi-arabia-and-desalination-0.

plan permettant de remorquer des icebergs de l'Atlantique nord vers des régions qui souffrent de graves sécheresses
Bob Yirka, "Simulation Shows It's Possible to Tow an Iceberg to Drought Areas", PhysOrg, 9 août 2011, http://phys.org/news/2011-08-simulation-iceberg-drought-areas.html.

pourrait assurer les besoins annuels d'eau douce de 500 000 personnes
Ibid.

où les plantes sont suspendues et nourries par le soleil et d'importantes quantités d'eau
"Does it Really Stack Up ?", *Economist*, 9 décembre 2010, http://www.economist.com/node/17647627.

consomment du poisson, qui représente environ 15 % de leur consommation de protéine animale
United Nations Food and Agriculture Organization, "The State of Fisheries and Aquaculture", 2012, p. 5, http://www.fao.org/docrep/016/i2727e/i2727e00.htm.

la consommation moyenne de produits de la mer était de 10 kilos par personne et par an. Elle est pratiquement passée à 18 kilos en 2012
Bryan Walsh, "The End of the Line", *Time*, 7 juillet 2011.

presque un tiers des stocks halieutiques sont en danger
Ibid.

ont diminué de 90 % depuis les années 1960
Ransom Myers et Boris Worm, "Rapid Worldwide Depletion of Predatory Fish Communities", *Nature*, 15 mai 2003.

Le monde a atteint le « *peak fish* » il y a déjà trente-cinq ans.
Brad Plumer, "The End of Fish, in One Chart", *Washington Post*, 20 mai 2012.

Le rythme de diminution des stocks est lui aussi en augmentation. En 2007, il a été de 14 %
Convention on Biological Diversity, "Global Biodiversity Outlook 3. Biodiversity in 2010", 2010, http://www.cbd.int/gbo3/?pub=6667&section=6709.

système de protection sur une grande zone marine de la partie nord-ouest de l'océan Pacifique à Hawaï
Suzanne Goldberg, "Bush Designates Ocean Conservation Areas in Final Week as President", *Guardian*, 5 janvier 2009.

dont 61 % va se produire en Chine pendant les sept prochaines années n'est pas sans poser de problèmes
OECD-FAO, "Agricultural Outlook 2011-2020."

ils peuvent être pollués ou contenir des antibiotiques et des antifongiques
Laurel Adams, Center for Public Integrity, "FDA Screening of Fish Imports Not Catching Antibiotics and Drug Residue", 18 mai 2011, http://www.publicintegrity.org/environment/natural-resources?page=3 ; George Mateljan, "Is There Any Nutritional Difference Between Wild-Caught and Farm-Raised Fish ? Is One Type Better for Me Than the Other ?", World's Healthiest Foods, http://www.whfoods.com/genpage.php?tname=george&dbid =96.

Ainsi il faut plus de 2 kilos de poissons sauvages pour obtenir 500 grammes de saumon d'élevage.
US Department of Agriculture, "Trout-Grain Project", 2012.

Plus de la moitié de la nourriture pour poissons est maintenant élaborée à partir de protéines végétales
NOAA Fisheries Service – National Marine Fisheries Service, "Feeds for Aquaculture", 2012.

Bien que plus de 10 % des cultures soient déjà des cultures génétiquement modifiées
Elizabeth Weise, "More of World's Crops Are Genetically Engineered", *USA Today*, 22 février 2011.

CHAPITRE 5

Mais jusqu'à présent, aucun Zeus ne nous a interdit d'introduire des gènes humains dans d'autres animaux
Richard Gray, "Genetically Modified Cows Produce 'Human' Milk", *Telegraph*, 2 avril 2011.

en mélangeant des gènes d'araignée avec des gènes de chèvre
Adam Rutherford, "Synthetic Biology and the Rise of the 'Spider-Goats'", *Guardian*, 14 janvier 2012.

d'implanter par la chirurgie des puces de silicium dans la matière grise d'un cerveau humain
Daniel H. Wilson, "Bionic Brains and Beyond", *Wall Street Journal*, 1er juin 2012.

par les parents qui souhaitent concevoir tel ou tel type d'enfant
Keith Kleiner, "Designer Babies – Like It or Not, Here They Come", Singularity Hub, 25 février 2009, http://singularityhub.com/2009/02/25/designer-babies-like-it-or-not-here-they-come/.

là où les anciennes cartes portaient parfois la mention : « Monstres »
H. P. Newquist, *Here There Be Monsters. The Legendary Kraken and the Giant Squid*, New York, Houghton Mifflin, 2010.

lorsqu'ils s'emparèrent de connaissances qui leur étaient interdites
Genèse 3:16-19.

Chaque jour, des aigles venaient arracher des morceaux de son foie qui, la nuit venue, se régénérait, lui faisant ainsi endurer de perpétuelles souffrances
Thomas Chen et Peter Chen, "The Myth of Prometheus and the Liver", *Journal of the Royal Society of Medicine*, n° 87, décembre 1994, p. 754.

travaillent au renouvellement génétique du foie
Wake Forest Baptist Medical Center, "Researchers Engineer Miniature Human Livers in the Lab", 30 octobre 2010, http://www.wakehealth.edu/News-Releases/2010/Researchers_Engineer_Miniature_Human_Livers_in_the_Lab.htm.

La plupart des experts pensent que l'on tient là le nouveau modèle de soins
"Personalized Medicine", *USA Today*, 20 janvier 2011.

dès maintenant, rassembler d'énormes quantités d'informations précises sur chaque individu
"Do Not Ask or Do Not Answer ?", *Economist*, 23 août 2007.

laisse présager une diminution du nombre des erreurs médicales et une amélioration des compétences
Farhad Manjoo, "Why the Highest-Paid Doctors are the Most Vulnerable to Automation", Slate, 27 septembre 2011, http://www.slate.com/articles/technology/robot invasion/2011/09/will_robots_steal_your_job_3.html.

les gouvernements et leurs instances de régulation, tous seront l'objet de transformations radicales
Topol, *The Creative Destruction of Medicine*, p. 243.

qui permettront à leurs utilisateurs de modifier leurs comportements à risques afin d'éviter ensuite des maladies chroniques
David H. Freeman, "The Perfected Self", *Atlantic*, juin 2012 ; Mark Bowden, "The Measured Man", *Atlantic*, juillet-août 2012.

d'interpréter le flux continuel de données provenant des capteurs installés sur et dans le patient
Topol, *The Creative Destruction of Medicine*, p. 59-76.

le simple fait de savoir que les progrès sont observés conduit à de nouveaux progrès
Janelle Nanos, "Are Smartphones Changing What it Means to Be Human ?", Boston, 28 février 2012.

qui peuvent ainsi constater leurs progrès ou... l'absence de ceux-ci
Freeman, "The Perfected Self".

à partir d'études à grande échelle, en programmes accessibles à tous par le biais des médias et réseaux sociaux
John Havens, "How Big Data Can Make Us Happier and Healthier", Mashable, 8 octobre 2012, http://mashable.com/2012/10/08/the-power-of-quantified-self/.

sont maintenant applicables au cerveau humain
Matthew Hougan et Bruce Altevogt, *From Molecules to Minds. Challenges for the 21st Century*, Board on Health Sciences Policy, Institute of Medicine, 2008.

pour permettre aux amputés de contrôler, à partir de leur cerveau, des prothèses de pointe, comme s'ils utilisaient leurs propres membres – en reliant les membres artificiels à des implants neuronaux
Associated Press, "Man with Bionic Leg Climbs Chicago Skyscraper", 5 novembre 2012.

ces avancées spectaculaires offrent la possibilité de guérir certaines maladies cérébrales
Meghan Rosen, "Beginnings of Bionic", *Science News*, vol. CLXXXII, n° 10, 17 novembre 2012, p. 18.

une carte complète de ce que les spécialistes du cerveau appellent le « connectome »
Ian Sample, "Quest for the Connectome. Scientists Investigate Ways of Mapping the Brain", *Guardian*, 7 mai 2012.

même si la capacité de calcul nécessaire est estimée à dix fois celle requise pour le génome humain
Hougan et Altevogt, *From Molecules to Minds.*

même si certaines clés technologiques nécessaires sont encore en phase de développement
"Brain Researchers Start Mapping the Human 'Connectome' ", Science Daily, 2 juillet 2012, http://www.sciencedaily.com/releases/2012/07/120702152652.htm.

la première « carte à grande échelle de la connectique neuronale »
Sample, "Quest for the Connectome".

La pensée pourrait artificiellement perfectionner l'instrument de la pensée lui-même.
Eric Steinhart, "Teilhard de Chardin and Transhumanism", *Journal of Evolution and Technology*, vol. XX, n° 1, décembre, p. 1-22.

fournir des stimulations en vue d'atténuer les symptômes de Parkinson
Wilson, "Bionic Brains and Beyond".

doivent d'ailleurs être activés par étapes afin de permettre au cerveau de s'adapter progressivement
Johns Hopkins Medicine, Cochlear Implant Information, http://www.hopkinsmedicine.org/otolaryngology/specialty areas/listencenter/cochlear info.html#activation.

La possibilité à venir de choisir pour leurs enfants, la couleur des cheveux ou des yeux, la taille, la force et l'intelligence, peut paraître tentante pour des parents
Kleiner, "Designer Babies" ; Mark Henderson, "Demand for 'Designer Babies' to Grow Dramatically", *Times*, Londres, 7 janvier 2010.

prendre en compte ce que la volonté de compétitivité des parents a déjà produit dans l'industrie de la préparation aux examens
Jose Ferreira, "A Short History of the Standardized Test Prep Industry", Knewton Blog, 17 février 2010, http://www.knewton.com/blog/edtech/2010/02/17/a-short-history-of-the-standardized-test-prep-industry/ ; Julian Brookes, "Chris Hayes on the Twilight of the Elites and the End of Meritocracy", *Rolling Stone*, 11 juillet 2012.

d'autres parents pourraient bien sentir qu'ils devraient en faire autant
Armand Marie Leroi, "The Future of Neo-Eugenics", *EMBO Reports*, n° 7, 2006, p. 1184-1187.

pourraient déclencher des différenciations qui ne sont pas encore totalement comprises
Mike Steere, "Designer Babies. Creating the Perfect Child", CNN, 30 octobre 2008.

Nous sommes en train de convertir la bonne vieille évolution en une évolution nouvelle manière
Harvey Fineberg, "Are We Ready for Neo-Evolution ?", TED Talks, 2011.

les États-Unis diminuent leurs investissements dans la recherche biomédicale
Robert D. Atkinson *et al.*, *Leadership in Decline. Assessing US International Competitiveness in Biomedical Research*, Washington, DC, Information Technology and Innovation Foundation, 2012.

« Il est temps pour tout un chacun de sortir la tête du sable », ajoute Steinberg
"Designer Baby Row Over US Clinic", BBC, 2 mars 2009.

« Qui mérite de naître ? »
Andrew Pollack, "DNA Blueprint for Fetus Built Using Tests of Parents", *New York Times*, 6 juin 2012.

se sentent dépassés par la technique, ils se sentent désemparés.
Steere, "Designer Babies".

cela mettrait l'humanité en danger et contribuerait à créer une course techno-eugéniste.
Ibid.

Les experts s'accordent à penser que leurs capacités de séquençage seront bientôt supérieures à celles des États-Unis
Japan External Trade Organization, "BGI, China's Leading Genome Research Institute, Has Established a Japanese Arm in Kobe", 7 février 2012 ; Fiona Tam, "Scientists Seek to Unravel the Mystery of IQ", *South China Morning Post*, 4 décembre 2010.

vers les études et les professions correspondant le mieux à leurs compétences
"The Dragon's DNA", *Economist*, 17 juin 2010 ; Emily Chang, "In China, DNA Tests on Kids ID Genetic Gifts, Careers", CNN, 5 août 2009, http://edition.cnn.com/2009/WORLD/asiapcf/08/03/china.dna.children.ability/.

a dépensé plus de 100 milliards de dollars dans le domaine des sciences de la vie sur les trois dernières années
Lone Frank, "High-Quality DNA", *Newsweek*, 24 avril 2011.

devenir leader mondial en matière de découvertes dans les sciences du vivant au cours de la prochaine décennie
Ibid.

serait un des piliers de ses ambitions industrielles au XXIe siècle
"China Establishes National Gene Bank in Shenzhe", Xinhua News Agency, 18 juin 2011. David Cyranoski, "Chinese Bioscience. The Sequence Factory", *Nature*, 3 mars 2010.

séquençage de quasiment tous les enfants du pays
Harriet A. Washington, *Deadly Monopolies. The Shocking Corporate Takeover of Life Itself – and the Consequences for Your Healthy and Our Medical Future*, New York, Doubleday, 2011, p. 181.

Depuis le premier brevet sur un gène, autorisé dans les années 1980 par la Cour suprême des États-Unis
Ibid.

plus de 40 000 brevets ont été déposés sur plus de 2 000 gènes différents
Sharon Begley, "In Surprise Ruling, Court Declares Two Gene Patents Invalid", *Daily Beast*, 29 mars 2010.

et utilisés à des fins commerciales sans leur autorisation
Washington, *Deadly Monopolies*, chap. 1 et 7.

le premier médicament de thérapie génique, le Glybera
Ben Hirschler, "Europe Approves High-Price Gene Therapy", Reuters, 2 novembre 2012. Andrew Pollack, "European Agency Backs Approval of a Gene Therapy", *New York Times*, 20 juillet 2012.

a autorisé un médicament, le Crizotinib
Alice T. Shaw, "The Crizotinib Story. From Target to FDA Approval and Beyond", InforMEDical, 2012, http://www.informedicalcme.com/lucatoday/crizotinib-story-from-target-to-fda-approval.

Monsanto domine 90 % de la génétique des graines
"Monsanto Strong-Arms Seed Industry", Associated Press, 4 janvier 2011.

Est-ce que l'on peut breveter le soleil ?
"'Deadly Monopolies'? Patenting the Human Body", Fresh Air, NPR, 24 octobre 2011, http://www.npr.org/2011/10/24/141429392/deadly-monopolies-patenting-the-human-body. The groundbreaking work of Albert Sabin – whose vaccine became the most widely used – cannot be overlooked as well.

à un moment où la frénésie en matière de recherche génétique n'en était qu'à ses débuts
Norman Borlaug, biography, http://www.nobelprize.org/nobel_prizes/peace/laureates/1970/borlaug-bio.html.

Dieu nous aide sur cette voie, sinon nous pourrions tous mourir de faim
Vandana Shiva, "The Indian Seed Act and Patent Act. Sowing the Seeds of Dictatorship", ZNet, 14 février 2005, http://www.grain.org/article/entries/2166-india-seed-act-patent-act-sowing-the-seeds-of-dictatorship.

et nous voulons la liberté des échanges pour le matériel génétique
Ibid.

des appels devant des cours de justice pour défendre la brevetabilité des gènes.
Reuters, "Court Reaffirms Right of Myriad Genetics to Patent Genes", *New York Times*, 16 août 2012.

en étudiant ces modèles, nous parvenons à comprendre et à modifier la réalité
Michael S. Gazzaniga, *Human. The Science Behind What Makes Us Unique*, New York, HarperCollins, 2008, p. 199.

commun à toutes les formes vivantes, se réduit à quatre lettres : A, T, C et G
"The four bases – ATCG", Scitable, Nature Education, 2012, http://www.nature.com/scitable/content/the-four-bases-atcg-6491969.

un système de la taille d'un pouce pourrait contenir autant d'informations que tout Internet
Robert Lee Hotz, "Harvard Researchers Turn Book into DNA Code", *Wall Street Journal*, 16 août 2012.

la structure en double hélice de l'ADN fut découverte par James Watson, Francis Crick et Rosalind Franklin
Lynne Osman Elkin, "Rosalind Franklin and the Double Helix", *Physics Today*, vol. LVI, n° 3, mars 2003, p. 42-48.

C'est en 2003, exactement cinquante ans plus tard, que le génome humain fut séquencé
US Department of Energy, Office of Science, "History of the Human Genome Project", 4 juin 2012, http://www.ornl.gov/sci/techresources/Human Genome/ project/hgp.shtml.

le séquençage de l'acide ribonucléique (ARN) a commencé et les scientifiques ont découvert que celui-ci joue un rôle beaucoup plus important que celui de simple transmetteur d'informations dans la synthèse des protéines
Genetics Home Reference, "RNA", http://ghr.nlm.nih.gov/glossary=rna.

un rôle beaucoup plus important que celui de simple transmetteur d'informations dans la synthèse des protéines
"RNAi", Nova scienceNOW, PBS, 26 juillet 2005, http://www.pbs.org/wgbh/nova/body/rnai.html.

fabriquent et contrôlent les cellules à la base de toutes formes de vie
Genetics Home Reference, "Protein", http://ghr.nlm.nih.gov/glossary=protein.

sont maintenant analysées dans le Human Proteome Project
Human Proteome Organisation, "Human Proteome Project (HPP)", 2010, http://www.hupo.org/research/hpp/.

selon des schémas qui affectent leurs fonctions et leur rôles
ThermoScientific, "Overview of Post-Translational Modifications (PTMs)", http://www.piercenet.com.

qui élargissent le spectre de leurs fonctions et permettent de contrôler leur comportement
Ibid.

Le Human Epigone Project a obtenu des avancées significatives dans la compréhension de ces modifications
G. G. Sanghani *et al.*, "Human Epigenome Project. The Future of Cancer Therapy", Inventi Impact. Pharm Biotech & Microbio 2012, http://www.inventi.in/Article/pbm/94/12.aspx.

des avancées épigénétiques qui ont d'ores et déjà permis d'aider des patients atteints de cancer et d'autres thérapies nouvelles sont en cours de test
"Epigenetics Emerges Powerfully as a Clinical Tool", Medical Xpress, 12 septembre 2012, http://medicalxpress.com/news/2012-09-epigenetics-emerges-powerfully-clinical-tool.html.

afin de les transformer et de leur commander d'agir comme ils le souhaitent
Denise Caruso, "Synthetic Biology. An Overview and Recommendations for Anticipating and Addressing Emerging Risks", *Science Progress*, 12 novembre 2008, http://scienceprogress.org/2008/11/synthetic-biology/.

de fabriquer des substances chimiques qui auront une valeur commerciale
Caruso, "Synthetic Biology".

l'insuline humaine à partir d'extraits pancréatiques de porc ou d'autres animaux
Lawrence K. Altman, "A New Insulin Given Approval for Use in US", *New York Times*, 30 octobre 1982.

des avancées probantes dans les domaines de la peau artificielle
Charles Q. Choi, "Spider Silk May Provide the Key to Artificial Skin", MSNBC, 9 août 2011 ; Katharine Sanderson, "Artificial Skins Detect the Gentlest Touch", *Nature*, 12 septembre 2010.

et du sang synthétique
Fiona Macrae, "Synthetic Blood Created by British Scientists Could Be Used in Transfusions in Just Two Years", *Daily Mail*, 28 octobre 2011.

carburants pour nos véhicules
Michael Totty, "A Faster Path to Biofuels", *Wall Street Journal*, 16 octobre 2011.

et des protéines pour la consommation humaine
Jeffrey Bartholet, "When Will Scientists Grow Meat in a Petri Dish ?", *Scientific American*, 17 mai 2011 ; H. L. Tuomisto, "Food Security and Protein Supply – Cultured Meat a Solution ?", 2010, http://oxford.academia.edu/HannaTuomisto/ Papers/740015/Food_Security_and_Protein_Supply_Cultured_meat_a_solution.

C'est une déferlante que les pouvoirs politiques ne peuvent déjà plus endiguer
Caruso, "Synthetic Biology".

un génome n'a pas de valeur qu'en lui-même mais aussi pour toute l'humanité
Jun Wang, "Personal Genomes. For One and for All", *Science*, 11 février 2011.

ADN qualifié d'ADN poubelle, contient en réalité des millions de commutateurs
Gina Kolata, "Bits of Mystery DNA, Far from 'Junk,' Play Crucial Role", *New York Times*, 6 septembre 2012.

« un océan d'éléments régulateurs » dans des « structures tridimensionnelles très complexes »
Brandon Keim, "New DNA Encyclopedia Attempts to Map Function of Entire Human Genome", *Wired*, 5 septembre 2012.

le coût du premier séquençage de génome humain fut d'environ 3 milliards de dollars
John Markoff, "Cost of Gene Sequencing Falls, Raising Hopes for Medical Advances", *New York Times*, 8 mars 2012.

devrait être disponible pour seulement 1 000 dollars
Ibid.

À ce tarif, selon les experts
Ibid.

vont soulever une série de questions de politiques publiques (confidentialité, sécurité, information, remboursement, conseil, etc.) lourdes de sens dans les discussions à venir
Ibid.

un petit système à usage unique de séquençage pour moins de 900 dollars
Oxford Nanopore Technologies, "Oxford Nanopore Introduces DNA 'Strand Sequencing' on the High-Throughput GridION platform and Presents MinION, a Sequencer the Size of a USB Memory Stick", 17 février 2012, http://www.nanoporetech.com/news/press-releases/view/39/.

conformément à la loi de Moore
K. A. Wetterstrand, "DNA Sequencing Costs. Data from the NHGRI Large-Scale Genome Sequencing Program", www.genome.gov/sequencingcosts.

ont commencé à diminuer de manière beaucoup plus rapide
Ibid.

d'analyser plus vite de plus longues chaînes d'ADN, et les experts pensent que ces baisses de coût vont survenir très rapidement
Ibid.

produisent des génomes synthétiques
Jeffrey Fisher et Mostafa Ronaghi, "The Current Status and Future Outlook for Genomic Technologies", National Academy of Engineering, hiver 2010 ; Neil Bowdler, "1000 Genomes project maps 95 % of all gene variations", BBC, 27 octobre 2011.

l'introduction du Code d'Hammourabi, le premier ensemble de lois écrites
Paul Halsall, "Code of Hammurabi, c. 1780 BCE", Internet Ancient History Sourcebook, mars 1998, http://www.fordham.edu/halsall/ancient/hamcode.asp.

Nous pourrions bien un jour être en mesure de produire ce que la Terre, laissée à elle-même, semble ne plus pouvoir produire : une nouvelle vague d'organismes, une néo-vie artificiellement créée
Pierre Teilhard de Chardin, *The Phenomenon of Man*, New York, HarperCollins, 2008, p. 250.

qui est entré dans l'histoire en séquençant son propre génome
Emily Singer, "Craig Venter's Genome", Technology Review, 4 septembre 2007, http://www.technologyreview.com/news/408606/craig-venters-genome/.

en créant la première bactérie vivante entièrement construite à partir d'ADN synthétique
Joe Palca, "Scientists Reach Milestone on Way to Artificial Life", NPR, 20 mai 2010. Clive Cookson, "Synthetic Life", *Financial Times*, 27 juillet 2012.

a simplement copié les marqueurs d'une bactérie naturelle et en a utilisé une autre, comme une coquille vide, pour y introduire sa création
Clive Cookson, "Scientists Create a Living Organism", *Financial Times*, 20 mai 2010.

Mais il s'agit de toute façon d'un tournant extrêmement important
Stuart Fox, "J. Craig Venter Institute Creates First Synthetic Life Form", *Christian Science Monitor*, 21 mai 2010.

d'une bactérie connue sous le nom de *Mycoplasma genitalium*
John Markoff, "In First, Software Emulates Lifespan of Entire Organism", *New York Times*, 21 juillet 2012.

aurait pu faire aux commencements, s'il y a eu un concepteur
Ibid.

« Notre faute, cher Brutus, ne se situe pas dans les étoiles, mais en nous. »
William Shakespeare, *Jules César*, acte I, scène 2, 140-141.

E. O. Wilson, a été sévèrement attaqué par nombre de ses pairs
Jennifer Schuessler, "Lessons from Ants to Grasp Humanity", *New York Times*, 8 avril 2012 ; Richard Dawkins, "The Descent of Edward Wilson", *Prospect*, 24 mai 2012.

quelque chose qui grandit décennie après décennie, siècle après siècle.
"The 'Evidence for Belief'. An Interview with Francis Collins", Pew Forum on Religion and Public Life, 17 avril 2008, http://pewresearch.org/pubs/805/the-evidence-for-belief-an-interview-with-francis-collins.

nous pouvons décider quel métabolisme nous voulons
Cookson, "Synthetic Life".

une promesse crédible d'avancées significatives pour la santé et les soins
Warren C. Ruder, Ting Lu et James J. Collins, "Synthetic Biology Moving into the Clinic", *Science*, 2 septembre 2011.

la production d'énergie
Cookson, "Synthetic Life".

la sauvegarde environnementale
Caruso, "Synthetic Biology".

et de nombreux autres domaines
Stephen C. Aldrich, James Newcomb et Robert Carlson, *Genome Synthesis and Design Futures. Implications for the US Economy*, Cambridge, Bio Economic Research Associates, 2007.

détruire ou affaiblir des bactéries résistant aux antibiotiques
Ruder, Lu et Collins, "Synthetic Biology Moving into the Clinic".

poursuivre ainsi les bactéries ciblées jusqu'à ce que l'infection faiblisse
Ibid.

le développement de vaccins génère aussi de grands espoirs
Cookson, "Synthetic Life".

la grippe aviaire (H5N1) de 2007 ou la grippe porcine (H1N1) de 2009
Ibid.

qui n'est plus qu'à quelques mutations de la transmission par voie aérienne
"Bird Flu Pandemic in Humans Could Happen Any Time", Reuters, 21 juin 2012.

les nouveaux vaccins nécessaires en cas de virus mutant
Huib de Vriend, "Vaccines. The First Commercial Application of Synthetic Biology ?", Rathenau Instituut, juillet 2011.

les chercheurs utilisent les outils de la biologie synthétique
Ibid.

sont installés un peu partout dans le monde afin de diminuer les coûts et les délais de fabrication
Vicki Glaser, "Quest for Fully Disposable Process Stream", *Genetic Engineering & Biotechnology News*, vol. XXIX, n° 5, 1er mars 2009.

Certains experts prédisent aussi que la biologie synthétique
Aldrich, Newcomb et Carlson, *Genome Synthesis and Design Futures.*

ces nouvelles techniques de productions chimiques
Cookson, "Synthetic Life".

ne lui paraisse indécente et contre nature
J. B. S. Haldane, "Daedalus of Science and the Future", 4 février 1923, http://www.psy.vanderbilt.edu/courses/hon182/Daedalus_or_SCIENCE_AND_THE__BS_Haldane.pdf.

Nous avons l'intuition immédiate et nous sentons instinctivement le viol subi par des éléments qui, de bon droit, nous sont chers
Leon Kass, *Life, Liberty and the Defense of Dignity*, San Francisco, Encounter Books, 2004, p. 150.

le terme est imprécis car il décrit un sentiment qui lui-même manque de précision
Alexis Madrigal, "I'm Being Followed. How Google – and 104 Other Companies – Are Tracking Me on the Web", *Atlantic*, 29 février 2012.

une méthode visant à produire de la soie d'araignée
Rutherford, "Synthetic Biology and the Rise of the 'Spider-Goats'".

cinq fois plus résistante que l'acier
Other scientists have mimicked the molecular design of spider silk by synthesizing their own from a commercially available substance (polyurethane elastomer) treated with clay platelets only one nanometer (a billionth of a meter) thick and only 25 nanometers across, then carefully processing the mixture to create synthetic spider silk. This work has been funded by the Institute for Soldier Nanotechnologies at the Massachusetts Institute of Technology because the military applications are considered of such high importance. Rutherford, "Synthetic Biology and the Rise of the 'Spider-Goats'" ; "Nexia and US Army Spin the World's First Man-Made Spider Silk Performance Fibers", Eureka Alert, 17 janvier 2002, http://www.eurekalert.org/pub releases/2002-01/nbi-nau011102.php.

de par leur caractère asocial et cannibale
Rutherford, "Synthetic Biology and the Rise of the 'Spider-Goats'".

devenue une menace pour la végétation locale
Richard J. Blaustein, "Kudzu's Invasion into Southern United States Life and Culture", 2001, www.srs.fs.usda.gov/pubs/ja/ja_blaustein001.pdf.

de voir l'explosion entraîner une réaction en chaîne au fond de l'océan et crée ainsi une apocalypse écologique
Al Gore, "Planning a New Biotechnology Policy", *Harvard Journal of Law and Technology*, n° 5, 1991, p. 19-30.

Mais leurs conjectures et leurs craintes furent démenties par des physiciens persuadés qu'un tel événement était hautement invraisemblable
Ibid.

à la dépense de milliers de milliards de dollars en armement
Wil S. Hylton, "How Ready Are We for Bioterrorism ?", *New York Times Magazine*, 26 octobre 2011.

menaçant la survie de l'espèce humaine ?
George P. Shultz, William J. Perry, Henry A. Kissinger et Sam Nunn, "A World Free of Nuclear Weapons", *Wall Street Journal*, 4 janvier 2007.

sont maintenant souvent décrites comme probablement exagérées
Wil S. Hylton, "Craig Venter's Bugs Might Save the World", *New York Times Magazine*, 3 juin 2012.

Je crois que personne n'a la réponse
Ibid.

voir apparaître une nouvelle génération d'armes bactériologiques
Alexander Kelle, "Synthetic Biology and Biosecurity", *EMBO Reports*, n° 10, 2009, S23-S27.

furent utilisés en URSS pour des programmes secrets d'armes biologiques
Ibid.

spécifiquement formatés pour attaquer génétiquement des populations ciblées
Ibid.

ont essayé de dissuader les scientifiques de publier la totalité de la description du génome
Ibid.

encadrer de près les recherches qui pourraient conduire à de nouvelles armes bactériologiques
National Institutes of Health, Office of Science Policy, "About NSABB", 2012, http://oba.od.nih.gov/biosecurity/about_nsabb.html.

le FBI passe au crible les membres des équipes travaillant sur des projets considérés comme sensibles d'un point de vue militaire
Sample, "Nature Publishes Details of Bird Flu Strain That Could Spread Among People".

financées par des fonds publics concernent le clonage humain
Center for Genetics and Society, "Failure to Pass Federal Cloning Legislation, 1997-2003", http://www.geneticsandsociety.org/article.php?id=305.

afin de cerner les implications éthiques, morales et légales du clonage humain
Mary Meehan, "Looking More Like America ?", *Our Sunday Visitor*, 3 novembre 1996, http://www.ewtn.com/library/ISSUES/LOOKLIKE.TXT.

le plus important programme de recherches sur financement public dans le domaine de l'éthique

Edward J. Larson, "Half a Tithe for Ethics", *National Forum*, vol. LXXIII, n° 2, printemps 1993, p. 15-18.

suggérait d'emblée une possibilité de copie pour le matériel génétique
J. D. Watson et F. H. C. Crick, "Molecular Structure of Nucleic Acids", *Nature*, 25 avril 1953.

l'ingénierie ou la sélection génétique
Voir, par exemple : Subcommittee on Investigations and Oversight and the Subcommittee on Science, Research, and Technology, Committee on Science and Technology, US House of Representatives, "Commercialization of Academic Biomedical Research", 8-9 juin 1981 ; Subcommittee on Investigations and Oversight, Committee on Science and Technology, US House of Representatives, "Genetic Screening and the Handling of High-Risk Groups in the Workplace", 14-15 octobre 1981.

et quinze ans plus tard, ils y parvenaient avec Dolly
US Department of Energy, Office of Science, Human Genome Project, "Cloning Fact Sheet", 11 mai 2009, http://www.ornl.gov/sci/techresources/Human_Genome/elsi/cloning.shtml#animalsQ.

Depuis, ils ont cloné du bétail et de nombreux autres animaux
Ibid.

seules des préventions éthiques les avaient empêchés de se lancer dans de telles procédures
Dan W. Brock, "Cloning Human Beings. An Assessment of the Ethical Issues Pro and Con", in *Cloning Human Beings*, vol. II, Commissioned Papers, Rockville, MD, National Bioethics Advisory Commission, 1997, http://bioethics.georgetown.edu/nbac/pubs/cloning2/cc5.pdf.

le clonage humain est interdit dans presque tous les pays européens
Ibid. ; "19 European Nations OK Ban on Human Cloning", National Catholic Register, 18 avril 1999.

et la protection de la sécurité du matériel génétique humain
Brock, "Cloning Human Beings".

présentant un bénéfice médical clair, n'induisant aucune souffrance à l'individu cloné ou à la société en général
Brian Alexander, "(You)2", *Wired*, février 2001 ; "Dolly's Legacy", *Nature*, 22 février 2007 ; Steve Connor, "Human Cloning is Now 'Inevitable' ", *Independent*, 30 août 2000 ; John Tierney, "Are Scientists Playing God ? It Depends on Your Religion", *New York Times*, 20 novembre 2007.

pour les faire retourner au stade embryonnaire puis avoir créé à partir de celles-ci un lignage de cellules embryonnaires capables de se reproduire
David Cyranoski, "Cloned Human Embryo Makes Working Stem Cells", *Nature*, 5 octobre 2011.

Plusieurs pays, dont le Brésil, le Mexique et le Canada, ont interdit ces procédures même à des fins de recherche
Tierney, "Are Scientists Playing God ?".

travaillant dans un laboratoire secret situé dans un pays n'ayant pas banni le clonage humain, a brisé ce tabou moderne
Steve Connor, "'I Can Clone a Human Being' – Fertility Doctor", *New Zealand Herald*, 22 avril 2009 ; Tierney, "Are Scientists Playing God ?".

Jusqu'à présent, il n'y a aucune confirmation de la naissance d'un clone humain
National Human Genome Research Institute, Cloning Fact Sheet.

n'est pas très différente des autres formes de progrès technologique
Brock, "Cloning Human Beings".

que celui-ci de toute façon est inévitable
Roman Altshuler, "Human Cloning Revisited. Ethical Debate in the Technological Worldview", *Biomedical Law & Ethics*, vol. III, n° 2, 2009, p. 177-195.

d'autres domaines de recherche nous permettent d'espérer en raison des bénéfices médicaux attendus
Brock, "Cloning Human Beings".

ne sape la dignité des individus et n'entraîne une « marchandisation » des êtres
Ibid. ; Altshuler, "Human Cloning Revisited".

pour défendre les droits et les protections dus à chaque individu
Leon Kass et James Q. Wilson, *Ethics of Human Cloning*, Washington, DC, American Enterprise Institute, 1998.

sur une conception humaniste plus générale de la dignité individuelle
Brock, "Cloning Human Beings" ; Altshuler, "Human Cloning Revisited".

Encore une illustration de ce dangereux déséquilibre dans la prise de décision politique
"Meat on Drugs", *Consumer Reports*, juin 2012.

80 % de tous les antibiotiques du pays sont légalement utilisés en élevage
Gardiner Harris, "US Tightens Rules on Antibiotics Use for Livestock", *New York Times*, 11 avril 2012.

a tenté d'en limiter l'usage en les soumettant à l'autorisation d'un vétérinaire
"Meat on Drugs", *Consumer Reports*.

Depuis la découverte de la pénicilline par Alexander Fleming en 1929
"A Brief History of Antibiotics", BBC News, 8 octobre 1999, http://news.bbc.co.uk/2/hi/health/background briefings/antibiotics/163997.stm.

Bien que Fleming ait reconnu que sa découverte était « fortuite »
Douglas Allchin, SHiPS Resource Center, "Penicillin and Chance", http://www1.umn.edu/ships/updates/fleming.htm.

qui le premier découvrit que le CO_2 capte la chaleur
Spencer Weart, "The Discovery of Global Warming. The Carbon Dioxide Greenhouse Effect", février 2011, http://www.aip.org/history/climate/co2.htm.

utilisée à grande échelle seulement à partir du début des années 1940
"A Brief History of Antibiotics", BBC News.

de nombreux autres antibiotiques furent découverts dans les années 1950 et 1960
Ibid.

dans les dernières décennies, les découvertes se sont réduites comme peau de chagrin
Ibid.

de l'arsenal limité des antibiotiques, érode leur efficacité
"The Spread of Superbugs", *Economist*, 31 mars 2011.

et évoluent de telle façon qu'ils mettent à mal l'effet des antibiotiques
Brandon Keim, "Antibiotics Breed Superbugs Faster Than Expected", *Wired*, 11 février 2010.

et seulement en cas de réel besoin
Alexander Fleming, "Penicillin", Nobel Lecture, 11 décembre 1945, http://www.nobelprize.org/nobelprizes/medicine/laureates/1945/fleming-lecture.pdf ; E. J. Mundell, "Antibiotic Combinations Could Fight Resistant Germs", ABC News, 23 mars 2007, http://abcnews.go.com/Health/Healthday/story?id=4506442&page=1#.UDVmwo40jdk.

jusqu'à se stabiliser sur une forme qui rend l'antibiotique inopérant
Keim, "Antibiotics Breed Superbugs Faster Than Expected".

certains antibiotiques sont déjà inefficaces contre certaines maladies
Katie Moisse, "Antibiotic Resistance. The 5 Riskiest Superbugs", ABC News, 27 mars 2012, http://abcnews.go.com/Health/Wellness/antibiotic-resistance-riskiest-superbugs/story?id=15980356#.UC7l0UR9nMo.

qui effraie la majorité des experts
Moisse, "Antibiotic Resistance. The 5 Riskiest Superbugs".

relèvent de la tuberculose multirésistante
Ibid.

la Food and Drug Administration a créé un groupe de travail
Stephanie Yao, "New FDA Task Force Will Support Innovation in Antibacterial Drug Development", Food and Drug Administration press release, 24 septembre 2012.

Mais en dépit de ces faits médicaux basiques, de nombreux gouvernements
Worldwatch Institute, "Global Meat Production and Consumption Continue to Rise", 2011, http://www.worldwatch.org/global-meat-production-and-consumption-continue-rise-1 ; Philip K. Thornton, "Livestock Production. Recent Trends, Future Prospects", *Philosophical Transactions of the Royal Society B*, 27 septembre 2010.

y compris et c'est choquant, celui des États-Unis
"Meat on Drugs", *Consumer Reports.*

mais l'impact sur les profits est parfaitement clair et mesurable
Matthew Perrone, "Does Giving Antibiotics to Animals Hurt Humans ?", Associated Press, 20 avril 2012.

superbactéries résistantes aux antibiotiques
Ibid.

où les doses sont infrathérapeutiques
"Our Big Pig Problem", *Scientific American*, février 2012.

que l'objectif premier n'est pas médical, l'industrie de la viande ne se soucie guère de cette question
Harris, "US Tightens Rules on Antibiotics Use for Livestock".

en distribuant des contributions de campagne à des responsables publics
Ibid. ; 2012 PAC Summary Data, Open Secrets, http://www.opensecrets.org/pacs/lookup2.php?strID=C00028787&cycle=2012, consulté le 22 août 2012 ; National Cattlemen's Beef Association lobbying expenses, Open Secrets, http://www.sourcewatch.org/index.php?title=National Cattlemen's Beef Association#cite_note-1, 22 août 2012.

L'année dernière, des chercheurs ont ainsi confirmé

Richard Knox, "How Using Antibiotics in Animal Feed Creates Superbugs", NPR, 21 février 2012, http://www.npr.org/blogs/thesalt/2012/02/21/147190101/how-using-antibiotics-in-animal-feed-creates-superbugs.
Harris, "US Tightens Rules on Antibiotics Use for Livestock".

en évitant l'interdiction, ou même, jusqu'à récemment du moins, une limitation de cette folle pratique
Ibid.

L'Union européenne a déjà interdit les antibiotiques dans la nourriture du bétail
Knox, "How Using Antibiotics in Animal Feed Creates Superbugs".

mais la pratique reste libre dans nombre de pays
Ibid. ; "Meat on Drugs", *Consumer Reports* ; Worldwatch Institute, "Global Meat Production and Consumption Continue to Rise" ; Thornton, "Livestock Production."

la maladie de la vache folle
"Bill Seeks Permanent Ban on Downer Slaughter at Meat Plants", *Food Safety News*, 13 janvier 2012.

d'animaux infectés par le pathogène, le prion
World Health Organization, "Bovine Spongiform Encephalopathy", novembre 2002, http://www.who.int/mediacentre/factsheets/fs113/en/.

Les animaux parvenus aux dernières étapes de la maladie
I. Ramasamy, M. Law, S. Collins et F. Brook, "Organ Distribution of Prion Proteins in Variant Creutzfeldt-Jakob Disease", *Lancet Infectious Diseases*, vol. III, n° 4, avril 2003, p. 214-222.

la probabilité qu'il soit porteur du prion est cinquante fois plus élevée
"Bill Seeks Permanent Ban on Downer Slaughter at Meat Plants", *Food Safety News*.

devaient être sortis de la chaîne alimentaire
"Bill Seeks Permanent Ban on Downer Slaughter at Meat Plants", *Food Safety News*.

des animaux ayant manifesté les symptômes juste avant d'être abattus
Ibid.

dans l'objectif de protéger une petite part des profits de l'industrie
Emad Mekay, "Beef Lobby Blocks Action on Mad Cow, Activists Say", Inter Press Service, 8 janvier 2004, http://www.monitor.net/monitor/0401a/copyright/madcow4.html ; Charles Abbott, "Analysis. US Mad Cow Find. Lucky Break or Triumph of Science ?", Reuters, 25 avril 2012.

réglementation qui reprend le projet de loi rejeté par le Congrès
"Obama Bans 'Downer' Cows from Food Supply", Associated Press, 14 mars 2009.

celle-ci pourrait être remise en cause par le successeur d'Obama
"Bill Seeks Permanent Ban on Downer Slaughter at Meat Plants", *Food Safety News*.

En 1922, une « loi-cadre de stérilisation eugénique »
Paul A. Lombardo, *Three Generations, No Imbeciles. Eugenics, the Supreme Court, and Buck v. Bell*, Baltimore, Johns Hopkins University Press, 2008, p. 91.

autorisant la stérilisation des personnes considérées comme relevant des catégories suivantes
Alex Wellerstein, "Harry Laughlin's 'Model Eugenical Sterilization Law'", http://alexwellerstein.com/laughlin/.

Son argument majeur était que de tels individus coûtent cher à l'État qui prend soin d'eux
Paul Lombardo, "Eugenic Sterilization Laws", Image Archive on the American Eugenics Movement, http://www.eugenicsarchive.org/html/eugenics/essay8text.html.

qui eux-mêmes se reproduisaient à un rythme plus rapide que par le passé
Jonathan D. Moreno, *The Body Politic. The Battle Over Science in America* ; New York, Bellevue Literary Press, 2011, p. 67.

c'est le fait qu'il pense que les caractéristiques qu'il dénonce sont héréditaires
Ibid., p. 67.

L'ironie du sort, c'est que Laughlin était lui-même épileptique
Wellerstein, "Harry Laughlin's 'Model Eugenical Sterilization Law'".

à la mise en place de quotas sévères pour les immigrants du sud et de l'est de l'Europe
Ibid.

fut influencé par une confusion profonde sur la signification réelle de l'évolution
Moreno, *The Body Politic*, p. 64-67.

de son cousin Sir Francis Galton et fut ensuite popularisée par Herbert Spencer
Ibid., p. 65.

fondée sur les idées aberrantes de Jean-Baptiste Lamarck
Ibid.

après leur naissance se transmettaient génétiquement à la génération suivante
Ibid.

En URSS avec Trofim Lyssenko, on put assister à la même dégradation de la théorie de l'évolution
Trofim Denisovich Lysenko", Encyclopaedia Britannica, http://www.britannica.com/EBchecked/topic/353099/Trofim-Denisovich-Lysenko.

car Lyssenko empêcha l'introduction des grandes lignes de la génétique pendant les trente ans de son règne sur la science soviétique
Ibid.

Les généticiens en désaccord avec lui étaient arrêtés dans le plus grand secret
Ibid. ; Moreno, *The Body Politic*, p. 69.

certains moururent dans des circonstances inexpliquées
"Trofim Denisovich Lysenko", *Encyclopaedia Britannica* ; Moreno, *The Body Politic*, p. 69.

demandait à la théorie biologique de se conformer aux besoins agricoles du pays
"Trofim Denisovich Lysenko", *Encyclopaedia Britannica.*

ceux qui sont le mieux adaptés à leur environnement
Michael Shermer, "Darwin Misunderstood", février 2009, http://www.michaelshermer.com/2009/02/darwin-misunderstood/.

« indésirables » et leur permettant ainsi de proliférer
Moreno, *The Body Politic*, p. 67-68.

avaient conduit à la prolifération des « indésirables »
Ibid., p. 69-70.

Il n'y avait que peu de vrais avocats réactionnaires de l'eugénisme
Ibid.

le Pioneer Fund, décrit comme un groupe haineux par le Southern Poverty Law Center
Ibid., p. 70 ; Southern Poverty Law Center, Intelligence Files, "Pioneer Fund", http://www.splcenter.org/get-informed/intelligence-files/groups/pioneer-fund.

Il se trouve que son président ne fut autre que Harry Laughlin
Wellerstein, "Harry Laughlin's 'Model Eugenical Sterilization Law'".

Selon les historiens, l'eugénisme fut également renforcé
Moreno, *The Body Politic*, p. 67-70.

en matière d'intervention étatique sur le sujet de l'hérédité
Ibid.

même celles qui n'avaient qu'un lointain rapport avec le nazisme
Ibid., p. 67-69.

le récent débat sur les propositions que certains qualifient de néo-eugénistes
Leroi, "The Future of Neo-Eugenics".

la moitié environ des Américains continuent de ne pas croire à l'évolution
Gallup, "In US, 46 % Hold Creationist View of Human Origins", 1er juin 2012, http://www.gallup.com/poll/155003/Hold-Creationist-View-Human-Origins.aspx.

prit appui sur une loi eugéniste de l'État de Virginie, une parmi plus de deux douzaines
Buck v. Bell, 274 US 200, 2 mai 1927.

la jeune femme, Carrie Buck, était déjà mère à l'âge de dix-sept ans
University of Virginia, Claude Moore Health Sciences Library, "Carrie Buck, Virginia's Test Case", 2004, http://www.hsl.virginia.edu/historical/eugenics/3-buckvbell.cfm.

Trois générations d'imbéciles, ça suffit.
Buck v. Bell, 274 US 200, 2 mai 1927.

après cette décision, qui ne fut jamais cassée
Dan Vergano, "Re-Examining Supreme Court Support for Sterilization", *USA Today*, 19 novembre 2008.

fut stérilisée de force entreprit des recherches pour retrouver cette femme. Elle avait alors plus de quatre-vingts ans
Stephen Jay Gould, "Carrie Buck's Daughter", *Natural History*, juillet 1985.

il se rendit compte qu'elle était loin d'être « stupide »
Ibid.

La jeune Carrie Buck était une enfant adoptée, violée par un neveu d'un de ses parents adoptifs
"Carrie Buck, Virginia's Test Case".

afin d'éviter le scandale
Vergano, "Re-Examining Supreme Court Support for Sterilization".

qu'elle était syphilitique et qu'elle n'était pas mariée lorsqu'elle donna naissance à Carrie
"Carrie Buck, Virginia's Test Case".

Il déclara Buck « congénitalement et incurablement déficiente »
Vergano, "Re-Examining Supreme Court Support for Sterilization".

« fondée sur la duperie et la trahison [...]. Le ver était dans le fruit »
Ibid.

à « la classe asociale, indolente, ignorante et indigne des blancs du Sud »
"Carrie Buck, Virginia's Test Case".

Elle a quelque chose qui n'est pas tout à fait normal
Ibid.

et placée dans la famille du violeur de Carrie
Vergano, "Re-Examining Supreme Court Support for Sterilization".

Doris, la sœur de Carrie, fut également stérilisée dans la même institution
Gould, "Carrie Buck's Daughter".

constituait une base légale pour la Virginie
Alex Wellerstein, "Harry Laughlin's 'Model Eugenical Sterilization Law'".

encouragés de manière scandaleuse par, notamment, le président Woodrow Wilson
Vergano, "Re-Examining Supreme Court Support for Sterilization".

Alexander Graham Bell
Glenn Kessler, "Herman Cain's Rewriting of Birth-Control History", *Washington Post*, Fact Checker blog, 1er novembre 2011, http://www.washingtonpost.com/blogs/fact-checker/post/herman-cains-rewriting-of-birth-control-history/2011/10/31/gIQAr53uaM_blog.html.

Margaret Sanger
Ibid.

créer de grandes familles restent célibataires ou n'ont qu'un enfant ou deux
Harry Bruinius, *Better for All the World. The Secret History of Forced Sterilization and America's Quest for Racial Purity*, New York, Knopf, 2006, p. 190-191.

Améliorer la race par l'élimination des inadaptés
Lori Robertson, "Cain's False Attack on Planned Parenthood", FactCheck.org, 1er novembre 2011, http://factcheck.org/2011/11/cains-false-attack-on-planned-parenthood/.

Plus d'enfants de bons parents, moins d'enfants de mauvais parents, telle est la clé du contrôle des naissances
Daniel J. Kevles, *In the Name of Eugenics. Genetics and the Uses of Human Heredity*, New York, Knopf, 1985, p. 90.

« métis, mères célibataires ayant eu beaucoup d'enfants, marginaux, gitans ou autres "vagabonds" »
Nicole Pasulka, "Forced Sterilization for Transgender People in Sweden", *Mother Jones*, 25 janvier 2012.

avant modification officielle d'identité à une personne qui souhaite changer de sexe
Nicole Pasulka, "Sweden Moves to End Forced Sterilization of Transgender People", *Mother Jones*, 24 février 2012.

D'ailleurs, les parlementaires suédois débattent de cette loi

Ibid.

qui remonte à 1972
Pasulka, “Forced Sterilization for Transgender People in Sweden”.

l’incompréhension de petits partis conservateurs qui en ont, jusqu’à présent, rendu l’abrogation impossible
Pasulka, “Sweden Moves to End Forced Sterilization of Transgender People”.

En Ouzbékistan, il semblerait que les stérilisations aient débuté en 2004
Natalia Antelava, “Uzbekistan Carrying Out Forced Sterilisations, Say Women”, *Guardian*, 20 avril 2012.

devenues une politique officielle en 2009
Ibid.

avec les allégations de l’opposant évadé Chen Guangcheng
Ashley Hayes, “Activists Allege Forced Abortions, Sterilizations in China”, CNN, 30 avril 2012, http://articles.cnn.com/2012-04-30/asia/world_asia_china-forced-abortions_1_reggie-littlejohn-china-s-national-population-abortions?_s=PM:ASIA.

les médecins et les responsables gouvernementaux reçoivent une prime pour chaque personne stérilisée
Gethin Chamberlain, “UK Aid Helps to Fund Forced Sterilisation of India’s Poor”, *Guardian*, 14 avril 2012.

a déjà séquencé les génomes complets de plus de cinquante animaux ou plantes
“The Dragon’s DNA”, *Economist*.

Mais l’objectif principal semble être la partie la plus importante et la plus intrigante du corps humain, le cerveau qui pourrait être modifié pour parvenir à une amélioration des performances et à une utilisation plus efficace de l’intelligence
Tam, “Scientists Seek to Unravel the Mystery of IQ”.

À cet effet, en 2011, le BGI a installé à Shenzhen une banque de données génétiques
“China Establishes National Gene Bank in Shenzhen”, Xinhua News Agency.

où l’on cherche à identifier quels sont les gènes déterminants pour l’intelligence
Tam, “Scientists Seek to Unravel the Mystery of IQ”.

plus de 2 000 enfants d’âge scolaire
“Bob Abernathy’s Interview with Francis Collins”, *PBS Religion and Ethics Weekly*, 7 novembre 2008.

afin de comparer les résultats avec leur réussite scolaire
Moheb Costandia, “Genetic Variants Build a Smarter Brain”, *Science*, 19 juin 2012.

largement supérieure à ce que la loi de Moore avait prédit
Ian H. Stevenson et Konrad P. Kording, “How Advances in Neural Recording Affect Data Analysis”, *Nature Neuroscience*, vol. XIV, n° 2, février 2011, p. 139-142.

une sorte de ver qui ne possède que 302 neurones, est terminée
Jonah Lehrer, “Neuroscience. Making Connections”, *Nature*, 28 janvier 2009.

Mais, avec environ 100 milliards de neurones
Ibid.

et au moins cent mille milliards de connexions synaptiques

"Scientists Have New Help Finding Their Way Around Brain's Nooks and Crannies", Science Daily, 9 août 2011, http://www.sciencedaily.com/releases/2011/08/110809184153.htm.

la cartographie des protéines
Human Genome Project, "The Science Behind the Human Genome Project. From Genome to Proteome", 26 mars 2008, http://www.ornl.gov/sci/techresources/Human Genome/project/info.shtml.

qui adoptent des formes multiples
Jie Lang *et al.*, "Geometric Structures of Proteins for Understanding Folding, Discriminating Natives and Predicting Biochemical Functions", 2009, http://gila-fw.bioengr.uic.edu/lab/papers/2009/protein-liang.pdf.

et sont sujettes à des modifications biochimiques importantes
Christopher Walsh *et al.*, "Protein Posttranslational Modifications. The Chemistry of Proteome Diversifications", *Angewandte Chemie, International Edition*, n° 44, 2005, p. 7342-7372.

contient des millions de protéines, échangeant et interagissant en cascades biochimiques fabuleusement complexes
Evan R. Goldstein, "The Strange Neuroscience of Immortality", Chronicle of Higher Education, 16 juillet 2012.

En exploitant les avancées de ce nouveau domaine qu'est l'optogénétique
Karl Deisseroth, "Optogenetics. Controlling the Brain with Light", *Scientific American*, 20 octobre 2010.

sont alors devenus des commutateurs optiques pour neurones
Matthew Hougan et Bruce Altevogt, *From Molecules to Minds. Challenges for the 21st Century*, Washington, DC, National Academies Press, 2008.

En insérant aussi des gènes correspondant aux orthoprotéines qui luisent en lumière verte
Ibid. ; Carl E. Schoonover et Abby Rabinowitz, "Control Desk for the Neural Switchboard", *New York Times*, 16 mai 2011.

pourrait être de réussir à contrôler des symptômes associés à la maladie de Parkinson
Amy Barth, "Controlling Brains with a Flick of a Light Switch", *Discover Magazine*, septembre 2012.

capables de produire plusieurs couleurs
Hougan et Altevogt, *From Molecules to Minds* ; Schoonover and Rabinowitz, "Control Desk for the Neural Switchboard".

mieux visualiser la carte des connexions neuronales
Hougan et Altevogt, *From Molecules to Minds.*

sur d'autres secteurs de la connectique se voit ainsi accéléré
Joshua T. Vogelstein, "Q&A. What Is the Open Connectome Project ?", *Neural Systems & Circuits*, 18 novembre 2011.

Cette expérimentation, fondée sur la technique plus familière de l'IRM, permet de suivre les flux de sang dans le cerveau
"Shiny New Neuroscience Technique (Optogenetics) Verifies a Familiar Method (fMRI)", *Discover Magazine*, 17 mai 2010.

l'oxygène et le glucose nécessaires à leurs besoins énergétiques

Ibid. ; Leonie Welberg, “Brain Metabolism. Astrocytes Bridge the Gap”, *Nature Reviews Neuroscience*, vol. X, n° 86, février 2009, p. 86.

différence de magnétisation entre le sang oxygéné et le sang en manque d'oxygène
“Major Advance in MRI Allows Much Faster Brain Scans”, *Science Daily*, 5 janvier 2011.

peut identifier les zones du cerveau qui sont en activité, à n'importe quel moment donné
“Shiny New Neuroscience Technique (Optogenetics) Verifies a Familiar Method (fMRI)”, *Discover Magazine*.

sont en mesure de faire des découvertes capitales sur la localisation de fonctions dans le cerveau
Pagan Kennedy, “The Cyborg in Us All”, *New York Times* Magazine, 18 septembre 2011.

par le docteur en neurosciences Adrian Owen, lorsqu'il était membre de l'université de Cambridge, en Angleterre
David Cyranoski, “Neuroscience. The Mind Reader”, *Nature*, 13 juin 2012.

pour interpréter les pensées et les connecter à un iPhone
Kennedy, “The Cyborg in Us All”.

permettant de contrôler des objets sur un écran
Katia Moskovitch, “Real-Life Jedi. Pushing the Limits of Mind Control”, BBC, 9 octobre 2011.

mesurent les rythmes musculaires plutôt que le rythme neuronal
Clive Cookson, “Healthcare. Into the Cortex”, *Financial Times*, 31 juillet 2012.

ainsi le contrôle mental de systèmes électroniques
Moskovitch, “Real-Life Jedi”.

ont utilisé la même approche pour construire des fauteuils roulants et des robots contrôlables par la pensée
Cookson, “Healthcare. Into the Cortex”.

Quatre autres entreprises, dont Toyota
Moskovitch, “Real-Life Jedi”.

qui vise à développer des systèmes permettant aux soldats de communiquer par télépathie
Kennedy, “The Cyborg in Us All”.

suffisamment réalisable pour y consacrer plus de 6 millions de dollars
Ibid.

et envisage une date de mise en service du prototype en 2017
“Pentagon Plans for Telepathic Troops Who Can Read Each Others' Minds... and They Could Be in the Field within Five Years”, *Daily Mail*, 8 avril 2012.

Selon Nick Bostrom, l'historien majeur du transhumanisme
Nick Bostrom, “A History of Transhumanist Thought”, 2005, http://www.nickbostrom.com/papers/history.pdf.

ferment qui a continué a se répandre durant le XXe siècle
Ibid.

D'abord utilisé par Teilhard de Chardin, le mot « Singularité »
Ibid.

Peu de temps après, l'ère humaine sera terminée
Vernor Vinge, "The Coming Technological Singularity. How to Survive in the Post-Human Era", 1993, http://www-rohan.sdsu.edu/faculty/vinge/misc/singularity.html.

sous une forme compréhensible par des ordinateurs de pointe qui pourront aussi les stocker
Lara Farrar, "Scientists. Humans and Machines Will Merge in Future", CNN, 15 juillet 2008, http://articles.cnn.com/2008-07-15/tech/bio.tech_1_emergent-technologies-bostrom-human-life/2?_s=PM:TECH.

dans la post-Singularité, entre humain et machine, entre réalité physique et virtuelle
Ibid.

lui a lancé un défi avec un pari à 20 000 dollars
"By 2029 No Computer – or 'Machine Intelligence' – Will Have Passed the Turing Test", A Long Bet, http://longbets.org/1/.

pourrait produire une « Singularité organique » avant la « Singularité technologique »
John Chelen, "Could the Organic Singularity Occur Prior to Kurzweil's Technological Singularity ?", *Science Progress*, 20 juin 2012.

pour remplacer non seulement hanches
Ben Coxworth, "New Discovery Could Lead to Better Artificial Hips", Gizmag, 27 novembre 2011 http://www.gizmag.com/artificial-hip-joint-lubrication-layer/20949/.

genoux
James Dao, "High-Tech Knee Holds Promise for Veterans", *New York Times*, 18 août 2010.

jambes
Alexis Okeowo, "A Once-Unthinkable Choice for Amputees", *New York Times*, 14 mai 2012.

ou bras
Thomas H. Maugh II, "Two Paralyzed People Successfully Use Robot Arm", *Los Angeles Times*, 16 mai 2012.

mais aussi les yeux
Carl Zimmer, " 'I See,' Said the Blind Man with an Artificial Retina", Discovery News, 15 septembre 2011.

jusqu'à présent ne pouvaient être remplacées par des substituts artificiels
Richard Yonck, "The Path to Future Intelligence", *Psychology Today*, 13 mai 2011 ; Rob Beschizza, "Mechanical Fingers Give Strength, Speed to Amputees", *Wired*, 2 juillet 2007.

Les implants cochléaires, nous l'avons vu
"Cochlear Implants Restore Hearing in Rare Disorder", *Science Daily*, 20 avril 2012.

ont développé des exosquelettes mécaniques
Melissa Healy, "Body Suit May Soon Enable the Paralyzed to Walk", *Los Angeles Times*, 6 octobre 2011.

ou de donner une force supplémentaire aux soldats
Susan Karlin, "Raytheon Sarcos's Exoskeleton Nears Production", *IEEE Spectrum*, août 2011.

La plupart des aides auditives sur mesure sont déjà fabriquées à l'aide de machines-outils 3D
Quest Means Business, CNN transcript, 8 novembre 2012, http://transcripts.cnn.com/TRANSCRIPTS/1211/08/qmb.01.html ; Nick Glass, "Pitch Perfect. The Quest to Create the World's Smallest Hearing Aid", CNN, 9 novembre 2012, http://www.cnn.com/2012/11/09/tech/hearing-aid-widex-3d-printing/index.html.

qui ne pouvait être traitée par la chirurgie reconstructrice traditionnelle
"Transplant Jaw Made by 3D Printer Claimed as First", BBC News, 6 février 2012, http://www.bbc.co.uk/news/technology-16907104.

en raison du manque récurrent d'organes
Ibid.

sont maintenant développées par des scientifiques de la Wake Forest University
Wake Forest Baptist Medical Center, press release, "Lab-Engineered Kidney Project Reaches Early Milestone", 21 juin 2012 ; Wake Forest Baptist Medical Center, press release, "Researchers Engineer Miniature Human Livers in the Lab", 30 octobre 2010.

présentant la taille et la forme de la trachée à remplacer
Henry Fountain, "A First. Organs Tailor-Made with Body's Own Cells", *New York Times*, 16 septembre 2012.

jusqu'à ce que la matrice de l'échafaudage soit détruite par le système immunitaire
Henry Fountain, "Human Muscle, Regrown on Animal Scaffolding", *New York Times*, 17 septembre 2012.

développer des nanofils, mille fois moins épais qu'un cheveu
Elizabeth Landieu, "When Organs Become Cyborgs", CNN, 29 août 2012.

toujours pas convaincu par la levée de cette interdiction partagée par tous les autres pays, hormis l'Iran
Stephen J. Dubner, "Human Organs for Sale, Legally, in... Which Country ?", Freakonomics blog, 29 avril 2008, http://www.freakonomics.com/2008/04/29/human-organs-for-sale-legally-in-which-country/.

au profit de malades des pays riches
"Organ Black Market Booming", UPI, 28 mai 2012.

« la plus longue chaîne jamais construite pour une transplantation rénale »
Kevin Sack, "60 Lives, 30 Kidneys, All Linked", *New York Times*, 19 février 2012.

la mention « donneur d'organes » dans les profils des utilisateurs
Matt Richtel et Kevin Sack, "Facebook is Urging Members to Add Organ Donor Status", *New York Times*, 1er mai 2012.

procédé pour fabriquer des membres artificiels de nouvelle génération
Ashlee Vance, "3-D Printing Spurs a Manufacturing Revolution", *New York Times*, 14 septembre 2010.

pour fabriquer de nombreux implants médicaux
"The Printed World", *Economist*, 10 février 2011.

pour fabriquer à la demande des vaccins et des médicaments à partir de produits chimiques de base
Tim Adams, "The 'Chemputer' That Could Print Out Any Drug", *Guardian*, 21 juillet 2012.

auxquels on fournissait le même produit
Eric Topol, *The Creative Destruction of Medicine. How the Digital Revolution Will Create Better Health Care*, New York, Basic Books, 2012, chap. 10.

du corps humain et activables par un laser depuis l'extérieur
Avi Schroeder *et al.*, "Remotely Activated Protein-Producing Nanoparticles", *Nano Letters*, vol. II, n° 6, 2012, p. 2685-2689 ; George Dvorsky, "Microscopic Machines Could Produce Medicine Directly Inside Your Body", io9, 29 juillet 2012, http://io9.com/5922447/microscopic-machines-could-produce-medicine-directly-inside-your-body.

développer des prothèses spécifiques pour le cerveau
Cookson, "Healthcare. Into the Cortex".

des systèmes numériques à la surface du cerveau voire, dans certains cas, au cœur de l'organe
Wilson, "Bionic Brains and Beyond" ; Allison Abbott, "Brain Implants Have Long-Lasting Effect on Depression", *Nature*, 7 février 2011.

de faire fonctionner des robots à partir de leurs pensées
Cookson, "Healthcare. Into the Cortex".

des scientifiques et des ingénieurs travaillent à développer un nouveau type d'interface suffisamment souple
Ibid.

afin d'arriver à de réels bénéfices thérapeutiques
Ibid.

ont équipé des rats avec des cervelets artificiels afin d'interpréter des informations
Linda Geddes, "Rat Cyborg Gets Digital Cerebellum", *New Scientist*, 27 septembre 2011.

équivalents synthétiques avant la fin du siècle
Ibid.

sont d'ores et déjà en utilisation chez l'être humain, y compris des prothèses de contrôle de la vessie
Monica Friedlander, Lawrence Livermore National Laboratory, "Neural Implants Come of Age", *Science and Technology Review*, juin 2012.

de soulagement des douleurs vertébrales
Ibid.

ou de certaines formes de cécité et de surdité
Wilson, "Bionic Brains and Beyond".

afin d'améliorer la mise au point et la concentration
Ibid.

favorisant l'attention et/ou la concentration tels que la Ritaline, l'Adderall et la Privaline pour améliorer leurs résultats aux examens
Margaret Talbot, "Brain Gain. The Underground World of 'Neuroenhancing' Drugs", *New Yorker*, 27 avril 2009.

à des pourcentages d'étudiants utilisateurs situés entre 15 et 40 %
Alan Schwarz, "Risky Rise of the Good-Grade Pill", *New York Times*, 10 juin 2012.

se sont mis à prescrire de l'Adderall aux enfants pour compenser leurs désavantages vis-à-vis des enfants issus de familles aisées
Alan Schwarz, "Attention Disorder or Not, Pills to Help in School", *New York Times*, 9 octobre 2012.

d'avoir vu leur mémoire et leur concentration améliorées
Drew Halley, "Brain-Doping at the Lab Bench", Project Syndicate, 20 avril 2009.

qui portent en eux la promesse de doper l'intelligence
Jamais Cascio, "Get Smarter", *Atlantic*, juillet-août 2009 ; Ross Anderson, "Why Cognitive Enhancement is in Your Future (and Your Past)", *Atlantic*, 6 février 2012.

et ne pas choquer plus que la chirurgie esthétique ne le fait actuellement
V. Cakic, "Smart Drugs for Cognitive Enhancement. Ethical and Pragmatic Considerations in the Era of Cosmetic Neurology", *Journal of Medical Ethics*, n° 35, 2009, p. 611-615 ; Anderson, "Why Cognitive Enhancement Is in Your Future (and Your Past)".

la partie du cerveau qui participe à la reconnaissance des objets, le tout en vue de rendre plus efficace l'entraînement des snipers
Sally Adee, "Zap Your Brain into the Zone. Fast Track to Pure Focus", *New Scientist*, 6 février 2012.

le premier double amputé à concourir lors des jeux Olympiques
Jere Longman, "After Long Road, Nothing Left to Do but Win", *New York Times*, 5 août 2012.

au relais 4 × 400 mètres avec l'équipe d'Afrique du Sud, qui parvint en finale
David Trifunov, "Oscar Pistorius Eliminated in 400m Semifinal at London 2012 Olympics", *Global Post*, 5 août 2012.

cela représente une injustice pour les athlètes valides
Longman, "After Long Road, Nothing Left to Do but Win".

contre un autre coureur dont les prothèses, selon lui, étaient trop longues par rapport à sa taille
"Oscar Pistorius Apologizes for Timing of Paralympics Criticism", BBC Sport, 3 septembre 2012.

érythropoïétine (EPO) qui, en régulant la production de globules rouges
"Genetically Modified Olympians ?", *Economist*, 31 juillet 2008.

en délivrant plus d'oxygène aux muscles pour une période de temps plus longue
Lana Bandoim, "Erythropoietin Abuse Among Athletes Can Lead to Vascular Problems", Yahoo, 25 décembre 2011, http://sports.yahoo.com/top/news?slug=ycn-10747311.

Il a admis avoir utilisé de l'EPO ainsi que d'autres produits dopants
"Landis Admits EPO Use", ESPN, 20 mai 2010, http://www.espn.co.uk/more/sport/story/23635.html.

Plus récemment, Lance Armstrong, sept fois vainqueur, a été déchu de ses titres et banni à vie
Juliet Macur, "Lance Armstrong is Stripped of His 7 Tour de France Titles", *New York Times*, 22 octobre 2012.

détaillant son recours à l'EPO, aux stéroïdes, aux transfusions sanguines
"Lance Armstrong Won't Fight Charges", ESPN, 24 août 2012.

des méthodes toujours plus sophistiquées de détection des fraudes

Matthew Knight, "Hi-Tech Tests to Catch Olympics Drug Cheats at London 2012", CNN, 31 juillet 2012, http://edition.cnn.com/2012/04/12/sport/drugs-london-2012-olympics-laboratory/index.html ; Andy Bull, "Ye Shiwen's World Record Olympic Swim 'Disturbing,' Says Top US Coach", *Guardian*, 30 juillet 2012.

par laquelle son organisme produisait des quantités d'EPO supérieure à la moyenne et donc plus de globules rouges
"Fairly Safe", *Economist*, 31 juillet 2008.

une règle qui exigera des tests génétiques sur les proches parents de l'athlète
"Genetically Modified Olympians ?", *Economist*.

la myostatine, qui régule le développement musculaire
Aaron Saenz, "Super Strength Substance (Myostatin) Closer to Human Trials", Singularity Hub, 8 décembre 2009.

qu'ils présentent comme une « machine biologique à produire des spermatozoïdes »
"Artificial Testicle, World's First to Make Sperm, Under Development by California Scientists", *Huffington Post*, 19 janvier 2012, http://www.huffingtonpost.com/2012/01/19/artificial-testicle n 1215964.html.

En 1978, la naissance en Angleterre de Louise Brown, premier bébé-éprouvette
Donna Bowater, "Lesley Brown, Mother of First Test Tube Baby Louise Brown, Dies Aged 64", *Telegraph*, 21 juin 2012.

vaste débat sur les questions éthiques et les questions de procédures
Robert Bailey, "The Case for Enhancing People", *New Atlantis*, 20 juin 2012.

que cela risquait de diminuer l'amour parental ou d'affaiblir les liens générationnels
Ibid.

Les gens veulent des enfants et personne n'accepterait qu'on le leur interdise
Fiona Macrae, "Death of the Father. British Scientists Discover How to Turn Women's Bone Marrow into Sperm", *Daily Mail*, 31 janvier 2008.

nés de parents infertiles qui ont eu recours à la fertilisation *in vitro*
Jeanna Bryner, "5 Million Babies Born from IVF, Other Reproductive Technologies", *Live Science*, 3 juillet 2012.

j'ai vu ce schéma se répéter à de nombreuses reprises
Voir, par exemple : Subcommittee on Investigations and Oversight and the Subcommittee on Science, Research, and Technology, Committee on Science and Technology, US House of Representatives, "Commercialization of Academic Biomedical Research", 8-9 juin 1981 ; Subcommittee on Investigations and Oversight, Committee on Science and Technology, US House of Representatives, "Genetic Screening and the Handling of High-Risk Groups in the Workplace", 14-15 octobre 1981.

par le Dr Christiaan Barnard
Lawrence K. Altman, "Christiaan Barnard, 78, Surgeon for First Heart Transplant, Dies", *New York Times*, 3 septembre 2001.

« Mon Dieu, ça marche ! »
Entretien avec l'auteur.

et le recours au diagnostic préimplantatoire
"Saviour Siblings – the Controversy and the Technique", *Telegraph*, 6 mai 2011.

« bébé sauveur » qui pourra donner un organe

Ibid. ; Stephen Wilkinson, "'Saviour Siblings' as Organ Donors", Sveriges Yngre Lakares Forening (Swedish junior doctors' association), 2 novembre 2012, http://www.slf.se/SYLF/Moderna-lakare/Artiklar/Nummer-2-2012/Saviour-Siblings-as-Organ-Donors/.

des tissus
Robert Sparrow et David Cram, "Saviour Embryos ? Preimplantation Genetic Diagnosis as a Therapeutic Technology", Reproductive BioMedicine Online, 15 mai 2010, http://www.ivf.net/ivf/saviour-embryos-preimplantation-genetic-diagnosis-as-a-therapeutic-technology-o5043.html.

de la moelle osseuse
Josephine Marcotty, "'Savior Sibling' Raises a Decade of Life-and-Death Questions", *Star Tribune*, 22 septembre 2010.

ou des cellules souches du cordon ombilical
"Saviour Siblings. The Controversy and the Technique", *Telegraph*.

le but instrumental de ces conceptions pourrait dévaluer l'enfant
Stephen Wilkinson, *Choosing Tomorrow's Children. The Ethics of Selective Reproduction*, New York, Oxford University Press, 2010.

puisqu'ils poursuivent un objectif médical pour le premier avec l'aide du second
K. Devolder, "Preimplantation HLA Typing. Having Children to Save Our Loved Ones", *Journal of Medical Ethics*, n° 31, janvier 2005, p. 582-586.

une procédure pour créer des bébés à trois parents
David Derbyshire, "Babies with THREE Parents and Free of Genetic Disease Could Soon Be Born Using Controversial IVF Technique", *Daily Mail*, 12 mars 2011.

Cependant, cette modification génétique affectera non seulement le bébé
James Gallagher, "Three-Person IVF 'Is Ethical' to Treat Mitochondrial Disease", BBC, 11 juin 2012, http://www.bbc.co.uk/news/health-18393682.

le principe du choix doit revenir à la femme enceinte elle-même, au moins dans les premières étapes de la grossesse
World Public Opinion, "World Publics Reject Criminal Penalties for Abortion", 18 juin 2008, http://www.worldpublicopinion.org/pipa/articles/btjusticehuman_rightsra/492.php.

tests sanguins qui auraient pour but de déterminer le sexe de l'embryon
Rachel Rickard Straus, "To Ensure Prized Baby Boy, Indians Flock to Bangkok", *Times of India*, 27 décembre 2010.

a déjà pour conséquence 500 000 avortements de fœtus féminins
Madeleine Bunting, "India's Missing Women", *Guardian*, 22 juillet 2011.

à lancer une nouvelle campagne contre la sélection du sexe des enfants
"Delhi Govt to Crack Down on Sex-Selection Tests", *Times of India*, 5 janvier 2012.

En Inde, la plupart des procédures d'identification sexuelle prénatales se font par des machines à ultrasons
Bunting, "India's Missing Women".

De nombreux couples indiens
Straus, "To Ensure Prized Baby Boy, Indians Flock to Bangkok".

un simple examen de sang prélevé sur la mère
"Baby Sex ID Test Won't Be Sold in China or India Due to Fears of 'Gender Selection'", Associated Press, 10 août 2011.

en combinant un examen de sang de la mère enceinte et un prélèvement de salive du père
Andrew Pollack, "DNA Blueprint for Fetus Built Using Tests of Parents", *New York Times*, 6 juin 2012.

entre 20 000 et 50 000 dollars environ pour un génome fœtal
Ibid.

le coût étant encore de 200 000 dollars l'année dernière
Mara Hvistendahl, "Will Gattaca Come True ?", Slate, 27 avril 2012.

ce prix est amené à diminuer rapidement
Ibid.

devrait être disponible d'ici à deux ans pour un coût d'environ 3 000 dollars
Stephanie M. Lee, "New Stanford Fetal DNA Test Adds to Ethical Issues", *San Francisco Chronicle*, 26 juillet 2012.

qui permettent d'identifier des troubles potentiels pouvant être traités grâce à une détection précoce
Drew Halley, "Revolution In Newborn Screening Saves Newborn Lives", Singularity Hub, 10 mars 2009.

systématiquement conduits immédiatement après la naissance
Ross Douthat, "Eugenics, Past and Future", *New York Times*, 9 juin 2012.

n'y aurait pas beaucoup de résistance à l'arrivée de méthodes plus sophistiquées de sélection eugéniste
Leroi, "The Future of Neo-Eugenics".

sélectionner des embryons en fonction de traits physiques tels que la couleur des cheveux
Hvistendahl, "Will Gattaca Come True ?" ; Kleiner, "Designer Babies".

des yeux
Kleiner, "Designer Babies".

ou de la peau
Ibid.

Une écrasante majorité des prisonniers en sont porteurs et ce chiffre monte à 98,1 % chez les condamnés à mort
David Eagleman, "The Brain on Trial", *Atlantic*, juillet-août 2011.

risque de nous confronter très prochainement avec des choix éthiques qui seront difficiles à faire
Leroi, "The Future of Neo-Eugenics".

pour vérifier sur l'embryon la présence éventuelle de centaines de maladies
Drew Halley, "Prenatal Screening Could Eradicate Genetic Disease, Replace Natural Conception", Singularity Hub, 21 juillet 2009.

Ils peuvent être congelés et conservés en vue d'une implantation future
Denise Grady, "Parents Torn over the Fate of Frozen Embryos", *New York Times*, 4 décembre 2008.

ceci constituant l'option la plus souvent choisie par les femmes
Ibid. ; Laura Bell, "What Happens to Extra Embryos After IVF ?", CNN, 1er septembre

2009, http://articles.cnn.com/2009-09-01/health/extra.ivf.embryos_1_embryos-fertility-patients-fertility-clinics?_s=PM:HEALTH.

afin d'améliorer les chances de réussite
Tiffany Sharples, "IVF Study. Two Embryos No Better Than One", *Time*, 30 mars 2009.

dans les cas de conception *in vitro* que dans la population générale
US Centers for Disease Control and Prevention, "Contribution of Assisted Reproductive Technology and Ovulation-Inducing Drugs to Triplet and Higher-Order Multiple Births - United States, 1980-1997", MMWR, 23 juin 2000.

le Royaume-Uni a instauré une limite légale au nombre d'embryons
Sarah Boseley, "IVF Clinics Told to Limit Embryo Implants to Curb Multiple Births", *Guardian*, 6 janvier 2004.

Auxogyn, utilise l'imagerie digitale
Reproductive Science Center, "Auxogyn", http://rscbayarea.com/for-physicians/auxogyn.

de sélectionner l'embryon le plus apte à se développer sans problèmes de santé
Yahoo Finance News, "Auxogyn and Hewitt Fertility Center Announce First Availability of New Non-Invasive Early Embryo Viability Assessment (Eeva) Test in the European Union", 17 septembre 2012, http://finance.yahoo.com/news/auxogyn-hewitt-fertility-center-announce-060000428.html.

on peut permettre aux femmes d'exercer leur choix quant à l'avortement
Leroi, "The Future of Neo-Eugenics".

un gouvernement ne peut obliger une femme à recourir à l'avortement
Ibid.

assez significatifs pour justifier de telles expérimentations
Pew Forum on Religion and Public Life, "Stem Cell Research Around the World", 17 juillet 2012, http://www.pewforum.org/Science-and-Bioethics/Stem-Cell-Research-Around-the-World.aspx.

La découverte par Shinya Yamanaka de l'université de Kyoto
Alok Jha, "Look, No Embryos ! The Future of Ethical Stem Cells", *Guardian*, 12 mars 2011.

Prix Nobel de médecine 2012
Nicholas Wade, "Cloning and Stem Cell Work Earns Nobel", *New York Times*, 8 octobre 2012.

qu'elles possèdent des qualités uniques justifiant que l'on continue à les utiliser
Andrew Pollack, "Setback for New Stem Cell Treatment", *New York Times*, 13 mai 2011.

pour restaurer la vue chez une souris porteuse d'une maladie rétinienne héréditaire
Sarah Boseley, "Medical Marvels. Drugs Treat Symptoms. Stem Cells Can Cure You. One Day Soon, They May Even Stop us Ageing", *Guardian*, 29 janvier 2009.

certaines formes humaines de la cécité pourraient bientôt être traitées
Fergus Walsh, "'Blind' Mice Eyesight Treated with Transplanted Cells", BBC, 18 avril 2012, http://www.bbc.co.uk/news/health-17748165.

pour reconstruire le nerf auditif de gerbilles, un petit rongeur, et restaurer ainsi leurs capacités auditives
James Gallagher, "Deaf Gerbils 'Hear Again' After Stem Cell Cure", BBC, 12 septembre 2010.

qu'ils avaient réussi à produire du sperme, en utilisant des cellules souches de souris transplantées dans des testicules de souris mâles infertiles
Nick Collins, "Stem Cells Used to Make Artificial Sperm", *Telegraph*, 4 août 2011.

même si celle-ci était porteuse de défauts génétiques
Roxanne Khamsi, "Bone Stem Cells Turned into Primitive Sperm Cells", *New Scientist*, 13 avril 2007.

bientôt permettre à des hommes infertiles d'avoir des enfants
Collins, "Stem Cells Used to Make Artificial Sperm".

et ouvrent la possibilité pour les couples gays et lesbiens d'avoir eux aussi des enfants qui seraient les leurs génétiquement et biologiquement
Macrae, "Death of the Father".

l'ingénierie génétique pourrait pousser la durée de vie jusqu'à plusieurs siècles
Aubrey de Grey, "'We Will Be Able to Live to 1,000'", BBC, 3 décembre 2004, http://news.bbc.co.uk/2/hi/uk news/4003063.stm.

situe aux environs de 25 % le gain de vie possible
Gary Taubes, "The Timeless and Trendy Effort to Find – or Create – the Fountain of Youth", *Discover Magazine*, 7 février 2011.

Selon la plupart des experts, les théories de l'évolution
Nir Barzilai *et al.*, "The Place of Genetics in Ageing Research", *Nature Reviews Genetics*, n° 13, août 2012, p. 589-594.

tout comme de nombreuses études en génétique humaine
James W. Curtsinger, "Genes, Aging, and Prospects for Extended Life Span", *Minnesota Medicine*, octobre 2007.

et animale
Ibid.

pour à peu près 75 % dans le processus de vieillissement
Barzilai *et al.*, "The Place of Genetics in Ageing Research".

alors que les caractéristiques génétiques n'y entreraient que pour 20 à 30 %
Ibid.

longévité montre qu'une forte restriction calorique chez les rongeurs entraîne une conséquente augmentation de la durée de vie
Taubes, "The Timeless and Trendy Effort to Find – or Create – the Fountain of Youth".

si les mêmes causes auraient les mêmes effets chez l'humain
Gina Kolata, "Severe Diet Doesn't Prolong Life, at Least in Monkeys", *New York Times*, 30 août 2012.

démontré que le singe rhésus ne vit pas plus longtemps sous ce régime sévère
Ibid.

Il existe une différence subtile mais importante, pointée par tous les experts, entre longévité et vieillissement
Roger B. McDonald et Rodney C. Ruhe, "Aging and Longevity. Why Knowing the Difference Is Important to Nutrition Research", *Nutrients*, n° 3, 2011, p. 274-282.

pour ralentir voire inverser les manifestations indésirables du vieillissement
Gretchen Voss, "The Risks of Anti-Aging Medicine", CNN, 30 mars 2012, http://

www.cnn.com/2011/12/28/health/age-youth-treatment-medication/index.html ; Dan Childs, “Growth Hormone Ineffective for Anti-Aging, Studies Say”, *ABC News*, 16 janvier 2007, http://abcnews.go.com/Health/ActiveAging/story?id=2797099&page=1#.UGDZ3Y40jdk.

principalement la testostérone
“Anti-Aging Hormones. Little or No Benefit and the Risks Are High, According to Experts”, *Science Daily*, 13 avril 2010, http://www.sciencedaily.com/releases/2010/04/100413121326.htm.

les facteurs génétiques conditionnant la longévité
Barzilai *et al.*, “The Place of Genetics in Ageing Research”.

au cours du siècle passé, provient surtout d’améliorations en matière de nutrition
Robert Kunzig, “7 Billion. How Your World Will Change”, *National Geographic*, 1er novembre 2011.

à savoir une année de vie gagnée par décennie
Curtsinger, “Genes, Aging, and Prospects for Extended Life Span”.

Le gros de cet effort se concentre maintenant contre la malaria, la tuberculose
United Nations, Millennium Development Goals Report 2011.

le sida, la grippe
George Verikios *et al.*, “The Global Economic Effects of Pandemic Influenza”, paper prepared for the 14th Annual Conference on Global Economic Analysis, Venise, 16-18 juin 2011, https ://www.gtap.agecon.purdue.edu/resources/download/5291.pdf.

la pneumonie
Olli Ruuskanen, Elina Lahti, Lance C. Jennings et David R. Murdoch, “Viral Pneumonia”, *Lancet*, n° 377, 2011, p. 1264-1275.

et de nombreuses maladies tropicales souvent négligées
Dr. Lorenzo Savioli, World Health Organization, “Neglected Tropical Diseases. Letter from the Director”, 2011, http://www.who.int/neglected diseases/director/en/index.html.

En 2012, ce nombre est tombé à 1,7 million
Deena Beasley et Tom Miles, “AIDS Deaths Worldwide Dropping as Access to Drugs Improves”, Reuters, 18 juillet 2012.

les efforts accomplis pour faire baisser les taux d’infection continuent à se concentrer sur l’éducation préventive
Avert, “Introduction to HIV Prevention”, http://www.avert.org/prevent-hiv.htm.

la distribution de préservatifs dans les zones à risque
United Nations Population Fund, Preventing HIV/AIDS, “Comprehensive Condom Programming. A Strategic Response to HIV and AIDS”, http://www.unfpa.org/hiv/programming.htm.

et la découverte la plus rapide possible d’un vaccin
Beasley et Miles, “AIDS Deaths Worldwide Dropping as Access to Drugs Improves”.

la malaria aussi a pu être sérieusement combattue
United Nations, Millennium Development Goals Report 2011.

que leur objectif pourrait être atteint en quelques décennies
“Malaria Eradication No Vague Aspiration, Says Gates”, Reuters, 18 octobre 2011.

Dès 1980, le monde a réussi à éliminer le terrible fléau qu'est la variole
Katie Hafner, "Philanthropy Google's Way. Not the Usual", *New York Times*, 14 septembre 2006.

a annoncé avoir vaincu la peste bovine
Donald G. McNeil Jr., "Rinderpest, Scourge of Cattle, is Vanquished", *New York Times*, 27 juin 2011.

les maladies chroniques non transmissibles
Ala Alwan, World Health Organization, "Monitoring and Surveillance of Chronic Non-Communicable Diseases. Progress and Capacity in High-Burden Countries", *Lancet*, n° 376, novembre 2010, p. 1861-1868.

de mettre en place un « Atlas du cancer »
Gina Kolata, "Genetic Aberrations Seen as Path to Stop Colon Cancer", *New York Times*, 18 juillet 2012.

bloquer les apports sanguins aux cellules malades
Erika Check Hayden, "Cutting Off Cancer's Supply Lines", *Nature*, 20 avril 2009.

à détruire leurs mécanismes de défense
Nicholas Wade, "New Cancer Treatment Shows Promise in Testing", *New York Times*, 28 juin 2009.

à identifier et attaquer les cellules cancéreuses
Denise Grady, "An Immune System Trained to Kill Cancer", *New York Times*, 9 septembre 2011.

protéomique, technique de décodage
Henry Rodriguez, "Fast-Tracking Personalized Medicine. The New Proteomics Pipeline", R&D Directions, 2012, http://www.pharmalive.com/magazines/randd/view.cfm?articleID=9178#.

de l'ensemble des protéines transformées par le cancer
Danny Hillis, "Understanding Cancer Through Proteomics", TEDMED 2010, octobre 2010, http://www.ted.com/talks/danny_hillis_two_frontiers_of_cancer_treatment.html.

en fait plutôt un ensemble de pièces ou d'ingrédients
Ibid.

en reprogrammant des cellules capables de renforcer les capacités des muscles du cœur
Leila Haghighat, "Regenerative Medicine Repairs Mice from Top to Toe", *Nature*, 18 avril 2012.

dans le combat contre les maladies chroniques reste la modification des comportements
World Health Organization, *World Health Statistics*, 2011, p. 19.

s'étend maintenant de l'Amérique du Nord et de l'Europe occidentale au reste du monde.
Pedro C. Hallal *et al.*, "Global Physical Activity Levels. Surveillance Progress, Pitfalls, and Prospects", *Lancet*, vol. CCCLXXX, n° 9838, 2012, p. 247-257 ; Gretchen Reynolds, "The Couch Potato Goes Global", *New York Times*, Well blog, 18 juillet 2012, http://well.blogs.nytimes.com/2012/07/18/the-couch-potato-goes-global/.

les morts causées par la sédentarité sont plus nombreuses que celles dues à la cigarette
Pamela Das et Richard Horton, "Rethinking Our Approach to Physical Activity", *Lancet*, vol. CCCLXXX, n° 9838, 2012, p. 189-190 ; Reynolds, "The Couch Potato Goes Global".

qu'un décès sur dix dans le monde est causé par des maladies provoquées par une inactivité persistante
Pour différents articles sur l'activité et l'inactivité physique, voir *Lancet*, vol. CCCLXXX, n° 9838, 2012, i, p. 187-306 ; Matt Sloane, "Physical Inactivity Causes 1 in 10 Deaths Worldwide, Study Says", CNN, 18 juillet 2012, http://www.cnn.com/2012/07/18/health/physical-inactivity-deaths/index.html.

il existe déjà de nombreuses applications qui gardent trace du nombre de calories brûlées
David H. Freeman, "The Perfected Self", *Atlantic*, juin 2012.

certains capteurs peuvent même noter les périodes de sommeil profond ou de sommeil paradoxal
Mark Bowden, "The Measured Man", *Atlantic*, juillet-août 2012.

Les troubles de l'humeur et d'autres affections psychologiques sont aussi concernés par ces programmes de suivi
"Counting Every Moment", *Economist*, 3 mars 2012.

et d'avoir accès à leurs analyses génétiques afin de mieux gérer leurs besoins nutritionnels
April Dembosky, "Olympians Trade Data for Tracking Devices", *Financial Times*, 22 juillet 2012.

les applications sont toujours plus nombreuses
Gary Wolf, "The Data-Driven Life", *New York Times Magazine*, 28 avril 2010 ; "Counting Every Moment", *Economist*, 3 mars 2012 ; Freeman, "The Perfected Self".

et rapporter en continu des informations
Sharon Gaudin, "Nanotech Could Make Humans Immortal by 2040, Futurist Says", Computerworld, 1er octobre 2009 ; Bowden, "The Measured Man".

Le suivi permanent est une bonne recette pour se considérer comme malade
Bowden, "The Measured Man".

mais dont les interventions subséquentes tendaient à faire plus de bien que de mal
Gardiner Harris, "US Panel Says No to Prostate Screening for Healthy Men", *New York Times*, 7 octobre 2011.

sont aussi des outils particulièrement intéressants pour les assureurs
"Do Not Ask or Do Not Answer ?", *Economist*, 23 août 2007.

et les employeurs
Adam Cohen, "Can You Be Fired for Your Genes ?", *Time*, 2 février 2012.

de peur de perdre leur emploi ou leurs assurances médicales
Amy Harmon, "Insurance Fears Lead Many to Shun DNA Tests", *New York Times*, 24 février 2008.

loi qui interdit de dévoiler ou de dévoyer des informations génétiques personnelles
Cohen, "Can You Be Fired for Your Genes ?".

Mais la mise en place de cette loi est difficile
Amy Harmon, "Congress Passes Bill to Bar Bias Based on Genes", *New York Times*, 2 mai 2008 ; Cohen, "Can You Be Fired for Your Genes ?".

et son niveau d'efficacité est faible
Eric A. Feldman, "The Genetic Information Nondiscrimination Act (GINA). Public Policy and Medical Practice in the Age of Personalized Medicine", *Journal of General Internal Medicine*, n° 27, n° 6, juin 2012, p. 743-746.

et les employeurs payent la majorité des dépenses de santé
Harmon, "Insurance Fears Lead Many to Shun DNA Tests".

a bien du mal à garantir aux patients l'accès aux données
Amy Dockser Marcus et Christopher Weaver, "Heart Gadgets Test Privacy-Law Limits", *Wall Street Journal*, 28 novembre 2012.

et en dehors du cadre institutionnel
Freeman, "The Perfected Self".

la vague de la médecine personnalisée déferle à grande vitesse
Chad Terhune, "Spending on Genetic Tests is Forecast to Rise Sharply by 2021", *Los Angeles Times*, 12 mars 2012.

la prise en charge des soins préventifs dans le cadre du plan national de santé
"Preventive Services Covered under the Affordable Care Act", Healthcare.gov, 2012.

Comme chacun le sait, les États-Unis dépensent
Simon Rogers, "Healthcare Spending Around the World, Country by Country", *Guardian*, 30 juin 2012 ; Harvey Morris, "US Healthcare Costs More Than 'Socialized' European Medicine", *International Herald Tribune*, 28 juin 2012.

que n'importe quel autre pays
Morris, "US Healthcare Costs More Than 'Socialized' European Medicine".

et encore, des dizaines de millions de citoyens n'ont pas pas accès à une couverture santé même basique
Emily Smith et Caitlin Stark, "By the Numbers. Health Insurance", CNN, 28 juin 2012, http://edition.cnn.com/2012/06/27/politics/btn-health-care/index.html.

où les coûts d'intervention sont plus élevés
Sarah Kliff, "Romney was against Emergency Room Care Before he was for it", *Washington Post*, Ezra Klein's Wonkblog, 24 septembre 2012, http://www.washingtonpost.com/blogs/ezra-klein/wp/2012/09/24/romney-was-against-emergency-room-care-before-he-was-for-it/.

et les taux de réussite plus bas
Sarah Kliff, "The Emergency Department is Not Health Insurance", *Washington Post*, Ezra Klein's Wonkblog, 24 septembre 2012, http://www.washingtonpost.com/blogs/ezra-klein/wp/2012/09/24/the-emergency-department-is-not-health-insurance/.

Les réformes récemment engagées vont permettre de résoudre certains de ces défauts
Emily Oshima Lee, Center for American Progress, "How ObamaCare is Benefitting Americans", 12 juillet 2012, http://www.americanprogress.org/issues/healthcare/news/2012/07/12/11843/update-how-obamacare-is-benefiting-americans/.

mais les problèmes sous-jacents vont probablement continuer à empirer
US Government Accountability Office, "Federal Government Long-Term Fiscal Outlook. Spring 2012", 2 avril 2012, http://www.gao.gov/products/GAO-12-521SP.

Le commerce de l'assurance remonte à la plus haute antiquité, les assurances de l'époque étant similaires aux assurances décès d'aujourd'hui
LifeHealthPro, "Timeline. The History of Life Insurance", 2012, http://www.lifehealthpro.com/interactive/timeline/history/.
American Bank, "A Brief History of Insurance", juin 2011, http://www.american-bank.com/insurance/a-brief-history-of-insurance-part-3-roman-life-insurance/.

Les premières polices d'assurance modernes apparaissent au XVIIe siècle en Angleterre
Habersham Capital, "The History of Life Insurance and Life Settlements", 2012, http://www.habershamcapital.com/brief-no2-history.

Le développement d'un réseau ferré aux États-Unis dans les années 1860, conduisit à la création d'assurances contre les accidents
"Health Insurance", Encarta, 2009, http://www.webcitation.org/5kwqZV6V7.

lorsque les avancées médicales firent augmenter les coûts au-dessus de ce que nombre de clients pouvaient se permettre de payer
Timothy Noah, "A Short History of Health Care", *Slate*, 13 mars 2007, http://www.slate.com/articles/news and politics/chatterbox/2007/03/a short history of_health care.single.htm.

la Blue Cross pour régler l'hôpital et le Blue Shield pour payer le médecin
"Health Insurance", Encarta.

commencèrent à facturer les clients selon les risques potentiels
Noah, "A Short History of Health Care".

le président Franklin Roosevelt essaya par deux fois, en 1935 et en 1938
Kyle Noonan, New America Foundation, "Health Reform through History. Part I. The New Deal", 26 mai 2009, http://www.newamerica.net/blog/new-health-dialogue/2009/health-reform-through-history-part-i-new-deal-11961.

il redouta l'opposition de l'Association médicale américaine
Ibid.

que cela n'interfère avec des priorités plus urgentes
Paul Starr, "In Sickness and in Health", On the Media, 21 août 2009, http://www.onthemedia.org/2009/aug/21/in-sickness-and-in-health/transcript/.

La proposition de loi en 1939 du sénateur démocrate de New York Robert Wagner représenta une troisième chance inespérée de faire avancer le dossier mais Roosevelt choisit de ne pas soutenir la proposition
Noonan, "Health Reform through History. Part I. The New Deal".

Pendant la Seconde Guerre Mondiale, avec des salaires et des prix contrôlés
Noah, "A Short History of Health Care".

commencèrent à revendiquer de meilleures assurances santé dans leurs négociations avec les employeurs
"Health Insurance", Encarta.

chercha à raviver l'idée d'une assurance santé d'envergure nationale, mais l'opposition du Congrès

Starr, "In Sickness and in Health" ; Noonan, "Health Reform through History. Part I. The New Deal."

l'assurance prise en charge par l'employeur devint le modèle dominant aux États-Unis
Noah, "A Short History of Health Care".

de nouveaux programmes gouvernementaux furent mis en place afin de venir en aide à ces deux catégories
"Health Insurance", Encarta.

ceux qui avaient le plus besoin d'assurances étaient ceux qui avaient le plus de mal à en obtenir une puis à la payer
Noah, "A Short History of Health Care" ; "Health Insurance", Encarta.

près de 90 % des Américains souhaitent l'étiquetage des aliments génétiquement modifiés
Gary Langer, "Poll. Skepticism of Genetically Modified Foods", ABC News, 19 juin 2011, http://abcnews.go.com/Technology/story?id=97567&page =1#.UGIUS7S1Ndx.

le Congrès a adopté le point de vue défendu par les grandes entreprises agroalimentaires
Tom Philpott, "Congress' Big Gift to Monsanto", *Mother Jones*, 2 juillet 2012.

Notons toutefois que la majorité des pays européens a adopté cet étiquetage
Amy Harmon et Andrew Pollack, "Battle Brewing Over Labeling of Genetically Modified Food", *New York Times*, 25 mai 2012.

récente de la luzerne génétiquement modifiée
Ibid.

qui cultivent deux fois plus d'OGM que n'importe quel autre pays
International Service for the Acquisition of Agri-Biotech Applications, ISAAA Brief 43-2011, Global Status of Commercialized Biotech/GM Crops, 2011, http://www.isaaa.org/resources/publications/briefs/43/executivesummary/default.asp.

En 2012, les Californiens ont répondu non à un référendum sur l'étiquetage
Andrew Pollack, "After Loss, the Fight to Label Modified Food Continues", *New York Times*, 7 novembre 2012.

tant qu'approximativement 70 % de la nourriture vendue aux États-Unis contient des OGM, la controverse n'est pas prêt de s'éteindre
Harmon et Pollack, "Battle Brewing Over Labeling of Genetically Modified Food" ; Richard Shiffman, "How California's GM Food Referendum May Change What America Eats", *Guardian*, 13 juin 2012 ; Center for Food Safety, "Genetically Engineered Crops", http://www.centerforfoodsafety.org/campaign/genetically-engineered-food/crops/.

Mais, comme le soulignent certains défenseurs enthousiastes, la modification génétique des plantes et des animaux n'est pas une nouveauté
Michael Antoniou, Claire Robinson et John Fagan, "GMO Myths and Truths, Version 1.3", juin 2012, http://earthopensource.org/files/pdfs/GMO Myths and_Truths/GMO Myths_and_Truths_1.3a.pdf, p. 21 ; Council for Biotechnology Information, "Myths & Facts. Plant Biotechnology", http://www.whybiotech.com/resources/myths_plant-biotech.asp#16.

modifiées par les générations successives depuis l'âge de la pierre, modifications obtenues par croisements et sélections qui ont modifié la structure génétique des plantes et animaux
Council for Biotechnology Information, "Myths & Facts. Plant Biotechnology".

ont accéléré les modifications génétiques des plantes en domestiquant les céréales
Anne Cook, "Borlaug. Will Farmers Be Permitted to Use Biotechnology ?", *Knight Ridder/Tribune*, 14 juin 2001.

nous ne faisons qu'accélérer et rendre plus efficientes des pratiques anciennes
Council for Biotechnology Information, "Myths & Facts. Plant Biotechnology".

n'a jamais produit d'augmentation intrinsèque des récoltes de céréales
Doug Gurian-Sherman, *Failure to Yield*, Cambridge, Union of Concerned Scientists, 2009.

ils soulèvent à propos des écosystèmes des inquiétudes qui ne peuvent être écartées
Michael Faure et Andri Wibisana, "Liability for Damage Caused by GMOs. An Economic Perspective", *Georgetown International Environmental Law Review*, vol. XXIII, n° 1, 2010, p. 1-69.

car cela bouleverse le schéma standard du code génétique et peut entraîner des mutations imprévisibles
Antoniou, Robinson et Fagan, "GMO Myths and Truths, Version 1.3".

sous le nom de FLAVR SAVR
G. Bruening et J.M. Lyons, "The Case of the FLAVR SAVR Tomato", *California Agriculture*, juillet-août 2000.

modifiée pour rester ferme plus longtemps après la cueillette
Ibid.

consommateurs furent très réticents
Ibid.

car on cherchait à faire des tomates avec un fond plus plat, moins rond, ceci devant faciliter la mécanisation de la récolte
"Square Tomato", Davis Wiki, 2012, http://daviswiki.org/square tomato.

que les amoureux de la tomate accusent d'avoir entraîné une diminution catastrophique du goût
Dan Charles, "How the Taste of Tomatoes Went Bad (and Kept On Going)", NPR, 28 juin 2012, http://www.npr.org/blogs/thesalt/2012/06/28/155917345/how-the-taste-of-tomatoes-went-bad-and-kept-on-going ; Kai Kupferschmidt, "How Tomatoes Lost Their Taste", ScienceNOW, 28 juin 2012, http://news.sciencemag.org/sciencenow/2012/06/how-tomatoes-lost-their-taste.html.

près de 11 % des terres mondiales
Matthew Weaver, "Report. World Embraces Biotech Crops", *Capital Press*, 1er mars 2012.

le nombre d'hectares plantés en OGM a été multiplié par cent
International Service for the Acquisition of Agri-Biotech Applications, "Pocket K No. 16. Global Status of Commercialized Biotech/GM Crops in 2011", http://www.isaaa.org/resources/publications/pocketk/16/default.asp.

Les États-Unis sont de loin le plus gros producteur mondial de céréales OGM
International Service for the Acquisition of Agri-Biotech Applications, ISAAA Brief 43-2011, Global Status of Commercialized Biotech/GM Crops, 2011, http://www.isaaa.org/resources/publications/briefs/43/executivesummary/default.asp.

tolérer le Roundup, herbicide fabriqué par Monsanto
Ibid. ; "Monsanto Strong-Arms Seed Industry", Associated Press, 4 janvier 2011.

Le maïs arrive en deuxième position, même s'il est en tête aux États-Unis
International Service for the Acquisition of Agri-Biotech Applications, ISAAA Brief 43-2011, Global Status of Commercialized Biotech/GM Crops, 2011.

États-Unis où 95 % du soja
"Monsanto Strong-Arms Seed Industry", Associated Press, 4 janvier 2011.

graines sous licence que les agriculteurs doivent acheter à Monsanto ou à ses filiales
International Service for the Acquisition of Agri-Biotech Applications, ISAAA Brief 43-2011, Global Status of Commercialized Biotech/GM Crops, 2011.

suivi par le colza
E. S. Oplinger *et al.*, "Canola (Rapeseed)", *Alternative Field Crops Manual*, 1989, http://www.hort.purdue.edu/newcrop/afcm/canola.html.

ne remonte qu'aux trois premières générations de cette technologie
J. Fernandez-Cornejo et M. Caswell, "The First Decade of Genetically Engineered Crops in the United States", US Department of Agriculture, Economic Research Service, 2006 ; Gurian-Sherman, *Failure to Yield.*

L'introduction de gènes qui donnent au maïs
Gurian-Sherman, *Failure to Yield.*

l'introduction de gènes qui permettent à ces plantes
Ibid. "Monsanto Strong-Arms Seed Industry", Associated Press ; Beverly Bell, "Haitian Farmers Commit to Burning Monsanto Hybrid Seeds", *Huffington Post*, 17 mai 2010, http://www.huffingtonpost.com/beverly-bell/haitian-farmers-commit-to_b_578807.html.

L'introduction de gènes qui améliorent la résistance à la sécheresse
Fernandez-Cornejo et Caswell, "The First Decade of Genetically Engineered Crops in the United States". It is worth noting that plant geneticists have also engineered a new variety of rice designed to survive complete submergence in water for more than two weeks ; it is now being tested in rice fields in the Philippines that have been hit hard by flooding.

ont d'abord vu des réductions de leurs coûts de production
National Research Council, "Impact of Genetically Engineered Crops on Farm Sustainability in the United States", 2010.

capables de produire leur propre insecticide
Ibid. ; Calestous Juma, "Agricultural Biotechnology. Benefits, Opportunities and Leadership", Testimony to the US House of Representatives, Committee on Agriculture, Subcommittee on Rural Development, Research, Biotechnology and Foreign Agriculture, 23 juin 2011, http://belfercenter.ksg.harvard.edu/files/juma-house-testimony-june-23-2011-rev.pdf.

a permis à l'Inde de devenir une nation exportatrice
Juma, "Agricultural Biotechnology".

ont commencé à protester contre le coût trop élevé des graines OGM
Gargi Parsai, "Protests Mark 10th Anniversary of Bt Cotton", *Hindu*, 27 mars 2012 ; Zia Haq, "Ministry Blames Bt Cotton for Farmer Suicides", *Hindustan Times*, 26 mars 2012.

en plein champ soient immédiatement suspendus
Pallava Bagla, "India Should Be More Wary of GM Crops, Parliamentary Panel Says", *ScienceInsider*, août 2012.

montrant que les rendements n'augmentent absolument pas
National Research Council, "Impact of Genetically Engineered Crops on Farm Sustainability in the United States", 2010.

à des changements imprévus dans le code génétique des plantes
Gurian-Sherman, *Failure to Yield*.

et une plus grande résistance à la sécheresse
Entretien avec l'auteur.

la promesse de rendements améliorés en situation de sécheresse
Union of Concerned Scientists, "High and Dry", mai 2012, http://www.ucsusa.org/assets/documents/food_and_agriculture/high-and-dry-summary.pdf.

il y a un intérêt majeur à découvrir des souches résistantes, particulièrement de maïs
Gurian-Sherman, *Failure to Yield* ; Andrew Pollack, "Drought Resistance Is the Goal, but Methods Differ", *New York Times*, 23 octobre 2008.

de complexes combinaisons de gènes qui ne sont pas encore bien connues
"Why King Corn Wasn't Ready for the Drought", *Wired*, 9 août 2012.

sont pour le moins limitées
Union of Concerned Scientists, "High and Dry".

l'introduction de gènes qui renforcent la valeur nutritionnelle des plantes
Fernandez-Cornejo et Caswell, "The First Decade of Genetically Engineered Crops in the United States".

un maïs contenant plus de protéines qui est surtout employé pour nourrir le bétail
Calestous Juma, *The New Harvest. Agricultural Innovation in Africa*, New York, Oxford University Press, 2011.

le développement de nouvelles souches de riz capables de produire plus de vitamines
Juma, "Agricultural Biotechnology. Benefits, Opportunities and Leadership".

à développer la résistance des plantes à certains virus et à certains champignons
Pamela C. Ronald et James E. McWilliams, "Genetically Engineered Distortions", *New York Times*, 14 mai 2010.

La troisième génération d'OGM, qui vient juste d'être commercialisée
Fernandez-Cornejo et Caswell, "The First Decade of Genetically Engineered Crops in the United States".

contenant beaucoup de cellulose et de lignine
National Research Council, "Impact of Genetically Engineered Crops on Farm Sustainability in the United States" ; Fernandez-Cornejo et Caswell, "The First Decade of Genetically Engineered Crops in the United States" ; Fuad Hajji, "Engineering Renewable Cellulosic Thermoplastics", *Reviews in Environmental Science and Biotechnology*, vol. X, n° 1, 2011, p. 25-30.

dans un monde dont la population en croissance perpétuelle exige toujours plus de nourriture
Hajji, "Engineering Renewable Cellulosic Thermoplastics".

ce qui est loin d'être fait au vu de la complexité du problème
Matt Ridley, "Getting Crops Ready for a Warmer Tomorrow", *Wall Street Journal*, 6 juillet 2012.

une réduction temporaire des pertes dues aux insectes
Gurian-Sherman, *Failure to Yield* ; Antoniou, Robinson et Fagan, "GMO Myths and Truths, Version 1.3".

Comité national de la bioéconomie
Andrew Pollack, "White House Promotes a Bioeconomy", *New York Times*, 26 avril 2012.

et deviennent résistants aux insecticides et aux pesticides
National Research Council, "Impact of Genetically Engineered Crops on Farm Sustainability in the United States" ; Faure et Wibisana, "Liability for Damage Caused by GMOs" ; Antoniou, Robinson et Fagan, "GMO Myths and Truths, Version 1.3".

à savoir la mutation de nouvelles souches d'insectes fortement résistants aux insecticides
Faure et Wibisana, "Liability for Damage Caused by GMOs" ; Antoniou, Robinson et Fagan, "GMO Myths and Truths, Version 1.3".

génétiquement modifiées pour résister justement à ces herbicides
National Research Council, "Impact of Genetically Engineered Crops on Farm Sustainability in the United States".

développement de la résistance des parasites, le recours aux herbicides et pesticides augmente
Antoniou, Robinson et Fagan, "GMO Myths and Truths, Version 1.3".

même si les défenseurs des OGM contestent leurs analyses
Council for Biotechnology Information, "Myths & Facts. Plant Biotechnology", http://www.whybiotech.com/resources/myths_plantbiotech.asp.

herbicides plus puissants et donc plus dangereux
Antoniou, Robinson et Fagan, "GMO Myths and Truths, Version 1.3".

celui des herbicides environ 17,5 milliards
Clive Cookson, "Agrochemicals. Innovation Has Slowed Since Golden Age of the 1990s", *Financial Times*, 13 octobre 2011.

l'herbicide très destructeur utilisé par l'armée américaine lors de la guerre du Vietnam pour déforester
"'Agent Orange Corn' Debate Rages as Dow Seeks Approval of New Genetically Modified Seed", *Huffington Post*, 26 avril 2012, http://www.huffingtonpost.com/2012/04/26/enlist-dow-agent-orange-corn_n_1456129.html.

de perturbations endocriniennes, de problèmes de reproduction, de neurotoxicité ou d'immunosuppression
Ibid.

L'asclépiade, plante dont dépend presque entièrement le papillon monarque, a subi un déclin de près de 60 % dans les régions agricoles durant la dernière décennie
Tom Philpott, "Researchers. GM Crops Are Killing Monarch Butterflies, After All", *Mother Jones*, 21 mars 2012.

à cause de l'expansion des surfaces cultivées en céréales modifiées pour supporter le Roundup

Ned Potter, “Are Monarch Butterflies Threatened by Genetically Modified Crops ?”, ABC News, 13 juillet 2011, http://abcnews.go.com/Technology/monarch-butterflies-genetically-modified-gm-crops/story?id=14057436#.UA2kPUQ-KF4 ; Philpott, “Researchers. GM Crops Are Killing Monarch Butterflies, After All”.

ont un impact négatif sur au moins une sous-espèce du monarque
Faure et Wibisana, “Liability for Damage Caused by GMOs”.

Bien que les tenants des OGM aient minimisé ces effets
Potter, “Are Monarch Butterflies Threatened by Genetically Modified Crops ?” ; Monsanto, “Frequently Asked Questions”, http://www.monsanto.com/hawaii/Pages/faqs-hawaii.aspx.

ont attribué à un nouveau groupe de pesticides, les néonicotinoïdes
Elizabeth Kolbert, “Silent Hives”, *New Yorker*, 20 avril 2012.

ont créé de fortes inquiétudes parmi les apiculteurs depuis la première manifestation en 2006
Ibid.

Environ un tiers de ce nous mangeons vient directement ou indirectement de la pollinisation
US Department of Agriculture, Agricultural Research Service, “Questions and Answers. Colony Collapse Disorder”, 17 décembre 2010, http://www.ars.usda.gov/News/docs.htm?docid=15572.

puisque leurs graines modifiées doivent être rachetées chaque année par les agriculteurs
Science Museum (UK), “Who Benefits from GM ?”, http://www.sciencemuseum.org.uk/antenna/futurefoods/debate/debateGM CIPbusiness.asp.

pourrait y introduire des gènes qui n’entrent pas dans les plans de l’entreprise
Miriam Jordan, “The Big War Over a Small Fruit”, *Wall Street Journal*, 13 juillet 2012.

de les polliniser avec du pollen de citrons à pépins
Ibid.

les principaux produits agricoles
Union of Concerned Scientists, “Industrial Agriculture. Features and Policy”, 17 mai 2007, http://www.ucsusa.org/food_and_agriculture/science_and_impacts/impacts industrial_agriculture/industrial-agriculture-features.html.

la dépendance à la monoculture rend l’agriculture très vulnérable aux parasites
Ibid.

blé a commencé à attaquer les champs en Ouganda
“Scientists in Kenya Try to Fend Off Disease Threatening World’s Wheat Crop”, PBS NewsHour, 28 décembre 2011, http://www.pbs.org/newshour/bb/globalhealth/july-dec11/wheat_12-28.html.

De la même manière, le manioc
Donald G. McNeil Jr., “Virus Ravages Cassava Plants in Africa”, *New York Times*, 1er juin 2010.

dont la vitesse de diffusion est sans précédent et les agriculteurs sont réellement désespérés
Ibid.

en Irlande, crise en partie due à la lourde dépendance de l'Irlande à la monoculture d'une pomme de terre andine
Nicholas Wade, "Testing Links Potato Famine to an Origin in the Andes", *New York Times*, 7 juin 2011.
Union of Concerned Scientists, "Industrial Agriculture. Features and Policy".

il n'y a guère eu, de manière surprenante, de discussions sur l'énorme travail en cours sur les arbres génétiquement modifiés
Clive Cookson, "Barking Up the Right GM Tree ?", *Financial Times*, 20 juillet 2012.

d'une technique qui permet de transférer des gènes d'une espèce à une autre
National Research Council, "Emerging Technologies to Benefit Farmers in Sub-Saharan Africa and South Asia", 2009.

Cette hormone de croissance artificielle injectée chaque jour aux vaches reste très controversée
Carina Storrs, "Hormones in Food. Should You Worry ?", Health.com/Huffington Post, 19 janvier 2011.

ces taux élevés d'IGF et un risque significatif de cancer de la prostate et certaines formes de cancer du sein
Ibid.

une campagne pour l'étiquetage du lait contenant cette hormone
Andrew Martin, "Consumers Won't Know What They're Missing", *New York Times*, 11 novembre 2007.

a eu pour effet une forte diminution de sa consommation
Dan Shapley, "Eli Lilly Buys Monsanto's Dairy Hormone Business", *Daily Green*, 20 août 2008, http://www.thedailygreen.com/healthy-eating/eat-safe/rbst-hormones-milk-470820 ; "Safeway Milk Free of Bovine Hormone", Associated Press, 21 janvier 2007.

dans des embryons de vaches laitières
Haze Fan et Maxim Duncan, "Cows Churn Out 'Human Breast Milk'", Reuters, 16 juin 2011.

National Institute of Agribusiness Technology de Buenos Aires prétendent même avoir amélioré le processus
Robin Yapp, "Scientists Create Cow That Produces 'Human' Milk", *Telegraph*, 11 juin 2011.

animal transgénique spécifiquement pour la consommation humaine
Harmon et Pollack, "Battle Brewing Over Labeling of Genetically Modified Food".

un saumon modifié avec un gène d'hormone de croissance
Andrew Pollack, "Panel Leans in Favor of Engineered Salmon", *New York Times*, 20 septembre 2010.

en est une croissance deux fois plus rapide
Randy Rieland, "Food, Modified Food", *Smithsonian*, 29 juin 2012.

de possibles taux d'IGF-1 élevés
Storrs, "Hormones in Food. Should You Worry ?".

pourraient se reproduire avec des saumons sauvages, ce qui aurait pour effet de modifier l'espèce d'une façon non souhaitée

Pollack, “Panel Leans in Favor of Engineered Salmon” ; Bill Chameides, “Genetically Modified Salmon. The Meta-Question”, *New Scientist*, 23 novembre 2010.

afin de réduire la quantité de phosphore dans leurs déjections.
Andrew Pollack, “Move to Market Gene-Altered Pigs in Canada is Halted”, *New York Times*, 4 avril 2012.

Ils ont baptisé leur création « Enviroporc »
University of Guelph, “Enviropig™”, http://www.uoguelph.ca/enviropig/index.shtml.

car le phosphore est la cause de proliférations d’algues
University of Guelph, “Environmental Benefits”, http://www.uoguelph.ca/enviropig/environmental benefits.shtml.

ont fini par abandonner leur projet et ont euthanasié les porcs
Pollack, “Move to Market Gene-Altered Pigs in Canada is Halted.”

chercheurs travaillaient sur une enzyme, la phytase
Clive Cookson, “Agrochemicals. Innovation Has Slowed Since Golden Age of the 1990s”, *Financial Times*, octobre 2011.

ajoutée à la nourriture des porcs
Pollack, “Move to Market Gene-Altered Pigs in Canada is Halted”.

pour travailler sur des insectes comme le charançon du coton
Henry Nicholls, “Swarm Troopers. Mutant Armies Waging War in the Wild”, *New Scientist*, 12 septembre 2011.

ou le moustique
Michael Specter, “The Mosquito Solution”, *New Yorker*, 9 et 16 juillet 2012, p. 38-46.

espèce du moustique vecteur de la dengue
Nicholls, “Swarm Troopers”.

La larve, ne disposant pas de tétracycline, mourra avant même de pouvoir voler
Andy Coghlan, “Genetically Altered Mosquitoes Thwart Dengue Spreaders”, *New Scientist*, 11 novembre 2010 ; Nicholls, “Swarm Troopers”.

a proposé de relâcher un grand nombre de ses moustiques à Key West en Floride où venait de se produire une épidémie de dengue en 2010
Specter, “The Mosquito Solution”.

ne soient la cause d’effets perturbateurs et imprévisibles sur l’écosystème
Nicholls, “Swarm Troopers” ; Specter, “The Mosquito Solution”.

qu’une petite partie de la descendance parvient à survivre
Nicholls, “Swarm Troopers” ; Specter, “The Mosquito Solution” ; Andrew Pollack, “Concerns Are Raised About Genetically Engineered Mosquitoes”, *New York Times*, 31 octobre 2011.

ne dispersent leurs nouvelles caractéristiques aux populations de moustiques standards
Nicholls, “Swarm Troopers” ; Specter, “The Mosquito Solution”.

pourraient avoir un impact sérieux sur le mode de fonctionnement de certaines maladies infectieuses
Tim Sandle, “Link between Dengue Fever and Climate Change in the US”, Digital Journal, 7 juillet 2012, http://digitaljournal.com/print/article/328094.

La dengue, qui affecte maintenant 100 millions de personnes tous les ans
World Health Organization, *Dengue and Severe Dengue Fact Sheet*, janvier 2012, http://www.who.int/mediacentre/factsheets/fs117/en/.

responsable de milliers de morts
Yenni Kwok, "Across Asia, Dengue Fever Cases Reach Record Highs", *Time*, 24 septembre 2010.

« fièvre des os cassés »
Gardiner Harris, "As Dengue Fever Sweeps India, a Slow Response Stirs Experts' Fears", *New York Times*, 6 novembre 2012.

en raison des douleurs extrêmes qu'elle inflige aux muscles et aux articulations
Margie Mason, "Dengue Fever Outbreak Hits Parts of Asia", Associated Press, 26 octobre 2007.

ont émergé simultanément en Asie, aux Amériques et en Afrique au XVIIIe siècle
Suzanne Moore Shepherd, "Dengue", *Medscape Reference*, http://emedicine.medscape.com/article/215840-overview.

la maladie fut largement contenue jusqu'à la Seconde Guerre mondiale
Ibid.

qu'elle fut disséminée involontairement pendant et après la guerre sur les autres continents
Ibid. ; Thomas Fuller, "The War on Dengue Fever", *New York Times*, 3 novembre 2008.

Aujourd'hui, en 2012, rien qu'en Inde, on compte 37 millions de cas
Harris, "As Dengue Fever Sweeps India, a Slow Response Stirs Experts' Fears".

le domaine de la dengue s'est toutefois limité aux régions tropicales ou subtropicales
Jennifer Kyle et Eva Harris, "Global Spread and Persistence of Dengue", *Annual Review of Microbiology*, n° 62, 2008, p. 71-92.

que la dengue va probablement se répandre dans le sud des États-Unis
Sandle, "Link between Dengue Fever and Climate Change in the US".

comme le VIH
Jim Robbins, "The Ecology of Disease", *New York Times*, 15 juillet 2012. L'extension des zones d'élevages à proximité de terres occupées par des animaux sauvages a provoqué la contamination des animaux domestiques, puis des personnes. Les animaux sauvages porteurs de la grippe aviaire contaminent les animaux domestiques. Il y a quatre-vingt-dix ans, les êtres humains ont été contaminés par le virus après avoir consommé de la viande de chimpanzé revendue par des chasseurs. Le virus Ebola, extrêmement meurtrier, a été identifié pour la première fois en 1976 dans la zone frontalière qui sépare le sud-ouest du Soudan et le nord-est de la République démocratique du Congo. Il était porté par des chimpanzés, des gorilles, des singes, des antilopes et des chauves-souris.

ou placés à proximité de troupeaux fermiers
Ibid.

60 % des nouvelles maladies infectieuses qui mettent en danger les humains ont une origine animale
Sonia Shah, "The Spread of New Diseases. The Climate Connection", *Yale Environment*, n° 360, 15 octobre 2009.

dont le nombre est dix fois supérieur à celui de nos cellules
Robert Stein, “Finally, a Map of All the Microbes on Your Body”, NPR, 13 juin 2012, http://www.npr.org/blogs/health/2012/06/13/154913334/finally-a-map-of-all-the-microbes-on-your-body.

avec approximativement 100 000 milliards de microbes
Carl Zimmer, “Tending the Body’s Microbial Garden”, *New York Times*, 19 juin 2012.

porteurs de trois millions de gènes non humains
“Microbes Maketh Man”, *Economist*, 21 avril 2012, http://www.economist.com/node/21560559.

ont publié le séquençage de cette communauté bactérienne
Human Microbiome Project Consortium, “A Framework for Human Microbiome Research”, *Nature*, 14 juin 2012.

qu’il en existe trois types principaux – un peu comme les groupes sanguins –, types que l’on retrouve dans toutes les races et chez toutes les appartenances ethniques
Robert T. Gonzalez, “10 Ways the Human Microbiome Project Could Change the Future of Science and Medicine”, io9, 25 juin 2012, http://io9.com/5920874/10-ways-the-human-microbiome-project-could-change-the-future-of-science-and-medicine.

cette équipe a identifié dans ces organismes 8 millions de gènes
Rosie Mestel, “Microbe Census Maps Out Human Body’s Bacteria, Viruses, Other Bugs”, *Los Angeles Times*, 13 août 2012.

La régulation du système immunitaire est une des fonctions du microbiome, notamment durant la petite enfance et l’enfance
James Randerson, “Antibiotics Linked to Huge Rise in Allergies”, *New Scientist*, 27 mai 2004, http://www.newscientist.com/article/dn5047-antibiotics-linked-to-huge-rise-in-allergies.html.

la flore microbienne intestinale est le bras armé du système immunitaire
Ibid.

apprend à distinguer avec précision les envahisseurs et les cellules saines
National Institute of Arthritis and Musculoskeletal and Skin Diseases, *Understanding Autoimmune Diseases*, septembre 2010, http://www.niams.nih.gov/health_info/autoimmune/default.asp.

contribuant ainsi à l’apparition croissante de nombreuses maladies auto-immunes
Martin Blaser, “Antibiotic Overuse. Stop the Killing of Beneficial Bacteria”, *Nature*, 25 août 2011 ; Mette Norgaard *et al.*, Aarhus University Hospital, “Use of Penicillin and Other Antibiotics and Risk of Multiple Sclerosis. A Population-Based Case-Control Study”, *American Journal of Epidemiology*, vol. CLXXIV, n° 8, 2011, p. 945-948.

le diabète de type 1
Blaser, “Antibiotic Overuse”.

la sclérose en plaques
Norgaard *et al.*, “Use of Penicillin and Other Antibiotics and Risk of Multiple Sclerosis”.

la maladie de Crohn ou la colite ulcéreuse
“Antibiotic Use Tied to Crohn’s, Ulcerative Colitis”, Reuters, 27 septembre 2011.

Le système immunitaire humain n’est pas totalement développé à la naissance
Zimmer, “Tending the Body’s Microbial Garden”.

il se développe et s'affine après la naissance
Ibid.

les humains constituant, parmi tous les animaux, l'espèce qui a la plus longue période infantile
Alison Gopnik, *The Philosophical Baby. What Children's Minds Tell us About Truth, Love, and the Meaning of Life*, New York, Farrar, Straus & Giroux, 2009.

cette période permettant un développement rapide du cerveau
David F. Bjorklund, *Why Youth Is Not Wasted on the Young. Immaturity in Human Development*, Malden, Blackwell, 2007.

en interaction avec l'environnement
Gopnik, *The Philosophical Baby*.

afin que ceux-ci détruisent les bactéries ou les virus envahisseurs
National Institute of Arthritis and Musculoskeletal and Skin Diseases, *Understanding Autoimmune Diseases*, septembre 2010.

les antibiotiques ne sont pas capables de faire la différence entre les bonnes et les mauvaises bactéries
Zimmer, "Tending the Body's Microbial Garden".

Julie Segre, une chercheuse expérimentée
Ibid.

deux hormones clés de l'estomac humain qui sont impliquées dans le contrôle des flux énergétiques et de l'appétit
Blaser, "Antibiotic Overuse".

***H. pylori* est présente dans les estomacs humains**
Kate Murphy, "In Some Cases, Even Bad Bacteria May Be Good", *New York Times*, 31 octobre 2011.

elle était le microbe le plus commun dans la plupart des estomacs humains
Martin Blaser, "Antibiotic Overuse".

peut éliminer *H. pylori* dans 25 à 50 % des cas.
Ibid.

***H. pylori* joue un rôle aussi bien dans les gastrites que dans les ulcères**
Murphy, "In Some Cases, Even Bad Bacteria May Be Good".

sont plus susceptibles que les autres de développer, pendant l'enfance, de l'asthme, le rhume des foins ou des allergies cutanées
Blaser, "Antibiotic Overuse".

Son absence est également associée aux reflux gastriques
Ibid.

***H. pylori* dans l'estomac des souris concourt à les protéger contre l'asthme**
Murphy, "In Some Cases, Even Bad Bacteria May Be Good".

de 160 % au cours des deux dernières décennies
Randerson, "Antibiotics Linked to Huge Rise in Allergies".

la ghréline, est un stimulant de l'appétit.
Murphy, "In Some Cases, Even Bad Bacteria May Be Good".

déclenchées par des microbes normalement tenus sous contrôle par les bactéries bénéfiques
Zimmer, “Tending the Body’s Microbial Garden”.

une amélioration immédiate une fois la flore microbienne restaurée
Ibid.

CHAPITRE 6

dans la très mince couche atmosphérique qui entoure notre planète
Glen Peters *et al.*, “Rapid Growth in CO2 Emissions After the 2008-2009 Global Financial Crisis”, *Nature Climate Change*, n° 2, 2012, p. 2-4.

qui ont commencé à s’accumuler la révolution industrielle et qui ont grossi à un rythme toujours plus rapide
Les calculs d’origine provenaient de : Scott Mandia, “Global Warming. Man or Myth. And You Think the Oil Spill is Bad ?”, 17 juin 2010, http://profmandia.wordpress.com/2010/06/17/and-you-think-the-oil-spill-is-bad/. Ils ont été révisés pour refléter les estimations scientifiques du nombre de barils par jour. Source : Marcia McKnutt *et al.*, “Review of Flow Rate Estimates of the Deepwater Horizon Oil Spill”, *Proceedings of the National Academy of Sciences*, 20 décembre 2011.

l’extinction de 20 à 50 % de toutes les espèces vivantes avant la fin du siècle
Nicholas Stern, *The Economics of Climate Change. The Stern Review*, New York, Cambridge University Press, 2007.

équivalente à 400 000 bombes d’Hiroshima
James Hansen, “Why I Must Speak Out About Climate Change”, TED Talks, février 2012.

sont maintenant compétitifs avec les prix moyens de l’électricité
“Commercial Solar Now Cost-Competitive in US”, CleanTechnica, 20 juin 2012, http://cleantechnica.com/2012/06/20/commercial-solar-now-cost-competitive-us/ ; “Wind Innovations Drive Down Costs, Stock Prices”, Bloomberg, 14 mars 2012, http://go.bloomberg.com/multimedia/wind-innovations-drive-down-costs-stock-prices/ ; “Grid Parity and Beyond. Brazilian Wind Energy Supported by Turbines Manufactured at ‘Chinese Prices’ ”, CleanTechInvestor, 29 août 2011, http://www.cleantechinvestor.com/events/es/bwec-blog/301-grid-parity-and-beyond-brazilian-wind-energy-supported-by-turbines-manufactured-at-chinese-prices-.html.

les énergies renouvelables constitueront en 2015 la seconde source d’énergie
International Energy Agency, World Energy Outlook 2012.

la Terre reçoit du soleil chaque heure plus d’énergie qu’il n’en faut pour toute la consommation mondiale annuelle
Nathan Lewis et Daniel Nocera, “Powering the Planet. Chemical Challenges in Solar Energy Utilization”, *Proceedings of the National Academy of Sciences*, n° 103, octobre 2006, p. 15729-15735.

Il en va de même pour l’énergie éolienne potentielle, qui dépasse largement le total des besoins du monde
Xi Lu *et al.*, “Global Potential for Wind-Generated Electricity”, *Proceedings of the National Academy of Sciences*, n° 106, juin 2009, p. 10933-10938.

l'Allemagne a connu plusieurs périodes où plus de la moitié de son électricité provenait de sources renouvelables
Reuters, "Solar Power Generation World Record Set in Germany", *Guardian*, 28 mai 2012.

près de 50 % de l'électricité mondiale produite en photovoltaïque
Fiona Harvey, "Renewable Energy Can Power the World, Says Landmark IPCC Study", *Guardian*, 9 mai 2011.

ont dépassé les investissements dans les énergies fossiles (187 milliards de dollars contre 157 milliards)
Alex Morales, "Renewable Power Trumps Fossils for First Time as UN Talks Stall", Bloomberg News, 25 novembre 2011.

les installations photovoltaïques ont augmenté de 102 % par rapport à l'année précédente
Climate Guest Blogger, "Solar is the 'Fastest Growing Industry in America' and Made Record Cost Reductions in 2010", Think Progress ClimateProgress, 16 septembre 2011, http://thinkprogress.org/climate/2011/09/16/321131/solar-fastest-growing-industry-in-america-and-made-record-cost-reductions/.

car 30 % environ de toutes les émissions de CO_2 proviennent des bâtiments
Harvard Center for Health and the Global Environment, "The Built Environment", http://chge.med.harvard.edu/topic/built-environment.

plus que deux tiers de ceux dont nous aurons besoin en 2050 ne sont pas encore construits
Alexis Biller et Chris Phillips, "The Role of Engineering in the Built Environment", Institution of Engineering and Technology lecture, Londres, 26 novembre 2009.

30 % de l'énergie consommée dans les bâtiments à usages commerciaux est perdue
A Better Building. A Better Bottom Line. A Better World, Environmental Protection Agency brochure, 2010, http://www.energystar.gov/ia/partners/publications/pubdocs/C+I_brochure.pdf.

les experts militaires et les experts en sécurité nationale se sont depuis longtemps inquiété du réchauffement global, beaucoup plus que la plupart des élus
"Climate Change May Challenge National Security, Classified Report Warns", *Science Daily*, 26 juin 2008, http://www.sciencedaily.com/releases/2008/06/080625090302.htm.

notre gouvernement, nos institutions et nos frontières
Don Belt, "The Coming Storm. Bangladesh", *National Geographic*, mai 2005.

ont été la cause directe de graves crises humaines
David Zhang et Harry Lee, "The Causality Analysis of Climate Change and Large-Scale Human Crisis", *Proceedings of the National Academy of Sciences* ; n° 108, mars 2011, p. 17296-17301.

la disparition de la civilisation maya en Amérique centrale et de la colonisation temporaire du sud du Groenland par des paysans scandinaves
Scott Mandia, Suffolk University, "Vikings During the Medieval Warm Period", http://www2.sunysuffolk.edu/mandias/lia/vikings during mwp.html ; Brian Fagan, *The Long Summer. How Climate Changed Civilization*, New York, Basic Books, 2004, p. 236.

les Esquimaux, enveloppés de fourrures, purent se rendre en kayak jusqu'en Écosse ; plus loin au sud, des millions de personne moururent

Scott Mandia, Suffolk University, "The Little Ice Age in Europe", http://www2.sunysuffolk.edu/mandias/lia/little_ice_age.html.

une série d'événements conduisant à la peste noire
Lei Xu *et al.*, "Nonlinear Effect of Climate on Plague During the Third Pandemic in China", *Proceedings of the National Academy of Sciences*, 4 mai 2011.

L'énorme éruption du volcan indonésien Tambora
"Volcanic Eruption, Tambora", *Encyclopedia of Global Environmental Change*, Chichester, Wiley, 2002, p. 737-738.

25 % du CO_2 que nous diffusons annuellement dans l'atmosphère
David Archer et Victor Brovkin, "The Millennial Atmospheric Lifetime of Anthropogenic CO2", *Climatic Change*, n° 90, 2008, p. 283-297 ; correspondance avec Daniel Schrag, 19 janvier 2011.

neuf des dix années les plus chaudes jamais enregistrées appartiennent à la dernière décennie
NASA, "NASA Finds 2011 Ninth-Warmest Year on Record", 19 janvier 2012, http://www.nasa.gov/topics/earth/features/2011-temps.html.

les immenses inondations du Pakistan qui ont déplacé 20 millions de personnes
"Pakistan Floods Leave 20 Million Homeless", CBC News, 14 août 2010, http://www.cbc.ca/news/world/story/2010/08/14/pakistan-floods-homeless.html.

en 2003, en Europe, des vagues de chaleur sans précédent ont tué 70 000 personnes
J. Robine *et al.*, "Death Toll Exceeded 70,000 in Europe During Summer of 2003", *Comptes Rendus Biologies*, février 2008.

en 2010, 55 000 personnes sont mortes en Russie
"World Disasters Report. 2010 Death Toll Highest in Decade", Red Cross, 22 septembre 2011, http://www.redcross.org.au/world-disasters-report-2010-death-toll-highest-in-decade.aspx.

des incendies gigantesques et des pertes de récoltes qui ont poussé les prix à des niveaux record
"World Food Prices at Fresh High, Says UN", *BBC*, 5 janvier 2011, http://www.bbc.co.uk/news/business-12119539.

En 2011, les inondations du nord-est de l'Australie
J. David Goodman, "Australia Flooding Displaces Thousands", *New York Times*, 31 décembre 2010.

une superficie égale à la France et à l'Allemagne réunies, alors que la Chine
Edward Wong, "Drought Leaves 14 million Chinese and Farmland Parched", *New York Times*, 9 septembre 2010.

et le sud-ouest de l'Amérique du Nord ont subi des sécheresses de grande ampleur
Kim Severson et Kirk Johnson, "14 States Suffering Under Drought", *New York Times*, 12 juillet 2011.

L'ouragan Sandy qui a dévasté une partie du New Jersey
James Barron, "After the Devastation, a Daunting Recovery", *New York Times*, 30 octobre 2012.

l'air plus chaud retient plus de vapeur d'eau
Kevin Trenberth, "Changes in Precipitation with Climate Change", *Climate Research*, n° 47, 2010, p. 123-138.

qui pèsent sur le cycle hydrologique
Ibid.

est ensuite déversée sur d'autres régions sous forme de déluges violents
Kevin Trenberth, "Conceptual Framework for Changes of Extremes of the Hydrological Cycle with Climate Change", *Climatic Change*, n° 42, 1999, p. 327-339.

en quantité insuffisante pour permettre la reconstitution correcte des nappes phréatiques
Intergovernmental Panel on Climate Change, Working Group 2, "3.4.2 Groundwater", 2007, http://www.ipcc.ch/publications_and_data/ar4/wg2/en/ch3s3-4-2.html.

le sol absorbe toujours plus de chaleur
Ben Brabson *et al.*, "Soil Moisture and Predicted Spells of Extreme Temperatures in Britain", *Journal of Geophysical Research*, n° 110, 2004.

la couche de terre est comme « cuite » et l'érosion en est facilitée
New South Wales Government, "Wind Erosion", 2 mars 2011, http://www.environment.nsw.gov.au/soildegradation/winder.htm.

totale de la situation extrêmement dangereuse dans laquelle nous nous trouvons
Justin Gillis, "A Warming Planet Struggles to Feed Itself", *New York Times*, 6 juin 2011.

les prix alimentaires ont considérablement augmenté
Yaneer Bar-Yam et Greg Lindsay, "The Real Reason for Spikes in Food Prices", Reuters, 25 octobre 2012.

seront peut-être bien battus en 2013
Emma Rowley et Garry White, "World on Track for Record Food Prices 'Within a Year' Due to US Drought", *Telegraph*, 23 septembre 2012.

plus de 65 % des États-Unis ont souffert de la sécheresse
Michael Pearson et Melissa Abbey, "US Drought Biggest Since 1956, Climate Agency Says", CNN, 17 juillet 2012, http://www.cnn.com/2012/07/16/us/us-drought/index.html.

mais il pleuvra quand il ne devrait normalement pas pleuvoir
Gillis, "A Warming Planet Struggles to Feed Itself".

ont déclaré que les céréales étaient bien plus sensibles à l'effet de la chaleur qu'on ne le pensait d'une manière générale
Justin Gillis, "Food Supply Under Strain on a Warming Planet", *New York Times*, 4 juin 2011.

que la fertilisation par le CO_2 a un effet bien moindre que ce qui était communément admis
Ibid.

que ce sont les mauvaises herbes beaucoup plus que les cultures qui semblent tirer un bénéfice du CO_2 supplémentaire
Tim Christopher, "Can Weeds Help Solve the Climate Crisis ?", *New York Times*, 9 juin 2008.

Lorsque la température dépasse 29 °C
Schlenker et Roberts, "Nonlinear Temperature Effects Indicate Severe Damages to US Crop Yields under Climate Change".

le rendement plonge de plus en plus vite à chaque degré supplémentaire
Ibid.

il faut ajouter l'impact de sécheresses de plus en plus graves et des précipitations perturbées qui entraîneront des dégradations encore plus importantes
Ibid.

le printemps arrive une semaine plus tôt
Alexander Stine *et al.*, "Changes in the Phase of the Annual Cycle of Surface Temperature", *Nature*, 22 janvier 2009.

de priver ces régions d'eau pendant les mois les plus chauds
Thomas Karl *et al.*, Global Climate Change Impacts in the United States, Washington, DC, US Climate Change Science Program, 2009, p. 41.

chaque degré supplémentaire pendant la nuit entraîne une baisse linéaire des rendements de blé
PV Prasad *et al.*, "Impact of Nighttime Temperature on Physiology and Growth of Spring Wheat", *Crop Science*, n° 48, 2008, p. 2372-2380.

en liaison avec des facteurs climatiques, d'environ 5 %
David Lobell *et al.*, "Climate Trends and Global Crop Production Since 1980", *Science*, juillet 2011.

que les rendements du riz baissent de 10 % pour un degré supplémentaire la nuit
Shaobing Peng *et al.*, "Rice Yields Decline with Higher Night Temperature from Global Warming", *Proceedings of the National Academy of Sciences*, juillet 2004.

s'il n'apparaît pas de diminution significative liée aux fortes températures diurnes
Noah Diffenbaugh *et al.*, "Global Warming Presents New Challenges for Maize Pest Management", *Environmental Research Letters*, 2008.

le puceron et le scarabée japonais vivant sur les plants de soja se développent plus vite dans des environnements riches en CO_2, mangent de plus grandes parts de la plante, vivent plus longtemps et produisent plus d'œufs
Orla Demody *et al.*, "Effects of Elevated CO2 and O3 on Leaf Damage and Insect Abundance in a Soybean Agroecosystem", *Anthropod-Plant Interactions*, juillet 2008.

Cela signifie des baisses de production plus importantes dans le futur
Union of Concerned Scientists, "Crops, Beetles and Carbon Dioxide", 11 mai 2010, http://www.ucsusa.org/global_warming/science_and_impacts/impacts/Global-warming-insects.html.

poussent le soja à désactiver des gènes essentiels de production des substances chimiques
Jorge Zavala *et al.*, "Anthropogenic Increase in Carbon Dioxide Compromises Plant Defense Against Invasive Insects", *Proceedings of the National Academy of Sciences*, janvier 2008.

se révèle une mauvaise nouvelle dans la lutte contre les insectes herbivores
Union of Concerned Scientists, "Crops, Beetles and Carbon Dioxide".

Il existe d'ailleurs dès maintenant de formidables ennemis qui s'attaquent aux cultures vivrières
"Climate Change Puts Southeast Asia's Billion Dollar Cassava Industry on High Alert for Pest and Disease Outbreaks", 13 avril 2012, http://ccafs.cgiar.org/news/press-releases/climate-change-puts-southeast-asia%E2 %80 %99s-billion-dollar-cassava-industry-high-alert.

connaîtraient de un à cinq cycles de reproduction supplémentaire par an
Shyam S. Yadav *et al.*, *Crop Adaptation to Climate Change*, Ames, Wiley-Blackwell, 2011, p. 419.

menacée par des insectes nuisibles et des maladies végétales dont le développement est favorisé par l'augmentation des températures
CGIAR, "Climate change puts Southeast Asia's billion dollar cassava industry on high alert for pest and disease outbreaks".

Manioc en Asie du Sud-Est, en Chine du Sud et en Inde du Sud
Ibid.

quant à l'extension des maladies ou à leurs incidences en relation avec le réchauffement
"Global Warming May Spread Diseases", *CBS News*, 11 février 2009, http://www.cbsnews.com/2100-205 162-512920.html.

la dispersion de maladies comme la dengue, le virus du Nil occidental et bien d'autres
Sonia Shah, "The Spread of New Diseases. The Climate Connection", *Yale Environment*, n° 360, 15 octobre 2009 ; Nicole Heller, "The Climate Connection to Dengue Fever", *Climate Central*, 12 mai 2010, http://www.climatecentral.org/blogs/the-climate-connection-to-dengue-fever/.

l'extension des hôtes et des pathogènes, la durée des périodes de transmission, et la vitesse et l'intensité des épidémies
Union of Concerned Scientists, "Early Warning Signs of Global Warming. Spreading Disease", http://www.ucsusa.org/global_warming/science_and_impacts/impacts/early-warning-signs-of-global-9.html.

les populations touchées n'auront qu'une faible immunité, voire pas d'immunité du tout, ce qui conduirait à des épidémies très graves voire mortelles pour certains cas
Ibid.

À l'été 2012, les États-Unis ont connu la pire invasion de virus du Nil occidental
Thomas Maugh, "West Nile Outbreak Worst Ever, CDC Says", *Los Angeles Times*, 5 septembre 2012.

épandages aériens pour la première fois depuis 1966
"Dallas West Nile Virus Outbreak Leads Texas City's Mayor to Approve Aerial Spraying", *Huffington Post*, 15 août 2012.

Au plus haut du pic, les responsables de la sécurité publique demandèrent aux habitants de ne plus appeler le 911
"Health Officials. No Need to Call 911 for Mosquito Bites", *CBS DFW*, 24 août 2012, http://dfw.cbslocal.com/2012/08/24/health-officials-no-need-to-call-911-for-mosquito-bites/.

La maladie toucha finalement quarante-quatre des cinquante États, tuant au moins 234 personnes
Centers for Disease Control and Prevention, "West Nile Virus", 20 novembre 2012, http://www.cdc.gov/ncidod/dvbid/westnile/index.htm.

soient des phénomènes extrêmes durables liés au changements climatiques
Paul Epstein, "West Nile Virus and the Climate", *Journal of Urban Health*, n° 78, 2001, p. 367-371.

L'influence du climat sur le virus du Nil occidental
Christie Wilcox, "Is Climate to Blame for This Year's West Nile Outbreak ?", *Scientific American*, 22 août 2012.

clôturant également la décennie la plus chaude
NASA GISS, "2009. Second Warmest Year on Record ; End of Warmest Decade", 21 janvier 2010, http://www.giss.nasa.gov/research/news/20100121/.

Octobre 2012 est le 332e mois consécutif à connaître des températures au dessus des moyennes du XXe siècle
National Climatic Data Center, National Oceanic and Atmospheric Administration, "State of the Climate. Global Analysis, October 2012", http://www.ncdc.noaa.gov/sotc/global/2012/10.

de l'apparition de toxines dans le maïs
"After Drought Blights Crops, US Farmers Face Toxin Threats", Reuters, 16 août 2012.

ont produit une analyse statistique qui a fait l'effet d'un coup de tonnerre
James Hansen *et al.*, "Perception of Climate Change", *Proceedings of the National Academy of Sciences*, août 2012.

n'était que de 0,1 à 0,2 % durant les premières décennies
Ibid.

à savoir des saisons largement en dehors des lignes statistiques habituelles
Ibid.

montre que la fréquence des températures extrêmement élevées a très fortement augmenté
Ibid.

qu'il est fort probable que les températures vont augmenter de 4 °C
Potsdam Institute for Climate Impact Research and Climate Analytics, *Turn Down the Heat. Why a 4 Degree C Warmer World Must Be Avoided, Report for the World Bank*, novembre 2012, http://climatechange.worldbank.org/sites/default/files/Turn_Down_the_heat_Why_a_4_degree_centrigrade_warmer_world_must_be_avoided.pdf.

sans avoir la certitude que le monde soit capable de s'adapter à un monde avec 4 °C de plus
Brad Plumer, "We're on Pace for 4°C of Global Warming. Here's Why That Terrifies the World Bank", *Washington Post*, 19 novembre 2012.

a montré que c'est le pire scénario envisagé qui a le plus de chances d'advenir
Brian Vastag, "Warmer Still. Extreme Climate Predictions Appear Most Accurate, Report Says", *Washington Post*, 8 novembre 2012.

à une perte de 49 % en trente ans
Joanna Zelman et James Gerken, "Arctic Sea Ice Levels Hit Record Low, Scientists Say We're 'Running Out of Time'", *Huffington Post*, 19 septembre 2012.

envisagent même une fonte totale d'ici à dix ans
Muyin Wang et James Overland, "A Sea Ice Free Summer Arctic within 30 Years ?", *Geophysical Research Letters*, n° 36, 2009.

À l'été 2012, un navire chinois, le Snow Dragon, a réussi la traversée du pôle Nord jusqu'en Islande et retour
Jon Viglundson et Alister Doyle, "First Chinese Ship Crosses Arctic Ocean Amid Record Melt", Reuters, 17 août 2012.

Un câble optique haut débit va être installé entre la Bourse de Tokyo et celle de New York
Christopher Mims, "How Climate Change is Making the Internet Faster", *Grist*, 29 mars 2012, http://grist.org/list/how-climate-change-is-making-the-internet-faster/.

les ressources de l'océan Arctique dont les richesses, jusqu'à présent, étaient protégées par les glaces
Ivan Semeniuk, "Scientists Call for No-Fishing Zone in Arctic Waters", *Nature News Blog*, 23 avril 2012, http://blogs.nature.com/news/2012/04/scientists-call-for-no-fishin-zone-in-arctic-waters.html.

débattent de la régulation des mouvements militaires dans la région
"Arctic Climate Change Opening Region to New Military Activity", Associated Press, 16 avril 2012.

Plusieurs compagnies pétrolières se montrent très enthousiastes à la perspective de nouvelles opportunités et certaines en sont déjà rendues à installer leur puits de forage
"Shell Starts Preparatory Drilling for Offshore Oil Well off Alaska", CNN, 9 septembre 2012, http://articles.cnn.com/2012-09-09/us/us arctic-oil_1_sea-ice-beaufort-sea-ice-data-center.

Mais les conséquences d'une explosion accidentelle d'une tête de puits
Jim Kollewe et Terry Macalister, "Arctic Oil Rush Will Ruin Ecosystem, Warns Lloyd's of London", *Guardian*, 12 avril 2012.

que forer du pétrole dans l'océan Arctique présente un risque écologique inacceptable qui ne doit pas être couru
Guy Chazan, "Total Warns Against Oil Drilling in Arctic", *Financial Times*, 25 septembre 2012.

qui laisse alors passer suffisamment de lumière pour fournir l'énergie nécessaire à la croissance des algues
Kevin Arrigo *et al.*, "Massive Phytoplankton Blooms Under Arctic Sea Ice", *Science*, 15 juin 2012.

ce qui aura des conséquences sur la situation et le fonctionnement
Jennifer Francis et Stephen Vavrus, "Evidence Linking Arctic Amplification to Extreme Weather in Mid-Latitudes", *Geophysical Research Letters*, n° 39, 2012.

et même peut-être au-delà
Petr Chylek *et al.*, "Arctic Air Temperature Change Amplification and the Atlantic Multidecadal Oscillation", *Geophysical Research Letters*, n° 36, 2009.

dans les végétaux qui alors se décomposent, ce qui transforme le carbone en CO_2
Natalia Shakhova *et al.*, "Extensive Methane Venting to the Atmosphere from Sediments of the East Siberian Arctic Shelf", *Science*, 5 mars 2010.

au fond des très nombreux lacs et mares que l'on trouve sur le pourtour de l'Arctique
David Archer, "Methane Hydrate Stability and Anthropogenic Climate Change", *Biogeosciences*, n° 4, 2007.

la capacité de l'eau à absorber la chaleur étant alors plus forte puisque la glace ne reflète pas les rayons solaires
Katey Walter Anthony *et al.*, "Geologic Methane Seeps Along Boundaries of Arctic Permafrost Thaw and Melting Glaciers", *Nature Geoscience*, n° 5, juin 2012.

Cependant, ils ont déjà constaté des dégagements gazeux supérieurs à ce que l'on pouvait attendre
Shakhova *et al.*, "Extensive Methane Venting to the Atmosphere from Sediments of the East Siberian Arctic Shelf".

En 2012, ils sont arrivés à la conclusion que la calotte antarctique cache probablement de grandes quantités de méthane
J. L. Wadham *et al.*, "Potential Methane Reservoirs Beneath Antarctica", *Nature*, août 2012.

perdent de la masse à une vitesse effarante
Eric Rignot *et al.*, "Acceleration of the Contribution of the Greenland and Antarctic Ice Sheets to Sea Level Rise", *Geophysical Research Letters*, n° 38, 2011.

Des observations récentes en Antarctique ouest et au Groenland ont cependant déjà confirmé des pertes glaciaires de plus en plus rapides
Ibid.

« Nous sommes totalement abasourdis par ce que nous constatons. »
Bob Corell, entretien de l'auteur.

les chiffres indiquant que la fonte se réalise deux fois plus suffisent à eux-mêmes
James Hansen et Miki Sato, "Paleoclimate Implications for Human-Made Climate Change", in *Climate Change. Inferences from Paleoclimate and Regional Aspects*, A. Berger, F. Mesinger et D. Šijacki (eds.), New York, Springer, 2012.

une montée des eaux de plusieurs mètres au cours de ce siècle
Ibid.

le niveau des mers était six à neuf mètres plus haut, même s'il avait fallu des millénaires aux océans pour atteindre ce niveau
Aradhna Tripati *et al.*, "Coupling of CO2 and Ice Sheet Stability over Major Climate Transitions of the Last 20 Million Years", *Science*, décembre 2009.

En fait, 50 % de la population mondiale
"CO2 Emissions to Cause Catastrophic Rise in Sea Levels, Warns Top NASA Climatologist", *Natural News*, 15 janvier 2007.

Dans la plupart des pays en développement, les populations côtières sont en train d'exploser
National Academies, "Coastal Hazards. Highlights of the National Academies Reports", 2009, http://www.oceanleadership.org/wp-content/uploads/2009/08/OHH.pdf.

Une récente étude menée par Deborah Balk
Gordon McGranahan *et al.*, "The Rising Tide. Assessing the Risks of Climate Change and Human Settlements in Low Coastal Elevation Zones", *Environment and Urbanization*, n° 9, 2007.

ont déjà commencé à chercher de nouveaux lieux d'habitation
Brian Reed, "Preparing for Sea Level Rise, Islanders Leave Home", NPR, 17 février 2011.

Celles des grandes îles telles que les Philippines ou la Malaisie sont aussi en danger
McGranahan *et al.*, "The Rising Tide".

que le nombre de réfugiés climatiques
Stern, *The Economics of Climate Change*.

plus de 200 millions de personnes
Neil MacFarquhar, "Refugees Join List of Climate-Change Issues", *New York Times*, 28 mai 2009.

les grands deltas d'Asie du Sud-Est, de Chine et d'Égypte
Robert Nicholls, IPCC 2007, "Chapter 6. Coastal and Low-Lying Ecosystems", 2007, http://www.ipcc.ch/publications_and_data/ar4/wg2/en/ch6.html.

beaucoup d'autres sont partis vers le nord, traversant la frontière
Erik German et Solana Pyne, "Disasters Drive Mass Migration to Dhaka", *Global Post*, 8 septembre 2010.

Les peurs entretenues par une campagne de courriels et de SMS diffusés dans l'ensemble du pays ont ressurgi en 2012
Vikas Bajaj, "Internet Analysts Question India's Efforts to Stem Panic", *New York Times*, 21 août 2012.

par des inondations qui suivent les tempêtes, cyclones ou ouragans selon les vocables, d'autant plus chargés en énergie qu'ils proviennent de mers plus chaudes
Kerry Emanuel *et al.*, "Hurricanes and Global Warming. Results from Downscaling IPCC AR4 Simulations", *American Meteorological Society*, n° 89, mars 2008, p. 347-367.

comme si l'océan allait submerger les terres
Claudia Tebaldi *et al.*, "Modeling Sea Level Rise Impacts on Storms Surges Along US Coasts", *Environmental Research Letters*, n° 7, 2012.

le métro de New York a été une première fois sérieusement menacé
James Barron, "With Hurricane Irene Near, 370,000 in New York City Get Evacuation Order", *New York Times*, 26 août 2011.

La ville pense d'ailleurs renforcer ce système de défense
Steve Connor, "Sea Levels Rising Too Fast for Thames Barrier", *Independent*, 22 mars 2008.

les villes les plus peuplées menacées par la montée des eaux
Susan Hanson *et al.*, "A Global Ranking of Port Cities with High Exposure to Climate Extremes", *Climatic Change*, n° 104, décembre 2010.

Les villes dont les équipements sont les plus menacés
Ibid.

Ils se réinstallent sans le savoir dans des zones d'où ils auront sûrement à repartir à nouveau
Dizery Salim, United Nations Office for Disaster Risk Reduction, "Climate Migrants Risk More Harm in New Surroundings", 2012, http://www.unisdr.org/archive/28113.

sont lentement en train de « couler » dans une sorte d'effet balancoire
Michael Lemonick, "The Secret of Sea Level Rise. It Will Vary Greatly by Region", 22 mars 2010, *Yale Environment*, n° 360.

citons par exemple la côte américaine entre la Caroline du Sud et le Rhode Island
Asbury Sallenger, "Hotspot of Accelerated Sea-Level Rise on the Atlantic Coast of North America", *Nature Climate Change* 2 (mai 2012).

invasions salines dans les puits et dans les nappes phréatiques
Cameron McWhirter et Mike Esterl, "Saltwater in Mississippi Taints Drinking Supply", *Wall Street Journal*, 17 août 2012.

Environ 30 % des émissions d'origine humaine de CO_2
C. L. Sabine *et al.*, "The Oceanic Sink for Anthropogenic CO2", *Science*, 16 juillet 2004.

que les océans sont plus acides qu'ils ne l'ont jamais été en 55 millions d'années
Andy Ridgwell et Daniela Schmidt, "Past Constraints on the Vulnerability of Marine Calcifiers to Massive Carbon Dioxide Release", *Nature Geoscience*, n° 3, février 2010.

la vitesse de développement de l'acidification est la plus élevée qui soit depuis 300 millions d'années
Barbel Honisch *et al.*, "The Geologic Record of Ocean Acidification", *Science*, mars 2012.

appelle l'acidification des océans et le réchauffement global les « jumeaux diaboliques »
"Ocean Acidification is Climate Change's 'Equally Evil Twin,' NOAA Chief Says", Associated Press, 12 juillet 2012.

disparition de nombreux récifs qui ne résistent pas aux effets répétés du stress thermique
K. Frieler *et al.*, "Limiting Global Warming to 2°C Is Unlikely to Save Most Coral Reefs", *Nature Climate Change*, septembre 2012.

environ un quart des espèces vivant dans les océans
Elizabeth Kolbert, "The Acid Sea", *National Geographic*, avril 2011.

les chercheurs redoutent leur totale disparition le temps d'une génération
David Jolly, "Oceans at Dire Risk, Team of Scientists Warns", *New York Times*, Green blog, 21 juin 2011, http://green.blogs.nytimes.com/2011/06/21/oceans-are-at-dire-risk-team-of-scientists-warns/.

80 % des récifs coralliens des Caraïbes ont été perdus
T. Gardner *et al.*, "Long-Term Region-Wide Declines in Caribbean Corals", *Science*, juillet 2003.

La même menace pèse sur les récifs dans tous les océans
Frieler *et al.*, "Limiting Global Warming to 2°C Is Unlikely to Save Most Coral Reefs".

la moitié des coraux de la Grande Barrière étaient morts
Glenn Death *et al.*, "The 27-Year Decline of Coral Cover on the Great Barrier Reef and Its Causes", *Proceedings of the National Academy of Sciences*, 1er octobre 2012.

toute comme une canette froide de soda reste plus gazeuse qu'une canette chaude
Brian Palmer, "Does Soda Taste Different in a Bottle Than a Can ?", *Slate*, 23 juillet 2009, http://www.slate.com/articles/news_and_politics/explainer/2009/07/does_soda_taste_different_in_a_bottle_than_a_can.html.

ce qui indique que de nombreux récifs pourraient eux aussi disparaître
"Oceans and Shallow Seas", IPCC 2007, http://www.ipcc.ch/publications_and_data/ar4/wg2/en/ch4s4-4-9.html.

que la plupart de leurs collègues sont maintenant convaincus qu'ils vont tous mourir
"Oceans and Shallow Seas", IPCC 2007, http://www.ipcc.ch/publications_and_data/ar4/wg2/en/ch4s4-4-9.html.

petit zooplancton à coquille qui joue un rôle important dans la chaîne alimentaire
Anthony Richardson, "In Hot Water : Zooplankton and Climate Change", *ICES Journal of Marine Science*, n° 65, mars 2008.

hautement corrosives. C'est le cas au large du sud de la Californie
Richard Feely *et al.*, "Evidence for Upwelling of Corrosive 'Acidified' Water onto the Continental Shelf", *Science*, 13 juin 2008.

Des coquillages d'une valeur commerciale importante meurent de l'acidité des eaux côtières de l'Oregon
Alan Barton *et al.*, "The Pacific Oyster, Crassostrea gigas, Shows Negative Correlation to Naturally Elevated Carbon Dioxide Levels. Implications for Near-Term Acidification Effects", *Limnology and Oceanography*, vol. LVII, n° 3, 2012, p. 698-710.

pour que la composition chimique des océans retourne à un état comparable à celui des siècles précédents
Kolbert, "The Acid Sea".

presque un tiers de toutes les espèces de poissons sont actuellement surexploitées
United Nations Food and Agriculture Organization, "The State of World Fisheries and Aquaculture 2010", 2010, http://www.fao.org/docrep/013/i1820e/i1820e.pdf.

fait diminuer 90 % des espèces de gros poissons tels que le thon, le marlin et le cabillaud
Ransom Myers et Boris Worm, "Rapid Worldwide Depletion of Predatory Fish Communities", *Nature*, mai 2003.

certains habitats d'importance critique comme les mangroves
Beth Polidoro *et al.*, "The Loss of Species. Mangrove Extinction Risk and Geographic Areas of Global Concern", PLoS ONE 5, 2010.

et les prairies sous-marines sont en réel danger
Frederick Short *et al.*, "Extinction Risk Assessment of the World's Seagrass Species", *Biological Conservation*, n° 144, juillet 2011.

proches des embouchures de fleuves double tous les dix ans
National Science Foundation, "SOS. Is Climate Change Suffocating Our Seas ?", 2009, http://www.nsf.gov/news/special reports/deadzones/climatechange.jsp.

à un tel point que la grande zone morte qui s'étend à partir de l'embouchure du Mississippi a temporairement commencé à se résorber
"Good News from the Bad Drought. Gulf 'Dead Zone' Smallest in Years", *Science Daily*, 23 août 2012, http://www.sciencedaily.com/releases/2012/08/120824093519.htm.

couplées avec les taux actuels d'augmentation des populations, ne sont plus tenables
A. Rogers *et al.*, "International Earth System Expert Workshop on Ocean Stresses and Impacts. Summary Report", IPSO Oxford, 2011, http://www.stateoftheocean.org/pdfs/1906 IPSO-LONG.pdf.

Nous avons passé notre vie à nous adapter, n'est-ce pas ?
Council on Foreign Relations, "The New North American Energy Paradigm. Reshaping the Future", 27 juin 2012.

gravement endommagés par des précipitations dantesques, des inondations qui en résultent et des glissements de terrain
Patrick Rucker et Mica Rosenberg, "Analysis. Storms Damage Budgets in Central America, Mexico", Reuters, 12 novembre 2010.

fait exploser le coût des produits alimentaires importés
United Nations Food and Agriculture Organization, "One Trillion Food Import Bill as Prices Rise", 17 novembre 2010, http://www.fao.org/news/story/en/item/47733/

icode/; United Nations Food and Agriculture Organization, "Agricultural Impacts Surge in Developing Countries", 2011, http://www.fao.org/docrep/014/i1952e/i1952e00.htm.

tandis que d'autres nations se battent pour intégrer des groupes de réfugiés
Joanna Kakissis, "Environmental Refugees Unable to Return Home", *New York Times*, 3 janvier 2010.

Même si nous réduisons aujourd'hui drastiquement nos émissions, l'aggravation dont nous verrons les effets dans les toutes prochaines années va se poursuivre
James Hansen *et al.*, "Earth's Energy Imbalance. Confirmation and Implications", *Science*, juin 2005.

Les gaz à effet de serre qui provoquent déjà des changements dans la circulation atmosphérique
Jian Lu *et al.*, "Expansion of the Hadley Cell Under Global Warming", *Geophysical Research Letters*, n° 34, 2007.

et alimente le courant de Humbolt
Erich Hoyt, *Marine Protected Areas for Whales, Dolphins and Porpoises. A World Handbook for Cetacean Habitat Conservation*, Oxford, Earthscan Publications Ltd., 2004, p. 397.

fonctionnent comme de gigantesques tuyaux dans lesquels les alizés s'écoulent d'est en ouest
Henry Diaz et Raymond Bradley, *The Hadley Circulation. Present, Past and Future*, London, Kluwer Academic Publishers, 2005, p. 9.

la plus grande part de l'humidité qu'ils transportent est déjà retombée sous forme de pluies tropicales
Ibid.

en repartant en altitude chargée de chaleur et de vapeur d'eau
Ibid.

sont à l'aplomb de ces courants secs
Ibid.

l'effet d'ombre pluviométrique des chaînes de montagnes
Brian Brinch, "How Mountains Influence Rainfall Patterns", *USA Today*, 1er novembre 2007.

ce que les géographes appellent la continentalité
"Continental Climate and Continentality", *Encyclopedia of World Climatology*, p. 303.

reste bien les courants descendants des cellules de Hadley
Correspondance avec Dargan Frierson, 24 septembre 2012.

Les courants reliés à la cellule de Hadley sud se sont aussi écartés vers le sud
Celeste Johanson et Qiang Fu, "Hadley Cell Widening. Model Simulations Versus Observations", *American Meteorological Society*, n° 22, mai 2009, p. 2713-2725.

comment le réchauffement crée de tels mouvements dans les cellules de Hadley
Lu *et al.*, "Expansion of the Hadley Cell Under Global Warming".

Cela signifie, notamment, que la différence entre les températures moyennes
Jennifer Francis et Stephen Vavrus, "Evidence Linking Arctic Amplification to Extreme Weather in Mid-Latitudes", *Geophysical Research Letters*, n° 39, 2012.

L'élargissement des cellules de Hadley
Lu *et al.*, "Expansion of the Hadley Cell Under Global Warming".

sont à deux doigts de pénuries d'eau quasi permanente
Personal communication with Dargan Frierson, 25 mai 2012.

transformés en déserts par une action humaine
Rudolph Kuper et Stefan Kropelin, "Climate-Controlled Holocene Occupation in the Sahara Motor of Africa's Evolution", *Science*, 11 août 2006.

d'une seconde boucle atmosphérique à l'intersection entre la cellule polaire et celle dite de Ferrel
National Oceanic and Atmospheric Administration, "JetStream-Online School for Weather", octobre 2011, http://www.srh.noaa.gov/jetstream/global/circ.htm.

de l'air polaire et modifiant en profondeur les schémas des précipitations
Frances et Vavrus, "Evidence Linking Arctic Amplification to Extreme Weather in Mid-Latitudes."

commencé à engendrer une légère dilution de l'ozone dans la stratosphère
US Environmental Protection Agency, "Environmental Indicators. Ozone Depletion", août 2010, http://www.epa.gov/ozone/science/indicat/index.html.

un trou encore plus dangereux au-dessus de l'Arctique, le tout sur une base encore plus régulière
Tim Flannery, *Here on Earth. A National History of the Planet*, New York, Atlantic Monthly Press, 2010), chap. 14, "The Eleventh Hour ?"

agissent sur les conditions atmosphériques de la stratosphère froide
Mario Molina et Sherwood Rowland, "Stratospheric Sink for Chlorofluoromethanes. Chlorine Atomic Catalyzed Destruction of Ozone", *Nature*, 28 juin 1974.

les premiers rayons de soleil frappent les cristaux de glace retenus dans le « bol »
Australian Government, Antarctic Division, "Environment. Land, Sea and Air", http://www.antarctica.gov.au/about-antarctica/fact-files.

l'Australie, la Patagonie à des niveaux élevés de rayonnements ultraviolets
J. Ajtic *et al.*, "Dilution of the Antarctic Ozone Hole into Southern Midlatitudes, 1998-2000", *Journal of Geophysical Research*, n° 109, 2004.

puisque l'air pauvre en ozone n'est plus en mesure de fournir une protection aux différentes formes de vie
Ibid.

d'injecter de la vapeur d'eau dans la stratosphère
James Anderson *et al.*, "UV Dosage Levels in Summer. Increased Risk of Ozone Loss from Convectively Injected Water Vapor", *Science*, août 2012.

la tentative de la Terre pour maintenir son « équilibre énergétique »
V. Ramaswamy *et al.*, "Anthropogenic and Natural Influences in the Evolution of Lower Stratospheric Cooling", *Science*, vol. CCCXI, n° 5764, 24 février 2006, p. 1138-1141.

« Certains pensent que le monde va finir par le feu, d'autres par la glace. »
Robert Frost, "Fire and Ice", *Harper's Magazine*, décembre 1920.

pourrait devenir prégnante dans les prochaines décennies si la consommation de carburants fossiles continue à augmenter de manière industrielles
Roger Revelle et Hans Suess, "Carbon Dioxide Exchange Between Atmosphere and

Ocean and the Question of an Increase of Atmospheric CO2 During the Past Decades", *Tellus*, n° 9, février 1957.

La climatologie est née il y a plus de cent cinquante ans
NASA, "John Tyndall (1820-1893)", http://earthobservatory.nasa.gov/Features/Tyndall/.

le colonel Edwin Drake creuse le premier puits de pétrole en Pennsylvanie
Judah Ginsberg, "The Development of the Pennsylvania Oil Industry", American Chemistry Society, http://portal.acs.org.

pour démontrer qu'un doublement de la concentration en CO_2 dans l'atmosphère
Svante Arrhenius, "On the Influence of Carbonic Acid in the Air upon the Temperature of the Ground", *Philosophical Magazine and Journal of Science*, n° 41, avril 1896.

il devint évident que les concentrations augmentaient régulièrement et en quantités significatives
Spencer Weart, "The Discovery of Global Warming. Money for Keeling. Monitoring CO2", 2003, http://www.aip.org/history/climate/Kfunds.htm.

concentrations en CO_2 tout au long de ce cycle saisonnier ont augmenté régulièrement
Ibid.

Il existe aussi soixante autres moyens de mesures
"Tracking Long-Term Measurements of Gases and Aerosols that Contribute to Climate Change", *NOAA Magazine*, 15 juillet 2004, http://www.magazine.noaa.gov/stories/mag140.htm.

il décrivait ce phénomène et la prescience avec laquelle il prévoyait ce qui allait arriver si la croissance exponentielle de la consommation
"Atmospheric Oxygen Research. Research Overview", Scripps Institute of Oceanography, http://scrippso2.ucsd.edu/research-overview.

les académies des sciences des pays du G8
Coral Davenport, "Heads in the Sand", *National Journal*, 2 décembre 2011, http://www.nationaljournal.com/magazine/heads-in-the-sand-20111201.

Le besoin d'une action urgente contre le changement climatique est maintenant indiscutable
National Academies of Science, "G8+5 Academies' Joint Statement. Climate Change and the Transformation of Energy Technologies for a Low Carbon Future", mai 2009, www.nasonline.org/about-nas/leadership/president/statement-climate-change.pdf.

« 97 à 98 % des climatologues les plus actifs en termes de publications dans le domaine soutiennent la doctrine de l'origine humaine telle que mise en évidence par le GIEC. »
William Anderegg *et al.*, "Expert Credibility in Climate Change", *Proceedings of the National Academy of Sciences*, 2010.

le déni est un refus conscient ou inconscient d'accepter des faits
Elisabeth Kubler-Ross Foundation, "Five Stages of Grief", 2012.

Un mécanisme inconscient de défense caractérisé par le refus de reconnaître des réalités, des pensées ou des sentiments douloureux
"Denial", *Stedman's Medical Dictionary*, http://dictionary.reference.com/browse/denial.

et par des attaques de plus en plus rudes contre ceux qui affirment qu'il faut absolument réagir
Chris Mooney, "The Science of Why We Don't Believe Science", *Mother Jones*, juin 2011.

tous les deux chercheurs en sciences sociales
Jane Risen et Clayton Critcher, "Visceral Fit. While in a Visceral State, Associated States of the World Seem More Likely", *Journal of Personality and Social Psychology*, vol C, n° 5, 2012.

déclencher notre tendance à le défendre en refusant toute alternative
"System Justification Theory", *Encyclopedia of Peace Psychology*, 2011.

Dans notre obsession des antagonismes du moment
Ronald Reagan, Discours à l'Assemblé générale de l'ONU, 21 septembre 1987.

E. O. Wilson a écrit récemment
E. O. Wilson, "Why Humans, Like Ants, Need a Tribe", *Daily Beast*, 1er avril 2012.

« repositionner le réchauffement comme une théorie et non pas comme un fait avéré »
Matthew Wald, "Pro-Coal Ad Campaign Disputes Warming Idea", *New York Times*, 8 juillet 1991.

Les grandes compagnies pétrolières multinationales
John Fullerton, Capital Institute, "The Big Choice", 19 juillet 2011, http://capitalinstitute.org/blog/big-choice-0.

d'Arabie Saoudite, le prince Turki al-Faisal a appelé son pays à convertir totalement ses énergies domestiques en énergies renouvelables
Ibid.

on obtient un total de 27 000 milliards de dollars
Ibid.

7,5 millions rien qu'aux États-Unis
Ben Bernanke, Federal Reserve Annual Conference on Bank Structure and Competition, "The Subprime Mortgage Market", 17 mai 2007, http://www.federalreserve.gov/newsevents/speech/bernanke20070517a.htm.

préfèrent attaquer de faux ennemis et nier les problèmes plutôt que de chercher des solutions
Jay Rockefeller, Statement on Inhofe Resolution Vote, 20 juin 2012.

ont embauché quatre lobbyistes pour chaque membre du Sénat et de la Chambre des représentants
Marianne Lavelle, Center for Public Integrity, "The Climate Change Lobby Explosion", 24 février 2009, http://www.publicintegrity.org/node/4593.

Elles sont devenues par ailleurs une des sources les plus importantes de financement des campagnes électorales
Center for Responsive Politics, "Oil and Gas", http://www.opensecrets.org/industries/indus.php?ind =E01.

un procureur général conservateur
John Rudolf, "A Climate Skeptic with a Bully Pulpit in Virginia Finds an Ear in Congress", *New York Times*, 22 février 2011.

Les fondations et les *think tanks* de droite
Tom Clynes, “The Battle over Climate Science”, *Popular Science*, 21 juin 2012.

Les membres conservateurs du Congrès ont de manière répétitive
Kate Sheppard, “Taking Climate Denial to New Extremes”, *Mother Jones*, 11 février 2011.

la capacité des États-Unis à surveiller les changements climatiques a été drastiquement restreinte par des lancements de satellites repoussés voire annulés
Ledyard King, “Report Warns of Weather Satellites ‘Rapid Decline’”, *Gannett News*, 2 mai 2012.

quatre autres enquêtes indépendantes disculpèrent
John Cook, Skeptical Science, “What Do the ClimateGate Emails Tell us ?”, http://www.skepticalscience.com/Climategate-CRU-emails-hacked.htm.

Même *The Frozen Planet*, le très populaire programme nature de la BBC, fut diffusé sur Discovery Network aux États-Unis mais sans la partie consacrée au réchauffement
Brian Stelter, “No Place for Heated Opinions”, *New York Times*, 20 avril 2012.

« Imaginez un documentaire sur le cancer du poumon qui ne parlerait pas de la cigarette. »
Ibid.

« plus bel espoir que la terre ait porté »
Abraham Lincoln, “Annual Remarks to Congress”, 1er décembre 1862.

« La seule chose nécessaire pour faire triompher le mal est l’inaction des hommes de bien »
Quote Investigator, 4 décembre 2010.

le soutien citoyen aux actions visant à réduire les émissions de gaz à effet de serre s’est fortement développé
Connie Roser-Renouf *et al.*, Yale Project on Climate Communication, “The Political Benefits of Taking a Pro-Climate Stand in 2012”, 2012, http://environment.yale.edu/climate/files/Political-Benefits-Pro-Climate-Stand.pdf.

Son projet de loi a vraiment mis l’accent sur des dispositifs verts
Michael Grunwald, “The ‘Silent Green Revolution’ Underway at the Department of Energy”, *Atlantic*, 9 septembre 2012.

« La plus grande avancée mise en œuvre par un pays pour réduire la pollution. »
Christopher Mims, “Efficiency Standards are the Single Biggest Climate Deal Ever”, *Grist*, 5 décembre 2011, http://grist.org/list/2011-12-05-efficiency-standards-are-the-single-biggest-climate-deal-ever/.

dont le prix est largement inférieur aux coûts de production américains
“Solar Prices Expected to Keep Falling in 2012”, Associated Press, 26 juin 2010.

un gaz à effet de serre soixante-douze fois plus puissant que le CO_2
US Energy Information Agency, “Annual Energy Outlook 2012. Market Trends. Natural Gas”, 25 juin 2012, http://www.eia.gov/forecasts/aeo/MT_naturalgas.cfm.

permettant de gagner du temps pour la mise en œuvre des stratégies
Drew Shindell *et al.*, “Simultaneously Mitigating Near-Term Climate Change and Improving Human Health and Food Security”, *Science*, janvier 2012.

et une fois déposée sur la glace ou la neige
V. Ramanathan et G. Carmichael, "Global and Regional Climate Changes Due to Black Carbon", *Nature Geoscience*, n° 1, avril 2008.

ce n'est absolument pas le cas des foreurs « sauvages »
Robert Howarth *et al.*, "Venting and Leaking of Methane from Shale Gas Development. Response to Cathles *et al.*", *Climatic Change*, n° 113, juillet 2012.

quasiment tous les bénéfices que ce gaz pourrait présenter
Nathan Myhrvold et Ken Caldeira, "Greenhouse Gases, Climate Change and the Transition from Coal to Low-Carbon Electricity", *Environmental Research Letters*, mars 2012.

En effet, chaque puits a besoin en moyenne de 19 millions de litres d'eau
Chesapeake Energy, "Water Use in Deep Shale Gas Exploration", 2012, http://www.chk.com/Media/Educational-Library/Fact-Sheets/Corporate/Water_Use_Fact_Sheet.pdf ; Jack Healy, "Struggle for Water in Colorado with Rise in Fracking", *New York Times*, 5 septembre 2012.

avant même l'irruption d'une fracturation gloutonne en eau
Healy, "Struggle for Water in Colorado with Rise in Fracking."

des puits sont déjà forés dans des villages
Russell Gold et Ana Campoy, "Oil's Growing Thirst for Water", *Wall Street Journal*, 6 décembre 2011.

Ces forages anciens peuvent servir de cheminées pour la remontée du méthane et des produits de forage
Ian Urbina, "Tainted Water Well, and Concern There May Be More", *New York Times*, 3 août 2011.

ont pu empoisonner de nombreux puits aquatiques situés bien au-dessus des nouveaux forages par des liquides toxiques
Tenille Tracy, "EPA Says Wyoming Fracking Results Are Consistent", *Wall Street Journal*, 26 septembre 2012.

par une étrange loi votée en 2005 à la demande de Dick Cheney, alors vice-président
Abraham Lustgarten, "Hydrofracked. One Man's Quest for Answers About Natural Gas Drilling", *ProPublica*, 27 juin 2011.

Les conséquences d'un problème dans un puits peuvent être gênantes pour les personnes vivant dans le voisinage immédiat mais sont bien moins importantes à l'échelle globale du projet
Council on Foreign Relations, "The New North American Energy Paradigm".

Néanmoins, la résistance politique des propriétaires de terrains s'est sérieusement développée dans plusieurs régions
Inae Oh, "New York Fracking Protest Urges Cuomo to Ban Controversial Drilling", *Huffington Post*, 22 août 2012, http://www.huffingtonpost.com/2012/08/22/new-york-fracking-protest-cuomo-photos_n_1822575.html.

selon une technique qui provoque de multiples mini-tremblements de terre (heureusement sans danger)
Charles Choi, "Fracking Earthquakes. Injection Practice Linked to Scores of Tremors", *Livescience*, 7 août 2012.

et en certaines occurrences ils auraient aussi infiltré des nappes phréatiques
Abraham Lustgarten et ProPublica, "Are Fracking Wastewater Wells Poisoning the Ground Beneath Our Feet ?", *Scientific American*, 21 juin 2012.

le rejet de ces liquides usagés est plus souvent la source des plaintes lors de leur utilisation initiale
Rachel Ehrenberg, "The Facts Behind the Frack", *ScienceNews*, 8 septembre 2012, http://www.sciencenews.org/view/feature/id/343202/title/The Facts Behind the_Frack.

Ils sont aussi parfois répandus sur des routes soi-disant pour capter les poussières
National Resources Defense Council, "Report. Five Primary Disposal Methods for Fracking Wastewater All Fail to Protect Public Health and Environment", 9 mai 2012, http://www.nrdc.org/media/2012/120509.asp.

S'ils font quelque chose de mal, il faut les punir
Christopher Helman, "Billionaire Father of Fracking Says Government Must Step Up Regulation", *Forbes*, 19 juillet 2012.

ne dépassent pas le point critique
Joe Romm, ThinkProgress, "Gas Emissions Reduction Target for 2020", 13 janvier 2009, http://www.americanprogress.org/issues/green/report/2009/01/13/5472/the-united-states-needs-a-tougher-greenhouse-gas-emissions-reduction-target-for-2020/.

Le boom du gaz de schiste aux États-Unis a débouché sur une frénésie en ce domaine en Chine, en Europe
Bryan Walsh, "In Hunt for Energy, China and Europe Explore Fracking", *Time*, 21 mai 2012.

en Afrique, voire ailleurs
Ruona Agbroko, "S Africa Lifts Fracking Ban", *Financial Times*, 7 septembre 2012.

simplement transférer en Chine, les techniques américaines de forage horizontal et de fracturation
Jerry Mandel, "Will US Shale Technology Make the Leap Across the Pacific ?", *E&E News*, 17 juillet 2012, http://www.eenews.net/public/energywire/2012/07/17/1.

en particulier dans le nord et le nord-ouest de la Chine
"Water, Water Everywhere", *China Economic Review*, 26 juillet 2012.

du passage du charbon au gaz naturel pour la production d'électricité
Kevin Begos, "CO2 Emissions in US Drop to 20-Year Low", Associated Press, 17 août 2012.

Le charbon est de tous les combustibles celui qui contient le plus de carbone
US Energy Information Agency, "How Much Carbon Dioxide is Produced when Different Fuels are Burned ?", 2012, http://www.eia.gov/tools/faqs/faq.cfm?id=73&t=11 ; US Environmental Protection Agency, "Air Emissions", 2007, http://www.epa.gov/cleanenergy/energy-and-you/affect/air-emissions.html.

il y a quatre ans, une inondation de certains quartiers d'Harriman du Tennesse, où j'ai grandi
Bobby Allyn, "TVA Held Responsible for Massive Coal Ash Spill", *Tennessean*, 23 août 2012.

la combustion du charbon est la première source d'origine humaine de mercure
US Environmental Protection Agency, "Mercury. Basic Information", 7 février 2012, http://www.epa.gov/hg/about.htm.

contiennent une certaine quantité de méthylmercure provenant des centrales au charbon
US Environmental Protection Agency, "What You Need to Know about Mercury in Fish and Shellfish", 20 juin 2012, http://water.epa.gov/scitech/swguidance/fishshellfish/outreach/advice_index.cfm#isthere.

a permis l'annulation d'un plan prévoyant 166 nouvelles unités de production
Mark Hertsgaard, "How a Grassroots Rebellion Won the Nation's Biggest Climate Victory", *Mother Jones*, 2 avril 2012.

Environ 1 200 centrales sont en cours d'installation dans 59 pays
Ailun Yang et Yiyun Cui, *Global Coal Risk Assessment. Data Analysis and Market Research*, Washington, DC, World Resources Institute, 2012.

devrait progresser de 65 % dans les vingt prochaines années
International Energy Agency, "World Energy Outlook. Executive Summary", 2011, http://www.worldenergyoutlook.org/publications/weo-2011/.

même au cas où l'on parviendrait à améliorer ces techniques, les émissions de CO_2 continueraient à détruire les écosystèmes
Kurt Kleiner, "Coal to Gas. Part of a Low-Emissions Future ?", *Nature*, 28 février 2008.

la deuxième source de pollutions à l'origine du réchauffement contient 70 à 75 % de la quantité de carbone contenue dans le charbon à énergie produite équivalente
US Environmental Protection Agency, "Air Emissions", décembre 2007.

coûteront beaucoup plus cher à produire et seront source d'impacts beaucoup plus graves pour l'environnement
Bryan Walsh, "There Will Be Oil and That's the Problem", *Time*, 29 mars 2012.

Trois quarts de la quantité totale contenue dans l'atmosphère
Rattan Lal, "Carbon Sequestration", *Philosophical Transactions of the Royal Society B*, février 2008.

Le gouvernement suivant a modifié la législation rendant caducs les progrès réalisés
Jeffrey T. Lewis, "Pace of Deforestation in Brazil's Amazon Falls", *Wall Street Journal*, 28 novembre 2012.

qui prédit la possibilité d'un dépérissement de la forêt amazonienne, si les températures continuent à augmenter, d'ici le milieu du siècle
Justin Gillis, "The Amazon Dieback Scenario", *New York Times*, Green blog, 7 octobre 2011.

surtout en Indonésie et en Malaisie – afin d'y établir des plantations d'huile de palme
Brad Plumer, "EPA Faces Crucial Climate Decision on Diesel Made from Palm Oil", *Washington Post*, 27 avril 2012.

les tourbières contiennent un tiers de tout le carbone stocké dans le sol
Reynaldo Victoria *et al.*, United Nations Environment Programme, "UNEP Yearbook. The Benefits of Soil Carbon", 2012.

80 % du couvert forestier mondial se trouvent sur des terres appartenant au secteur public
United Nations Food and Agriculture Organization, "Global Forest Resources Assessment 2010", 2010, p. XXIV, http://www.fao.org/forestry/fra/fra2010/en/.

la Papouasie-Nouvelle-Guinée, l'Indonésie, Bornéo et les Philippines
United Nations Food and Agriculture Organization, "State of the World's Forests 2011", 2011, http://www.fao.org/docrep/013/i2000e/i2000e00.htm.

qui se fait en faveur de ranchs d'élevage bovin
Doug Boucher *et al.*, Union of Concerned Scientists, "Solutions for Deforestation-Free Meat", 2012, http://www.ucsusa.org/global warming/solutions/forest_solutions/solutions-for-deforestation-free-meat.html.

ont permis de calculer qu'au moins 22 % de tout le carbone à la surface et sous la surface
Sharon Oosthoek, "Boreal Forests Ignored in Climate Change Fight", CBC News, 12 novembre 2009, http://www.cbc.ca/news/technology/story/2009/11/11/boreal-carbon-climate-change.html.

La symbiose étroite entre le mélèze et la toundra est alors interrompue
Douglas Fischer et Daily Climate, "Shift in Northern Forests Could Increase Global Warming", *Scientific American*, 28 mars 2011.

Dans de nombreuses régions, ils se reproduisent trois fois par été au lieu d'une fois habituellement
Noah S. Diffenbaugh *et al.*, "Global Warming Presents New Challenges for Maize Pest Management", *Environmental Research Letters*, n° 3, 2008.

« invasion sans précédent du scarabée du pin ponderosa »
David A. Gabel, "Expanding Forests in the Northern Latitudes", *Environmental News Network*, 23 mars 2011, http://www.enn.com/ecosystems/article/42501.

le vrai coupable étant le stress hydrique dû aux changements climatiques
Justin Gillis, "With Deaths of Forests, a Loss of Key Climate Protectors", *New York Times*, 1er octobre 2011.

est en lien direct avec la montée des températures
"More Large Forest Fires Linked to Climate Change", *Science Daily*, 10 juillet 2006, http://www.sciencedaily.com/releases/2006/07/060710084004.htm ; Gillis, "With Deaths of Forests, a Loss of Key Climate Protectors".

dans les arbres, dans les plantes
Gillis, "With Deaths of Forests, a Loss of Key Climate Protectors".

alors qu'elle devrait être un « réservoir » net, accumulant du CO_2 au fur et à mesure de la croissance des arbres
Ben Bond-Lamberty *et al.*, "Fire as the Dominant Driver of Central Canadian Boreal Forest Carbon Balance", *Nature*, 1er novembre 2007 ; "Wildfires Turning Northern Forests into Carbon-Dioxide Sources", CBC News, 31 octobre 2007, http://www.cbc.ca/news/technology/story/2007/10/31/boreal-forests.html.

dans l'est de l'Amérique du Nord, en Europe, au Caucase et en Asie centrale
Gabel, "Expanding Forests in the Northern Latitudes".

3 700 milliards en coûts environnementaux
Pavan Sukhdev *et al.*, *The Economics of Ecosystems and Biodiversity. Mainstreaming the Economics of Nature. A Synthesis of the Approach*, Bonn, TEEB, 2010.

40 % du total de ceux qui l'ont été dans le monde
United Nations Food and Agriculture Organization, "State of the World's Forests 2009", 2009, http://www.fao.org/docrep/011/i0350e/i0350e00.htm.

au moins trois arbres par an
"China's Hu Takes Part in Tree Planting", UPI, 5 avril 2009.

à ce jour, l'empire du Milieu a reboisé plus de 40 millions d'hectares
Gillis, "With Deaths of Forests, a Loss of Key Climate Protectors."

à savoir les États-Unis, l'Inde, le Vietnam et l'Espagne
United Nations Food and Agriculture Organization, "State of the World's Forests 2011".

aux nombreuses variétés que l'on trouve dans les riches forêts primaires aux espèces variées
Jianchu Xu, "China's New Forests Aren't as Green as They Seem", *Nature*, 21 septembre 2011.

la quantité de carbone stockée dans les premiers mètres du sol (principalement sur les 10,57 % de la Terre recouverts de sols arables) représente presque deux fois tout le carbone de la végétation et de l'atmosphère réunis
Damian Carrington, "Desertification Is Greatest Threat to Planet, Expert Warns", *Guardian*, 15 décembre 2010.

principalement sur les 10,57 % de la Terre recouverts de sols arables
CIA World Factbook, https://www.cia.gov/library/publications/the-world-factbook/geos/xx.html.

aux dépens de la santé du sol et interfèrent avec la séquestration du carbone organique des sols
Tom Philpott, "New Research. Synthetic Nitrogen Destroys Soil Carbon, Undermines Soil Health", *Grist*, 24 février 2010, http://grist.org/article/2010-02-23-new-research-synthetic-nitrogen-destroys-soil-carbon-undermines/.

en poussant les agriculteurs à déboiser
David Lapola *et al.*, "Indirect Land-Use Changes Can Overcome Carbon Savings from Biofuels in Brazil", *Proceedings of the National Academy of Sciences*, janvier 2010.

Les calculs faits à l'époque se sont révélés faux
Claude Mandil et Adnan Shihab-Eldin, International Energy Forum, "Assessment of Biofuels. Potential and Limitations", février 2010, http://www.ief.org/news/news-details.aspx?nid=311.

20 à 50 % de toutes les espèces vivant sur la Terre d'ici à cent ans
Nicholas Stern, *The Economics of Climate Change*.

Aujourd'hui, un tiers environ des amphibiens sont en grand danger
Camila Ruz, "Amphibians Facing 'Terrifying' Rate of Extinction", *Guardian*, novembre 2011.

les amphibiens ont été frappés par une maladie fongique
Michelle Nijhuis, "A Rise in Fungal Diseases is Taking Growing Toll on Wildlife", *Yale Environment* 360, 24 octobre 2011.

et l'empiétement d'activités humaines sur leur territoire
Owen Clyke, "The Militarization of Africa's Animal Poachers", *Atlantic*, 31 juillet 2012 ; David Braun, "Human Encroachment Threatens Thousands of Gorillas in African Swamp", *National Geographic*, 24 novembre 2009 ; Yaa Ntiamoa-Baidu, United Nations Food and Agriculture Organization, "West African Wildlife. A Resource in Jeopardy", 1998, http://www.fao.org/docrep/s2850e/s2850e05.htm.

fut causée par un gros astéroïde qui s'est écrasé sur la région de l'actuel Yucatán, au Mexique
Anthony Barnosky *et al.*, "Has the Earth's Sixth Mass Extinction Already Arrived ?", *Nature*, mars 2011.

« est totalement précipitée par l'homme »
Richard Leakey et Roger Lewin, *The Sixth Extinction. Patterns of Life and the Future of Humankind*, New York, Anchor Books, 1995, p. 235.

se déplacent en direction des pôles de 6,1 kilomètres par décennie
Camille Parmesan et Gary Yohe, "A Globally Coherent Fingerprint of Climate Change Impacts Across Natural Systems", *Nature*, janvier 2003.

a montré que la moitié des espèces de montagne ont en moyenne gagné 500 mètres en altitude
Craig Moritz *et al.*, "Impact of a Century of Climate Change on Small-Mammal Communities in Yosemite National Park, USA", *Science*, octobre 2008.

lorsqu'elles ont atteint le pôle et les sommets, ne pouvant aller plus loin ou plus haut
Elisabeth Rosenthal, "Climate Threatens Birds from Tropics to Mountaintops", *New York Times*, 21 janvier 2011.

D'autres, parce qu'elles ne peuvent pas se déplacer vers de nouveaux habitats aussi vite que le climat ne change
Kai Zhu *et al.*, "Failure to Migrate. Lack of Tree Range Expansion in Response to Climate Change", *Global Change Biology*, n° 18, novembre 2011.

On estime que pour pratiquement 25 % de toutes les espèces végétales les menaces d'extinction augmentent
Lucas Joppa *et al.*, "How Many Species of Flowering Plants Are There ?", *Proceedings of the Royal Society B*, juillet 2010.

La Convention de l'ONU sur la diversité biologique constate
United Nations Convention on Biological Diversity, "Global Biodiversity Outlook 3", janvier 2010, http://www.unep-wcmc.org/gbo-3 90.html, p. 51.

un précieux moyen de préservation pour le futur de l'humanité
John Roach, "'Doomsday' Vault Will End Crop Extinction, Expert Says", *National Geographic*, 27 décembre 2007.

prévoyait de restituer aux contribuables les deux tiers de la taxe prélevée et d'utiliser le tiers restant à la réduction du déficit budgétaire
Matt Kasper, "Rep. Jim McDermott Introduces Carbon Tax Law", 6 août 2012, ClimateProgress, http://thinkprogress.org/climate/2012/08/06/641831/rep-jim-mcdermott-introduces-carbon-tax-law/.

vont dans la poche des entreprises du carbone
John Broder, "Obama's Bid to End Oil Subsidies Revives Debate", *New York Times*, 31 janvier 2011.

kérosène, le moins propre des combustibles, est lourdement subventionné
Narasimha Rao, "Kerosene Subsidies in India. When Energy Policy Fails as Social Policy", *Energy for Sustainable Development*, mars 2012.

Le solaire et l'éolien ne sont plus qu'à quelques années de ce seuil
Alex Morales et Jacqueline Simmons, "Renewables from Vestas to Suntech Plan Profit without Subsidy", Bloomberg, 26 janvier 2012.

même si, là aussi, on rencontre de fortes oppositions
Joe Romm, "Who Killed the Senate RPS ?", ClimateProgress, 27 juin 2007, http://thinkprogress.org/climate/2007/06/27/201573/who-killed-the-senate-rps/.

Plusieurs États américains, dont en premier lieu la Californie
State of California, "California Renewables Portfolio Standard", 2012, http://www.cpuc.ca.gov/PUC/energy/Renewables/index.htm.

que la Chine installerait 500 mégawatts de solaire en 2020
Dave Roberts, "Why Do 'Experts' Always Lowball Clean-Energy Projections ?", *Grist*, 19 juillet 2012, http://grist.org/renewable-energy/experts-in-2000-lowballed-the-crap-out-of-renewable-energy-growth/.

En 2010, elle en avait installé le double
Ibid.

la Chine atteignait 44 gigawatts et l'on pense qu'elle sera à 150 en 2020
Ibid.

« des prévisions tomber totalement à côté de la plaque »
Ibid.

alternative acceptable en lieu et place d'un contrôle qui se serait appliqué centrale par centrale
John Fialka, "How a Republican Anti-Pollution Measure, Expanded by Democrats, Got Roots in Europe and China", E&E News, 17 novembre 2011.

de nombreux conservateurs qui avaient pourtant à l'origine soutenu le projet
Ibid.

alors que les pays riches ont assis leur développement économique sur un usage prodigue des énergies fossiles
Ibid.

même si cela implique qu'ils doivent eux aussi prendre leur part de la charge
Arthur Max, "Developing Nations Pledge Actions to Curb Climate Change", Associated Press, 22 mars 2011.

les trois quarts du coût des perturbations liées au climat seront supportés par les pays en développement
World Development Report 2010. Development and Climate Change, Washington, DC, World Bank, 2010.

Les dépenses nécessaires à la mise en route des énergies durables dans le monde en développement dépassent maintenant celles des pays riches
Alex Morales, "Renewable Power Trumps Fossils for First Time as UN Talks Stall", Bloomberg News, 25 novembre 2011.

comptent plus de la moitié des installations en énergies renouvelables
Charles Kenny, "Greening it Alone", *Foreign Policy*, 1er août 2011.

Nombre de villes ou villages ont du coup beaucoup de mal à se remettre sur pied après le passage de telles calamités

Rick Jervis et Gregory Korte, "FEMA Could Run Out of Money over Stalemate", *USA Today*, 25 septembre 2011.

La tempête tropicale Irène qui a frôlé New York a quant à elle causé 15 milliards de dégâts
"Hurricane Irene 2011. One Year Anniversary of East Coast Storm", *Huffington Post*, 24 août 2012, http://www.huffingtonpost.com/2012/08/24/hurricane-irene-2011-2012n_1826060.html.

hautes températures de son histoire ainsi que des incendies dans 240 de ses 242 comtés
Patrik Jonsson, "Texas Wildfire Chief. Wildfires Still Raging, but 'We Are Making Successes'", *Christian Science Monitor*, 21 avril 2011.

Des milliers de records de température ont été battus
Andrew Freedman, "Hot Summer of 2011 Rewrites Record Books", Climate Central, 8 septembre 2011, http://www.climatecentral.org/blogs/a-record-hot-summer-interactive-map/.

Sept d'entre elles ont causé des dégâts supérieurs à 1 milliard de dollars
National Oceanic and Atmospheric Administration, "Extreme Weather 2012", 19 janvier 2012.

En 2012, plus de la moitié des comtés du pays ont souffert de sécheresse
David Ariosto et Melissa Abbey, "Historical Drought Puts Over Half of US Counties in Disaster Zones, USDA Says", CNN, 1er août 2012.

l'ouragan Sandy a coûté au moins 71 milliards de dollars
Matthew Craft, "Hurricane Sandy's Economic Damage Could Reach $50 Billion, Eqecat Estimates", Associated Press, 1er novembre 2012.

ont conjointement publié un rapport soutenant ces ajustements
United Nations Environment Programme and World Trade Organization, Trade and Climate Change, 2009, http://www.wto.org/english/res_e/booksp_e/trade_climate_change_e.pdf.

ce protocole a été une réussite dans la plupart des pays ou régions où il a été mis en place
Janet Raloff, "Kyoto Climate Treaty's Greenhouse 'Success'", *ScienceNews*, 3 novembre 2009, http://www.sciencenews.org/view/generic/id/49058/title/Science_%2B_the_Public_Kyoto_climate_treatys_greenhouse_success.

Le marché du carbone est peut-être complexe, mais après tout nous vivons dans un monde complexe
Marton Kruppa et Andrew Allan, "Carbon Trading May Be Ready for Its Next Act", Reuters, 13 novembre 2011.

le système plafonnement et permis
Ibid.

Plus significatif encore, la Californie a mis le sien en œuvre en 2012
Jason Dearen, "California's Cap-and-Trade System to Launch with First Pollution Permits Auction", Associated Press, 12 novembre 2012.

il pourrait devenir le plus grand marché du monde et les quotas envisagés pourraient fournir un bon indice pour l'établissement des prix
Kruppa et Allan, "Carbon Trading May Be Ready for Its Next Act".

afin de fournir un retour d'expérience qui sera utilisé pour la mise en place nationale en 2015 du système plafond/permis.
Lan Lan, "Beijing Preparing for Carbon Trading System", *China Daily*, 20 avril 2012.

les zones de ces sites pilotes représentent près de 20 % de la population chinoise
Alexandre Kossoy et Pierre Gioan, World Bank, "State and Trends of the Carbon Market 2012", mai 2012, p. 99, http://siteresources.worldbank.org/INTCARBONFINANCE/Resources/State_and_Trends_2012_Web_Optimized_19035_Cvr&Txt_LR.pdf.

porté plainte contre la Chine pour avoir supposément recouru à des subventions irrégulières afin de favoriser ses fabricants de solaire et d'éolien
Keith Bradsher, "200 Chinese Subsidies Violate Rules, US Says", *New York Times*, 6 octobre 2011.

alors que l'Union européenne songe à déposer une plainte similaire
"US Imposes Import Tariffs on Chinese Solar Panels", BBC News, 17 mai 2012, http://www.bbc.co.uk/news/business-18112983.

et elle est ainsi devenue le premier pollueur mondial
Chris Buckley, "China Says Is World's Top Greenhouse Gas Emitter", Reuters, 23 novembre 2010.

où l'on observe aussi des mouvements de protestation de plus en plus affirmés contre les sources d'énergie polluantes
Keith Bradsher, "Budding Environmental Movement Finds Resonance Across China", *New York Times*, 4 juillet 2012.

la consommation chinoise d'énergie a augmenté de plus de 150 % et a dépassé celle des États-Unis
Goldman Sachs, "Sustainable Growth in China. Spotlight on Energy", 13 août 2012, http://www.goldmansachs.com/our-thinking/topics/environment-and-energy/sustainable-growth-china.html.

la Chine tire encore 70 % de son énergie du charbon
"Coal Industry in China Coal Accounts for About 70 % of China's Total Energy", BusinessWire, 14 décembre 2011.

jusqu'à atteindre trois fois celle des États-Unis
Goldman Sachs, "Sustainable Growth in China. Spotlight on Energy", 13 août 2012, http://www.goldmansachs.com/our-thinking/topics/environment-and-energy/sustainable-growth-china.html.

soit deux fois et demie la production des États-Unis
Osamu Tsukimori, "China Overtakes Japan as World's Top Coal Importer", Reuters, 26 janvier 2012.

l'augmentation de la consommation chinoise entre 2007 et 2012 correspond à elle seule à la consommation américaine
Mikkal Herberg, New America Foundation, "China's Energy Rise and the Future of US-China Energy Relations", 21 juin 2011, http://newamerica.net/publications/policy/china_s_energy_rise_and_the_future_of_us_china_energy_relations.

même si de nombreux experts doutent quelque peu de la capacité du pays à pouvoir rester sous ce plafond
Susan Kraemer, "China to Simply Cap Coal Use Within 3 Years", Clean Technica, 8 mars 2012, http://cleantechnica.com/2012/03/08/china-to-simply-cap-coal-use-within-3-years/.

décennie des années 2000 et se trouve être maintenant la deuxième au monde derrière celle des États-Unis
Herberg, "China's Energy Rise and the Future of US-China Energy Relations".

les exportations de l'Arabie Saoudite vers la Chine ont dépassé celles vers les États-Unis
Ibid.

de l'Énergie des États-Unis prédit que d'ici à vingt ans ce chiffre atteindra les trois quarts
US Energy Information Agency, "Country Analysis. China", 4 septembre 2012, http://www.eia.gov/countries/cab.cfm?fips =CH.

ses engagements appuyés vis-à-vis de pays pétroliers d'Afrique et du Moyen-Orient
Ibid.

la Chine qui est devenue le premier investisseur dans le domaine pétrolier en Irak
Ibid.

En Chine, la consommation d'énergie par tête d'habitant ne représente qu'une fraction
Heather Billings et Sisi Wei, "China's Energy Grab", *Washington Post*, 30 octobre 2011.

et pourtant ses émissions par habitant de CO_2 approchent celles de l'Europe
Duncan Clark, "Average Chinese Person's Carbon Footprint Now Equals European's", *Guardian*, 18 juillet 2012.

un véritable débat pour savoir s'il faut laisser flotter les tarifs de l'énergie jusqu'au niveau de ceux du marché
Keith Bradsher, "China Sharply Raises Energy Prices", *New York Times*, 20 juin 2008.

la Chine connaît encore un retard certain par rapport à d'autres puissances économiques dans le domaine crucial de l'efficacité énergétique
Danielle Kurtzlaben, "China, European Countries Best US on Energy Efficiency", *US News & World Report*, 12 juillet 2012.

Dans son dernier plan quinquennal, le pays a prévu d'investir près de 500 milliards de dollars dans les énergies propres
Esther Tanquintic-Misa, "China Leads Global Investments in Renewable Energy", *IB Times*, 5 décembre 2011, http://au.ibtimes.com/articles/261083/20111205/china-leads-global-investments-renewable-energy.htm#.UFJWkhg-KP0.

Il a aussi recours à une complexe grille tarifaire de rachat de l'énergie
Coco Liu, "China Uses Feed-in Tariff to Build Domestic Solar Market", ClimateWire, 14 septembre 2011.

inspiré d'un système allemand
Cristoph Stefes, "Room for Debate. The German Solution. Feed in Tariffs", *New York Times*, 21 septembre 2011.

comme les crédits d'impôts et l'obligation pour les usines d'utiliser un pourcentage minimal d'énergie durable
Pew Charitable Trusts, "Global Clean Power. A $2.3 Trillion Opportunity Appendix. China", 8 décembre 2010, p. 48.

un certain nombre d'objectifs en termes de réduction de CO_2 pour chaque domaine de croissance
Bill McKibben, "Can China Go Green ?", *National Geographic*, juin 2011.

« le miracle économique chinois allait bientôt prendre fin parce que l'environnement ne pouvait plus suivre le rythme »
"The Chinese Miracle Will End Soon", *Der Spiegel*, 7 mars 2005.

Pékin a envoyé des contrôleurs officiels dans différentes régions pour faire fermer discrètement certaines usines afin de s'assurer que ses objectifs seraient bien atteints
Jonathan Watts, "China Resorts to Blackouts in Pursuit of Energy Efficiency", *Guardian*, 19 septembre 2010.

le gouvernement a lié la promotion des responsables locaux et régionaux à leur réussite en ces domaines
Alexandre Kossoy et Pierre Gioan, World Bank, "State and Trends of the Carbon Market 2012", mai 2012, p. 96-99, http://siteresources.worldbank.org/INTCARBONFINANCE/Resources/State_and_Trends_2012_Web_Optimized_19035_Cvr&Txt_LR.pdf.

en partie parce qu'elle exporte 95 % des panneaux qu'elle produit
Global Wind Energy Council, "China Wind Energy Development Update 2010", 2010, http://www.gwec.net/china-wind-energy-development-update-2012/.

Ces dernières années, 50 % des éoliennes installées dans le monde l'ont été en Chine
Mat McDermott, "One Quarter of China's Wind Power Still Not Connected to Electricity Grid", TreeHugger, 7 mars 2011, http://www.treehugger.com/corporate-responsibility/one-quarter-of-chinas-wind-power-still-not-connected-to-electricity-grid.html.

encore que presque un tiers d'entre elles ne sont pas raccordées au réseau électrique ou sont connectées à des lignes qui ne supportent pas la tension du réseau
Mat McDermott, "One Quarter of China's Wind Power Still Not Connected to Electricity Grid", TreeHugger, 7 mars 2011, http://www.treehugger.com/corporate-responsibility/one-quarter-of-chinas-wind-power-still-not-connected-to-electricity-grid.html.

« effort presque équivalent à reconstruire à partir de rien le réseau haute tension de 257 500 kilomètres des États-Unis »
Jeff St. John, "HVDC Grows on the Grid from China to Oklaunion", août 2012, Greentech Media, http://www.greentechmedia.com/articles/read/hvdc-grows-in-smart-grid-from-china-to-oklaunion/.

Il existe aussi des plans pour relier les régions à fort potentiel solaire de l'Afrique du Nord et du Moyen-Orient à l'Europe
Beth Gardiner, "An Energy Supergrid for Europe Faces Big Obstacles", *New York Times*, 16 janvier 2012.

où les zones à gros potentiel solaire du Sud-Ouest américain et du nord du Mexique pourraient facilement fournir toute l'électricité dont les deux pays ont besoin
Thomas L. Friedman, "This is a Big Deal", *New York Times*, 4 décembre 2011.

En Inde [...] il existe aussi des projets pour relier les zones favorables à l'éolien et au solaire avec les régions qui ont de gros besoins en consommation électrique
Brad Gammons, "India Set to Leap-Frog Ahead with 'Smart Grid' Energy Strategy", *International Business Times*, 8 septembre 2011.

et en Australie
Fran Foo, "'EnergyAustralia' Bags $93m Smart Grid Contract", *Australian*, 8 octobre 2010.

entraîne des pertes annuelles de l'ordre de 200 milliards de dollars
National Energy Technology Laboratory, "Modern Grid Benefits", 2007, p. 14, www.

netl.doe.gov/smartgrid/referenceshelf/whitepapers/Modern %20Grid %20Benefits_Final_v1_0.pdf.

lors d'une panne due à l'incapacité de gérer les flux sur un réseau vieillot
Simon Denyer et Rama Lakshmi, "India Blackout, on Second Day, Leaves 600 Million without Power", *Washington Post*, 1er août 2012.

passent la majorité de leur temps au garages ou sur des parkings
Matthew L. Wald, "Better Batteries. Not Just for Cars Anymore", *New York Times*, Green blog, 31 octobre 2011, http://green.blogs.nytimes.com/2011/10/31/better-batteries-not-just-for-cars-any-more/?scp=14&sq=energy%20storage&st=cse.

cette forte tendance que l'on retrouve chez un grand nombre de fabricants qui veulent vraiment se saisir de ces opportunités
Amory B. Lovins et Rocky Mountain Institute, *Reinventing Fire. Bold Business Solutions for the New Energy Era*, White River Junction, Chelsea Green Publishing, 2011.

L'énergie marémotrice constitue un autre domaine d'exploration
US Department of Energy, "DOE Reports Show Major Potential for Wave and Tidal Energy Production Near US Coasts", 18 janvier 2012, http://apps1.eere.energy.gov/news/progressalerts.cfm/paid=664.

beaucoup pensent qu'il y a là un vrai potentiel pour le futur
Elisabeth Rosenthal, "Tidal Power. The Next Wave ?", *New York Times*, 20 octobre 2010.

« qu'il n'y avait que très peu de chances de voir les énergies liées aux vagues et aux marées constituent un apport significatif avant 2020 »
O. Edenhofer *et al.*, Intergovernmental Panel on Climate Change, "Special Report on Renewable Energy Sources and Climate Change Mitigation Press Release", 2011, http://srren.ipcc-wg3.de/press/content/potential-of-renewable-energy-outlined-report-by-the-intergovernmental-panel-on-climate-change.

La géothermie a aussi fait de sérieux progrès en Islande
Christopher Mims, "One Hot Island. Iceland's Renewable Geothermal Power", *Scientific American*, 20 octobre 2008.

Nouvelle-Zélande
New Zealand Geothermal Association, "Geothermal Energy & Electricity Generation", http://www.nzgeothermal.org.nz/elec_geo.html.

et aux Philippines, qui disposent d'une abondante énergie géothermique
Dan Jennejohn *et al.*, Geothermal Energy Association, "Geothermal. International Market Overview Report", mai 2012, http://www.geo-energy.org/pdf/reports/2012-GEA_International Overview.pdf.

même si certains rappellent les risques écologiques importants qui pourraient advenir sur certains sites
Arun Kumar, Intergovernmental Panel on Climate Change, "Special Report on Renewable Energy Sources and Climate Change Mitigation-Hydropower", 2011, p. 437-496.

L'usage de la biomasse se répand
Toby Price, "Power Generation from Biomass Booms Worldwide", *Renewable Energy*, 13 septembre 2012.

encore que ce domaine ait pris du retard
"An Overview of China's Renewable Energy Market", *China Briefing*, 16 juin 2011, http://www.china-briefing.com/news/2011/06/16/an-overview-of-chinas-renewable-energy-market.html.

et stocker le CO_2 qui sera autrement libéré dans l'atmosphère
Barbara Freese, Steve Clemmer et Alan Nogee, Union of Concerned Scientists, "Coal Power in a Warming World. A Sensible Transition to Cleaner Energy Options", octobre 2008, p. 18, http://www.ucsusa.org/assets/documents/clean_energy/Coal-power-in-a-warming-world.pdf.

cela signifie qu'il commence à être absorbé par la formation par la formation géologique elle-même
James Katzer (éd.), Massachusetts Institute of Technology, "The Future of Coal. Options for a Carbon-Constrained World", 2007, p. 44, http://web.mit.edu/coal/The Future_of_Coal.pdf.

est paralysé par les blocages endémiques qui caractérisent l'actuelle démocratie américaine
Jeff Tollefson et Richard Van Noorden, "Slow Progress to Cleaner Coal", *Nature*, avril 2012.

La Norvège, le Royaume-Uni, le Canada et l'Australie ont aussi annoncé des projets captage et stockage
Damien Carrington, "Q&A. Carbon Capture and Storage", *Guardian*, 10 mai 2012.

sera de définir un prix pour le carbone
David Talbot, "Needed. A Price on Carbon", *Technology Review*, 14 août 2006.

La France, considérée comme le pays le plus avancé et le plus efficace en matière de nucléaire, connaît des difficultés avec sa nouvelle génération de réacteurs
Liam Moriarty, "French Sour on Nuclear Power", *PRI The World*, 24 avril 2012, http://www.theworld.org/2012/04/france-nuclear-power/.

En revanche, la Corée du Sud s'engage sur une voie nouvelle qui paraît prometteuse
Korea Herald, "S. Korea to Proceed with Two New Reactors", *Jakarta Post*, 6 mai 2012.

une nouvelle génération de réacteurs plus petits et, espérons-le, plus sûrs
Clay Dillow, "Can Next-Generation Reactors Power a Safe Nuclear Future ?", *Popular Science*, 17 mars 2011.

une tendance profondément enracinée dans nos comportements à vouloir une solution unique à chaque problème
Jon Gertner, "Why Isn't the Brain Green ?", *New York Times*, 16 avril 2009.

des ingénieurs ont proposé d'envoyer en orbite des milliards de petites bandes de papier aluminium
US National Academy of Science, "Policy Implications of Greenhouse Warming. Mitigation, Adaptation and the Science Base", 1992, http://books.nap.edu/openbook.php?isbn=0309043867.

une idée du même type suggérait de recourir à un parasol géant toujours pour bloquer les rayons du soleil
Robert Kunzig, "A Sunshade for Planet Earth", *Scientific American*, novembre 2008.

parvenir au même résultat en injectant d'importantes quantités de dioxyde de soufre dans la haute atmosphère
Ibid.

le ciel que nous contemplons depuis le premier jour de l'existence de l'humanité ne serait plus bleu – ou pour le moins plus du même bleu

Ben Kravitz *et al.*, “Geoengineering. Whiter Skies ?”, *Geophysical Research Letters*, n° 39, 2012.

ont déjà changé la couleur des ciels nocturnes du noir à une sorte de noir rougeâtre
C.C.M. Kyba *et al.*, “Red Is the New Black. How the Colour of Urban Skyglow Varies with Cloud Cover”, *Monthly Notices of the Royal Astronomical Society*, n° 425, août 2012.

dans un effort désespéré pour ralentir la fonte des neiges et des glaciers dont ils dépendent pour l’irrigation et l’eau potable
Tim Wall, “Peru’s Peaks Go White to Guard Glaciers”, *Discovery News*, 5 décembre 2011.

« La difficulté est grande, aussi nous devons nous montrer à la hauteur. À situation nouvelle, pensée nouvelle et actes novateurs. Sachons nous émanciper et alors nous pourrons sauver notre pays. »
Abraham Lincoln, “Annual Remarks to Congress”, 1er décembre 1862.

les anthropologues nous révèlent que le nombre d’êtres vivants est tombé sous le seuil des 10 000, et pourtant nous avons survécu
“Humans. From Near Extinction to Phenomenal Success”, BBC, 2012, http://www.bbc.co.uk/nature/life/Human.

CONCLUSION

Les peintures vieilles de 35 000 ans de la grotte Chauvet, les figurines fabriquées par nos ancêtres africains ou eurasiens reflètent clairement une conscience et une sensibilité
Clottes, “Chauvet Cave (ca. 30,000 B.C.)”, Heilbrunn Timeline of Art History ; Judith Thurman, “First Impressions”, *New Yorker*, 23 juin 2008.

même si 99,9 % sont identiques dans chaque être humain
“Cracking the Code of Life”, PBS NOVA, 17 avril 2001, http://www.pbs.org/wgbh/nova/body/cracking-the-code-of-life.html ; Roger Highfield, “DNA Survey Finds All Humans Are 99.9pc the Same”, Telegraph, 20 décembre 2002 ; University of Utah Genetic Science Learning Center, “Can DNA Demand a Verdict ?”, http://learn.genetics.utah.edu/content/labs/gel/forensics.

nos 23 000 gènes
“Microbes Maketh Man”, *Economist*, 18 août 2012.

et nos millions de protéines
“Proteomics”, American Medical Association, http://www.ama-assn.org/ama/pub/physician-resources/medical-science/genetics-molecular-medicine/current-topics/proteomics.page.

exploité par ceux qui ont appris à pervertir les règles et les incitations
Mancur Olson, *The Rise and Decline of Nations. Economic Growth, Stagflation, and Social Rigidities*, New Haven, Yale University Press, 1984.

« Ne laissez jamais le futur vous effrayer. Vous l’affronterez, si vous avez à le faire, avec l’arme de la raison, la même avec laquelle vous affrontez le présent. »
Marcus Aurelius, *Meditations*, New York, Penguin, 1964, p. 106.

Index

L'auteur

L'ancien vice-président Al Gore est cofondateur et président de Generation Investment Management ainsi que de Current TV, un réseau indépendant de télévision par câble et par satellite. Il est aussi associé principal de Kleiner Perkins Caufield & Byers, et membre du conseil d'administration d'Apple Inc. Il consacre la plus grande partie de son temps à sa fonction de président de Climate Reality Project, organisation à but non lucratif qui travaille sur la crise du climat. Al Gore a été élu à quatre reprises à la Chambre des représentants et deux fois au Sénat ; il a exercé la fonction de vice-président des États-Unis pendant huit ans. Il est l'auteur de plusieurs best-sellers : *Urgence Planète Terre*, *Une vérité qui dérange*, *La Raison assiégée* et *Choisir maintenant*. Il a été colauréat du prix Nobel de la paix 2007.

http://www.algore.com/

Generation Investment Management : http://www.generationim.com/
Kleiner Perkins Caufield & Byers : http://www.kpcb.com/
Current TV : http://current.com/
Climate Reality Project : http://climaterealityproject.org/fr/

Table

RÉALISATION : NORD COMPO À VILLENEUVE-D'ASCQ
IMPRESSION : NORMANDIE ROTO IMPRESSION S.A.S. À LONRAI
DÉPÔT LÉGAL : SEPTEMBRE 2013. N° 104710 (133010)
IMPRIMÉ EN FRANCE